다양한 예제로 학습하는

Auto CAD

적용 버전 (2019~2010)

유도현 著

본 교재는 명령어 수행에 대한 배경 도면을 오토캐드 2016 으로 작성하였고 명령어 수행에 대한 설명은 오토캐드 2019 를 기본으로 하여 작성하였음을 알려드립니다.

21세기사

PREFACE

　　오토캐드는 기계, 전기 · 전자, 건축, 인테리어 및 디자인 분야 등에서 널리 사용되고 있는 가운데, 오토캐드는 해가 거듭될수록 새로운 버전으로 업그레이드되어 새로운 기능이 추가되고 있습니다.

　　현재 교육기관과 같은 공공기관에서는 오토캐드를 무료로 다운로드할 수 있어서 프로그램을 고가로 구입할 때보다 훨씬 쉽게 접하게 되었습니다.

　　저자는 대학에서 제자들을 취업시킬 때 산업체에서 가장 빈번히 요구받는 사항은 '취업하려는 학생이 오토캐드를 잘 할 수 있나요?' 라는 것이었습니다. 이와 같이 산업체에서 요구하는 것은 신입사원이 오토캐드를 잘 운영할 수 있다면 신입사원을 재교육 없이 즉각적으로 산업 현장에 투입할 수 있기 때문입니다.

　　저자는 24년 동안 오토캐드를 강의하면서 개인이 혼자 공부하더라도 쉽게 이해할 수 있고 학습한 이론을 효과적으로 실무에 활용할 수 있는 교재가 필요하다는 생각을 하고 있었습니다.

　　이와 같은 이유로 교재를 집필하면서 항상 염두에 둔 것은 예제 도면을 중심으로 명령어를 설명함으로써 명령어에 대한 개인의 이해력을 높이고자 하였으며 개인이 스스로 도면을 그려봄으로써 도면작성능력을 배가시키고자 하였습니다.

　　본 교재는 오토캐드를 처음 접하는 개인도 빠른 시간 내에 효과적으로 도면 작성이 가능하도록 집필되었으며 기존 오토캐드 사용자도 업그레이드된 버전을 쉽게 이해할 수 있도록 구성된 가운데, 명령어 수행 시 독자들의 이해를 돕기 위하여 표시한 도면은 오토캐드 2016을 배경으로 하였고 명령어 수행에 대한 설명은 오토캐드 2019를 기본으로 하였음을 알려드립니다.

　　본 교재를 구성하고 있는 'PART 01. 2차원 명령어 학습하기'에서는 2차원 도면 작성을 위한 기본적인 명령어에 대해서 설명하고 있으며 'PART 02. 3차원 명령어 학습하기'에서는 3차원 관측점을 토대로 3차원 솔리드 객체를 작성하기 위한 고급 명령어에 대해서 설명하고 있습니다.

　　마지막으로 교재가 나오기까지 많은 도움을 주신 21세기사 이범만 대표님과 직원분들께 감사드리며 어려울 때에도 많은 힘이 되어 준 아내와 가족들에게 고마운 마음을 전해 드립니다.

저자 씀

CONTENTS

CHAPTER 9   치수 기입과 치수 편집하기   439

PART 2   3차원 명령어 학습하기

CHAPTER 17 **3차원 솔리드 객체 편집하기(2)** 813

AUTOCAD

PART 1
2차원 명령어 학습하기

1 CHAPTER

오토캐드 2019 준비하기

1.1 오토캐드 2019 시작하기

1 오토캐드 2019 설치를 위한 시스템 요구 사항

오토캐드 2019 동작 환경	
운영 체계	• Microsoft® Windows® 7 SP1(32비트 및 64비트) • Microsoft Windows 8.1(32비트 및 64비트) • Microsoft Windows 10용 1주년 업데이트(64비트 전용)(버전 1607 이상)
프로세서	• 2.5~2.9GHz 프로세서(기본) • 3GHz 이상의 프로세서(권장)
메모리	• 8GB(기본) • 16GB(권장)
해상도	• 1,920 x 1,080 트루 컬러(일반 디스플레이) • Windows 10, 64비트 시스템에서 최대 해상도 3,840 x 2,160 지원 디스플레이 카드 탑재(고해상도 4K 디스플레이)
디스플레이 카드	• 1GB GPU, 29GB/s 대역폭 및 DirectX 11 호환(기본) • 4GB GPU, 106GB/s 대역폭 및 DirectX 11 호환(권장)
디스크 공간	• 6.0GB
브라우저	• Google Chrome™
포인팅 장치	• MS 마우스 규격
브라우저	• Windows Internet Explorer® 9.0 이상
.NET Framework	• .NET Framework 버전 4.7
네트워크	• 배포 마법사를 통해 배포 • 라이센스 서버 및 네트워크 라이센스에 따라 응용프로그램을 실행하는 모든 워크 스테이션에서는 TCP/IP 프로토콜을 실행해야 합니다. • Microsoft® 또는 Novell TCP/IP 프로토콜 스택을 사용할 수 있습니다. 워크 스테이션의 기본 로그인은 Netware 또는 Windows일 수 있습니다. • 라이센스 서버는 응용프로그램에 대해 지원되는 운영 체제 외에도 Windows Server® 2016, Windows Server 2012, Windows Server 2012 R2 및 Windows Server 2008 R2 버전에서 실행됩니다. • Citrix® XenApp™ 7.6, Citrix® XenDesktop™ 7.6.

대규모 데이터 세트, 포인트 클라우드 및 3D 모델링을 위한 추가 요구 사항	
메모리	• RAM 8GB 이상
디스크 공간	• 6GB의 사용 가능한 하드 디스크 여유 공간(설치에 필요한 용량 제외)
디스플레이 카드	• 1,920x1,080 이상의 트루컬러 비디오 디스플레이 어댑터, VRAM 128MB 이상, Pixel Shader 3.0 이상, Direct3D® 지원 워크 스테이션급 그래픽 카드

2 오토캐드 2019 시작 화면 학습하기

오토캐드 2019의 시작 화면은 [작성] 프레임과 [알아보기] 프레임으로 구성되어 있습니다. 우선 [작성] 프레임을 구성하고 있는 [시작하기], [최근 문서], [연결]에 대해 알아보겠습니다.

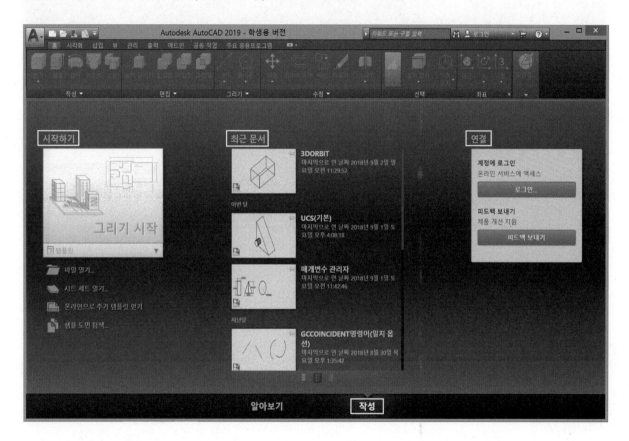

(1) 시작하기

[시작하기]에서는 도면(DWG), 표준(DWS), 도면 교환 형식(DXF), 도면 템플릿(DWT) 파일과 시트 세트(DST) 파일을 불러올 수 있습니다. 또한 온라인으로 오토캐드 2019 템플릿을 다운로드할 수 있으며 샘플 도면을 불러올 수 있습니다.

(2) 최근 문서

[최근 문서]는 최근에 사용했던 도면을 신속하게 불러올 수 있습니다.

(3) 연결

[연결]은 A360 계정에 로그인할 수 있고 제품 개선을 위해서 피드백을 보낼 수 있습니다.

[알아보기] 프레임은 [새로워진 사항], [시작하기 비디오], [학습 팁], [온라인 자원]으로 구성되어 있습니다.

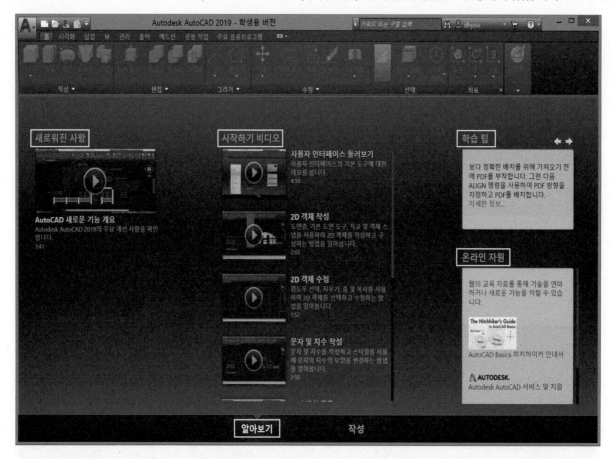

(1) 새로워진 사항

2019 버전의 업그레이드된 사항과 편리하게 사용할 수 있는 방법을 안내합니다.

(2) 시작하기 비디오

[시작하기 비디오]는 사용자 인터페이스의 기본 도구에 대해서 안내합니다.

(3) 학습 팁

[학습 팁]은 오토캐드 2019를 효율적으로 사용할 수 있는 팁을 제공합니다.

(4) 온라인 자원

[온라인 자원]은 24시간마다 업데이트된 교육 자료를 제공하고 있습니다.

3 오토캐드 2019 화면 구성 학습하기

오토캐드 2019 화면을 구성하고 있는 각 부분의 명칭과 기능에 대해 알아보겠습니다.

(1) 신속접근 도구막대　　(2) 응용 프로그램　　(3) 리본 메뉴　　(4) 뷰포트 콘트롤　　(5) UCS 아이콘

(6) 명령어 입력창　　(7) 상태 표시 막대　　(8) 탐색 막대　　(9) 뷰큐브　　(10) 메뉴 막대

(1) 신속접근 도구막대

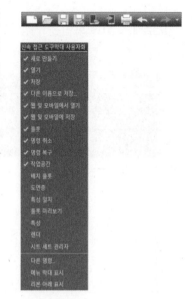

신속접근 도구막대는 자주 사용하는 명령을 쉽게 사용할 수 있도록 모아놓은 막대입니다. 신속접근 도구막대는 일반적으로 자주 사용하는 [새로 만들기], [열기], [저장], [다른 이름으로 저장], [웹 및 모바일에서 열기], [웹 및 모바일에 저장], [플롯], [명령 취소], [명령 복구] 등으로 구성됩니다. 또한 사용자가 다른 명령을 추가하거나 자주 사용하지 않는 명령을 제거할 수도 있습니다.

신속접근 도구막대 오른쪽의 내림 단추(▼)를 클릭하면 신속접근 도구막대에 다른 명령을 추가할 수 있고 메뉴 막대를 숨기거나 표시할 수도 있습니다.

(2) 응용 프로그램

응용 프로그램은 도면 파일을 효율적으로 관리하기에 편리한 도구입니다. 응용 프로그램은 [새로 만들기], [열기], [저장], [다른 이름으로 저장], [가져오기], [내보내기], [게시], [인쇄], [도면 유틸리티], [닫기], [옵션], [Autodesk AutoCAD 2019 종료]로 구성되어 있습니다.

(3) 리본 메뉴

리본 메뉴는 도면을 작성하거나 수정할 때 사용하는 중요한 메뉴입니다. 사용하고자 하는 명령에 마우스를 올려 놓으면 명령에 대한 간단한 설명과 사용 방법이 나타납니다. 리본 메뉴는 리본 탭, 리본 패널, 리본 패널 제목줄로 구성되어 있는 가운데, [작업 공간]이 [제도 및 주석]인 경우, 리본 탭은 [홈], [삽입], [주석], [파라메트릭], [3D 도구], [시각화], [뷰], [관리], [출력], [애드인], [공동 작업], [주요 응용프로그램]으로 구성되어 있습니다. 또한 [작업 공간]이 [3D 기본 사항]인 경우, 리본 탭은 [홈], [시각화], [삽입], [뷰], [관리], [출력], [애드인], [공동 작업], [주요 응용프로그램]으로 구성되어 있으며, [작업 공간]이 [3D 모델링]인 경우, 리본 탭은 [홈], [솔리드], [표면], [메쉬], [시각화], [파라메트릭], [삽입], [주석], [뷰], [관리], [출력], [애드인], [공동 작업], [주요 응용프로그램]으로 구성되어 있습니다.

리본 패널에는 리본 탭 각 메뉴의 하위 명령이 나타나 있으며 리본 패널 제목줄에는 리본 패널에 나타나지 않은 다른 명령들로 구성되어 있습니다.

리본 패널 제목줄에는 패널 확장 아이콘이 있어서 클릭하면 숨겨진 리본 패널을 확장할 수 있으며 확장한 리본 패널은 압정 아이콘을 사용하여 화면상에서 사라지지 않게 고정할 수 있습니다.

리본 탭에서 [패널 버튼으로 최소화] 단추( )를 클릭하면 리본 메뉴를 원하는 형태로 변경이 가능하며 사용자가 원하는 형태를 선택하여 효율적으로 작업할 수 있습니다.

▶ 탭으로 최소화

▶ 패널 제목으로 최소화

▶ 패널 버튼으로 최소화

(4) 뷰포트 컨트롤

뷰포트 컨트롤은 뷰포트 컨트롤, 뷰 조정, 비주얼 스타일 컨트롤을 설정할 수 있습니다.

뷰포트 컨트롤은 여러 뷰포트 구성, 다양한 뷰포트 도구 및 배치에서 현재 뷰포트의 표시 옵션에 액세스할 수 있고, 뷰 조정은 표준 및 사용자 뷰와 3D 투영에 액세스할 수 있으며, 비주얼 스타일 컨트롤은 표준 및 사용자 비주얼 스타일에 액세스할 수 있습니다.

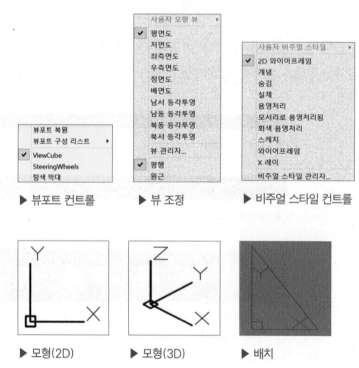

▶ 뷰포트 컨트롤   ▶ 뷰 조정   ▶ 비주얼 스타일 컨트롤

(5) UCS 아이콘

UCS 아이콘은 현재 도면의 좌표계 상태를 표시하는 아이콘으로서 2D와 3D에 따라서 여러 가지 형태로 나타납니다. 또한 2D 도면과 3D 모델링 작업의 기준점으로서 매우 중요한 역할을 합니다.

▶ 모형(2D)   ▶ 모형(3D)   ▶ 배치

(6) 명령어 입력창

명령어 입력창은 명령어와 설정값을 입력할 수 있으며 명령 실행과정, 시스템 변수, 옵션 및 메시지 등이 표시됩니다.

LINE 첫 번째 점 지정:

'Ctrl+9'를 함께 누르면 [명령행-윈도우 닫기] 대화 상자가 표시됩니다. [예]를 클릭하면 명령어 입력창이 사라지고 다시 한번 'Ctrl+9'를 함께 누르면 명령어 입력창이 나타납니다.

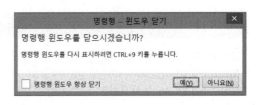

명령어 입력창 내 [최근 명령] 단추(>. ▾)를 클릭하면 현재까지 사용하였던 명령어가 표시됩니다.

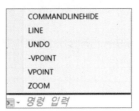

(7) 상태 표시 막대

상태 표시 막대는 도면을 효율적으로 작성하는데 필요한 여러 가지 기능을 설정하거나 현재 도면 설정 상태를 나타냅니다. 상태 표시 막대는 [도면 좌표], [모형 공간 또는 도면 공간], [도면 그리드 표시], [스냅 모드], [구속 조건 추정], [커서를 직교로 제한], [커서를 지정된 각도로 제한], [등각 투영 제도], [스냅 참조선 표시], [2D 참조점으로 커서 스냅], [작업 공간 전환], [사용자화] 등으로 구성되어 있습니다. 또한 [사용자화] 아이콘(▤)을 클릭하면 상태 표시 막대에 표시할 세부 항목이 나타납니다.

(8) 탐색 막대와 뷰 큐브

탐색 막대는 [전체 탐색 휠], [초점 이동], [줌 범위], [궤도], [ShowMotion]으로 구성되어 있습니다.

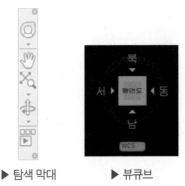

(9) 뷰 큐브

뷰 큐브는 2D 모형 공간이나 3D 비주얼 스타일에서 작업하는 동안 뷰를 변환할 수 있습니다.

▶ 탐색 막대　　　　▶ 뷰큐브

(10) 메뉴 막대

메뉴 막대를 보이게 하기 위해서 신속 접근 도구 막대의 오른쪽에 있는 단추(▾)를 클릭하고 [메뉴 막대 표시]를 클릭합니다. 메뉴 막대는 [파일], [편집], [뷰], [삽입], [형식], [도구], [그리기], [치수], [수정], [파라메트릭], [윈도우], [도움말]로 구성되어 있습니다.

파일(F)　편집(E)　뷰(V)　삽입(I)　형식(O)　도구(T)　그리기(D)　치수(N)　수정(M)　파라메트릭(P)　윈도우(W)　도움말(H)

(!) TIP   오토캐드에서 명령어 입력 방법

오토캐드에서 명령어를 입력하는 방법은 명령어 입력창에 직접 입력하거나 메뉴 막대 또는 리본 메뉴를 사용하여 입력할 수 있습니다. 이중 명령어 입력창에 입력하여 원을 작성하고자 할 때, 아래 예시와 같이 명령어인 [Circle] 전체를 다 입력하지 않고 단축 명령어인 [C]만 입력하여도 무방합니다. 또한 옵션의 경우도 접선 접선 반지름 기능인 [Ttr] 전체를 다 입력하지 않고 [T]만 입력하여도 무방합니다.

명령 : C Enter
원에 대한 중심점 지정 또는 [3점(3P)/2점(2P)/Ttr - 접선 접선 반지름(T)] : T Enter

2 CHAPTER

도면 설정하기

2.1 기본 명령어 학습하기

1 새로운 도면을 시작하는 [New] 명령어

[New] 명령어는 새로운 도면을 불러올 수 있으며 새로운 도면에는 도면 단위(미터 또는 인치), 도면층 및 스타일 등과 같은 요소들이 기본적으로 설정되어 있습니다. 불러올 수 있는 파일 형식은 '도면 템플릿(DWT), 도면(DWG), 도면 표준 (DWS)' 이고 그중 도면 템플릿 형식의 파일을 가장 많이 사용하고 있습니다. 도면 템플릿이란 'ANSI, ISO, JIS' 등 세계 각국의 제도 규격에 의해 설정한 원형 도면을 말합니다.

(1) 명령어 입력 방법

[New] 명령어	
메뉴 막대	파일→새로 만들기
아이콘(신속 접근 도구 막대)	📄
명령어	New
단축키	Ctrl + N

(2) 명령어 사용 방법

명령 : New Enter
[템플릿 선택] 대화 상자가 나타나면 도면 작성에 적합한 템플릿을 클릭합니다.

(3) 실습하기

● 기본 실습하기

01 명령어 입력창에 [New] 명령어를 입력합니다.

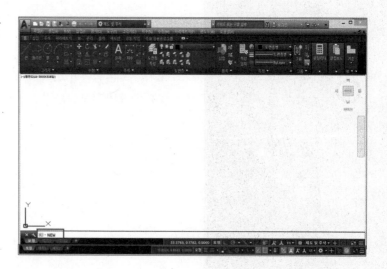

02 [템플릿 선택] 대화 상자가 나타나면 [Tutorial-mArch] 파일을 더블 클릭합니다.

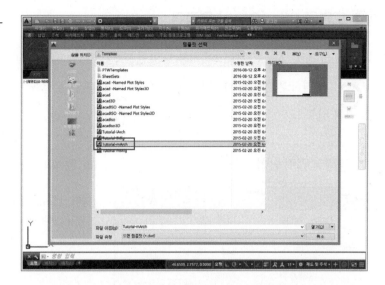

03 [Tutorial-mArch] 템플릿 도면이 나타납니다.

| TIP | 파일의 확장자에 따른 용도 | |

파일 확장자	전체 용어	설명
DWG	DraWinG	2차원/3차원 도면 정보를 저장하는데 사용되는 오토캐드 기본 도면 파일 형식
DWT	DraWing Template	템플릿 파일 형식으로서 DWG 파일을 설정할 수 있는 파일 형식
DWS	DraWing Standard	도면층 매칭을 저장하고 CAD 표준 및 배치 표준 검사기에서 사용하는 파일 형식
DXB	Drawing eXchange Binary	도면 데이터 교환을 위한 2진 도면 교환 파일 형식
DXF	Drawing eXchange Format	서로 다른 캐드 프로그램에서도 도면 호환이 가능한 파일 형식

2 도면을 여는 [Open] 명령어

[Open] 명령어는 오토캐드의 기본 파일인 도면(DWG) 파일을 열 수 있는 가운데, 도면 파일뿐만 아니라 도면 표준 (DWS), 도면 교환 형식(DXF) 및 도면 템플릿(DWT) 파일을 열 수 있습니다. 또한 [Open] 명령어는 도면 전체를 열거나 도면의 일부 도면층만을 선택하여 열 수도 있습니다.

(1) 명령어 입력 방법

[New] 명령어	
메뉴 막대	파일→열기
아이콘(신속 접근 도구 막대)	📁
명령어	Open
단축키	Ctrl + O

(2) 명령어 사용 방법

명령 : Open Enter
[파일 선택] 대화 상자가 나타나면 원하는 파일을 클릭합니다.

(3) 실습하기

● 기본 실습하기

01 명령어 입력창에 [Open] 명령어를 입력합니다.

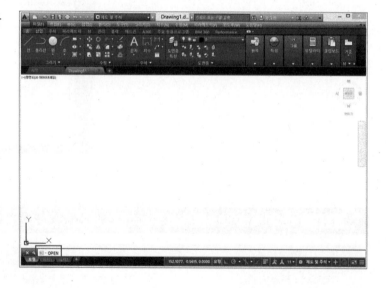

02 [파일 선택] 대화 상자가 나타나면 'C:\Program Files\Autodesk\AutoCAD2019\Sample\Mechanical Sample\Data Extraction and Multileaders Sample' 파일을 더블 클릭합니다.

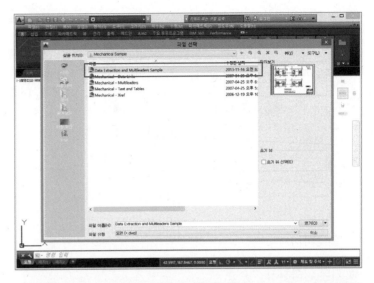

03 'Data Extraction and Multileaders Sample' 도면이 나타납니다.

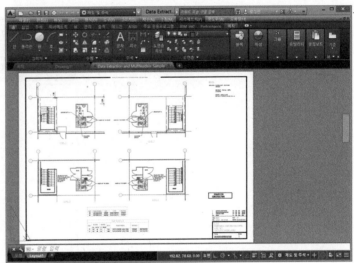

3 도면을 저장하는 [Save] 명령어

[Save] 명령어는 작성한 도면을 저장할 수 있으며 저장하면 입력한 파일 이름 뒤에 'DWG 형식'의 확장자가 따라붙습니다. 작성한 도면을 저장하려면 명령어 입력창에 [Save] 명령어를 입력하고 [다른 이름으로 도면 저장] 대화 상자가 나타나면 파일 이름을 입력한 후, [저장]을 클릭합니다. 또한 이미 저장한 도면을 다른 파일 이름으로 저장하려면 명령어 입력창에 [Saveas] 명령어를 입력하고 [다른 이름으로 도면 저장] 대화 상자가 나타나면 다른 파일 이름을 입력한 후, [저장]을 클릭합니다.

(1) 명령어 입력 방법

[Save] 명령어	
메뉴 막대	파일→저장/다른 이름으로 저장
아이콘 (신속 접근 도구 막대)	저장(💾)/다른 이름으로 저장(💾)
명령어	Save(저장)/Saveas(다른 이름으로 저장)
단축키	Ctrl+S(저장)/Ctrl+Shift+S(다른 이름으로 저장)

(2) 명령어 사용 방법

명령 : Save [Enter]
[다른 이름으로 도면 저장] 대화 상자가 나타나면 [저장 위치]와 [파일 이름]을 지정한 후, [저장]을 클릭합니다.

(3) 실습하기

● 기본 실습하기

01 명령어 입력창에 [Save] 명령어를 입력합니다.

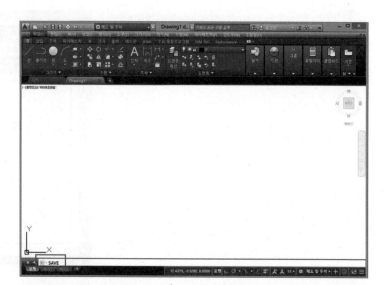

02 [다른 이름으로 도면 저장] 대화 상자가 나타나면 저장하고자 하는 경로를 지정하고 [파일 이름]창에 'Test' 파일 이름을 입력한 후, [저장]을 클릭합니다.

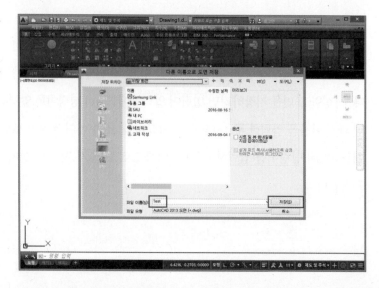

> **💡 TIP**   저장 속도를 빠르게 하는 방법
>
> 도면을 작성하고 파일 이름을 입력하여 [Save] 명령어에 의해서 저장한 후, 다시 저장한 도면을 불러와 수정을 하고 다시 저장할 때, 파일 이름이 이전 파일 이름과 동일하다면 [Qsave] 명령어에 의해서 저장하는 것이 바람직합니다. 왜냐하면 [Qsave] 명령어로 저장하면 파일 이름을 다시 입력하지 않아도 되고 이전 파일과 동일한 파일 이름으로 저장함으로써 작업 속도에 영향을 주지 않기 때문입니다.

4 작업을 종료하는 [Exit] 명령어

[종료] 명령어는 실행하고 있는 오토캐드 프로그램을 종료할 때 사용합니다. 명령어 입력창에 [Exit] 명령어를 입력하면 작업 도면을 저장하거나 저장하지 않고 종료할 수 있으며 종료를 원하지 않으면 취소할 수도 있습니다.

(1) 명령어 입력 방법

[Exit] 명령어	
메뉴 막대	파일→종료
명령어	Exit
단축키	Ctrl+Q

(2) 명령어 사용 방법

> **명령 : Exit** [Enter]
> [AutoCAD] 대화 상자가 나타난 후, 작성한 도면을 저장하고 종료하려면 '예', 저장하지 않고 종료하려면 '아니오', 종료를 원하지 않으면 '취소'를 클릭합니다.

(3) 실습하기

● 기본 실습하기

01 명령어 입력창에 [Exit] 명령어를 입력합니다.

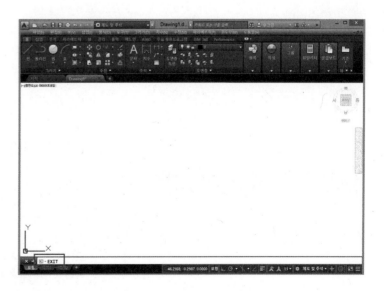

02 [AutoCAD] 대화 상자가 나타난 후, 작성한 도면을 저장하고 종료를 원하면 '예', 저장하지 않고 종료를 원하면 '아니오', 종료를 원하지 않으면 '취소'를 클릭합니다.

2.2 도면 한계 설정하기

1 도면 한계를 설정하는 [Limits] 명령어

도면을 작성할 때 가장 먼저 해야 할 작업은 도면 한계를 설정하는 것입니다. [Limits] 명령어는 작성하고자 하는 도면의 크기에 따라서 도면 한계를 설정할 수 있습니다.

도면 작성 전, 출력 용지 크기에 맞추어 도면 한계를 설정하면 도면을 출력하고자 할 때 출력 용지에 맞게 도면을 출력할 수 있습니다.

일반적으로 도면 한계를 설정할 때 왼쪽-아래쪽은 원점을 지정하고 오른쪽-위쪽은 사용자가 원하는 크기를 지정하면 됩니다. 도면 한계를 지정하고 난 후, 설정한 내용을 화면상에 적용하기 위해서는 [Zoom] 명령어 중 [All] 옵션을 실행합니다.

(1) 명령어 입력 방법

[Limits] 명령어	
메뉴 막대	형식→도면 한계
명령어	Limits

(2) 명령어 사용 방법

명령 : Limits Enter
모형 공간 한계 재설정 :
왼쪽 아래 구석 지정 또는 [켜기(ON)/끄기(OFF)] <0.0000,0.0000> : 0,0 Enter
작업 도면의 '왼쪽-아래쪽'을 지정합니다.
오른쪽 위 구석 지정 <12.0000,9.0000> : 12,9 Enter
작업 도면의 '오른쪽-위쪽'을 지정합니다.

(3) 실습하기

● 기본 실습하기

01 명령어 입력창에 [Limits] 명령어를 입력합니다.

> **명령 : Limits** Enter
> 모형 공간 한계 재설정 :
> 도면 한계를 설정하기 위해서 [Limits] 명령을 입력합니다.

02 도면의 왼쪽-아래쪽에 '0,0' 을 입력합니다.

> 왼쪽 아래 구석 지정 또는 [켜기(ON)/끄기(OFF)]
> ⟨0.0000,0.0000⟩ : 0,0 Enter
> 작업 도면의 '왼쪽-아래쪽'에 '0,0'을 입력합니다.

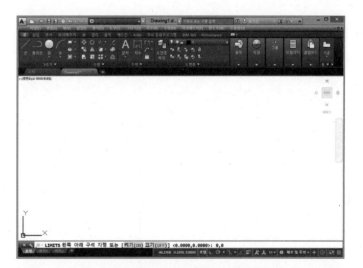

03 도면의 오른쪽-위쪽에 '297,210' 을 입력합니다.

> 오른쪽 위 구석 지정 ⟨12.0000,9.0000⟩ : 297,210 Enter
> 작업 도면의 '오른쪽-위쪽'에 '297,210'을 입력합니다.

TIP   도면 한계에 따른 출력 용지 크기

도면 작성 전, 도면 한계를 출력 용지의 크기에 맞추어 지정한다면 작성 도면을 확대하거나 축소할 필요 없이 정확한 출력이 가능합니다. 따라서 각 도면 한계에 맞는 출력 용지를 지정하는 것은 매우 중요합니다.

출력 용지	크기(단위 : mm)	출력 용지	크기(단위 : mm)
A0	1,189×841	A6	148×105
A1	841×594	A7	105×74
A2	594×420	A8	74×52
A3	420×297	A9	52×37
A4	297×210	A10	37×26
A5	210×148	B판도 B0~B10까지 있음	

3 CHAPTER

화면 설정 명령어 학습하기

3.1 선 그리기에 의한 좌표 시스템 이해하기

1 선을 그리는 [Line] 명령어

도면은 수많은 직선과 곡선으로 이루어진 가운데, 직선을 표현하는 [Line] 명령어는 도면을 작성하는 가장 기본적인 명령어라고 할 수 있습니다. 선을 표현하는 방식으로는 크게 절대 좌표, 상대 좌표 및 상대 극좌표로 나눌 수 있습니다.

(1) 명령어 입력 방법

[Line] 명령어	
메뉴 막대	그리가→선
명령어	Line
단축 명령어	L
리본 메뉴	(홈)탭→(그리기)패널→선(✏) ([제도 및 주석] 작업공간)
	(홈)탭→(그리기)패널→선(✏) ([3D 기본 사항] 작업공간)
	(홈)탭→(그리기)패널→선(✏) ([3D 모델링] 작업공간)

> **TIP**
>
> 리본 메뉴의 경우, 화면 하단에 있는 [상태 표시 막대]의 [작업공간 전환] 아이콘을 클릭하여 [제도 및 주석], [3D 기본 사항] 및 [3D 모델링] 작업공간으로 전환할 수 있습니다.

2 절대 좌표로 선 그리기

절대 좌표는 원점을 기준으로 위치를 지정하는 좌표 방식으로, 좌표를 나타내는 방법 중에서 가장 기본적인 좌표 시스템입니다. 위치를 지정할 때 원점인 '0,0'을 기준으로 X축의 좌표값과 Y축의 좌표값을 입력하는 방식입니다.

(1) 절대 좌표 입력 방법

절대 좌표	
절대 좌표 입력 방법	X축의 좌표값, Y축의 좌표값

(2) 절대 좌표 사용 방법

명령 : Line ⏎
첫 번째 점 지정 : 4,3 ⏎
첫 번째 점을 입력합니다.
다음 점 지정 또는 [명령 취소(U)] : 8,3 ⏎
두 번째 점을 입력합니다.

(3) 실습하기

● 기본 실습하기

01 [Limits] 명령어로 도면 한계를 설정하고 설정한 도면 한계를 도면에 적용하기 위해서 [Zoom] 명령어를 입력합니다.

명령 : Limits Enter
모형 공간 한계 재설정 :
왼쪽 아래 구석 지정 또는 [켜기(ON)/끄기(OFF)] ⟨0.0000,0.0000⟩ : 0,0 Enter
작업 도면의 '왼쪽-아래쪽'에 '0,0'을 입력합니다.
오른쪽 위 구석 지정 ⟨12.0000,9.0000⟩ : 12,9 Enter
작업 도면의 '오른쪽-위쪽'에 '12,9'를 입력합니다.

명령 : Zoom Enter
윈도우 구석 지정, 축척 비율(nX 또는 nXP) 입력 또는 [전체(A)/중심(C)/동적(D)/범위(E)/이전(P)/축척(S)/윈도우(W)/객체(O)] ⟨실시간⟩: A Enter
모형 재생성 중.
[Limits] 명령어에 의해서 지정한 도면 한계를 화면에 적용하기 위해서 [Zoom] 명령어의 [전체] 옵션을 입력합니다.

02 [Line] 명령어에 의해서 절대 좌표로 'P1'에 '4,3'을 입력합니다.

명령 : Line Enter
첫 번째 점 지정 : 4,3 Enter
절대 좌표에 의해서 'P1'에 '4,3'을 입력합니다.

03 절대 좌표에 의해서 'P2' 부터 'P4' 까지 좌표를 입력합니다.

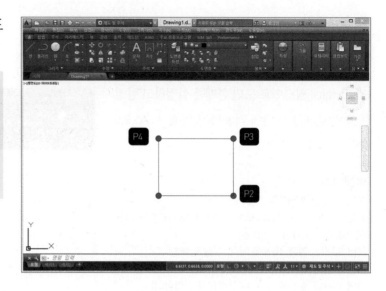

다음 점 지정 또는 [명령 취소(U)] : 8,3 Enter
절대 좌표에 의해서 'P2'에 '8,3'을 입력합니다.
다음 점 지정 또는 [명령 취소(U)] : 8,6 Enter
절대 좌표에 의해서 'P3'에 '8,6'을 입력합니다.
다음 점 지정 또는 [닫기(C)/명령 취소(U)] : 4,6 Enter
절대 좌표에 의해서 'P4'에 '4,6'을 입력합니다.
다음 점 지정 또는 [닫기(C)/명령 취소(U)] : C Enter

3 상대 좌표로 선 그리기

상대 좌표는 가장 마지막 입력한 좌표를 원점으로 설정하고, X축으로의 이동 거리와 Y축으로의 이동 거리를 입력합니다. 가장 마지막 입력한 좌표를 원점으로 설정하기 위해서는 'X축으로의 이동 거리, Y축으로의 이동 거리' 입력값 앞에 '@' 를 입력합니다.

(1) 상대 좌표 입력 방법

상대 좌표	
상대 좌표 입력 방법	@ X축으로의 이동 거리, Y축으로의 이동 거리

(2) 상대 좌표 사용 방법

명령 : Line Enter
첫 번째 점 지정 : 3,2 Enter
첫 번째 점을 입력합니다.
다음 점 지정 또는 [명령 취소(U)] : @6,0 Enter
두 번째 점을 입력하는데, 첫 번째 점을 원점으로 설정하기 위해서 '@'를 입력 후, 'X축으로의 이동 거리, Y축으로의 이동거리'를 입력합니다.

(3) 실습하기

● 기본 실습하기

01 [Limits] 명령어로 도면 한계를 설정하고 설정한 도면 한계를 도면에 적용하기 위해서 [Zoom] 명령어를 입력합니다.

명령 : Limits [Enter]
모형 공간 한계 재설정 :
왼쪽 아래 구석 지정 또는 [켜기(ON)/끄기(OFF)]
⟨0.0000,0.0000⟩ : 0,0 [Enter]
작업 도면의 '왼쪽-아래쪽'에 '0,0'을 입력합니다.
오른쪽 위 구석 지정 ⟨12.0000,9.0000⟩ : 12,9 [Enter]
작업 도면의 '오른쪽-위쪽'에 '12,9'를 입력합니다.

명령 : Zoom [Enter]
윈도우 구석 지정, 축척 비율(nX 또는 nXP) 입력 또는
[전체(A)/중심(C)/동적(D)/범위(E)/이전(P)/축척
(S)/윈도우(W)/객체(O)] ⟨실시간⟩ : A [Enter]
모형 재생성 중.

[Limits] 명령어에 의해서 설정한 도면 한계를 화면에 적용하기 위해서 [Zoom] 명령어의 [전체] 옵션을 입력합니다.

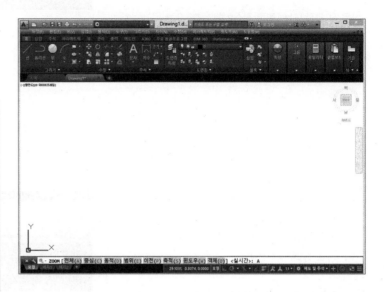

02 [Line] 명령어에 의해서 절대 좌표로 'P1'에 '3,2'를 입력합니다.

명령 : Line [Enter]
첫 번째 점 지정 : 3,2 [Enter]
절대 좌표에 의해서 'P1'에 '3,2'를 입력합니다.

03 상대 좌표에 의해서 'P1' 으로부터 오른쪽으로 '6' 만큼 이동하여 'P2' 에 도달합니다.

> 다음 점 지정 또는 [명령 취소(U)] : @6,0 [Enter]
> 'P1'인 '3,2'로부터 상대 좌표인 '@6,0'을 입력함으로써 'P2'인 '9,2'로 이동합니다.

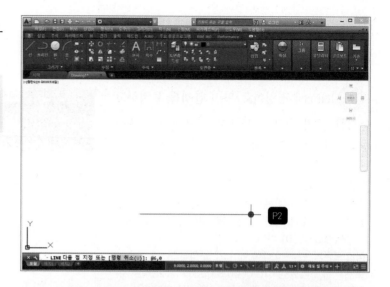

04 상대 좌표에 의해서 'P2' 로부터 위쪽으로 '4' 만큼 이동하여 'P3' 에 도달합니다.

> 다음 점 지정 또는 [명령 취소(U)] : @0,4 [Enter]
> 'P2'인 '9,2'로부터 상대 좌표인 '@0,4'를 입력함으로써 'P3'인 '9,6'으로 이동합니다.

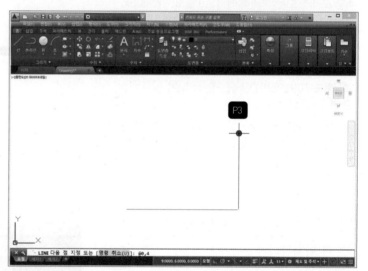

05 상대 좌표에 의해서 'P3' 로부터 왼쪽으로 '3', 아래쪽으로 '2' 만큼 이동하여 'P4' 에 도달합니다.

> 다음 점 지정 또는 [닫기(C)/명령 취소(U)] : @-3,-2 [Enter]
> 'P3'인 '9,6'으로부터 상대 좌표인 '@-3,-2'를 입력함으로써 'P4'인 '6,4'로 이동합니다.

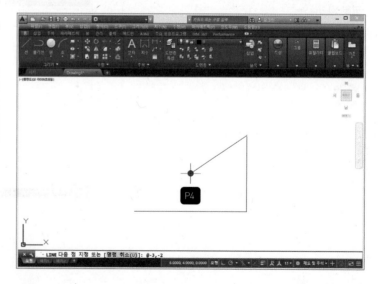

06 상대 좌표에 의해서 'P4'로부터 왼쪽으로 '3', 위쪽으로 '2' 만큼 이동하여 'P5'에 도달합니다.

다음 점 지정 또는 [닫기(C)/명령 취소(U)] : @-3,2 Enter
'P4'인 '6,4'로부터 상대 좌표인 '@-3,2'를 입력함으로써 'P5'인 '3,6'으로 이동합니다.

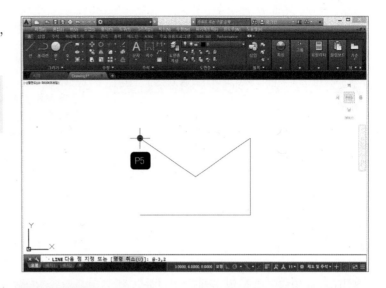

07 상대 좌표에 의해서 'P5'로부터 아래쪽으로 '4' 만큼 이동하여 'P6'에 도달합니다.

다음 점 지정 또는 [닫기(C)/명령 취소(U)] : @0,-4 Enter
다음 점 지정 또는 [닫기(C)/명령 취소(U)] : Enter
'P5'인 '3,6'으로부터 상대 좌표인 '@0,-4'를 입력함으로써 'P6'인 '3,2'로 이동합니다.

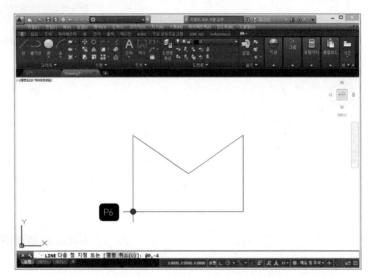

> **TIP** @의 역할
>
> 영어로는 앳 사인(At Sign) 또는 앳(At)이라고 읽으며 @의 모양 때문에 한국에서는 흔히 골뱅이라고 부릅니다. '@'는 좌표 시스템에서 상대 좌표와 상대 극좌표를 입력할 때 '@'가 있는 좌표를 원점인 '0,0'으로 인식하게 하는 역할을 합니다.

4 상대 극좌표로 선 그리기

상대 극좌표는 가장 마지막 입력한 좌표를 원점으로 설정하고, 이동 거리와 이동 각도를 입력합니다. 가장 마지막 입력한 좌표를 원점으로 설정하기 위해서는 '@' 를 이동 거리와 이동 각도 앞에 입력합니다.

(1) 상대 극좌표 입력 방법

상대 극좌표	
상대 극좌표 입력 방법	@ 이동 거리<이동 각도

(2) 상대 극좌표 사용 방법

명령 : Line [Enter]
첫 번째 점 지정 : 3,2 [Enter]
첫 번째 점을 입력합니다.
다음 점 지정 또는 [명령 취소(U)] : @6<0 [Enter]
두 번째 점까지 선을 그리기 위해서 '@를 입력 후, 이동 거리, 이동 각도'를 입력합니다.

(3) 실습하기

● 기본 실습하기

01 [Limits] 명령어로 도면 한계를 설정하고 설정한 도면 한계를 도면에 적용하기 위해서 [Zoom] 명령어를 입력합니다.

명령 : Limits [Enter]
모형 공간 한계 재설정 :
왼쪽 아래 구석 지정 또는 [켜기(ON)/끄기(OFF)]
⟨0.0000,0.0000⟩ : 0,0 [Enter]
작업 도면의 '왼쪽-아래쪽'에 '0,0'을 입력합니다.
오른쪽 위 구석 지정 ⟨12.0000,9.0000⟩ : 12,9 [Enter]
작업 도면의 '오른쪽-위쪽'에 '12,9'를 입력합니다.

명령 : Zoom [Enter]
윈도우 구석 지정, 축척 비율(nX 또는 nXP) 입력 또는
[전체(A)/중심(C)/동적(D)/범위(E)/이전(P)/축척(S)/윈도우(W)/객체(O)] ⟨실시간⟩: A [Enter]
모형 재생성 중.
[Limits] 명령어에 의해서 설정한 도면 한계를 화면에 적용하기 위해서 [Zoom] 명령어의 [전체] 옵션을 입력합니다.

02 [Line] 명령어에 의해서 'P1'에 절대 좌표로 '5,2'를 입력합니다.

> **명령 : Line** Enter
> 첫 번째 점 지정 : 5,2 Enter
> 절대 좌표에 의해서 'P1'에 '5,2'를 입력합니다.

03 상대 극좌표에 의해서 'P1'으로부터 오른쪽으로 '2'만큼 이동하여 'P2'에 도달합니다.

> 다음 점 지정 또는 [명령 취소(U)] : @2<0 Enter
> 'P1'인 '5,2'로부터 상대 극좌표인 '@2<0'을 입력함으로 써 'P2'인 '7,2'로 이동합니다.

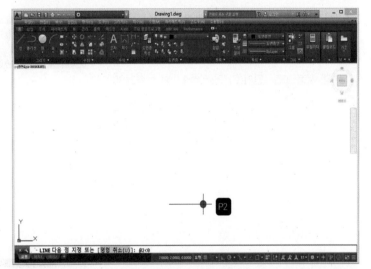

04 상대 극좌표에 의해서 'P2'로부터 위쪽으로 '2'만큼 이동하여 'P3'에 도달합니다.

> 다음 점 지정 또는 [명령 취소(U)] : @2<90 Enter
> 'P2'인 '7,2'로부터 상대 극좌표인 '@2<90'을 입력함으 로써 'P3'인 '7,4'로 이동합니다.

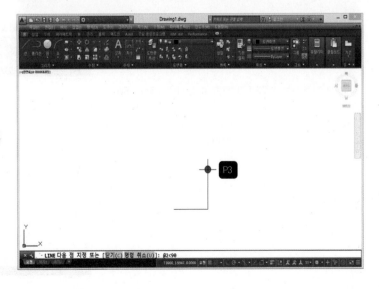

05 상대 극좌표에 의해서 'P3' 로부터 오른쪽으로 '2' 만큼 이동하여 'P4' 에 도달합니다.

다음 점 지정 또는 [닫기(C)/명령 취소(U)] : @2⟨0 Enter
'P3'인 '7,4'로부터 상대 극좌표인 '@2⟨0'을 입력함으로써 'P4'인 '9,4'로 이동합니다.

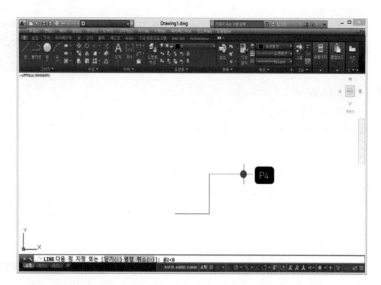

06 상대 극좌표에 의해서 'P4' 로부터 위쪽으로 '2' 만큼 이동하여 'P5' 에 도달합니다.

다음 점 지정 또는 [닫기(C)/명령 취소(U)] : @2⟨90 Enter
'P4'인 '9,4'로부터 상대 극좌표인 '@2⟨90'을 입력함으로써 'P5'인 '9,6'으로 이동합니다.

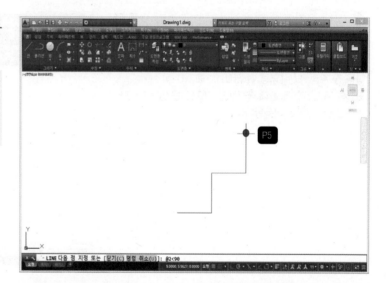

07 상대 극좌표에 의해서 'P5' 로부터 왼쪽으로 '6' 만큼 이동하여 'P6' 에 도달합니다.

다음 점 지정 또는 [닫기(C)/명령 취소(U)] : @6⟨180 Enter
'P5'인 '9,6'으로부터 상대 극좌표인 '@6⟨180'을 입력함으로써 'P6'인 '3,6'으로 이동합니다.

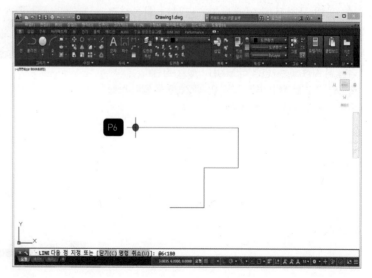

08 상대 극좌표에 의해서 'P6' 으로부터 아래쪽으로 '2' 만큼 이동하여 'P7' 에 도달합니다.

다음 점 지정 또는 [닫기(C)/명령 취소(U)] : @2<270 [Enter]
'P6'인 '3,6'으로부터 상대 극좌표인 '@2<270'을 입력함으로써 'P7'인 '3,4'로 이동합니다.

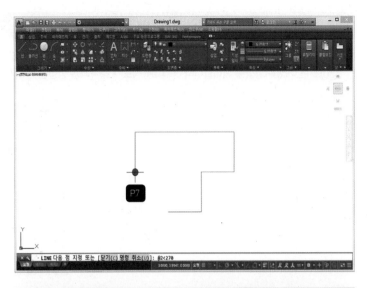

09 상대 극좌표에 의해서 'P7' 로부터 오른쪽으로 '2' 만큼 이동하여 'P8' 에 도달합니다.

다음 점 지정 또는 [닫기(C)/명령 취소(U)] : @2<0 [Enter]
'P7'인 '3,4'로부터 상대 극좌표인 '@2<0'을 입력함으로써 'P8'인 '5,4'로 이동합니다.

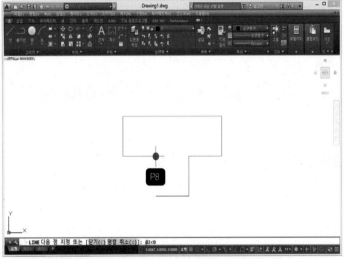

10 상대 극좌표에 의해서 'P8' 로부터 아래쪽으로 '2' 만큼 이동하여 'P9' 에 도달합니다.

다음 점 지정 또는 [닫기(C)/명령 취소(U)] : @2<270 [Enter]
다음 점 지정 또는 [닫기(C)/명령 취소(U)] : [Enter]
'P8'인 '5,4'로부터 상대 극좌표인 '@2<270'을 입력함으로써 'P9'인 '5,2'로 이동합니다.

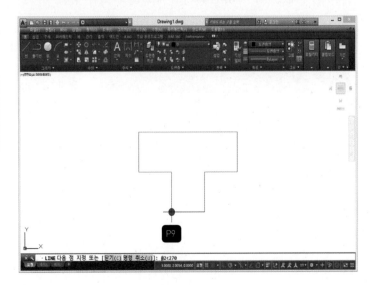

TIP 상대 극좌표에서 이동 각도의 방향

상대 극좌표에서 이동 각도의 방향은 일반적인 직교 좌표계와 동일합니다. '0도'는 오른쪽 방향, '90도'는 위쪽 방향, '180도'는 왼쪽 방향, '270도'는 아래쪽 방향을 의미합니다. 즉 이동 각도가 증가하는 방향은 반시계방향(Counter Clock Wise : CCW)임을 알 수 있습니다.

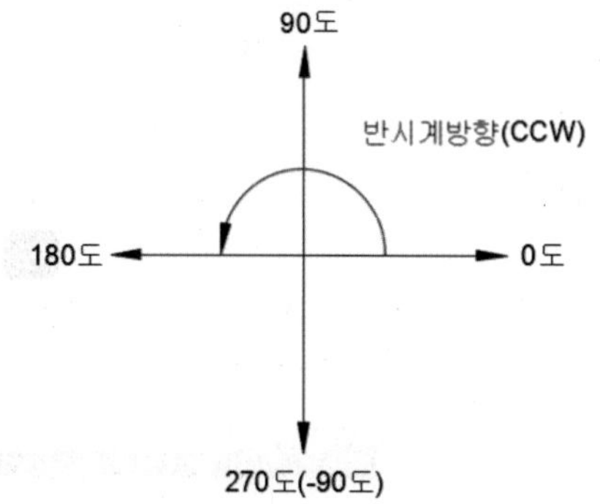

3.2 화면 크기 조절과 화면 이동하기

1 화면 크기를 조절하는 [Zoom] 명령어

[Zoom] 명령어는 화면 내에서 도면이 너무 작게 표시되어 도면 내에 있는 각각의 요소가 어떤 상태인지 파악이 힘들 경우, 화면 크기를 크게 확대할 수 있습니다. 또한 화면 내에서 도면이 너무 크게 표시되어 도면 내에 있는 전체 요소를 전부 볼 수 없을 경우, 화면 크기를 축소할 수 있습니다.

(1) 명령어 입력 방법

[Zoom] 명령어	
메뉴 막대	뷰→줌
명령어	Zoom
단축 명령어	Z/마우스 휠 회전
아이콘(탐색 막대)	줌 실시간(±Q)

(2) 명령어 사용 방법

명령 : Zoom Enter
윈도우 구석 지정, 축척 비율(nX 또는 nXP) 입력 또는
[전체(A)/중심(C)/동적(D)/범위(E)/이전(P)/축척(S)/윈도우(W)/객체(O)] <실시간> : A Enter
원하는 옵션의 영문자를 입력합니다.

(3) 옵션 설명

옵션	설명
전체(A)	도면 전체를 표시하고 Limits에 의해서 설정한 도면 영역을 화면에 적용합니다.
중심(C)	도면에 클릭한 점을 중심으로, 입력한 높이값에 의해서 도면이 확대되고 축소됩니다. 높이값이 작을수록 도면은 확대되고, 클수록 도면은 축소됩니다.
동적(D)	직사각형 뷰 상자를 사용하여 도면을 확대합니다. 뷰 상자는 연두색, 파란색, 검정색으로 구성되며 연두색 뷰 상자는 바로 전, 사용자가 보고 있었던 화면 영역이고, 파란색 뷰 상자는 Limits 영역을 나타냅니다. 검정색 뷰 상자는 크기와 위치 조절이 자유자재이며 마우스의 왼쪽 버튼을 한번 클릭하면 뷰 상자의 크기를 조절할 수 있고 마우스의 왼쪽 버튼을 또 다시 한번 클릭하면 뷰 상자를 이동시킬 수 있으며 마지막으로 마우스의 오른쪽 버튼을 클릭하면 ×표시가 있는 부분을 중심으로 도면을 확대할 수 있습니다.
범위(E)	도면의 객체를 화면상에 최대로 표시합니다.
이전(P)	이전에 보았던 화면을 순차적으로 표시합니다. 이전 화면은 최대 10회까지 볼 수 있습니다.
축척(S)	숫자를 입력하여 화면을 확대하거나 축소할 수 있습니다. 도면을 처음 불러와 2배로 확대하고자 할 때는 2나 2X를 입력하면 되지만, 2배로 확대한 도면을 다시 2배로 확대하고자 할 때에는 반드시 2X를 입력해야 합니다.
윈도우(W)	사각형 선택 상자를 만들어 원하는 부분을 확대할 수 있습니다. 단, 'W'를 입력하지 않아도 [윈도우] 옵션 기능을 동일하게 수행합니다.
객체(O)	선택한 객체를 중심으로 확대할 수 있습니다.
실시간	마우스 휠을 위로 움직이면 화면을 확대, 아래로 움직이면 화면을 축소할 수 있습니다.

(4) 실습하기

● [중심] 옵션 실습하기

01 아래의 예제 파일을 불러옵니다.

예제 파일 : Part01\Chapter03\3-2\1\Zoom(중심)

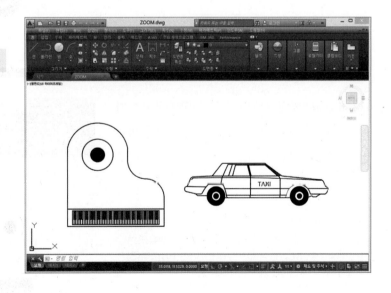

02 [Zoom] 명령어를 입력한 후, 화면상에 클릭한 점을 중심으로 화면을 확대하거나 축소하기 위해서 [중심] 옵션을 지정합니다. 기존 화면보다 2배 정도 확대하기 위해서 '100'을 입력합니다.

> **명령 : Zoom** Enter
> 윈도우 구석 지정, 축척 비율(nX 또는 nXP) 입력 또는
> [전체(A)/중심(C)/동적(D)/범위(E)/이전(P)/축척
> (S)/윈도우(W)/객체(O)] ⟨실시간⟩ : C Enter
> [중심] 옵션을 지정하기 위해서 'C'를 입력합니다.
> 중심점 지정 : P1 클릭
> 중심점에 'P1'을 지정합니다.
> 배율 또는 높이 입력 ⟨211.5360⟩ : 100 Enter
> 기존 화면보다 약 2배 정도 확대하기 위해서 '100'을 입력합니다.

03 'P1'을 화면의 중심으로 하여 기존 화면보다 약 2배 정도 확대되어 보입니다. [중심] 옵션의 [배율 또는 높이 입력]을 입력할 때, 화면상에 표시된 ⟨ ⟩보다 큰 값을 입력하면 화면은 축소되지만, ⟨ ⟩보다 작은 값을 입력하면 화면은 확대됩니다.

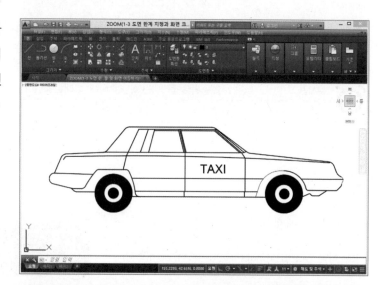

● [전체] 옵션 실습하기

01 [Zoom] 명령어를 입력한 후, 화면에 보이지 않는 부분을 포함하여 도면 전체를 화면에 보이게 하기 위해서 [전체] 옵션을 지정합니다. 화면 전체가 보입니다.

> **명령 : Zoom** Enter
> 윈도우 구석 지정, 축척 비율(nX 또는 nXP) 입력 또는
> [전체(A)/중심(C)/동적(D)/범위(E)/이전(P)/축척(S)/
> 윈도우(W)/객체(O)] ⟨실시간⟩ : A Enter
> 도면 전체를 보이게 하기 위해서 [전체] 옵션인 'A'를 입력합니다.

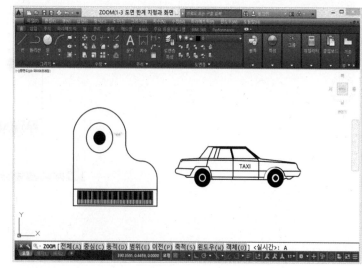

● [윈도우] 옵션 실습하기

01 [Zoom] 명령어를 입력한 후, [윈도우] 옵션을 지정하고 특정 부분을 대각선으로 클릭하여 확대합니다. [윈도우] 옵션은 'W'를 입력하는 것이 원칙이지만, 'W'를 입력하지 않아도 [윈도우] 옵션을 실행할 수 있습니다.

명령 : Zoom [Enter]
윈도우 구석 지정, 축척 비율(nX 또는 nXP) 입력 또는
[전체(A)/중심(C)/동적(D)/범위(E)/이전(P)/축척(S)/윈도우(W)/객체(O)] 〈실시간〉 : W [Enter]
특정 부분을 확대하기 위해서 [윈도우] 옵션인 'W'를 입력합니다.
첫 번째 구석 지정 : P1 클릭
한쪽 구석에 'P1'을 클릭합니다.
반대 구석 지정 : P2 클릭
다른 한쪽 구석에 'P2'를 클릭합니다.

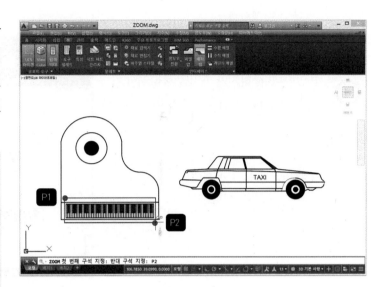

02 특정 부분이 확대됩니다.

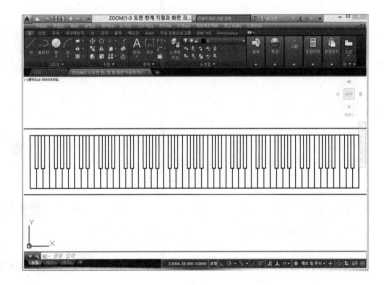

● [이전] 옵션 실습하기

01 [Zoom] 명령어를 입력한 후, [이전] 옵션을 지
정합니다. 바로 이전 단계의 화면으로 되돌아가는
것을 알 수 있습니다. 하지만 파일을 불러와서 처
음 화면이면 이전 단계로 되돌아갈 수 없습니다.

> **명령 : Zoom** Enter
> 윈도우 구석 지정, 축척 비율(nX 또는 nXP) 입력 또는
> [전체(A)/중심(C)/동적(D)/범위(E)/이전(P)/축척
> (S)/윈도우(W)/객체(O)] 〈실시간〉: P Enter
> 이전 단계의 화면으로 되돌아가기 위해서 [이전] 옵션인
> 'P'를 입력합니다.

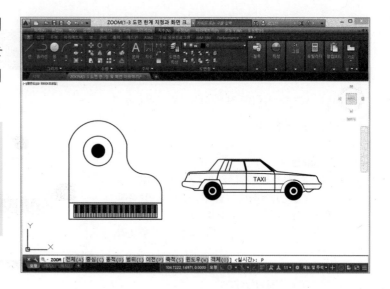

● [객체] 옵션 실습하기

01 [Zoom] 명령어를 입력한 후, 화면상에 있는
자동차를 확대하기 위해서 [객체] 옵션을 사용하
여 자동차를 클릭합니다.

> **명령 : Zoom** Enter
> 윈도우 구석 지정, 축척 비율(nX 또는 nXP) 입력 또는
> [전체(A)/중심(C)/동적(D)/범위(E)/이전(P)/축척
> (S)/윈도우(W)/객체(O)] 〈실시간〉: O Enter
> 화면상의 자동차를 중심으로 확대하기 위해서 [객체] 옵
> 션인 'O'를 입력합니다.
> 객체 선택 : P1 클릭
> 객체인 'P1'을 클릭합니다.
> 객체 클릭 : Enter

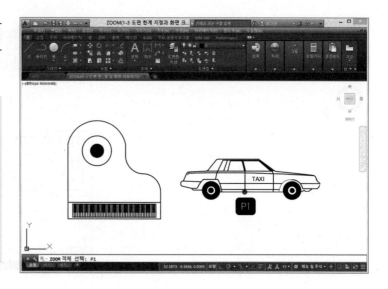

02 자동차가 화면상에 꽉 차게 보입니다.

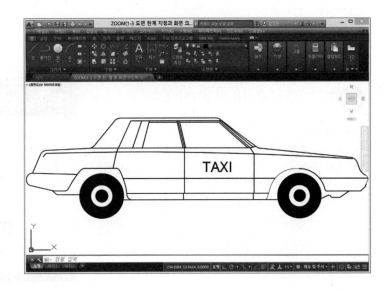

● [범위] 옵션 실습하기

01 [Zoom] 명령어를 입력한 후, [범위] 옵션을 지정합니다. [범위] 옵션은 [Limits] 범위에 상관없이 화면에 있는 객체를 화면상에 최대로 표시할 수 있습니다.

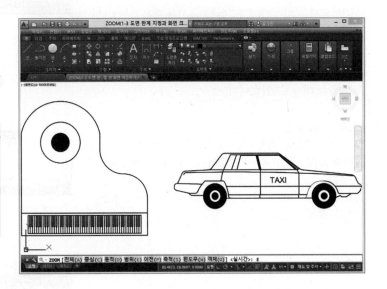

> **명령 : Zoom** Enter
> 윈도우 구석 지정, 축척 비율(nX 또는 nXP) 입력 또는
> [전체(A)/중심(C)/동적(D)/범위(E)/이전(P)/축척
> (S)/윈도우(W)/객체(O)] 〈실시간〉 : E Enter
> 객체를 화면상에 최대로 표시하기 위해서 [범위] 옵션인
> 'E'를 입력합니다.

● [동적] 옵션 실습하기

01 [Zoom] 명령어를 입력한 후, 화면 전체를 보이게 하기 위해서 [전체] 옵션을 지정합니다.

> **명령 : Zoom** [Enter]
> 윈도우 구석 지정, 축척 비율(nX 또는 nXP) 입력 또는 [전체(A)/중심(C)/동적(D)/범위(E)/이전(P)/축척(S)/윈 도우(W)/객체(O)] 〈실시간〉 : A [Enter]
> 도면 전체를 보이게 하기 위해서 [전체] 옵션인 'A'를 입력합 니다.

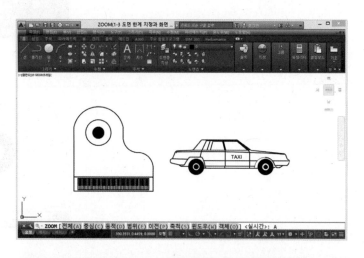

02 [Zoom] 명령어를 입력한 후, 원하는 부분을 자유자 재로 움직일 수 있는 화면창을 사용해 확대하기 위해서 [동적] 옵션을 지정합니다. [동적] 옵션을 사용하면 이전 화면 영역을 확인할 수 있고 새로운 화면 영역을 자유자 재로 크기를 조절할 수 있는 화면창을 사용하여 원하는 부분을 확대할 수 있습니다.

> **명령 : Zoom** [Enter]
> 윈도우 구석 지정, 축척 비율(nX 또는 nXP) 입력 또는 [전체(A)/중심(C)/동적(D)/범위(E)/이전(P)/축척(S)/윈 도우(W)/객체(O)] 〈실시간〉 : D [Enter]
> 움직일 수 있는 화면창을 사용해 확대하기 위해서 [동적] 옵션 인 'D' 옵션을 입력합니다.

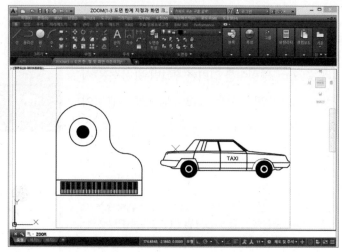

03 확대하고자 하는 범위를 조절하기 위해서 마우 스의 왼쪽 버튼을 클릭하여 검정색 뷰 상자의 크기를 조절합니다. 'X' 표시가 없어지면서 검정색 뷰 상자의 크기 조절이 가능해집니다. 뷰 상자의 크기가 피아노 를 전부 포함하도록 조절하고 마우스의 오른쪽 버튼 을 클릭합니다.

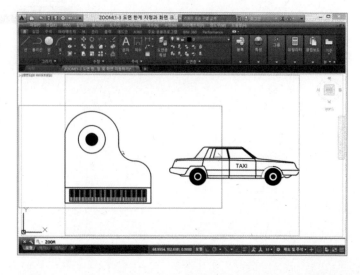

04 화면과 같이 피아노 부분이 전부 표시되며 확대
됩니다.

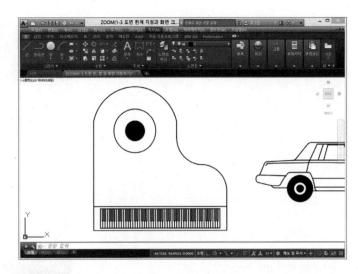

● [축적] 옵션 실습하기

01 [Zoom] 명령어를 입력한 후, 화면 전체를 보이게
하기 위해서 [전체] 옵션을 지정합니다.

명령 : Zoom [Enter]
윈도우 구석 지정, 축척 비율(nX 또는 nXP) 입력 또는
[전체(A)/중심(C)/동적(D)/범위(E)/이전(P)/축척(S)/윈
도우(W)/객체(O)] 〈실시간〉 : A [Enter]
모형 재생성 중.
도면 전체를 보이게 하기 위해서 [전체] 옵션인 'A'를 입력합
니다.

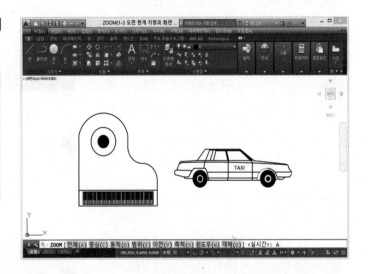

02 [Zoom] 명령어를 입력한 후, 도면의 원본을 2배
로 확대하고자 [축척] 옵션에 의해서 '2'를 입력하면
도면 원본이 2배로 확대됩니다.

명령 : Zoom [Enter]
윈도우 구석 지정, 축척 비율(nX 또는 nXP) 입력 또는
[전체(A)/중심(C)/동적(D)/범위(E)/이전(P)/축척(S)/윈
도우(W)/객체(O)] 〈실시간〉 : S [Enter]
도면 원본인 현재의 화면을 확대하기 위해서 [축척] 옵션인
'S'를 입력합니다.
축척 비율 입력 (nX 또는 nXP) : 2 [Enter]
현재의 화면을 2배로 확대하기 위해서 '2'를 입력합니다.

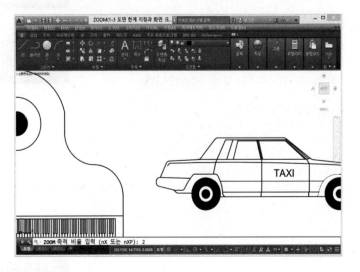

03 확대한 현재 화면을 다시 2배로 확대하기 위해서 [Zoom] 명령어를 입력한 후, [축척] 옵션에 의해 [축척 비율 입력]에 '2X' 를 입력합니다. 여기서 [축척 비율 입력]에 '2' 를 입력하면 현재 화면이 확대되지 않습니다.

> **명령 : Zoom** Enter
> 윈도우 구석 지정, 축척 비율(nX 또는 nXP) 입력 또는
> [전체(A)/중심(C)/동적(D)/범위(E)/이전(P)/축척(S)/
> 윈도우(W)/객체(O)] 〈실시간〉 : S Enter
> 현재의 화면을 확대하기 위해서 [축척] 옵션인 'S'를 입력
> 합니다.
> 축척 비율 입력 (nX 또는 nXP) : 2X Enter
> 현재의 화면을 2배로 확대하기 위해서 '2X'를 입력합니다.

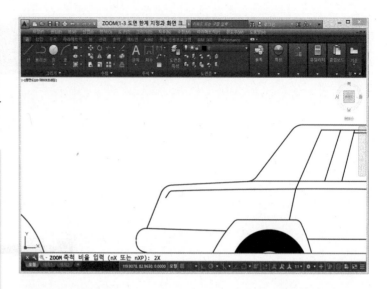

04 현재 화면을 절반으로 축소하기 위해서 [Zoom] 명령어를 입력한 후, [축척] 옵션을 지정하지 않고 직접 '0.5X' 를 입력합니다. [축척] 옵션을 지정해서 확대나 축소해야 하지만, [축척] 옵션을 지정하지 않고 직접 축적 비율을 입력하여도 확대나 축소가 가능합니다.

> **명령 : Zoom** Enter
> 윈도우 구석 지정, 축척 비율(nX 또는 nXP) 입력 또는
> [전체(A)/중심(C)/동적(D)/범위(E)/이전(P)/축척(S)/
> 윈도우(W)/객체(O)] 〈실시간〉 : 0.5X Enter
> 현재 화면을 절반으로 축소하기 위해 '0.5X'를 입력합니다.

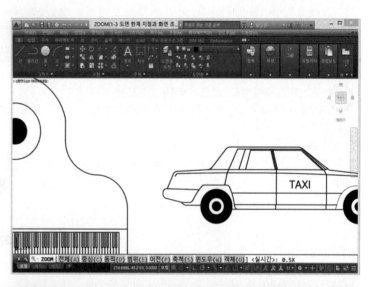

05 만약 현재 화면이 아니라 도면의 원본을 절반으로 축소하기 위해서 [Zoom] 명령어를 입력한 후, '0.5X' 가 아닌 '0.5' 를 입력합니다.

> **명령 : Zoom** Enter
> 윈도우 구석 지정, 축척 비율(nX 또는 nXP) 입력 또는
> [전체(A)/중심(C)/동적(D)/범위(E)/이전(P)/축척
> (S)/윈도우(W)/객체(O)] 〈실시간〉 : 0.5 Enter
> 도면의 원본을 절반으로 축소하기 위해서 '0.5'를 입력합
> 니다.

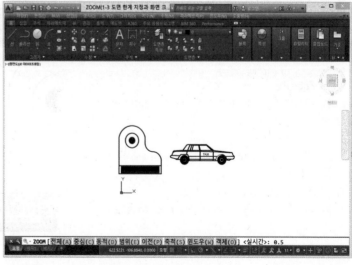

● [실시간] 옵션 실습하기

01 [Zoom] 명령어를 입력한 후, [실시간] 옵션에 의해서 마우스 휠을 움직여서 간편하게 도면을 확대나 축소할 수 있습니다. 우선 현재 화면을 확대하기 위해서 마우스 휠을 위로 움직입니다.

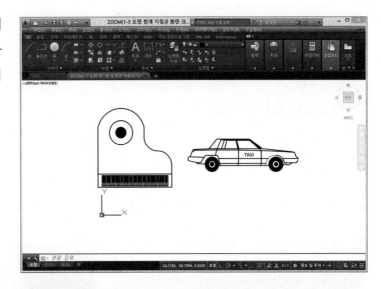

02 반대로 현재 화면을 축소하기 위해서 마우스 휠을 아래로 움직입니다.

> **⚠ TIP** [축척] 옵션 중 2와 2X의 차이
>
> 도면의 원본을 2배로 확대하기 위해서는 축척 비율에 '2'를 입력하면 됩니다. 하지만 여러 번의 확대나 축소를 거친 최종 화면을 2배로 확대하기 위해서는 축척 비율에 '2X'를 입력해야 합니다.

2 좌표 변화 없이 도면을 이동하는 [Pan] 명령어

[Pan] 명령어는 작성자가 도면을 원하는 부분으로 이동시키고자 할 때 사용합니다. 도면을 이동한다고 하더라도 좌표 값은 변하지 않습니다.

(1) 명령어 입력 방법

[Pan] 명령어	
메뉴 막대	뷰→초점 이동
명령어	Pan
단축 명령어	P/마우스 휠을 누른 채 이동
아이콘(탐색 메뉴)	초점 이동 실시간(🖐)

(2) 명령어 사용 방법

명령 : Pan [Enter]
ESC 또는 ENTER 키를 눌러 종료하거나 오른쪽 클릭하여 바로 가기 메뉴를
표시하십시오.
[Pan] 명령에 의해서 도면을 이동한 후, 명령을 종료하려면 'ESC'나 'ENTER'
를 누르거나 '마우스의 오른쪽 버튼'을 클릭한 후, '종료'를 클릭합니다.

(3) 실습하기

● 기본 실습하기

01 아래의 예제 파일을 불러옵니다.

예제 파일 : Part01\Chapter03\3-2\2\Pan(기본)

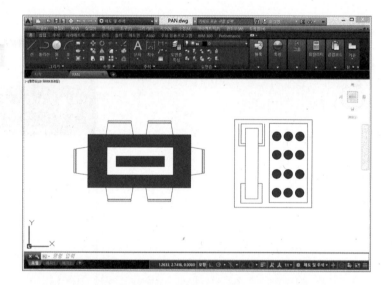

02 [Pan] 명령어를 사용하여 전화기의 다이얼
부분을 화면상의 중앙에 위치시킵니다.

명령 : Pan [Enter]
ESC 또는 ENTER 키를 눌러 종료하거나 오른쪽 클릭하
여 바로 가기 메뉴를 표시하십시오.
[Pan] 명령에 의해서 전화기의 다이얼 부분을 화면상의
중앙에 위치시킨 후, 'ESC'나 'ENTER' 또는 '마우스의
오른쪽 버튼'을 클릭하고 '종료'를 클릭합니다.

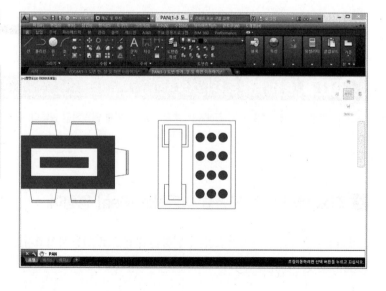

3.3 지우기, 명령 취소 및 명령 복구하기

1 객체를 지우는 [Erase] 명령어

[Erase] 명령어는 필요 없는 객체를 선택하여 지울 수 있으며 지우는 방법은 지울 대상 객체를 마우스로 한 개씩 클릭하거나, 드래그하여 선택 상자를 만들어 한꺼번에 지울 수 있습니다.

(1) 명령어 입력 방법

[Erase] 명령어	
메뉴 막대	수정→지우기
명령어	Erase
단축 명령어	E
리본 메뉴	(홈) 탭→(수정) 패널→지우기(✎) ([제도 및 주석] 작업공간)
	(홈) 탭→(수정) 패널→지우기(✎) ([3D 기본 사항] 작업공간)
	(홈) 탭→(수정) 패널→지우기(✎) ([3D 모델링] 작업공간)

(2) 명령어 사용 방법

명령 : Erase ⏎
객체 선택 : 지울 객체를 클릭하거나 마우스로 드래그하고 선택 상자를 만들어 한꺼번에 지웁니다.
객체 선택 : ⏎

(3) 옵션 설명

옵션	설명
점을 예상	객체를 마우스로 하나씩 선택하여 지웁니다.
윈도우(W)	사각형 선택 상자를 만들어 객체를 선택할 때 왼쪽에서 오른쪽으로 선택하여 지웁니다. 이때 선택 상자 안에 완전히 포함된 객체만 지워집니다. 'W'를 지정하지 않아도 [윈도우(W)] 옵션과 동일하게 동작합니다.
최종(L)	도면 작성 시, 마지막으로 그린 객체만 지웁니다.
걸치기(C)	사각형 선택 상자를 만들어 객체를 선택할 때 오른쪽에서 왼쪽으로 선택하여 지웁니다. 이때 선택 상자 안에 완전히 포함되거나 조금이라도 걸쳐있는 객체는 모두 지워집니다. 'C'를 지정하지 않아도 [걸치기(C)] 옵션과 동일하게 동작합니다.
상자(BOX)	[윈도우(W)] 옵션과 [걸치기(C)] 옵션을 모두 사용하여 객체를 지웁니다.
모두(ALL)	모든 객체를 한꺼번에 선택하여 지웁니다.
울타리(F)	[울타리(F)] 옵션에 의해서 생성된 직선에 걸친 객체를 지웁니다.
윈도우 폴리곤(WP)	다각형 선택 상자를 만들어 선택 상자 안에 완전히 포함된 객체만 지워집니다.
걸침 폴리곤(CP)	다각형 선택 상자를 만들어 선택 상자 안에 완전히 포함되거나 조금이라도 걸쳐있는 객체는 모두 지워집니다.
추가(A)	[제거(R)] 옵션에 의해서 지우지 않게 된 객체를 다시 지웁니다.
제거(R)	지우려고 선택한 객체를 지우지 않도록 선택 해제합니다.

옵션	설명
이전(P)	바로 이전 단계에 선택한 객체들을 지웁니다.
명령 취소(U)	바로 이전 단계에 지우기 위해서 선택한 객체들에 대해서 [지우기] 명령을 취소합니다.
자동(AU)	단일 객체의 선택과 [상자(BOX)] 옵션을 사용한 객체를 모두 사용할 수 있습니다.
단일(SI)	객체 한 개를 지운 후, 명령을 종료합니다.

(4) 실습하기

● [점을 예상] 옵션 실습하기

01 아래의 예제 파일을 불러옵니다.

예제 파일 : Part01\Chapter03\3-3\1\Erase(점을 예상)

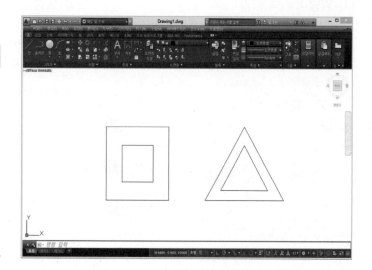

02 [Erase] 명령어를 입력한 후, 객체의 'P1'을 클릭합니다.

명령 : Erase 〔Enter〕
객체 선택 : P1 클릭
'P1'을 클릭합니다.

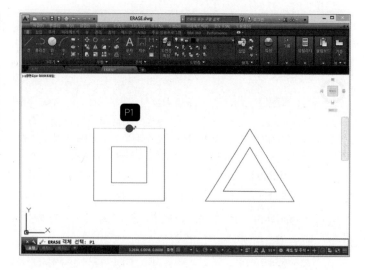

03 사각형의 1개 모서리가 지워집니다.

> **객체 선택 :** Enter
> 사각형의 1개 모서리가 지워집니다.

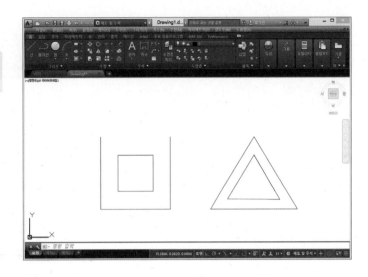

● [윈도우] 옵션 실습하기

01 예제 파일 'Part01\Chapter03\3-3\1\ Erase(점을 예상)' 을 다시 불러옵니다.

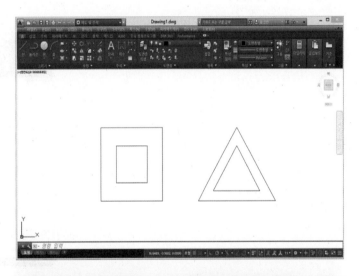

02 [Erase] 명령어를 입력한 후, 'P1' 에서 'P2' 와 같이 왼쪽에서 오른쪽으로 드래그합니다.

> **명령 : Erase** Enter
> 객체 선택 : P1 클릭   반대 구석 지정 : P2 클릭   2개를 찾음
> 왼쪽인 'P1'에서 오른쪽인 'P2'로 드래그하여 2개의 객체를
> 선택합니다.

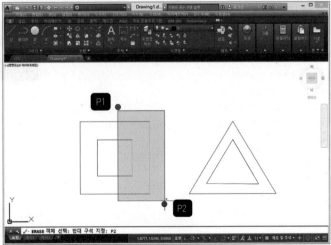

03 선택 상자 내에 완전히 포함된 사각형의 2개 모
서리가 지워집니다.

> **객체 선택 : Enter**
> 사각형의 2개 모서리가 지워집니다.

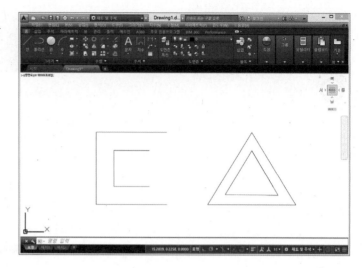

● [걸치기] 옵션 실습하기

01 예제 파일 'Part01\Chapter03\3-3\1\ Erase(점을
예상)' 을 다시 불러옵니다.

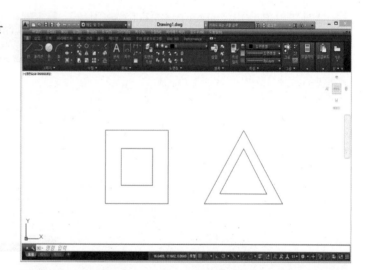

02 [Erase] 명령어를 입력한 후, 'P1' 에서 'P2' 와 같
이 오른쪽에서 왼쪽으로 드래그합니다.

> **명령 : Erase Enter**
> 객체 선택 : P1 클릭   반대 구석 지정 : P2 클릭   6개를 찾음
> 오른쪽인 'P1'에서 왼쪽인 'P2'로 드래그하여 6개의 객체를
> 선택합니다.

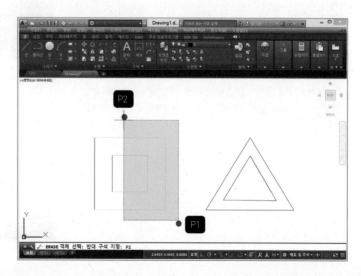

03 선택 상자 내에 완전히 포함되거나 걸쳐있는 사각형의 6개 모서리가 지워집니다.

객체 선택 : Enter
사각형의 6개 모서리가 지워집니다.

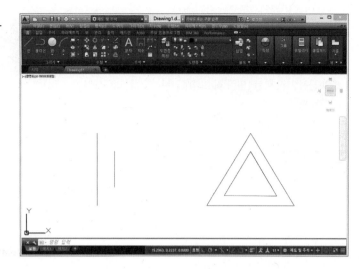

● [윈도우 폴리곤] 옵션 실습하기

01 예제 파일 'Part01\Chapter03\3-3\1\ Erase(점을 예상)' 을 다시 불러옵니다.

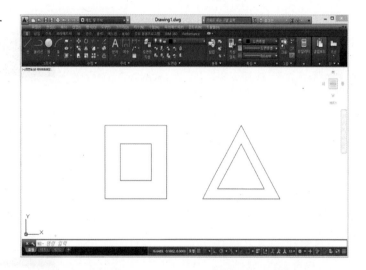

02 [Erase] 명령어를 입력하고 [윈도우 폴리곤] 옵션을 사용하기 위하여 'WP' 를 입력한 후, 'P1' 부터 'P4' 까지 드래그합니다.

명령 : Erase Enter
객체 선택 : WP Enter
[윈도우 폴리곤] 옵션을 사용하기 위해서 'WP'를 입력합니다.
첫 번째 폴리곤 점 또는 선택/끌기 커서 : P1 클릭
선의 끝점 지정 또는 [명령 취소(U)] :
선의 끝점 지정 또는 [명령 취소(U)] : P2 클릭
선의 끝점 지정 또는 [명령 취소(U)] : P3 클릭
선의 끝점 지정 또는 [명령 취소(U)] : P4 클릭
'P1'부터 'P4'까지 드래그하여 2개의 객체를 선택합니다.

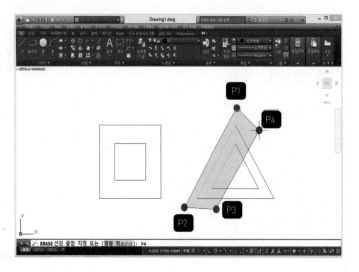

03 선택 상자 내에 완전히 포함된 삼각형의 2개 모서리가 지워집니다.

선의 끝점 지정 또는 [명령 취소(U)] : Enter
2개를 찾음
삼각형의 2개 모서리가 선택됩니다.
객체 선택 : Enter
삼각형의 2개 모서리가 지워집니다.

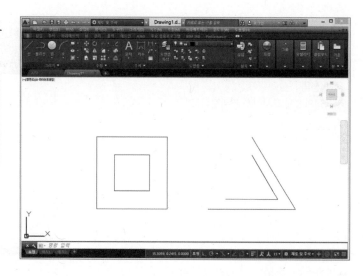

● [걸침 폴리곤] 옵션 실습하기

01 예제 파일 'Part01\Chapter03\3-3\1\ Erase(점을 예상)' 을 다시 불러옵니다.

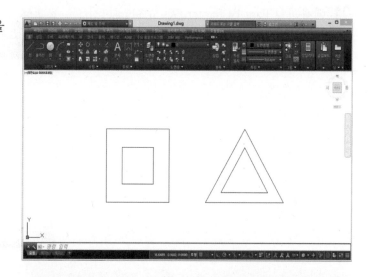

02 [Erase] 명령어를 입력하고 [걸침 폴리곤] 옵션을 사용하기 위하여 'CP' 를 입력한 후, 'P1' 부터 'P4' 까지 드래그합니다.

명령 : Erase Enter
객체 선택 : CP Enter
[걸침 폴리곤] 옵션을 사용하기 위해서 'CP'를 입력합니다.
첫 번째 폴리곤 점 또는 선택/끝기 커서 : P1 클릭
선의 끝점 지정 또는 [명령 취소(U)] :
선의 끝점 지정 또는 [명령 취소(U)] : P2 클릭
선의 끝점 지정 또는 [명령 취소(U)] : P3 클릭
선의 끝점 지정 또는 [명령 취소(U)] : P4 클릭
'P1'부터 'P4'까지 드래그하여 6개의 객체를 선택합니다.

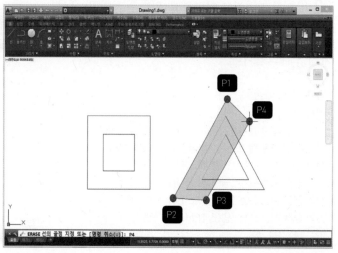

03 선택 상자 내에 완전히 포함되거나 걸쳐있는 삼각
형의 6개 모서리가 지워지면서 삼각형이 사라집니다.

> **선의 끝점 지정 또는 [명령 취소(U)] :** Enter
> **6개를 찾음**
> 삼각형의 6개 모서리가 선택됩니다.
> **객체 선택 :** Enter
> 삼각형의 6개 모서리가 지워집니다.

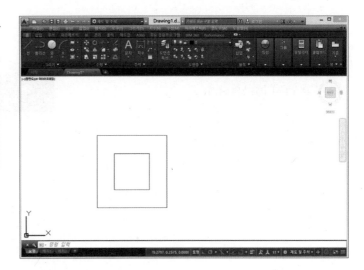

● [모두] 옵션 실습하기

01 예제 파일 'Part01\Chapter03\3-3\1\ Erase(점을
예상)' 을 다시 불러옵니다.

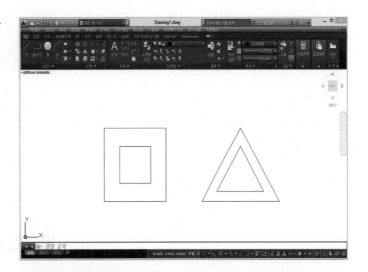

02 [Erase] 명령어를 입력하고 [모두] 옵션을 지정
하기 위하여 'All' 을 입력합니다. 객체 전체가 지워집
니다.

> **명령 : Erase** Enter
> **객체 선택 : All** Enter
> [모두] 옵션을 지정하기 위해서 'All'을 입력합니다.
> **14개를 찾음**
> **객체 선택 :** Enter
> 객체 전체가 지워집니다.

● [최종] 옵션 실습하기

01 예제 파일 'Part01\Chapter03\3-3\1\ Erase(점을 예상)' 을 다시 불러옵니다.

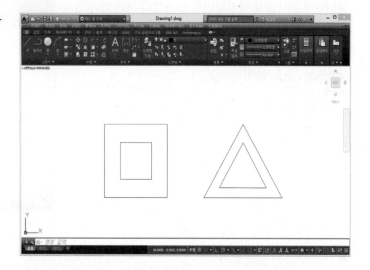

02 [Erase] 명령어를 입력하고 [최종] 옵션을 지정하기 위하여 'L' 을 입력합니다. 도면 작성 시, 가장 나중에 작성한 모서리가 지워집니다.

명령 : Erase Enter
객체 선택 : L Enter
[최종] 옵션을 지정하기 위해서 'L'을 입력합니다.
1개를 찾음
객체 선택 : Enter
도면 작성시, 최종으로 작성한 모서리가 지워집니다.

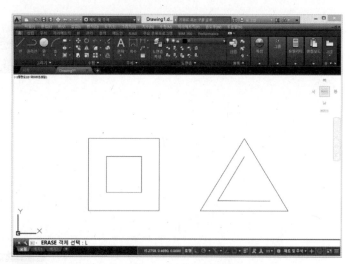

● [제거] 옵션과 [추가] 옵션 실습하기

01 예제 파일 'Part01\Chapter03\3-3\1\ Erase(점을 예상)' 을 다시 불러옵니다.

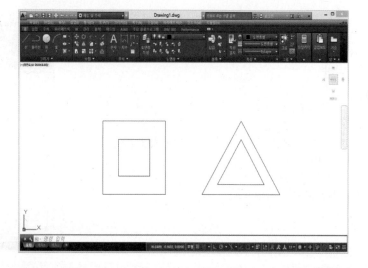

02 [Erase] 명령어를 입력한 후, 왼쪽인 'P1' 에서 오른쪽인 'P2' 로 드래그합니다.

> **명령 : Erase** Enter
> **객체 선택 : P1 클릭   반대 구석 지정 : P2 클릭   2개를 찾음**
> 왼쪽인 'P1'에서 오른쪽인 'P2'로 드래그하여 2개의 객체를 선택합니다.

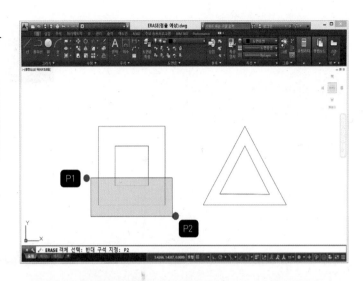

03 선택 상자 내에 완전히 포함된 사각형의 2개 모서리 중 1개 모서리는 지우지 않기 위해서 [제거] 옵션인 'R' 을 입력한 후, 지우지 않을 객체를 지정합니다.

> **객체 선택 : R** Enter
> [제거] 옵션인 'R'을 입력합니다.
> **객체 제거 : P1 클릭   1개를 찾음, 1개 제거됨, 총 1개**
> 'P1'을 클릭하여 'P1'을 지우는 것에서 제외하였습니다.

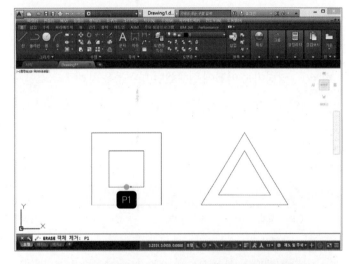

04 지우는 것에서 제외한 'P1' 을 다시 지우기 위해서 [추가] 옵션인 'A' 를 입력한 후, 지울 객체를 다시 지정합니다.

> **객체 제거 : A** Enter
> [추가] 옵션인 'A'를 입력합니다.
> **객체 선택 : P1 클릭   1개를 찾음, 총 2개**
> 'P1'을 클릭하여 'P1'을 다시 지우고자 합니다.

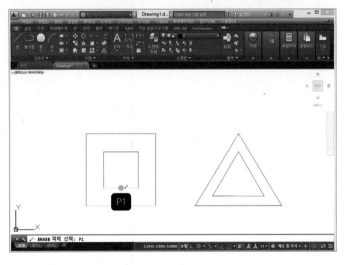

05 '[Enter]' 를 쳐서 명령을 종료합니다. 사각형의 2개 모서리가 지워집니다.

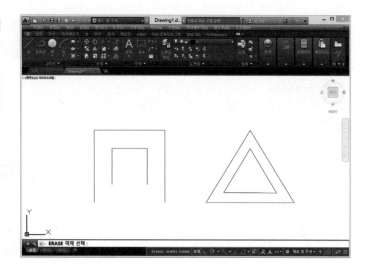

> 객체 선택 : [Enter]
> 사각형의 2개 모서리가 지워집니다.

2 명령을 취소하는 [Undo] 명령어

[Undo] 명령어는 이전에 실행했던 명령들을 차례로 취소할 수 있습니다. 취소하는 순서는 가장 최근에 실행했던 명령어를 제일 처음으로 취소하는 방식으로써, 전에 실행했던 명령만큼 명령을 취소할 수 있습니다.

(1) 명령어 입력 방법

[Undo] 명령어	
메뉴 막대	편집→명령 취소
명령어	Undo
단축 명령어	U
아이콘(신속 접근 도구 막대)	↩ ▾

(2) 명령어 사용 방법

> **명령 : Undo** [Enter]
> 전에 실행했던 명령을 취소합니다.

(3) 실습하기

●기본 실습하기

01 아래의 예제 파일을 불러옵니다.

예제 파일 : Part01\Chapter03\3-3\2\Undo, Redo(기본)

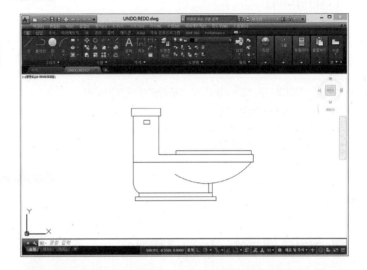

02 [Erase] 명령어를 입력한 후, 차례로 'P1', 'P2',
'P3'을 클릭합니다.

명령 : Erase Enter
객체 선택 : P1 클릭   1개를 찾음
객체 선택 : P2 클릭   1개를 찾음, 총 2개
객체 선택 : P3 클릭   1개를 찾음, 총 3개
'P1', 'P2', 'P3'을 차례로 클릭합니다.

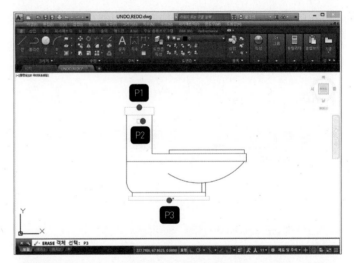

03 'Enter'를 쳐서 명령을 종료합니다. 'P1', 'P2', 'P3'
이 지워집니다.

객체 선택 : Enter
'Enter'를 쳐서 명령을 종료합니다.

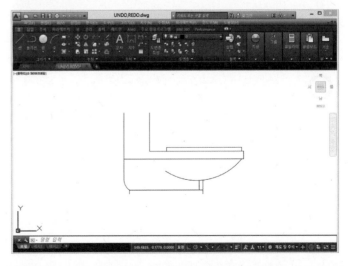

04 지워진 'P1', 'P2', 'P3'을 다시 나타나게 하기 위하여 [Undo] 명령어를 입력합니다. 지워진 부분이 다시 나타납니다.

> **명령 : Undo** [Enter]
> 현재 설정 : 자동 = 켜기, 조정 = 전체, 결합 = 예, 도면층 = 예
> 취소할 작업의 수 또는 [자동(A)/조정(C)/시작(BE)/끝(E)/표식(M)/뒤(B)] 입력 〈1〉 : [Enter]
> 이전 실행하였던 [Erase] 명령을 취소하기 위해서 [Undo] 명령어를 입력한 후, [Enter]를 칩니다.

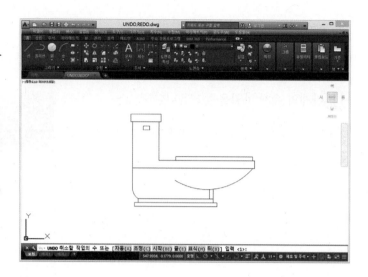

3 명령을 복구하는 [Redo] 명령어

[Redo] 명령어는 바로 이전에 [Undo]에 의해서 취소하였던 명령을 복구하기 위해서 사용합니다. [Redo] 명령어는 실행한 [Undo] 명령이 많다고 하더라도, 바로 이전의 [Undo] 명령을 한 번만 취소할 수 있습니다.

(1) 명령어 입력 방법

[Redo] 명령어	
메뉴 막대	편집→명령 복구
명령어	Redo
단축키	Ctrl+Y
아이콘(신속 접근 도구 막대)	→

(2) 명령어 사용 방법

> **명령 : Redo** [Enter]
> Erase
> 모든 것이 명령 복구됨
> [Redo] 명령에 의해서 [Undo] 명령이 취소됩니다.

(3) 실습하기

● 기본 실습하기

01 [Redo] 명령어를 입력합니다. [Undo] 명령에 의해서 나타난 'P1', 'P2', 'P3' 을 다시 지웁니다.

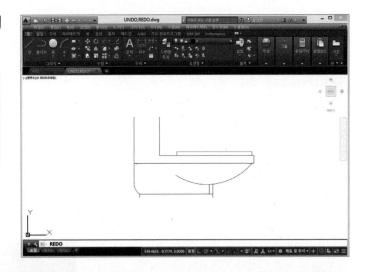

> **명령 : Redo** [Enter]
> Erase
> 모든 것이 명령 복구됨
> [Undo] 명령에 의해서 나타난 'P1', 'P2', 'P3'을, [Redo]
> 명령을 실행하여 다시 지웁니다.

⚠ TIP   [Undo] 명령어와 [Redo] 명령어의 차이

도면 작성 시 명령을 [Arc], [Circle], [Line] 순으로 실행한 후, [Undo] 명령을 실행하면, 첫 번째로 [Line] 명령어, 다시 [Undo] 명령을 실행하면 두 번째로 [Circle] 명령어, 다시 [Undo] 명령을 실행하면 세 번째로 [Arc] 명령어가 취소됩니다. 이와 같이 [Undo] 명령어는 이전에 실행하였던 순서의 역순으로 명령어 개수만큼 명령을 취소할 수 있습니다.

또한 [Arc], [Circle], [Line] 명령 순으로 도면을 작성하다가 [Circle]과 [Line] 명령을 취소하고자 [Undo] 명령을 연속해서 2번 실행하여 [Circle]과 [Line]을 지웁니다. 하지만 지운 [Circle]과 [Line]을 다시 나타나게 하기 위해서 [Redo] 명령을 연속해서 2번 실행한다고 하더라도 [Circle]과 [Line]이 전부 나타나지 않고 [Circle]만 다시 나타나게 됩니다, 이와 같이 [Redo] 명령어는 이전에 실행했던 [Undo] 명령이 많다고 하더라도 바로 이전 [Undo] 명령 하나만 실행할 수 있습니다.

3.4 그리드, 스냅 및 직교 기능 실행하기

■ 격자점을 생성하는 [Grid] 명령어

[Grid] 명령어는 화면상에 격자점을 표시하는 것으로서, 사용자 좌표계(UCS)의 전체 XY 평면에 표시되는 선이나 점으로 된 직사각형 패턴입니다. [Grid] 명령어를 사용하면 객체를 정렬하고 객체 사이의 거리를 시각화할 수 있으며 격자점은 출력되지 않습니다.

(1) 명령어 입력 방법

[Grid] 명령어	
메뉴 막대	도구→제도 설정→[제도 설정] 대화 상자의 [스냅 및 그리드] 탭
명령어	Grid
아이콘(상태 표시 막대)	그리드 모드 아이콘(▦)
기능키	F7

(2) 명령어 사용 방법

명령 : Grid Enter
그리드 간격두기(X) 지정 또는 [켜기(ON)/끄기(OFF)/스냅(S)/주(M)/가변(D)/한계(L)/따름(F)/종횡비(A)] ⟨10.0000⟩ : On Enter
원하는 옵션을 입력합니다.

(3) 실습하기

● 기본 실습하기

01 [Limits] 명령어로 도면 한계를 설정하고 설정한 도면 한계를 도면에 적용하기 위해서 [Zoom] 명령어를 입력합니다.

명령 : Limits Enter
모형 공간 한계 재설정 :
왼쪽 아래 구석 지정 또는 [켜기(ON)/끄기(OFF)] ⟨0.0000,0.0000⟩ : 0,0 Enter
작업 도면의 '왼쪽-아래쪽'에 '0,0'을 입력합니다.
오른쪽 위 구석 지정 ⟨12.0000,9.0000⟩ : 12,9 Enter
작업 도면의 '오른쪽-위쪽'에 '12,9'를 입력합니다.

명령 : Zoom Enter
윈도우 구석 지정, 축척 비율(nX 또는 nXP) 입력 또는 [전체(A)/중심(C)/동적(D)/범위(E)/이전(P)/축척(S)/윈도우(W)/객체(O)] ⟨실시간⟩ : A Enter
모형 재생성 중.
[Limits] 명령어에 의해서 지정한 도면 한계를 화면에 적용하기 위해서 [Zoom] 명령어의 [전체] 옵션을 입력합니다.

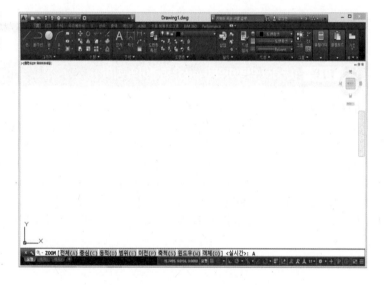

02 상태 표시 막대의 [도면 그리드 표시] 아이콘 위에 마우스를 위치한 상태에서 마우스의 오른쪽 버튼을 클릭하면 [그리드 설정]이 나타납니다. [그리드 설정]을 클릭하면 [제도 설정] 대화 상자가 나타납니다.

03 [그리드 켜기], [시트/배치]에 체크 표시를 한 후, [확인]을 클릭합니다. 보통 그리드를 표시할 때 [2D 모형 공간]을 사용하는 것이 일반적이지만 그리드가 화면상에 잘 보이지 않는 관계로 [시트/배치]를 사용하겠습니다.

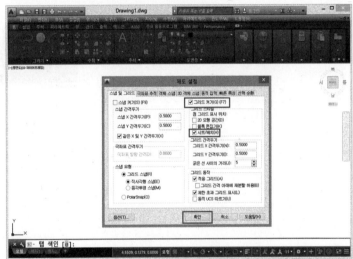

04 화면상에 그리드가 표시됩니다.

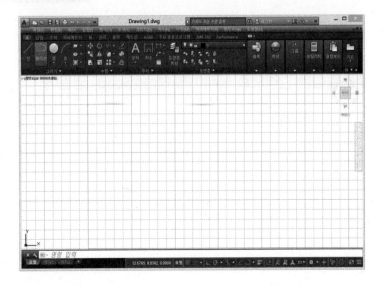

05 그리드 간격을 현재 화면의 2배로 하기 위해서, 상태 표시 막대의 [도면 그리드 표시] 아이콘 위에 마우스를 위치한 상태에서 마우스의 오른쪽 버튼을 클릭하면 [그리드 설정]이 나타납니다. [그리드 설정]을 클릭하면 [제도 설정] 대화 상자가 나타나고 [그리드 간격두기]의 [그리드 X 간격두기], [그리드 Y 간격두기]에 각각 '1'을 입력한 후, [확인]을 클릭합니다.

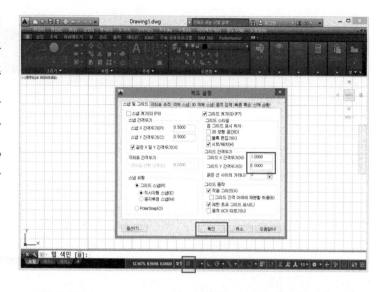

06 그리드 간격이 이전 화면의 2배로 증가하였습니다.

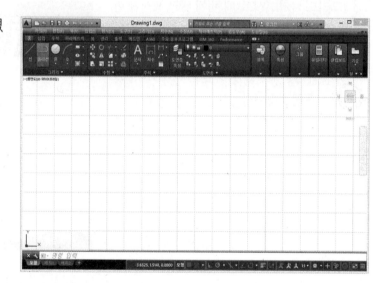

2 일정한 간격으로 움직이게 하는 [Snap] 명령어

[Snap] 명령어는 십자선 커서를 화면상에서 일정한 간격으로 움직이게 하는 것으로서, 도면 작성 시 일정한 간격을 반복적으로 그려 정확하게 좌표를 입력할 때 유용하게 쓰입니다.

(1) 명령어 입력 방법

[Snap] 명령어	
메뉴 막대	도구(T)→제도 설정(F)→[제도 설정] 대화 상자의 [스냅 및 그리드] 탭
명령어	Snap
아이콘(상태 표시 막대)	스냅 모드 아이콘(▦)
기능키	F9

(2) 명령어 사용 방법

명령 : Snap Enter
스냅 간격두기 지정 또는 [커기(ON)/끄기(OFF)/종횡비(A)/기존(L)/스타일(S)/유형(T)] ⟨10.0000⟩
: On Enter
원하는 옵션을 입력합니다.

(3) 실습하기

● 기본 실습하기

01 상태 표시 막대의 [스냅 모드] 아이콘 위에 마우스를 위치한 상태에서 마우스의 오른쪽 버튼을 클릭하면 [스냅 설정]이 나타납니다. [스냅 설정]을 클릭하면 [제도 설정] 대화 상자가 나타납니다.

02 [스냅 커기]에 체크 표시를 하고 [스냅 X 간격두기], [스냅 Y 간격두기]에 각각 '1'을 입력한 후, [확인]을 클릭합니다.

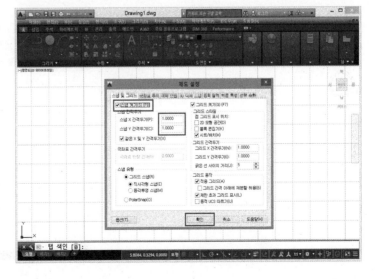

03 [Line] 명령어에 의해서 'P1' 부터 'P4' 까지 선을 그립니다. 스냅 간격을 '1' 로 지정하였으므로 간격이 '1' 인 그리드 간격과 일치하여 1칸씩 선을 그립니다.

명령 : Line Enter
첫 번째 점 지정 : P1 클릭
다음 점 지정 또는 [명령 취소(U)] : P2 클릭
다음 점 지정 또는 [명령 취소(U)] : P3 클릭
다음 점 지정 또는 [닫기(C)/명령 취소(U)] : P4 클릭
다음 점 지정 또는 [닫기(C)/명령 취소(U)] : Enter
'P1'부터 'P4'까지 선을 그립니다.

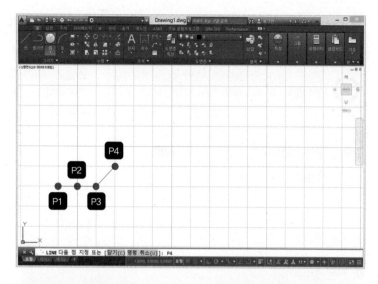

04 스냅 간격을 '2' 로 다시 지정하기 위해서, 상태 표시 막대의 [스냅 모드] 아이콘 위에 마우스를 위치한 상태에서 마우스의 오른쪽 버튼을 클릭하면 [스냅 설정]이 나타납니다. [스냅 설정]을 클릭하면 [제도 설정] 대화 상자가 나타납니다.

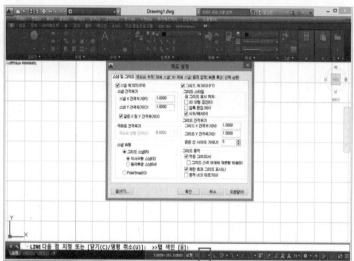

05 [스냅 X 간격두기], [스냅 Y 간격두기]에 각각 '2' 를 입력하고 [확인]을 클릭합니다.

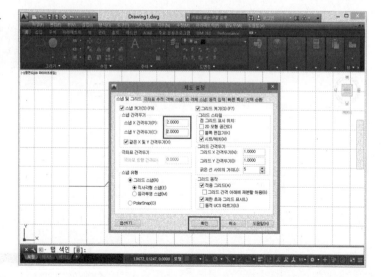

06 이전의 [Line] 명령어에 의해서 'P7' 까지 선을 그립니다. 스냅 간격을 '2' 로 지정하였으므로 간격이 '1' 인 그리드 간격을 2칸씩 이동하여 선을 그립니다.

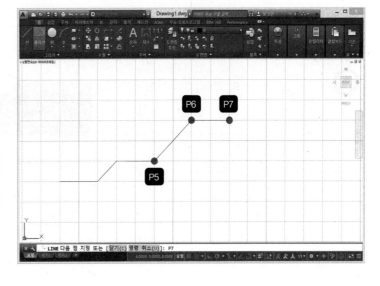

다음 점 지정 또는 [닫기(C)/명령 취소(U)] : P5 클릭
다음 점 지정 또는 [닫기(C)/명령 취소(U)] : P6 클릭
다음 점 지정 또는 [닫기(C)/명령 취소(U)] : P7 클릭
다음 점 지정 또는 [닫기(C)/명령 취소(U)] : Enter
'P7'까지 선을 그립니다.

3 수평, 수직으로 움직이게 하는 [Ortho] 명령어

[Ortho] 명령어는 십자선 커서를 화면상에서 수평, 수직으로 움직이게 하는 것으로서, 도면 작성 시 수평, 수직 도면을 그릴 때 유용하게 쓰입니다.

(1) 명령어 입력 방법

[Ortho] 명령어	
명령어	Ortho
아이콘(상태 표시 막대)	직교 모드 아이콘(📐)
기능키	F8

(2) 명령어 사용 방법

명령 : Ortho Enter
모드 입력 [켜기(ON)/끄기(OFF)] 〈끄기〉 : On Enter
원하는 옵션을 입력합니다.

(3) 실습하기

● 기본 실습하기

01 이전 [Snap] 명령어의 그림 06에 이어서 'P8'까지 선을 그립니다. 현재는 직교 모드가 아니기 때문에 'P8'까지 사선으로 선을 그릴 수 있습니다.

다음 점 지정 또는 [닫기(C)/명령 취소(U)] : P8 클릭
'P8'까지 선을 그립니다.

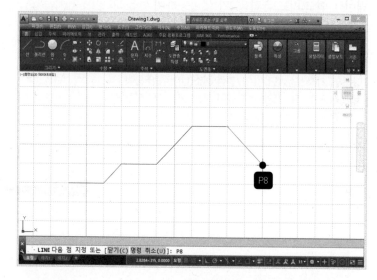

02 직교 모드를 동작하기 위해서 상태 표시 막대의 [커서를 직교로 제한] 아이콘을 클릭한 후, 선을 그립니다. 선이 수평과 수직으로만 그려집니다.

다음 점 지정 또는 [닫기(C)/명령 취소(U)] : 〈직교 켜기〉 P9 클릭
다음 점 지정 또는 [닫기(C)/명령 취소(U)] : P10 클릭
다음 점 지정 또는 [닫기(C)/명령 취소(U)] : P11 클릭
 다음 점 지정 또는 [닫기(C)/명령 취소(U)] : Enter
직교 모드를 지정한 후, 'P9'로부터 'P11'까지 선을 그립니다.

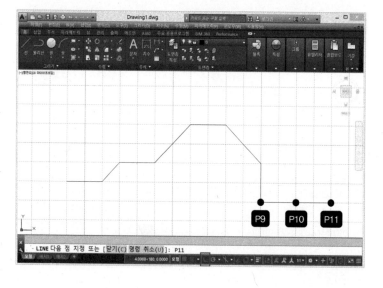

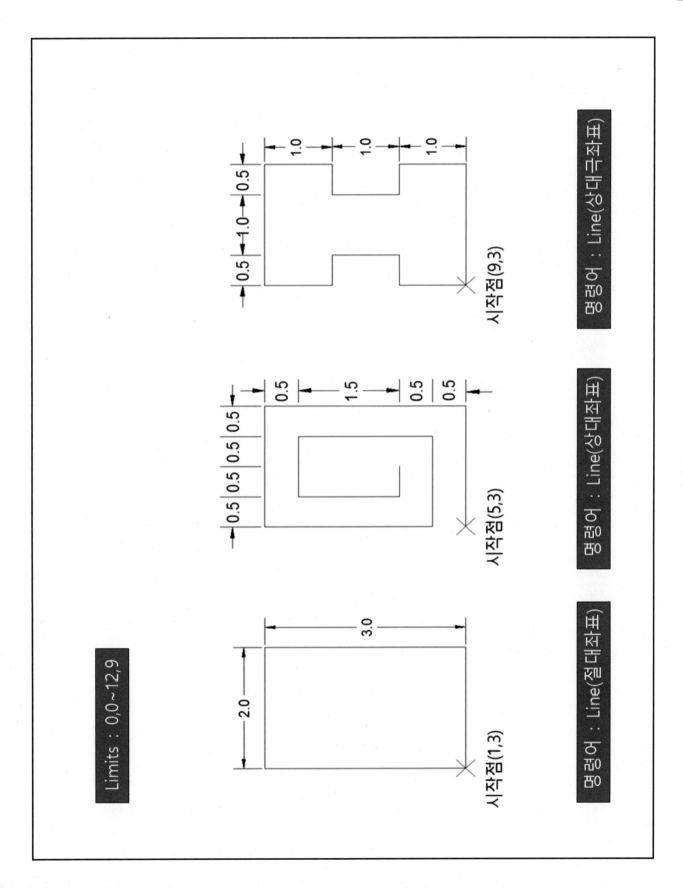

CHAPTER

4

기본적인 선과 도형 그리기

4.1 원과 호 그리기

1 원을 그리는 [Circle] 명령어

[Circle] 명령어는 중심점을 지정하고 중심점으로부터 일정한 거리에 있는 지점을 이어서 그릴 수 있습니다. 원은 [Circle] 명령어의 다양한 옵션을 사용하여 그릴 수 있는 가운데, 기본적으로 중심점, 반지름 및 지름을 사용하여 그릴 수 있습니다.

(1) 명령어 입력 방법

[Circle] 명령어	
메뉴 막대	그리기→원
명령어	Circle
단축 명령어	C
리본 메뉴	(홈) 탭→(그리기) 패널→원(⊙) ([제도 및 주석] 작업공간)
	(홈) 탭→(그리기) 패널→원(⊙) ([3D 기본 사항] 작업공간)
	(홈) 탭→(그리기) 패널→원(⊙) ([3D 모델링] 작업공간)

(2) 명령어 사용 방법

명령 : Circle ⏎
원에 대한 중심점 지정 또는 [3점(3P)/2점(2P)/Ttr – 접선 접선 반지름(T)]
: 6,4 ⏎
원의 중심점을 입력합니다.
원의 반지름 지정 또는 [지름(D)] 〈3.0000〉 : 2 ⏎
원의 반지름을 입력합니다.

(3) 옵션 설명

옵션	설명
중심점, 반지름	원의 중심점을 입력 후, 반지름을 입력하여 원을 그립니다.
중심점, 지름	원의 중심점을 입력 후, 지름을 입력하여 원을 그립니다.
2점	2점을 지정하여 원을 그립니다. 2점은 원의 지름이 됩니다.
3점	3점을 지정하여 원을 그립니다.
접선, 접선, 반지름	2개의 물체에 접하면서 반지름을 입력하여 원을 그립니다.
접선, 접선, 접선	3개의 물체에 접하는 원을 그립니다.

(4) 실습하기

● [중심점, 반지름] 옵션 실습하기

01 [Limits] 명령어로 도면 한계를 설정하고 설정한 도면 한계를 도면에 적용하기 위해서 [Zoom] 명령어를 입력합니다.

> **명령 : Limits** [Enter]
> 모형 공간 한계 재설정 :
> 왼쪽 아래 구석 지정 또는 [켜기(ON)/끄기(OFF)]
> ⟨0.0000,0.0000⟩ : 0,0 [Enter]
> 작업 도면의 '왼쪽-아래쪽'에 '0,0'을 입력합니다.
> 오른쪽 위 구석 지정 ⟨12.0000,9.0000⟩ : 420,297 [Enter]
> 작업 도면의 '오른쪽-위쪽'에 '420,297'을 입력합니다.
>
> **명령 : Zoom** [Enter]
> 윈도우 구석 지정, 축척 비율(nX 또는 nXP) 입력 또는
> [전체(A)/중심(C)/동적(D)/범위(E)/이전(P)/축척
> (S)/윈도우(W)/객체(O)] ⟨실시간⟩ : A [Enter]
> 모형 재생성 중.
> [Limits] 명령어에 의해서 지정한 도면 한계를 화면에 적용하기 위해서 [Zoom] 명령어의 [전체] 옵션을 입력합니다.

02 [Circle] 명령어를 입력한 후, 원의 중심점을 지정합니다.

> **명령 : Circle** [Enter]
> 원에 대한 중심점 지정 또는 [3점(3P)/2점(2P)/Ttr -
> 접선 접선 반지름(T)] : 100,150 [Enter]
> 원의 중심점인 'P1'에 '100,150'을 입력합니다.

03 원의 반지름을 입력합니다.

> 원의 반지름 지정 또는 [지름(D)] : 80 Enter
> 원의 반지름에 '80'을 입력합니다.

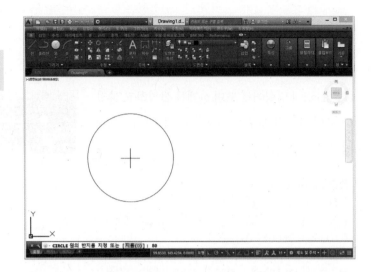

● [중심점, 지름] 옵션 실습하기

01 [Circle] 명령어를 입력한 후, 원의 중심점을 지정합니다.

> **명령 : Circle** Enter
> 원에 대한 중심점 지정 또는 [3점(3P)/2점(2P)/Ttr − 접선 접선 반지름(T)] : 320,150 Enter
> 원의 중심점인 'P1'에 '320,150'을 입력합니다.

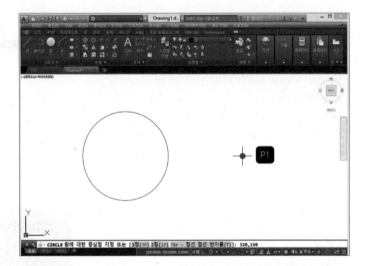

02 [지름] 옵션을 지정하기 위해서 'D'를 입력합니다.

> 원의 반지름 지정 또는 [지름(D)] ⟨80.0000⟩ : D Enter
> [지름] 옵션을 지정하기 위해서 'D'를 입력합니다.

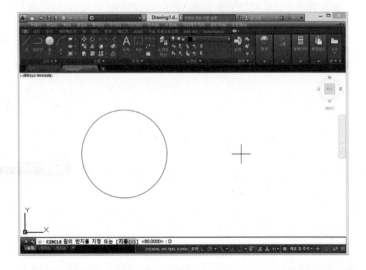

03 원의 지름에 '80'을 입력합니다. 왼쪽 원의 반지름을 '80'으로 입력했을 때와 비교해서 지름이 2배로 감소하였습니다.

> 원의 지름을 지정함 〈160.0000〉 : 80 Enter
> 원의 지름에 '80'을 입력합니다.

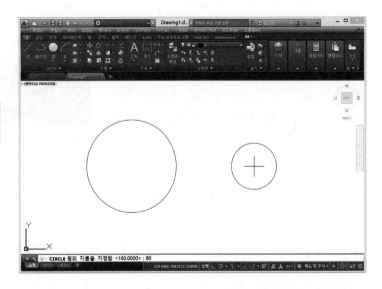

● [2점] 옵션 실습하기

01 [Circle] 명령어를 입력한 후, [2점] 옵션을 지정하기 위해서 '2P'를 입력합니다. 이후, 원 지름의 첫 번째 끝점과 두 번째 끝점을 차례로 지정합니다.

> **명령 : Circle** Enter
> 원에 대한 중심점 지정 또는 [3점(3P)/2점(2P)/Ttr - 접선 접선 반지름(T)] : 2P Enter
> [2점] 옵션을 지정하기 위해서 '2P'를 입력합니다.
> 원 지름의 첫 번째 끝점 지정 : 10,150 Enter
> 원 지름의 첫 번째 끝점인 'P1'에 '10,150'을 입력합니다.
> 원 지름의 두 번째 끝점을 지정 : 150,150 Enter
> 원 지름의 두 번째 끝점인 'P2'에 '150,150'을 입력합니다.

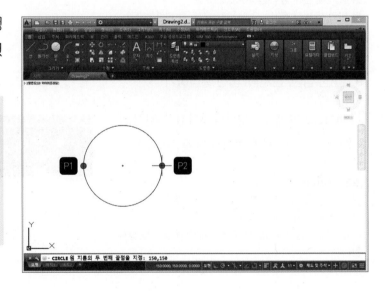

● [3점] 옵션 실습하기

01 [Circle] 명령어를 입력한 후, [3점] 옵션을 지정하기 위해서 '3P'를 입력합니다. 이후, 원 위의 첫 번째 점, 두 번째 점 및 세 번째 점을 차례로 지정합니다.

명령 : Circle Enter
원에 대한 중심점 지정 또는 [3점(3P)/2점(2P)/Ttr – 접선 접선 반지름(T)] : 3P Enter
[3점] 옵션을 지정하기 위해서 '3P'를 입력합니다.
원 위의 첫 번째 점 지정 : 250,150 Enter
원 위의 첫 번째 점인 'P1'에 '250,150'을 입력합니다.
원 위의 두 번째 점 지정 : 380,140 Enter
원 위의 두 번째 점인 'P2'에 '380,140'을 입력합니다.
원 위의 세 번째 점 지정 : 310,215 Enter
원 위의 세 번째 점인 'P3'에 '310,215'를 입력합니다.

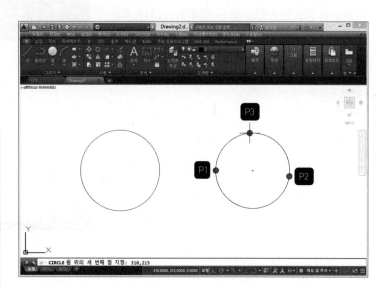

● [접선, 접선, 반지름] 옵션 실습하기

01 [Circle] 명령어를 입력한 후, [접선, 접선, 반지름] 옵션을 지정하기 위해서 'T'를 입력합니다.

명령 : Circle Enter
원에 대한 중심점 지정 또는 [3점(3P)/2점(2P)/Ttr – 접선 접선 반지름(T)] : T Enter
[접선, 접선, 반지름] 옵션을 지정하기 위해서 'T'를 입력합니다.

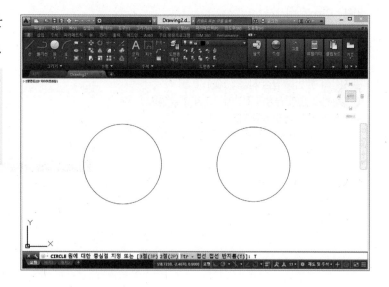

02 첫 번째 원과의 접점과 두 번째 원과의 접점을 차례로 클릭합니다.

원의 첫 번째 접점에 대한 객체위의 점 지정 : P1 클릭
첫 번째 원과의 접점에 'P1'을 클릭합니다.
원의 두 번째 접점에 대한 객체위의 점 지정 : P2 클릭
두 번째 원과의 접점에 'P2'를 클릭합니다.

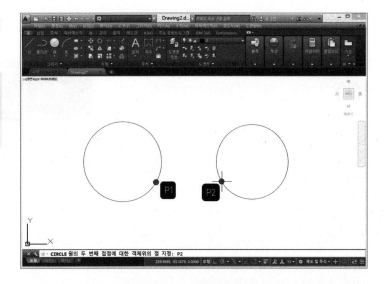

03 원의 반지름을 입력합니다. 2개의 원에 접하는 원이 그려집니다.

원의 반지름 지정 〈65.3731〉: 70 [Enter]
원의 반지름에 '70'을 입력합니다.

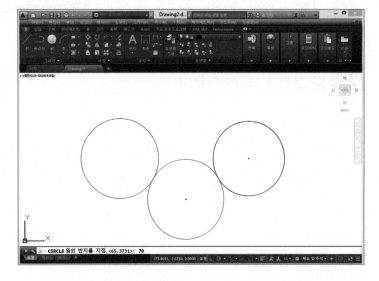

● [접선, 접선, 접선] 옵션 실습하기

01 [메뉴 막대] 중 [그리기]를 클릭한 후, [Circle] 명령어의 [접선, 접선, 접선] 옵션을 클릭합니다. 이후, 첫 번째 원과의 접점, 두 번째 원과의 접점 및 세 번째 원과의 접점을 차례로 지정합니다.

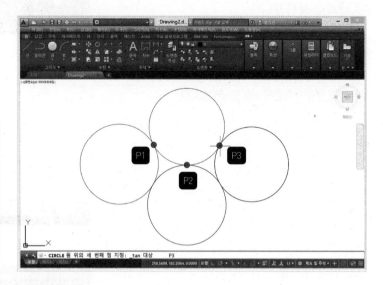

> **명령 : _Circle** Enter
> 원에 대한 중심점 지정 또는 [3점(3P)/2점(2P)/Ttr –
> 접선 접선 반지름(T)] : _3p 원 위의 첫 번째 점 지정 :
> _tan 대상   P1 클릭
> 원 위의 첫 번째 접점에 'P1'을 클릭합니다.
> **원 위의 두 번째 점 지정 :** _tan 대상   P2 클릭
> 원 위의 두 번째 접점에 'P2'를 클릭합니다.
> **원 위의 세 번째 점 지정 :** _tan 대상   P3 클릭
> 원 위의 세 번째 접점에 'P3'을 클릭합니다.

2 호를 그리는 [Arc] 명령어

[Arc] 명령어는 원의 일부인 호를 그릴 수 있으며 '시작점, 중심점, 끝점, 각도, 길이, 방향, 반지름' 옵션 중 3가지를 조합하여 그릴 수 있습니다. [Arc] 명령어는 기본적으로 반시계방향으로 그려지는 것이 원칙이지만, [3점] 옵션만은 시계방향, 반시계방향 2방향 모두 그릴 수 있습니다.

(1) 명령어 입력 방법

[Arc] 명령어	
메뉴 막대	그리가→호
명령어	Arc
단축 명령어	A
리본 메뉴	(홈)탭→(그리기)패널→호( ) ([제도 및 주석] 작업공간)
	(홈)탭→(그리기)패널→호( ) ([3D 기본 사항] 작업공간)
	(홈)탭→(그리기)패널→호( ) ([3D 모델링] 작업공간)

(2) 명령어 사용 방법

> **명령 : Arc** Enter
> **호의 시작점 지정 또는 [중심(C)] :** P1 클릭
> 호의 시작점을 지정합니다.
> **호의 두 번째 점 또는 [중심(C)/끝(E)] 지정 :** P2 클릭
> 호의 두 번째 점을 지정합니다.
> **호의 끝점 지정 :** P3 클릭
> 호의 끝점을 지정합니다.

(3) 옵션 설명

옵션	설명
3점	3점에 의해서 호를 그립니다.
시작점, 중심점, 끝점	시작점과 중심점을 입력한 후, 각각 끝점, 각도, 길이를 입력하여 호를 그립니다.
시작점, 중심점, 각도	
시작점, 중심점, 길이	
시작점, 끝점, 각도	시작점과 끝점을 입력한 후, 각각 각도, 방향, 반지름을 입력하여 호를 그립니다.
시작점, 끝점, 방향	
시작점, 끝점, 반지름	
중심점, 시작점, 끝점	중심점, 시작점을 입력한 후, 각각 끝점, 각도, 길이를 입력하여 호를 그립니다.
중심점, 시작점, 각도	
중심점, 시작점, 길이	
연속	최종적으로 그린 선, 폴리선, 호의 끝점에 새로운 호를 그립니다.

(4) 용어 설명

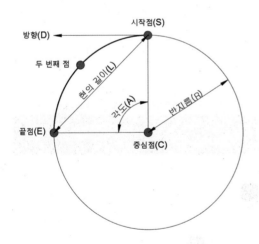

용어	설명
시작점	호의 첫 번째 점을 지정합니다.
두 번째 점	호의 두 번째 점을 지정합니다.
끝점	호의 마지막 점을 지정합니다.
중심점	호의 중심점을 지정합니다.
반지름	호의 반지름을 지정합니다.
각도	호의 각도를 지정합니다. 기본적으로 각도는 반시계 방향입니다.
현의 길이	호의 시작점과 끝점 간의 직선거리를 지정합니다.
방향	호의 시작점에서 접하는 호의 방향을 지정합니다.

(5) 실습하기

● [3점] 옵션 실습하기

01 [Limits] 명령어로 도면 한계를 설정하고 설정한 도면 한계를 도면에 적용하기 위해서 [Zoom] 명령어를 입력합니다.

명령 : Limits Enter
모형 공간 한계 재설정 :
왼쪽 아래 구석 지정 또는 [켜기(ON)/끄기(OFF)]
〈0.0000,0.0000〉: 0,0 Enter
작업 도면의 '왼쪽–아래쪽'에 '0,0'을 입력합니다.
오른쪽 위 구석 지정 〈12.0000,9.0000〉: 420,297 Enter
작업 도면의 '오른쪽–위쪽'에 '420,297'을 입력합니다.

명령 : Zoom Enter
윈도우 구석 지정, 축척 비율(nX 또는 nXP) 입력 또는
[전체(A)/중심(C)/동적(D)/범위(E)/이전(P)/축척(S)/윈도우(W)/객체(O)] 〈실시간〉: A Enter
모형 재생성 중.
[Limits] 명령어에 의해서 지정한 도면 한계를 화면에 적용하기 위해서 [Zoom] 명령어의 [전체] 옵션을 입력합니다.

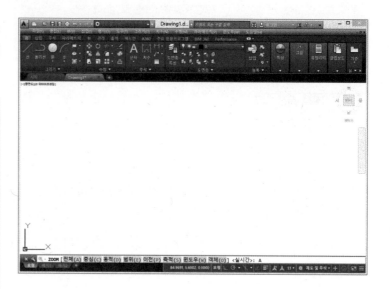

02 [Arc] 명령어를 입력한 후, 호의 시작점, 두 번째 점 및 끝점을 지정합니다.

명령 : Arc Enter
호의 시작점 지정 또는 [중심(C)] : P1 클릭
호의 시작점에 'P1'을 클릭합니다.
호의 두 번째 점 또는 [중심(C)/끝(E)] 지정 : P2 클릭
호의 두 번째 점에 'P2'를 클릭합니다.
호의 끝점 지정 : P3 클릭
호의 끝점에 'P3'을 클릭합니다.

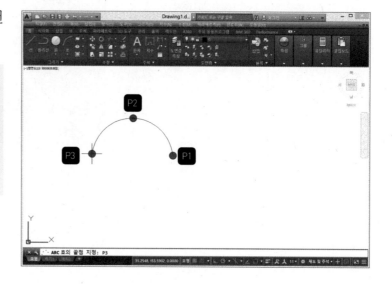

03 [Arc] 명령어를 입력한 후, 그림 02와 반대인 시계방향으로 호의 시작점, 두 번째 점 및 끝점을 지정합니다. [3점] 옵션인 경우, 시계방향이나 반시계방향 모두 호를 그릴 수 있습니다.

> **명령 : Arc** [Enter]
> 호의 시작점 지정 또는 [중심(C)] : P1 클릭
> 호의 시작점에 'P1'을 클릭합니다.
> 호의 두 번째 점 또는 [중심(C)/끝(E)] 지정 : P2 클릭
> 호의 두 번째 점에 'P2'를 클릭합니다.
> 호의 끝점 지정 : P3 클릭
> 호의 끝점에 'P3'을 클릭합니다.

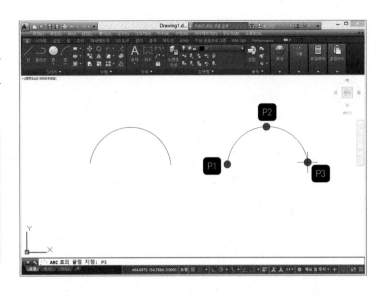

● [시작점, 중심점, 끝점] 옵션 실습하기

01 [Arc] 명령어를 입력한 후, 호의 시작점을 지정하고 [중심] 옵션을 지정합니다. 이후, 호의 중심점 및 끝점을 차례로 지정합니다.

> **명령 : Arc** [Enter]
> 호의 시작점 지정 또는 [중심(C)] : P1 클릭
> 호의 시작점에 'P1'을 클릭합니다.
> 호의 두 번째 점 또는 [중심(C)/끝(E)] 지정 : C [Enter]
> [중심] 옵션을 지정하기 위해서 'C'를 입력합니다.
> 호의 중심점 지정 : P2 클릭
> 호의 중심점에 'P2'를 클릭합니다.
> 호의 끝점 지정(Ctrl 키를 누른 상태에서 방향 전환) 또는 [각도(A)/현의 길이(L)] : P3 클릭
> 호의 끝점에 'P3'을 클릭합니다.

> **명령 : Arc** [Enter]
> 호의 시작점 지정 또는 [중심(C)] : P4 클릭
> 호의 시작점에 'P4'를 클릭합니다.
> 호의 두 번째 점 또는 [중심(C)/끝(E)] 지정 : C [Enter]
> [중심] 옵션을 지정하기 위해서 'C'를 입력합니다.
> 호의 중심점 지정 : P5 클릭
> 호의 중심점에 'P5'를 클릭합니다.
> 호의 끝점 지정(Ctrl 키를 누른 상태에서 방향 전환) 또는 [각도(A)/현의 길이(L)] : P6 클릭
> 호의 끝점에 'P6'을 클릭합니다.

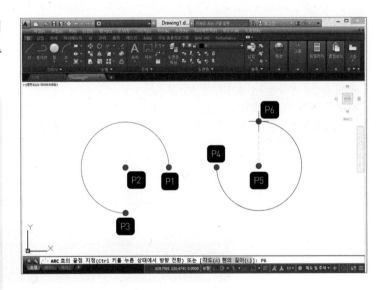

● [시작점, 중심점, 각도] 옵션 실습하기

01 [Arc] 명령어를 입력한 후, 호의 시작점을 지정하고 [중심] 옵션을 지정합니다. 이후, 호의 중심점을 지정한 후, [각도] 옵션을 지정하고 각도를 입력합니다.

명령 : A Enter
호의 시작점 지정 또는 [중심(C)] : P1 클릭
호의 시작점에 'P1'을 클릭합니다.
호의 두 번째 점 또는 [중심(C)/끝(E)] 지정 : C Enter
[중심] 옵션을 지정하기 위해서 'C'를 입력합니다.
호의 중심점 지정 : P2 클릭
호의 중심점에 'P2'를 클릭합니다.
호의 끝점 지정(Ctrl 키를 누른 상태에서 방향 전환) 또는 [각도(A)/현의 길이(L)] : A Enter
[각도] 옵션을 지정하기 위해서 'A'를 입력합니다.
사이각 지정(Ctrl 키를 누른 채 방향 전환) : 90 Enter
사이각에 '90'을 입력합니다.

명령 : A Enter
호의 시작점 지정 또는 [중심(C)] : P3 클릭
호의 시작점에 'P3'을 클릭합니다.
호의 두 번째 점 또는 [중심(C)/끝(E)] 지정 : C Enter
[중심] 옵션을 지정하기 위해서 'C'를 입력합니다.
호의 중심점 지정 : P4 클릭
호의 중심점에 'P4'를 클릭합니다.
호의 끝점 지정(Ctrl 키를 누른 상태에서 방향 전환) 또는 [각도(A)/현의 길이(L)] : A Enter
[각도] 옵션을 지정하기 위해서 'A'를 입력합니다.
사이각 지정(Ctrl 키를 누른 채 방향 전환) : 270 Enter
사이각에 '270'을 입력합니다.

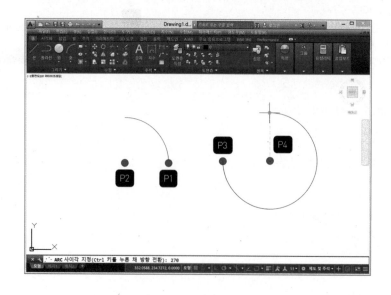

● [시작점, 중심점, 현의 길이] 옵션 실습하기

01 [Arc] 명령어를 입력한 후, 호의 시작점을 지정하고 [중심] 옵션을 지정합니다. 이후, 호의 중심점을 지정한 후, [현의 길이] 옵션을 지정하고 현의 길이를 입력합니다.

명령 : A Enter
호의 시작점 지정 또는 [중심(C)] : P1 클릭
호의 시작점에 'P1'을 클릭합니다.
호의 두 번째 점 또는 [중심(C)/끝(E)] 지정 : C Enter
[중심] 옵션을 지정하기 위해서 'C'를 입력합니다.
호의 중심점 지정 : P2 클릭
호의 중심점에 'P2'를 클릭합니다.
호의 끝점 지정(Ctrl 키를 누른 상태에서 방향 전환) 또는 [각도(A)/현의 길이(L)] : L Enter
[현의 길이] 옵션을 지정하기 위해서 'L'을 입력합니다.
현의 길이 지정(Ctrl 키를 누른 채 방향 전환) : 150 Enter
현의 길이에 '150'을 입력합니다.

명령 : A Enter
호의 시작점 지정 또는 [중심(C)] : P3 클릭
호의 시작점에 'P3'을 클릭합니다.
호의 두 번째 점 또는 [중심(C)/끝(E)] 지정 : C Enter
[중심] 옵션을 지정하기 위해서 'C'를 입력합니다.
호의 중심점 지정 : P4 클릭
호의 중심점에 'P4'를 클릭합니다.
호의 끝점 지정(Ctrl 키를 누른 상태에서 방향 전환) 또는 [각도(A)/현의 길이(L)] : L Enter
[현의 길이] 옵션을 지정하기 위해서 'L'을 입력합니다.
현의 길이 지정(Ctrl 키를 누른 채 방향 전환) : 100 Enter
현의 길이에 '100'을 입력합니다.

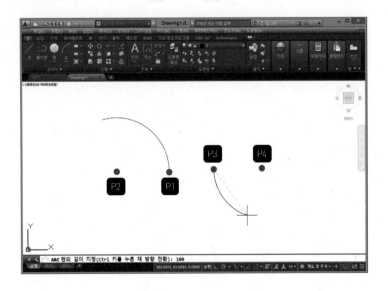

● [시작점, 끝점, 각도] 옵션 실습하기

01 [Arc] 명령어를 입력한 후, 호의 시작점을 지정하고 [끝] 옵션을 지정합니다. 이후, 호의 끝점을 지정한 후, [각도] 옵션을 지정하고 각도를 입력합니다.

명령 : Arc Enter

호의 시작점 지정 또는 [중심(C)] : P1 클릭
호의 시작점에 'P1'을 클릭합니다.
호의 두 번째 점 또는 [중심(C)/끝(E)] 지정 : E Enter
[끝] 옵션을 지정하기 위해서 'E'를 입력합니다.
호의 끝점 지정 : P2 클릭
호의 끝점에 'P2'를 클릭합니다.
호의 중심점 지정(Ctrl 키를 누른 상태에서 방향 전환) 또는 [각도(A)/방향(D)/반지름(R)] : A Enter
[각도] 옵션을 지정하기 위해서 'A'를 입력합니다.
사이각 지정(Ctrl 키를 누른 채 방향 전환) : 90, 180, 270, 359 Enter
사이각에 '90', '180', '270', '359'를 입력합니다.

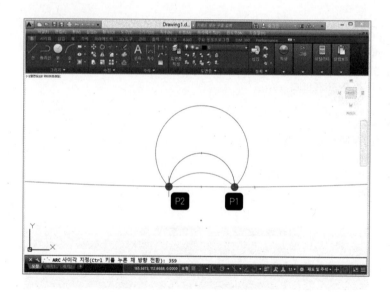

● [시작점, 끝점, 방향] 옵션 실습하기

01 [Arc] 명령어를 입력한 후, 호의 시작점을 지정하고 [끝] 옵션을 지정합니다. 이후, 호의 끝점을 지정한 후, [방향] 옵션을 지정하고 호의 시작점에 대한 접선 방향을 지정합니다.

> **명령 : Arc** ⏎
> 호의 시작점 지정 또는 [중심(C)] : P1 클릭
> 호의 시작점에 'P1'을 클릭합니다.
> 호의 두 번째 점 또는 [중심(C)/끝(E)] 지정 : E ⏎
> [끝] 옵션을 지정하기 위해서 'E'를 입력합니다.
> 호의 끝점 지정 : P2 클릭
> 호의 끝점에 'P2'를 클릭합니다.
> 호의 중심점 지정(Ctrl 키를 누른 상태에서 방향 전환) 또는 [각도(A)/방향(D)/반지름(R)] : D ⏎
> [방향] 옵션을 지정하기 위해서 'D'를 입력합니다.
> 호의 시작점에 대한 접선 방향 지정(Ctrl 키를 누른 채 방향 전환) : P3 클릭
> 호의 시작점에 대한 접선 방향을 지정하기 위해서 좌표값이나 'P3'와 같이 마우스로 입력합니다.
>
> **명령 : Arc** ⏎
> 호의 시작점 지정 또는 [중심(C)] : P4 클릭
> 호의 시작점에 'P4'를 클릭합니다.
> 호의 두 번째 점 또는 [중심(C)/끝(E)] 지정 : E ⏎
> [끝] 옵션을 지정하기 위해서 'E'를 입력합니다.
> 호의 끝점 지정 : P5 클릭
> 호의 끝점에 'P5'를 클릭합니다.
> 호의 중심점 지정(Ctrl 키를 누른 상태에서 방향 전환) 또는 [각도(A)/방향(D)/반지름(R)] : D ⏎
> [방향] 옵션을 지정하기 위해서 'D'를 입력합니다.
> 호의 시작점에 대한 접선 방향 지정(Ctrl 키를 누른 채 방향 전환) : P6 클릭
> 호의 시작점에 대한 접선 방향을 지정하기 위해서 좌표값이나 'P6'와 같이 마우스로 입력합니다.

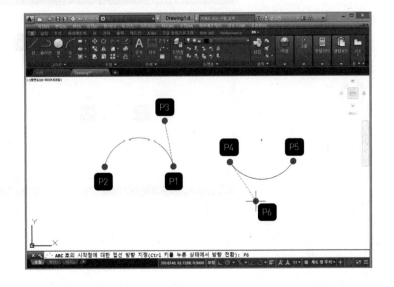

● [시작점, 끝점, 반지름] 옵션 실습하기

01 [Arc] 명령어를 입력한 후, 호의 시작점을 지정하고 [끝] 옵션을 지정합니다. 이후, 호의 끝점을 지정한 후, [반지름] 옵션을 지정하고 호의 반지름을 입력합니다.

명령 : Arc Enter
호의 시작점 지정 또는 [중심(C)] : P1 클릭
호의 시작점에 'P1'을 클릭합니다.
호의 두 번째 점 또는 [중심(C)/끝(E)] 지정 : E Enter
[끝] 옵션을 지정하기 위해서 'E'를 입력합니다.
호의 끝점 지정 : P2 클릭
호의 끝점에 'P2'를 클릭합니다.
호의 중심점 지정(Ctrl 키를 누른 상태에서 방향 전환)
또는 [각도(A)/방향(D)/반지름(R)] : R Enter
[반지름] 옵션을 지정하기 위해서 'R'을 입력합니다.
호의 반지름 지정(Ctrl 키를 누른 상태에서 방향 전환) :
80, 100, 120 Enter
호의 반지름에 '80', '100', '120'을 입력합니다.

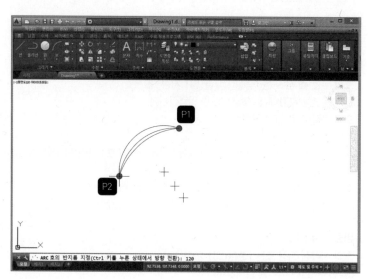

● [중심점, 시작점, 끝점] 옵션 실습하기

01 [Arc] 명령어를 입력한 후, [중심] 옵션을 지정합니다. 이후, 호의 중심점, 시작점 및 끝점을 차례로 지정합니다.

명령 : Arc Enter
호의 시작점 지정 또는 [중심(C)] : C Enter
[중심] 옵션을 지정하기 위해서 'C'를 입력합니다.
호의 중심점 지정 : P1 클릭
호의 중심점에 'P1'을 클릭합니다.
호의 시작점 지정 : P2 클릭
호의 시작점에 'P2'를 클릭합니다.
호의 끝점 지정(Ctrl 키를 누른 상태에서 방향 전환) 또
는 [각도(A)/현의 길이(L)] : P3 Enter
호의 끝점에 'P3'을 클릭합니다.

명령 : Arc Enter
호의 시작점 지정 또는 [중심(C)] : C Enter
[중심] 옵션을 지정하기 위해서 'C'를 입력합니다.
호의 중심점 지정 : P4 클릭
호의 중심점에 'P4'를 클릭합니다.
호의 시작점 지정 : P5 클릭
호의 시작점에 'P5'를 클릭합니다.
호의 끝점 지정(Ctrl 키를 누른 상태에서 방향 전환) 또
는 [각도(A)/현의 길이(L)] : P6 Enter
호의 끝점에 'P6'을 클릭합니다.

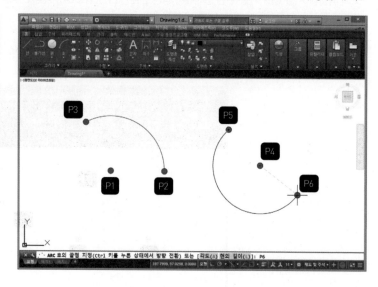

● [중심점, 시작점, 각도] 옵션 실습하기

01 [Arc] 명령어를 입력한 후, [중심] 옵션을 지정합니다. 이후, 호의 중심점, 시작점을 지정한 후, [각도] 옵션을 지정하고 각도를 입력합니다.

명령 : Arc [Enter]
호의 시작점 지정 또는 [중심(C)] : C [Enter]
[중심] 옵션을 지정하기 위해서 'C'를 입력합니다.
호의 중심점 지정 : P1 클릭
호의 중심점에 'P1'을 클릭합니다.
호의 시작점 지정 : P2 클릭
호의 시작점에 'P2'를 클릭합니다.
호의 끝점 지정(Ctrl 키를 누른 상태에서 방향 전환) 또는 [각도(A)/현의 길이(L)] : A [Enter]
[각도] 옵션을 지정하기 위해서 'A'를 입력합니다.
사이각 지정(Ctrl 키를 누른 채 방향 전환) : 120 [Enter]
사이각에 '120'을 입력합니다.

명령 : Arc [Enter]
호의 시작점 지정 또는 [중심(C)] : C [Enter]
[중심] 옵션을 지정하기 위해서 'C'를 입력합니다.
호의 중심점 지정 : P3 클릭
호의 중심점에 'P3'을 클릭합니다.
호의 시작점 지정 : P4 클릭
호의 시작점에 'P4'를 클릭합니다.
호의 끝점 지정(Ctrl 키를 누른 상태에서 방향 전환) 또는 [각도(A)/현의 길이(L)] : A [Enter]
[각도] 옵션을 지정하기 위해서 'A'를 입력합니다.
사이각 지정(Ctrl 키를 누른 채 방향 전환) : 180 [Enter]
사이각에 '180'을 입력합니다.

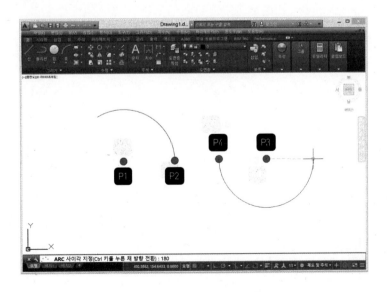

● [중심점, 시작점, 길이] 옵션 실습하기

01 [Arc] 명령어를 입력한 후, [중심] 옵션을 지정하고 호의 중심점과 시작점을 차례로 지정합니다. 이후, [현의 길이] 옵션을 지정한 후, 현의 길이를 입력합니다.

명령 : Arc Enter
호의 시작점 지정 또는 [중심(C)] : C Enter
[중심] 옵션을 지정하기 위해서 'C'를 입력합니다.
호의 중심점 지정 : P1 클릭
호의 중심점에 'P1'을 클릭합니다.
호의 시작점 지정 : P2 클릭
호의 시작점에 'P2'를 클릭합니다.
호의 끝점 지정(Ctrl 키를 누른 상태에서 방향 전환) 또는 [각도(A)/현의 길이(L)] : L Enter
[현의 길이] 옵션을 지정하기 위해서 'L'을 입력합니다.
현의 길이 지정(Ctrl 키를 누른 채 방향 전환) : 130 Enter
현의 길이에 '130'을 입력합니다.

명령 : Arc Enter
호의 시작점 지정 또는 [중심(C)] : C Enter
[중심] 옵션을 지정하기 위해서 'C'를 입력합니다.
호의 중심점 지정 : P3 클릭
호의 중심점에 'P3'을 클릭합니다.
호의 시작점 지정 : P4 클릭
호의 시작점에 'P4'를 클릭합니다.
호의 끝점 지정(Ctrl 키를 누른 상태에서 방향 전환) 또는 [각도(A)/현의 길이(L)] : L Enter
[현의 길이] 옵션을 지정하기 위해서 'L'을 입력합니다.
현의 길이 지정(Ctrl 키를 누른 채 방향 전환) : 165 Enter
현의 길이에 '165'를 입력합니다.

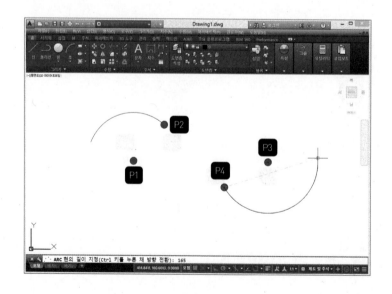

● [연속] 옵션 실습하기

01 [Arc] 명령어를 입력한 후, 호의 시작점, 두 번째 점 및 끝점을 차례로 지정합니다. 1개의 호가 그려집니다.

> **명령 : Arc** [Enter]
> 호의 시작점 지정 또는 [중심(C)] : P1 클릭
> 호의 시작점에 'P1'을 클릭합니다.
> 호의 두 번째 점 또는 [중심(C)/끝(E)] 지정 : P2 클릭
> 호의 두 번째 점에 'P2'를 클릭합니다.
> 호의 끝점 지정 : P3 클릭
> 호의 끝점에 'P3'을 클릭합니다.

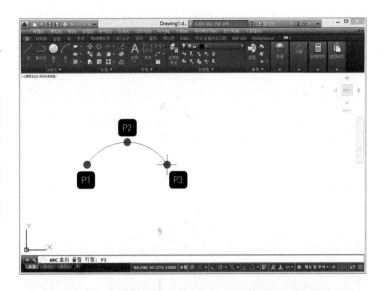

02 [메뉴 막대] 중 [그리기]를 클릭한 후, [호] 명령어의 [연속] 옵션을 클릭합니다. 이후, 호의 끝점을 차례로 지정합니다.

> **명령 : _Arc** [Enter]
> 호의 시작점 지정 또는 [중심(C)] :
> 호의 시작점은 자동으로 이전에 그렸던 호의 끝점을 인식합니다.
> 호의 끝점 지정(Ctrl 키를 누른 상태에서 방향 전환) : P4 클릭
> 호의 끝점에 'P4'를 클릭합니다.
>
> **명령 : _Arc** [Enter]
> 호의 시작점 지정 또는 [중심(C)] :
> 호의 시작점은 자동으로 이전에 그렸던 호의 끝점을 인식합니다.
> 호의 끝점 지정(Ctrl 키를 누른 상태에서 방향 전환) : P5 클릭
> 호의 끝점에 'P5'를 클릭합니다.
>
> **명령 : _Arc** [Enter]
> 호의 시작점 지정 또는 [중심(C)] :
> 호의 시작점은 자동으로 이전에 그렸던 호의 끝점을 인식합니다.
> 호의 끝점 지정(Ctrl 키를 누른 상태에서 방향 전환) : P6 클릭
> 호의 끝점에 'P6'을 클릭합니다.

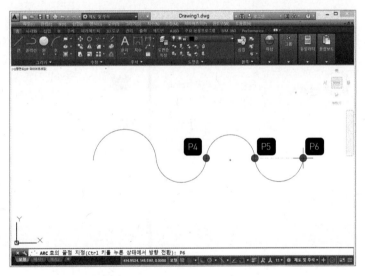

4.2 다각형, 직사각형 및 타원 그리기

1 다각형을 그리는 [Polygon] 명령어

[Polygon] 명령어는 3각형으로부터 1,024각형에 이르는 다각형을 그릴 수 있으며 1,024각형에 가까울수록 원에 가까워집니다. [Polygon] 명령을 실행할 때 원을 기준으로 원에 내접하는 다각형과 원에 외접하는 다각형을 그릴 수 있으며 한 변의 길이를 입력하여 정다각형을 그릴 수도 있습니다.

(1) 명령어 입력 방법

[Polygon] 명령어	
메뉴 막대	그리기→폴리곤
명령어	Polygon
단축 명령어	Pol
리본 메뉴	(홈)탭→(그리기)패널→폴리곤(⬟) ([제도 및 주석] 작업공간)
	(홈)탭→(그리기)패널→폴리곤(⬟) ([3D 기본 사항] 작업공간)
	(홈)탭→(그리기)패널→폴리곤(⬟) ([3D 모델링] 작업공간)

(2) 명령어 사용 방법

명령 : Polygon ⏎
면의 수 입력 〈4〉 : 5 ⏎
원하는 다각형의 면수를 입력합니다.
폴리곤의 중심을 지정 또는 [모서리(E)] : 200,150 ⏎
다각형의 중심을 입력합니다.
옵션을 입력 [원에 내접(I)/원에 외접(C)] 〈I〉 : I ⏎
원에 내접 및 외접하는 다각형을 그리기 위해서 각각 'I' 및 'C'를 입력합니다.
원의 반지름 지정 : 50 ⏎
원의 반지름을 입력합니다.

(3) 옵션 설명

옵션	설명
원에 내접(I)	원에 내접하는 다각형을 그립니다.
원에 외접(C)	원에 외접하는 다각형을 그립니다.
모서리(E)	한변의 길이를 기본으로 정다각형을 그립니다.

(4) 실습하기

● [원에 내접] 옵션 실습하기

01 [Limits] 명령어로 도면 한계를 설정하고 설정한 도면 한계를 도면에 적용하기 위해서 [Zoom] 명령어를 입력합니다.

명령 : Limits Enter
모형 공간 한계 재설정 :
왼쪽 아래 구석 지정 또는 [켜기(ON)/끄기(OFF)]
〈0.0000,0.0000〉: 0,0 Enter
작업 도면의 '왼쪽-아래쪽'에 '0,0'을 입력합니다.
오른쪽 위 구석 지정 〈12.0000,9.0000〉: 420,297 Enter
작업 도면의 '오른쪽-위쪽'에 '420,297'을 입력합니다.

명령 : Zoom Enter
윈도우 구석 지정, 축척 비율(nX 또는 nXP) 입력 또는
[전체(A)/중심(C)/동적(D)/범위(E)/이전(P)/축척
(S)/윈도우(W)/객체(O)] 〈실시간〉: A Enter
모형 재생성 중.
[Limits] 명령어에 의해서 지정한 도면 한계를 화면에 적용하기 위해서 [Zoom] 명령어의 [전체] 옵션을 입력합니다.

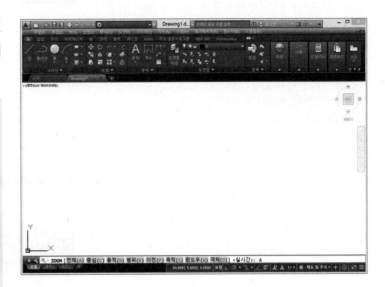

02 [Circle] 명령어를 입력한 후, 중심점과 반지름을 차례로 입력합니다.

명령 : Circle Enter
원에 대한 중심점 지정 또는 [3점(3P)/2점(2P)/Ttr –
접선 접선 반지름(T)] : 200,150 Enter
원의 중심점에 '200,150'을 입력합니다.
원의 반지름 지정 또는 [지름(D)] : 100 Enter
원의 반지름에 '100'을 입력합니다.

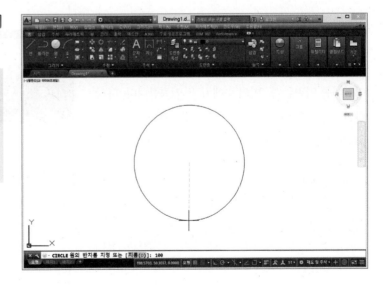

03 원에 내접하는 육각형을 그리기 위해서 [Polygon] 명령어를 입력한 후, 면의 수에 '6'을 입력합니다. 다각형의 중심점을 원의 중심점과 동일하게 하기 위해서 원의 중심점을 클릭합니다.

> **명령 : Polygon [Enter]**
> POLYGON 면의 수 입력 〈4〉 : 6 [Enter]
> 육각형을 그리기 위해서 '6'을 입력합니다.
> 폴리곤의 중심을 지정 또는 [모서리(E)] : P1 클릭
> 육각형의 중심점을 지정하기 위해서 원의 중심점인 'P1'에 클릭합니다.

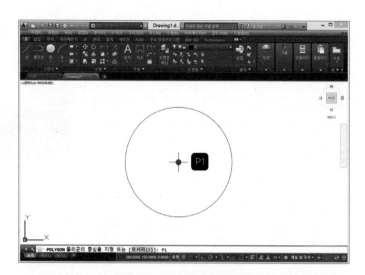

04 원에 내접하는 육각형을 그리기 위해서 [원에 내접] 옵션을 지정하고 육각형을 둘러싸고 있는 원의 반지름을 입력합니다.

> 옵션을 입력 [원에 내접(I)/원에 외접(C)] 〈I〉 : I [Enter]
> [원에 내접] 옵션을 지정하기 위해서 'I'를 입력합니다.
> 원의 반지름 지정 : 100 [Enter]
> 원의 반지름에 '100'을 입력합니다.

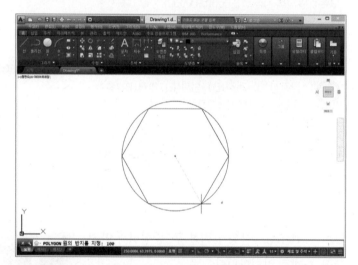

● [원에 외접] 옵션 실습하기

01 원에 외접하는 육각형을 그리기 위해서 [Polygon] 명령어를 입력한 후, 면의 수에 '6'을 입력합니다. 다각형의 중심점을 원의 중심점과 동일하게 하기 위해서 원의 중심점을 클릭합니다.

> **명령 : Polygon [Enter]**
> POLYGON 면의 수 입력 〈6〉 : 6 [Enter]
> 육각형을 그리기 위해서 '6'을 입력합니다.
> 폴리곤의 중심을 지정 또는 [모서리(E)] : P1 클릭
> [객체 스냅]의 [중심점] 옵션을 동작시킨 후, 육각형의 중심점을 지정하기 위해서 원의 중심점인 'P1'에 클릭합니다.

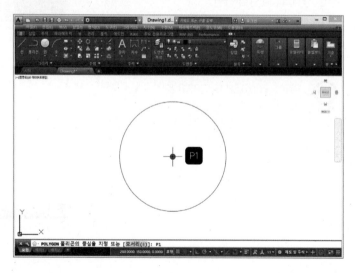

02 원에 외접하는 육각형을 그리기 위해서 [원에 외접] 옵션을 지정하고 육각형에 의해서 둘러 싸여 있는 원의 반지름을 입력합니다.

옵션을 입력 [원에 내접(I)/원에 외접(C)] ⟨I⟩ : C [Enter]
[원에 외접] 옵션을 지정하기 위해서 'C'를 입력합니다.
원의 반지름 지정 : 100 [Enter]
원의 반지름에 '100'을 입력합니다.

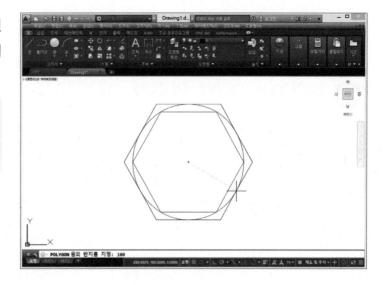

● [모서리] 옵션 실습하기

01 [Polygon] 명령어를 입력하고 면의 수에 '5'를 입력한 후, 정오각형을 그리기 위해서 [모서리] 옵션을 지정합니다. 이후, 정오각형의 첫 번째 끝점과 두 번째 끝점을 차례로 클릭합니다. 정오각형이 그려집니다.

명령 : Polygon [Enter]
면의 수 입력 ⟨6⟩ : 5 [Enter]
오각형을 그리기 위해서 '5'를 입력합니다.
폴리곤의 중심을 지정 또는 [모서리(E)] : E [Enter]
[모서리] 옵션을 지정하기 위해서 'E'를 입력합니다.
모서리의 첫 번째 끝점 지정 : P1 클릭
정오각형의 첫 번째 끝점에 'P1'을 클릭합니다.
모서리의 두 번째 끝점 지정 : P2 클릭
정오각형의 두 번째 끝점에 'P2'를 클릭합니다.

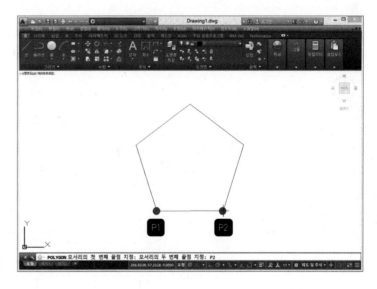

2　직사각형을 그리는 [Rectang] 명령어

[Rectang] 명령어는 대각선으로 두 점을 선택하여 직사각형을 그릴 수 있으며 [Rectang] 명령어에 의해서 그려진 직사각형은 폴리선 형태이므로 단일 객체입니다.

(1) 명령어 입력 방법

[Rectang] 명령어	
메뉴 막대	그리기→직사각형
명령어	Rectang, Rectangle
단축 명령어	Rec
리본 메뉴	(홈)탭→(그리기)패널→직사각형(■) ([제도 및 주석] 작업공간)
	(홈)탭→(그리기)패널→직사각형(■) ([3D 기본 사항] 작업공간)
	(홈)탭→(그리기)패널→직사각형(■) ([3D 모델링] 작업공간)

(2) 명령어 사용 방법

명령 : Rectang ⏎
첫 번째 구석점 지정 또는 [모따기(C)/고도(E)/모깎기(F)/두께(T)/폭(W)] :
P1 클릭
직사각형의 첫 번째 구석점을 클릭합니다.
다른 구석점 지정 또는 [영역(A)/치수(D)/회전(R)] : P2 클릭
직사각형의 다른 구석점을 클릭합니다.

(3) 옵션 설명

옵션	설명
모따기(C)	직사각형 모서리를 대각선으로 잘라내는 방식입니다.
모깎기(F)	직사각형 모서리를 둥근 모양으로 잘라내는 방식입니다.
고도(E)	3차원에서 직사각형이 Z축으로 이동하여 그리는 방식입니다.
두께(T)	3차원에서 직사각형의 두께를 지정하는 방식입니다
폭(W)	직사각형의 폭을 지정하는 방식입니다.
영역(A)	영역(면적)과 길이를 입력하여 직사각형을 그리는 방식입니다.
치수(D)	길이와 폭을 입력하여 직사각형을 그리는 방식입니다.
회전(R)	회전 각도를 입력하여 직사각형을 그리는 방식입니다.

(4) 실습하기

● 기본 실습하기

01 [Limits] 명령어로 도면 한계를 설정하고 설정한 도면 한계를 도면에 적용하기 위해서 [Zoom] 명령어를 입력합니다.

명령 : Limits Enter
모형 공간 한계 재설정 :
왼쪽 아래 구석 지정 또는 [켜기(ON)/끄기(OFF)]
〈0.0000,0.0000〉: 0,0 Enter
작업 도면의 '왼쪽-아래쪽'에 '0,0'을 입력합니다.
오른쪽 위 구석 지정 〈12.0000,9.0000〉: 420,297
Enter
작업 도면의 '오른쪽-위쪽'에 '420,297'을 입력합니다.

명령 : Zoom Enter
윈도우 구석 지정, 축척 비율(nX 또는 nXP) 입력 또는
[전체(A)/중심(C)/동적(D)/범위(E)/이전(P)/축척
(S)/윈도우(W)/객체(O)] 〈실시간〉: A Enter
모형 재생성 중.
[Limits] 명령어에 의해서 지정한 도면 한계를 화면에 적용하기 위해서 [Zoom] 명령어의 [전체] 옵션을 입력합니다.

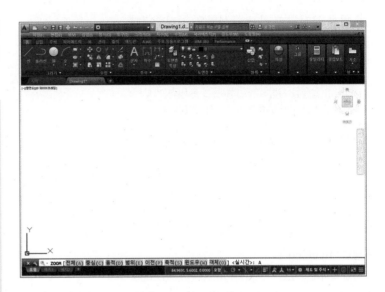

02 [Rectang] 명령어를 입력한 후, 직사각형의 첫 번째 구석점과 다른 구석점을 지정합니다.

명령 : Rectang Enter
첫 번째 구석점 지정 또는 [모따기(C)/고도(E)/모깎기
(F)/두께(T)/폭(W)] : P1 클릭
직사각형의 첫 번째 구석점에 'P1'을 클릭합니다.
다른 구석점 지정 또는 [영역(A)/치수(D)/회전(R)] :
P2 클릭
직사각형의 다른 구석점에 'P2'를 클릭합니다.

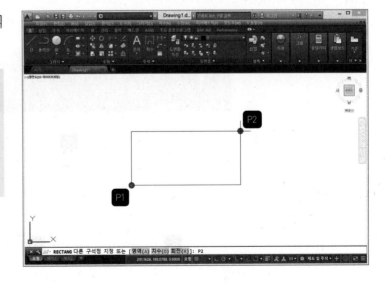

● [모따기] 옵션 실습하기

01 [Rectang] 명령어를 입력하고 [모따기] 옵션을 지정합니다. 첫 번째와 두 번째 모따기 거리를 입력한 후, 직사각형의 첫 번째 구석점과 다른 구석점을 지정합니다.

> **명령 : Rectang** [Enter]
> **첫 번째 구석점 지정 또는 [모따기(C)/고도(E)/모깎기(F)/두께(T)/폭(W)] : C** [Enter]
> [모따기] 옵션을 지정하기 위해서 'C'를 입력합니다.
> **직사각형의 첫 번째 모따기 거리 지정 〈0.0000〉: 20** [Enter]
> 첫 번째 모따기 거리에 '20'을 입력합니다.
> **직사각형의 두 번째 모따기 거리 지정 〈20.0000〉: 20**
> 두 번째 모따기 거리에 '20'을 입력합니다.
> **첫 번째 구석점 지정 또는 [모따기(C)/고도(E)/모깎기(F)/두께(T)/폭(W)] : P1 클릭**
> 직사각형의 첫 번째 구석점에 'P1'을 클릭합니다.
> **다른 구석점 지정 또는 [영역(A)/치수(D)/회전(R)] : P2 클릭**
> 직사각형의 다른 구석점에 'P2'를 클릭합니다.
>
> **명령 : Rectang** [Enter]
> **현재 직사각형 모드 : 모따기=20.0000 x 20.0000**
> **첫 번째 구석점 지정 또는 [모따기(C)/고도(E)/모깎기(F)/두께(T)/폭(W)] : C** [Enter]
> [모따기] 옵션을 지정하기 위해서 'C'를 입력합니다.
> **직사각형의 첫 번째 모따기 거리 지정 〈0.0000〉: 20** [Enter]
> 첫 번째 모따기 거리에 '20'을 입력합니다.
> **직사각형의 두 번째 모따기 거리 지정 〈20.0000〉: 40**
> 두 번째 모따기 거리에 '40'을 입력합니다.
> **첫 번째 구석점 지정 또는 [모따기(C)/고도(E)/모깎기(F)/두께(T)/폭(W)] : P3 클릭**
> 직사각형의 첫 번째 구석점에 'P3'을 클릭합니다.
> **다른 구석점 지정 또는 [영역(A)/치수(D)/회전(R)] : P4 클릭**
> 직사각형의 다른 구석점에 'P4'를 클릭합니다.

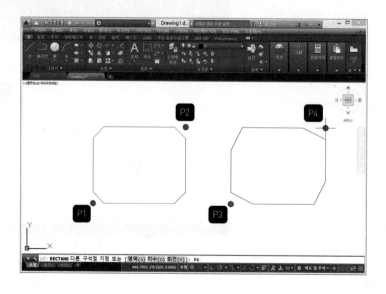

● [모깎기] 옵션 실습하기

01 [Rectang] 명령어를 입력하고 [모깎기] 옵션을 지정합니다. 모깎기 반지름을 입력한 후, 직사각형의 첫 번째 구석점과 다른 구석점을 지정합니다.

명령 : Rectang [Enter]
첫 번째 구석점 지정 또는 [모따기(C)/고도(E)/모깎기(F)/두께(T)/폭(W)] : F [Enter]
[모깎기] 옵션을 지정하기 위해서 'F'를 입력합니다.
직사각형의 모깎기 반지름 지정 〈0.0000〉 : 20 [Enter]
모깎기 반지름에 '20'을 입력합니다.
첫 번째 구석점 지정 또는 [모따기(C)/고도(E)/모깎기(F)/두께(T)/폭(W)] : P1 클릭
직사각형의 첫 번째 구석점에 'P1'을 클릭합니다.
다른 구석점 지정 또는 [영역(A)/치수(D)/회전(R)] : P2 클릭
직사각형의 다른 구석점에 'P2'를 클릭합니다.

명령 : Rectang [Enter]
현재 직사각형 모드 :　모깎기=20.0000
첫 번째 구석점 지정 또는 [모따기(C)/고도(E)/모깎기(F)/두께(T)/폭(W)] : F [Enter]
[모깎기] 옵션을 지정하기 위해서 'F'를 입력합니다.
직사각형의 모깎기 반지름 지정 〈20.0000〉 : 40 [Enter]
모깎기 반지름에 '40'을 입력합니다.
첫 번째 구석점 지정 또는 [모따기(C)/고도(E)/모깎기(F)/두께(T)/폭(W)] : P3 클릭
직사각형의 첫 번째 구석점에 'P3'을 클릭합니다.
다른 구석점 지정 또는 [영역(A)/치수(D)/회전(R)] : P4 클릭
직사각형의 다른 구석점에 'P4'를 클릭합니다.

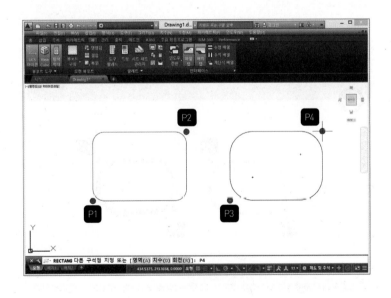

● [폭] 옵션 실습하기

01 [Rectang] 명령어를 입력하고 [폭] 옵션을 지정합니다. 선 폭을 입력한 후, 직사각형의 첫 번째 구석점과 다른 구석점을 지정합니다.

> **명령 : Rectang** Enter
> 현재 직사각형 모드 : 모깎기=40.0000
> 첫 번째 구석점 지정 또는 [모따기(C)/고도(E)/모깎기(F)/두께(T)/폭(W)] : W Enter
> [폭] 옵션을 지정하기 위해서 'W'를 입력합니다.
> 직사각형의 선 폭 지정 〈0.0000〉: 5 Enter
> 선 폭에 '5'를 입력합니다.
> 첫 번째 구석점 지정 또는 [모따기(C)/고도(E)/모깎기(F)/두께(T)/폭(W)] : P1 클릭
> 직사각형의 첫 번째 구석점에 'P1'을 클릭합니다.
> 다른 구석점 지정 또는 [영역(A)/치수(D)/회전(R)] : P2 클릭
> 직사각형의 다른 구석점에 'P2'를 클릭합니다.
>
> **명령 : Rectang** Enter
> 현재 직사각형 모드 : 모깎기=40.0000　폭=5.0000
> 첫 번째 구석점 지정 또는 [모따기(C)/고도(E)/모깎기(F)/두께(T)/폭(W)] : W Enter
> [폭] 옵션을 지정하기 위해서 'W'를 입력합니다.
> 직사각형의 선 폭 지정 〈5.0000〉: 10 Enter
> 선 폭에 '10'을 입력합니다.
> 첫 번째 구석점 지정 또는 [모따기(C)/고도(E)/모깎기(F)/두께(T)/폭(W)] : P3 클릭
> 직사각형의 첫 번째 구석점에 'P3'을 클릭합니다.
> 다른 구석점 지정 또는 [영역(A)/치수(D)/회전(R)] : P4 클릭
> 직사각형의 다른 구석점에 'P4'를 클릭합니다.

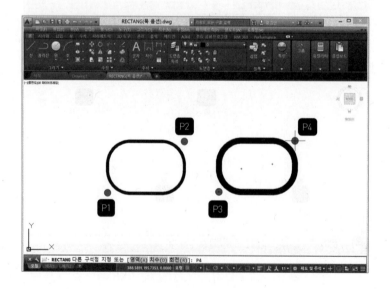

● [영역] 옵션 실습하기

01 [Rectang] 명령어를 입력하고 직사각형의 첫 번째 구석점을 지정합니다. [영역] 옵션을 지정하고 직사각형의 영역을 입력한 후, [길이] 옵션을 지정하고 직사각형의 한 변의 길이를 입력합니다.

명령 : Rectang Enter
첫 번째 구석점 지정 또는 [모따기(C)/고도(E)/모깎기(F)/두께(T)/폭(W)] : P1 클릭
직사각형의 첫 번째 구석점에 'P1'을 클릭합니다.
다른 구석점 지정 또는 [영역(A)/치수(D)/회전(R)] : A Enter
[영역] 옵션을 지정하기 위해서 'A'를 입력합니다.
현재 단위에 직사각형 영역 입력 〈100.0000〉: 10,000 Enter
직사각형의 영역(면적)에 '10,000'을 입력합니다.
[길이(L)/폭(W)] 〈길이〉를 기준으로 직사각형 치수 계산 : L Enter
[길이] 옵션을 지정하기 위해서 'L'을 입력합니다.
직사각형 길이 입력 〈10.0000〉: 100 Enter
직사각형 한 변의 길이에 '100'을 입력합니다.

명령 : Rectang Enter
첫 번째 구석점 지정 또는 [모따기(C)/고도(E)/모깎기(F)/두께(T)/폭(W)] : P2 클릭
직사각형의 첫 번째 구석점에 'P2'를 클릭합니다.
다른 구석점 지정 또는 [영역(A)/치수(D)/회전(R)] : A Enter
[영역] 옵션을 지정하기 위해서 'A'를 입력합니다.
현재 단위에 직사각형 영역 입력 〈10000.0000〉: 22,500 Enter
직사각형의 영역(면적)에 '22,500'을 입력합니다.
[길이(L)/폭(W)] 〈길이〉를 기준으로 직사각형 치수 계산 : L Enter
[길이] 옵션을 지정하기 위해서 'L'을 입력합니다.
직사각형 길이 입력 〈100.0000〉: 150 Enter
직사각형 한 변의 길이에 '150'을 입력합니다.

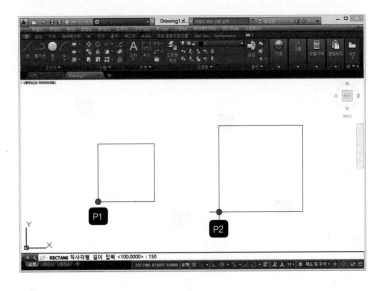

● [치수] 옵션 실습하기

01 [Rectang] 명령어를 입력하고 직사각형의 첫 번째 구석점을 지정합니다. [치수] 옵션을 지정하고 직사각형 한 변의
길이와 폭을 차례로 입력한 후, 직사각형의 다른 구석점을 지정합니다.

> **명령 : Rectang** [Enter]
> 첫 번째 구석점 지정 또는 [모따기(C)/고도(E)/모깎기(F)/두께(T)/폭(W)] : P1 클릭
> 직사각형의 첫 번째 구석점에 'P1'을 클릭합니다.
> 다른 구석점 지정 또는 [영역(A)/치수(D)/회전(R)] : D [Enter]
> [치수] 옵션을 지정하기 위해서 'D'를 입력합니다.
> 직사각형의 길이 지정 〈10.0000〉: 100 [Enter]
> 직사각형의 한 변의 길이에 '100'을 입력합니다.
> 직사각형의 폭 지정 〈10.0000〉: 100 [Enter]
> 직사각형의 한 변의 폭에 '100'을 입력합니다.
> 다른 구석점 지정 또는 [영역(A)/치수(D)/회전(R)] : P2 클릭
> 직사각형의 다른 구석점에 'P2'를 클릭합니다.
>
> **명령 : Rectang** [Enter]
> 첫 번째 구석점 지정 또는 [모따기(C)/고도(E)/모깎기(F)/두께(T)/폭(W)] : P3 클릭
> 직사각형의 첫 번째 구석점에 'P3'을 클릭합니다.
> 다른 구석점 지정 또는 [영역(A)/치수(D)/회전(R)] : D [Enter]
> [치수] 옵션을 지정하기 위해서 'D'를 입력합니다.
> 직사각형의 길이 지정 〈100.0000〉: 150 [Enter]
> 직사각형의 한 변의 길이에 '150'을 입력합니다.
> 직사각형의 폭 지정 〈100.0000〉: 150 [Enter]
> 직사각형의 한 변의 폭에 '150'을 입력합니다.
> 다른 구석점 지정 또는 [영역(A)/치수(D)/회전(R)] : P4 클릭
> 직사각형의 다른 구석점에 'P4'를 클릭합니다.

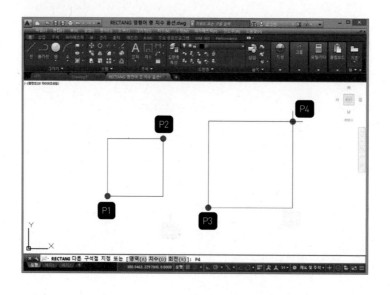

● [회전] 옵션 실습하기

01 [Rectang] 명령어를 입력하고 직사각형의 첫 번째 구석점을 지정합니다. [회전] 옵션을 지정하고 직사각형의 회전 각도를 입력한 후, 직사각형의 다른 구석점을 지정합니다.

> **명령 : Rectang** [Enter]
> 첫 번째 구석점 지정 또는 [모따기(C)/고도(E)/모깎기(F)/두께(T)/폭(W)] : P1 클릭
> 직사각형의 첫 번째 구석점에 'P1'을 클릭합니다.
> 다른 구석점 지정 또는 [영역(A)/치수(D)/회전(R)] : R [Enter]
> [회전] 옵션을 지정하기 위해서 'R'을 입력합니다.
> 회전 각도 지정 또는 [선택점(P)] 〈0〉 : 0 [Enter]
> 직사각형의 회전 각도에 '0'을 입력합니다.
> 다른 구석점 지정 또는 [영역(A)/치수(D)/회전(R)] : @120,120 [Enter]
> 직사각형의 다른 구석점에 '@120,120'을 입력합니다.
>
> **명령 : Rectang** [Enter]
> 첫 번째 구석점 지정 또는 [모따기(C)/고도(E)/모깎기(F)/두께(T)/폭(W)] : P2 클릭
> 직사각형의 첫 번째 구석점에 'P2'를 클릭합니다.
> 다른 구석점 지정 또는 [영역(A)/치수(D)/회전(R)] : R [Enter]
> [회전] 옵션을 지정하기 위해서 'R'을 입력합니다.
> 회전 각도 지정 또는 [선택점(P)] 〈0〉 : 30 [Enter]
> 직사각형의 회전 각도에 '30'을 입력합니다.
> 다른 구석점 지정 또는 [영역(A)/치수(D)/회전(R)] : @120,120 [Enter]
> 직사각형의 다른 구석점에 '@120,120'을 입력합니다.

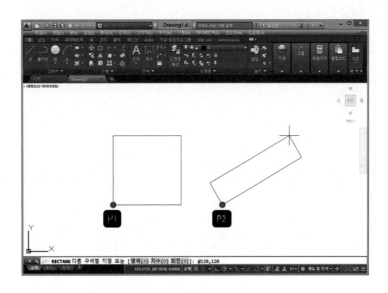

3 타원을 그리는 [Ellipse] 명령어

[Ellipse] 명령어는 타원이나 타원 형태의 호를 그릴 수 있으며 타원의 중심으로부터 가장 거리가 먼 장축과 가장 거리가 가까운 단축으로 구성됩니다.

(1) 명령어 입력 방법

[Ellipse] 명령어	
메뉴 막대	그리기→타원
명령어	Ellipse
단축 명령어	EI
리본 메뉴	(홈)탭→(그리기)패널→타원(중심점, ◉) ([제도 및 주석] 작업공간)
	(홈)탭→(그리기)패널→타원(◉) ([3D 기본 사항] 작업공간)
	(홈)탭→(그리기)패널→타원(중심점, ◉) ([3D 모델링] 작업공간)

(2) 명령어 사용 방법

명령 : Ellipse ⏎
타원 축 끝점 지정 또는 [호(A)/중심(C)] : P1 클릭
타원 축의 한쪽 끝점을 클릭합니다.
축의 다른 끝점 지정 : P2 클릭
타원 축의 다른 끝점을 클릭합니다.
다른 축으로 거리를 지정 또는 [회전(R)] : P3 클릭
'P1', 'P2'로부터 그려진 축으로부터 다른 축의 끝점까지 거리를 클릭합니다.

(3) 옵션 설명

옵션	설명
중심(C)	타원의 중심을 지정합니다.
호(A)	타원형의 호를 그립니다.
회전(R)	원을 회전하여 타원을 그립니다.

(4) 실습하기

● 기본 실습하기

01 [Limits] 명령어로 도면 한계를 설정하고 설정한 도면 한계를 도면에 적용하기 위해서 [Zoom] 명령어를 입력합니다.

명령 : Limits Enter
모형 공간 한계 재설정 :
왼쪽 아래 구석 지정 또는 [켜기(ON)/끄기(OFF)] 〈0.0000,0.0000〉 : 0,0 Enter
작업 도면의 '왼쪽–아래쪽'에 '0,0'을 입력합니다.
오른쪽 위 구석 지정 〈12.0000,9.0000〉 : 420,297 Enter
작업 도면의 '오른쪽–위쪽'에 '420,297'을 입력합니다.

명령 : Zoom Enter
윈도우 구석 지정, 축척 비율(nX 또는 nXP) 입력 또는 [전체(A)/중심(C)/동적(D)/범위(E)/이전(P)/축척(S)/윈도우(W)/객체(O)] 〈실시간〉 : A Enter
모형 재생성 중.
[Limits] 명령어에 의해서 지정한 도면 한계를 화면에 적용하기 위해서 [Zoom] 명령어의 [전체] 옵션을 입력합니다.

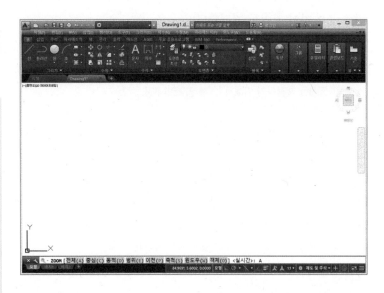

02 [Ellipse] 명령어를 입력한 후, 타원 축의 양쪽 끝점을 지정하고 지정한 축으로부터 다른 축까지의 거리를 지정합니다.

명령 : Ellipse Enter
타원의 축 끝점 지정 또는 [호(A)/중심(C)] : P1 클릭
타원 축의 한쪽 끝점에 'P1'을 클릭합니다.
축의 다른 끝점 지정 : P2 클릭
타원 축의 다른 쪽 끝점에 'P2'를 클릭합니다.
다른 축으로 거리를 지정 또는 [회전(R)] : P3 클릭
위에 지정한 'P1', 'P2'로 이루어진 축으로부터 다른 축까지의 거리에 'P3'을 클릭합니다.

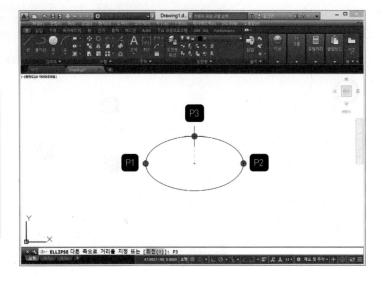

● [중심] 옵션 실습하기

01 [Ellipse] 명령어를 입력하고 [중심] 옵션을 지정합니다. 타원의 중심점과 축의 끝점을 지정하고 지정한 축으로부터 다른 축까지의 거리를 지정합니다.

> **명령 : Ellipse** Enter
> **타원의 축 끝점 지정 또는 [호(A)/중심(C)] : C** Enter
> [중심] 옵션을 지정하기 위해서 'C'를 입력합니다.
> **타원의 중심 지정 : P1 클릭**
> 타원의 중심에 'P1'을 클릭합니다.
> **축의 끝점 지정 : P2 클릭**
> 타원 축의 끝점에 'P2'를 클릭합니다.
> **다른 축으로 거리를 지정 또는 [회전(R)] : P3 클릭**
> 'P1', 'P2'로부터 그려진 축으로부터 다른 축까지의 거리에 'P3'을 클릭합니다.
>
> **명령 : Ellipse** Enter
> **타원의 축 끝점 지정 또는 [호(A)/중심(C)] : C** Enter
> [중심] 옵션을 지정하기 위해서 'C'를 입력합니다.
> **타원의 중심 지정 : P4 클릭**
> 타원의 중심에 'P4'를 클릭합니다.
> **축의 끝점 지정 : P5 클릭**
> 타원 축의 끝점에 'P5'를 클릭합니다.
> **다른 축으로 거리를 지정 또는 [회전(R)] : @100<90**
> 'P4', 'P5'로부터 그려진 축으로부터 다른 축까지의 거리에 '@100<90'을 입력합니다.

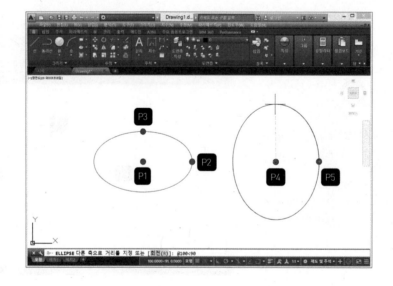

● [호] 옵션 실습하기

01 [Ellipse] 명령어를 입력하고 [호] 옵션을 지정합니다. 타원 호의 축 한쪽 끝점과 다른 쪽 끝점을 지정하고 지정한 축으로부터 다른 축까지의 거리를 지정합니다.

> **명령 : Ellipse** [Enter]
> 타원의 축 끝점 지정 또는 [호(A)/중심(C)] : A [Enter]
> [호] 옵션을 지정하기 위해서 'A'를 입력합니다.
> 타원 호의 축 끝점 지정 또는 [중심(C)] : P1 클릭
> 타원 호의 축 한쪽 끝점에 'P1'을 클릭합니다.
> 축의 다른 끝점 지정 : P2 클릭
> 타원 호의 축 다른 끝점에 'P2'를 클릭합니다.
> 다른 축으로 거리를 지정 또는 [회전(R)] : P3 클릭
> 'P1', 'P2'로부터 그려진 축으로부터 다른 축까지의 거리에 'P3'을 클릭합니다.

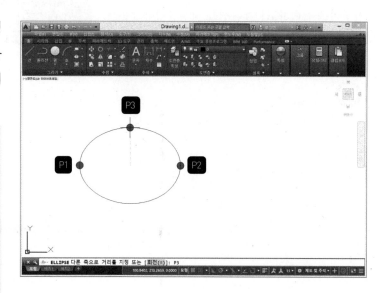

02 타원형 호를 그리기 위해서 그려진 타원에서 시작점과 끝점을 지정하여 타원형 호를 그립니다.

> 시작점 지정 또는 [매개변수(P)] : P1 클릭
> 타원형 호의 시작점에 'P1'을 클릭합니다.
> 끝 각도를 지정 또는 [매개변수(P)/사이각(I)] : P2 클릭
> 타원형 호의 끝점에 'P2'를 클릭합니다.

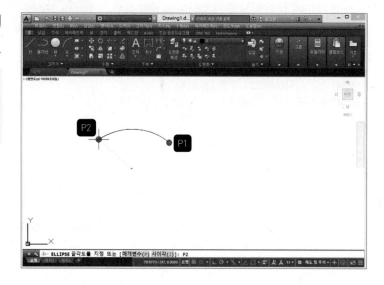

03 또 다른 타원형 호를 그리기 위해서 [Ellipse] 명령어를 입력하고 [호] 옵션을 지정합니다. 타원 호의 축 한쪽 끝점과 다른 쪽 끝점을 지정하고 축으로부터 다른 축까지의 거리를 지정합니다.

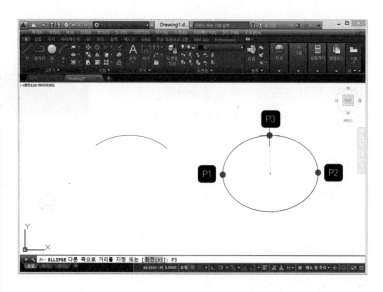

명령 : Ellipse [Enter]

타원의 축 끝점 지정 또는 [호(A)/중심(C)] : A [Enter]
[호] 옵션을 지정하기 위해서 'A'를 입력합니다.
타원 호의 축 끝점 지정 또는 [중심(C)] : P1 클릭
타원 호의 축 한쪽 끝점에 'P1'을 클릭합니다.
축의 다른 끝점 지정 : P2 클릭
타원 호의 축 다른 끝점에 'P2'를 클릭합니다.
다른 축으로 거리를 지정 또는 [회전(R)] : P3 클릭
'P1', 'P2'로부터 그려진 축으로부터 다른 축까지의 거리에 'P3'을 클릭합니다.

04 타원형 호를 그리기 위해서 그린 타원에서 시작점 각도와 끝점 각도를 지정하여 타원형 호를 그립니다.

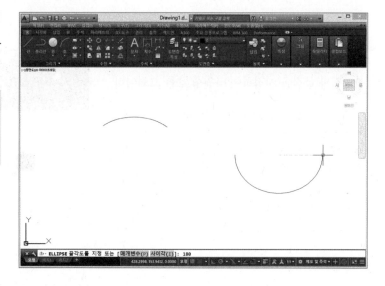

시작점 지정 또는 [매개변수(P)] : 0 [Enter]
타원형 호의 시작점 각도에 '0'을 입력합니다.
끝 각도를 지정 또는 [매개변수(P)/사이각(I)] : 180 [Enter]
타원형 호의 끝점 각도에 '180'을 입력합니다.

● [회전] 옵션 실습하기

01 [Ellipse] 명령어를 입력한 후, 타원 축의 한쪽 끝점과 다른 쪽 끝점을 지정합니다. [회전] 옵션을 지정하고 장축 주위로 회전 각도를 입력합니다.

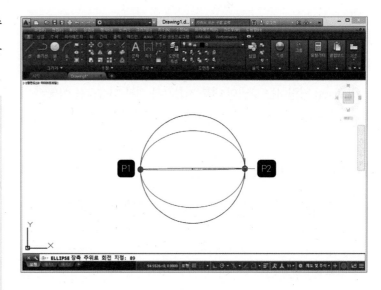

명령 : Ellipse Enter
타원의 축 끝점 지정 또는 [호(A)/중심(C)] : P1 클릭
타원 축의 한쪽 끝점에 'P1'을 클릭합니다.
축의 다른 끝점 지정 : P2 클릭
타원 축의 다른 쪽 끝점에 'P2'를 클릭합니다.
다른 축으로 거리를 지정 또는 [회전(R)] : R Enter
[회전] 옵션을 지정하기 위해서 'R'을 입력합니다.
장축 주위로 회전 지정 : 0 Enter
장축 주위로 회전 각도에 '0'을 입력합니다.

명령 : Ellipse Enter
타원의 축 끝점 지정 또는 [호(A)/중심(C)] : P1 클릭
타원 축의 한쪽 끝점에 'P1'을 클릭합니다.
축의 다른 끝점 지정 : P2 클릭
타원 축의 다른 쪽 끝점에 'P2'를 클릭합니다.
다른 축으로 거리를 지정 또는 [회전(R)] : R Enter
[회전] 옵션을 지정하기 위해서 'R'을 입력합니다.
장축 주위로 회전 지정 : 45 Enter
장축 주위로 회전 각도에 '45'를 입력합니다.

명령 : Ellipse Enter
타원의 축 끝점 지정 또는 [호(A)/중심(C)] : P1 클릭
타원 축의 한쪽 끝점에 'P1'을 클릭합니다.
축의 다른 끝점 지정 : P2 클릭
타원 축의 다른 쪽 끝점에 'P2'를 클릭합니다.
다른 축으로 거리를 지정 또는 [회전(R)] : R Enter
[회전] 옵션을 지정하기 위해서 'R'을 입력합니다.
장축 주위로 회전 지정 : 89 Enter
장축 주위로 회전 각도에 '89'를 입력합니다.

4.3 도넛, 채우기 및 객체 스냅 실행하기

1 두께가 있는 원을 그리는 [Donut] 명령어

[Donut] 명령어는 도넛의 내부 지름값과 외부 지름값을 어떻게 입력하는가에 따라서 속이 꽉 차여 있거나 속이 빈 도넛, 어느 정도 두께가 있는 도넛을 그릴 수 있습니다. [Donut] 명령어에 의해서 그려진 도넛은 폴리선 형태이므로 단일 객체입니다.

(1) 명령어 입력 방법

[Donut] 명령어	
메뉴 막대	그리기→도넛
명령어	Donut, Doughnut
단축 명령어	Do
리본 메뉴	(홈)탭→(그리기) 패널→도넛(⬤) ([제도 및 주석] 작업공간) (홈)탭→(그리기) 패널→도넛(⬤) ([3D 모델링] 작업공간)

(2) 명령어 사용 방법

명령 : Donut Enter
도넛의 내부 지름 지정 〈0.5000〉 : 30 Enter
도넛의 내부 지름을 입력합니다.
도넛의 외부 지름 지정 〈1.0000〉 : 60 Enter
도넛의 외부 지름을 입력합니다.
도넛의 중심 지정 또는 〈종료〉 : P1 클릭
도넛의 중심점을 클릭합니다.
도넛의 중심 지정 또는 〈종료〉 : Enter

(3) 실습하기

● 기본 실습하기

01 [Limits] 명령어로 도면 한계를 설정하고 설정한 도면 한계를 도면에 적용하기 위해서 [Zoom] 명령어를 입력합니다.

명령 : Limits Enter
모형 공간 한계 재설정 :
왼쪽 아래 구석 지정 또는 [켜기(ON)/끄기(OFF)]
〈0.0000,0.0000〉 : 0,0 Enter
작업 도면의 '왼쪽-아래쪽'에 '0,0'을 입력합니다.
오른쪽 위 구석 지정 〈12.0000,9.0000〉 : 297,210 Enter
작업 도면의 '오른쪽-위쪽'에 '297,210'을 입력합니다.

명령 : Zoom Enter
윈도우 구석 지정, 축척 비율(nX 또는 nXP) 입력 또는
[전체(A)/중심(C)/동적(D)/범위(E)/이전(P)/축척
(S)/윈도우(W)/객체(O)] 〈실시간〉 : A Enter
모형 재생성 중.
[Limits] 명령어에 의해서 지정한 도면 한계를 화면에 적용
하기 위해서 [Zoom] 명령어의 [전체] 옵션을 입력합니다.

02 [Donut] 명령어를 입력한 후, 도넛의 내부 지름과 외부 지름을 입력하고 도넛의 중심점을 입력합니다.

명령 : Donut Enter
도넛의 내부 지름 지정 〈0.5000〉 : 60 Enter
도넛의 내부 지름에 '60'을 입력합니다.
도넛의 외부 지름 지정 〈1.0000〉 : 60 Enter
도넛의 외부 지름에 '60'을 입력합니다.
도넛의 중심 지정 또는 〈종료〉 : P1 클릭
도넛의 중심점에 'P1'을 클릭합니다.
도넛의 중심 지정 또는 〈종료〉 : Enter

명령 : Donut Enter
도넛의 내부 지름 지정 〈60.0000〉 : 30 Enter
도넛의 내부 지름에 '30'을 입력합니다.
도넛의 외부 지름 지정 〈60.0000〉 : 60 Enter
도넛의 외부 지름에 '60'을 입력합니다.
도넛의 중심 지정 또는 〈종료〉 : P2 클릭
도넛의 중심점에 'P2'를 클릭합니다.
도넛의 중심 지정 또는 〈종료〉 : Enter

명령 : Donut Enter
도넛의 내부 지름 지정 〈30.0000〉 : 0 Enter
도넛의 내부 지름에 '0'을 입력합니다.
도넛의 외부 지름 지정 〈60.0000〉 : 60 Enter
도넛의 외부 지름에 '60'을 입력합니다.
도넛의 중심 지정 또는 〈종료〉 : P3 클릭
도넛의 중심점에 'P3'을 클릭합니다.
도넛의 중심 지정 또는 〈종료〉 : Enter

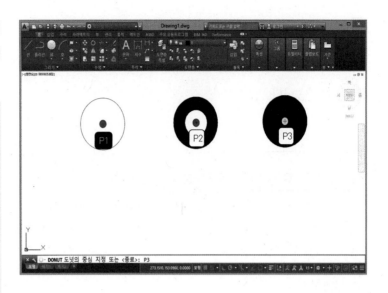

2 객체의 내부를 채우는 [Fill] 명령어

[Fill] 명령어는 해치, 2D 솔리드, 굵은 폴리선과 같은 객체들의 내부를 채우는 것으로서 옵션에 의해서 [켜기]나 [끄기]를 할 수 있습니다.

(1) 명령어 입력 방법

[Fill] 명령어	
명령어	Fill

(2) 명령어 사용 방법

명령 : Fill [Enter]
모드 입력 [켜기(ON)/끄기(OFF)] <켜기> : OFF [Enter]
원하는 옵션을 입력합니다.

(3) 실습하기

● 기본 실습하기

01 아래의 예제 파일을 불러옵니다.

예제 파일 : Part01\Chapter04\4-3\2\Fill(기본)

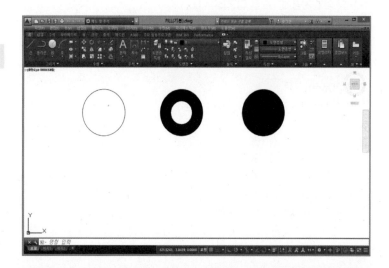

02 [Fill] 명령어를 입력한 후, [끄기] 옵션을 입력합니다.

명령 : Fill [Enter]
모드 입력 [켜기(ON)/끄기(OFF)] <켜기> : Off [Enter]
[끄기] 옵션을 지정하기 위해서 'Off'를 입력합니다.

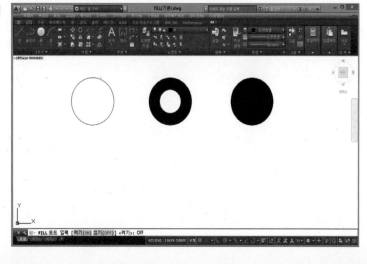

03 [Donut] 명령어를 입력한 후, 도넛의 내부 지름과 외부 지름을 입력하고 도넛의 중심점을 입력합니다. [Fill] 명령어의 [끄기] 옵션에 의해서 내부가 빈 도넛이 작성되었습니다.

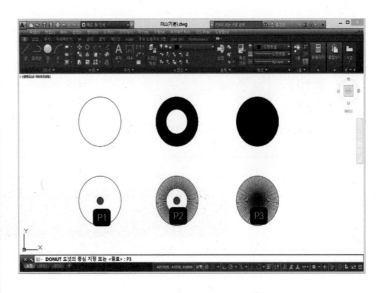

명령 : **Donut** Enter
도넛의 내부 지름 지정 〈0.5000〉 : 60 Enter
도넛의 내부 지름에 '60'을 입력합니다.
도넛의 외부 지름 지정 〈1.0000〉 : 60 Enter
도넛의 외부 지름에 '60'을 입력합니다.
도넛의 중심 지정 또는 〈종료〉 : P1 클릭
도넛의 중심점에 'P1'을 클릭합니다.
도넛의 중심 지정 또는 〈종료〉 : Enter

명령 : **Donut** Enter
도넛의 내부 지름 지정 〈60.0000〉 : 30 Enter
도넛의 내부 지름에 '30'을 입력합니다.
도넛의 외부 지름 지정 〈60.0000〉 : 60 Enter
도넛의 외부 지름에 '60'을 입력합니다.
도넛의 중심 지정 또는 〈종료〉 : P2 클릭
도넛의 중심점에 'P2'를 클릭합니다.
도넛의 중심 지정 또는 〈종료〉 : Enter

명령 : **Donut** Enter
도넛의 내부 지름 지정 〈30.0000〉 : 0 Enter
도넛의 내부 지름에 '0'을 입력합니다.
도넛의 외부 지름 지정 〈60.0000〉 : 60 Enter
도넛의 외부 지름에 '60'을 입력합니다.
도넛의 중심 지정 또는 〈종료〉 : P3 클릭
도넛의 중심점에 'P3'을 클릭합니다.
도넛의 중심 지정 또는 〈종료〉 : Enter

3 작업 기준점을 정하는 [Osnap] 명령어

도면을 작업할 때 객체의 끝점, 중심점, 중간점 등을 지정할 때가 있습니다. 그때 정확히 지정하기 힘들 때가 있는데 이럴 때 객체 스냅(Object Snap : Osnap)을 사용하면 정확하게 지정할 수 있습니다. 이와 같이 객체 스냅은 객체의 특정 지점을 편리하게 찾아주는 기능을 하며 도면을 그리기 위해서 명령어를 실행 도중에도 사용이 가능한 것이 특징입니다.

(1) 명령어 입력 방법

[Osnap] 명령어	
명령어	Osnap
단축 명령어	Os
아이콘(상태 표시 막대)	2D 참조점으로 커서 스냅(□▾)

(2) 명령어 사용 방법

명령 : Osnap [Enter]

객체 스냅을 사용하기 위해서 [Osnap]을 입력합니다. [제도 설정] 대화 상자의 [객체 스냅 모드]에서 사용하고자 하는 모드를 선택하고 [객체 스냅 켜기]에 체크 표시를 한 후, [확인]을 클릭합니다.

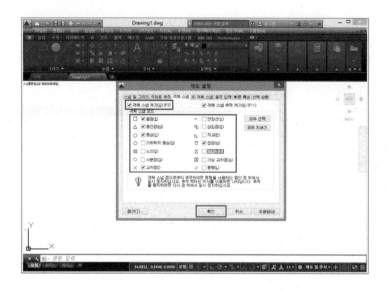

(3) 옵션 설명

옵션	설명
끝점	선, 폴리선, 호 등의 끝점을 지정합니다.
중간점	선, 폴리선, 호 등의 중간점을 지정합니다.
중심	원, 호, 타원 등의 중심점을 지정합니다.
기하학적 중심	닫힌 폴리선 및 스플라인의 무게를 지정합니다.
노드	점 객체를 지정합니다.
사분점	원, 호, 타원 등의 사분점을 지정합니다.
교차점	선, 호, 원 등의 교차점을 지정합니다.
연장선	객체의 연장선상의 한 점을 지정합니다.
삽입점	문자, 블록 내에 삽입점을 지정합니다.
직교	객체에 수직으로 만나는 점을 지정합니다.
접점	선, 호, 원, 타원 등에 접하는 점을 지정합니다.
근처점	객체에 가장 가까운 점을 지정합니다.
가상 교차점	3차원 공간에서 교차하지 않는 두 객체의 가상 교차점을 지정합니다.
평행	객체와 평행한 점을 지정합니다.

(4) 실습하기

● [끝점] 옵션 실습하기

01 [Limits] 명령어로 도면 한계를 설정하고 설정한 도면 한계를 도면에 적용하기 위해서 [Zoom] 명령어를 입력합니다.

명령 : Limits Enter
모형 공간 한계 재설정 :
왼쪽 아래 구석 지정 또는 [켜기(ON)/끄기(OFF)]
⟨0.0000,0.0000⟩ : 0,0 Enter
작업 도면의 '왼쪽-아래쪽'에 '0,0'을 입력합니다.
오른쪽 위 구석 지정 ⟨12.0000,9.0000⟩ : 420,297
Enter
작업 도면의 '오른쪽-위쪽'에 '420,297'을 입력합니다.

명령 : Zoom Enter
윈도우 구석 지정, 축척 비율(nX 또는 nXP) 입력 또는
[전체(A)/중심(C)/동적(D)/범위(E)/이전(P)/축척
(S)/윈도우(W)/객체(O)] ⟨실시간⟩ : A Enter
모형 재생성 중.
[Limits] 명령어에 의해서 지정한 도면 한계를 화면에 적용하기 위해서 [Zoom] 명령어의 [전체] 옵션을 입력합니다.

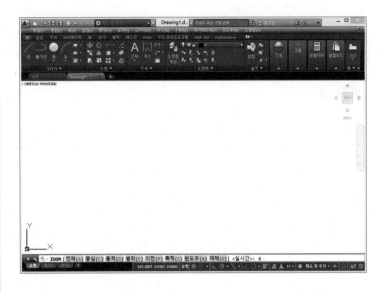

02 사용하고자 하는 [객체 스냅 모드]를 선택하기 위해서 [Osnap] 명령어를 입력합니다. [제도 설정] 대화 상자가 표시되면 [객체 스냅 켜기]에 체크 표시를 하고 사용하고자 하는 [객체 스냅 모드]를 클릭합니다. 여기에서는 [끝점], [중간점], [중심], [교차점], [접점]을 클릭한 후, [확인]을 클릭합니다.

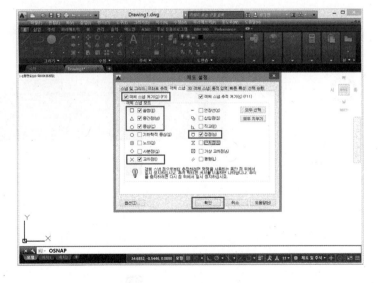

03 [끝점] 옵션을 사용하여 선을 그린 후, 원을 그립니다.

명령 : Line Enter
첫 번째 점 지정 : 100,50 Enter
선의 첫 번째 점에 '100,50'을 입력합니다.
다음 점 지정 또는 [명령 취소(U)] : @200〈90 Enter
선의 다음 점에 '@200〈90'을 입력합니다.
다음 점 지정 또는 [명령 취소(U)] : Enter

명령 : Line Enter
첫 번째 점 지정 : 400,50 Enter
선의 첫 번째 점에 '400,50'을 입력합니다.
다음 점 지정 또는 [명령 취소(U)] : @150〈90 Enter
선의 다음 점에 '@150〈90'을 입력합니다.
다음 점 지정 또는 [명령 취소(U)] : Enter

명령 : Circle Enter
원에 대한 중심점 지정 또는 [3점(3P)/2점(2P)/Ttr – 접선 접선 반지름(T)] : 250,120 Enter
원의 중심점에 '250,120'을 입력합니다.
원의 반지름 지정 또는 [지름(D)] : 50 Enter
원의 반지름에 '50'을 입력합니다.

명령 : Line Enter
첫 번째 점 지정 : P1 클릭
선의 'P1' 부근에 마우스를 가까이하여 [끝점] 툴팁이 나타나면 선의 'P1' 부분을 클릭합니다.
다음 점 지정 또는 [명령 취소(U)] : P2 클릭
선의 'P2' 부근에 마우스를 가까이하여 [끝점] 툴팁이 나타나면 선의 'P2' 부분을 클릭합니다.
다음 점 지정 또는 [명령 취소(U)] : Enter

명령 : Line Enter
첫 번째 점 지정 : P3 클릭
선의 'P3' 부근에 마우스를 가까이하여 [끝점] 툴팁이 나타나면 선의 'P3' 부분을 클릭합니다.
다음 점 지정 또는 [명령 취소(U)] : P4 클릭
선의 'P4' 부근에 마우스를 가까이하여 [끝점] 툴팁이 나타나면 선의 'P4' 부분을 클릭합니다.
다음 점 지정 또는 [명령 취소(U)] : Enter

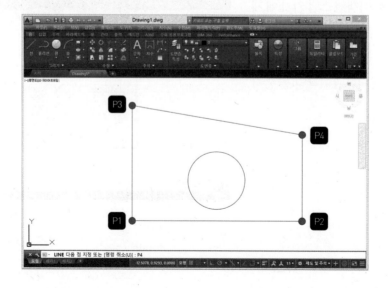

● [중간점] 옵션 실습하기

01 [중간점] 옵션을 사용하여 선을 그립니다.

> **명령 : Line** Enter
> **첫 번째 점 지정 : P1 클릭**
> 선의 'P1' 부근에 마우스를 가까이하여 [끝점] 툴팁이 나타나면 선의 'P1' 부분을 클릭합니다.
> **다음 점 지정 또는 [명령 취소(U)] : P2 클릭**
> 선의 'P2' 부근에 마우스를 가까이하여 [중간점] 툴팁이 나타나면 선의 'P2' 부분을 클릭합니다.
> **다음 점 지정 또는 [명령 취소(U)] :** Enter

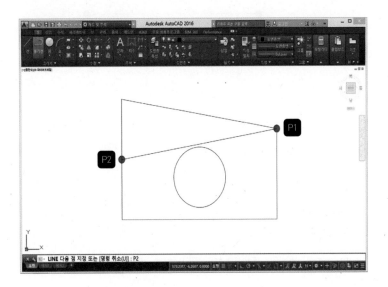

● [중심] 옵션 실습하기

01 [중심] 옵션을 사용하여 선을 그립니다.

> **명령 : Line** Enter
> **첫 번째 점 지정 : P1 클릭**
> 원의 'P1' 부근에 마우스를 가까이하여 [중심] 툴팁이 나타나면 원의 'P1' 부분을 클릭합니다.
> **다음 점 지정 또는 [명령 취소(U)] : P2 클릭**
> 선의 'P2' 부근에 마우스를 가까이하여 [끝점] 툴팁이 나타나면 선의 'P2' 부분을 클릭합니다.
> **다음 점 지정 또는 [명령 취소(U)] :** Enter
>
> **명령 : Line** Enter
> **첫 번째 점 지정 : P1 클릭**
> 원의 'P1' 부근에 마우스를 가까이하여 [중심] 툴팁이 나타나면 원의 'P1' 부분을 클릭합니다.
> **다음 점 지정 또는 [명령 취소(U)] : P3 클릭**
> 선의 'P3' 부근에 마우스를 가까이하여 [끝점] 툴팁이 나타나면 선의 'P3' 부분을 클릭합니다.
> **다음 점 지정 또는 [명령 취소(U)] :** Enter

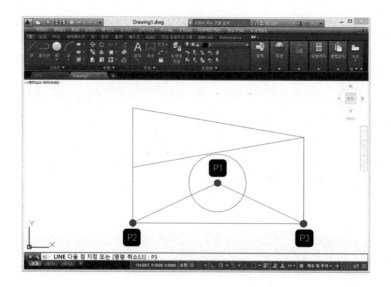

● [접점] 옵션 실습하기

01 [접점] 옵션을 사용하여 선과 원을 그립니다.

명령 : Line [Enter]
첫 번째 점 지정 : P1 클릭
선의 'P1' 부근에 마우스를 가까이하여 [끝점] 툴팁이 나타나면 선의 'P1' 부분을 클릭합니다.
다음 점 지정 또는 [명령 취소(U)] : P2 클릭
원의 'P2' 부근에 마우스를 가까이하여 [접점] 툴팁이 나타나면 선과 원이 접하는 'P2' 부분을 클릭합니다.
다음 점 지정 또는 [명령 취소(U)] : [Enter]

명령 : Line [Enter]
첫 번째 점 지정 : P3 클릭
선의 'P3' 부근에 마우스를 가까이하여 [끝점] 툴팁이 나타나면 선의 'P3' 부분을 클릭합니다.
다음 점 지정 또는 [명령 취소(U)] : P4 클릭
원의 'P4' 부근에 마우스를 가까이하여 [접점] 툴팁이 나타나면 선과 원이 접하는 'P4' 부분을 클릭합니다.
다음 점 지정 또는 [명령 취소(U)] : [Enter]

명령 : Circle [Enter]
원에 대한 중심점 지정 또는 [3점(3P)/2점(2P)/Ttr – 접선 접선 반지름(T)] : TTR [Enter]
[접선 접선 반지름] 옵션을 지정하기 위해서 'TTR'을 입력합니다.
원의 첫 번째 접점에 대한 객체위의 점 지정 : P5 클릭
원의 첫 번째 접점인 'P5' 부근에 마우스를 가까이 하여 [지연된 접점] 툴팁이 나타나면 원의 'P5' 부분을 클릭합니다.
원의 두 번째 접점에 대한 객체위의 점 지정 : P6 클릭
선의 두 번째 접점인 'P6' 부근에 마우스를 가까이 하여 [지연된 접점] 툴팁이 나타나면 선의 'P6' 부분을 클릭합니다.
원의 반지름 지정 〈50.0000〉 : 20 [Enter]
원의 반지름에 '20'을 입력합니다.

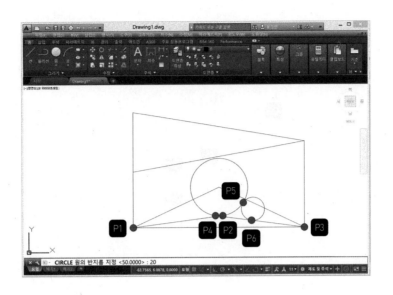

● [교차점] 옵션 실습하기

01 [교차점] 옵션을 사용하여 원을 그립니다.

명령 : Line Enter
첫 번째 점 지정 : P1 클릭
선의 'P1' 부근에 마우스를 가까이하여 [끝점] 툴팁이 나타나면 선의 'P1' 부분을 클릭합니다.
다음 점 지정 또는 [명령 취소(U)] : P2 클릭
원의 'P2' 부근에 마우스를 가까이하여 [중심] 툴팁이 나타나면 원의 'P2' 부분을 클릭합니다.
다음 점 지정 또는 [명령 취소(U)] : Enter

명령 : Circle Enter
원에 대한 중심점 지정 또는 [3점(3P)/2점(2P)/Ttr – 접선 접선 반지름(T)] : P2 클릭
원의 'P2' 부근에 마우스를 가까이하여 [끝점] 툴팁이 나타나면 원의 'P2' 부분을 클릭합니다.
원의 반지름 지정 또는 [지름(D)] ⟨20.0000⟩ : 30 Enter
원의 반지름에 '30'을 입력합니다.

명령 : Circle Enter
원에 대한 중심점 지정 또는 [3점(3P)/2점(2P)/Ttr – 접선 접선 반지름(T)] : 2P Enter
[2점] 옵션을 지정하기 위해서 '2P'를 입력합니다.
원 지름의 첫 번째 끝점을 지정 : P3 클릭
선과 원이 교차하는 'P3' 부근에 마우스를 가까이하여 [교차점] 툴팁이 나타나면 선과 원이 교차하는 'P3' 부분을 클릭합니다.
원 지름의 두 번째 끝점을 지정 : P4 클릭
선과 원이 교차하는 'P4' 부근에 마우스를 가까이하여 [교차점] 툴팁이 나타나면 선과 원이 교차하는 'P4' 부분을 클릭합니다.

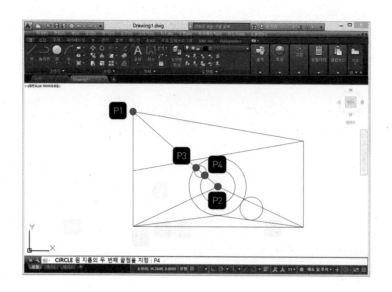

● [사분점] 옵션 실습하기

01 앞에서 실행한 [끝점], [중간점], [중심], [접점], [교차점] 옵션은 [Osnap] 명령에서 미리 지정하였기 때문에 각 옵션의 기능을 확인할 수 있었습니다. 지금부터는 지정하지 않은 옵션을 명령어 실행 도중에 지정하여 도면을 작성하기 위해서 [사분점] 옵션을 지정하여 마름모를 그립니다.

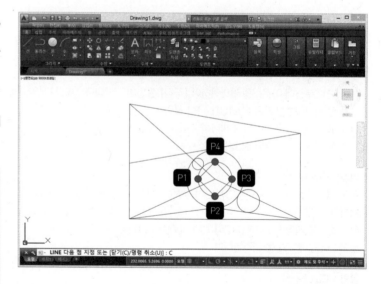

명령 : Line Enter
첫 번째 점 지정 : Qua Enter
<- P1 클릭
다음 점 지정 또는 [명령 취소(U)] : Qua Enter
<- P2 클릭
다음 점 지정 또는 [명령 취소(U)] : Qua Enter
<- P3 클릭
다음 점 지정 또는 [닫기(C)/명령 취소(U)] : Qua Enter
<- P4 클릭
원의 0도, 90도, 180도, 270도를 지나는 선을 그리기 위해서 [사분점] 옵션인 'Qua'를 입력합니다. 이후, 'P1', 'P2', 'P3', 'P4'에 마우스를 가까이하여 각 점에서 [사분점] 툴팁이 나타나면 각 점을 클릭합니다.
다음 점 지정 또는 [닫기(C)/명령 취소(U)] : C Enter
마름모를 닫기 위해서 'C'를 입력합니다.

● [직교] 옵션 실습하기

01 [직교] 옵션을 지정하여 선을 그립니다.

> **명령 : Line** ⏎
> **첫 번째 점 지정 : P1 클릭**
> 원의 'P1' 부근에 마우스를 가까이하여 [끝점] 툴팁이 나
> 타나면 원의 'P1' 부분을 클릭합니다.
> **다음 점 지정 또는 [명령 취소(U)] : Per** ⏎
> **대상   P2 클릭**
> [직교] 옵션인 'Per'를 입력하고 선의 'P2' 부근에 마우스
> 를 가까이하여 [직교] 툴팁이 나타나면 선의 'P2' 부분을
> 클릭합니다.
> **다음 점 지정 또는 [명령 취소(U)] :** ⏎
>
> **명령 : Line** ⏎
> **첫 번째 점 지정 : P1 클릭**
> 원의 'P1' 부근에 마우스를 가까이하여 [끝점] 툴팁이 나
> 타나면 원의 'P1' 부분을 클릭합니다.
> **다음 점 지정 또는 [명령 취소(U)] : Per** ⏎
> **대상   P3 클릭**
> [직교] 옵션인 'Per'를 입력하고 선의 'P3' 부근에 마우스
> 를 가까이하여 [직교] 툴팁이 나타나면 선의 'P3' 부분을
> 클릭합니다.
> **다음 점 지정 또는 [명령 취소(U)] :** ⏎

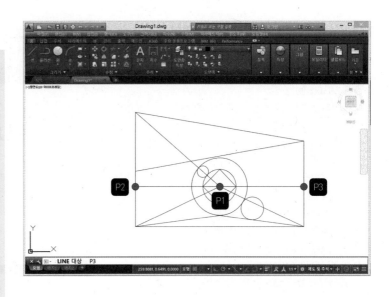

● [근처점] 옵션 실습하기

01 [근처점] 옵션을 지정하여 선을 그립니다.

> **명령 : Line** ⏎
> **첫 번째 점 지정 : P1 클릭**
> 선의 'P1' 부근에 마우스를 가까이하여 [끝점] 툴팁이 나
> 타나면 선의 'P1' 부분을 클릭합니다.
> **다음 점 지정 또는 [명령 취소(U)] : Nea** ⏎
> **대싱   P2 클릭**
> [근처점] 옵션인 'Nea'를 입력하고 선의 'P2' 부근에 마
> 우스를 가까이하여 [근처점] 툴팁이 나타나면 선의 'P2'
> 부분을 클릭합니다.
> **다음 점 지정 또는 [명령 취소(U)] :** ⏎

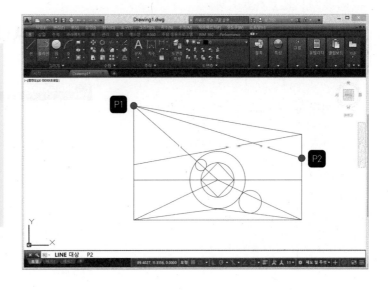

● [삽입점] 옵션 실습하기

01 [삽입점] 옵션을 지정하기 위해서 문자를 작성합니다.

명령 : Text [Enter]
현재 문자 스타일 : "Standard" 문자 높이 : 0.2000
주석 : 아니오 자리맞추기 : 왼쪽
문자의 시작점 지정 또는 [자리맞추기(J)/스타일(S)] :
20,200 [Enter]
문자의 시작점에 '20,200'을 입력합니다.
높이 지정 〈0.2000〉 : 30 [Enter]
문자의 높이에 '30'을 입력합니다.
문자의 회전 각도 지정 〈0〉 : 0 [Enter]
문자의 회전 각도에 '0'을 입력합니다.
AUTOCAD DESIGN [Enter][Enter]
'AUTOCAD DESIGN'을 입력합니다.

02 문자 삽입점을 [맨 위 왼쪽]으로 지정하여 문자를 작성합니다.

명령 : Text [Enter]
현재 문자 스타일 : "Standard" 문자 높이 : 30.0000 주석 : 아니오 자리 맞추기 : 왼쪽
문자의 시작점 지정 또는 [자리 맞추기(J)/스타일(S)] :
J [Enter]
[자리 맞추기] 옵션을 지정하기 위해서 'J'를 입력합니다.
옵션 입력 [왼쪽(L)/중심(C)/오른쪽(R)/정렬(A)/중간
(M)/맞춤(F)/맨위왼쪽(TL)/맨위중심(TC)/맨위오른쪽
(TR)/중간왼쪽(ML)/중간중심(MC)/중간오른쪽(MR)/
맨아래왼쪽(BL)/맨아래중심(BC)/맨아래오른쪽(BR)] :
TL [Enter]
[맨 위 왼쪽] 옵션을 지정하기 위해서 'TL'을 입력합니다.
문자의 맨 위 왼쪽 점 지정 : 20,100 [Enter]
문자의 시작점에 '20,100'을 입력합니다.
높이 지정 〈30.0000〉 : 30 [Enter]
문자의 높이에 '30'을 입력합니다.
문자의 회전 각도 지정 〈0〉 : 0 [Enter]
문자의 회전 각도에 '0'을 입력합니다.
AUTOCAD DESIGN [Enter][Enter]
'AUTOCAD DESIGN'을 입력합니다.

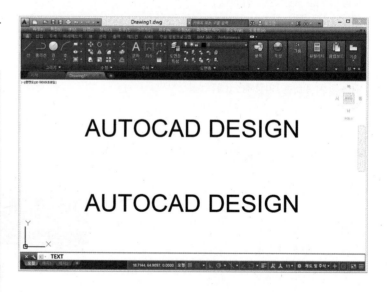

03 [Osnap] 명령어의 [삽입점] 옵션에 의해서 윗줄 문자에 선을 삽입합니다. 윗줄 문자는 선이 문자의 아래에 삽입됩니다.

명령 : Line `Enter`
첫 번째 점 지정 : Ins `Enter`
〈- P1 클릭
[삽입점] 옵션인 'Ins'을 입력하고 문자의 'P1' 부분에 마우스를 가까이하여 [삽입] 툴팁이 나타나면 문자의 'P1'을 클릭합니다.
다음 점 지정 또는 [명령 취소(U)] : 392,200 `Enter`
선의 다음 점에 '392,200'을 입력합니다.
다음 점 지정 또는 [명령 취소(U)] : `Enter`

04 [Osnap] 명령어의 [삽입점] 옵션에 의해서 아랫줄 문자에 선을 삽입합니다. 아랫줄 문자를 작성할 때 문자의 시작점을 문자의 위에 지정하였기 때문에 선이 문자의 위에 삽입됩니다.

명령 : Line `Enter`
첫 번째 점 지정 : Ins `Enter`
〈- P1 클릭
[삽입점] 옵션인 'Ins'을 입력하고 문자의 'P1' 부분에 마우스를 가까이하여 [삽입] 툴팁이 나타나면 문자의 'P1'을 클릭합니다.
다음 점 지정 또는 [명령 취소(U)] : 392,100 `Enter`
선의 다음 점에 '392,100'을 입력합니다.
다음 점 지정 또는 [명령 취소(U)] : `Enter`

● [노드] 옵션 실습하기

01 [노드] 옵션을 지정하기 위해서 점의 형태와
크기를 지정합니다. 지정 후, 좌표값을 입력하여
점을 작성합니다.

> **명령 : Pdmode** Enter
> PDMODE에 대한 새 값 입력 〈0〉 : 65 Enter
> 모형 재생성 중.
> 점의 스타일에 '65'를 입력합니다.
>
> **명령 : Pdsize** Enter
> PDSIZE에 대한 새 값 입력 〈0.0000〉 : 20 Enter
> 모형 재생성 중.
> 점의 크기에 '20'을 입력합니다.
>
> **명령 : Point** Enter
> 현재 점 모드 : PDMODE=65 PDSIZE=20.0000
> 점 지정 : 180,150 Enter
> 점의 중심점에 '180,150'을 입력합니다.

02 [노드] 옵션에 의해서 작성한 점의 중심으로
부터 선을 그립니다.

> **명령 : Line** Enter
> 첫 번째 점 지정 : Nod Enter
> 〈- P1 클릭
> [노드] 옵션인 'Nod'를 입력하고 점의 'P1' 부분에 마우
> 스를 가까이하여 [노드] 툴팁이 나타나면 점의 'P1'을 클
> 릭합니다.
> 다음 점 지정 또는 [명령 취소(U)] : @100〈45 Enter
> 다음 점에 '@100〈45'를 입력합니다.
> 다음 점 지정 또는 [명령 취소(U)] : Enter

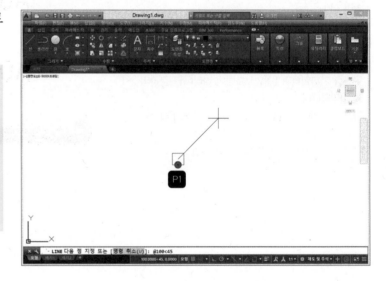

● [연장선] 옵션 실습하기

01 [연장선] 옵션을 지정하기 위해서 [Polygon] 명령어에 의해서 삼각형을 그립니다.

> **명령 : Polygon** [Enter]
> POLYGON 면의 수 입력 〈4〉 : 3 [Enter]
> 면의 수에 '3'을 입력합니다.
> 폴리곤의 중심을 지정 또는 [모서리(E)] : E [Enter]
> [모서리] 옵션을 지정하기 위해서 'E'를 입력합니다.
> 모서리의 첫 번째 끝점 지정 : 70,100 [Enter]
> 모서리의 첫 번째 끝점에 '70,100'을 입력합니다.
> 모서리의 두 번째 끝점 지정 : @130〈0 [Enter]
> 모서리의 두 번째 끝점에 '@130〈0'을 입력합니다.

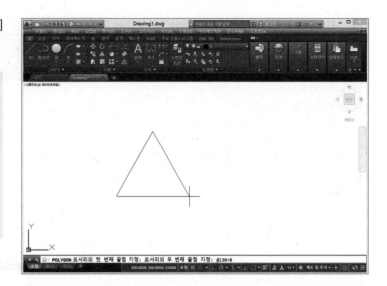

02 삼각형의 '아래쪽-오른쪽'에 있는 꼭짓점으로부터 오른쪽으로 '100'만큼 떨어진 지점을 지정하기 위해서, [Line] 명령어를 입력한 후, [연장선] 옵션을 입력합니다. [연장선] 옵션을 입력하고 삼각형의 '아래쪽-오른쪽' 부근에 있는 꼭짓점에서 커서를 잠깐 올려놓은 다음, 마우스를 오른쪽으로 '100'만큼 이동한 후 클릭합니다.

> **명령 : Line** [Enter]
> 첫 번째 점 지정 : Ext [Enter]
> [연장선] 옵션을 지정하기 위해서 'Ext'를 입력합니다.
> 〈- P1 클릭
> 삼각형의 '아래쪽-오른쪽' 부근에 마우스를 가까이하여 [연장선] 툴팁이 나타나면 삼각형의 '아래쪽-오른쪽' 꼭지점으로부터 오른쪽으로 '100'만큼 떨어진 지점인 'P1'에 클릭합니다
> 다음 점 지정 또는 [명령 취소(U)] : [Enter]

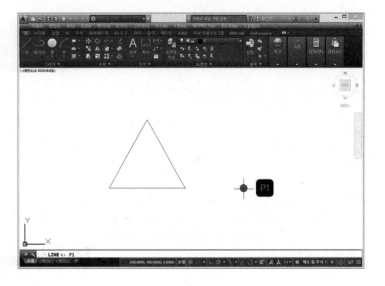

● [평행] 옵션 실습하기

01 [평행] 옵션을 지정하기 위하여 선을 그립니다.

> **명령 : Line** [Enter]
> 첫 번째 점 지정 : 100,100 [Enter]
> 선의 첫 번째 점에 '100,100'을 입력합니다.
> 다음 점 지정 또는 [명령 취소(U)] : 200,200 [Enter]
> 선의 다음 점에 '200,200'을 입력합니다.
> 다음 점 지정 또는 [명령 취소(U)] : [Enter]

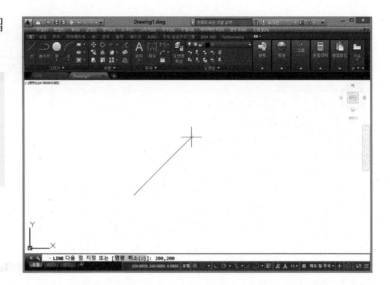

02 이미 그린 선과 평행한 선을 그리기 위해서 [Line] 명령어를 입력하고 선의 첫 번째 점을 지정한 후 [평행] 옵션을 지정합니다. 이후, 이미 그려진 선에 마우스를 잠깐 올려놓습니다.

> **명령 : Line** [Enter]
> 첫 번째 점 지정 : 200,100 [Enter]
> 선의 첫 번째 점에 '200,100'을 입력합니다.
> 다음 점 지정 또는 [명령 취소(U)] : Par [Enter]
> 대상   마우스를 'P1'에 잠깐 올려놓음
> [평행] 옵션을 지정하기 위해서 'Par'를 입력한 후, 이미 그려진 선의 'P1'에 [평행] 툴팁이 나타날 때까지 마우스를 잠깐 올려놓습니다.

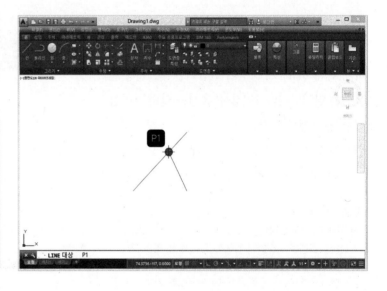

03 [평행]이란 표시를 확인한 후, 오른쪽으로 마우스를 움직이면 이미 그린 선과 평행이 되는 점선이 나타납니다. 선의 다음 점을 지정하여 이미 그린 선과 평행한 선을 그립니다.

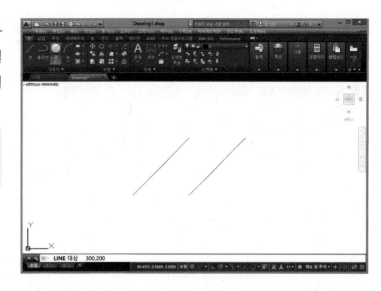

> 대상   300,200 [Enter]
> 선의 다음 점에 '300,200'을 입력합니다.
> 다음 점 지정 또는 [명령 취소(U)] : [Enter]

⚡ TIP [Osnap] 명령어 표시 기호 제어

[Osnap] 명령어의 각 옵션을 표시하는 기호를 제어하기 위해서, [메뉴 막대]–[도구]–[옵션]을 클릭하면 [옵션] 대화 상자가 나타나고 [제도] 탭을 클릭합니다.

① 표식기 : 커서를 객체의 스냅점으로 가져갈 때 [객체 스냅] 표시를 나타낼 것인가를 결정합니다.
② 마그넷 : 조준창 상자가 스냅점 상에서 자동으로 자석과 같이 끌릴 것인가를 결정합니다.
③ AutoSnap 툴팁 표시 : 자동으로 툴팁을 보일 것인가를 결정합니다.
④ AutoSnap 조준 상자 표시 : 자동으로 조준창을 보일 것인가를 결정합니다.
⑤ 색상 : 조준창의 색상을 변경할 수 있습니다.
⑥ AutoSnap 표식기 크기 : 표식기의 크기를 조절할 수 있습니다.
⑦ 조준창 크기 : 조준창의 크기를 조절할 수 있습니다.

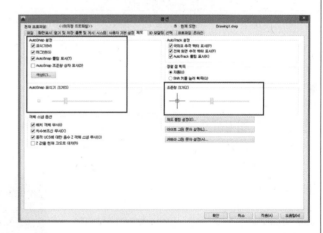

4.4 광선, 구성선, 나선 및 구름형 리비전 그리기

1 한쪽 방향으로 무한선을 그리는 [Ray] 명령어

[Ray] 명령어는 한 점에서 시작하여 한쪽 방향으로 무한히 뻗어나가는 선을 그릴 수 있으며 시작점과 통과점에 의해서 원하는 방향으로 화면의 모서리까지 연장됩니다. 통과점을 지정할 때는 화면상의 한 점을 클릭하거나 직접 좌표값을 입력할 수 있습니다.

(1) 명령어 입력 방법

[Ray] 명령어	
메뉴 막대	그리기→광선
명령어	Ray
리본 메뉴	(홈)탭→(그리기)패널→광선(◢) ([제도 및 주석] 작업공간)
	(홈)탭→(그리기)패널→광선(◢) ([3D 모델링] 작업공간)

(2) 명령어 사용 방법

명령 : Ray Enter
시작점을 지정 : P1 클릭
시작점을 지정합니다.
통과점을 지정 : P2 클릭 또는 @1〈90 Enter
통과점을 지정합니다.
통과점을 지정 : Enter

(3) 실습하기

● 기본 실습하기

01 [Limits] 명령어로 도면 한계를 설정하고 설정한 도면 한계를 도면에 적용하기 위해서 [Zoom] 명령어를 입력합니다.

명령 : Limits Enter
모형 공간 한계 재설정 :
왼쪽 아래 구석 지정 또는 [켜기(ON)/끄기(OFF)]
〈0.0000,0.0000〉 : 0,0 Enter
작업 도면의 '왼쪽-아래쪽'에 '0,0'을 입력합니다.
오른쪽 위 구석 지정 〈12.0000,9.0000〉 : 297,210 Enter
작업 도면의 '오른쪽-위쪽'에 '297,210'을 입력합니다.

명령 : Zoom Enter
윈도우 구석 지정, 축척 비율(nX 또는 nXP) 입력 또는
[전체(A)/중심(C)/동적(D)/범위(E)/이전(P)/축척
(S)/윈도우(W)/객체(O)] 〈실시간〉 : A Enter
모형 재생성 중.
[Limits] 명령어에 의해서 지정한 도면 한계를 화면에 적용하기 위해서 [Zoom] 명령어의 [전체] 옵션을 입력합니다.

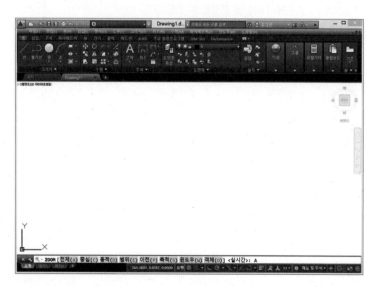

02 [Ray] 명령어를 입력하고 광선의 시작점을 클릭한 후, 화면상의 한 점을 클릭하거나 상대극좌표를 입력하여 광선을 그립니다.

명령 : Ray [Enter]
시작점을 지정 : P1 클릭
광선의 시작점에 'P1'을 클릭합니다.
통과점을 지정 : P2 클릭 또는 @100<0 [Enter]
통과점에 'P2'를 클릭하거나 상대극좌표 '@100<0'을 입력합니다.
통과점을 지정 : P3 클릭 또는 @100<45 [Enter]
통과점에 'P3'을 클릭하거나 상대극좌표 '@100<45'를 입력합니다.
통과점을 지정 : P4 클릭 또는 @100<90 [Enter]
통과점에 'P4'를 클릭하거나 상대극좌표 '@100<90'을 입력합니다.

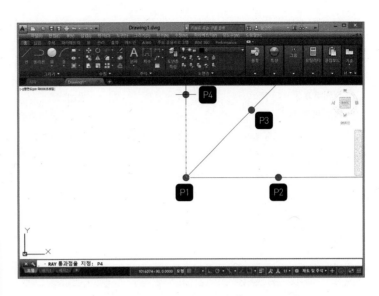

03 광선의 통과점을 입력 시, 한쪽 방향이 무한선인 광선이기 때문에 상대극좌표에서 길이값에 '100' 이 아닌 '1' 을 입력하여도 광선을 그릴 수 있습니다.

통과점을 지정 : P1 클릭 또는 @1<180 [Enter]
통과점에 'P1'을 클릭하거나 상대극좌표 '@1<180'을 입력합니다.
통과점을 지정 : P2 클릭 또는 @1<225 [Enter]
통과점에 'P2'를 클릭하거나 상대극좌표 '@1<225'를 입력합니다.
통과점을 지정 : P3 클릭 또는 @1<270 [Enter]
통과점에 'P3'을 클릭하거나 상대극좌표 '@1<270'을 입력합니다.
통과점을 지정 : [Enter]

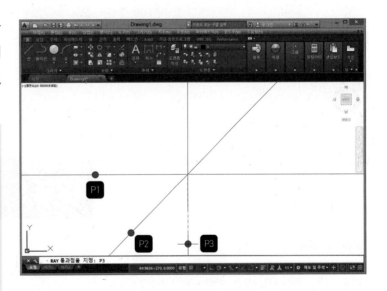

2 양쪽 방향으로 무한선을 그리는 [Xline] 명령어

[Xline] 명령어는 중심선을 기준으로 양쪽 방향으로 무한히 뻗어나가는 선을 그릴 수 있으며 중심점과 통과점에 의해서 원하는 방향으로 화면의 모서리까지 연장됩니다. [Xline] 명령어는 'Construction Line' 이며 '구성선' 이라고도 부릅니다.

(1) 명령어 입력 방법

[Xline] 명령어	
메뉴 막대	그리기→구성선
명령어	Xline
단축 명령어	XI
리본 메뉴	(홈)탭→(그리기)패널→구성선(✦) ([제도 및 주석] 작업공간)
	(홈)탭→(그리기)패널→구성선(✦) ([3D 모델링] 작업공간)

(2) 명령어 사용 방법

명령 : Xline Enter
점 지정 또는 [수평(H)/수직(V)/각도(A)/이등분(B)/간격띄우기(O)] : P1 클릭
중심점을 지정합니다.
통과점을 지정 : P2 클릭 또는 @1<90 Enter
통과점을 지정합니다.
통과점을 지정 : Enter

(3) 옵션 설명

옵션	설명
수평(H)	X축에 평행한 수평의 무한선을 그립니다.
수직(V)	Y축에 평행한 수직의 무한선을 그립니다.
각도(A)	각도를 지정하여 무한선을 그립니다.
이등분(B)	기준점을 기준으로 시작점과 끝점 사이 각도를 이등분하는 무한선을 그립니다.
간격 띄우기(O)	객체와 평행하고 일정한 간격을 유지하는 무한선을 그립니다.

(4) 실습하기

● 기본 실습하기

01 [Limits] 명령어로 도면 한계를 설정하고 설정한 도면 한계를 도면에 적용하기 위해서 [Zoom] 명령어를 입력합니다.

명령 : Limits Enter
모형 공간 한계 재설정 :
왼쪽 아래 구석 지정 또는 [켜기(ON)/끄기(OFF)]
<0.0000,0.0000> : 0,0 Enter
작업 도면의 '왼쪽-아래쪽'에 '0,0'을 입력합니다.
오른쪽 위 구석 지정 <12.0000,9.0000> : 420,297 Enter
작업 도면의 '오른쪽-위쪽'에 '420,297'을 입력합니다.

명령 : Zoom Enter
윈도우 구석 지정, 축척 비율(nX 또는 nXP) 입력 또는
[전체(A)/중심(C)/동적(D)/범위(E)/이전(P)/축척(S)/윈도우(W)/객체(O)] <실시간> : A Enter
모형 재생성 중.
[Limits] 명령어에 의해서 지정한 도면 한계를 화면에 적용하기 위해서 [Zoom] 명령어의 [전체] 옵션을 입력합니다.

02 [Xline] 명령어를 입력하고 무한선의 중심점을 클릭한 후, 화면상의 한 점을 클릭하거나 상대극좌표를 입력하여 무한선을 그립니다.

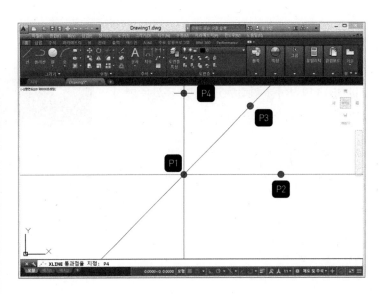

명령 : Xline Enter

점 지정 또는 [수평(H)/수직(V)/각도(A)/이등분(B)/간격띄우기(O)] : P1 클릭
무한선의 중심점에 'P1'을 클릭합니다.
통과점을 지정 : P2 클릭 또는 @100〈0 Enter
통과점에 'P2'를 클릭하거나 상대극좌표 '@100〈0'을 입력합니다.
통과점을 지정 : P3 클릭 또는 @100〈45 Enter
통과점에 'P3'을 클릭하거나 상대극좌표 '@100〈45'를 입력합니다.
통과점을 지정 : P4 클릭 또는 @100〈90 Enter
통과점에 'P4'를 클릭하거나 상대극좌표 '@100〈90'을 입력합니다.

03 무한선의 통과점을 입력 시, 양쪽 방향으로 무한선이기 때문에 상대극좌표에서 길이값에 '100'이 아닌 '1'을 입력하여도 무한선을 그릴 수 있습니다.

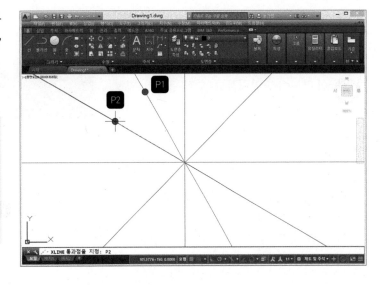

통과점을 지정 : P1 클릭 또는 @1〈120 Enter
통과점에 'P1'을 클릭하거나 상대극좌표 '@1〈120'을 입력합니다.
통과점을 지정 : P2 클릭 또는 @1〈150 Enter
통과점에 'P2'를 클릭하거나 상대극좌표 '@1〈150'을 입력합니다.
통과점을 지정 : Enter

● [수평] 옵션 실습하기

01 X축에 평행한 수평의 무한선을 그리기 위해서 [Xline] 명령어를 입력하고 [수평] 옵션을 지정한 후, 통과점을 클릭합니다.

명령 : Xline Enter
점 지정 또는 [수평(H)/수직(V)/각도(A)/이등분(B)/간격띄우기(O)] : H Enter
[수평] 옵션을 지정하기 위해서 'H'를 입력합니다.
통과점을 지정 : P1 클릭
통과점에 'P1'을 클릭합니다.
통과점을 지정 : P2 클릭
통과점에 'P2'를 클릭합니다.
통과점을 지정 : P3 클릭
통과점에 'P3'을 클릭합니다.
통과점을 지정 : Enter

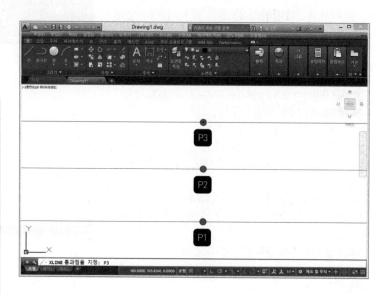

● [수직] 옵션 실습하기

01 Y축에 평행한 수평의 무한선을 그리기 위해서 [Xline] 명령어를 입력하고 [수직] 옵션을 지정한 후, 통과점을 클릭합니다.

명령 : Xline Enter
점 지정 또는 [수평(H)/수직(V)/각도(A)/이등분(B)/간격띄우기(O)] : V Enter
[수직] 옵션을 지정하기 위해서 'V'를 입력합니다.
통과점을 지정 : P1 클릭
통과점에 'P1'을 클릭합니다.
통과점을 지정 : P2 클릭
통과점에 'P2'를 클릭합니다.
통과점을 지정 : P3 클릭
통과점에 'P3'을 클릭합니다.
통과점을 지정 : Enter

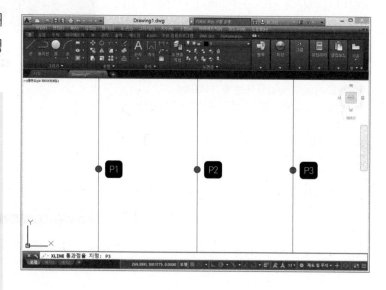

● [각도] 옵션 실습하기

01 각도가 있는 무한선을 그리기 위해서 [Xline] 명령어를 입력하고 [각도] 옵션을 지정하여 각도를 입력한 후, 통과점을 클릭합니다.

> **명령 : Xline** Enter
> **점 지정 또는 [수평(H)/수직(V)/각도(A)/이등분(B)/간격띄우기(O)] : A** Enter
> [각도] 옵션을 지정하기 위해서 'A'를 입력합니다.
> **X선의 각도 입력 (0) 또는 [참조(R)] : 30** Enter
> X축으로부터 '30도'의 각도를 갖는 무한선을 그리기 위해서 '30'을 입력합니다.
> **통과점을 지정 : P1 클릭**
> 통과점에 'P1'을 클릭합니다.
> **통과점을 지정 : P2 클릭**
> 통과점에 'P2'를 클릭합니다.
> **통과점을 지정 : P3 클릭**
> 통과점에 'P3'을 클릭합니다.
> **통과점을 지정 :** Enter

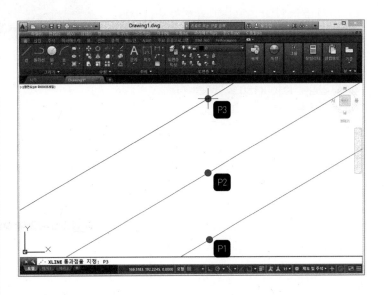

● [이등분] 옵션 실습하기

01 각도의 정점(중심점)을 중심으로 시작점과 끝점의 사이각을 이등분하는 무한선을 그리기 위해서 [Xline] 명령어를 입력하고 [이등분] 옵션을 지정합니다. 각도의 정점을 클릭한 후, 각도의 시작점인 '@1〈0' 과 끝점인 '@50〈90' 을 입력하면 시작점과 끝점의 이등분인 '45도' 의 각도를 가진 무한선이 그려집니다.

> **명령 : Xline** Enter
> **점 지정 또는 [수평(H)/수직(V)/각도(A)/이등분(B)/간격띄우기(O)] : B** Enter
> [이등분] 옵션을 지정하기 위해서 'B'를 입력합니다.
> **각도 정점 지정 : P1 클릭**
> 정점(중심점)에 'P1'을 클릭합니다.
> **각도 시작점 지정: @1〈0** Enter
> 각도의 시작점에 '@1〈0'을 입력합니다.
> **각도 끝점 지정: @50〈90** Enter
> 각도의 끝점에 '@50〈90'을 입력합니다.

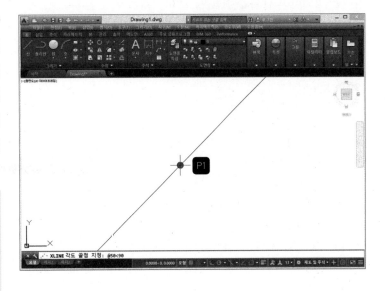

02 끝점에 '@100〈180'을 입력하면 시작점인 '@1〈0'과 끝점인 '@100〈180'의 이등분인 '90도'의 각도를 가진 무한선이 그려집니다.

각도 끝점 지정 : @100〈180 [Enter]
각도의 끝점에 '@100〈180'을 입력합니다.
각도 끝점 지정 : [Enter]

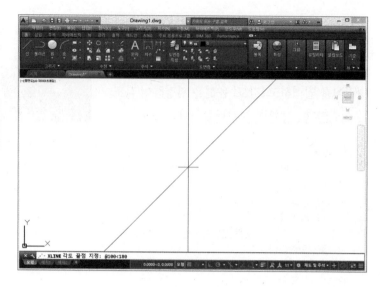

● [간격 띄우기] 옵션 실습하기

01 기존 무한선으로부터 일정한 간격만큼 띄워진 무한선을 그리기 위해서 [Xline] 명령어를 입력하고 [간격 띄우기] 옵션을 지정합니다. 간격 띄울 거리를 입력하고 간격을 띄울 때 중심이 되는 무한선을 클릭한 후, 간격을 띄울 방향으로 클릭합니다.

명령 : Xline [Enter]
점 지정 또는 [수평(H)/수직(V)/각도(A)/이등분(B)/간격띄우기(O)] : O [Enter]
[간격 띄우기] 옵션을 지정하기 위해서 'O'를 입력합니다.
간격띄우기 거리 지정 또는 [통과점(T)] 〈통과점〉 : 50 [Enter]
간격을 띄울 거리에 '50'을 입력합니다.
선 객체 선택 : P1 클릭
간격을 띄울 때 중심이 되는 무한선에 'P1'을 클릭합니다.
간격 띄우기 할 방향 지정 : P2 클릭
간격을 띄울 방향으로 'P2'를 클릭합니다.

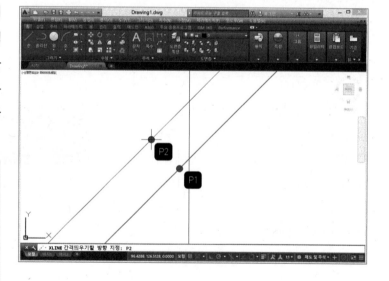

02 바로 전에 실행했던 간격 띄우기 한 방향과 반대 방향으로 무한선을 그리기 위해서, 간격을 띄울 무한선을 클릭한 후, 바로 전에 클릭했던 방향과 반대 방향으로 클릭합니다.

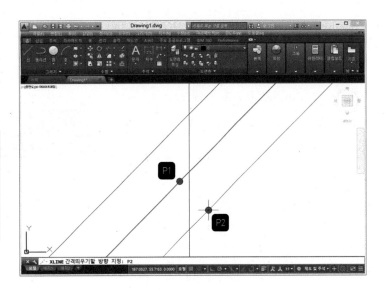

선 객체 선택 : P1 클릭
간격을 띄울 때 중심이 되는 무한선에 'P1'을 클릭합니다.
간격 띄우기 할 방향 지정 : P2 클릭
바로 전에 클릭했던 방향과 반대 방향으로 'P2'를 클릭합니다.
선 객체 선택 : Enter

3 나선을 그리는 [Helix] 명령어

[Helix] 명령어는 2차원 또는 3차원 나선 뿐만 아니라, 스윕 경로를 사용하여 스레드 및 원형 계단을 그릴 수 있습니다. [Helix] 명령어는 나선의 하단 중심점, 하단 반지름, 상단 반지름 및 높이를 지정하여 그릴 수 있습니다.

(1) 명령어 입력 방법

[Helix] 명령어	
메뉴 막대	그리기→나선
명령어	Helix
리본 메뉴	(홈)탭→(그리기)패널→나선(🐍) ([제도 및 주석] 작업공간)
	(홈)탭→(그리기)패널→나선(🐍) ([3D 모델링] 작업공간)

(2) 명령어 사용 방법

명령 : Helix Enter
회전 수 = 3.0000   비틀기=CCW
기준 중심점 지정 : P1 클릭
나선의 밑면 중심점을 클릭합니다.
밑면 반지름 지정 또는 [지름(D)] 〈1.0000〉 : 80 Enter
나선의 밑면 반지름을 지정합니다.
상단 반지름 지정 또는 [지름(D)] 〈80.0000〉 : 10 Enter
나선의 상단 반지름을 지정합니다.
나선 높이 지정 또는 [축 끝점(A)/회전(T)/회전 높이(H)/비틀기(W)] 〈0.0000〉 : 10 Enter
나선의 높이를 지정합니다.

(3) 실습하기

● 기본 실습하기

01 [Limits] 명령어로 도면 한계를 설정하고 설정한 도면 한계를 도면에 적용하기 위해서 [Zoom] 명령어를 입력합니다.

명령 : Limits Enter
모형 공간 한계 재설정 :
왼쪽 아래 구석 지정 또는 [켜기(ON)/끄기(OFF)]
⟨0.0000,0.0000⟩ : 0,0 Enter
작업 도면의 '왼쪽-아래쪽'에 '0,0'을 입력합니다.
오른쪽 위 구석 지정 ⟨12.0000,9.0000⟩ : 420,297 Enter
작업 도면의 '오른쪽-위쪽'에 '420,297'을 입력합니다.

명령 : Zoom Enter
윈도우 구석 지정, 축척 비율(nX 또는 nXP) 입력 또는
[전체(A)/중심(C)/동적(D)/범위(E)/이전(P)/축척
(S)/윈도우(W)/객체(O)] ⟨실시간⟩ : A Enter
모형 재생성 중.
[Limits] 명령어에 의해서 지정한 도면 한계를 화면에 적용하기 위해서 [Zoom] 명령어의 [전체] 옵션을 입력합니다.

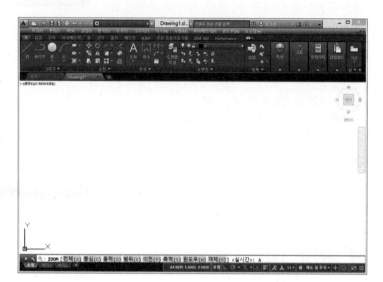

02 [Helix] 명령어를 입력한 후, 나선의 밑면 중심점, 밑면 반지름, 상단 반지름 및 높이를 차례로 지정합니다.

명령 : Helix Enter
회전 수 = 3.0000   비틀기=CCW
기준 중심점 지정 : P1 클릭
나선의 밑면 중심점에 'P1'을 클릭합니다.
밑면 반지름 지정 또는 [지름(D)] ⟨1.0000⟩ : 50 Enter
나선의 밑면 반지름에 '50'을 입력합니다.
상단 반지름 지정 또는 [지름(D)] ⟨50.0000⟩ : 10 Enter
나선의 상단 반지름에 '10'을 입력합니다.
나선 높이 지정 또는 [축 끝점(A)/회전(T)/회전 높이
(H)/비틀기(W)] ⟨1.0000⟩ : 0 Enter
나선의 높이에 '0'을 입력합니다.

03 [Erase] 명령어의 [전체] 옵션에 의해서 화면 상의 모든 도면을 지웁니다. [Helix] 명령어를 입력한 후, 나선의 밑면 중심점, 밑면 반지름, 상단 반지름 및 높이를 지정합니다. 이때 나선의 높이는 '0'이 아닌 '30'을 입력하여 나선을 그립니다. 나선의 높이를 확인하기 위해서 [-Vpoint] 명령어를 입력하여 3차원으로 나타냅니다.

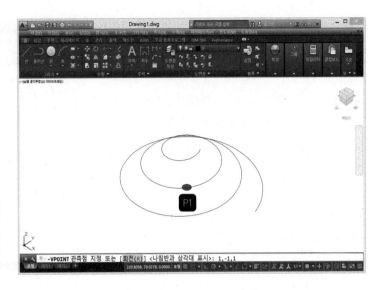

명령 : Erase Enter
객체 선택 : All Enter
1개를 찾음
화면상에 있는 모든 객체를 지우기 위해서 [전체] 옵션을 입력합니다.
객체 선택 : Enter

명령 : Helix Enter
회전 수 = 3.0000   비틀기=CCW
기준 중심점 지정 : P1 클릭
나선의 밑면 중심점에 'P1'을 클릭합니다.
밑면 반지름 지정 또는 [지름(D)] ⟨50.0000⟩ : 50 Enter
나선의 밑면 반지름에 '50'을 입력합니다.
상단 반지름 지정 또는 [지름(D)] ⟨50.0000⟩ : 10 Enter
나선의 상단 반지름에 '10'을 입력합니다.
나선 높이 지정 또는 [축 끝점(A)/회전(T)/회전 높이(H)/비틀기(W)] ⟨0.0000⟩ : 30 Enter
나선의 높이에 '30'을 입력합니다.

명령 : -Vpoint Enter
현재 뷰 방향 : VIEWDIR=0.0000,0.0000,1.0000
관측점 지정 또는 [회전(R)] ⟨나침반과 삼각대 표시⟩ : 1,-1,1 Enter
나선을 '오른쪽, 앞쪽, 위쪽'에서 보기 위해서 '1,-1,1'을 입력합니다.

04 [Erase] 명령어의 [전체] 옵션에 의해서 화면 상의 모든 도면을 지웁니다. 나선을 2차원으로 나타내기 위해서 [-Vpoint] 명령어를 수행하고 '0,0,1'을 입력합니다. [Helix] 명령어를 입력한 후, 나선의 밑면 중심점, 밑면 반지름, 상단 반지름을 차례로 지정합니다. 이후, [회전] 옵션을 지정하여 회전수와 높이를 입력합니다. 이때 기존 나선보다 회전수가 증가됩니다.

명령 : Erase Enter
객체 선택 : All Enter
1개를 찾음
화면상에 있는 모든 객체를 지우기 위해서 [전체] 옵션을 입력합니다.
객체 선택 : Enter

명령 : -Vpoint Enter
현재 뷰 방향 : VIEWDIR=1.0000,-1.0000,1.0000
관측점 지정 또는 [회전(R)] 〈나침반과 삼각대 표시〉 :
0,0,1 Enter
나선을 2차원으로 나타내기 위해서 '0,0,1'을 입력합니다.

명령 : Helix Enter
회전 수 = 3.0000   비틀기=CCW
기준 중심점 지정 : P1 클릭
나선의 밑면 중심점에 'P1'을 클릭합니다.
밑면 반지름 지정 또는 [지름(D)] 〈50.0000〉 : 30 Enter
나선의 밑면 반지름에 '30'을 입력합니다.
상단 반지름 지정 또는 [지름(D)] 〈30.0000〉 : 10 Enter
나선의 상단 반지름에 '10'을 입력합니다.
나선 높이 지정 또는 [축 끝점(A)/회전(T)/회전 높이 (H)/비틀기(W)] 〈30.0000〉 : T Enter
[회전] 옵션을 지정하기 위해서 'T'를 입력합니다.
회전 수 입력 〈3.0000〉 : 6 Enter
회전수에 '6'을 입력합니다.
나선 높이 지정 또는 [축 끝점(A)/회전(T)/회전 높이 (H)/비틀기(W)] 〈30.0000〉 : 0 Enter
높이에 '0'을 입력합니다.

05 [Erase] 명령어의 [전체] 옵션에 의해서 화면
상의 모든 도면을 지웁니다. [Helix] 명령어를 입
력한 후, 나선의 밑면 중심점, 밑면 반지름, 상단
반지름을 차례로 지정합니다. 이후, [비틀기] 옵
션을 지정하여 비틀기 방향과 높이를 입력합니
다. 이때 비틀기 방향은 [CCW(Counter Clock
Wise : 반시계방향)]에서 [CW(Clock Wise : 시계
방향)]으로 변경합니다. 나선이 그림 04와 반대
방향으로 회전합니다.

명령 : Erase ⏎
객체 선택 : All ⏎
1개를 찾음
화면상에 있는 모든 객체를 지우기 위해서 [전체] 옵션을
입력합니다.
객체 선택 : ⏎

명령 : Helix ⏎
회전 수 = 6.0000　　　비틀기=CCW
기준 중심점 지정 : P1 클릭
나선의 밑면 중심점에 'P1'을 클릭합니다.
밑면 반지름 지정 또는 [지름(D)] 〈30.0000〉: 30 ⏎
나선의 밑면 반지름에 '30'을 입력합니다.
상단 반지름 지정 또는 [지름(D)] 〈30.0000〉: 10 ⏎
나선의 상단 반지름에 '10'을 입력합니다.
나선 높이 지정 또는 [축 끝점(A)/회전(T)/회전 높이
(H)/비틀기(W)] 〈0000〉: W ⏎
[비틀기] 옵션을 지정하기 위해서 'W'를 입력합니다.
나선의 비틀기 방향 입력 [CW/CCW] 〈CCW〉: CW ⏎
비틀기 방향에 'CW'를 입력합니다.
나선 높이 지정 또는 [축 끝점(A)/회전(T)/회전 높이
(H)/비틀기(W)] 〈0.0000〉: 0 ⏎
2차원적인 나선을 그리기 위해서 높이에 '0'을 입력합니다.

4 구름형 리비전을 그리는 [Revcloud] 명령어

[Revcloud] 명령어는 연속적인 호로 이루어진 폴리선을 사용하여 구름 형태의 호를 그릴 수 있으며, 작성한 Rectang, Polygon, Circle 등을 구름 형태의 연속적인 호로 바꿀 수 있습니다. 호의 최소와 최대 길이를 지정함으로써 구름 크기를 변화시킬 수 있으며 구름의 방향을 반전시킬 수도 있습니다.

(1) 명령어 입력 방법

[Revcloud] 명	
메뉴 막대	그리기→구름형 리비전
명령어	Revcloud
아이콘 (탐색 막대)	(홈)탭→(그리기)패널→직사각형 구름형 리비전(■), 폴리곤 구름형 리비전(■), 프리핸드 구름형 리비전(■) ([제도 및 주석] 작업공간)
	(홈)탭→(그리기)패널→프리핸드 구름형 리비전(■) ([3D 모델링] 작업공간)

(2) 명령어 사용 방법

명령 : Revcloud [Enter]
최소 호 길이 : 0.5   최대 호 길이 : 0.5   스타일 : 일반   유형 : 프리핸드
첫 번째 점 지정 또는 [호 길이(A)/객체(O)/직사각형(R)/폴리곤(P)/프리핸드(F)/스타일(S)/수정(M)] ⟨객체(O)⟩ : P1 클릭
구름 형태 호의 시작점을 지정합니다.
구름 모양 경로를 따라 십자선 안내...
구름형 리비전을 완료했습니다.
구름 형태의 호를 경로를 따라서 일주하여 시작점까지 그립니다.

(3) 옵션 설명

옵션	설명
호 길이(A)	구름 형태 호의 길이를 지정합니다.
객체(O)	[Polygon], [Rectang], [Pline] 등에 의해 미리 그려진 객체를 한 번에 구름 형태로 변경합니다. 호의 방향을 반전시킬 수도 있으며 호의 최대 길이가 최소 길이의 3배를 초과할 수 없습니다.
직사각형(R)	직사각형 구름 형태의 호가 그려집니다.
폴리곤(P)	폴리곤(다각형) 구름 형태의 호가 그려집니다.
프리핸드(F)	자유로운 구름 형태의 호가 그려집니다.
스타일(S)	[일반] 옵션은 구름 형태 호의 두께가 일정하지만, [컬리그래피] 옵션은 구름 형태 호의 시작점과 끝점의 두께를 다르게 지정할 수 있어서 붓으로 그린 것 같이 보입니다.
수정(M)	미리 그려진 구름 형태 호의 일부분을 새로운 구름 형태의 호로 변경합니다.

(4) 실습하기

● [호 길이] 옵션 실습하기

01 [Limits] 명령어로 도면 한계를 설정하고 설정한 도면 한계를 도면에 적용하기 위해서 [Zoom] 명령어를 입력합니다.

명령 : Limits [Enter]
모형 공간 한계 재설정 :
왼쪽 아래 구석 지정 또는 [켜기(ON)/끄기(OFF)] ⟨0.0000,0.0000⟩ : 0,0 [Enter]
작업 도면의 '왼쪽–아래쪽'에 '0,0'을 입력합니다.
오른쪽 위 구석 지정 ⟨12.0000,9.0000⟩ : 420,297 [Enter]
작업 도면의 '오른쪽–위쪽'에 '420,297'을 입력합니다.

명령 : Zoom [Enter]
윈도우 구석 지정, 축척 비율(nX 또는 nXP) 입력 또는
[전체(A)/중심(C)/동적(D)/범위(E)/이전(P)/축척(S)/윈도우(W)/객체(O)] ⟨실시간⟩ : A [Enter]
모형 재생성 중.
[Limits] 명령어에 의해서 지정한 도면 한계를 화면에 적용하기 위해서 [Zoom] 명령어의 [전체] 옵션을 입력합니다.

02 [Revcloud] 명령어를 입력하고 [호 길이] 옵션을 지정한 후, 구름 형태 호의 최소, 최대 길이에 '10'을 입력합니다. 이후, 구름 형태 호의 시작점을 지정한 후, 마우스를 자유로이 움직여서 구름 형태 호를 그릴 수 있습니다.

명령 : Revcloud [Enter]
최소 호 길이 : 0.5   최대 호 길이 : 0.5   스타일 : 일반   유형 : 프리핸드
첫 번째 점 지정 또는 [호 길이(A)/객체(O)/직사각형(R)/폴리곤(P)/프리핸드(F)/스타일(S)/수정(M)] ⟨객체(O)⟩ : A [Enter]
[호 길이] 옵션을 지정하기 위해서 'A'를 입력합니다.
최소 호 길이 지정 ⟨10⟩ : 10 [Enter]
구름 형태 호의 최소 길이에 '10'을 입력합니다.
최대 호 길이 지정 ⟨10⟩ : 10 [Enter]
구름 형태 호의 최대 길이에 '10'을 입력합니다.
첫 번째 점 지정 또는 [호 길이(A)/객체(O)/직사각형(R)/폴리곤(P)/프리핸드(F)/스타일(S)/수정(M)] ⟨객체(O)⟩ : P1 클릭
구름 형태 호의 시작점에 'P1'을 클릭합니다.
구름 모양 경로를 따라 십자선 안내...
시작점으로부터 마우스를 움직여서 일주한 후, 다시 시작점으로 마우스를 움직이면, 자유로운 모양의 구름 형태 호를 그릴 수 있습니다.
구름형 리비전을 완료했습니다.

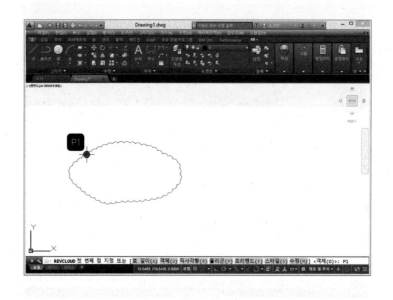

03 구름 형태 호의 길이를 증가시키고자 [Revcloud] 명령어를 입력하고 [호 길이] 옵션을 지정한 후, 구름 형태 호의 최소, 최대 길이에 '30'을 입력합니다. 이후, 구름 형태 호의 시작점을 지정한 후, 마우스를 자유로이 움직여서 시작점과 끝점 사이가 증가한 구름 형태 호를 그릴 수 있습니다.

명령 : Revcloud Enter
최소 호 길이 : 10   최대 호 길이 : 10 스타일 : 일반   유형 : 프리핸드
첫 번째 점 지정 또는 [호 길이(A)/객체(O)/직사각형(R)/폴리곤(P)/프리핸드(F)/스타일(S)/수정(M)] 〈객체(O)〉: A Enter
[호 길이] 옵션을 지정하기 위해서 'A'를 입력합니다.
최소 호 길이 지정 〈10〉: 30 Enter
구름 형태 호의 최소 길이에 '30'을 입력합니다.
최대 호 길이 지정 〈10〉: 30 Enter
구름 형태 호의 최대 길이에 '30'을 입력합니다.
첫 번째 점 지정 또는 [호 길이(A)/객체(O)/직사각형(R)/폴리곤(P)/프리핸드(F)/스타일(S)/수정(M)] 〈객체(O)〉: P1 클릭
구름 형태 호의 시작점에 'P1'을 클릭합니다.
구름 모양 경로를 따라 십자선 안내...
시작점으로부터 마우스를 움직여서 일주한 후, 다시 시작점으로 마우스를 움직이면, 자유로운 모양의 구름 형태 호를 그릴 수 있습니다.
구름형 리비전을 완료했습니다.

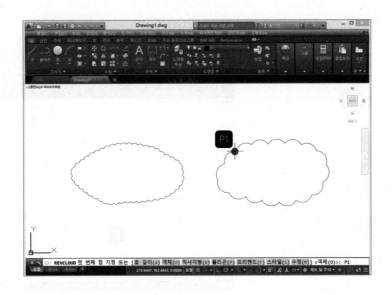

● [객체] 옵션 실습하기

01 아래의 예제 파일을 불러옵니다.

예제 파일 : Part01\Chapter04\4-4\4\Revcloud(객체 옵션)

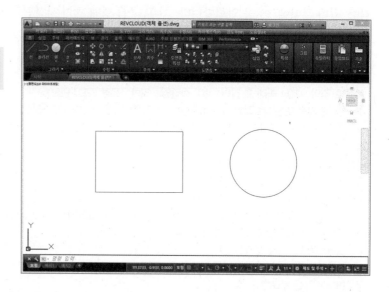

02 [Revcloud] 명령어를 입력하고 [객체] 옵션을 지정한 후, 왼쪽 객체인 폴리선을 클릭합니다. 구름 형태 호의 방향을 반전시키지 않기 위해서 [아니오]를 입력합니다.

명령 : Revcloud Enter
최소 호 길이 : 10   최대 호 길이 : 10   스타일 : 일반
유형 : 프리핸드
첫 번째 점 지정 또는 [호 길이(A)/객체(O)/직사각형(R)/폴리곤(P)/프리핸드(F)/스타일(S)/수정(M)] 〈객체(O)〉 : O Enter
[객체] 옵션을 지정하기 위해서 'O'를 입력합니다.
객체 선택 : P1 클릭
왼쪽 객체인 폴리선을 선택하기 위해서 'P1'을 클릭합니다.
방향 반전 [예(Y)/아니오(N)] 〈아니오(N)〉 : N Enter
구름 형태 호의 방향을 반전시키지 않기 위해서 'N'을 입력합니다.
구름형 리비전을 완료했습니다.

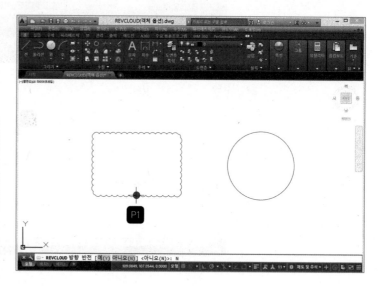

03 호의 방향이 반전되지 않은 구름 형태 호가 그려집니다.

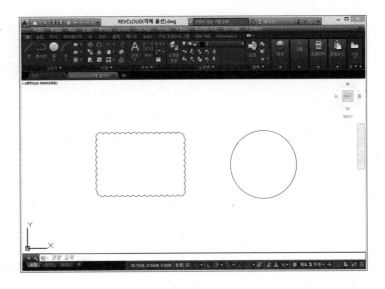

04 구름 형태 호의 방향을 반전시키기 위해서 [Revcloud] 명령어를 입력하고 [객체] 옵션을 지정한 후, 오른쪽 객체인 원을 클릭합니다. 구름 형태 호의 방향을 반전시키기 위해서 [예]를 입력합니다.

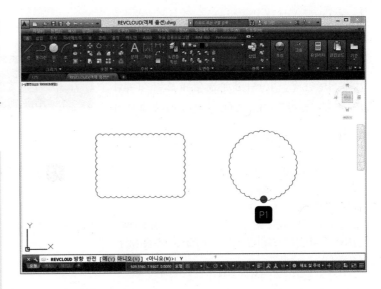

명령 : Revcloud Enter
최소 호 길이 : 10   최대 호 길이 : 10   스타일 : 일반
유형 : 프리핸드
첫 번째 점 지정 또는 [호 길이(A)/객체(O)/직사각형(R)/폴리곤(P)/프리핸드(F)/스타일(S)/수정(M)] 〈객체(O)〉: O Enter
[객체] 옵션을 지정하기 위해서 'O'를 입력합니다.
객체 선택 : P1 클릭
오른쪽 객체인 원을 선택하기 위해서 'P1'을 클릭합니다.
방향 반전 [예(Y)/아니오(N)] 〈아니오(N)〉: Y Enter
구름 형태 호의 방향을 반전시키기 위해서 'Y'를 입력합니다.
구름형 리비전을 완료했습니다.

05 호의 방향이 반전된 구름 형태 호가 그려집니다.

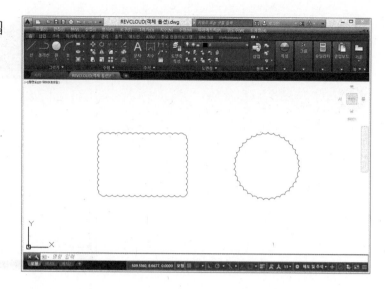

● [직사각형] 옵션 실습하기

01 [Revcloud] 명령어를 입력하고 [직사각형] 옵션을 지정한 후, 직사각형 구름 형태 호의 시작점과 끝점을 클릭합니다. 직사각형 형태의 구름형 폴리곤이 그려집니다.

명령 : Revcloud [Enter]
최소 호 길이 : 10   최대 호 길이 : 10   스타일 : 일반
유형 : 프리핸드
첫 번째 구석점 지정 또는 [호 길이(A)/객체(O)/직사각형(R)/폴리곤(P)/프리핸드(F)/스타일(S)/수정(M)]
〈객체(O)〉: R [Enter]
[직사각형] 옵션을 지정하기 위해서 'R'을 입력합니다.
첫 번째 구석점 지정 또는 [호 길이(A)/객체(O)/직사각형(R)/폴리곤(P)/프리핸드(F)/스타일(S)/수정(M)]
〈객체(O)〉: P1 클릭
구름 형태 호의 시작점에 'P1'을 클릭합니다.
반대 구석 지정 : P2 클릭
구름 형태 호의 끝점에 'P2'를 클릭합니다.

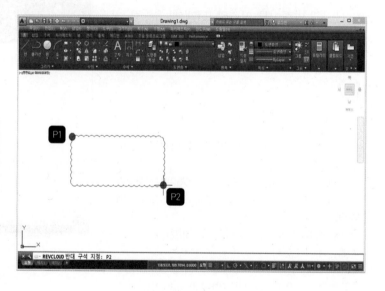

● [폴리곤] 옵션 실습하기

01 [Revcloud] 명령어를 입력하고 [폴리곤] 옵션을 지정한 후, 폴리곤 구름 형태 호의 각 꼭짓점을 클릭합니다. 삼각형 형태의 구름형 폴리곤이 그려집니다.

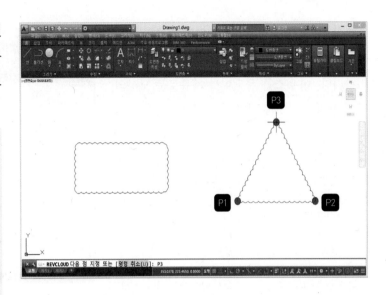

명령 : Revcloud [Enter]
최소 호 길이 : 10   최대 호 길이 : 10   스타일 : 일반
유형 : 직사각형
시작점 지정 또는 [호 길이(A)/객체(O)/직사각형(R)/폴리곤(P)/프리핸드(F)/스타일(S)/수정(M)] 〈객체(O)〉 : P [Enter]
[폴리곤] 옵션을 지정하기 위해서 'P'를 입력합니다.
시작점 지정 또는 [호 길이(A)/객체(O)/직사각형(R)/폴리곤(P)/프리핸드(F)/스타일(S)/수정(M)] 〈객체(O)〉 : P1 클릭
다음 점 지정 : P2 클릭
다음 점 지정 또는 [명령 취소(U)] : P3 클릭
폴리곤의 각 꼭짓점에 'P1', 'P2', 'P3'을 차례로 클릭합니다.
다음 점 지정 또는 [명령 취소(U)] : [Enter]

● [프리핸드] 옵션 실습하기

01 [Revcloud] 명령어를 입력하고 [프리핸드] 옵션을 지정한 후, 자유로운 모양의 구름 형태 호를 그리기 위해서 시작점을 클릭합니다. 마우스를 움직여서 자유로운 모양의 구름 형태 호를 그립니다.

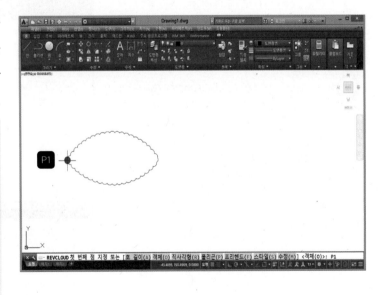

명령 : Revcloud [Enter]
최소 호 길이 : 10   최대 호 길이 : 10   스타일: 일반
유형 : 폴리곤
첫 번째 점 지정 또는 [호 길이(A)/객체(O)/직사각형(R)/폴리곤(P)/프리핸드(F)/스타일(S)/수정(M)] 〈객체(O)〉 : F [Enter]
[프리핸드] 옵션을 지정하기 위해서 'F'를 입력합니다.
첫 번째 점 지정 또는 [호 길이(A)/객체(O)/직사각형(R)/폴리곤(P)/프리핸드(F)/스타일(S)/수정(M)] 〈객체(O)〉 : P1 클릭
구름 형태 호의 시작점에 'P1'을 클릭합니다.
구름 모양 경로를 따라 십자선 안내...
시작점으로부터 마우스를 움직여서 일주한 후, 다시 시작점으로 마우스를 움직이면, 자유로운 모양의 구름 형태 호를 그릴 수 있습니다.
구름형 리비전을 완료했습니다.

● [수정] 옵션 실습하기

01 [Revcloud] 명령어를 입력하고 자유로운 모양의 구름 형태 호를 그리기 위해서 시작점을 클릭합니다. 마우스를 움직여서 자유로운 모양의 구름 형태 호를 그립니다.

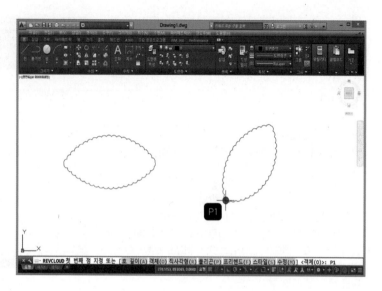

> **명령 : Revcloud** [Enter]
> 최소 호 길이 : 10　　최대 호 길이 : 10　스타일: 일반
> 유형 : 프리핸드
> 첫 번째 점 지정 또는 [호 길이(A)/객체(O)/직사각형(R)/폴리곤(P)/프리핸드(F)/스타일(S)/수정(M)] 〈객체(O)〉 : P1 클릭
> 구름 형태 호의 시작점에 'P1'을 클릭합니다.
> 구름 모양 경로를 따라 십자선 안내…
> 시작점으로부터 마우스를 움직여서 일주한 후, 다시 시작점으로 마우스를 움직이면, 자유로운 모양의 구름 형태 호를 그릴 수 있습니다.
> 구름형 리비전을 완료했습니다.

02 [Revcloud] 명령어를 입력하고 [수정] 옵션을 지정한 후, 수정할 구름 형태 호를 지정합니다.

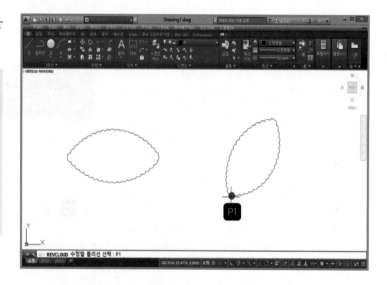

> **명령 : Revcloud** [Enter]
> 최소 호 길이 : 10　　최대 호 길이 : 10　스타일 : 일반
> 유형 : 프리핸드
> 첫 번째 점 지정 또는 [호 길이(A)/객체(O)/직사각형(R)/폴리곤(P)/프리핸드(F)/스타일(S)/수정(M)] 〈객체(O)〉 : M [Enter]
> [수정] 옵션을 지정하기 위해서 'M'을 입력합니다.
> 수정할 폴리선 선택 : P1 클릭
> 수정할 폴리선에 'P1'을 클릭합니다.

03 새롭게 수정할 지점을 클릭합니다.

> 다음 점 지정 또는 [첫 번째 점(F)] : P1 클릭
> 다음 점 지정 또는 [명령 취소(U)] : P2 클릭
> 다음 점 지정 또는 [명령 취소(U)] : P3 클릭
> 다음 점 지정 또는 [명령 취소(U)] : P4 클릭
> 새롭게 수정할 지점에 'P1', 'P2', 'P3', 'P4'를 차례로 클릭합니다.

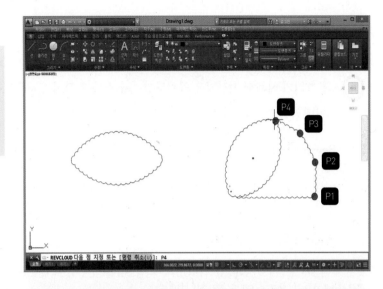

04 구름 형태 호 중 지울 부분을 선택합니다.

> 지울 측면 선택 : P1 클릭
> 구름 형태 호 중 지울 부분에 'P1'을 클릭합니다.

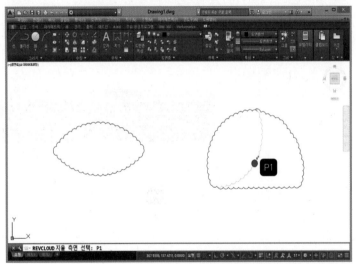

05 구름 형태 호의 방향을 반전시키지 않습니다. 미리 그려놓은 구름 형태 호 중 일부분을 새롭게 수정하였습니다.

> 방향 반선 [예(Y)/아니오(N)] <아니오(N)> : N [Enter]
> 구름 형태 호의 방향을 반전시키지 않기 위해서 'N'을 입력합니다.

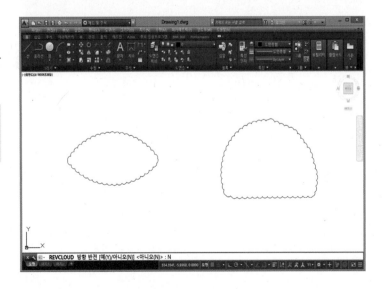

● [스타일] 옵션 실습하기

01 [Revcloud] 명령어를 입력하고 [스타일] 옵션을 지정한 후, 호의 스타일을 [일반] 옵션으로 지정합니다. 이후, 구름 형태 호를 그리기 위해서 시작점을 클릭하고 마우스를 움직여서 자유로운 모양의 구름 형태 호를 그립니다. 두께가 일정한 구름 형태의 호가 그려집니다.

명령 : Revcloud Enter
최소 호 길이 : 10   최대 호 길이 : 10   스타일 : 일반   유형 : 프리핸드
첫 번째 점 지정 또는 [호 길이(A)/객체(O)/직사각형(R)/폴리곤(P)/프리핸드(F)/스타일(S)/수정(M)] 〈객체(O)〉: S Enter
[스타일] 옵션을 지정하기 위해서 'S'를 입력합니다.
호 스타일 선택 [일반(N)/컬리그래피(C)] 〈일반〉: N Enter
[일반] 옵션을 지정하기 위해서 'N'을 입력합니다.
일반
첫 번째 점 지정 또는 [호 길이(A)/객체(O)/직사각형(R)/폴리곤(P)/프리핸드(F)/스타일(S)/수정(M)] 〈객체(O)〉: P1 클릭
구름 형태 호의 시작점에 'P1'을 클릭합니다.
구름 모양 경로를 따라 십자선 안내...
시작점으로부터 마우스를 움직여서 일주한 후, 다시 시작점으로 마우스를 움직이면, 자유로운 모양의 구름 형태 호를 그릴 수 있습니다.
구름형 리비전을 완료했습니다.

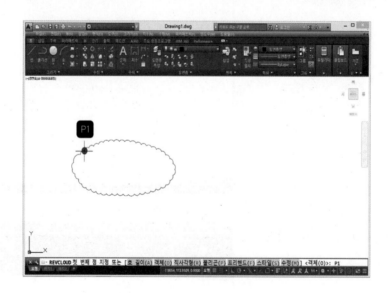

02 두께가 다른 구름 형태 호를 그리기 위해서 [Revcloud] 명령어를 입력하고 [스타일] 옵션을 지정한 후, 호의 스타일을 [컬리그래피] 옵션으로 지정합니다. 이후, 구름 형태 호를 그리기 위해서 시작점을 클릭하고 마우스를 움직여서 자유로운 모양의 구름 형태 호를 그립니다. 붓으로 그린 것 같은 두께가 서로 다른 구름 형태의 호가 그려집니다.

명령 : Revcloud Enter
최소 호 길이 : 10   최대 호 길이 : 10   스타일 : 일반   유형 : 프리핸드
첫 번째 점 지정 또는 [호 길이(A)/객체(O)/직사각형(R)/폴리곤(P)/프리핸드(F)/스타일(S)/수정(M)] 〈객체(O)〉: S Enter
[스타일] 옵션을 지정하기 위해서 'S'를 입력합니다.
호 스타일 선택 [일반(N)/컬리그래피(C)] 〈일반〉: C Enter
[컬리그래피] 옵션을 지정하기 위해서 'C'를 입력합니다.
일반
첫 번째 점 지정 또는 [호 길이(A)/객체(O)/직사각형(R)/폴리곤(P)/프리핸드(F)/스타일(S)/수정(M)] 〈객체(O)〉: P1 클릭
구름 형태 호의 시작점에 'P1'을 클릭합니다.
구름 모양 경로를 따라 십자선 안내...
시작점으로부터 마우스를 움직여서 일주한 후, 다시 시작점으로 마우스를 움직이면, 자유로운 모양의 구름 형태 호를 그릴 수 있습니다.
구름형 리비전을 완료했습니다.

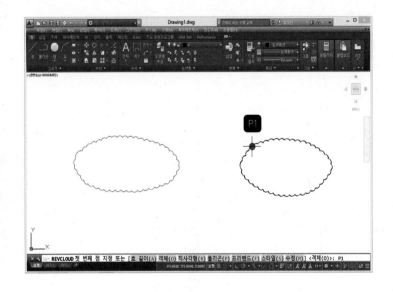

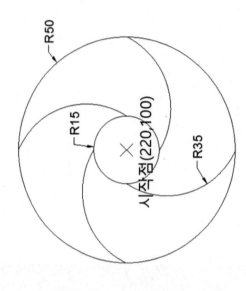

명령어 : Circle, Line, Arc

R50

R15

R35

시작점(220,100)

명령어 : Circle, Line

R50

2-R25

시작점(75,100)

Limits : 0,0~297,210

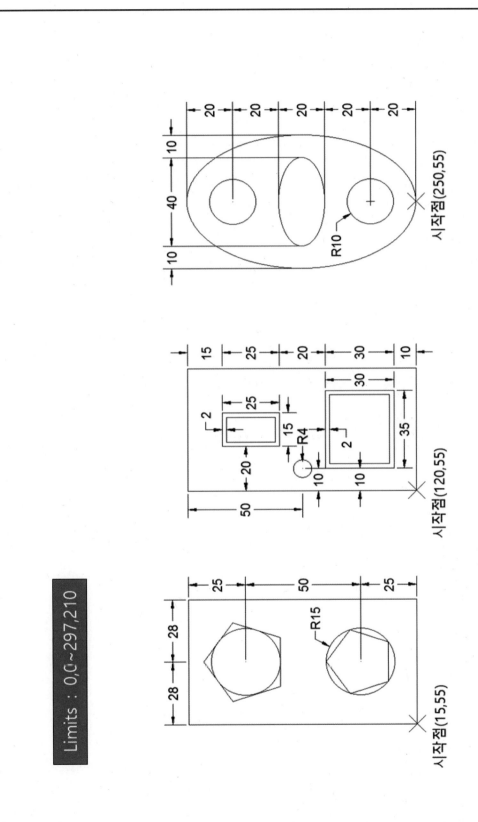

Limits : 0,0~297,210

명령어 : Rectangle, Circle

명령어 : Rectangle, Circle

명령어 : Rectangle, Circle, Polygon

시작점(250,55)

시작점(120,55)

시작점(15,55)

R10

R4

R15

5 CHAPTER

객체 수정하기(1)

5.1 복사, 이동, 대칭 및 배열하기

1 객체를 복사하는 [Copy] 명령어

[Copy] 명령어는 선택한 객체를 복사할 수 있으며 복사를 할 때 하나만 복사할 수도 있고 여러 개를 한꺼번에 복사할 수도 있습니다.

(1) 명령어 입력 방법

[Copy] 명령어	
메뉴 막대	수정→복사
명령어	Copy
단축 명령어	Co 또는 Cp
리본 메뉴	(홈)탭→(수정)패널→복사( ) ([제도 및 주석] 작업공간)
	(홈)탭→(수정)패널→복사( ) ([3D 기본 사항] 작업공간)
	(홈)탭→(수정)패널→복사( ) ([3D 모델링] 작업공간)

(2) 명령어 사용 방법

명령 : Copy [Enter]
객체 선택 : P1 클릭   반대 구석 지정 : P2 클릭   1개를 찾음
복사하려는 객체를 선택합니다.
객체 선택 : [Enter]
현재 설정 : 복사 모드 = 다중(M)
기본점 지정 또는 [변위(D)/모드(O)] 〈변위〉 : P3 클릭
복사하고자 하는 객체의 복사 기본점(기준점)을 지정합니다.
두 번째 점 지정 또는 [배열(A)] 〈첫 번째 점을 변위로 사용〉 : P4 클릭
복사된 객체를 이동시키려는 점을 지정합니다.
두 번째 점 지정 또는 [배열(A)/종료(E)/명령 취소(U)] 〈종료〉 : [Enter]

(3) 옵션 설명

옵션	설명
변위(D)	복사할 객체의 이동 거리를 지정합니다.
모드(O)	단일(S)은 객체를 한 개만 복사하고, 다중(M)은 객체를 한꺼번에 여러 개를 복사합니다.
배열(A)	배열할 항목 수를 입력하고 객체 원본의 복사할 기준점으로부터 복사하여 두 번째 점까지의 거리와 방향이 배열할 항목 수만큼의 객체에 적용됩니다. 맞춤(F) 옵션은 객체 원본의 복사할 기준점과 복사하여 위치할 두 번째 점까지 거리와 방향이 선형적으로 배열됩니다.
명령 취소(U)	복사한 객체를 단계적으로 하나씩 취소합니다.
종료(E)	복사 명령을 마칩니다.

(4) 실습하기

● 기본 실습하기

01 아래의 예제 파일을 불러옵니다.

예제 파일 : Part01\Chapter05\5-1\1\Copy(기본)

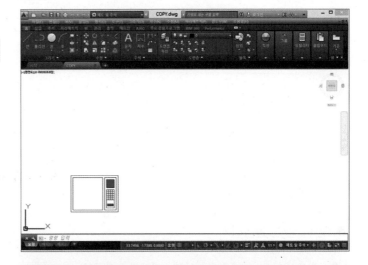

02 [Copy] 명령어를 입력한 후, 드래그하여 객체 전체를 선택합니다.

명령 : Copy Enter
객체 선택 : P1 클릭   반대 구석 지정 : P2 클릭   1개를 찾음
객체 전체가 선택되도록 'P1'부터 'P2'까지 드래그합니다.
객체 선택 : Enter

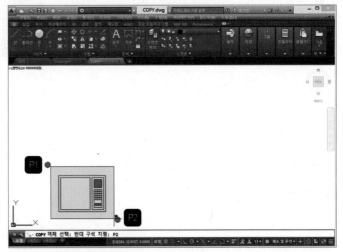

03 복사할 기본점(기준점)을 지정합니다.

현재 설정 : 복사 모드 = 다중(M)
기본점 지정 또는 [변위(D)/모드(O)] 〈변위〉 : P1 클릭
복사할 기본점에 'P1'을 클릭합니다.

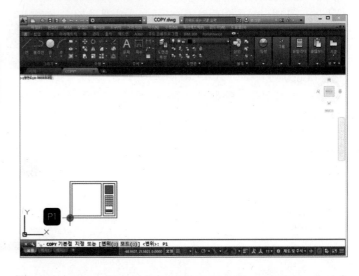

04 원본 객체로부터 복사 객체를 이동시킵니다.

> 두 번째 점 지정 또는 [배열(A)] 〈첫 번째 점을 변위로 사용〉: @100〈0 [Enter]
> 원본 객체의 기본점으로부터 오른쪽으로 '100'만큼 이동시키기 위해서 '@100〈0'을 입력합니다.
> 두 번째 점 지정 또는 [배열(A)/종료(E)/명령 취소(U)] 〈종료〉: [Enter]

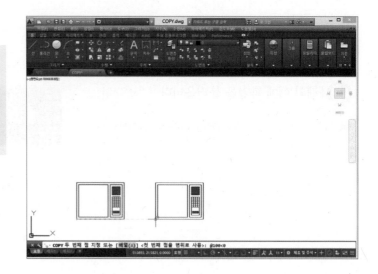

● [변위] 옵션 실습하기

01 예제 파일 'Part01\Chapter05\5-1\1\Copy(기본)' 을 다시 불러옵니다.

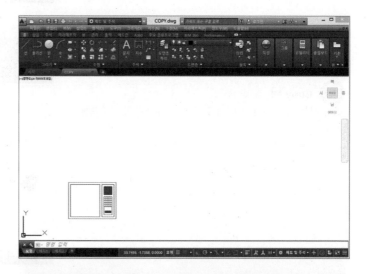

02 [Copy] 명령어를 입력한 후, 드래그하여 객체 전체를 선택합니다.

> **명령 : Copy** [Enter]
> 객체 선택 : P1 클릭   반대 구석 지정 : P2 클릭   1개를 찾음
> 객체 전체가 선택되도록 'P1'부터 'P2'까지 드래그합니다.
> 객체 선택 : [Enter]

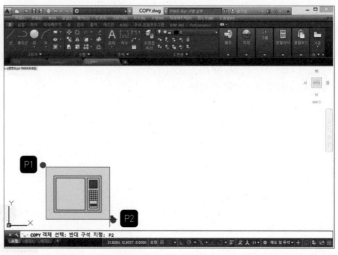

03 [변위] 옵션을 지정하기 위해서 'D'를 입력한 후, 좌표값을 입력하여 원본 객체로부터 복사본 객체를 이동시킵니다.

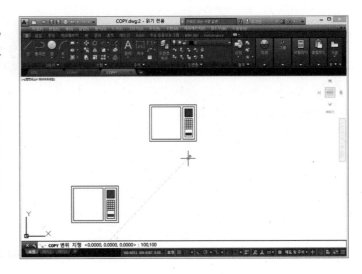

> 현재 설정 : 복사 모드 = 다중(M)
> 기본점 지정 또는 [변위(D)/모드(O)] 〈변위〉 : D [Enter]
> [변위] 옵션을 지정하기 위해서 'D'를 입력합니다.
> 변위 지정 〈0.0000, 0.0000, 0.0000〉 : 100,100 [Enter]
> 복사본 객체를 이동시키기 위해서 '100,100'을 입력합니다.

● [모드] 옵션 실습하기

01 예제 파일 'Part01\Chapter05\5-1\1\Copy(기본)' 을 다시 불러옵니다.

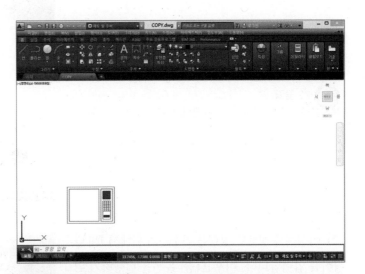

02 [Copy] 명령어를 입력한 후, 드래그하여 객체 전체를 선택합니다.

> 명령 : Copy [Enter]
> 객체 선택 : P1 클릭   반대 구석 지정 : P2 클릭   1개를 찾음
> 객체 전체가 선택되도록 'P1'부터 'P2'까지 드래그합니다.
> 객체 선택 : [Enter]

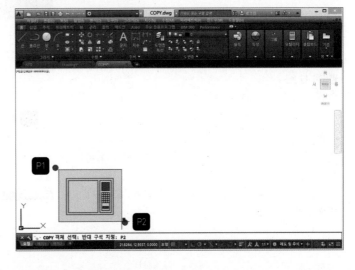

03 [모드] 옵션을 지정하기 위해서 'O'를 입력한 후, 객체를 하나만 복사할 수 있는 [단일] 옵션을 입력합니다.

현재 설정 : 복사 모드 = 다중(M)
기본점 지정 또는 [변위(D)/모드(O)] 〈변위〉 : O Enter
[모드] 옵션을 지정하기 위해서 'O'를 입력합니다.
복사 모드 옵션 입력 [단일(S)/다중(M)] 〈단일(S)〉 : S Enter
[단일] 옵션을 지정하기 위해서 'S'를 입력합니다.

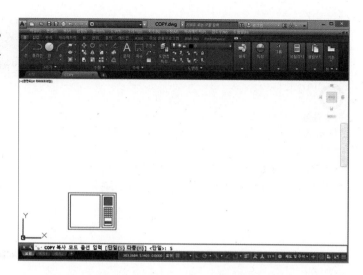

04 복사할 기본점(기준점)을 지정한 후, 복사본을 이동시킬 점을 클릭합니다.

기본점 지정 또는 [변위(D)/모드(O)/다중(M)] 〈변위〉 :
P1 클릭
복사할 기본점에 'P1'을 클릭합니다.
두 번째 점 지정 또는 [배열(A)] 〈첫 번째 점을 변위로 사용〉 : P2 클릭
복사본을 이동시킬 점에 'P2'를 클릭합니다.

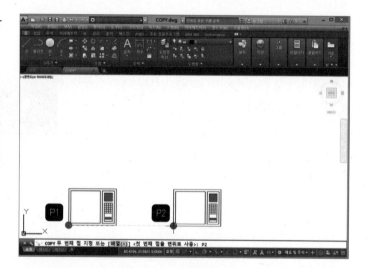

05 이전에 수행했던 명령을 취소하기 위해서 [U] 명령어를 입력합니다. 이후 [다중] 옵션을 실행하기 위해서 [Copy] 명령어를 입력한 후, 객체 전체를 선택합니다.

명령 : U Enter
Copy 모든 것이 명령 취소됨

명령 : Copy Enter
객체 선택 : P1 클릭   반대 구석 지정 : P2 클릭   1개를 찾음
객체 전체가 선택되도록 'P1'부터 'P2'까지 드래그합니다.
객체 선택 : Enter

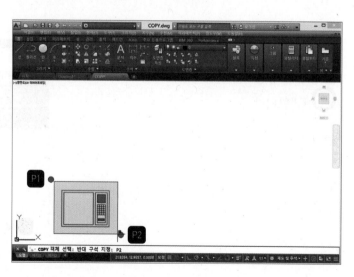

06 [모드] 옵션을 지정하기 위해서 'O'를 입력한 후, 객체를 한꺼번에 여러 번 복사할 수 있는 [다중] 옵션을 입력합니다.

> 현재 설정 : 복사 모드 = 다중(M)
> 기본점 지정 또는 [변위(D)/모드(O)] 〈변위〉 : O Enter
> [모드] 옵션을 지정하기 위해서 'O'를 입력합니다.
> 복사 모드 옵션 입력 [단일(S)/다중(M)] 〈단일(S)〉 : M Enter
> [다중] 옵션을 지정하기 위해서 'M'을 입력합니다.

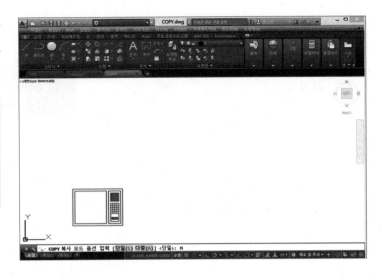

07 복사할 기본점(기준점)을 지정한 후, 복사본을 이동시킬 점을 클릭합니다.

> 기본점 지정 또는 [변위(D)/모드(O)] 〈변위〉 : P1 클릭
> 복사할 기본점에 'P1'을 클릭합니다.
> 두 번째 점 지정 또는 [배열(A)] 〈첫 번째 점을 변위로 사용〉 : P2 클릭
> 두 번째 점 지정 또는 [배열(A)/종료(E)/명령 취소(U)] 〈종료〉 : P3 클릭
> 두 번째 점 지정 또는 [배열(A)/종료(E)/명령 취소(U)] 〈종료〉 : P4 클릭
> 두 번째 점 지정 또는 [배열(A)/종료(E)/명령 취소(U)] 〈종료〉 : P5 클릭
> 두 번째 점 지정 또는 [배열(A)/종료(E)/명령 취소(U)] 〈종료〉 : P6 클릭
> 두 번째 점 지정 또는 [배열(A)/종료(E)/명령 취소(U)] 〈종료〉 : Enter
> 복사본을 이동시킬 점에 'P2', 'P3', 'P4', 'P5', 'P6'을 차례로 클릭합니다.

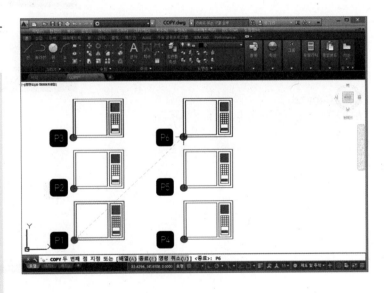

● [배열] 옵션 실습하기

01 예제 파일 'Part01\Chapter05\5-1\1\Copy(기본)'
을 다시 불러옵니다.

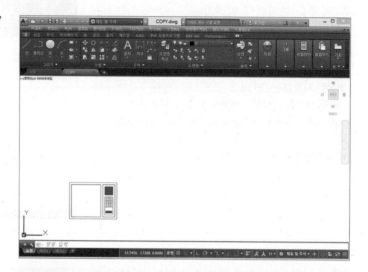

02 [Copy] 명령어를 입력한 후, 드래그하여 객체 전
체를 선택합니다.

> **명령 : Copy** [Enter]
> 객체 선택 : P1 클릭   반대 구석 지정 : P2 클릭   1개를
> 찾음
> 객체 전체가 선택되도록 'P1'부터 'P2'까지 드래그합니다.
> 객체 선택 : [Enter]

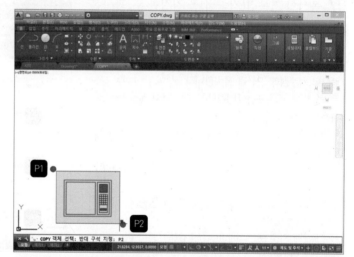

03 [모드] 옵션을 지정하기 위해서 'O'를 입력한 후,
객체를 한꺼번에 여러 개를 복사할 수 있는 [다중] 옵
선을 입력합니다.

> 현재 설정 : 복사 모드 = 다중(M)
> 기본점 지정 또는 [변위(D)/모드(O)] 〈변위〉 : O [Enter]
> [모드] 옵션을 지정하기 위해서 'O'를 입력합니다.
> 복사 모드 옵션 입력 [단일(S)/다중(M)] 〈다중(M)〉 : M
> [Enter]
> [다중] 옵션을 지정하기 위해서 'M'을 입력합니다.

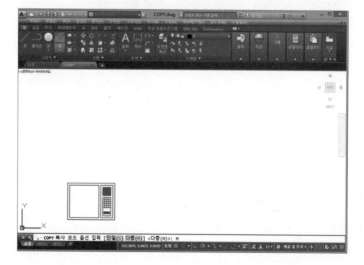

04 복사할 기본점(기준점)을 지정한 후, [배열] 옵션을 입력합니다.

기본점 지정 또는 [변위(D)/모드(O)/다중(M)] 〈변위〉 :
P1 클릭
복사할 기본점에 'P1'을 클릭합니다.
두 번째 점 지정 또는 [배열(A)] 〈첫 번째 점을 변위로 사
용〉 : A Enter
[배열] 옵션을 지정하기 위해서 'A'를 입력합니다.

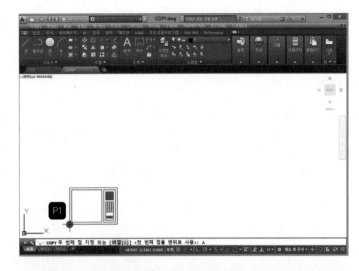

05 배열할 항목 수를 입력하고 복사본을 이동시킬 점을 클릭합니다.

배열할 항목 수 입력 : 3 Enter
배열할 항목 수에 '3'을 입력합니다.
두 번째 점 지정 또는 [맞춤(F)] : P1 클릭
복사본을 이동시킬 점에 'P1'을 클릭합니다.

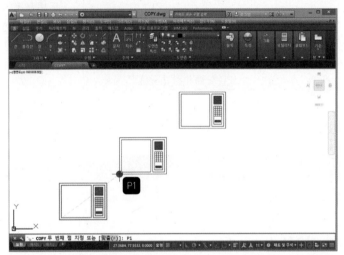

06 복사본을 이동시킬 점을 변경하기 위해서 [명령 취소] 옵션을 입력하고 복사본을 이동시킬 새로운 점을 클릭합니다.

두 번째 점 지정 또는 [배열(A)/종료(E)/명령 취소(U)] 〈종
료〉 : U Enter
명령이 완전히 취소됨.
[명령 취소] 옵션을 지정하기 위해서 'U'를 입력합니다.
두 번째 점 지정 또는 [배열(A)] 〈첫 번째 점을 변위로 사
용〉 : P1 클릭
복사본을 이동시킬 새로운 점에 'P1'을 클릭합니다.
두 번째 점 지정 또는 [배열(A)/종료(E)/명령 취소(U)] 〈종
료〉 : Enter

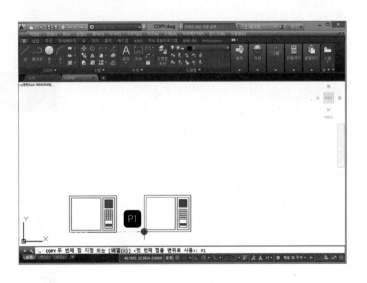

2 객체를 이동하는 [Move] 명령어

[Move] 명령어는 원본 객체를 남기지 않으면서 객체를 이동시킬 수 있습니다. 반면, [Copy] 명령어는 원본 객체를 남기면서 객체를 이동시킵니다.

(1) 명령어 입력 방법

[Move] 명령어	
메뉴 막대	수정→이동
명령어	Move
단축 명령어	M
리본 메뉴	(홈)탭→(수정)패널→이동(✛) ([제도 및 주석] 작업공간)
	(홈)탭→(수정)패널→이동(✛) ([3D 기본 사항] 작업공간)
	(홈)탭→(수정)패널→이동(✛) ([3D 모델링] 작업공간)

(2) 명령어 사용 방법

명령 : Move [Enter]
객체 선택 : P1 클릭   반대 구석 지정 : P2 클릭   1개를 찾음
이동하려는 객체를 선택합니다.
객체 선택 : [Enter]
기준점 지정 또는 [변위(D)] 〈변위〉: P3 클릭
이동하고자 하는 객체의 이동 기준점을 지정합니다.
두 번째 점 지정 또는 〈첫 번째 점을 변위로 사용〉: P4 클릭
객체를 이동시키려는 점을 지정합니다.

(3) 옵션 설명

옵션	설명
변위(D)	복사할 객체의 이동 거리를 지정합니다.

(4) 실습하기

● 기본 실습하기

01 아래의 예제 파일을 불러옵니다.

예제 파일 : Part01\Chapter05\5-1\2\Move(기본)

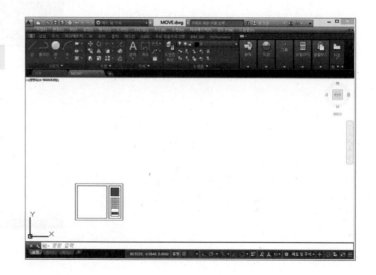

02 [Move] 명령어를 입력한 후, 드래그하여 객체 전체를 선택합니다.

> **명령 : Move** [Enter]
> 객체 선택 : P1 클릭   반대 구석 지정 : P2 클릭
> 1개를 찾음
> 객체 전체가 선택되도록 'P1'부터 'P2'까지 드래그합니다.
> 객체 선택 : [Enter]

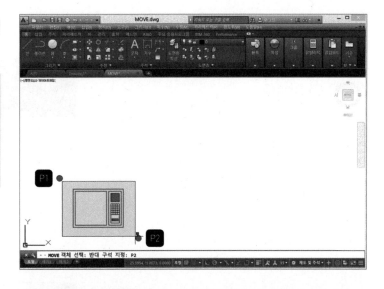

03 이동할 기준점을 지정합니다.

> 기준점 지정 또는 [변위(D)] 〈변위〉 : P1 클릭
> 이동할 기준점에 'P1'을 클릭합니다.

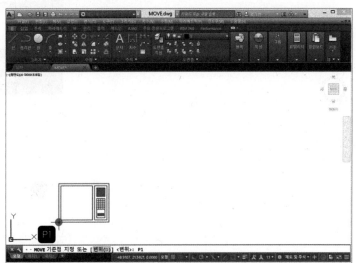

04 객체를 특정 지점으로 이동시킵니다.

> 두 번째 점 지정 또는 〈첫 번째 점을 변위로 사용〉 :
> @100〈45 [Enter]
> 객체를 기준점으로부터 '45'도 방향으로 '100'만큼 이동시키기 위해서 '@100〈45'를 입력합니다.

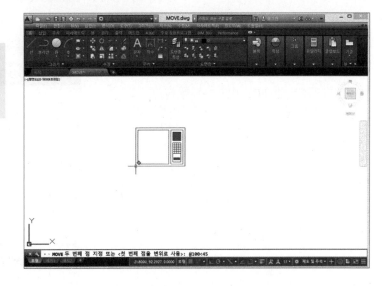

● [변위] 옵션 실습하기

01 예제 파일 'Part01\Chapter05\5-1\2\ Move(기본)' 을 다시 불러옵니다.

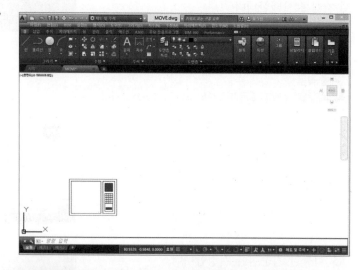

02 [Move] 명령어를 입력한 후, 드래그하여 전체 객체를 선택합니다.

명령 : Move [Enter]
객체 선택 : P1 클릭   반대 구석 지정 : P2 클릭   1개를 찾음
객체 전체가 선택되도록 'P1'부터 'P2'까지 드래그합니다.
객체 선택 : [Enter]

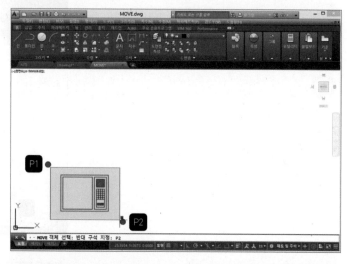

03 [변위] 옵션을 지정하기 위해서 'D'를 입력한 후, 좌표값을 입력하여 객체를 이동시킵니다.

기준점 지정 또는 [변위(D)] 〈변위〉 : D [Enter]
[변위] 옵션을 지정하기 위해서 'D'를 입력합니다.
변위 지정 〈0.0000, 0.0000, 0.0000〉 : 100,100 [Enter]
객체를 이동시키려는 점에 '100,100'을 입력합니다.

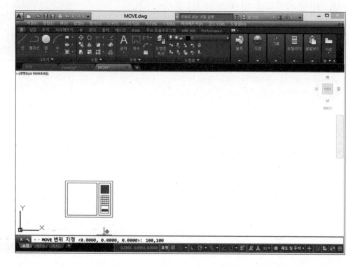

04 객체가 오른쪽으로 '100', 위쪽으로 '100'만큼 이동합니다.

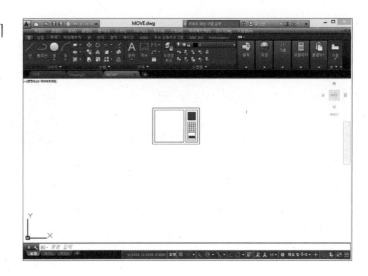

3 객체를 대칭하는 [Mirror] 명령어

일반적으로 도면 작성 시 객체 양쪽이 서로 마주 보고 대칭을 이루는 경우가 있습니다. 이와 같은 경우, [Mirror] 명령어는 객체의 한쪽만 작성하고 객체의 나머지 한쪽을 대칭하여 객체 전체를 완성할 수 있습니다.

(1) 명령어 입력 방법

[Mirror] 명령어	
메뉴 막대	수정→대칭
명령어	Mirror
단축 명령어	Mi
리본 메뉴	(홈)탭→(수정)패널→대칭(⚠) ([제도 및 주석] 작업공간)
	(홈)탭→(수정)패널→대칭(⚠) ([3D 기본 사항] 작업공간)
	(홈)탭→(수정)패널→대칭(⚠) ([3D 모델링] 작업공간)

(2) 명령어 사용 방법

명령 : Mirror [Enter]
객체 선택 : P1 클릭   반대 구석 지정 : P2 클릭   12개를 찾음
대칭하려는 객체를 선택합니다.
객체 선택 : [Enter]
대칭선의 첫 번째 점 지정 : P2 클릭
대칭선의 첫 번째 끝점을 지정합니다.
대칭선의 두 번째 점 지정 : P3 클릭
대칭선의 두 번째 끝점을 지정합니다.
원본 객체를 지우시겠습니까? [예(Y)/아니오(N)] 〈아니오〉 : N [Enter]
원본 객체를 지우고자 할 때에는 'Y'를, 지우지 않고자 할 때에는 'N'을 입력합니다.

(3) 실습하기

● 기본 실습하기

01 아래의 예제 파일을 불러옵니다.

예제 파일 : Part01\Chapter05\5-1\3\Mirror(기본)

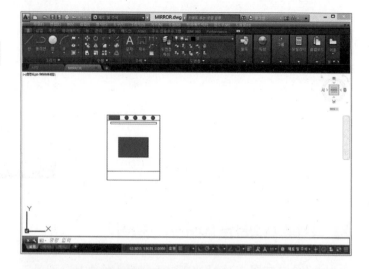

02 [Mirror] 명령어를 입력한 후, 드래그하여 객체 전체를 선택합니다.

명령 : Mirror [Enter]
객체 선택 : P1 클릭   반대 구석 지정 : P2 클릭   12개를 찾음
객체 전체가 선택되도록 'P1'부터 'P2'까지 드래그합니다.
객체 선택 : [Enter]

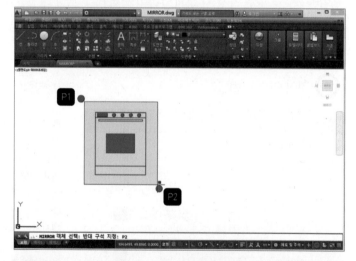

03 대칭할 기준점을 지정합니다.

대칭선의 첫 번째 점 지정 : P1 클릭
대칭선의 첫 번째 끝점에 'P1'을 클릭합니다.
대칭선의 두 번째 점 지정 : P2 클릭
대칭선의 두 번째 끝점에 'P2'를 클릭합니다.

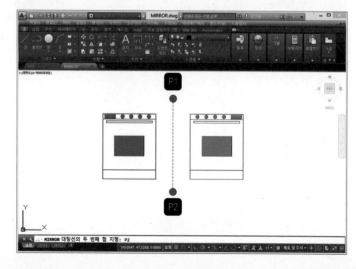

04 '원본 객체를 지우시겠습니까?' 라는 질문에 대해서, 원본 객체를 지우기 위해서 [예] 옵션인 'Y'를 입력합니다. 원본 객체가 지워진 도면이 나타납니다.

> 원본 객체를 지우시겠습니까? [예(Y)/아니오(N)] 〈아니오〉 : Y [Enter]
> 원본 객체를 지우기 위해서 'Y'를 입력합니다.

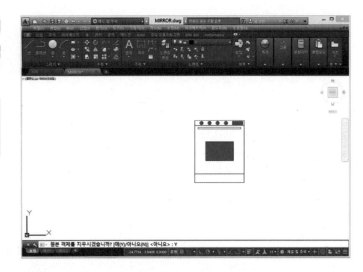

05 원본 객체를 지우지 않기 위해서, [Mirror] 명령어를 입력한 후, 드래그하여 객체 전체를 선택합니다.

> 명령 : Mirror [Enter]
> 객체 선택 : P1 클릭   반대 구석 지정 : P2 클릭   12개를 찾음
> 객체 전체가 선택되도록 'P1'부터 'P2'까지 드래그합니다.
> 객체 선택 : [Enter]

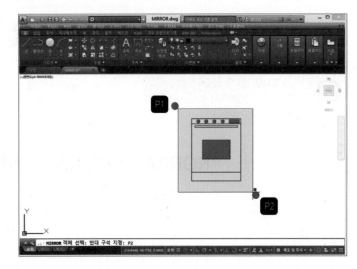

06 대칭할 기준점을 지정합니다.

> 대칭선의 첫 번째 점 지정 : P1 클릭
> 대칭선의 첫 번째 끝점에 'P1'을 클릭합니다.
> 대칭선의 두 번째 점 지정 : P2 클릭
> 대칭선이 두 번째 끝점에 'P2'를 클릭합니다

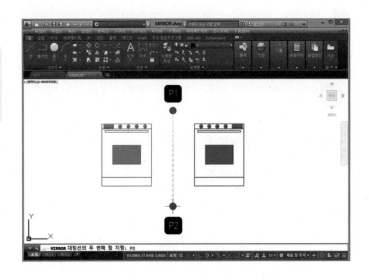

07 '원본 객체를 지우시겠습니까?' 라는 질문에 대해서, 원본 객체를 지우지 않기 위해서 [아니오] 옵션인 'N'을 입력합니다. 원본 객체가 지워지지 않은 도면이 나타납니다.

> 원본 객체를 지우시겠습니까? [예(Y)/아니오(N)] 〈아니오〉
> : N [Enter]
> 원본 객체를 지우지 않기 위해서 'N'을 입력합니다.

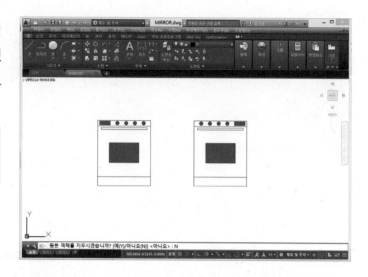

ⓘ TIP   문자를 대칭시키는 [Mirrtext] 시스템 변수

[Mirrtext] 시스템 변수는 문자를 대칭시켜 거꾸로 보이게 할 수 있으며 [Mirrtext] 시스템 변수를 사용하여 '문자, 해치, 속성 및 속성 정의'를 거꾸로 보이게 할 수 있습니다.
[Mirrtext]가 '0'인 상태에서 [Mirror] 명령을 수행하면 정상으로 보이고 [Mirrtext]가 '1'인 상태에서 [Mirror] 명령을 수행하면 거꾸로 보입니다.

KOREA   KOREA   KOREA   AƎЯOʞ

Mirrtext = 0   Mirrtext = 1

---

4 객체를 배열하는 [Array] 명령어

[Array] 명령어는 객체를 직사각형으로 배열하는 [Arrayrect] 명령어, 객체를 원형으로 배열하는 [Arraypolar] 명령어, 객체를 경로에 따라서 배열하는 [Arraypath] 명령어로 나눌 수 있습니다.

▪ 객체를 직사각형으로 배열하는 [Arrayrect] 명령어

[Arrayrect] 명령어는 선택한 객체를 직사각형으로 배열할 수 있습니다. 배열 시 '행의 개수', '열의 개수', '행 사이의 거리' 및 '열 사이의 거리'를 지정하여 배열할 수 있습니다.

(1) 명령어 입력 방법

[Arrayrect] 명령어	
메뉴 막대	수정→배열→직사각형 배열
명령어	Arrayrect
리본 메뉴	(홈)탭→(수정)패널→직사각형 배열( ) ([제도 및 주석] 작업공간)
	(홈)탭→(수정)패널→배열( ) ([3D 기본 사항] 작업공간)
	(홈)탭→(수정)패널→직사각형 배열( ) ([3D 모델링] 작업공간)

(2) 명령어 사용 방법

명령 : Arrayrect [Enter]
객체 선택 : P1 클릭   반대 구석 지정 : P2 클릭   22개를 찾음
배열하려는 객체를 선택합니다.
객체 선택 : [Enter]
유형 = 직사각형 연관 = 예
그립을 선택하여 배열을 편집하거나 [연관(AS)/기준점(B)/개수(COU)/간격
두기(S)/열(COL)/행(R)/ 레벨(L)/종료(X)] 〈종료〉: R [Enter]
직사각형 배열의 [행] 옵션을 지정합니다.
행 수 입력 또는 [표현식(E)] 〈3〉: 2 [Enter]
'행의 수'를 입력합니다.
행 사이의 거리 지정 또는 [합계(T)/표현식(E)] 〈45.0000〉: 100 [Enter]
'행 사이의 거리'를 입력합니다.
행 사이의 증분 고도 지정 또는 [표현식(E)] 〈0.0000〉: 0 [Delete]
'행 사이의 증분 고도'를 입력합니다.
그립을 선택하여 배열을 편집하거나 [연관(AS)/기준점(B)/개수(COU)/간격
두기(S)/열(COL)/행(R)/ 레벨(L)/종료(X)] 〈종료〉: COL [Delete]
직사각형 배열의 [열] 옵션을 지정합니다.
열 수 입력 또는 [표현식(E)] 〈4〉: 4 [Delete]
'열의 수'를 입력합니다.
열 사이의 거리 지정 또는 [합계(T)/표현식(E)] 〈67.5000〉: 70 [Delete]
'열 사이의 거리'를 입력합니다.
그립을 선택하여 배열을 편집하거나 [연관(AS)/기준점(B)/개수(COU)/간격
두기(S)/열(COL)/행(R)/ 레벨(L)/종료(X)] 〈종료〉: [Delete]

(3) 옵션 설명

옵션	설명
연관(AS)	배열에서 항목을 연관 배열 객체로 작성할 것인가, 독립 객체로 작성할 것인가를 지정합니다.
기준점(B)	배열 시 기준점을 지정합니다.
개수(COU)	'행의 수'와 '열의 수'를 지정합니다.
간격두기(S)	'행 사이의 거리'와 '열 사이의 거리'를 지정합니다.
열(COL)	'열의 수'와 '열 사이의 거리'를 지정합니다.
행(R)	'행의 수'의 '행 사이의 거리' 및 '행 사이의 증분 고도'를 지정합니다.
레벨(L)	'레벨 수'와 '레벨 사이의 거리'를 지정합니다.
종료(X)	명령을 종료합니다.

(4) 실습하기

● 기본 실습하기

01 아래의 예제 파일을 불러옵니다.

예제 파일 : Part01\Chapter05\5-1\4\Arrayrect(기본)

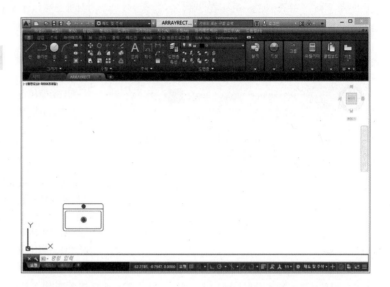

02 직사각형 배열을 하기 위해서 [Arrayrect] 명령어를 입력하고 객체를 선택하면 [배열 작성]탭 내에 [유형], [열], [행], [수준], [특성], [닫기]패널이 나타납니다. [열] 패널에서 [열]에 '3' , [사이]에 '100', [전체]에 '200' 을 입력하고, [행] 패널에서 [행]에 '3' , [사이]에 '60' , [전체]에 '120' 을 입력한 후, [배열 닫기]를 클릭합니다. 객체가 행이 3개, 열이 3개인 직사각형 배열을 하고 있습니다.

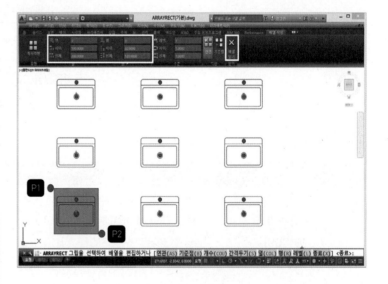

명령 : Arrayrect Enter

객체 선택 : P1 클릭   반대 구석 지정 : P2 클릭
22개를 찾음
객체 전체가 선택되도록 'P1'부터 'P2'까지 드래그합니다.
객체 선택 : Enter
이후, [배열 작성] 탭 내의 [열] 패널에서 [열]에 '3', [사이]에 '100', [전체]에 '200'을 입력하고 [행] 패널에서 [행]에 '3', [사이]에 '60', [전체]에 '120'을 입력한 후, [배열 닫기]를 클릭합니다.

■ 객체를 원형으로 배열하는 [Arraypolar] 명령어

[Arraypolar] 명령어는 선택한 객체를 원형으로 배열할 수 있습니다. 배열 시 '항목 개수', '항목 사이의 각도', '채울 각도', '행의 개수', '행 간격두기', '전체 행 거리', '레벨 개수', '레벨 간격', '전체 레벨 거리'를 입력합니다.

(1) 명령어 입력 방법

[Arraypolar] 명령어	
메뉴 막대	수정→배열→원형 배열
명령어	Arraypolar
리본 메뉴	(홈)탭→(수정)패널→원형 배열(⬛) ([제도 및 주석] 작업공간)
	(홈)탭→(수정)패널→배열(⬛) ([3D 기본 사항] 작업공간)
	(홈)탭→(수정)패널→원형 배열(⬛) ([3D 모델링] 작업공간)

(2) 명령어 사용 방법

명령 : Arraypolar ⏎
객체 선택 : P1 클릭　반대 구석 지정 : P2 클릭　5개를 찾음
배열하려는 객체를 선택합니다.
객체 선택 : ⏎
유형 = 원형　연관 = 아니오
배열의 중심점 지정 또는 [기준점(B)/회전축(A)] : P2 클릭　원의 중심을 클릭
'배열의 중심점'을 지정합니다.
그립을 선택하여 배열을 편집하거나 [연관(AS)/기준점(B)/항목(I)/사이의 각도(A)/채울 각도(F)/행(ROW)/레벨(L)/항목 회전(ROT)/종료(X)]〈종료〉 : I ⏎
[항목] 옵션을 지정합니다.
배열의 항목 수 입력 또는 [표현식(E)] 〈6〉 : 4 ⏎
'배열 항목의 수'를 입력합니다.
그립을 선택하여 배열을 편집하거나 [연관(AS)/기준점(B)/항목(I)/사이의 각도(A)/채울 각도(F)/행(ROW)/레벨(L)/항목 회전(ROT)/종료(X)]〈종료〉 : ⏎

(3) 옵션 설명

옵션	설명
연관(AS)	배열에서 항목을 연관 배열 객체로 작성할 것인가, 독립 객체로 작성할 것인가를 지정합니다.
기준점(B)	배열 시 기준점을 지정합니다.
항목(I)	'배열의 항목 수'를 지정합니다.
사이의 각도(A)	첫 번째와 두 번째 객체의 배열 기준점 사이의 각도를 지정합니다.
채울 각도(F)	첫 번째와 마지막 객체의 배열 기준점 사이의 각도를 지정합니다.
행(ROW)	'행의 수'를 지정합니다.
레벨(L)	'레벨의 수'를 지정합니다.
항목 회전(ROT)	객체를 배열 중심점 기준으로 회전시킬 것인가를 지정합니다.
종료(X)	명령을 종료합니다.

(4) 실습하기

● 기본 실습하기

01 아래의 예제 파일을 불러옵니다.

예제 파일 : Sample\Part05\5-1\4\Arraypolar(기본)

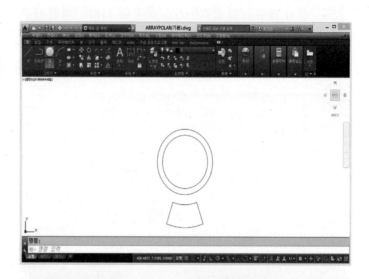

02 원형 배열을 하기 위해서 [Arraypolar] 명령어를 입력한 후, 의자 형태의 객체를 선택하고 테이블의 중심을 클릭하면 [배열 작성]탭 내에 [유형], [항목], [행], [수준], [특성], [닫기]패널이 나타납니다. [항목] 패널의 [항목]에 '4', [사이]에 '90'을 입력하고 [행] 패널의 [행]에 '2', [사이]에 '80'을 입력한 후, [배열 닫기]를 클릭합니다.

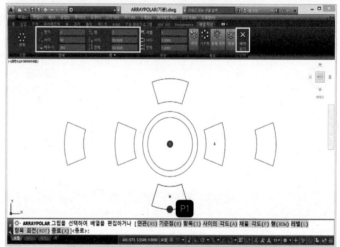

명령 : Arraypolar Enter
객체 선택 : P1 클릭   1개를 찾음
의자 형태의 객체가 선택되도록 'P1'을 클릭합니다.
객체 선택 : Enter
유형 = 원형 연관 = 예
배열의 중심점 지정 또는 [기준점(B)/회전축(A)] : P2 클릭
배열의 중심점에 'P2'를 클릭합니다.
이후, [배열 작성] 탭 내의 [항목] 패널에서 [항목]에 '4', [사이]에 '90'을 입력하고 [행] 패널의 [행]에 '2', [사이]에 '80'을 입력한 후, [배열 닫기]를 클릭합니다.

03 [Zoom] 명령어의 [전체] 옵션을 입력합니다. 1개 행의 항목이 '4', 항목 사이의 간격이 '90'이고 행의 수가 '2', 행 사이의 간격이 '80'으로 원형 배열을 하고 있습니다.

명령 : Zoom [Enter]
윈도우 구석 지정, 축척 비율(nX 또는 nXP) 입력 또는
[전체(A)/중심(C)/동적(D)/범위(E)/이전(P)/축척(S)/윈도우(W)/객체(O)] 〈실시간〉: A [Enter]
[전체] 옵션을 지정하기 위해서 'A'를 입력합니다.

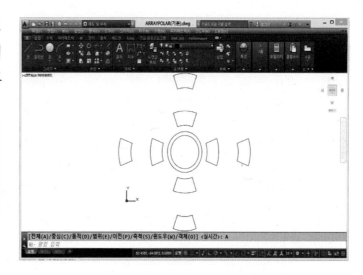

■ 객체를 경로에 따라서 배열하는 [Arraypath] 명령어

[Arraypath] 명령어는 객체를 선, 호, 원, 타원, 폴리선, 스플라인, 나선 등과 같은 경로를 따라서 배열하는 가운데, 경로를 동일한 간격으로 분할하는 [등분할]이나 일정한 간격을 설정하고 분할하는 [길이 분할]로 구분할 수 있습니다. 또한 [항목 정렬]에 의해서 분할한 객체를 분할 중심으로 회전시킬 수도 있습니다.

(1) 명령어 입력 방법

[Arraypath] 명령어	
메뉴 막대	수정→배열→경로 배열
명령어	Arraypath
리본 메뉴	(홈)탭→(수정)패널→경로 배열(🔲) ([제도 및 주석] 작업공간)
	(홈)탭→(수정)패널→배열(🔲) ([3D 기본 사항] 작업공간)
	(홈)탭→(수정)패널→경로 배열(🔲) ([3D 모델링] 작업공간)

(2) 명령어 사용 방법

명령 : Arraypath
객체 선택 : P1 클릭   1개를 찾음
배열하려는 객체를 선택합니다.
객체 선택 : [Enter]
유형 = 경로 연관 = 아니오
경로 곡선 선택 : P2 클릭
배열하려는 경로 곡선을 선택합니다.
그립을 선택하여 배열을 편집하거나 [연관(AS)/메서드(M)/기준점(B)/접선 방향(T)/항목(I)/행(R)/레벨(L)/항목 정렬(A)/Z 방향(Z)/종료(X)] 〈종료〉: M [Enter]
객체를 경로에 동일한 간격으로 분할할 것인가, 일정한 간격을 설정하고 분할할 것인가를 결정하기 위해서 [메서드] 옵션을 지정합니다.
경로 방법 입력 [등분할(D)/측정(M)] 〈측정〉: D [Enter]
객체를 경로에 동일한 간격으로 분할하기 위해서 [등분할] 옵션을 시정합니다.
그립을 선택하여 배열을 편집하거나 [연관(AS)/메서드(M)/기준점(B)/접선 방향(T)/항목(I)/행(R)/레벨(L)/항목 정렬(A)/Z 방향(Z)/종료(X)] 〈종료〉: I [Enter]
'배열할 항목 수'를 입력하기 위해서 [항목] 옵션을 지정합니다.
경로를 따라 배열되는 항목 수 입력 또는 [표현식(E)] 〈6〉: 5 [Enter]
'배열할 항목 수'를 입력합니다.
그립을 선택하여 배열을 편집하거나 [연관(AS)/메서드(M)/기준점(B)/접선 방향(T)/항목(I)/행(R)/레벨(L)/항목 정렬(A)/Z 방향(Z)/종료(X)] 〈종료〉: [Enter]

(3) 옵션 설명

옵션	설명
연관(AS)	배열에서 항목을 연관 배열 객체로 작성할 것인가, 독립 객체로 작성할 것인가를 지정합니다.
메서드(M)	객체를 경로에 동일한 간격으로 분할할 것인가, 일정한 간격을 설정하고 분할할 것인가를 지정합니다.
기준점(B)	배열 시 기준점을 지정합니다.
접선 방향(T)	경로의 시작점과 끝점의 위치를 지정합니다.
항목(I)	'배열하고자 하는 항목 사이의 거리'와 '항목 수'를 지정합니다.
행(R)	'행의 수', '행 사이의 거리' 및 '행 사이의 증분 고도'를 지정합니다.
레벨(L)	'레벨의 수'와 '레벨 사이의 거리'를 지정합니다.
항목 정렬(A)	객체를 경로에 맞추어 배열시킬 것인가를 지정합니다.
Z 방향(Z)	항목의 원래 Z 방향을 유지할 것인가, 유지하지 않을 것인가를 지정합니다.
종료(X)	명령을 종료합니다.

(4) 실습하기

● 기본 실습하기

01 아래의 예제 파일을 불러옵니다.

예제 파일 : Part01\Chapter05\5-1\4\Arraypath(기본)

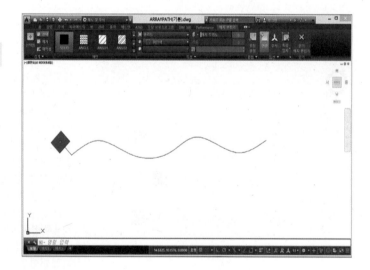

02 경로 배열을 하기 위해서 [Arraypath] 명령어를 입력한 후, 배열할 객체를 클릭하고 경로를 클릭하면 [배열 작성]탭 내에 [유형], [항목], [행], [수준], [특성], [닫기]패널이 나타납니다. [특성] 패널에서 [등분할] 을 선택한 후, [항목] 패널에서 [항목]에 '5'를 입력한 후, [배열 닫기]를 클릭합니다. 곡선이 객체에 의해서 5개로 등분할 된 것을 확인할 수 있습니다.

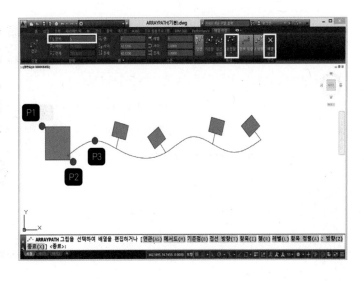

명령 : Arraypath ⏎
객체 선택 : P1 클릭   반대 구석 지정 : P2 클릭   2개를 찾음
사각형 형태의 객체가 선택되도록 'P1'부터 'P2'까지 드래그합니다.
객체 선택 : ⏎
유형 = 경로 연관 = 예
경로 곡선 선택 : P3 클릭
경로 곡선에 'P3'을 클릭합니다.
이후, [배열 작성] 탭 내의 [특성] 패널에서 [등분할]을 클릭하고 [항목] 패널에서 [항목]에 '5'를 입력한 후, [배열 닫기] 를 클릭합니다.

03 [길이 분할]을 하기 위해서, 이전 명령을 취소할 수 있는 [Undo] 명령어를 입력하여 'Arraypath'의 원래 도면을 다시 화면에 나타냅니다.

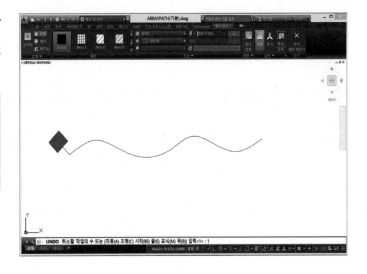

명령 : Undo ⏎
현재 설정 : 자동 = 켜기, 조정 = 전체, 결합 = 예, 도면층 = 예
취소할 작업의 수 또는 [자동(A)/조정(C)/시작(BE)/끝(E)/표식(M)/뒤(B)] 입력 〈1〉 : 1 ⏎
취소할 작업수에 '1'을 입력합니다.

04 경로 배열을 하기 위해서 [Arraypath] 명령어를 입력한 후, 배열할 객체를 클릭하고 경로를 클릭합니다. [배열 작성]탭이 나타나면 [특성] 패널에서 [길이 분할]을 선택한 후, [항목] 패널에서 [사이]에 '80'을 입력한 후, [배열 닫기]를 클릭합니다. 곡선의 왼쪽을 기준으로 '80'씩 분할된 것을 확인할 수 있습니다.

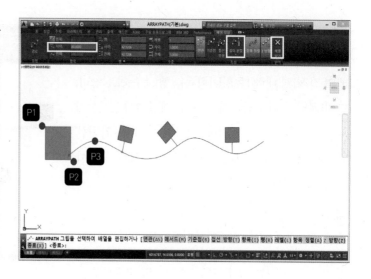

> **명령 : Arraypath** [Enter]
> 객체 선택 : P1 클릭　　반대 구석 지정 : P2 클릭　　2개를 찾음
> 사각형 형태의 객체가 선택되도록 'P1'부터 'P2'까지 드래그 합니다.
> 객체 선택 : [Enter]
> 유형 = 경로　연관 = 예
> 경로 곡선 선택 : P3 클릭
> 경로 곡선에 'P3'을 클릭합니다.
> 이후, [배열 작성] 탭 내의 [특성] 패널에서 [길이분할]을 클릭하고 [항목] 패널에서 [사이]에 '80'을 입력한 후, [배열 닫기]를 클릭합니다.

5.2 모따기 및 모깎기하기

▌1▐ 객체의 모서리를 비스듬하게 깎아내는 [Chamfer] 명령어

　[Chamfer]명령어는 거리나 각도를 설정하여 객체의 모서리를 비스듬하게 사선으로 깎아낼 수 있으며 '모따기'라고도 부릅니다.

(1) 명령어 입력 방법

[Chamfer] 명령어	
메뉴 막대	수정→모따기
명령어	Chamfer
단축 명령어	Cha
리본 메뉴	(홈)탭→(수정)패널→모따기(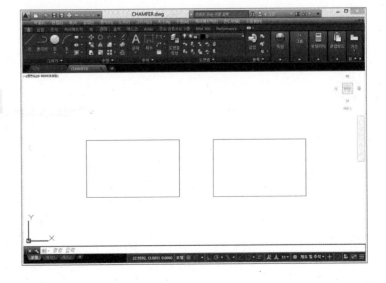) ([제도 및 주석] 작업공간)
	(홈)탭→(수정)패널→모따기( ) ([3D 기본 사항] 작업공간)
	(홈)탭→(수정)패널→모따기( ) ([3D 모델링] 작업공간)

(2) 명령어 사용 방법

명령 : Chamfer ⏎
(자르기 모드) 현재 모따기 거리1 = 0.0000, 거리2 = 0.0000
첫 번째 선 선택 또는 [명령 취소(U)/폴리선(P)/거리(D)/각도(A)/자르기(T)/메서드(E)/다중(M)] : P1 클릭
모따기할 객체의 첫 번째 모서리를 지정합니다.
두 번째 선 선택 또는 Shift 키를 누른 채 선택하여 구석 적용 또는 [거리(D)/각도(A)/메서드(M)] : P2 클릭
모따기할 객체의 두 번째 모서리를 지정합니다.

(3) 옵션 설명

옵션	설명
명령 취소(U)	이전 수행했던 모따기 명령을 취소합니다.
폴리선(P)	[Pline]으로 작성한 객체를 한꺼번에 모따기합니다.
거리(D)	모따기하는 거리를 지정합니다.
각도(A)	모따기하는 각도를 지정합니다.
자르기(T)	모따기하고 난 후, 원본 객체를 자를 것인가, 자르지 않을 것인가를 지정합니다.
메서드(E)	[거리] 옵션과 [각도] 옵션에 의해서 값이 이미 지정되어 있는 경우, 두 옵션 중 하나를 선택하여 모따기할 수 있습니다.
다중(M)	한 개의 명령을 수행하면서 한꺼번에 여러 개의 모서리를 모따기할 수 있습니다.

(4) 실습하기

● [거리] 옵션 실습하기

01 아래의 예제 파일을 불러옵니다.

예제 파일 : Part01\Chapter05\5-2\1\Chamter(거리)

02 [Chamfer] 명령어를 입력하고 [거리] 옵션을 지정한 후, 객체의 첫 번째, 두 번째 모따기 거리를 입력하고 모따기할 객체의 두 모서리를 클릭합니다.

명령 : Chamfer [Enter]
(자르기 모드) 현재 모따기 거리1 = 0.0000, 거리2 = 0.0000
첫 번째 선 선택 또는 [명령 취소(U)/폴리선(P)/거리(D)/각도(A)/자르기(T)/메서드(E)/다중(M)] : D [Enter]
[거리] 옵션을 지정하기 위해서 'D'를 입력합니다.
첫 번째 모따기 거리 지정 〈0.0000〉 : 15 [Enter]
첫 번째 모따기 거리에 '15'를 입력합니다.
두 번째 모따기 거리 지정 〈15.0000〉 : 30 [Enter]
두 번째 모따기 거리에 '30'을 입력합니다.
첫 번째 선 선택 또는 [명령 취소(U)/폴리선(P)/거리(D)/각도(A)/자르기(T)/메서드(E)/다중(M)] : P1 클릭
객체의 첫 번째 모따기할 모서리에 'P1'을 클릭합니다.
두 번째 선 선택 또는 Shift 키를 누른 채 선택하여 구석 적용 또는 [거리(D)/각도(A)/메서드(M)] : P2 클릭
객체의 두 번째 모따기할 모서리에 'P2'를 클릭합니다.

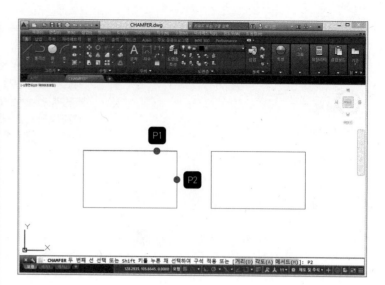

03 모따기한 도면이 나타납니다.

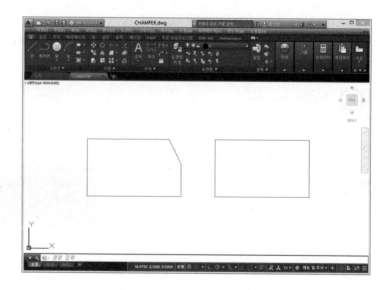

● [각도] 옵션 실습하기

01 [Chamfer] 명령어를 입력하고 [각도] 옵션을 지정한 후, 객체의 첫 번째 선의 모따기 길이와 첫 번째 선으로부터의 모따기 각도를 입력하고 모따기할 객체의 두 모서리를 클릭합니다.

> **명령 : Chamfer** [Enter]
> (자르기 모드) 현재 모따기 거리1 = 15.0000, 거리2 = 30.0000
> 첫 번째 선 선택 또는 [명령 취소(U)/폴리선(P)/거리(D)/각도(A)/자르기(T)/메서드(E)/다중(M)] : A [Enter]
> [각도] 옵션을 지정하기 위해서 'A'를 입력합니다.
> 첫 번째 선의 모따기 길이 지정 〈0.0000〉 : 20 [Enter]
> 첫 번째 선의 모따기 길이에 '20'을 입력합니다.
> 첫 번째 선으로부터 모따기 각도 지정 〈0〉 : 45 [Enter]
> 첫 번째 선으로부터의 모따기 각도에 '45'를 입력합니다.
> 첫 번째 선 선택 또는 [명령 취소(U)/폴리선(P)/거리(D)/각도(A)/자르기(T)/메서드(E)/다중(M)] : P1 클릭
> 객체의 첫 번째 모따기할 모서리에 'P1'을 클릭합니다.
> 두 번째 선 선택 또는 Shift 키를 누른 채 선택하여 구석 적용 또는 [거리(D)/각도(A)/메서드(M)] : P2 클릭
> 객체의 두 번째 모따기할 모서리에 'P2'를 클릭합니다.

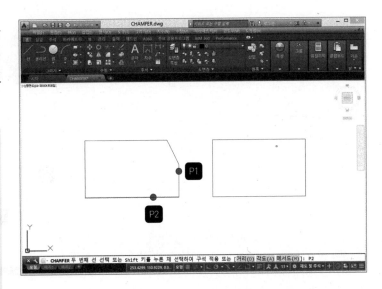

02 모따기한 도면이 나타납니다.

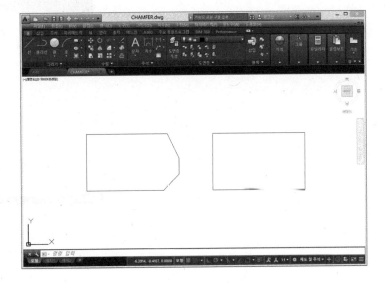

● [자르기] 옵션 실습하기

01 [Chamfer] 명령어를 입력하고 [자르기] 옵션과 [자르지 않기] 옵션을 지정한 후, 객체의 첫 번째와 두 번째 모따기 모서리를 클릭합니다.

> **명령 : Chamfer** [Enter]
> (자르기 모드) 현재 모따기 길이 = 20.0000, 각도 = 45
> 첫 번째 선 선택 또는 [명령 취소(U)/폴리선(P)/거리
> (D)/각도(A)/자르기(T)/메서드(E)/다중(M)] : T [Enter]
> [자르기] 옵션을 지정하기 위해서 'T'를 입력합니다.
> 자르기 모드 옵션 입력 [자르기(T)/자르지 않기(N)]
> 〈자르기〉 : N [Enter]
> [자르지 않기] 옵션을 지정하기 위해서 'N'을 입력합니다.
> 첫 번째 선 선택 또는 [명령 취소(U)/폴리선(P)/거리(D)/
> 각도(A)/자르기(T)/메서드(E)/다중(M)] : P1 클릭
> 객체의 첫 번째 모따기할 모서리에 'P1'을 클릭합니다.
> 두 번째 선 선택 또는 Shift 키를 누른 채 선택하여 구석
> 적용 또는 [거리(D)/각도(A)/메서드(M)] : P2 클릭
> 객체의 두 번째 모따기할 모서리에 'P2'를 클릭합니다.

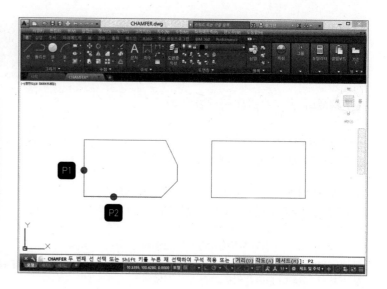

02 원본 객체를 자르지 않고 모따기한 도면이 나타납니다.

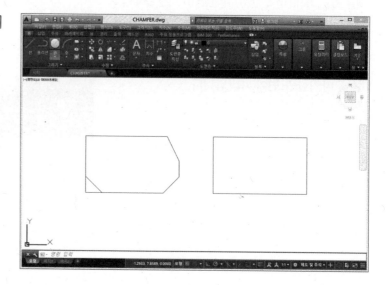

● [폴리선] 옵션 실습하기

01 화면의 2개 도면 중 오른쪽 도면의 'P1'에 마우스를 위치하여 도면이 단일 객체임을 확인합니다.

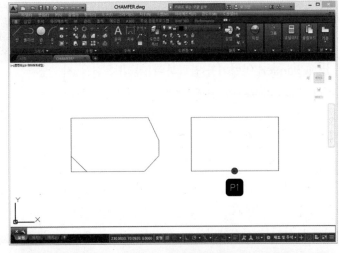

02 [Chamfer] 명령어를 입력하여 [폴리선] 옵션을 지정한 후, 객체를 클릭합니다.

명령 : Chamfer ⏎
(자르지 않기 모드) 현재 모따기 길이 = 20.0000, 각도 = 45
첫 번째 선 선택 또는 [명령 취소(U)/폴리선(P)/거리(D)/각도(A)/자르기(T)/메서드(E)/다중(M)] : P ⏎
[폴리선] 옵션을 지정하기 위해서 'P'를 입력합니다.
2D 폴리선 선택 또는 [거리(D)/각도(A)/메서드(M)] : P1 클릭
객체를 지정하기 위해서 'P1'을 클릭합니다.

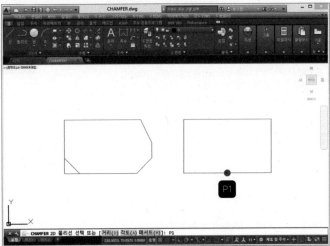

03 한꺼번에 객체를 모따기한 도면이 나타납니다.

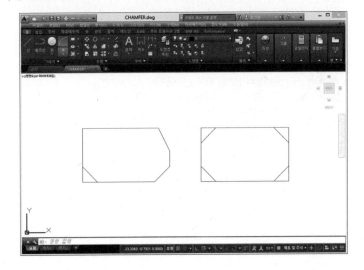

● [메서드] 옵션 실습하기

01 예제 파일 'Part01\Chapter05\5-2\1\Chamfer(거리)' 를 다시 불러옵니다.

02 [Chamfer] 명령어를 입력하여 [거리] 옵션을 지정한 후, 첫 번째와 두 번째 모따기 거리를 입력합니다. 이후, [자르기] 옵션과 [자르기] 옵션 중 [자르기] 옵션, [각도] 옵션을 지정한 후, 첫 번째 선의 모따기 길이와 첫 번째 선으로부터의 모따기 각도를 입력합니다. 마지막으로 [메서드] 옵션과 [메서드] 옵션 중 [거리] 옵션을 지정한 후, 객체의 첫 번째와 두 번째 모따기할 모서리를 지정합니다.

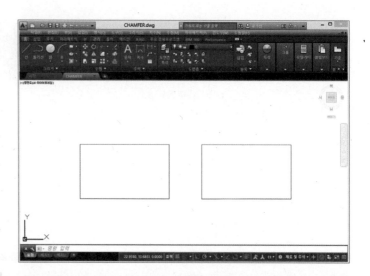

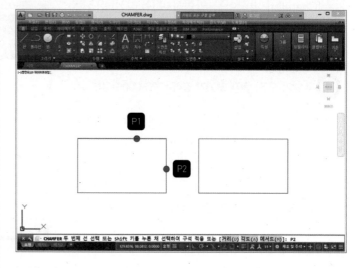

명령 : Chamfer [Enter]
(자르지 않기 모드) 현재 모따기 거리 1 = 10.0000, 거리 2 = 10.0000
첫 번째 선 선택 또는 [명령 취소(U)/폴리선(P)/거리(D)/각도(A)/자르기(T)/메서드(E)/다중(M)] : D [Enter]
[거리] 옵션을 지정하기 위해서 'D'를 입력합니다.
첫 번째 모따기 거리 지정 〈10.0000〉 : 10 [Enter]
첫 번째 모따기 거리에 '10'을 입력합니다.
두 번째 모따기 거리 지정 〈10.0000〉 : 20 [Enter]
두 번째 모따기 거리에 '20'을 입력합니다.
첫 번째 선 선택 또는 [명령 취소(U)/폴리선(P)/거리(D)/각도(A)/자르기(T)/메서드(E)/다중(M)] : T [Enter]
[자르기] 옵션을 지정하기 위해서 'T'를 입력합니다.
자르기 모드 옵션 입력 [자르기(T)/자르지 않기(N)] 〈자르지 않기〉 : T [Enter]
[자르기] 옵션을 지정하기 위해서 'T'를 입력합니다.
첫 번째 선 선택 또는 [명령 취소(U)/폴리선(P)/거리(D)/각도(A)/자르기(T)/메서드(E)/다중(M)] : A [Enter]
[각도] 옵션을 지정하기 위해서 'A'를 입력합니다.
첫 번째 선의 모따기 길이 지정 〈0.0000〉 : 15 [Enter]
첫 번째 선의 모따기 길이에 '15'를 입력합니다.
첫 번째 선으로부터 모따기 각도 지정 〈0〉 : 30 [Enter]
첫 번째 선으로부터의 모따기 각도에 '30'을 입력합니다.
첫 번째 선 선택 또는 [명령 취소(U)/폴리선(P)/거리(D)/각도(A)/자르기(T)/메서드(E)/다중(M)] : E [Enter]
[메서드] 옵션을 지정하기 위해서 'E'를 입력합니다.
자르기 방법 입력 [거리(D)/각도(A)] 〈각도〉 : D [Enter]
[메서드] 옵션 중 [거리] 옵션을 지정하기 위해서 'D'를 입력합니다.
첫 번째 선 선택 또는 [명령 취소(U)/폴리선(P)/거리(D)/각도(A)/자르기(T)/메서드(E)/다중(M)] : P1 클릭
객체의 첫 번째 모따기할 모서리를 지정하기 위해서 'P1'을 클릭합니다.
두 번째 선 선택 또는 Shift 키를 누른 채 선택하여 구석 적용 또는 [거리(D)/각도(A)/메서드(M)] : P2 클릭
객체의 두 번째 모따기할 모서리를 지정하기 위해서 'P2'를 클릭합니다.

03 모따기한 도면이 나타납니다.

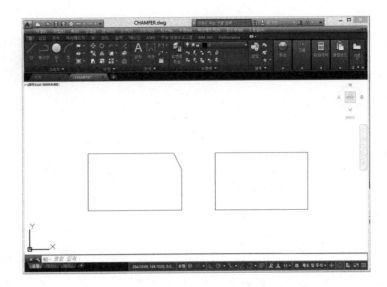

04 [메서드] 옵션 중 [각도] 옵션으로 모따기하기 위해서 [Chamfer] 명령어를 입력하고 [메서드] 옵션과 [각도] 옵션을 지정한 후, 객체의 두 모서리를 클릭합니다.

명령 : **Chamfer** ⏎
(자르기 모드) 현재 모따기 거리 1 = 10.0000, 거리 2 = 20.0000
첫 번째 선 선택 또는 [명령 취소(U)/폴리선(P)/거리(D)/각도(A)/자르기(T)/메서드(E)/다중(M)] : E ⏎
[메서드] 옵션을 지정하기 위해서 'E'를 입력합니다.
자르기 방법 입력 [거리(D)/각도(A)] 〈거리〉: A ⏎
[각도] 옵션을 지정하기 위해서 'A'를 입력합니다.
첫 번째 선 선택 또는 [명령 취소(U)/폴리선(P)/거리(D)/각도(A)/자르기(T)/메서드(E)/다중(M)] : P1 클릭
객체의 첫 번째 모따기할 모서리를 지정하기 위해서 'P1'을 클릭합니다.
두 번째 선 선택 또는 Shift 키를 누른 채 선택하여 구석 적용 또는 [거리(D)/각노(A)/메서드(M)] : P2 클릭
객체의 두 번째 모따기할 모서리를 지정하기 위해서 'P2'를 클릭합니다.

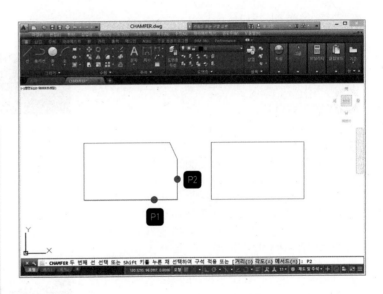

05 다중으로 모따기한 도면이 나타납니다.

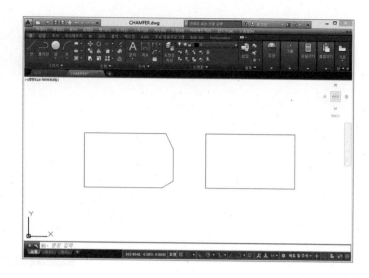

● [다중] 옵션 실습하기

01 [Chamfer] 명령어를 입력하고 [다중] 옵션을 지정한 후, 객체의 첫 번째부터 여덟 번째 모서리까지 차례로 클릭합니다.

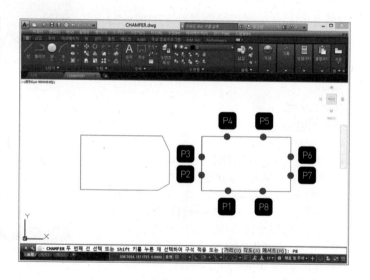

명령 : Chamfer [Enter]
(자르기 모드) 현재 모따기 길이 = 15.0000, 각도 = 30
첫 번째 선 선택 또는 [명령 취소(U)/폴리선(P)/거리(D)/각도(A)/자르기(T)/메서드(E)/다중(M)] : M [Enter]
[다중] 옵션을 지정하기 위해서 'M'을 입력합니다.
첫 번째 선 선택 또는 [명령 취소(U)/폴리선(P)/거리(D)/각도(A)/자르기(T)/메서드(E)/다중(M)] : P1 클릭
두 번째 선 선택 또는 Shift 키를 누른 채 선택하여 구석 적용 또는 [거리(D)/각도(A)/메서드(M)] : P2 클릭
첫 번째 선 선택 또는 [명령 취소(U)/폴리선(P)/거리(D)/각도(A)/자르기(T)/메서드(E)/다중(M)] : P3 클릭
두 번째 선 선택 또는 Shift 키를 누른 채 선택하여 구석 적용 또는 [거리(D)/각도(A)/메서드(M)] : P4 클릭
첫 번째 선 선택 또는 [명령 취소(U)/폴리선(P)/거리(D)/각도(A)/자르기(T)/메서드(E)/다중(M)] : P5 클릭
두 번째 선 선택 또는 Shift 키를 누른 채 선택하여 구석 적용 또는 [거리(D)/각도(A)/메서드(M)] : P6 클릭
첫 번째 선 선택 또는 [명령 취소(U)/폴리선(P)/거리(D)/각도(A)/자르기(T)/메서드(E)/다중(M)] : P7 클릭
두 번째 선 선택 또는 Shift 키를 누른 채 선택하여 구석 적용 또는 [거리(D)/각도(A)/메서드(M)] : P8 클릭
객체의 모따기할 모서리를 지정하기 위해서 'P1~P8'을 차례로 클릭합니다.
첫 번째 선 선택 또는 [명령 취소(U)/폴리선(P)/거리(D)/각도(A)/자르기(T)/메서드(E)/다중(M)] : [Enter]

02 다중으로 모따기한 도면이 나타납니다.

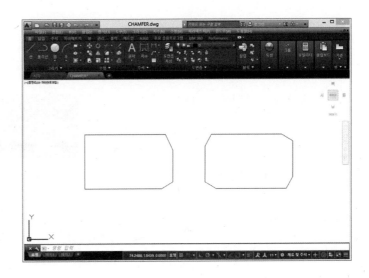

2 객체의 모서리를 둥글게 하는 [Fillet] 명령어

[Fillet] 명령어는 각도를 설정하여 객체의 모서리를 둥글게 하거나 원과 원, 호와 호, 선과 선, 원과 호, 원과 선, 호와 선 사이를 둥근 새로운 객체로 이어주기도 합니다. 또한 [Fillet] 명령어를 '모깎기'라고도 부릅니다.

(1) 명령어 입력 방법

[Fillet] 명령어	
메뉴 막대	수정→모깎기
명령어	Fillet
단축 명령어	F
리본 메뉴	(홈)탭→(수정)패널→모깎기( ) ([제도 및 주석] 작업공간)
	(홈)탭→(수정)패널→모깎기( ) ([3D 기본 사항] 작업공간)
	(홈)탭→(수정)패널→모깎기( ) ([3D 모델링] 작업공간)

(2) 명령어 사용 방법

명령 : Fillet Enter
현재 설정 : 모드 = 자르기, 반지름 = 20.0000
첫 번째 객체 선택 또는 [명령 취소(U)/폴리선(P)/반지름(R)/자르기(T)/다중(M)] : P1 클릭
모깎기할 객체의 첫 번째 모서리를 지정합니다.
두 번째 객체 선택 또는 Shift 키를 누른 채 선택하여 구석 적용 또는 [반지름(R)] : P2 클릭
모깎기할 객체의 두 번째 모서리를 지정합니다.

(3) 옵션 설명

옵션	설명
명령 취소(U)	이전 수행했던 모깎기 명령을 취소합니다.
폴리선(P)	[Pline]으로 작성한 객체를 한꺼번에 모깎기합니다.
반지름(R)	모깎기하는 객체의 반지름을 지정합니다.
자르기(T)	모깎기하고 난 후, 원본 객체를 자를 것인가, 자르지 않을 것인가를 지정합니다.
다중(M)	한 개의 명령을 수행하면서 한꺼번에 여러 개의 모서리를 모깎기할 수 있습니다.

(4) 실습하기

● [반지름] 옵션 실습하기

01 아래의 예제 파일을 불러옵니다.

예제 파일 : Part01\Chapter05\5-2\2\Fillet(반지름)

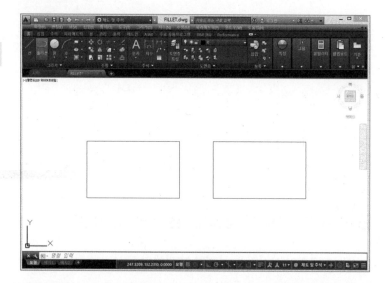

02 [Fillet] 명령어를 입력하고 [반지름] 옵션을 지정한 후, 모깎기 반지름을 입력하고 모깎기할 객체의 두 모서리를 클릭합니다.

명령 : Fillet [Enter]
현재 설정 : 모드 = 자르기, 반지름 = 0.0000
첫 번째 객체 선택 또는 [명령 취소(U)/폴리선(P)/반지름(R)/자르기(T)/다중(M)] : R [Enter]
[반지름] 옵션을 지정하기 위해서 'R'를 입력합니다.
모깎기 반지름 지정 〈0.0000〉 : 15 [Enter]
모깎기 반지름에 '15'를 입력합니다.
첫 번째 객체 선택 또는 [명령 취소(U)/폴리선(P)/반지름(R)/자르기(T)/다중(M)] : P1 클릭
객체의 첫 번째 모깎기할 모서리에 'P1'을 클릭합니다.
두 번째 객체 선택 또는 Shift 키를 누른 채 선택하여 구석 적용 또는 [반지름(R)] : P2 클릭
객체의 두 번째 모깎기할 모서리에 'P2'를 클릭합니다.

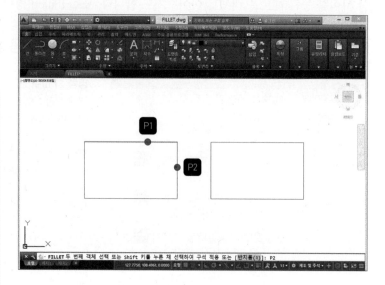

03 모깎기한 도면이 나타납니다.

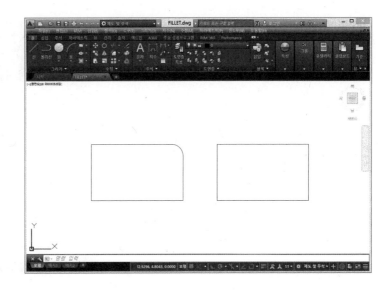

● [자르기] 옵션 실습하기

01 [Fillet] 명령어를 입력하고 [자르기] 옵션을 지정합니다. 이후, [자르지 않기] 옵션을 지정한 후, 모깎기할 객체의 두 모서리를 클릭합니다.

명령 : Fillet [Enter]
현재 설정 : 모드 = 자르기, 반지름 = 15.0000
첫 번째 객체 선택 또는 [명령 취소(U)/폴리선(P)/반지름(R)/자르기(T)/다중(M)] : T [Enter]
[자르기] 옵션을 지정하기 위해서 'T'를 입력합니다.
자르기 모드 옵션 입력 [자르기(T)/자르지 않기(N)] 〈자르기〉 : N [Enter]
[자르지 않기] 옵션을 지정하기 위해서 'N'을 입력합니다.
첫 번째 객체 선택 또는 [명령 취소(U)/폴리선(P)/반지름(R)/자르기(T)/다중(M)] : P1 클릭
객체의 첫 번째 모깎기할 모서리에 'P1'을 클릭합니다.
두 번째 객체 선택 또는 Shift 키를 누른 채 선택하여 구석 적용 또는 [반지름(R)] : P2 클릭
객체의 두 번째 모깎기할 모서리에 'P2'를 클릭합니다.

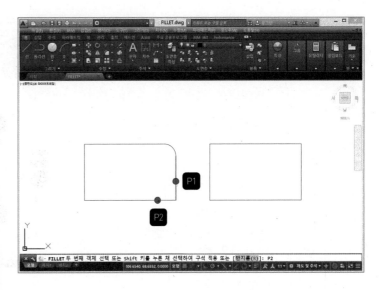

02 원본 객체를 자르지 않고 모깎기한 도면이
나타납니다.

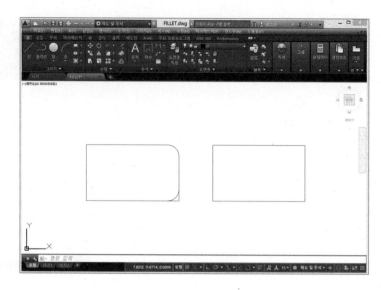

● [다중] 옵션 실습하기

01 [Fillet] 명령어를 입력하고 [다중] 옵션을 입
력한 후, 객체의 첫 번째부터 네 번째 모서리까지
차례로 클릭합니다.

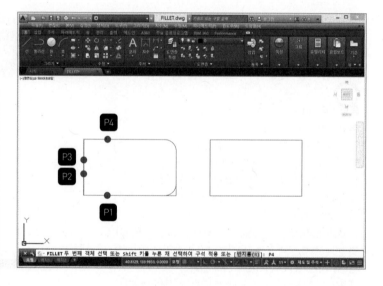

명령 : Fillet Enter
현재 설정 : 모드 = 자르기 않기, 반지름 = 15.0000
첫 번째 객체 선택 또는 [명령 취소(U)/폴리선(P)/반지
름(R)/자르기(T)/다중(M)] : M Enter
[다중] 옵션을 지정하기 위해서 'M'을 입력합니다.
첫 번째 객체 선택 또는 [명령 취소(U)/폴리선(P)/반지
름(R)/자르기(T)/다중(M)] : P1 클릭
두 번째 객체 선택 또는 Shift 키를 누른 채 선택하여 구
석 적용 또는 [반지름(R)] : P2 클릭
첫 번째 객체 선택 또는 [명령 취소(U)/폴리선(P)/반지
름(R)/자르기(T)/다중(M)] : P3 클릭
두 번째 객체 선택 또는 Shift 키를 누른 채 선택하여 구
석 적용 또는 [반지름(R)] : P4 클릭
객체의 모깎기할 모서리에 'P1~P4'를 차례로 클릭합니다.
첫 번째 객체 선택 또는 [명령 취소(U)/폴리선(P)/반지
름(R)/자르기(T)/다중(M)] : Enter

02 다중으로 모깎기한 도면이 나타납니다.

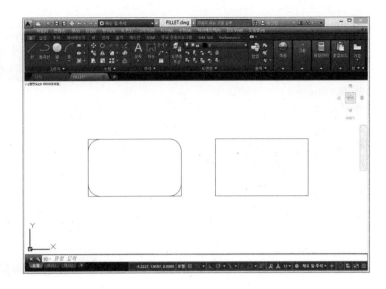

● [폴리선] 옵션 실습하기

01 화면의 2개 도면 중 오른쪽 도면의 'P1'에 마우스를 위치하여 도면이 단일 객체임을 확인합니다.

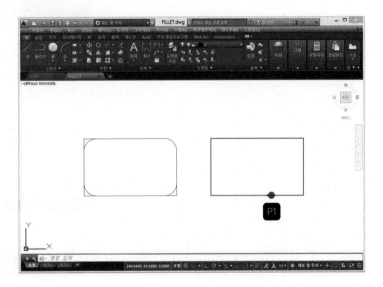

02 [Fillet] 명령어를 입력하여 [폴리선] 옵션을 지정한 후, 객체를 클릭합니다.

명령 : Fillet Enter
현재 설정 : 모드 = 자르기 않기, 반지름 = 15.0000
첫 번째 객체 선택 또는 [명령 취소(U)/폴리선(P)/반지름(R)/자르기(T)/다중(M)] : P Enter
[폴리선] 옵션을 지정하기 위해서 'P'를 입력합니다.
2D 폴리선 선택 또는 [반지름(R)] : P1 클릭
객체를 지정하기 위해서 'P1'을 클릭합니다.
4 선은(는) 모깎기 됨

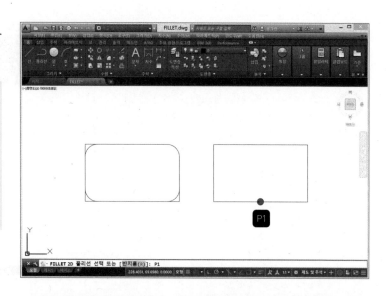

03 한꺼번에 객체를 모깎기한 도면이 나타납니다.

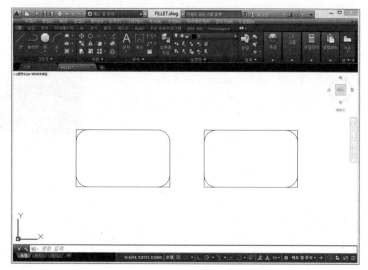

> **① TIP** | **기억이 나지 않는 명령어 찾기**
>
> 가끔 명령어를 입력할 때 수많은 명령어 때문에 명령어를 정확히 기억하지 못하는 경우가 있습니다. 이런 경우, 명령어창에 명령어의 영문 첫 글자를 입력하면 입력한 영문 첫 글자와 관련한 명령어가 차례로 나타납니다. 예를 들어 [Chamfer] 명령어를 입력하고 싶지만, 전체 영문자가 기억이 나지 않을 때에는 명령어 창에 [Chamfer] 명령어의 첫 글자인 'C'를 입력하면 'C'와 관련한 명령어들이 차례로 나타나고 스크롤바를 움직여서 원하는 명령어를 찾을 수 있습니다.
>
>

5.3 회전, 축척, 신축 및 길이 조정하기

1 객체를 회전시키는 [Rotate] 명령어

[Rotate] 명령어는 기준점을 중심으로 직접 회전 각도를 입력하거나 참조 각도를 입력하여 객체를 회전시킬 수 있습니다. 회전 시 [복사] 옵션을 사용하여 원본 객체를 유지한 채 객체를 회전시킨 복사본 객체 생성이 가능합니다.

(1) 명령어 입력 방법

[Rotate] 명령어	
메뉴 막대	수정→회전
명령어	Rotate
단축 명령어	Ro
리본 메뉴	(홈) 탭→(수정) 패널→회전(🔄) ([제도 및 주석] 작업공간)
	(홈) 탭→(수정) 패널→회전(🔄) ([3D 기본 사항] 작업공간)
	(홈) 탭→(수정) 패널→회전(🔄) ([3D 모델링] 작업공간)

(2) 명령어 사용 방법

명령 : Rotate ⏎
현재 UCS에서 양의 각도 :　측정 방향=시계 반대 방향 기준 방향=0
객체 선택 : P1 클릭　반대 구석 지정 : P2 클릭　1개를 찾음
회전시킬 객체를 지정합니다.
객체 선택 : ⏎
기준점 지정 : P3 클릭
회전시킬 기준점을 지정합니다.
회전 각도 지정 또는 [복사(C)/참조(R)] 〈0〉 : 90 ⏎
회전시킬 각도를 입력합니다.

(3) 옵션 설명

옵션	설명
복사(C)	원본 객체를 유지한 채 객체를 회전시켜 복사본 객체를 생성합니다.
참조(R)	현재를 시작 각도로 새로운 각도를 입력하여 객체를 회전시킵니다.

(4) 실습하기

● 기본 실습하기

01 아래의 예제 파일을 불러옵니다.

예제 파일 : Part01\Chapter05\5-3\1\Rotate(기본)

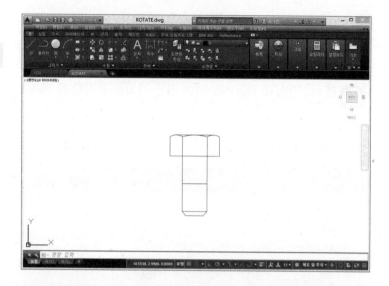

02 [Rotate] 명령어를 입력하고 회전시킬 객체를 선택합니다.

명령 : Rotate [Enter]
현재 UCS에서 양의 각도 :   측정 방향=시계 반대 방향
기준 방향=0
객체 선택 : P1 클릭   반대 구석 지정 : P2 클릭   1개를 찾음
객체 전체가 선택되도록 'P1'부터 'P2'까지 드래그합니다.
객체 선택 : [Enter]

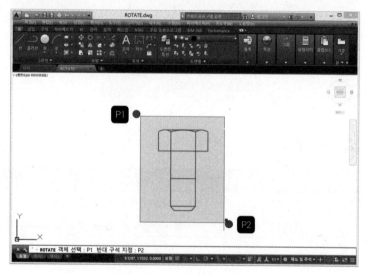

03 객체를 회전시킬 기준점을 선택하고 회전 각도를 입력합니다.

기준점 지정 : P1 클릭
회전시킬 기준점에 'P1'을 클릭합니다.
회전 각도 지정 또는 [복사(C)/참조(R)] ⟨0⟩ : 90 Enter
회전시킬 각도에 '90'을 입력합니다.

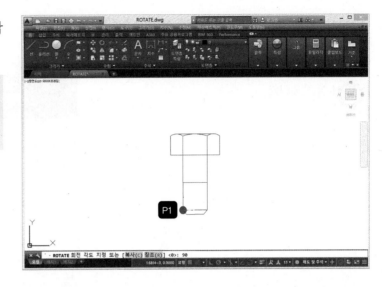

04 회전된 도면이 나타납니다.

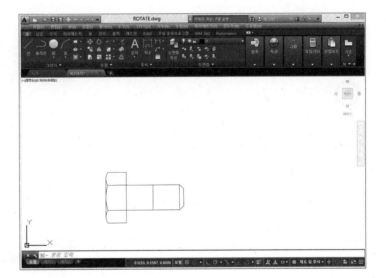

● [복사] 옵션 실습하기

01 예제 파일 'Part01\Chapter05\5-3\1\Rotate(기본)'
을 다시 불러옵니다.

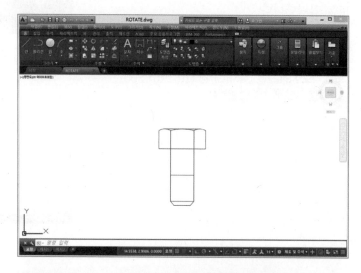

02 [Rotate] 명령어를 입력하고 회전시킬 객체를 선
택합니다.

> **명령 : Rotate** Enter
> 현재 UCS에서 양의 각도 : 측정 방향=시계 반대 방향 기준
> 방향=0
> 객체 선택 : P1 클릭   반대 구석 지정 : P2 클릭   1개를
> 찾음
> 객체 전체가 선택되도록 'P1'부터 'P2'까지 드래그합니다.
> 객체 선택 : Enter

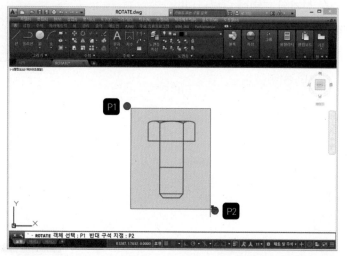

03 객체를 회전시킬 기준점을 선택하고[복사] 옵션
을 지정하기 위해서 'C' 를 입력한 후, 회전시킬 각도
를 입력합니다.

> **기준점 지정 : P1 클릭**
> 회전시킬 기준점에 'P1'을 클릭합니다.
> 회전 각도 지정 또는 [복사(C)/참조(R)] ⟨0⟩ : C Enter
> 선택한 객체의 사본을 회전합니다.
> [복사] 옵션을 지정하기 위해서 'C'를 입력합니다.
> 회전 각도 지정 또는 [복사(C)/참조(R)] ⟨0⟩: 45 Enter
> 회전시킬 각도에 '45'를 입력합니다.

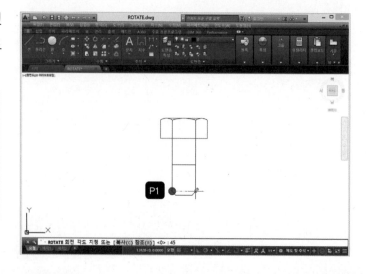

04 원본 객체가 지워지지 않고 복사본 객체가 회전
된 도면이 나타납니다.

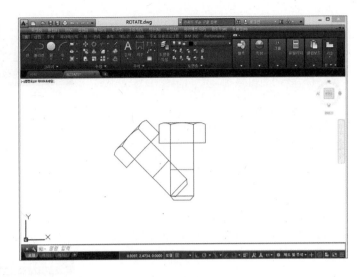

● [참조] 옵션 실습하기

01 [복사] 옵션의 최종 도면을 사용합니다.

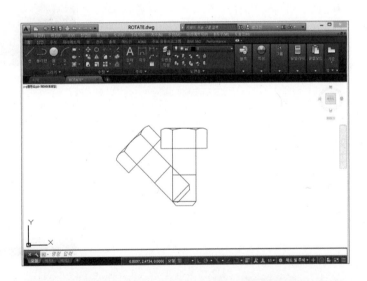

02 [Rotate] 명령어를 입력하고 회전시킬 객체를 선
택합니다.

> **명령 : Rotate** [Enter]
> 현재 UCS에서 양의 각도 : 측정 방향=시계 반대 방향 기준
> 방향=0
> 객체 선택 : P1 클릭   1개를 찾음
> 회전시킬 객체에 'P1'을 클릭합니다.
> 객체 선택 : [Enter]

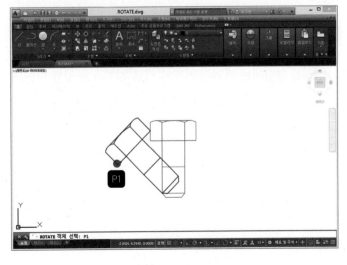

03 객체를 회전시킬 기준점을 선택하고 [참조] 옵션을 지정하기 위해서 'R'을 입력한 후, 객체의 현재 각도와 회전시킬 새로운 각도를 입력합니다.

> 기준점 지정 : P1 클릭
> 회전시킬 기준점에 'P1'을 클릭합니다.
> 회전 각도 지정 또는 [복사(C)/참조(R)] ⟨45⟩ : R Enter
> [참조] 옵션을 지정하기 위해서 'R'을 입력합니다.
> 참조 각도를 지정 ⟨0⟩ : 45 Enter
> 객체의 현재 각도에 '45'를 입력합니다.
> 새 각도 지정 또는 [점(P)] ⟨0⟩ : 90 Enter
> 객체를 회전시킬 새로운 각도에 '90'을 입력합니다.

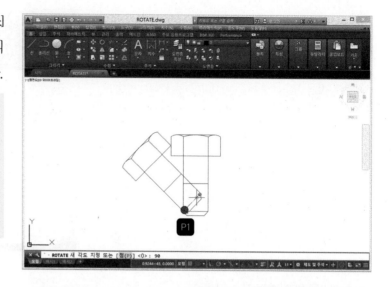

04 원본 객체에 비해서 '90도' 만큼 회전된 도면이 나타납니다.

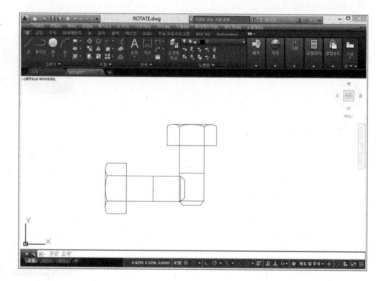

② 객체의 크기를 조절하는 [Scale] 명령어

[Scale] 명령어는 객체의 가로와 세로 길이를 동일한 비율로 확대 또는 축소할 수 있습니다. [Scale] 명령어 수행 시 [복사] 옵션을 사용하여 원본 객체를 유지한 채 객체를 축적시킨 복사본 객체 생성이 가능합니다.

(1) 명령어 입력 방법

[Scale] 명령어	
메뉴 막대	수정→축적
명령어	Scale
단축 명령어	Sc
리본 메뉴	(홈)탭→(수정)패널→축적( ) ([제도 및 주석] 작업공간)
	(홈)탭→(수정)패널→축적( ) ([3D 기본 사항] 작업공간)
	(홈)탭→(수정)패널→축적( ) ([3D 모델링] 작업공간)

(2) 명령어 사용 방법

명령 : Scale [Enter]
객체 선택 : P1 클릭   1개를 찾음
확대 또는 축소시킬 객체를 지정합니다.
객체 선택 : [Enter]
기준점 지정 : P2 클릭
확대 또는 축소시킬 기준점을 지정합니다.
축척 비율 지정 또는 [복사(C)/참조(R)] : 0.5 or 2 [Enter]
확대 또는 축소시킬 비율을 입력합니다.

(3) 옵션 설명

옵션	설명
복사(C)	원본 객체를 유지한 채 객체를 확대 또는 축소시켜 복사본 객체를 생성합니다.
참조(R)	현재의 길이를 참조 길이로 하고 새로운 길이를 입력하여 객체를 확대 또는 축소시킵니다.

(4) 실습하기

● 기본 실습하기

01 아래의 예제 파일을 불러옵니다.

예제 파일 : Part01\Chapter05\5-3\2\Scale(기본)

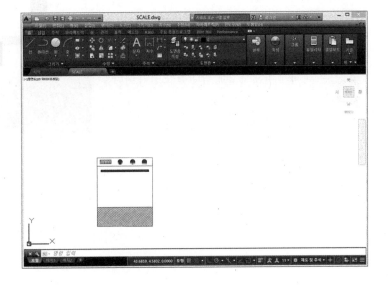

02 [Scale] 명령어를 입력하고 축적시킬 객체를 선택합니다.

명령 : Scale [Enter]
객체 선택 : P1 클릭   반대 구석 지정 : P2 클릭   1개를 찾음
객체 전체가 선택되도록 'P1'부터 'P2'까지 드래그합니다.
객체 선택 : [Enter]

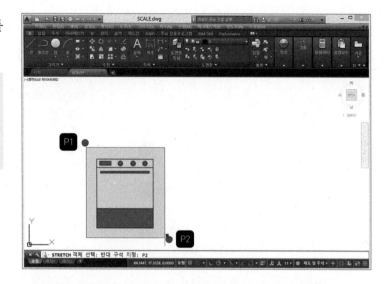

03 객체를 축적시킬 기준점을 선택하고 축적 비율을 입력합니다.

기준점 지정 : P1 클릭
축적시킬 기준점에 'P1'을 클릭합니다.
축척 비율 지정 또는 [복사(C)/참조(R)] : 2 [Enter]
축적시킬 비율에 '2'를 입력합니다.

04 원본 객체에 비해서 '2배' 확대된 도면이 나타납니다.

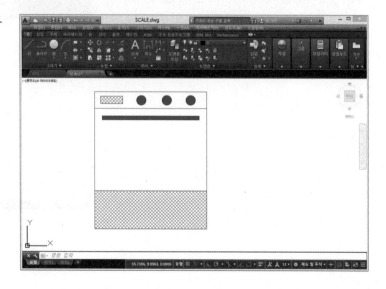

● [복사] 옵션 실습하기

01 예제 파일 'Part01\Chapter05\5-3\2\Scale(기본)'을 다시 불러옵니다.

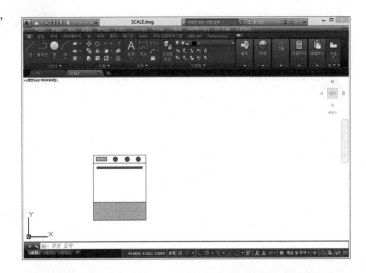

02 [Scale] 명령어를 입력하고 축적시킬 객체를 선택합니다.

> **명령 : Scale** Enter
> 객체 선택 : P1 클릭　반대 구석 지정 : P2 클릭　1개를 찾음
> 객체 전체가 선택되도록 'P1'부터 'P2'까지 드래그합니다.
> 객체 선택 : Enter

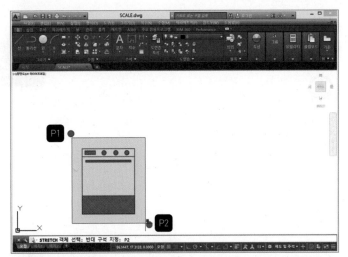

03 객체를 축적시킬 기준점을 선택하고 [복사] 옵션을 지정하기 위해서 'C'를 입력한 후, 축적 비율을 입력합니다.

> 기준점 지정 : P1 클릭
> 축적시킬 기준점에 'P1'을 클릭합니다.
> **축적 비율 지정 또는 [복사(C)/참조(R)] : C** Enter
> 선택한 객체의 사본을 축적합니다.
> [복사] 옵션을 지정하기 위해서 'C'를 입력합니다.
> **축적 비율 지정 또는 [복사(C)/참조(R)] : 2** Enter
> 축적 비율에 '2'를 입력합니다.

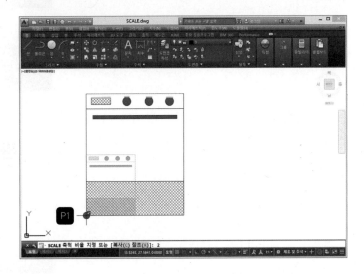

04 원본 객체가 유지된 채 2배로 확대된 도면이 나타납니다.

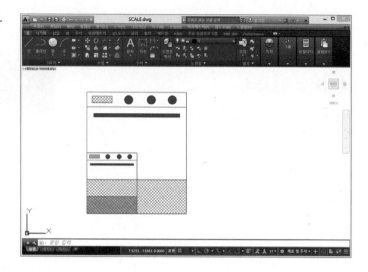

● [참조] 옵션 실습하기

01 예제 파일 'Part01\Chapter05\5-3\2\Scale(기본)'을 다시 불러옵니다.

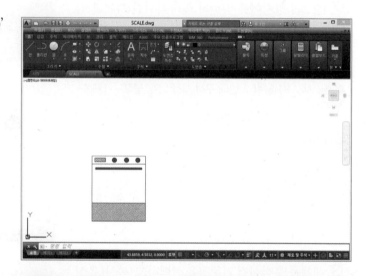

02 [Scale] 명령어를 입력하고 축적시킬 객체를 선택합니다.

명령 : Scale Enter
객체 선택 : P1 클릭   반대 구석 지정 : P2 클릭   1개를 찾음
객체 전체가 선택되도록 'P1'부터 'P2'까지 드래그합니다.
객체 선택 : Enter

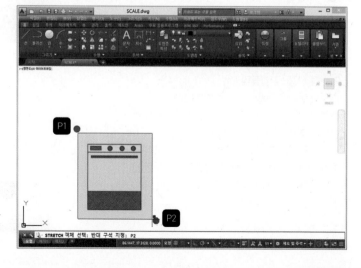

03 객체를 축적시킬 기준점을 선택하고 [참조] 옵션을 지정하기 위해서 'R'을 입력한 후, 참조 길이와 새로운 길이를 입력합니다.

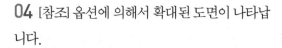

기준점 지정 : P1 클릭
축적시킬 기준점에 'P1'을 클릭합니다.
축척 비율 지정 또는 [복사(C)/참조(R)] : R [Enter]
[참조] 옵션을 지정하기 위해서 'R'을 입력합니다.
참조 길이 지정 〈1.0000〉 : 72 [Enter]
참조 길이에 '72'를 입력합니다.
새 길이 지정 또는 [점(P)] 〈1.0000〉 : 100 [Enter]
새로운 길이에 '100'을 입력합니다.

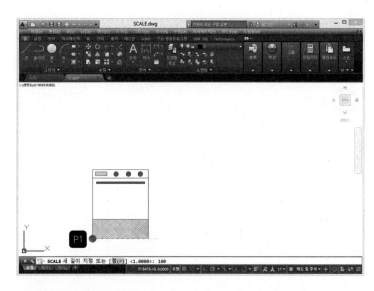

04 [참조] 옵션에 의해서 확대된 도면이 나타납니다.

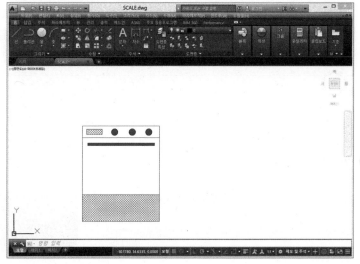

3 객체를 신축하는 [Stretch] 명령어

[Stretch] 명령어는 객체의 크기를 조절할 수 있는 가운데, 단일 객체에 [Stretch] 명령을 수행하면 [Stretch] 명령이 아닌 [Move] 명령이 수행됩니다. 또한 개별 객체에 [Stretch] 명령을 수행할 때 [걸치기] 옵션에 의해서 선택 상자 내에 완전히 포함된 객체나 걸쳐 있는 객체를 [Stretch] 명령을 수행할 수 있으며, [윈도우] 옵션에 의해서 선택 상자에 완전히 포함된 객체만 [Stretch] 명령을 수행할 수 있습니다.

(1) 명령어 입력 방법

[Stretch] 명령어	
메뉴 막대	수정→신축
명령어	Stretch
단축 명령어	S
리본 메뉴	(홈)탭→(수정)패널→신축(⬚) ([제도 및 주석] 작업공간)
	(홈)탭→(수정)패널→신축(⬚) ([3D 기본 사항] 작업공간)
	(홈)탭→(수정)패널→신축(⬚) ([3D 모델링] 작업공간)

(2) 명령어 사용 방법

명령 : Stretch [Enter]
걸침 윈도우 또는 걸침 폴리곤만큼 신축할 객체 선택...
객체 선택 : P1 클릭　반대 구석 지정 : P2 클릭　4개를 찾음
신축할 객체를 지정합니다.
객체 선택 : [Enter]
기준점 지정 또는 [변위(D)] 〈변위〉 : P3 클릭
신축할 기준점을 지정합니다.
두 번째 점 지정 또는 〈첫 번째 점을 변위로 사용〉 : P4 클릭
신축하여 이동할 점을 지정합니다.

(3) 옵션 설명

옵션	설명
변위(D)	선택한 객체를 현재의 지점을 기준으로 좌표를 입력하여 신축합니다.

(4) 실습하기

● 기본 실습하기

01 아래의 예제 파일을 불러옵니다.

예제 파일 : Part01\Chapter05\5-3\3\Stretch(기본)

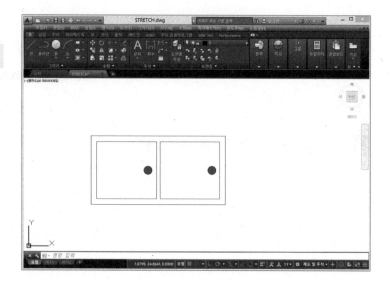

02 [Stretch] 명령어를 입력하고 [걸치기] 옵션에 의해서 신축시킬 객체를 선택합니다.

명령 : Stretch Enter
걸침 윈도우 또는 걸침 폴리곤만큼 신축할 객체 선택…
객체 선택 : P1 클릭   반대 구석 지정 : P2 클릭   4개 를 찾음
신축시킬 객체가 선택되도록 'P1'부터 'P2'까지 드래그합 니다.
객체 선택 : Enter

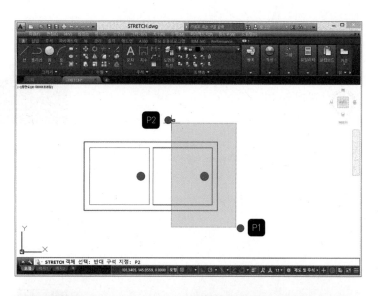

03 객체를 신축시킬 기준점을 선택하고 신축시 켜 이동할 점을 상대좌표로 입력합니다.

기준점 지정 또는 [변위(D)] 〈변위〉 : P1 클릭
신축시킬 기준점에 'P1'을 클릭합니다.
두 번째 점 지정 또는 〈첫 번째 점을 변위로 사용〉 : @50〈0 Enter
오른쪽으로 '50'만큼 신축시키기 위해서 '@50〈0'을 입 력합니다.

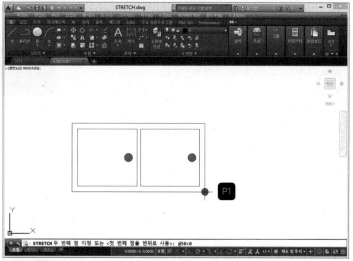

04 신축된 도면이 나타납니다.

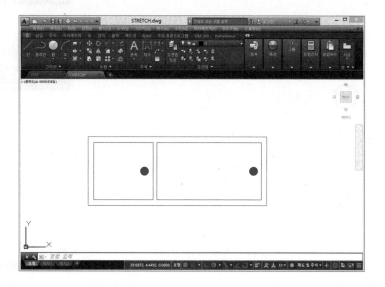

● [변위] 옵션 실습하기

01 예제 파일 'Part01\Chapter05\5-3\3\Stretch(기본)'
을 다시 불러옵니다.

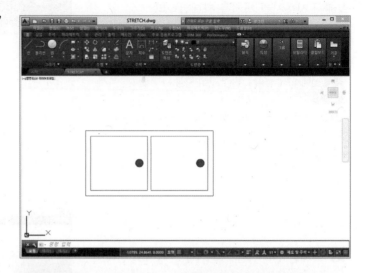

02 [Stretch] 명령어를 입력하고 [걸치기] 옵션에 의
해서 신축시킬 객체를 선택합니다.

> **명령 : Stretch** Enter
> 걸침 윈도우 또는 걸침 폴리곤만큼 신축할 객체 선택...
> 객체 선택 : P1 클릭   반대 구석 지정 : P2 클릭   4개를
> 찾음
> 신축시킬 객체가 선택되도록 'P1'부터 'P2'까지 드래그합니
> 다.
> 객체 선택 : Enter

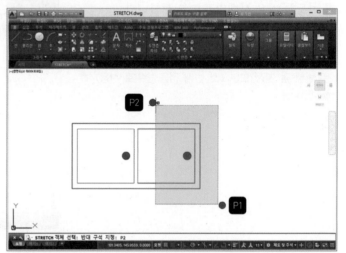

03 [변위] 옵션을 지정하고 신축시켜 이동할 점을
절대좌표로 입력하면 신축된 도면이 나타납니다.

> 기준점 지정 또는 [변위(D)] 〈변위〉 : D Enter
> [변위] 옵션을 지정하기 위해서 'D'를 입력합니다.
> 변위 지정 〈0.0000, 0.0000, 0.0000〉 : 30,0 Enter
> 오른쪽으로 '30'만큼 신축시키기 위해서 '30,0'을 입력합니
> 다.

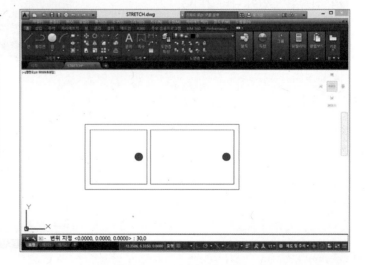

4 선의 길이와 호의 사이각을 조절하는 [Lengthen] 명령어

[Lengthen] 명령어는 객체를 구성하고 있는 선의 길이나 호의 사이각을 조절할 수 있습니다. [Lengthen] 명령어는 [증분], [퍼센트], [합계] 및 [동적] 옵션에 의해서 선의 길이나 호의 사이각을 조절할 수 있습니다.

(1) 명령어 입력 방법

[Lengthen] 명령어	
메뉴 막대	수정→길이 조정
명령어	Lengthen
단축 명령어	Len
리본 메뉴	(홈)탭→(수정)패널→길이 조정(✏) ([제도 및 주석] 작업공간) (홈)탭→(수정)패널→길이 조정(✏) ([3D 모델링] 작업공간)

(2) 명령어 사용 방법

명령 : Lengthen ⏎
측정할 객체 또는 [증분(DE)/퍼센트(P)/합계(T)/동적(DY)] 선택 〈합계(T)〉 : DE ⏎
[증분] 옵션을 지정합니다.
증분 길이 또는 [각도(A)] 입력 〈0.0000〉 : 50 ⏎
증분 길이를 입력합니다.
변경할 객체 선택 또는 [명령 취소(U)] : P1 클릭
길이를 조정할 객체를 지정합니다.
변경할 객체 선택 또는 [명령 취소(U)] : ⏎

(3) 옵션 설명

옵션	설명
증분(DE)	선택한 점에서 가장 가까운 끝점으로부터 지정한 증분값만큼 객체의 선 길이나 호의 사이각을 증가시킵니다
퍼센트(P)	현재 객체의 선 길이나 호의 사이각을 100%로 가정한 후, 상황에 따른 퍼센트 값을 지정하여 선의 길이나 호의 사이각을 조정합니다.
합계(T)	선택한 점에 가장 가까운 끝점으로부터 지정한 전체 값만큼 객체의 선 길이나 호의 사이각을 조정합니다.
동적(DY)	선택한 객체의 선이나 호의 끝점 중 하나를 끌어 객체 길이를 변경할 수 있습니다. 다른 끝점은 고정된 채로 있습니다.
각도(A)	선택한 호의 사이각을 지정합니다.

(4) 실습하기

● [증분] 옵션 실습하기

01 아래의 예제 파일을 불러옵니다.

예제 파일 : Part01\Chapter05\5-3\4\Lengthen(증분)

02 선의 한쪽 끝점으로부터 길이를 증가시키기 위해서 [Lengthen] 명령어를 입력하고 [증분] 옵션을 지정합니다. 이후, 증분값을 입력하고 증가시킬 선의 한쪽 끝점을 클릭합니다.

명령 : Lengthen ⏎
측정할 객체 또는 [증분(DE)/퍼센트(P)/합계(T)/동적(DY)] 선택 〈합계(T)〉 : DE ⏎
[증분] 옵션을 지정하기 위해서 'DE'를 입력합니다.
증분 길이 또는 [각도(A)] 입력 〈0.0000〉 : 100 ⏎
선 길이의 증분값에 '100'을 입력합니다.
변경할 객체 선택 또는 [명령 취소(U)] : P1 클릭
길이를 증가시킬 선의 한쪽 끝점에 'P1'을 클릭합니다.
변경할 객체 선택 또는 [명령 취소(U)] : ⏎

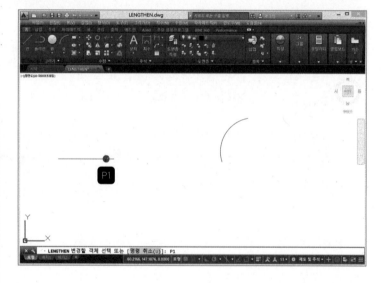

03 선의 한쪽 끝점으로부터 길이가 '100' 만큼 증가한 선이 나타납니다.

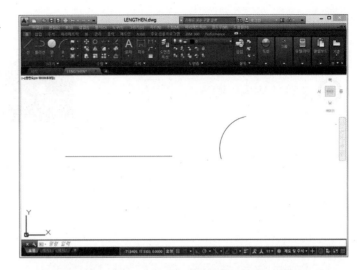

04 호의 한쪽 끝점으로부터 사이각을 증가시키기 위해서 [Lengthen] 명령어를 입력하고 [증분] 옵션과 [각도] 옵션을 지정합니다. 이후, 호 사이각의 증분값을 지정하고 증가시킬 호의 한쪽 끝점을 클릭합니다.

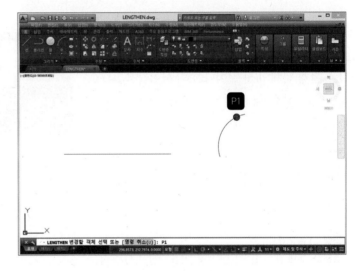

명령 : Lengthen Enter
측정할 객체 또는 [증분(DE)/퍼센트(P)/합계(T)/동적
(DY)] 선택 〈증분(DE)〉 : DE Enter
[증분] 옵션을 지정하기 위해서 'DE'를 입력합니다.
증분 길이 또는 [각도(A)] 입력 〈100.0000〉 : A Enter
[각도] 옵션을 지정하기 위해서 'A'를 입력합니다.
증분 각도 입력 〈0〉 : 30 Enter
호 사이각의 증분값에 '30'을 입력합니다.
변경할 객체 선택 또는 [명령 취소(U)] : P1 클릭
사이각을 증가시킬 호의 한쪽 끝점에 'P1'을 클릭합니다.
변경할 객체 선택 또는 [명령 취소(U)] : Enter

05 호의 한쪽 끝점으로부터 사이각이 '30도' 만큼 증가한 호가 나타납니다.

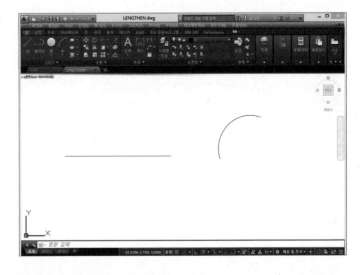

● [퍼센트] 옵션 실습하기

01 예제 파일 'Part01\Chapter05\5-3\4\ Lengthen (증분)' 을 다시 불러옵니다.

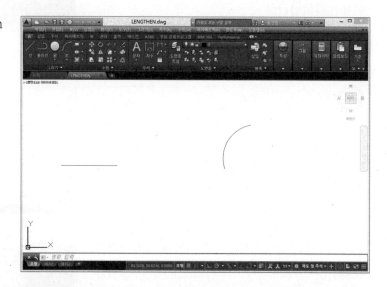

02 현재 객체의 선 길이나 호의 사이각을 100%로 가정하였을 때, 현재 길이의 절반으로 길이와 사이각을 감소시키기 위해서 [Lengthen] 명령어를 입력하고 [퍼센트] 옵션을 지정합니다. 이후, 퍼센트 값을 지정하고 감소시킬 선과 호의 한쪽 끝점을 클릭합니다.

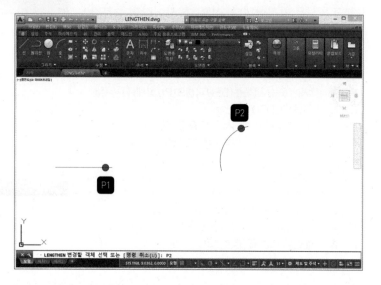

명령 : Lengthen Enter
측정할 객체 또는 [증분(DE)/퍼센트(P)/합계(T)/동적(DY)] 선택 〈합계(T)〉 : P Enter
[퍼센트] 옵션을 지정하기 위해서 'P'를 입력합니다.
퍼센트 길이 입력 〈100.0000〉 : 50 Enter
선의 길이와 호의 사이각을 현재의 절반으로 감소시키기 위해서 '50'을 입력합니다.
변경할 객체 선택 또는 [명령 취소(U)] : P1 클릭
길이를 감소시킬 선의 한쪽 끝점에 'P1'을 클릭합니다.
변경할 객체 선택 또는 [명령 취소(U)] : P2 클릭
사이각을 감소시킬 호의 한쪽 끝점에 'P2'를 클릭합니다.
변경할 객체 선택 또는 [명령 취소(U)] : Enter

03 선의 길이와 호의 사이각이 이전보다 절반이
감소한 선과 호가 나타납니다.

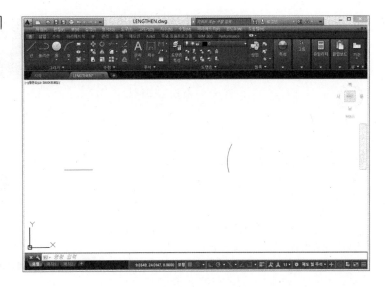

● [합계] 옵션 실습하기

01 예제 파일 'Part01\Chapter05\5-3\4\ Lengthen
(증분)' 을 다시 불러옵니다.

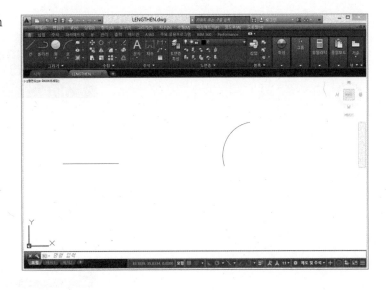

02 지정한 전체 값만큼 객체의 선 길이를 조정하기 위해서 [Lengthen] 명령어를 입력하고 [합계] 옵션을 지정합니다. 이후, 선의 전체 길이를 입력하고 변화시킬 선의 한쪽 끝점을 클릭합니다.

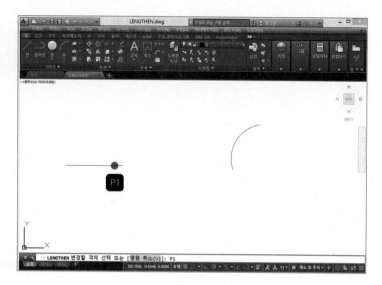

명령 : Lengthen [Enter]
측정할 객체 또는 [증분(DE)/퍼센트(P)/합계(T)/동적(DY)] 선택 〈합계(T)〉 : T [Enter]
[합계] 옵션을 지정하기 위해서 'T'를 입력합니다.
전체 길이 또는 [각도(A)] 지정 〈1.0000〉 : 150 [Enter]
선의 전체 길이에 '150'을 입력합니다.
변경할 객체 선택 또는 [명령 취소(U)] : P1 클릭
길이를 변화시킬 선의 한쪽 끝점에 'P1'을 클릭합니다.
변경할 객체 선택 또는 [명령 취소(U)] : [Enter]

03 선의 전체 길이가 '150' 인 도면이 나타납니다.

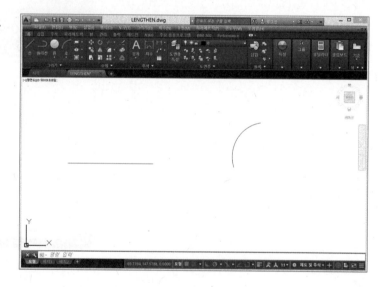

04 호의 전체 사이각을 '150'으로 변경하기 위해서 [Lengthen] 명령어를 입력하고 [합계] 옵션을 지정합니다. 이후, [각도] 옵션과 합계 각도를 지정하고 변화시킬 호의 한쪽 끝점을 클릭합니다.

명령 : Lengthen [Enter]
측정할 객체 또는 [증분(DE)/퍼센트(P)/합계(T)/동적(DY)] 선택 〈합계(T)〉 : T [Enter]
[합계] 옵션을 지정하기 위해서 'T'를 입력합니다.
전체 길이 또는 [각도(A)] 지정 〈150.0000〉 : A [Enter]
[각도] 옵션을 지정하기 위해서 'A'를 입력합니다.
합계 각도 지정 〈57〉 : 150 [Enter]
합계 각도에 '150'을 입력합니다.
변경할 객체 선택 또는 [명령 취소(U)] : P1 클릭
사이각을 변화시킬 호의 한쪽 끝점에 'P1'을 클릭합니다.
변경할 객체 선택 또는 [명령 취소(U)] : [Enter]

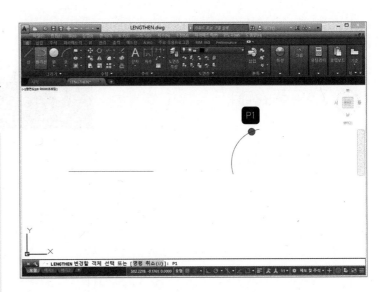

05 호의 전체 사이각이 '150도'인 호가 나타납니다.

● [동적] 옵션 실습하기

01 예제 파일 'Part01\Chapter05\5-3\④\ Lengthen (증분)' 을 다시 불러옵니다.

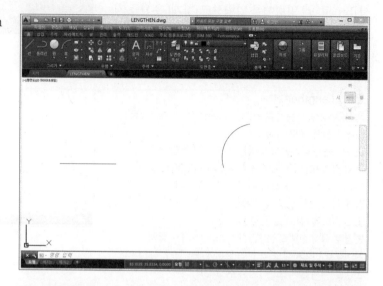

02 선을 임의의 지점까지 증가시키기 위해서 [Lengthen] 명령어를 입력하고 [동적] 옵션을 지정합니다. 그리고 증가시킬 선의 한쪽 끝점을 클릭하고 임의의 지점까지 드래그한 후 클릭합니다.

> **명령 : Lengthen** [Enter]
> 측정할 객체 또는 [증분(DE)/퍼센트(P)/합계(T)/동적(DY)] 선택 〈합계(T)〉 : DY [Enter]
> [동적] 옵션을 지정하기 위해서 'DY'를 입력합니다.
> 변경할 객체 선택 또는 [명령 취소(U)] : P1 클릭
> 길이를 증가시킬 선의 한쪽 끝점에 'P1'을 클릭합니다.
> 새 끝점을 지정 : P2 클릭
> 선을 임의의 지점까지 증가시키기 위해서 'P2'를 클릭합니다.

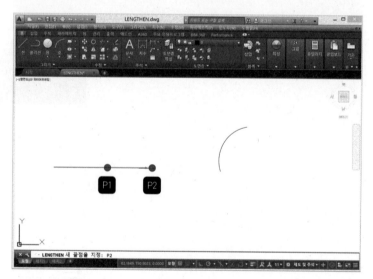

03 호의 사이각을 임의의 지점까지 증가시키기 위해서 증가시킬 호의 한쪽 끝점을 클릭하고 임의의 지점까지 드래그한 후 클릭합니다.

> **변경할 객체 선택 또는 [명령 취소(U)] : P1 클릭**
> 사이각을 증가시킬 호의 한쪽 끝점에 'P1'을 클릭합니다.
> **새 끝점을 지정 : P2 클릭**
> 호를 임의의 지점까지 증가시키기 위해서 'P2'를 클릭합니다.

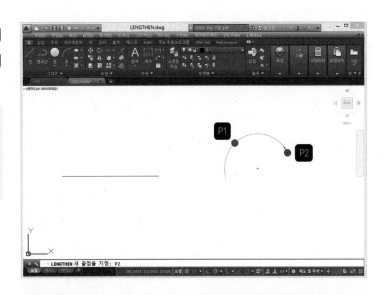

04 호의 사이각이 임의의 지점까지 증가한 호가 나타납니다.

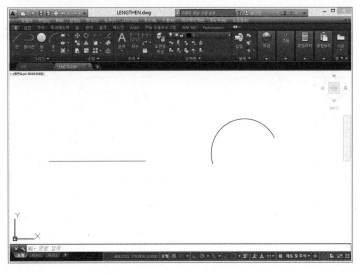

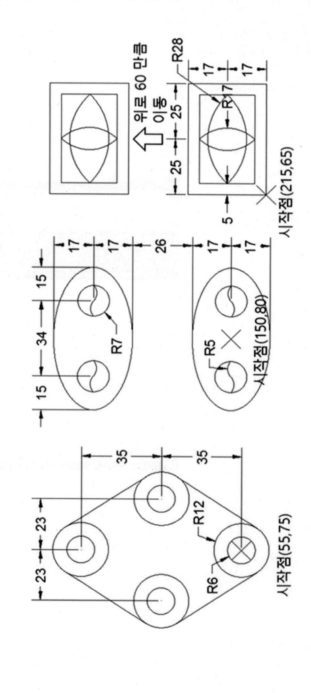

Limits : 0,0~297,210

명령어 : Rectangle, Arc, Osnap, Move

명령어 : Ellipse, Circle, Arc, Osnap, Mirror

명령어 : Circle, Copy, Line, Osnap

R28

17

17

R7

25

25

25

5

시작점(215,65)

위로 60 만큼 이동

17

17

26

17

17

15

34

15

R7

R5

시작점(150,80)

35

35

23

23

23

R12

R6

시작점(55,75)

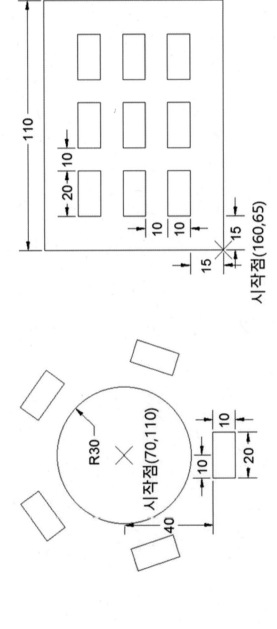

80

110

20 10

10 10

15

15

시작점(160,65)

명령어 : Rectangle, Arraypolar

R30

×

시작점(70,110)

10

20

10

40

명령어 : Circle, Rectangle, Arraypolar

Limits : 0,0~297,210

6 CHAPTER

객체 수정하기(2)

6.1 연장, 자르기, 평행 복사 및 끊기

1 객체를 연장하여 다른 객체와 만나게 하는 [Extend] 명령어

[Extend] 명령어는 객체가 경계 기준 객체와 교차하지 않을 경우, 객체를 경계 기준 객체까지 연장할 수 있습니다. 수행 방법은 경계 기준 객체를 선택한 후, 연장을 원하는 객체를 선택하여 경계 기준 객체까지 연장합니다.

(1) 명령어 입력 방법

[Extend] 명령어	
메뉴 막대	수정→연장
명령어	Extend
단축 명령어	Ex
리본 메뉴	(홈)탭→(수정)패널→연장(⇥) ([제도 및 주석] 작업공간)
	(홈)탭→(수정)패널→연장(⇥) ([3D 기본 사항] 작업공간)
	(홈)탭→(수정)패널→연장(⇥) ([3D 모델링] 작업공간)

(2) 명령어 사용 방법

명령 : Extend ⏎
현재 설정 : 투영=UCS 모서리=연장
경계 모서리 선택 ...
객체 선택 또는 〈모두 선택〉 : P1 클릭   1개를 찾음
연장할 경계 기준 객체를 지정합니다.
객체 선택 : ⏎
연장할 객체 선택 또는 Shift 키를 누른 채 선택하여 자르기 또는
[울타리(F)/걸치기(C)/프로젝트(P)/모서리(E)/명령 취소(U)] : P2 클릭
연장할 객체를 지정합니다.
연장할 객체 선택 또는 Shift 키를 누른 채 선택하여 자르기 또는
[울타리(F)/걸치기(C)/프로젝트(P)/모서리(E)/명령 취소(U)] : ⏎

(3) 옵션 설명

옵션	설명
울타리(F)	선을 그어 선과 교차하는 객체를 연장합니다.
걸치기(C)	직사각형 선택 상자에 완전히 포함되거나 교차하는 객체를 연장합니다.
프로젝트(P)	3차원 공간에서 객체를 자를 때 사용하는 투영 방법을 지정합니다.
모서리(E)	경계 기준 객체를 가상으로 연장선을 그어, 교차점이 없더라도 객체를 연장합니다.
명령 취소(U)	이전 수행했던 연장 명령을 취소합니다.

(4) 실습하기

● 기본 실습하기

01 아래의 예제 파일을 불러옵니다.

예제 파일 : Part01\Chapter06\6-1\1\Extend(기본)

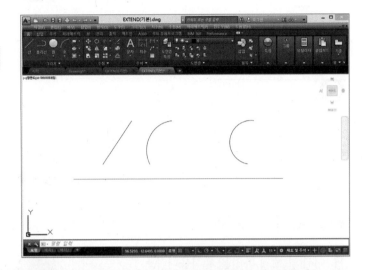

02 [Extend] 명령어를 입력하고 경계 기준 객체를 지정하기 위해서 아래에 있는 선을 클릭합니다.

명령 : Extend [Enter]
현재 설정 : 투영=UCS 모서리=연장
경계 모서리 선택 …
객체 선택 또는 〈모두 선택〉 : P1 클릭   1개를 찾음
경계 기준 객체에 'P1'을 클릭합니다.
객체 선택 : [Enter]

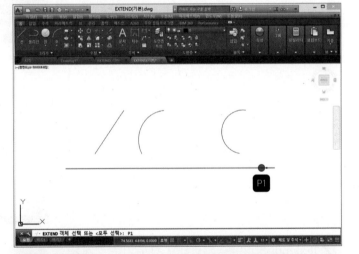

03 연장할 객체를 클릭합니다.

연장할 객체 선택 또는 Shift 키를 누른 채 선택하여 자르기 또는
[울타리(F)/걸치기(C)/프로젝트(P)/모서리(E)/명령 취소(U)] : P1, P2, P3 클릭
연장할 객체에 'P1', 'P2', 'P3'을 차례로 클릭합니다.
연장할 객체 선택 또는 Shift 키를 누른 채 선택하여 자르기 또는
[울타리(F)/걸치기(C)/프로젝트(P)/모서리(E)/명령 취소(U)] : [Enter]

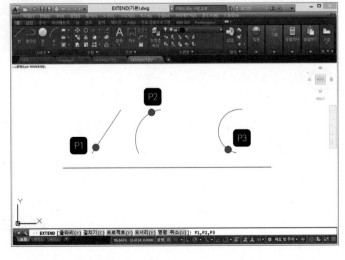

04 연장한 도면이 나타납니다. 3번째 호는 연장이 되지 않았음을 알 수 있습니다.

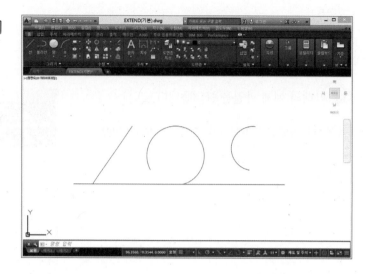

● [울타리] 옵션 실습하기

01 아래의 예제 파일을 불러옵니다.

예제 파일 : Part01\Chapter06\6-1\1\Extend(울타리 옵션)

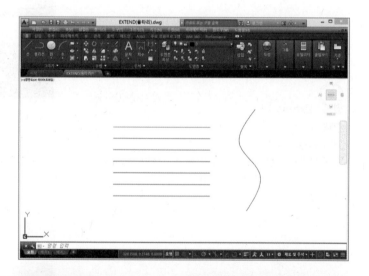

02 [Extend] 명령어를 입력하고 경계 기준 객체를 지정하기 위해서 스플라인을 클릭합니다.

> **명령 : Extend** [Enter]
> 현재 설정 : 투영=UCS 모서리=연장
> 경계 모서리 선택 …
> 객체 선택 또는 〈모두 선택〉: P1 클릭   1개를 찾음
> 경계 기준 객체에 'P1'을 클릭합니다.
> 객체 선택 : [Enter]

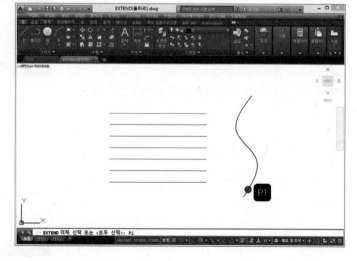

03 [울타리] 옵션에 의해서 객체를 연장합니다.

> 연장할 객체 선택 또는 Shift 키를 누른 채 선택하여 자르기
> 또는
> [울타리(F)/걸치기(C)/프로젝트(P)/모서리(E)/명령   취소
> (U)] : F [Enter]
> [울타리] 옵션을 지정하기 위해서 'F'를 입력합니다.
> 첫 번째 울타리 점 또는 선택/끌기 커서 지정 : P1 클릭
> 다음 울타리 점 지정 또는 [명령 취소(U)] :
> 다음 울타리 점 지정 또는 [명령 취소(U)] : P2 클릭
> 울타리의 첫 번째 점과 두 번째 점에 'P1', 'P2'를 차례로 클릭합
> 니다.
> 다음 울타리 점 지정 또는 [명령 취소(U)] : [Enter]
> 연장할 객체 선택 또는 Shift 키를 누른 채 선택하여 자르기
> 또는
> [울타리(F)/걸치기(C)/프로젝트(P)/모서리(E)/명령   취소
> (U)] : [Enter]

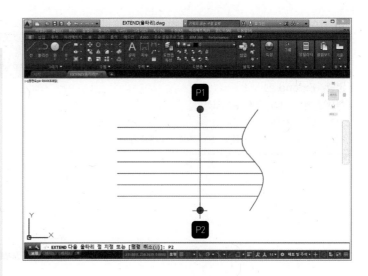

04 연장한 도면이 나타납니다.

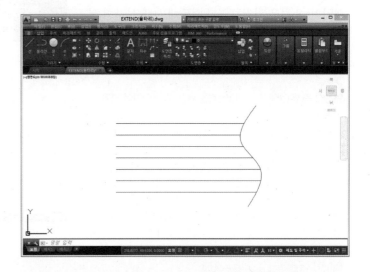

● [걸치기] 옵션 실습하기

01 아래의 예제 파일을 불러옵니다.

> 예제 파일 : Part01\Chapter06\6-1\1\Extend(걸치기 옵션)

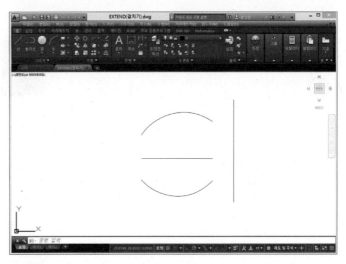

02 [Extend] 명령어를 입력하고 경계 기준 객체를 지정하기 위해서 선을 클릭합니다.

> **명령 : Extend** [Enter]
> 현재 설정 : 투영=UCS 모서리=연장
> 경계 모서리 선택 …
> 객체 선택 또는 〈모두 선택〉 : P1 클릭   1개를 찾음
> 경계 기준 객체에 'P1'을 클릭합니다.
> 객체 선택 : [Enter]

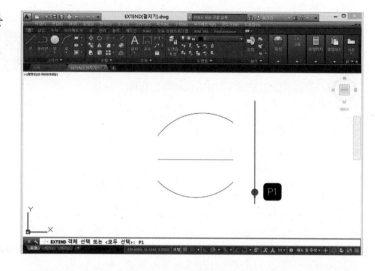

03 [걸치기] 옵션에 의해서 객체를 연장합니다. [걸치기] 옵션을 지정하였기 때문에 선택 상자의 선택 방향을 '왼쪽' 에서 '오른쪽' 으로 지정하여도 [걸치기] 옵션이 적용됩니다.

> 연장할 객체 선택 또는 Shift 키를 누른 채 선택하여 자르기 또는
> [울타리(F)/걸치기(C)/프로젝트(P)/모서리(E)/명령 취소(U)] : C [Enter]
> [걸치기] 옵션을 지정하기 위해서 'C'를 입력합니다.
> 첫 번째 구석 지정 : P1 클릭   반대 구석 지정 : P2 클릭
> 3개의 호가 선택되도록 'P1'부터 'P2'까지 드래그합니다.
> 연장할 객체 선택 또는 Shift 키를 누른 채 선택하여 자르기 또는
> [울타리(F)/걸치기(C)/프로젝트(P)/모서리(E)/명령 취소(U)] : [Enter]

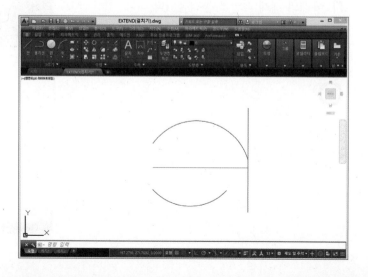

04 오른쪽 선에 첫 번째 호와 두 번째 선은 연장되었지만, 세 번째 호는 연장되지 않았습니다.

● [모서리] 옵션 실습하기

01 아래의 예제 파일을 불러옵니다.

예제파일 : Part01\Chapter06\6-1\1\Extend(모서리 옵션)

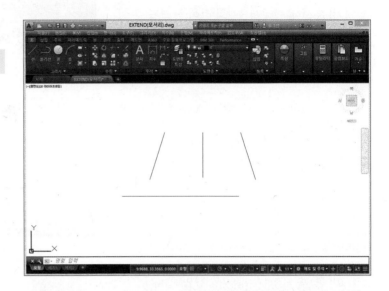

02 [Extend] 명령어를 입력하고 경계 기준 객체를 지정하기 위해서 아래에 있는 선을 클릭합니다.

명령 : Extend [Enter]
현재 설정 : 투영=UCS 모서리=연장
경계 모서리 선택 ...
객체 선택 또는 〈모두 선택〉 : P1 클릭   1개를 찾음
경계 기준 객체에 'P1'을 클릭합니다.
객체 선택 : [Enter]

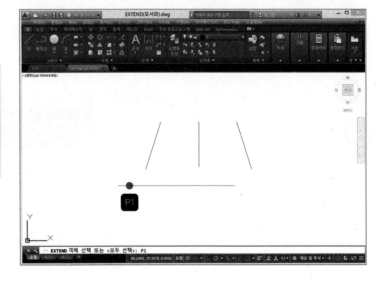

03 [모서리] 옵션과 [연장 안함] 옵션을 지정하고 [걸치기] 옵션에 의해서 3개의 선이 선택될 수 있도록 드래그합니다.

연장할 객체 선택 또는 Shift 키를 누른 채 선택하여 자르기 또는
[울타리(F)/걸치기(C)/프로젝트(P)/모서리(E)/명령 취소(U)] : E Enter
[모서리] 옵션을 지정하기 위해서 'E'를 입력합니다.
모서리 연장 모드 입력 [연장(E)/연장 안함(N)] 〈연장〉: N Enter
[연장 안함] 옵션을 지정하기 위해서 'N'을 입력합니다.
연장할 객체 선택 또는 Shift 키를 누른 채 선택하여 자르기 또는
[울타리(F)/걸치기(C)/프로젝트(P)/모서리(E)/명령 취소(U)] : C Enter
[걸치기] 옵션을 지정하기 위해서 'C'를 입력합니다.
첫 번째 구석 지정 : P1 클릭   반대 구석 지정 : P2 클릭
경로가 경계 모서리와 교차하지 않습니다.
3개의 선이 선택되도록 'P1'부터 'P2'까지 드래그합니다.

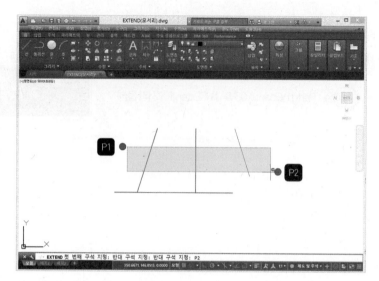

04 [연장 안함] 모드를 지정하였기 때문에 아래의 선에 첫 번째와 두 번째 선은 연장되었지만, 세 번째 선은 연장되지 않음을 알 수 있습니다.

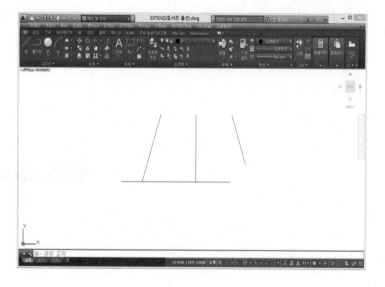

05 이전에 실행했던 명령을 취소하기 위해서 [명령 취소] 옵션을 입력하면 위의 2개의 객체가 아래의 선으로 연장이 안된 상태로 바뀝니다.

연장할 객체 선택 또는 Shift 키를 누른 채 선택하여 자르기 또는
[울타리(F)/걸치기(C)/프로젝트(P)/모서리(E)/명령 취소(U)] : U Enter
명령이 완전히 취소됨.
[연장] 옵션을 취소하기 위해서 'U'를 입력합니다.

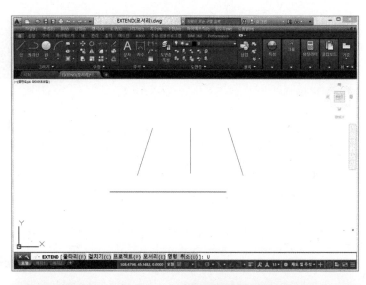

06 [모서리] 옵션과 [연장] 옵션을 지정하고 [걸치기] 옵션에 의해서 3개의 선이 선택될 수 있도록 드래그합니다.

[울타리(F)/걸치기(C)/프로젝트(P)/모서리(E)/명령 취소(U)] : E Enter
[연장] 옵션을 지정하기 위해서 'E'를 입력합니다.
모서리 연장 모드 입력 [연장(E)/연장 안함(N)] 〈연장 안함〉 : E Enter
[연장] 모드를 지정하기 위해서 'E'를 입력합니다.
연장할 객체 선택 또는 Shift 키를 누른 채 선택하여 자르기 또는
[울타리(F)/걸치기(C)/프로젝트(P)/모서리(E)/명령 취소(U)] : C Enter
[걸치기] 옵션을 지정하기 위해서 'C'를 입력합니다.
첫 번째 구석 지정 : P1 클릭   반대 구석 지정 : P2 클릭
3개의 선이 선택되도록 'P1'부터 'P2'까지 드래그합니다. 그 방향에 모서리가 없습니다.
연장할 객체 선택 또는 Shift 키를 누른 채 선택하여 자르기 또는
[울타리(F)/걸치기(C)/프로젝트(P)/모서리(E)/명령 취소(U)] : Enter

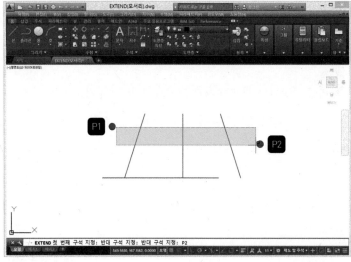

07 세 번째 선까지 연장된 도면이 나타납니다.

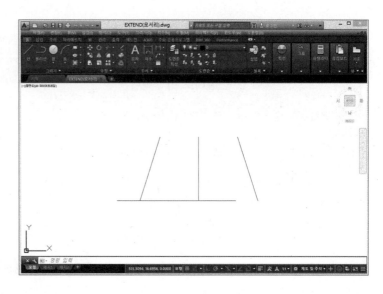

2 객체가 교차할 때 객체의 일부분을 잘라내는 [Trim] 명령어

[Trim] 명령어는 객체가 서로 교차하고 있을 때 기준선을 사용하여 객체의 일부분을 자를 수 있으며 자를 수 있는 객체는 호, 원, 타원형 호, 선 및 폴리선 등이 있습니다. 수행 방법은 경계 객체의 전부 또는 일부를 선택한 후, 선택한 경계 객체를 기준으로 필요 없는 부분을 자를 수 있습니다.

(1) 명령어 입력 방법

[Trim] 명령어	
메뉴 막대	수정→자르기
명령어	Trim
단축 명령어	Tr
리본 메뉴	(홈)탭→(수정)패널→자르기( ) ([제도 및 주석] 작업공간)
	(홈)탭→(수정)패널→자르기( ) ([3D 기본 사항] 작업공간)
	(홈)탭→(수정)패널→자르기( ) ([3D 모델링] 작업공간)

(2) 명령어 사용 방법

명령 : Trim Enter
현재 설정 : 투영=UCS 모서리=연장
절단 모서리 선택 ...
객체 선택 또는 〈모두 선택〉 : P1 클릭
자르기할 경계 기준 객체를 지정합니다.
객체 선택 : Enter
자를 객체 선택 또는 Shift 키를 누른 채 선택하여 연장 또는 [울타리(F)/걸치기(C)/프로젝트(P)/모서리(E)/지우기(R)/명령 취소(U)] : P2 클릭
잘라낼 객체를 지정합니다.
자를 객체 선택 또는 Shift 키를 누른 채 선택하여 연장 또는 [울타리(F)/걸치기(C)/프로젝트(P)/모서리(E)/지우기(R)/명령 취소(U)] : Enter

(3) 옵션 설명

옵션	설명
울타리(F)	선을 그어 선과 교차하는 객체를 자릅니다.
걸치기(C)	직사각형 선택 상자에 완전히 포함되거나 교차하는 객체를 자릅니다.
프로젝트(P)	3차원 공간에서 객체를 자를 때 사용하는 투영 방법을 지정합니다.
모서리(E)	경계 기준 객체를 가상으로 연장선을 그어, 교차점이 없더라도 객체를 자릅니다.
지우기(R)	[자르기] 명령을 수행 도중, 경계 객체와 교차하지 않는 객체를 지웁니다. 즉 자르다 남겨진 객체를 지우는데 사용합니다.
명령 취소(U)	이전 수행했던 자르기 명령을 취소합니다.

(4) 실습하기

● 기본 실습하기

01 아래의 예제 파일을 불러옵니다.

예제 파일 : Part01\Chapter06\6-1\2\Trim(기본)

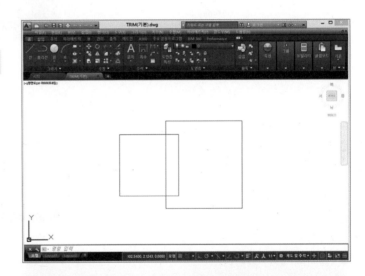

02 [Trim] 명령어를 입력하고 경계 기준 객체를 지정하기 위해서 2개의 구석을 드래그합니다.

명령 : Trim [Enter]
현재 설정 : 투영=UCS 모서리=연장
절단 모서리 선택 ...
객체 선택 또는 〈모두 선택〉: P1 클릭　반대 구석 지정 :
P2 클릭　4개를 찾음
왼쪽의 사각형이 선택되도록 'P1'부터 'P2'까지 드래그합니다.
객체 선택 : [Enter]

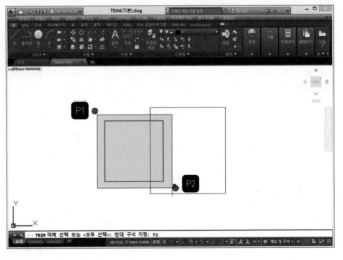

03 잘라낼 객체를 클릭합니다.

자를 객체 선택 또는 Shift 키를 누른 채 선택하여 연장 또는
[울타리(F)/걸치기(C)/프로젝트(P)/모서리(E)/지우기
(R)/명령 취소(U)] : P1 클릭
잘라낼 객체에 'P1'을 클릭합니다.
자를 객체 선택 또는 Shift 키를 누른 채 선택하여 연장 또는
[울타리(F)/걸치기(C)/프로젝트(P)/모서리(E)/지우기
(R)/명령 취소(U)] : Enter

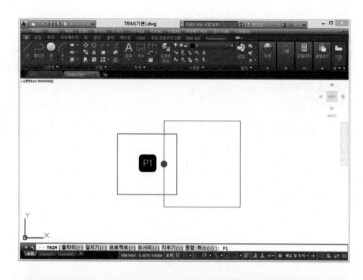

04 잘린 도면이 나타납니다.

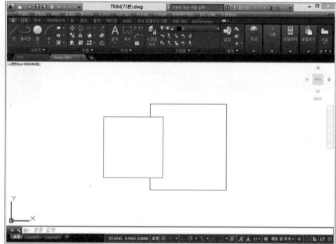

● [울타리] 옵션 실습하기

01 아래의 예제 파일을 불러옵니다.

예제 파일 : Part01\Chapter06\6-1\2\Trim(울타리 옵션)

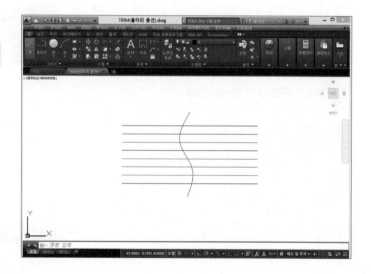

02 [Trim] 명령어를 입력하고 경계 기준 객체를 지정하기 위해서 스플라인을 클릭합니다.

> **명령 : Trim** [Enter]
> 현재 설정 : 투영=UCS 모서리=연장
> 절단 모서리 선택 ...
> 객체 선택 또는 〈모두 선택〉 : P1 클릭   1개를 찾음
> 경계 기준 객체에 'P1'을 클릭합니다.
> 객체 선택 : [Enter]

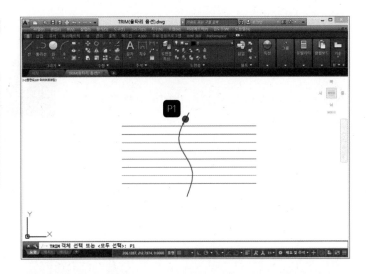

03 [울타리] 옵션에 의해서 객체를 잘라냅니다.

> 자를 객체 선택 또는 Shift 키를 누른 채 선택하여 연장 또는 [울타리(F)/걸치기(C)/프로젝트(P)/모서리(E)/지우기(R)/명령 취소(U)] : F [Enter]
> [울타리] 옵션을 지정하기 위해서 'F'를 입력합니다.
> 첫 번째 울타리 점 또는 선택/끌기 커서 지정 : P1 클릭
> 다음 울타리 점 지정 또는 [명령 취소(U)] :
> 다음 울타리 점 지정 또는 [명령 취소(U)] : P2 클릭
> 'P1'부터 'P2'까지 드래그합니다.
> 다음 울타리 점 지정 또는 [명령 취소(U)] : [Enter]
> 자를 객체 선택 또는 Shift 키를 누른 채 선택하여 연장 또는 [울타리(F)/걸치기(C)/프로젝트(P)/모서리(E)/지우기(R)/명령 취소(U)] : [Enter]

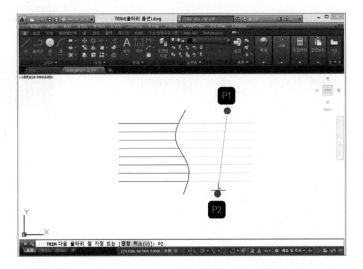

04 오른쪽 선이 잘린 도면이 나타납니다.

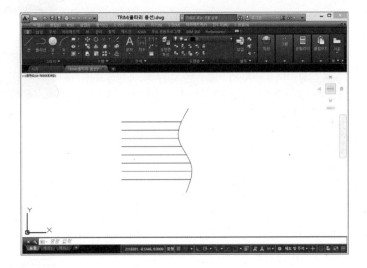

● [걸치기] 옵션 실습하기

01 아래의 예제 파일을 불러옵니다.

예제 파일 : Part01\Chapter06\6-1\2\Trim(걸치기 옵션)

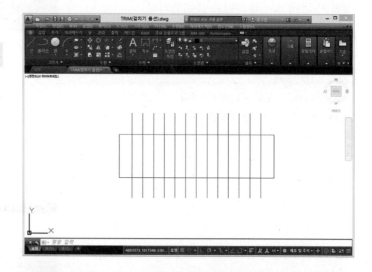

02 [Trim] 명령어를 입력하고 경계 기준 객체를 지정하기 위해서 직사각형을 클릭합니다.

명령 : Trim Enter
현재 설정 : 투영=UCS 모서리=연장
절단 모서리 선택 ...
객체 선택 또는 〈모두 선택〉: P1 클릭   1개를 찾음
경계 기준 객체에 'P1'을 클릭합니다.
객체 선택 : Enter

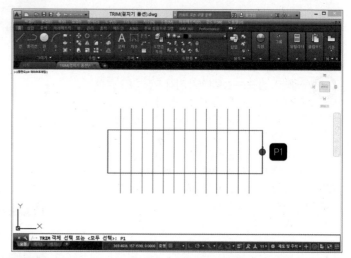

03 [걸치기] 옵션에 의해서 객체를 잘라냅니다.

자를 객체 선택 또는 Shift 키를 누른 채 선택하여 연장 또는
[울타리(F)/걸치기(C)/프로젝트(P)/모서리(E)/지우기
(R)/명령 취소(U)] : C Enter
[걸치기] 옵션을 지정하기 위해서 'C'를 입력합니다.
첫 번째 구석 지정 : P1 클릭   반대 구석 지정 : 반대 구석
지정 : P2 클릭
사각형 내부의 선만 선택되도록 'P1'부터 'P2'까지 드래그합니다.
자를 객체 선택 또는 Shift 키를 누른 채 선택하여 연장 또는
[울타리(F)/걸치기(C)/프로젝트(P)/모서리(E)/지우기
(R)/명령 취소(U)] : Enter

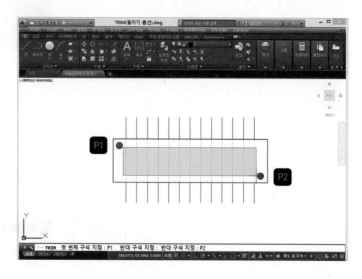

04 가운데 부분이 잘린 도면이 나타납니다.

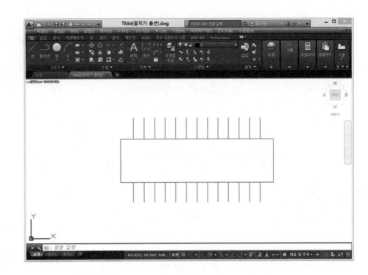

● [모서리] 옵션 실습하기

01 아래의 예제 파일을 불러옵니다.

예제 파일 : Part01\Chapter06\6-1\2\Trim(모서리 옵션)

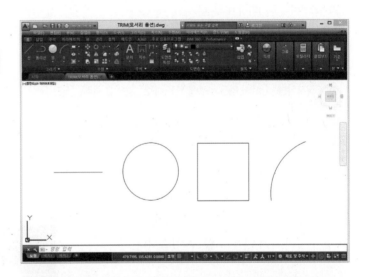

02 [Trim] 명령어를 입력하고 경계 기준 객체를 지정하기 위해서 선을 클릭합니다.

명령 : Trim Enter
현재 설정 : 투영=UCS 모서리=연장
절단 모서리 선택 ...
객체 선택 또는 〈모두 선택〉 : P1 클릭   1개를 찾음
경계 기준 객체에 'P1'을 클릭합니다.
객체 선택 : Enter

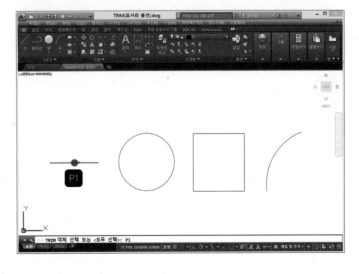

03 [모서리] 옵션과 [연장 안함] 옵션을 지정한 후,
원, 정사각형, 호를 클릭합니다.

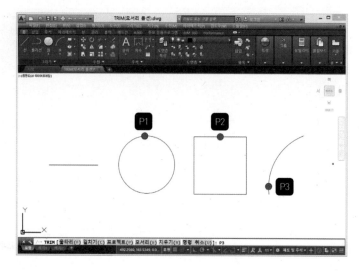

자를 객체 선택 또는 Shift 키를 누른 채 선택하여 연장 또는
[울타리(F)/걸치기(C)/프로젝트(P)/모서리(E)/지우기
(R)/명령 취소(U)] : E [Enter]
[모서리] 옵션을 지정하기 위해서 'E'를 입력합니다.
모서리 연장 모드 입력 [연장(E)/연장 안함(N)] 〈연장 안
함〉: N [Enter]
[연장 안함] 옵션을 지정하기 위해서 'N'을 입력합니다.
자를 객체 선택 또는 Shift 키를 누른 채 선택하여 연장 또는
[울타리(F)/걸치기(C)/프로젝트(P)/모서리(E)/지우기
(R)/명령 취소(U)] : P1 클릭
절단 모서리와 교차하지 않습니다.
자를 객체 선택 또는 Shift 키를 누른 채 선택하여 연장 또는
[울타리(F)/걸치기(C)/프로젝트(P)/모서리(E)/지우기
(R)/명령 취소(U)] : P2 클릭
절단 모서리와 교차하지 않습니다.
자를 객체 선택 또는 Shift 키를 누른 채 선택하여 연장 또는
[울타리(F)/걸치기(C)/프로젝트(P)/모서리(E)/지우기
(R)/명령 취소(U)] : P3 클릭
절단 모서리와 교차하지 않습니다.
'원', '정사각형', '호'의 자를 부분에 'P1', 'P2', 'P3'를 차례
로 클릭합니다.
자를 객체 선택 또는 Shift 키를 누른 채 선택하여 연장 또는
[울타리(F)/걸치기(C)/프로젝트(P)/모서리(E)/지우기
(R)/명령 취소(U)] : [Enter]
절단 모서리와 교차하지 않습니다.

04 [연장 안함] 옵션을 지정하였기 때문에 선택한
객체가 잘라지지 않음을 알 수 있습니다.

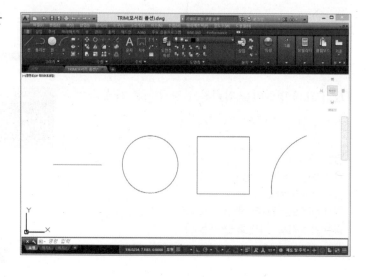

05 [모서리] 옵션 중 [연장] 옵션을 사용하여 선택한 객체를 자르려 합니다. 우선 [Trim] 명령어를 입력하고 경계 기준 객체를 지정하기 위해서 선을 클릭합니다.

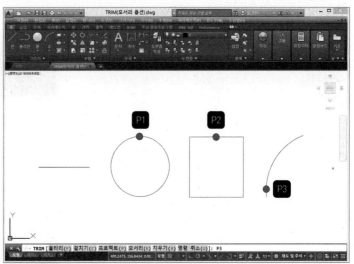

명령 : Trim [Enter]
현재 설정 : 투영=UCS 모서리=없음
절단 모서리 선택 ...
객체 선택 또는 〈모두 선택〉: P1 클릭   1개를 찾음
경계 기준 객체에 'P1'을 클릭합니다.
객체 선택 : [Enter]

06 [모서리] 옵션과 [연장] 옵션을 지정한 후, 원, 정사각형, 호를 클릭합니다.

자를 객체 선택 또는 Shift 키를 누른 채 선택하여 연장
또는
[울타리(F)/걸치기(C)/프로젝트(P)/모서리(E)/지우기(R)/명령 취소(U)] : E [Enter]
[모서리] 옵션을 지정하기 위해서 'E'를 입력합니다.
모서리 연장 모드 입력 [연장(E)/연장 안함(N)] 〈연장 안함〉: E [Enter]
[연장] 옵션을 지정하기 위해서 'E'를 입력합니다.
자를 객체 선택 또는 Shift 키를 누른 채 선택하여 연장
또는 울타리(F)/걸치기(C)/프로젝트(P)/모서리(E)/지우기(R)/명령 취소(U)] : P1 클릭
자를 객체 선택 또는 Shift 키를 누른 채 선택하여 연장
또는 [울타리(F)/걸치기(C)/프로젝트(P)/모서리(E)/지우기(R)/명령 취소(U)] : P2 클릭
자를 객체 선택 또는 Shift 키를 누른 채 선택하여 연장
또는 [울타리(F)/걸치기(C)/프로젝트(P)/모서리(E)/지우기(R)/명령 취소(U)] : P3 클릭
'원', '정사각형', '호'의 자를 부분에 'P1', 'P2', 'P3'을 차례로 클릭합니다.
자를 객체 선택 또는 Shift 키를 누른 채 선택하여 연장
또는 [울타리(F)/걸치기(C)/프로젝트(P)/모서리(E)/지우기(R)/명령 취소(U)] : [Enter]

07 [연장] 옵션을 지정하였기 때문에 선택한 객체가
잘라지는 것을 알 수 있습니다.

● [지우기] 옵션 실습하기

01 아래의 예제 파일을 불러옵니다.

예제 파일 : Part01\Chapter06\6-1\2\Trim(지우기 옵션)

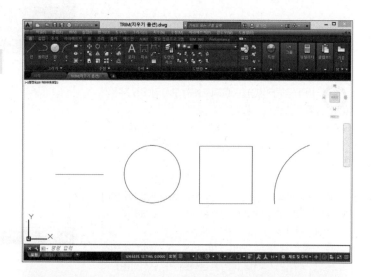

02 [Trim] 명령어를 입력하고 경계 기준 객체를 지
정하기 위해서 선을 클릭합니다.

명령 : Trim Enter
현재 설정 : 투영=UCS 모서리=연장
절단 모서리 선택 ...
객체 선택 또는 〈모두 선택〉 : P1 클릭   1개를 찾음
경계 기준 객체에 'P1'을 클릭합니다.
객체 선택 : Enter

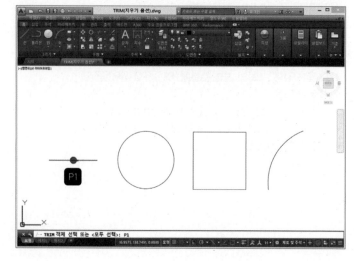

03 [모서리] 옵션과 [연장] 옵션을 지정한 후, 원, 정사각형, 호를 클릭합니다.

자를 객체 선택 또는 Shift 키를 누른 채 선택하여 연장
또는
[울타리(F)/걸치기(C)/프로젝트(P)/모서리(E)/지우기
(R)/명령 취소(U)] : E Enter
[모서리] 옵션을 지정하기 위해서 'E'를 입력합니다.
모서리 연장 모드 입력 [연장(E)/연장 안함(N)] 〈연장〉
: E Enter
[연장] 옵션을 지정하기 위해서 'E'를 입력합니다.
자를 객체 선택 또는 Shift 키를 누른 채 선택하여 연장
또는 [울타리(F)/걸치기(C)/프로젝트(P)/모서리(E)/지
우기(R)/명령 취소(U)] : P1 클릭
자를 객체 선택 또는 Shift 키를 누른 채 선택하여 연장
또는 [울타리(F)/걸치기(C)/프로젝트(P)/모서리(E)/지
우기(R)/명령 취소(U)] : P2 클릭
자를 객체 선택 또는 Shift 키를 누른 채 선택하여 연장
또는 [울타리(F)/걸치기(C)/프로젝트(P)/모서리(E)/지
우기(R)/명령 취소(U)] : P3 클릭
'원', '정사각형', '호'의 자를 부분에 'P1', 'P2', 'P3'를
차례로 클릭합니다.

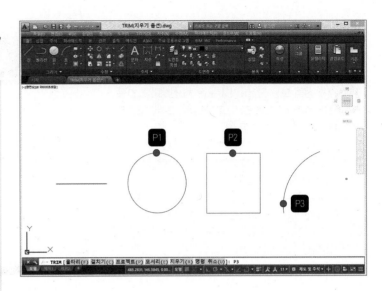

04 [연장] 옵션을 지정하였기 때문에 원과 정사각형의 윗부분, 호의 아랫부분이 잘려진 도면이 나타납니다.

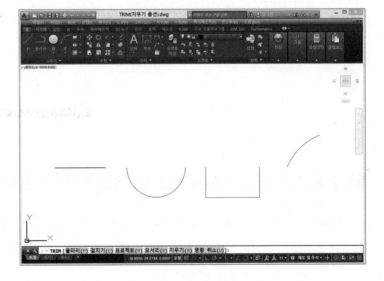

05 호의 윗부분도 자르기 위해서 [지우기] 옵션을 지정하여 호의 윗부분을 지정합니다.

자를 객체 선택 또는 Shift 키를 누른 채 선택하여 연장 또는 [울타리(F)/걸치기(C)/프로젝트(P)/모서리(E)/지우기(R)/명령 취소(U)] : R `Enter`
[지우기] 옵션을 지정하기 위해서 'R'을 입력합니다.
지울 객체 선택 또는 〈종료〉 : P1 클릭   1개를 찾음
'호'의 잘리지 않은 부분인 'P1'을 클릭합니다.
지울 객체 선택 : `Enter`
자를 객체 선택 또는 Shift 키를 누른 채 선택하여 연장 또는 [울타리(F)/걸치기(C)/프로젝트(P)/모서리(E)/지우기(R)/명령 취소(U)] : `Enter`

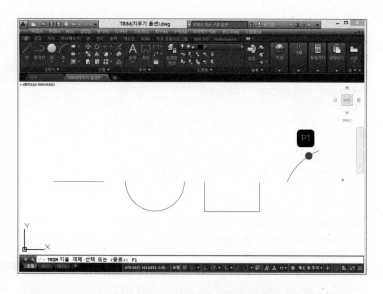

06 호의 윗부분까지 잘린 도면이 나타납니다.

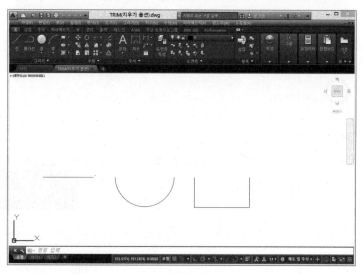

3 일정한 간격으로 객체를 평행 복사하는 [Offset] 명령어

[Offset] 명령어는 객체로부터 일정한 간격을 유지하면서 평행하게 복사할 수 있습니다. [Copy] 명령어는 한 개 이상의 객체를 복사하는 것이라면 [Offset] 명령어는 한 개의 객체를 일정한 간격을 두고 복사합니다. [Block]이나 [Text] 명령어는 [Offset] 명령을 수행할 수 없습니다.

(1) 명령어 입력 방법

[Offset] 명령어	
메뉴 막대	수정→간격 띄우기
명령어	Offset
단축 명령어	O
리본 메뉴	(홈)탭→(수정)패널→간격 띄우기(ⓒ) ([제도 및 주석] 작업공간)
	(홈)탭→(수정)패널→간격 띄우기(ⓒ) ([3D 기본 사항] 작업공간)
	(홈)탭→(수정)패널→간격 띄우기(ⓒ) ([3D 모델링] 작업공간)

(2) 명령어 사용 방법

명령 : Offset [Enter]
현재 설정 : 원본 지우기=아니오 도면층=원본 OFFSETGAPTYPE=0
간격띄우기 거리 지정 또는 [통과점(T)/지우기(E)/도면층(L)] ⟨통과점⟩ : 10 [Enter]
원본 객체와 평행 복사한 객체 사이에 띄울 간격을 입력합니다.
간격띄우기할 객체 선택 또는 [종료(E)/명령 취소(U)] ⟨종료⟩ : P1 클릭
원본 객체를 선택합니다.
간격띄우기할 면의 점 지정 또는 [종료(E)/다중(M)/명령 취소(U)] ⟨종료⟩ : P2 클릭
평행 복사 방향을 선택합니다.
간격띄우기할 객체 선택 또는 [종료(E)/명령 취소(U)] ⟨종료⟩ : [Enter]

(3) 옵션 설명

옵션	설명
통과점(T)	마우스로 클릭한 지점에 객체를 평행 복사합니다.
지우기(E)	원본 객체를 지우고 평행 복사한 객체만 남깁니다.
도면층(L)	[간격 띄우기] 명령으로 그린 객체를 현재 도면층에서 그릴 것인가, 원본 객체의 도면층에서 그릴 것인가를 지정합니다.
다중(M)	원본 객체를 다중으로 평행 복사합니다.
명령 취소(U)	평행 복사한 객체를 한 개씩 취소합니다.
종료(E)	평행 복사 명령을 마칩니다.

(4) 실습하기

● 기본 실습하기

01 아래의 예제 파일을 불러옵니다.

예제 파일 : Part01\Chapter06\6-1\3\Offset(기본)

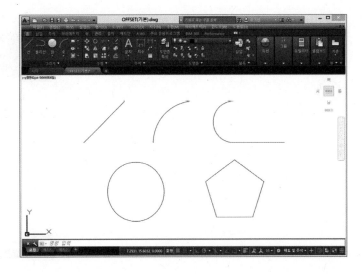

02 [Offset] 명령어를 입력하고 원본 객체와 평행 복사한 객체 사이에 띄울 간격을 지정합니다. 이후, 원본 객체를 선택하고 평행 복사하려는 방향을 지정합니다.

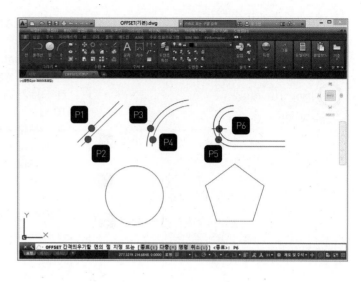

명령 : Offset Enter
현재 설정: 원본 지우기=아니오   도면층=원본   OFFSET GAPTYPE=0
간격띄우기 거리 지정 또는 [통과점(T)/지우기(E)/도면층(L)] 〈통과점〉: 10 Enter
원본 객체와 평행 복사한 객체 사이의 띄울 간격에 '10'을 입력합니다.
간격띄우기할 객체 선택 또는 [종료(E)/명령 취소(U)] 〈종료〉: P1 클릭
평행 복사할 원본 객체에 'P1'을 클릭합니다.
간격띄우기할 면의 점 지정 또는 [종료(E)/다중(M)/명령 취소(U)] 〈종료〉: P2 클릭
평행 복사할 방향에 'P2'를 클릭합니다.
간격띄우기할 객체 선택 또는 [종료(E)/명령 취소(U)] 〈종료〉: P3 클릭
평행 복사할 원본 객체에 'P3'을 클릭합니다.
간격띄우기할 면의 점 지정 또는 [종료(E)/다중(M)/명령 취소(U)] 〈종료〉: P4 클릭
평행 복사할 방향에 'P4'를 클릭합니다.
간격띄우기할 객체 선택 또는 [종료(E)/명령 취소(U)] 〈종료〉: P5 클릭
평행 복사할 원본 객체에 'P5'를 클릭합니다.
간격띄우기할 면의 점 지정 또는 [종료(E)/다중(M)/명령 취소(U)] 〈종료〉: P6 클릭
평행 복사할 방향에 'P6'을 클릭합니다.
간격띄우기할 객체 선택 또는 [종료(E)/명령 취소(U)] 〈종료〉: Enter

03 평행 복사된 도면이 나타납니다.

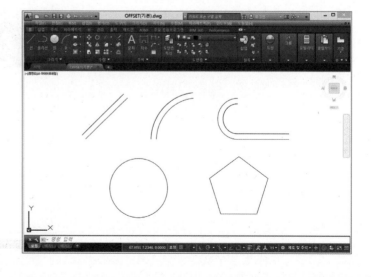

● [통과점] 옵션 실습하기

01 [Offset] 명령어를 입력하고 임의의 지점에 평행 복사하기 위해서 [통과점] 옵션을 지정합니다. 이후, 원본 객체를 선택하고 임의의 지점을 지정합니다.

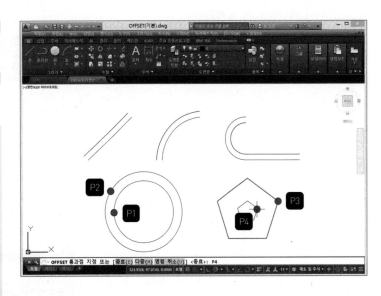

명령 : **Offset** Enter
현재 설정 : 원본 지우기=아니오 도면층=원본 OFFSET
GAPTYPE=0
간격띄우기 거리 지정 또는 [통과점(T)/지우기(E)/도면
층(L)] 〈통과점〉 : T Enter
[통과점] 옵션을 지정하기 위해서 'T'를 입력합니다.
간격띄우기할 객체 선택 또는 [종료(E)/명령 취소(U)]
〈종료〉 : P1 클릭
평행 복사할 원본 객체에 'P1'을 클릭합니다.
통과점 지정 또는 [종료(E)/다중(M)/명령 취소(U)]
〈종료〉 : P2 클릭
임의의 지점에 평행 복사하기 위한 통과점에 'P2'를 클릭
합니다.
간격띄우기할 객체 선택 또는 [종료(E)/명령 취소(U)]
〈종료〉 : P3 클릭
평행 복사할 원본 객체에 'P3'을 클릭합니다.
통과점 지정 또는 [종료(E)/다중(M)/명령 취소(U)]
〈종료〉 : P4 클릭
임의의 지점에 평행 복사하기 위한 통과점에 'P4'를 클릭
합니다.
간격띄우기할 객체 선택 또는 [종료(E)/명령 취소(U)]
〈종료〉 : Enter

02 임의의 지점에 평행 복사된 도면이 나타납니다.

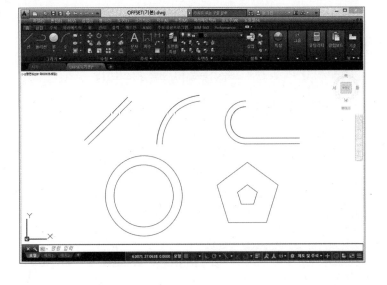

● [지우기] 옵션 실습하기

01 예제 파일 'Part01\Chapter06\6-1\3\ Offset(기본)' 을 다시 불러옵니다.

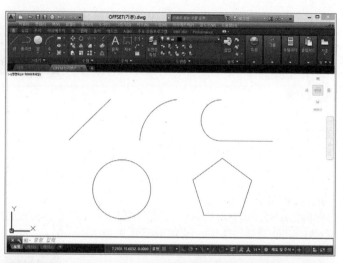

02 [Offset] 명령어를 입력한 후, [지우기] 옵션을 지정 하여 원본 객체를 지우고 평행 복사한 객체만 남기도록 합니다. 이후, [간격띄우기] 거리를 지정하고 원본 객체 를 선택한 후, 임의의 지점을 클릭하여 평행 복사합니다.

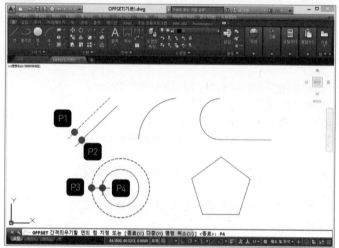

> **명령 : Offset** Enter
> 현재 설정 : 원본 지우기=아니오 도면층=원본 OFFSET
> GAPTYPE=0
> 간격띄우기 거리 지정 또는 [통과점(T)/지우기(E)/도면층
> (L)] 〈통과점〉 : E Enter
> [지우기] 옵션을 지정하기 위해서 'E'를 입력합니다.
> 간격띄우기 후, 원본 객체를 지우시겠습니까? [예(Y)/아
> 니오(N)] 〈아니오〉 : Y Enter
> 원본 객체를 지우기 위해서 'Y'를 입력합니다.
> 간격띄우기 거리 지정 또는 [통과점(T)/지우기(E)/도면층
> (L)] 〈통과점〉 : 20 Enter
> 원본 객체로부터 '20'만큼 떨어진 지점에 평행 복사하기 위
> 해서 '20'을 입력합니다.
> 간격띄우기할 객체 선택 또는 [종료(E)/명령 취소(U)]
> 〈종료〉: P1 클릭
> 평행 복사할 원본 객체에 'P1'을 클릭합니다.
> 간격띄우기할 면의 점 지정 또는 [종료(E)/다중(M)/명령
> 취소(U)] 〈종료〉: P2 클릭
> 평행 복사할 방향에 'P2'를 클릭합니다.
> 간격띄우기할 객체 선택 또는 [종료(E)/명령 취소(U)]
> 〈종료〉: P3 클릭
> 평행 복사할 원본 객체에 'P3'을 클릭합니다.
> 간격띄우기할 면의 점 지정 또는 [종료(E)/다중(M)/명령
> 취소(U)] 〈종료〉: P4 클릭
> 평행 복사할 방향에 'P4'를 클릭합니다.
> 간격띄우기할 객체 선택 또는 [종료(E)/명령 취소(U)]
> 〈종료〉: Enter

03 원본 객체가 지워진 상태로 평행 복사된 도면이 나타납니다.

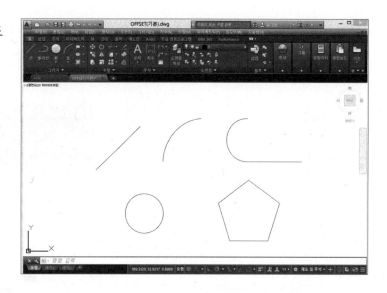

● [다중] 옵션 실습하기

01 아래의 예제 파일을 불러옵니다.

예제 파일 : Part01\Chapter06\6-1\3\Offset(다중 옵션)

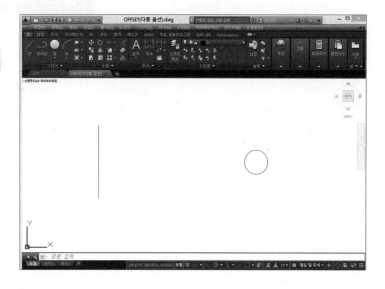

02 [Offset] 명령어를 입력하고 [지우기] 옵션을 지정하여 '아니오'를 지정한 후, 원본 객체와 평행 복사 객체의 간격을 지정합니다. 이후, 원본 객체를 선택하고 원본 객체를 한꺼번에 여러 번 평행 복사하기 위해서 [다중] 옵션을 지정한 후, 선과 원의 평행 복사할 방향을 지정합니다.

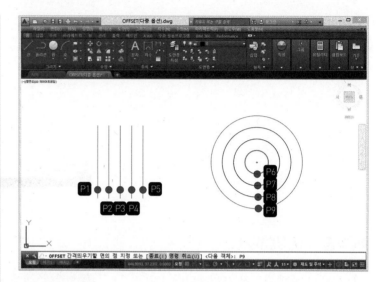

명령 : Offset Enter
현재 설정 : 원본 지우기=예   도면층=원본   OFFSET
GAPTYPE=0
간격띄우기 거리 지정 또는 [통과점(T)/지우기(E)/도면
층(L)] 〈통과점〉 : E Enter [지우기] 옵션을 지정하기 위
해 'E'를 입력합니다.
간격띄우기 후 원본 객체를 지우시겠습니까? [예(Y)/아
니오(N)] 〈예〉 : N Enter 원본 객체를 지우지 않기 위해서
'N'을 입력합니다.
간격띄우기 거리 지정 또는 [통과점(T)/지우기(E)/도면
층(L)] 〈통과점〉 : 20 Enter
원본 객체와 평행 복사한 객체 사이의 띄울 간격에 '20'을
입력합니다.
간격띄우기할 객체 선택 또는 [종료(E)/명령 취소(U)]
〈종료〉 : P1 클릭
평행 복사할 원본 객체에 'P1'을 클릭합니다.
간격띄우기할 면의 점 지정 또는 [종료(E)/다중(M)/명
령 취소(U)] 〈종료〉 : M Enter
[다중] 옵션을 지정하기 위해서 'M'을 입력합니다.
간격띄우기할 면의 점 지정 또는 [종료(E)/명령 취소
(U)] 〈다음 객체〉 : P2 클릭
간격띄우기할 면의 점 지정 또는 [종료(E)/명령 취소
(U)] 〈다음 객체〉 : P3 클릭
간격띄우기할 면의 점 지정 또는 [종료(E)/명령 취소
(U)] 〈다음 객체〉 : P4 클릭
간격띄우기할 면의 점 지정 또는 [종료(E)/명령 취소
(U)] 〈다음 객체〉 : P5 클릭
평행 복사할 방향에 'P2', 'P3', 'P4', 'P5'를 차례로 클릭
합니다.
간격띄우기할 면의 점 지정 또는 [종료(E)/명령 취소
(U)] 〈다음 객체〉 : Enter
원본 객체를 선에서 원으로 바꾸기 위해서 [다음 객체]를
선택합니다.
간격띄우기할 객체 선택 또는 [종료(E)/명령 취소(U)]
〈종료〉 : P6 클릭
평행 복사할 원본 객체에 'P6'을 클릭합니다.
간격띄우기할 면의 점 지정 또는 [종료(E)/명령 취소
(U)] 〈다음 객체〉 : P7 클릭
간격띄우기할 면의 점 지정 또는 [종료(E)/명령 취소
(U)] 〈다음 객체〉 : P8 클릭
간격띄우기할 면의 점 지정 또는 [종료(E)/명령 취소
(U)] 〈다음 객체〉 : P9 클릭
평행 복사할 방향에 'P7', 'P8', 'P9'를 차례로 클릭합니다.
간격띄우기할 면의 점 지정 또는 [종료(E)/명령 취소
(U)] 〈다음 객체〉 : Enter
간격띄우기할 객체 선택 또는 [종료(E)/명령 취소(U)]
〈종료〉 : Enter

03 다중으로 평행 복사된 도면이 나타납니다.

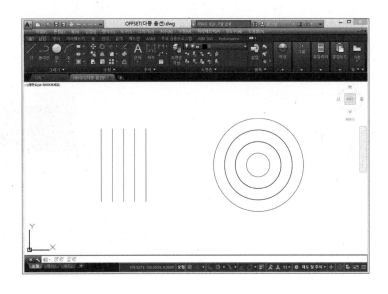

4 경계 기준 객체가 없이 객체를 끊는 [Break] 명령어

[Break] 명령어는 [Trim] 명령어와는 달리 경계 기준 객체 없이 객체를 끊습니다. [Break] 명령어는 객체의 두 지점 사이를 끊을 수 있으며 한 개의 객체를 두 개로 나눌 수도 있습니다. 처음 선택하는 지점이 끊는 첫 번째 점이며, 첫 번째 점을 다시 지정하고자 할 때에는 [첫 번째 점] 옵션을 선택하여 다시 지정할 수 있습니다.

(1) 명령어 입력 방법

[Break] 명령어	
메뉴 막대	수정→끊기
명령어	Break
단축 명령어	Br
리본 메뉴	(홈)탭→(수정)패널→끊기(🔲) ([제도 및 주석] 작업공간)
	(홈)탭→(수정)패널→끊기(🔲) ([3D 기본 사항] 작업공간)
	(홈)탭→(수정)패널→끊기(🔲) ([3D 모델링] 작업공간)

(2) 명령어 사용 방법

명령 : Break ⏎
객체 선택 : P1 클릭
객체를 끊는 첫 번째 점을 지정합니다.
두 번째 끊기점을 지정 또는 [첫 번째 점(F)] : P2 클릭
객체를 끊는 두 번째 점을 지정합니다.

(3) 옵션 설명

옵션	설명
첫 번째 점(F)	객체를 끊는 첫 번째 점을 다시 지정합니다.

(4) 실습하기

● 기본 실습하기

01 아래의 예제 파일을 불러옵니다.

예제 파일 : Part01\Chapter06\6-1\4\Break(기본)

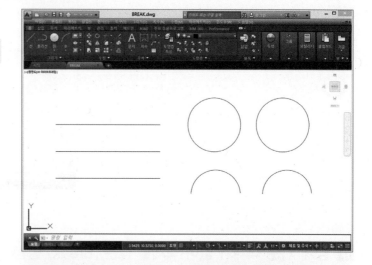

02 [Break] 명령어를 입력하고 선을 끊는 첫 번째 점과 두 번째 점을 지정합니다.

명령 : Break Enter
객체 선택 : P1 클릭
선을 끊는 첫 번째 점에 'P1'을 클릭합니다.
두 번째 끊기점을 지정 또는 [첫 번째 점(F)] : P2 클릭
선을 끊는 두 번째 점에 'P2'를 클릭합니다.

03 선의 일부분이 끊긴 도면이 나타납니다.

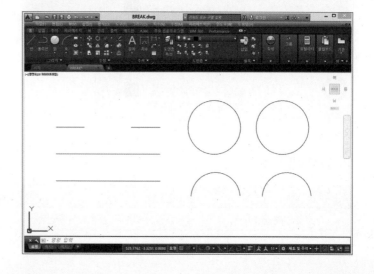

04 [Break] 명령어를 입력하고 선을 끊는 첫 번째 점을 지정합니다.

명령 : Break Enter
객체 선택 : P1 클릭
선을 끊는 첫 번째 점에 'P1'을 클릭합니다.

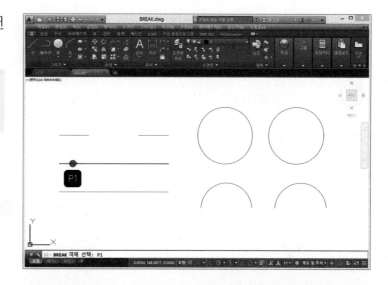

05 선을 끊고자 하는 첫 번째 점을 다시 지정하기 위해서 [첫 번째 점] 옵션을 지정한 후, 첫 번째 점을 다시 지정하고 두 번째 점을 지정합니다.

두 번째 끊기점을 지정 또는 [첫 번째 점(F)] : F Enter
[첫 번째 점] 옵션을 지정하기 위해서 'F'를 입력합니다.
첫 번째 끊기점 지정 : P1 클릭
선을 끊는 첫 번째 점에 'P1'을 클릭합니다.
두 번째 끊기점을 지정 : P2 클릭
선을 끊는 두 번째 점에 'P2'를 클릭합니다.

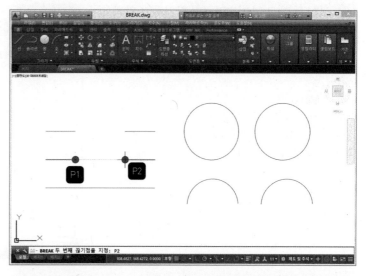

06 선을 끊는 첫 번째 점이 다시 지정되어 선의 일부분이 끊긴 도면이 나타납니다.

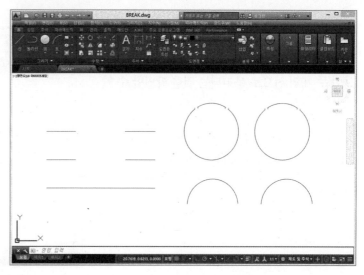

07 [Break] 명령어로 한 개의 선을 두 개의 선으로 분리하고자 합니다. [Break] 명령어를 입력하고 선을 끊는 첫 번째 점을 선택한 후, 최종 좌표를 의미하는 '@'를 입력합니다.

명령 : Break Enter
객체 선택 : P1 클릭
선을 끊는 첫 번째 점에 'P1'을 클릭합니다.
두 번째 끊기점을 지정 또는 [첫 번째 점(F)] : @ Enter
선을 두 개로 분리하기 위해서 '@'를 입력합니다.

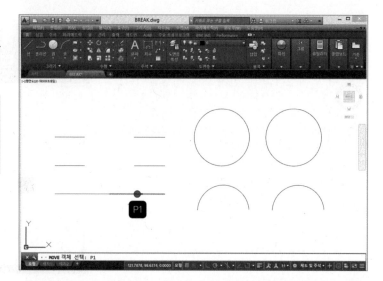

08 선이 두 개로 분리되었는지 확인하기 위해서 [Move] 명령어를 입력하고 이동시킬 선을 선택합니다.

명령 : Move Enter
객체 선택 : P1 클릭   1개를 찾음
이동시킬 선에 'P1'을 클릭합니다.
객체 선택 : Enter

09 선을 이동시키기 위해서 기준점을 지정하고 이동시키고자 하는 지점을 지정합니다. 한 개의 선이 두 개의 선으로 분리되는 것을 확인할 수 있습니다.

기준점 지정 또는 [변위(D)] 〈변위〉 : 0,0 Enter
선을 이동시킬 기준점에 '0,0'을 입력합니다.
두 번째 점 지정 또는 〈첫 번째 점을 변위로 사용〉 : @0,-30 Enter
선을 이동시킬 두 번째 점에 '@0,-30'을 입력합니다.

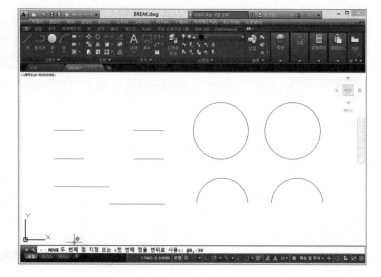

● 원이나 호를 끊는 [Break] 명령어 실습하기

01 [Break] 명령어를 입력하고 원의 일부분을 끊기 위해서 원을 끊는 첫 번째 점과 두 번째 점을 선택합니다.

명령 : Break Enter
객체 선택 : P1 클릭
원을 끊는 첫 번째 점에 'P1'을 클릭합니다.
두 번째 끊기점을 지정 또는 [첫 번째 점(F)] : P2 클릭
원을 끊는 두 번째 점에 'P2'를 클릭합니다.

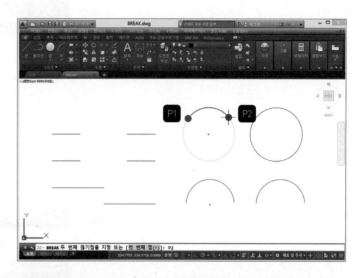

02 원이 반시계 방향으로 끊긴 것을 확인할 수 있습니다. 따라서 원을 끊을 때에는 항상 반시계 방향으로 끊어지는 것을 알 수 있습니다.

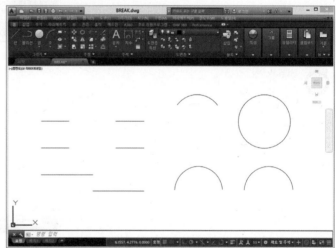

03 [Break] 명령어를 입력하고 먼저 수행했던 첫 번째 끊는 점과 두 번째 끊는 점의 위치를 바꿉니다.

명령 : Break Enter
객체 선택 : P1 클릭
원을 끊는 첫 번째 점에 'P1'을 클릭합니다.
두 번째 끊기점을 지정 또는 [첫 번째 점(F)] : P2 클릭
원을 끊는 두 번째 점에 'P2'를 클릭합니다.

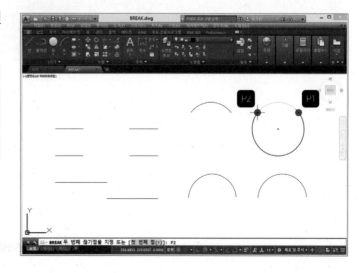

04 원이 반시계 방향으로 끊긴 것을 확인할 수 있습니다.

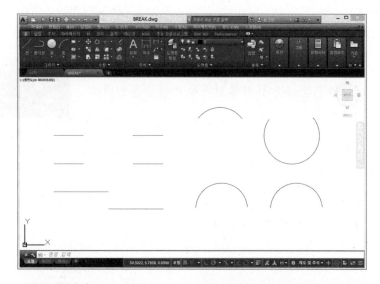

05 [Break] 명령어를 입력하고 호의 일부분을 끊기 위해서 호를 끊는 첫 번째 점과 두 번째 점을 선택합니다.

명령 : Break Enter
객체 선택 : P1 클릭
호를 끊는 첫 번째 점에 'P1'을 클릭합니다.
두 번째 끊기점을 지정 또는 [첫 번째 점(F)] : P2 클릭
호를 끊는 두 번째 점에 'P2'를 클릭합니다.

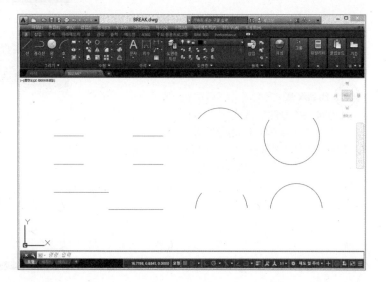

06 호가 시계 방향으로 끊긴 것을 확인할 수 있습니다.

07 [Break] 명령어를 입력하고 호의 끊는 방향을 바꾸기 위해서, 먼저 수행했던 첫 번째 끊는 점과 두 번째 끊는 점의 위치를 바꿉니다.

명령 : Break [Enter]
객체 선택 : P1 클릭
호를 끊는 첫 번째 점에 'P1'을 클릭합니다.
두 번째 끊기점을 지정 또는 [첫 번째 점(F)] : P2 클릭
호를 끊는 두 번째 점에 'P2'를 클릭합니다.

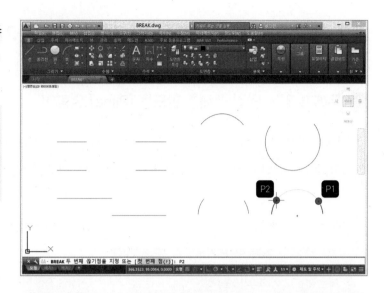

08 호가 반시계 방향으로 끊긴 것을 확인할 수 있습니다. 따라서 호를 끊을 때에는 시계 방향, 반시계 방향에 관계없이 끊어지는 것을 알 수 있습니다.

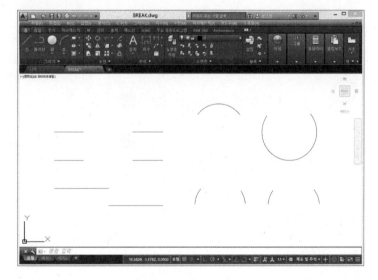

6.2 폴리선 작성과 편집 및 객체 분해하기

1 두께가 있는 단일 객체를 만드는 [Pline] 명령어

[Pline] 명령어는 두께가 있는 선과 호를 그릴 수 있으며 만들어진 선과 호는 단일 객체로 인식됩니다. [Pline] 명령어에 의해서 작성한 단일 객체는 [Explode] 명령어에 의해서 개별 객체로 분해할 수 있습니다.

(1) 명령어 입력 방법

[Pline] 명령어	
메뉴 막대	그리기→폴리선
명령어	Polyline, Pline
단축 명령어	Pl
리본 메뉴	(홈)탭→(그리기)패널→폴리선(⟲) ([제도 및 주석] 작업공간)
	(홈)탭→(그리기)패널→폴리선(⟲) ([3D 기본 사항] 작업공간)
	(홈)탭→(그리기)패널→폴리선(⟲) ([3D 모델링] 작업공간)

(2) 명령어 사용 방법

명령 : Pline Enter
시작점 지정 : P1 클릭
폴리선의 시작점을 지정합니다.
현재의 선 폭은 0.0000임
다음 점 지정 또는 [호(A)/반폭(H)/길이(L)/명령 취소(U)/폭(W)] : P2 클릭
폴리선의 최종점을 지정합니다.
다음 점 지정 또는 [호(A)/닫기(C)/반폭(H)/길이(L)/명령 취소(U)/폭(W)]
: Enter

(3) 옵션 설명

● [폴리선] 모드

옵션	설명
호(A)	호를 그립니다.
반폭(H)	선과 호를 그릴 때, 전체 두께의 절반을 지정합니다.
폭(W)	선과 호를 그릴 때, 전체 두께의 전부를 지정합니다.
길이(L)	선을 그릴 때, 길이를 지정하여 그립니다.
명령 취소(U)	전 단계에 그렸던 선과 호를 단계적으로 하나씩 취소합니다.

● [호] 모드

옵션	설명
각도(A)	각도를 지정하여 호를 그립니다.
중심(CE)	호의 중심점을 지정합니다.
방향(D)	방향을 지정하여 호를 그립니다.
반폭(H)	호를 그릴 때, 전체 두께의 절반을 지정합니다.
폭(W)	호를 그릴 때, 전체 두께의 전부를 지정합니다.
선(L)	호를 그리는 도중에 선을 그릴 수 있게 지정합니다.
반지름(R)	반지름을 지정하여 호를 그립니다.
두 번째 점(S)	3점을 지정하여 호를 그립니다.
닫기(CL)	호의 첫 번째 점과 최종점을 연결합니다.
명령 취소(U)	전 단계에 그렸던 호를 단계적으로 하나씩 취소합니다.

(4) 실습하기

● 기본 실습하기

01 [Limits] 명령어에 의해서 도면 한계를 설정한 후, [Limits] 명령어에 의해서 지정한 설정값을 [Zoom] 명령을 수행함으로써 화면상에 적용합니다.

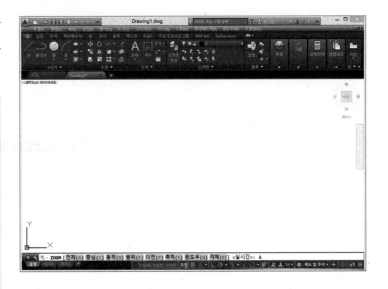

명령 : Limits Enter
모형 공간 한계 재설정 :
왼쪽 아래 구석 지정 또는 [켜기(ON)/끄기(OFF)]
〈0.0000,0.0000〉: 0,0 Enter
작업 도면의 '왼쪽-아래쪽'에 '0,0'을 입력합니다.
오른쪽 위 구석 지정 〈420.0000,297.0000〉 :
420,297 Enter
작업 도면의 '오른쪽-위쪽'에 '420,297'을 입력합니다.

명령 : Zoom Enter
윈도우 구석 지정, 축척 비율(nX 또는 nXP) 입력 또는
[전체(A)/중심(C)/동적(D)/범위(E)/이전(P)/축척
(S)/윈도우(W)/객체(O)] 〈실시간〉: A Enter
모형 재생성 중.
[Limits] 명령어에 의해서 지정한 도면 한계를 화면에 적용하기 위해서 [Zoom] 명령어의 [전체] 옵션을 입력합니다.

02 [Pline] 명령어를 입력한 후, 폴리선의 시작점
과 최종점을 지정합니다.

> **명령 : Pline** Enter
> 시작점 지정 : P1 클릭
> 폴리선의 시작점에 'P1'을 클릭합니다.
> 현재의 선 폭은 0.0000임
> 다음 점 지정 또는 [호(A)/반폭(H)/길이(L)/명령 취소
> (U)/폭(W)] : P2 클릭
> 폴리선의 최종점에 'P2'를 클릭합니다.
> 다음 점 지정 또는 [호(A)/닫기(C)/반폭(H)/길이(L)/
> 명령 취소(U)/폭(W)] : Enter

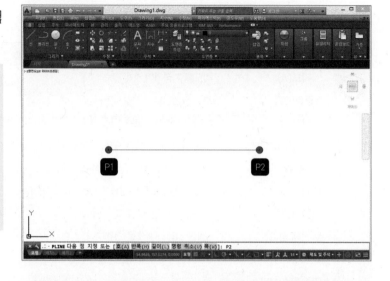

03 단일 객체인 선이 그려집니다.

● [폴리선] 모드

■ [호] 옵션 실습하기

01 [Pline] 명령어를 입력하고 폴리선의 시작점과 두 번째 점을 지정합니다. 이후, 호를 그리기 위해서 [호] 옵션을 지정하고 끝점을 지정합니다.

명령 : Pline [Enter]
시작점 지정 : P1 클릭
폴리선의 시작점에 'P1'을 클릭합니다.
현재의 선 폭은 0.0000임
다음 점 지정 또는 [호(A)/반폭(H)/길이(L)/명령 취소(U)/폭(W)] : P2 클릭
폴리선의 두 번째 점에 'P2'를 클릭합니다.
다음 점 지정 또는 [호(A)/닫기(C)/반폭(H)/길이(L)/명령 취소(U)/폭(W)] : A [Enter]
[호] 옵션을 지정하기 위해서 'A'를 입력합니다.
호의 끝점 지정(Ctrl 키를 누른 상태에서 방향 전환) 또는 [각도(A)/중심(CE)/닫기(CL)/방향(D)/반폭(H)/선(L)/반지름(R)/두 번째 점(S)/명령 취소(U)/폭(W)]
: P3 클릭
호의 끝점에 'P3'을 클릭합니다.
호의 끝점 지정(Ctrl 키를 누른 상태에서 방향 전환) 또는 [각도(A)/중심(CE)/닫기(CL)/방향(D)/반폭(H)/선(L)/반지름(R)/두 번째 점(S)/명령 취소(U)/폭(W)]
: P4 클릭
호의 끝점에 'P4'를 클릭합니다.
호의 끝점 지정(Ctrl 키를 누른 상태에서 방향 전환) 또는 [각도(A)/중심(CE)/닫기(CL)/방향(D)/반폭(H)/선(L)/반지름(R)/두 번째 점(S)/명령 취소(U)/폭(W)] : [Enter]

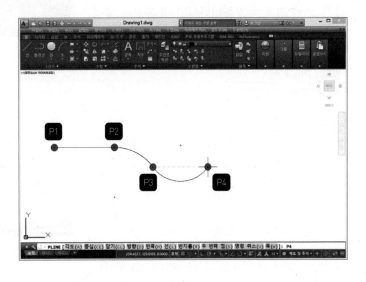

02 다음과 같은 도면이 나타납니다.

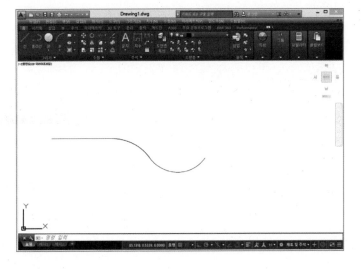

■ [길이] 옵션 실습하기

01 [Pline] 명령어를 입력하고 폴리선의 시작점과 두 번째 점을 지정합니다. [길이] 옵션을 지정하고 증가시키고자 하는 길이를 입력합니다.

명령 : Pline Enter
시작점 지정 : P1 클릭
폴리선의 시작점에 'P1'을 클릭합니다.
현재의 선 폭은 0.0000임
다음 점 지정 또는 [호(A)/반폭(H)/길이(L)/명령 취소(U)/폭(W)] : P2 클릭
폴리선의 두 번째 점에 'P2'를 클릭합니다.
다음 점 지정 또는 [호(A)/닫기(C)/반폭(H)/길이(L)/명령 취소(U)/폭(W)] : L Enter
[길이] 옵션을 지정하기 위해서 'L'을 입력합니다.
선의 길이 지정 : @70,0 Enter
폴리선의 길이를 두 번째 점으로부터 오른쪽으로 '70'만큼 증가시키기 위해서 '@70,0'을 입력합니다.
다음 점 지정 또는 [호(A)/닫기(C)/반폭(H)/길이(L)/명령 취소(U)/폭(W)] : Enter

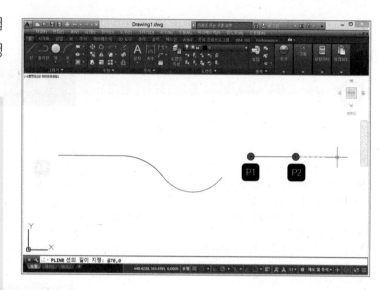

02 다음과 같은 도면이 나타납니다.

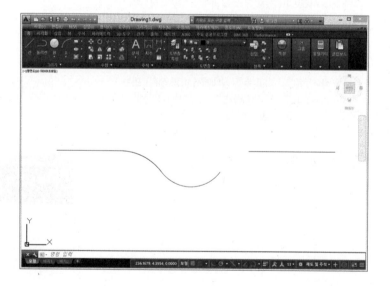

■ [반폭] 옵션 실습하기

01 [Pline] 명령어를 입력하고 폴리선의 시작점을 지정합니다. [반폭] 옵션을 지정하고 시작점과 끝점의 반폭을 동일하게 입력한 후, 폴리선의 끝점을 지정합니다.

명령 : Pline Enter
시작점 지정 : P1 클릭
폴리선의 시작점에 'P1'을 클릭합니다.
현재의 선 폭은 0.0000임
다음 점 지정 또는 [호(A)/반폭(H)/길이(L)/명령 취소(U)/폭(W)] : H Enter
[반폭] 옵션을 지정하기 위해서 'H'를 입력합니다.
시작 반폭 지정 〈0.0000〉 : 20 Enter
시작점의 반폭에 '20'을 입력합니다.
끝 반폭 지정 〈20.0000〉 : 20 Enter
끝점의 반폭에 '20'을 입력합니다.
다음 점 지정 또는 [호(A)/반폭(H)/길이(L)/명령 취소(U)/폭(W)] : P2 클릭
폴리선의 끝점에 'P2'를 클릭합니다.
다음 점 지정 또는 [호(A)/닫기(C)/반폭(H)/길이(L)/명령 취소(U)/폭(W)] : Enter

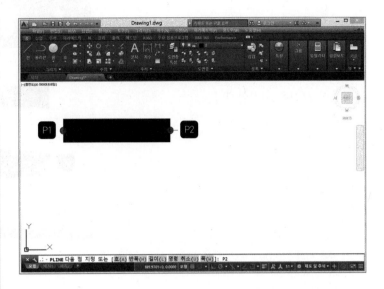

02 시작점과 끝점의 반폭이 동일하게 각각 '20'인 폴리선이 나타납니다.

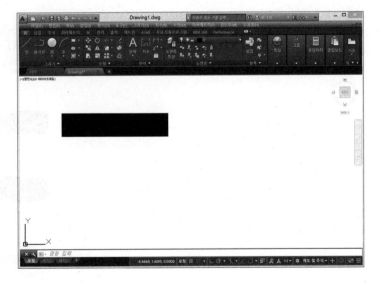

03 시작점과 끝점의 반폭이 서로 다른 폴리선을 그리기 위해서 [Pline] 명령어를 입력하고 폴리선의 시작점을 지정합니다. [반폭] 옵션을 지정하고 시작점과 끝점의 반폭을 서로 다르게 입력한 후, 폴리선의 끝점을 지정합니다.

명령 : Pline [Enter]
시작점 지정 : P1 클릭
폴리선의 시작점에 'P1'을 클릭합니다.
현재의 선 폭은 40.0000임
다음 점 지정 또는 [호(A)/반폭(H)/길이(L)/명령 취소 (U)/폭(W)] : H [Enter]
[반폭] 옵션을 지정하기 위해서 'H'를 입력합니다.
시작 반폭 지정 〈20.0000〉 : 20 [Enter]
시작점의 반폭에 '20'을 입력합니다.
끝 반폭 지정 〈20.0000〉 : 30 [Enter]
끝점의 반폭에 '30'을 입력합니다.
다음 점 지정 또는 [호(A)/반폭(H)/길이(L)/명령 취소 (U)/폭(W)] : P2 클릭
폴리선의 끝점에 'P2'를 클릭합니다.
다음 점 지정 또는 [호(A)/닫기(C)/반폭(H)/길이(L)/ 명령 취소(U)/폭(W)] : [Enter]

04 시작점의 반폭이 '20', 끝점의 반폭이 '30' 으로, 시작점과 끝점의 반폭이 서로 다른 폴리선이 나타납니다.

■ [폭] 옵션 실습하기

01 [Pline] 명령어를 입력하고 폴리선의 시작점을 지정합니다. [폭] 옵션을 지정하고 시작점과 끝점의 폭을 동일하게 입력한 후, 폴리선의 끝점을 지정합니다.

명령 : Pline Enter
시작점 지정 : P1 클릭
폴리선의 시작점에 'P1'을 클릭합니다.
현재의 선 폭은 60.0000임
다음 점 지정 또는 [호(A)/반폭(H)/길이(L)/명령 취소(U)/폭(W)] : W Enter
[폭] 옵션을 지정하기 위해서 'W'를 입력합니다.
시작 폭 지정 〈60.0000〉 : 40 Enter
시작점의 폭에 '40'을 입력합니다.
끝 폭 지정 〈40.0000〉 : 40 Enter
끝점의 폭에 '40'을 입력합니다.
다음 점 지정 또는 [호(A)/반폭(H)/길이(L)/명령 취소(U)/폭(W)] : P2 클릭
폴리선의 끝점에 'P2'를 클릭합니다.
다음 점 지정 또는 [호(A)/닫기(C)/반폭(H)/길이(L)/명령 취소(U)/폭(W)] : Enter

02 [반폭] 옵션에서 시작점과 끝점의 반폭이 각각 '20' 인 폴리선과 동일하게, 시작점과 끝점의 폭이 동일하게 각각 '40' 인 폴리선이 나타납니다.

03 시작점과 끝점의 폭이 서로 다른 폴리선을 그리기 위해서 [Pline] 명령어를 입력하고 폴리선의 시작점을 지정합니다. [폭] 옵션을 지정하고 시작점과 끝점의 폭을 서로 다르게 입력한 후, 폴리선의 끝점을 지정합니다.

명령 : Pline [Enter]
시작점 지정 : P1 클릭
폴리선의 시작점에 'P1'을 클릭합니다.
현재의 선 폭은 40.0000임
다음 점 지정 또는 [호(A)/반폭(H)/길이(L)/명령 취소
(U)/폭(W)] : W [Enter]
[폭] 옵션을 지정하기 위해서 'W'를 입력합니다.
시작 폭 지정 〈40.0000〉 : 40 [Enter]
시작점의 폭에 '40'을 입력합니다.
끝 폭 지정 〈40.0000〉 : 60 [Enter]
끝점의 폭에 '60'을 입력합니다.
다음 점 지정 또는 [호(A)/반폭(H)/길이(L)/명령 취소
(U)/폭(W)] : P2 클릭
폴리선의 끝점에 'P2'를 클릭합니다.
다음 점 지정 또는 [호(A)/닫기(C)/반폭(H)/길이(L)/
명령 취소(U)/폭(W)] : [Enter]

04 [반폭] 옵션에서 시작점의 반폭이 '20', 끝점의 반폭이 '30'인 폴리선과 동일하게, 시작점의 폭이 '40', 끝점의 폭이 '60'인 폴리선이 나타납니다.

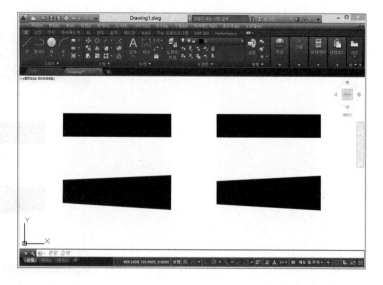

● [호] 모드

■ [각도] 옵션 실습하기

01 [Pline] 명령어를 입력하고 첫 번째 호의 시작점을 지정한 후, [폭] 옵션을 지정하여 시작점과 끝점의 폭을 입력합니다. 첫 번째 호에 [호] 옵션과 [각도] 옵션을 지정하고 사이각을 입력한 후, 첫 번째 호의 끝점을 지정합니다. 두 번째 호를 [각도] 옵션으로 지정하고 사이각을 입력한 후, 두 번째 호의 끝점을 지정합니다. 이 때 호를 그릴 때 기본 방향은 반시계 방향인데, 사이각이 음의 각도이므로 시계방향으로 호가 그려지는 것을 알 수 있습니다.

명령 : Pline Enter
시작점 지정 : 0,200 Enter
첫 번째 호의 시작점에 '0,200'을 입력합니다.
현재의 선 폭은 60.0000임
다음 점 지정 또는 [호(A)/반폭(H)/길이(L)/명령 취소
(U)/폭(W)] : W Enter
[폭] 옵션을 지정하기 위해서 'W'를 입력합니다.
시작 폭 지정 〈60.0000〉 : 0 Enter
시작점의 폭에 '0'을 입력합니다.
끝 폭 지정 〈0.0000〉 : 0 Enter
끝점의 폭에 '0'을 입력합니다.
다음 점 지정 또는 [호(A)/반폭(H)/길이(L)/명령 취소
(U)/폭(W)] : A Enter
첫 번째 호에 [호] 옵션을 지정하기 위해서 'A'를 입력합니다.
호의 끝점 지정(Ctrl 키를 누른 상태에서 방향 전환) 또는
[각도(A)/중심(CE)/방향(D)/반폭(H)/선(L)/반지름(R)/
두 번째 점(S)/명령 취소(U)/폭(W)] : A Enter
첫 번째 호에 [각도] 옵션을 지정하기 위해서 'A'를 입력합니다.
사이각 지정 : -220 Enter
첫 번째 호의 사이각에 '-220'을 입력합니다.
호의 끝점 지정(Ctrl 키를 누른 상태에서 방향 전환) 또는 [중심(CE)/반지름(R)] : 100,200 Enter
첫 번째 호의 끝점(두 번째 호의 시작점)에 '100,200'을 입력합니다.
호의 끝점 지정(Ctrl 키를 누른 상태에서 방향 전환) 또는 [각도(A)/중심(CE)/닫기(CL)/방향(D)/반폭(H)/선(L)/반지름(R)/두 번째 점(S)/명령 취소(U)/폭(W)] : A Enter
두 번째 호에 [각도] 옵션을 지정하기 위해서 'A'를 입력합니다.
사이각 지정 : -220 Enter
두 번째 호의 사이각에 '-220'을 입력합니다.
호의 끝점 지정(Ctrl 키를 누른 상태에서 방향 전환) 또는 [중심(CE)/반지름(R)] : 200,200 Enter
두 번째 호의 끝점에 '200,200'을 입력합니다.
호의 끝점 지정(Ctrl 키를 누른 상태에서 방향 전환) 또는 [각도(A)/중심(CE)/닫기(CL)/방향(D)/반폭(H)/선(L)/반지름(R)/두 번째 점(S)/명령 취소(U)/폭(W)] : Enter

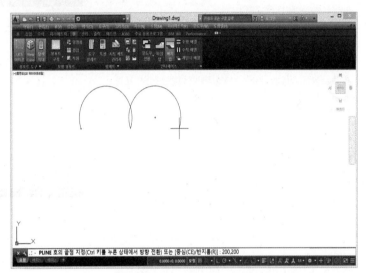

02 [Pline] 명령어를 입력하고 첫 번째 호의 시작점을 지정합니다. 첫 번째 호에 [호] 옵션과 [각도] 옵션을 지정하고 사이각을 입력한 후, 첫 번째 호의 끝점과 두 번째 호의 끝점을 차례로 지정합니다. 이 때 첫 번째 호인 경우, 사이각이 음의 각도이므로 시계 방향으로 호가 형성되는 것을 알 수 있으나, 두 번째 호인 경우 사이각이 음의 각도인 것이 적용되지 않아 반시계 방향으로 호가 형성되는 것을 알 수 있습니다.

명령 : Pline [Enter]
시작점 지정 : 0,100 [Enter]
첫 번째 호의 시작점에 '0,100'을 입력합니다.
현재의 선 폭은 0.0000임
다음 점 지정 또는 [호(A)/반폭(H)/길이(L)/명령 취소(U)/폭(W)] : **A** [Enter]
첫 번째 호에 [호] 옵션을 지정하기 위해서 'A'를 입력합니다.
호의 끝점 지정(Ctrl 키를 누른 상태에서 방향 전환) 또는 [각도(A)/중심(CE)/방향(D)/반폭(H)/선(L)/반지름(R)/두 번째 점(S)/명령 취소(U)/폭(W)] : **A** [Enter]
첫 번째 호에 [각도] 옵션을 지정하기 위해서 'A'를 입력합니다.
사이각 지정 : −220 [Enter]
첫 번째 호의 사이각에 '−220'을 입력합니다.
호의 끝점 지정(Ctrl 키를 누른 상태에서 방향 전환) 또는 [중심(CE)/반지름(R)] : **100,100** [Enter]
첫 번째 호의 끝점(두 번째 호의 시작점)에 '100,100'을 입력합니다.
호의 끝점 지정(Ctrl 키를 누른 상태에서 방향 전환) 또는 [각도(A)/중심(CE)/닫기(CL)/방향(D)/반폭(H)/선(L)/반지름(R)/두 번째 점(S)/명령 취소(U)/폭(W)] : **200,100** [Enter]
두 번째 호의 끝점에 '200,100'을 입력합니다.
호의 끝점 지정(Ctrl 키를 누른 상태에서 방향 전환) 또는 [각도(A)/중심(CE)/닫기(CL)/방향(D)/반폭(H)/선(L)/반지름(R)/두 번째 점(S)/명령 취소(U)/폭(W)] : [Enter]

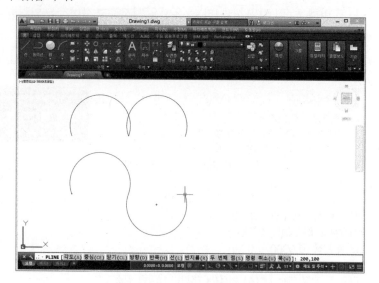

03 [Pline] 명령어를 입력하고 첫 번째 호의 시작점을 지정합니다. 첫 번째 호에 [호] 옵션과 [각도] 옵션을 지정하고 사이 각을 입력한 후, 첫 번째 호의 끝점을 지정합니다. 이후, 두 번째 호를 [각도] 옵션으로 지정하고 사이각을 입력한 후, 두 번째 호의 끝점을 지정합니다. 이 때 사이각이 양의 각도이므로 반시계 방향으로 호가 형성되는 것을 알 수 있습니다.

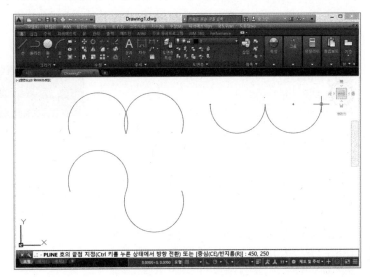

명령 : Pline [Enter]
시작점 지정 : 250,250 [Enter]
첫 번째 호의 시작점에 '250,250'을 입력합니다.
현재의 선 폭은 0.0000임
다음 점 지정 또는 [호(A)/반폭(H)/길이(L)/명령 취소 (U)/폭(W)] : A [Enter]
첫 번째 호에 [호] 옵션을 지정하기 위해서 'A'를 입력합니 다.
호의 끝점 지정(Ctrl 키를 누른 상태에서 방향 전환) 또는 [각도(A)/중심(CE)/방향(D)/반폭(H)/선(L)/반지름 (R)/두 번째 점(S)/명령 취소(U)/폭(W)] : A [Enter]
첫 번째 호의 [각도] 옵션을 지정하기 위해서 'A'를 입력합 니다.
사이각 지정 : 180 [Enter]
첫 번째 호의 사이각에 '180'을 입력합니다.
호의 끝점 지정(Ctrl 키를 누른 상태에서 방향 전환) 또 는 [중심(CE)/반지름(R)] : 350,250 [Enter]
첫 번째 호의 끝점(두 번째 호의 시작점)에 '350,250'을 입력합니다.
호의 끝점 지정(Ctrl 키를 누른 상태에서 방향 전환) 또는 [각도(A)/중심(CE)/닫기(CL)/방향(D)/반폭(H)/선 (L)/반지름(R)/두 번째 점(S)/명령 취소(U)/폭(W)]
: A [Enter]
두 번째 호에 [각도] 옵션을 지정하기 위해서 'A'를 입력합 니다.
사이각 지정 : 180 [Enter]
두 번째 호의 사이각에 '180'을 입력합니다.
호의 끝점 지정(Ctrl 키를 누른 상태에서 방향 전환) 또 는 [중심(CE)/반지름(R)] : 450,250 [Enter]
두 번째 호의 끝점에 '450,250'을 입력합니다.
호의 끝점 지정(Ctrl 키를 누른 상태에서 방향 전환) 또는 [각도(A)/중심(CE)/닫기(CL)/방향(D)/반폭(H)/선(L)/ 반지름(R)/두 번째 점(S)/명령 취소(U)/폭(W)] : [Enter]

04 [Pline] 명령어를 입력하고 첫 번째 호의 시작점을 지정합니다. 첫 번째 호에 [호] 옵션과 [각도] 옵션을 지정하고 사이각을 입력한 후, 첫 번째 호의 끝점을 차례로 지정합니다. 이후, 두 번째 호를 [각도] 옵션으로 지정하여 사이각을 입력하고 'Ctrl 키'를 누른 상태에서 두 번째 호의 방향이 시계 방향으로 위치하도록 마우스를 움직인 후, 두 번째 호의 끝점을 지정합니다. 이 때 두 번째 호의 두 번째 점인 경우, Ctrl 키를 누른 상태에서 그렸기 때문에 호가 시계 방향으로 그려지는 것을 알 수 있습니다.

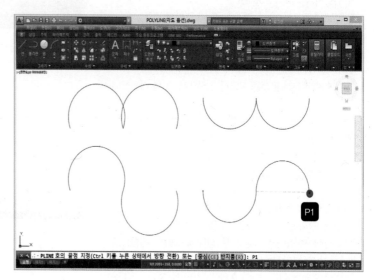

명령 : Pline Enter
시작점 지정 : 250,100 Enter
첫 번째 호의 시작점에 '250,100'을 입력합니다.
현재의 선 폭은 0.0000임
다음 점 지정 또는 [호(A)/반폭(H)/길이(L)/명령 취소(U)/폭(W)] : A Enter
첫 번째 호에 [호] 옵션을 지정하기 위해서 'A'를 입력합니다.
호의 끝점 지정(Ctrl 키를 누른 상태에서 방향 전환) 또는 [각도(A)/중심(CE)/방향(D)/반폭(H)/선(L)/반지름(R)/두 번째 점(S)/명령 취소(U)/폭(W)] : A Enter
첫 번째 호에 [각도] 옵션을 지정하기 위해서 'A'를 입력합니다.
사이각 지정 : 180 Enter
첫 번째 호의 사이각에 '180'을 입력합니다.
호의 끝점 지정(Ctrl 키를 누른 상태에서 방향 전환) 또는 [중심(CE)/반지름(R)] : 350,100 Enter
첫 번째 호의 끝점(두 번째 호의 시작점)에 '350,100'을 입력합니다.
호의 끝점 지정(Ctrl 키를 누른 상태에서 방향 전환) 또는 [각도(A)/중심(CE)/닫기(CL)/방향(D)/반폭(H)/선(L)/반지름(R)/두 번째 점(S)/명령 취소(U)/폭(W)] : A Enter
두 번째 호에 [각도] 옵션을 지정하기 위해서 'A'를 입력합니다.
사이각 지정 : 180 Enter
두 번째 호의 사이각에 '180'을 입력합니다.
호의 끝점 지정(Ctrl 키를 누른 상태에서 방향 전환) 또는 [중심(CE)/반지름(R)] : P1 클릭
'Ctrl 키'를 누른 상태에서 두 번째 호의 방향이 시계 방향으로 위치하도록 마우스를 움직인 후, 두 번째 호의 끝점에 'P1'을 입력합니다.
호의 끝점 지정(Ctrl 키를 누른 상태에서 방향 전환) 또는 [각도(A)/중심(CE)/닫기(CL)/방향(D)/반폭(H)/선(L)/반지름(R)/두 번째 점(S)/명령 취소(U)/폭(W)] : Enter

■ [중심] 옵션 실습하기

01 [Pline] 명령어를 입력하고 호의 시작점을 지정합니다. 첫 번째 호에 [호] 옵션과 [중심] 옵션을 지정하고 호의 중심점 과 끝점을 지정합니다. 또한 두 번째 호에 [중심] 옵션을 지정하고 호의 중심점과 끝점을 지정합니다. 이 때 첫 번째 호와 두 번째 호가 모두 시계반대 방향으로 그려지는 것을 알 수 있습니다.

명령 : Pline [Enter]
시작점 지정 : 0,180 [Enter]
첫 번째 호의 시작점에 '0,180'을 입력합니다.
현재의 선 폭은 0.0000임
다음 점 지정 또는 [호(A)/반폭(H)/길이(L)/명령 취소 (U)/폭(W)] : A [Enter]
첫 번째 호에 [호] 옵션을 지정하기 위해서 'A'를 입력합니 다.
호의 끝점 지정(Ctrl 키를 누른 상태에서 방향 전환) 또는 [각도(A)/중심(CE)/방향(D)/반폭(H)/선(L)/반지름 (R)/두 번째 점(S)/명령 취소(U)/폭(W)] : CE [Enter]
첫 번째 호에 [중심] 옵션을 지정하기 위해서 'CE'를 입력 합니다.
호의 중심점 지정 : 50,180 [Enter]
첫 번째 호의 중심점에 '50,180'을 입력합니다.
호의 끝점 지정(Ctrl 키를 누른 상태에서 방향 지정) 또 는 [각도(A)/길이(L)] : 100,180 [Enter]
첫 번째 호의 끝점(두 번째 호의 시작점)에 '100,180'을 입력합니다.
호의 끝점 지정(Ctrl 키를 누른 상태에서 방향 전환) 또는 [각도(A)/중심(CE)/닫기(CL)/방향(D)/반폭(H)/선 (L)/반지름(R)/두 번째 점(S)/명령 취소(U)/폭(W)] : CE [Enter]
두 번째 호에 [중심] 옵션을 지정하기 위해서 'CE'를 입력 합니다.
호의 중심점 지정 : 150,180 [Enter]
두 번째 호의 중심점에 '150,180'을 입력합니다.
호의 끝점 지정(Ctrl 키를 누른 상태에서 방향 지정) 또 는 [각도(A)/길이(L)] : 200,180 [Enter]
두 번째 호의 끝점에 '200,180'을 입력합니다.
호의 끝점 지정(Ctrl 키를 누른 상태에서 반향 전환) 또는 [각도(A)/중심(CE)/닫기(CL)/방향(D)/반폭(H)/선(L)/ 반지름(R)/두 번째 점(S)/명령 취소(U)/폭(W)] : [Enter]

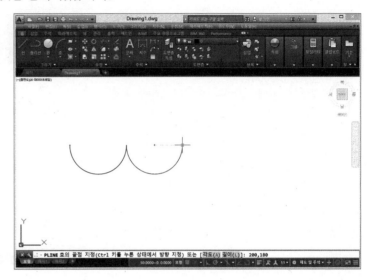

02 호의 방향을 전환하기 위해서, [Pline] 명령어를 입력하고 호의 시작점을 지정합니다. 첫 번째 호에 [호] 옵션과 [중심] 옵션을 지정하고 호의 중심점과 끝점을 지정합니다. 또한 두 번째 호에 [중심] 옵션을 지정하여 호의 중심점을 입력하고 두 번째 호의 방향 전환을 위해서 'Ctrl 키'를 누른 상태에서 호의 방향이 시계 방향으로 위치하도록 마우스를 움직인 후, 두 번째 호의 끝점을 입력합니다.

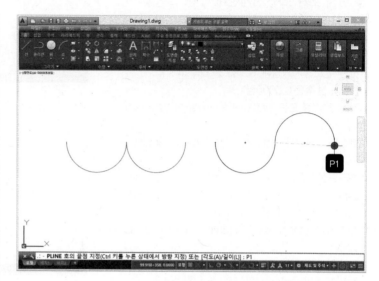

명령 : Pline Enter

시작점 지정 : 250,180 Enter

첫 번째 호의 시작점에 '250,180'을 입력합니다.

현재의 선 폭은 0.0000임

다음 점 지정 또는 [호(A)/반폭(H)/길이(L)/명령 취소(U)/폭(W)] : A Enter

첫 번째 호에 [호] 옵션을 지정하기 위해서 'A'를 입력합니다.

호의 끝점 지정(Ctrl 키를 누른 상태에서 방향 전환) 또는 [각도(A)/중심(CE)/방향(D)/반폭(H)/선(L)/반지름(R)/두 번째 점(S)/명령 취소(U)/폭(W)] : CE Enter

첫 번째 호에 [중심] 옵션을 지정하기 위해서 'CE'를 입력합니다.

호의 중심점 지정 : 300,180 Enter

첫 번째 호의 중심점에 '300,180'을 입력합니다.

호의 끝점 지정(Ctrl 키를 누른 상태에서 방향 지정) 또는 [각도(A)/길이(L)] : 350,180 Enter

첫 번째 호의 끝점(두 번째 호의 시작점)에 '350,180'을 입력합니다.

호의 끝점 지정(Ctrl 키를 누른 상태에서 방향 전환) 또는 [각도(A)/중심(CE)/닫기(CL)/방향(D)/반폭(H)/선(L)/반지름(R)/두 번째 점(S)/명령 취소(U)/폭(W)] : CE Enter

두 번째 호에 [중심] 옵션을 지정하기 위해서 'CE'를 입력합니다.

호의 중심점 지정 : 400,180 Enter

두 번째 호의 중심점에 '400,180'을 입력합니다.

호의 끝점 지정(Ctrl 키를 누른 상태에서 방향 지정) 또는 [각도(A)/길이(L)] : P1 클릭

'Ctrl 키'를 누른 상태에서, 호의 방향이 시계 방향으로 위치하도록 마우스를 움직인 후, 두 번째 호의 끝점에 'P1'을 입력합니다.

호의 끝점 지정(Ctrl 키를 누른 상태에서 방향 전환) 또는 [각도(A)/중심(CE)/닫기(CL)/방향(D)/반폭(H)/선(L)/반지름(R)/두 번째 점(S)/명령 취소(U)/폭(W)] : Enter

■ [방향] 옵션 실습하기

01 [Pline] 명령어를 입력하고 호의 시작점을 입력합니다. [호] 옵션과 [방향] 옵션을 차례로 지정하고 호의 시작점에 대한 접선 각도를 입력한 후, 호의 끝점을 입력합니다. 이때 호의 시작점에 대한 접선 각도가 '0도', '180도', '360도'는 입력이 불가능합니다.

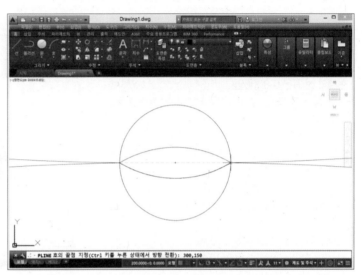

명령 : Pline Enter
시작점 지정 : 100,150 Enter
호의 시작점에 '100,150'을 입력합니다.
현재의 선 폭은 0.0000임
다음 점 지정 또는 [호(A)/반폭(H)/길이(L)/명령 취소
(U)/폭(W)] : A Enter
[호] 옵션을 지정하기 위해서 'A'를 입력합니다.
호의 끝점 지정(Ctrl 키를 누른 상태에서 방향 전환) 또는
[각도(A)/중심(CE)/방향(D)/반폭(H)/선(L)/반지름
(R)/두 번째 점(S)/명령 취소(U)/폭(W)] : D Enter
[방향] 옵션을 지정하기 위해서 'D'를 입력합니다.
호의 시작점에 대해 접선 방향을 지정 : 30 또는 90 또
는 179 또는 181 또는 270 또는 330 Enter
호의 시작점에 대한 접선 각도에 '30', '90', '179',
'181', '270' 및 '330'을 차례로 입력합니다.
호의 끝점 지정(Ctrl 키를 누른 상태에서 방향 전환) :
300,150 Enter
호의 끝점에 '300,150'을 입력합니다.
호의 끝점 지정(Ctrl 키를 누른 상태에서 방향 전환) 또는
[각도(A)/중심(CE)/닫기(CL)/방향(D)/반폭(H)/선(L)/
반지름(R)/두 번째 점(S)/명령 취소(U)/폭(W)] : Enter

■ [반폭] 옵션 실습하기

01 [Pline] 명령어를 입력하고 첫 번째 호의 시작점을 입력합니다. [호] 옵션과 [반폭] 옵션을 차례로 지정하고 첫 번째 호의 시작점과 끝점의 반폭값을 입력한 후 끝점을 입력합니다. 이후, 두 번째 호에 [반폭] 옵션을 지정하고 두 번째 호의 시작점과 끝점의 반폭값을 입력한 후 끝점을 입력합니다.

명령 : Pline [Enter]
시작점 지정 : 100,100 [Enter]
첫 번째 호의 시작점에 '100,100'을 입력합니다.
현재의 선 폭은 0.0000임
다음 점 지정 또는 [호(A)/반폭(H)/길이(L)/명령 취소 (U)/폭(W)] : A [Enter]
첫 번째 호에 [호] 옵션을 지정하기 위해서 'A'를 입력합니다.
호의 끝점 지정(Ctrl 키를 누른 상태에서 방향 전환) 또는 [각도(A)/중심(CE)/방향(D)/반폭(H)/선(L)/반지름 (R)/두 번째 점(S)/명령 취소(U)/폭(W)] : H [Enter]
첫 번째 호에 [반폭] 옵션을 지정하기 위해서 'H'를 입력합니다.
시작 반폭 지정 〈0.0000〉 : 10 [Enter]
첫 번째 호의 시작점 반폭에 '10'을 입력합니다.
끝 반폭 지정 〈10.0000〉 : 30 [Enter]
첫 번째 호의 끝점 반폭에 '30'을 입력합니다.
호의 끝점 지정(Ctrl 키를 누른 상태에서 방향 전환) 또는 [각도(A)/중심(CE)/방향(D)/반폭(H)/선(L)/반지름(R)/ 두 번째 점(S)/명령 취소(U)/폭(W)] : 100,200 [Enter]
첫 번째 호의 끝점(두 번째 호의 시작점)에 '100,200'을 입력합니다.
호의 끝점 지정(Ctrl 키를 누른 상태에서 방향 전환) 또는 [각도(A)/중심(CE)/닫기(CL)/방향(D)/반폭(H)/선(L)/ 반지름(R)/두 번째 점(S)/명령 취소(U)/폭(W)] : H [Enter]
두 번째 호에 [반폭] 옵션을 지정하기 위해서 'H'를 입력합니다.
시작 반폭 지정 〈30.0000〉 : 30 [Enter]
두 번째 호의 시작점 반폭에 '30'을 입력합니다.
끝 반폭 지정 〈30.0000〉 : 10 [Enter]
두 번째 호의 끝점 반폭에 '10'을 입력합니다.
호의 끝점 지정(Ctrl 키를 누른 상태에서 방향 전환) 또는 [각도(A)/중심(CE)/닫기(CL)/방향(D)/반폭(H)/선 (L)/반지름(R)/두 번째 점(S)/명령 취소(U)/폭(W)] : 100,100 [Enter]
두 번째 호의 끝점에 '100,100'을 입력합니다.
호의 끝점 지정(Ctrl 키를 누른 상태에서 방향 전환) 또는 [각도(A)/중심(CE)/닫기(CL)/방향(D)/반폭(H)/선(L)/ 반지름(R)/두 번째 점(S)/명령 취소(U)/폭(W)] : [Enter]

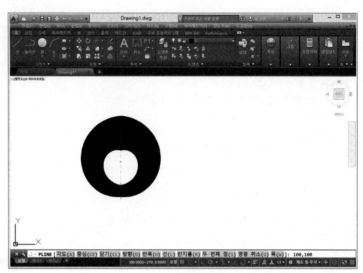

■ [폭] 옵션 실습하기

01 [Pline] 명령어를 입력하고 첫 번째 호의 시작점을 입력합니다. 첫 번째 호에 [호] 옵션과 [폭] 옵션을 차례로 지정하고 첫 번째 호의 시작점과 끝점의 폭값을 입력한 후, 끝점을 입력합니다. 이후 두 번째 호에 [폭] 옵션을 지정하고 두 번째 호의 시작점과 끝점의 폭값을 입력한 후 끝점을 입력합니다.

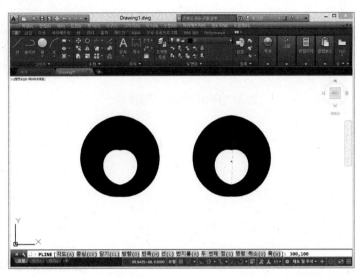

명령 : Pline Enter
시작점 지정 : 300,100 Enter
첫 번째 호의 시작점에 '300,100'을 입력합니다.
현재의 선 폭은 20.0000임
다음 점 지정 또는 [호(A)/반폭(H)/길이(L)/명령 취소 (U)/폭(W)] : A Enter
첫 번째 호에 [호] 옵션을 지정하기 위해서 'A'를 입력합니다.
호의 끝점 지정(Ctrl 키를 누른 상태에서 방향 전환) 또는 [각도(A)/중심(CE)/방향(D)/반폭(H)/선(L)/반지름 (R)/두 번째 점(S)/명령 취소(U)/폭(W)] : W Enter
첫 번째 호에 [폭] 옵션을 지정하기 위해서 'W'를 입력합니다.
시작 폭 지정 〈20.0000〉 : 20 Enter
첫 번째 호의 시작점 폭에 '20'을 입력합니다.
끝 폭 지정 〈20.0000〉 : 60 Enter
첫 번째 호의 끝점 폭에 '60'을 입력합니다.
호의 끝점 지정(Ctrl 키를 누른 상태에서 방향 전환) 또는 [각도(A)/중심(CE)/방향(D)/반폭(H)/선(L)/반지름(R)/ 두 번째 점(S)/명령 취소(U)/폭(W)] : 300,200 Enter
첫 번째 호의 끝점(두 번째 호의 시작점)에 '300,200'을 입력합니다.
호의 끝점 지정(Ctrl 키를 누른 상태에서 방향 전환) 또는 [각도(A)/중심(CE)/닫기(CL)/방향(D)/반폭(H)/선(L)/ 반지름(R)/두 번째 점(S)/명령 취소(U)/폭(W)] : W Enter
두 번째 호에 [폭] 옵션을 지정하기 위해서 'W'를 입력합니다.
시작 폭 지정 〈60.0000〉 : 60 Enter
두 번째 호의 시작점 폭에 '60'을 입력합니다.
끝 폭 지정 〈60.0000〉 : 20 Enter
두 번째 호의 끝점 폭에 '20'을 입력합니다.
호의 끝점 지정(Ctrl 키를 누른 상대에이시 방향 전환) 또는 [각도(A)/중심(CE)/닫기(CL)/방향(D)/반폭(H)/선 (L)/반지름(R)/두 번째 점(S)/명령 취소(U)/폭(W)] : 300,100 Enter
두 번째 호의 끝점에 '300,100'을 입력합니다.
호의 끝점 지정(Ctrl 키를 누른 상태에서 방향 전환) 또는 [각도(A)/중심(CE)/닫기(CL)/방향(D)/반폭(H)/선(L)/ 반지름(R)/두 번째 점(S)/명령 취소(U)/폭(W)] : Enter

■ [선] 옵션 실습하기

01 [Pline] 명령어를 입력하고 호의 시작점을 입력한 후, [폭] 옵션을 지정하여 시작점과 끝점의 폭을 입력합니다. [호] 옵션을 지정하고 호의 끝점을 입력합니다. 이후, 호를 선으로 바꾸기 위해서 [선] 옵션을 지정하고 선의 끝점을 입력합니다.

명령 : Pline Enter
시작점 지정 : 0,190 Enter
호의 시작점에 '0,190'을 입력합니다.
현재의 선 폭은 20.0000임
다음 점 지정 또는 [호(A)/반폭(H)/길이(L)/명령 취소
(U)/폭(W)] : W Enter
[폭] 옵션을 지정하기 위해서 'W'를 입력합니다.
시작 폭 지정 〈20.0000〉: 0 Enter
시작점의 폭에 '0'을 입력합니다.
끝 폭 지정 〈0.0000〉: 0 Enter
끝점의 폭에 '0'을 입력합니다.
다음 점 지정 또는 [호(A)/반폭(H)/길이(L)/명령 취소
(U)/폭(W)] : A Enter
[호] 옵션을 지정하기 위해서 'A'를 입력합니다.
호의 끝점 지정(Ctrl 키를 누른 상태에서 방향 전환) 또는
[각도(A)/중심(CE)/방향(D)/반폭(H)/선(L)/반지름
(R)/두 번째 점(S)/명령 취소(U)/폭(W)] : 80,140 Enter
호의 끝점에 '80,140'을 입력합니다.
호의 끝점 지정(Ctrl 키를 누른 상태에서 방향 전환) 또는
[각도(A)/중심(CE)/닫기(CL)/방향(D)/반폭(H)/선(L)/
반지름(R)/두 번째 점(S)/명령 취소(U)/폭(W)] : L Enter
선으로 바꾸기 위해서 [선] 옵션인 'L'을 입력합니다.
다음 점 지정 또는 [호(A)/닫기(C)/반폭(H)/길이(L)/
명령 취소(U)/폭(W)] : @100,0 Enter
선의 끝점에 '@100,0'을 입력합니다.
다음 점 지정 또는 [호(A)/닫기(C)/반폭(H)/길이(L)/
명령 취소(U)/폭(W)] : Enter

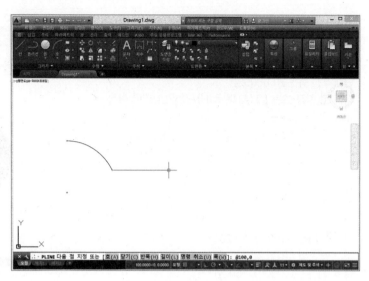

■ [반지름] 옵션 실습하기

01 [Pline] 명령어를 입력하고 호의 시작점을 입력합니다. [호] 옵션과 [반지름] 옵션을 차례로 지정하고 호의 반지름과 끝점을 입력합니다.

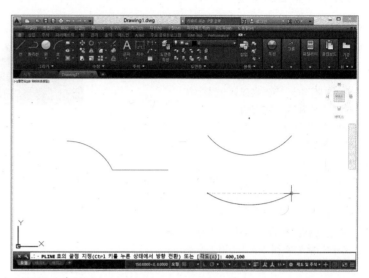

명령 : Pline Enter
시작점 지정 : 250,200 Enter
호의 시작점에 '250,200'을 입력합니다.
현재의 선 폭은 0.0000임
다음 점 지정 또는 [호(A)/반폭(H)/길이(L)/명령 취소
(U)/폭(W)] : A Enter
[호] 옵션을 지정하기 위해서 'A'를 입력합니다.
호의 끝점 지정(Ctrl 키를 누른 상태에서 방향 전환) 또는
[각도(A)/중심(CE)/방향(D)/반폭(H)/선(L)/반지름
(R)/두 번째 점(S)/명령 취소(U)/폭(W)] : R Enter
[반지름] 옵션을 지정하기 위해서 'R'을 입력합니다.
호의 반지름 지정 : 100 Enter
호의 반지름에 '100'을 입력합니다.
호의 끝점 지정(Ctrl 키를 누른 상태에서 방향 전환) 또
는 [각도(A)] : 400,200 Enter
호의 끝점에 '400,200'을 입력합니다.
호의 끝점 지정(Ctrl 키를 누른 상태에서 방향 전환) 또는
[각도(A)/중심(CE)/닫기(CL)/방향(D)/반폭(H)/선(L)/
반지름(R)/두 번째 점(S)/명령 취소(U)/폭(W)] : Enter

명령 : Pline Enter
시작점 지정 : 250,100 Enter
호의 시작점에 '250,100'을 입력합니다.
현재의 선 폭은 0.0000임
다음 점 지정 또는 [호(A)/반폭(H)/길이(L)/명령 취소
(U)/폭(W)] : A Enter
[호] 옵션을 지정하기 위해서 'A'를 입력합니다.
호의 끝점 지정(Ctrl 키를 누른 상태에서 방향 전환) 또는
[각도(A)/중심(CE)/방향(D)/반폭(H)/선(L)/반지름
(R)/두 번째 점(S)/명령 취소(U)/폭(W)] : R Enter
[반지름] 옵션을 지정하기 위해서 'R'을 입력합니다.
호의 반지름 지정 : 150 Enter
호의 반지름에 '150'을 입력합니다.
호의 끝점 지정(Ctrl 키를 누른 상태에서 방향 전환) 또
는 [각도(A)] : 400,100 Enter
호의 끝점에 '400,100'을 입력합니다.
호의 끝점 지정(Ctrl 키를 누른 상태에서 방향 전환) 또는
[각도(A)/중심(CE)/닫기(CL)/방향(D)/반폭(H)/선(L)/
반지름(R)/두 번째 점(S)/명령 취소(U)/폭(W)] : Enter

■ [두 번째 점] 옵션 실습하기

01 [Pline] 명령어를 입력하고 호의 시작점을 입력합니다. [호] 옵션과 [두 번째 점] 옵션을 차례로 지정하고 호의 두 번째 점과 끝점을 입력합니다. 이후, 역방향의 호를 그리기 위해서 [두 번째 점] 옵션을 지정하고 역방향 호의 두 번째 점과 끝점을 입력합니다.

명령 : Pline Enter
시작점 지정 : 150,120 Enter
호의 시작점에 '150,120'을 입력합니다.
현재의 선 폭은 0.0000임
다음 점 지정 또는 [호(A)/반폭(H)/길이(L)/명령 취소
(U)/폭(W)] : A Enter
[호] 옵션을 지정하기 위해서 'A'를 입력합니다.
호의 끝점 지정(Ctrl 키를 누른 상태에서 방향 전환) 또는
[각도(A)/중심(CE)/방향(D)/반폭(H)/선(L)/반지름
(R)/두 번째 점(S)/명령 취소(U)/폭(W)] : S Enter
[두 번째 점] 옵션을 지정하기 위해서 'S'를 입력합니다.
호 위의 두 번째 점 지정 : 240,135 Enter
호의 두 번째 점에 '240,135'를 입력합니다.
호의 끝점 지정 : 290,185 Enter
호의 끝점에 '290,185'를 입력합니다.
호의 끝점 지정(Ctrl 키를 누른 상태에서 방향 전환) 또는
[각도(A)/중심(CE)/닫기(CL)/방향(D)/반폭(H)/선(L)/
반지름(R)/두 번째 점(S)/명령 취소(U)/폭(W)] : S Enter
[두 번째 점] 옵션을 지정하기 위해서 'S'를 입력합니다.
호 위의 두 번째 점 지정 : 210,180 Enter
호의 두 번째 점에 '210,180'를 입력합니다.
호의 끝점 지정 : 150,120 Enter
호의 끝점에 '150,120'을 입력합니다.
호의 끝점 지정(Ctrl 키를 누른 상태에서 방향 전환) 또는
[각도(A)/중심(CE)/닫기(CL)/방향(D)/반폭(H)/선(L)/
반지름(R)/두 번째 점(S)/명령 취소(U)/폭(W)] : Enter

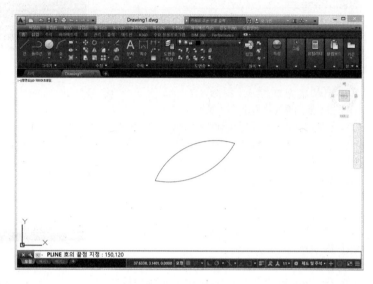

② 폴리선을 편집하는 [Pedit] 명령어

[Pedit] 명령어는 폴리선을 편집할 수 있는 가운데, 폴리선의 결합, 선과 호를 폴리선으로 변환, 폴리선을 스플라인이나 맞춤 폴리선으로 변환이 가능합니다.

(1) 명령어 입력 방법

[Pedit] 명령어	
메뉴 막대	수정→객체→폴리선
명령어	Pedit
단축 명령어	Pe
리본 메뉴	(홈)탭→(수정)패널→폴리선 편집(🖉) ([제도 및 주석] 작업공간)
	(홈)탭→(수정)패널→폴리선 편집(🖉) ([3D 모델링] 작업공간)

(2) 명령어 사용 방법

명령 : Pedit Enter
폴리선 선택 또는 [다중(M)] : P1 클릭
편집할 폴리선을 선택합니다.
옵션 입력 [닫기(C)/결합(J)/폭(W)/정점 편집(E)/맞춤(F)/스플라인(S)/비곡선화(D)/선종류생성(L)/ 반전(R)/명령 취소(U)] : W Enter
편집하고자 하는 옵션을 지정합니다.

(3) 옵션 설명

● [폴리선 편집] 모드

옵션	설명
닫기(C)	열린 폴리선을 닫힌 폴리선으로 변경합니다.
열기(O)	닫힌 폴리선을 열린 폴리선으로 변경합니다.
결합(J)	폴리선과 선, 폴리선과 호, 선과 호를 결합하여 단일 객체로 변경합니다.
폭(W)	폴리선의 폭을 지정합니다.
정점 편집(E)	폴리선의 각 정점을 편집합니다.
맞춤(F)	폴리선의 모든 정점을 지나는 곡선을 만듭니다.
스플라인(S)	폴리선의 시작점과 끝점만을 지나는 곡선을 만듭니다.
비곡선화(D)	곡선인 폴리선을 직선인 폴리선으로 만듭니다.
선종류생성(L)	폴리선의 정점을 통해 연속되는 패턴의 선종류를 생성합니다. 이 옵션이 꺼져 있는 경우, 각 정점에서 대시로 시작하고 끝나는 선종류가 생성됩니다.
반전(R)	폴리선의 시작점과 끝점에 있는 정점의 위치를 변경합니다.
명령 취소(U)	이전 단계에 실행했던 명령을 취소합니다.

● [정점 편집] 모드

옵션	설명
다음(N)	표식기(X)를 다음 정점으로 이동시킵니다.
이전(P)	표식기(X)를 이전 정점으로 이동시킵니다.
끊기(B)	두 정점 사이의 폴리선을 삭제합니다.
삽입(I)	폴리선에 새로운 정점을 추가합니다.
이동(M)	정점을 이동시킵니다.
재생성(R)	폴리선을 재생성합니다.
직선화(S)	[옵션]을 지정하여 표식기(X)를 이동시킬 때 지나친 정점 중 첫 번째와 마지막 정점 사이에 있는 정점을 모두 삭제합니다.
접선(T)	정점에 접선 방향을 부착합니다.
폭(W)	두 정점 사이의 폴리선의 폭을 지정합니다.
종료(X)	[정점 편집] 모드를 종료합니다.

(4) 실습하기

● [폴리선 편집] 모드

▪ [열기], [닫기] 옵션 실습하기

01 아래의 예제 파일을 불러옵니다.

예제 파일 : Part01\Chapter06\6-2\2\Pedit(열기, 닫기
옵션)

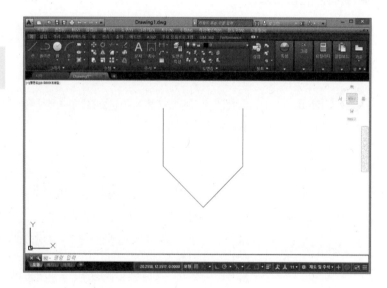

02 폴리선을 편집하기 위해서 [Pedit] 명령어를 입력하고 폴리선을 클릭합니다.

명령 : Pedit [Enter]
폴리선 선택 또는 [다중(M)] : P1 클릭
폴리선에 'P1'을 클릭합니다.

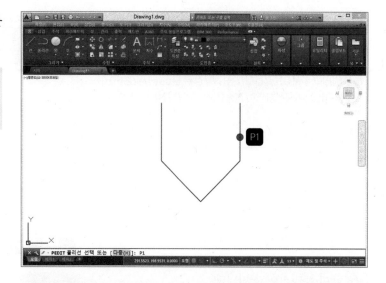

03 열린 폴리선을 닫기 위해서 [닫기] 옵션을 지정합니다.

옵션 입력 [닫기(C)/결합(J)/폭(W)/정점 편집(E)/맞춤(F)/스플라인(S)/비곡선화(D)/선종류생성(L)/반전(R)/명령 취소(U)] : C [Enter]
[닫기] 옵션을 지정하기 위해서 'C'를 입력합니다.

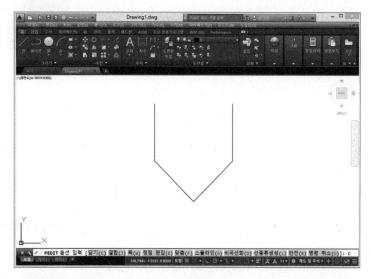

04 열린 폴리선이 닫혀집니다.

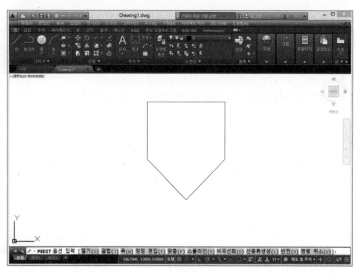

05 닫힌 폴리선을 열기 위해서 [열기] 옵션을 지정합니다.

옵션 입력 [열기(O)/결합(J)/폭(W)/정점 편집(E)/맞춤(F)/
스플라인(S)/비곡선화(D)/선종류생성(L)/반전(R)/명령 취
소(U)] : O Enter
[열기] 옵션을 지정하기 위해서 'O'를 입력합니다.

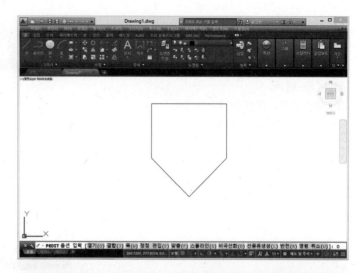

06 닫힌 폴리선이 열립니다.

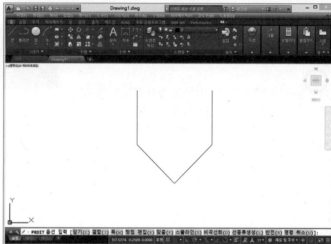

■ [맞춤], [스플라인], [비곡선화] 옵션 실습하기

01 곡률 변화가 심한 곡선을 그리기 위해서 [맞춤] 옵션을 지정합니다.

옵션 입력 [닫기(C)/결합(J)/폭(W)/정점 편집(E)/맞춤(F)/
스플라인(S)/비곡선화(D)/선종류생성(L)/반전(R)/명령 취
소(U)] : F Enter
[맞춤] 옵션을 지정하기 위해서 'F'를 입력합니다.

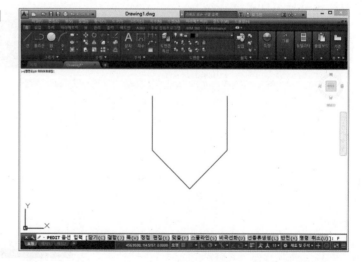

02 모든 정점을 지나는 곡선이 나타납니다.

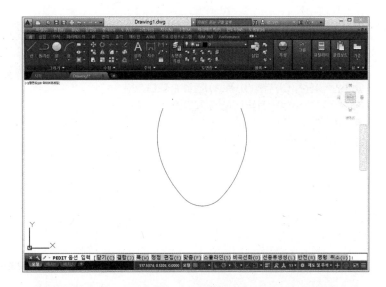

03 곡선을 직선으로 바꾸기 위해서 [비곡선화] 옵션을 지정합니다.

> 옵션 입력 [닫기(C)/결합(J)/폭(W)/정점 편집(E)/맞춤 (F)/스플라인(S)/비곡선화(D)/선종류생성(L)/반전(R)/ 명령 취소(U)] : D Enter
> [비곡선화] 옵션을 지정하기 위해서 'D'를 입력합니다.

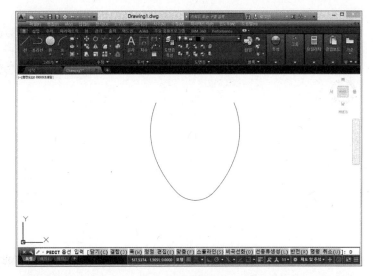

04 곡선이 직선으로 바뀐 폴리선이 나타납니다.

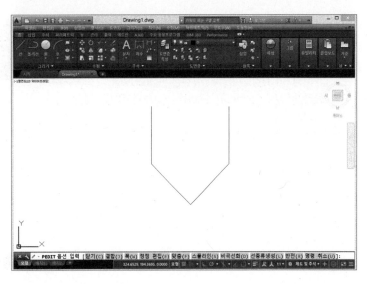

05 곡률 변화가 부드러운 곡선을 그리기 위해서 [스플라인] 옵션을 지정합니다.

옵션 입력 [닫기(C)/결합(J)/폭(W)/정점 편집(E)/맞춤 (F)/스플라인(S)/비곡선화(D)/선종류생성(L)/반전(R)/ 명령 취소(U)] : S [Enter]
[스플라인] 옵션을 지정하기 위해서 'S'를 입력합니다.

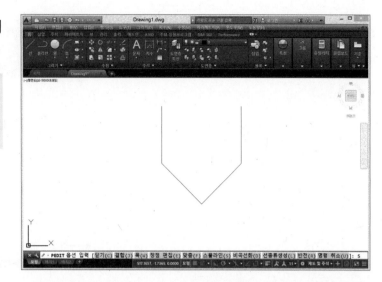

06 첫 번째와 마지막 정점만을 지나는 곡선이 나타납니다.

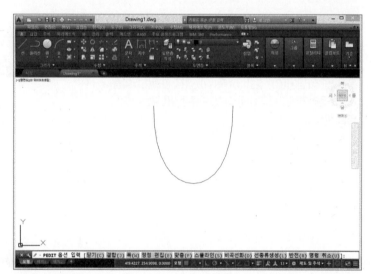

07 곡선을 직선으로 바꾸기 위해서 [비곡선화] 옵션을 지정합니다.

옵션 입력 [닫기(C)/결합(J)/폭(W)/정점 편집(E)/맞춤 (F)/스플라인(S)/비곡선화(D)/선종류생성(L)/반전(R)/ 명령 취소(U)] : D [Enter]
[비곡선화] 옵션을 지정하기 위해서 'D'를 입력합니다.

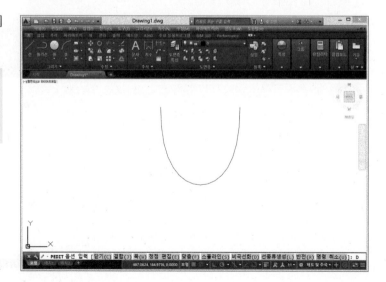

08 곡선이 직선으로 바뀐 도면이 나타납니다.

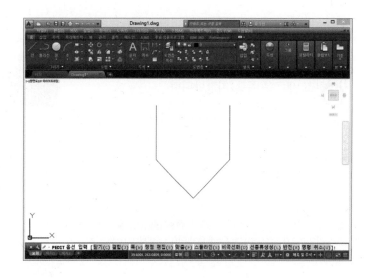

■ [폭] 옵션 실습하기

01 폴리선의 폭을 변화시키기 위해서 [폭] 옵션을 지정하고 새로운 폭을 입력합니다.

옵션 입력 [닫기(C)/결합(J)/폭(W)/정점 편집(E)/맞춤(F)/스플라인(S)/비곡선화(D)/선종류생성(L)/반전(R)/명령 취소(U)] : W Enter
[폭] 옵션을 지정하기 위해서 'W'를 입력합니다.
전체 세그먼트에 대한 새 폭 지정 : 10 Enter
새로운 폭에 '10'을 입력합니다.

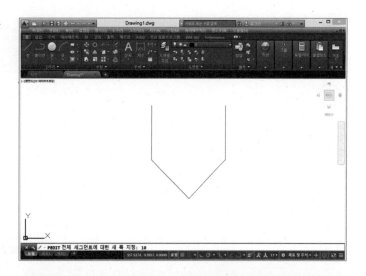

02 폭이 '10' 인 폴리선이 나타납니다.

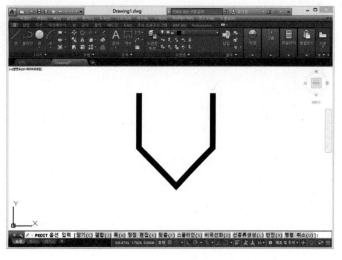

■ [결합] 옵션 실습하기

01 폴리선의 폭을 변화시키기 위해서 [폭] 옵션을
지정하고 새로운 폭을 지정합니다.

옵션 입력 [닫기(C)/결합(J)/폭(W)/정점 편집(E)/맞춤(F)/
스플라인(S)/비곡선화(D)/선종류생성(L)/반전(R)/명령 취
소(U)] : W Enter
[폭] 옵션을 지정하기 위해서 'W'를 입력합니다.
전체 세그먼트에 대한 새 폭 지정 : 0 Enter
새로운 폭에 '0'을 입력합니다.
옵션 입력 [닫기(C)/결합(J)/폭(W)/정점 편집(E)/맞춤(F)/
스플라인(S)/비곡선화(D)/선종류생성(L)/반전(R)/명령 취
소(U)] : Enter

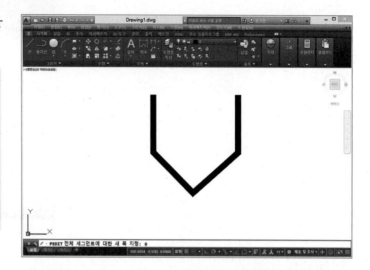

02 폭이 '0' 인 폴리선이 나타납니다.

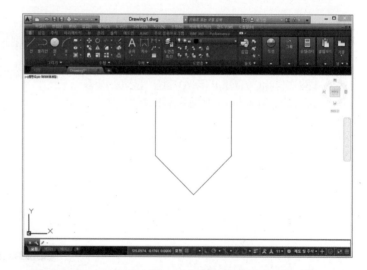

03 [Line] 명령어를 입력하여 폴리선 위에 선을 그
립니다.

명령 : Line Enter
첫 번째 점 지정 : P1 클릭
선의 첫 번째 점에 'P1'을 클릭합니다.
다음 점 지정 또는 [명령 취소(U)] : P2 클릭
선의 두 번째 점에 'P2'를 클릭합니다.
다음 점 지정 또는 [명령 취소(U)] : Enter

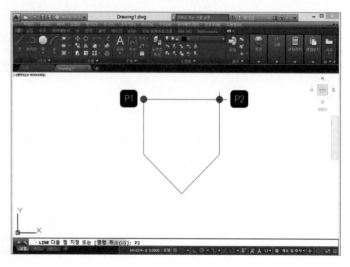

04 마우스로 폴리선을 클릭하면 폴리선과 선이 개별 객체임을 알 수 있습니다.

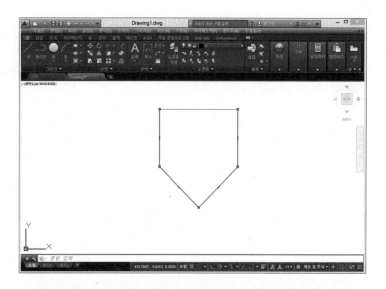

05 '[Esc] 키'를 누른 후, 개별 객체인 폴리선과 선을 단일 객체로 만들기 위해서 [Pedit] 명령어를 수행하여 폴리선을 클릭하고 [결합] 옵션을 지정합니다.

명령 : Pedit [Enter]
폴리선 선택 또는 [다중(M)] : P1 클릭
폴리선에 'P1'을 클릭합니다.
옵션 입력 [닫기(C)/결합(J)/폭(W)/정점 편집(E)/맞춤(F)/스플라인(S)/비곡선화(D)/선종류생성(L)/반전(R)/명령 취소(U)] : J [Enter]
[결합] 옵션을 지정하기 위해서 'J'를 입력합니다.

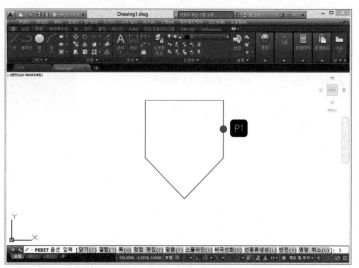

06 폴리선과 선을 결합시키기 위해서 폴리선과 선을 차례로 클릭합니다.

객체 선택 : P1 클릭   1개를 찾음
폴리선에 'P1'을 클릭합니다.
객체 선택 : P2 클릭   1개를 찾음, 총 2개
선에 'P2'를 클릭합니다.
객체 선택 : [Enter]
1개의 세그먼트가 폴리선에 추가됨
옵션 입력 [열기(O)/결합(J)/폭(W)/정점 편집(E)/맞춤(F)/스플라인(S)/비곡선화(D)/선종류생성(L)/반전(R)/명령 취소(U)] : [Enter]

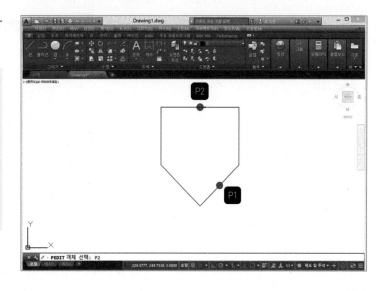

07 마우스로 폴리선을 클릭하여 폴리선과 선이
단일 객체로 결합되어 있음을 확인할 수 있습니다.

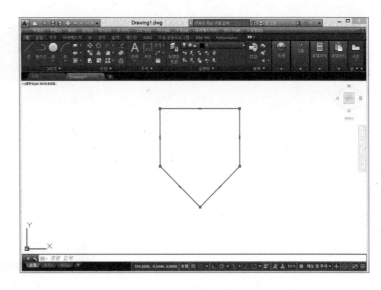

■ [선종류생성] 옵션 실습하기

01 예제 파일 'Part01\Chapter06\6-2\2\ Pedit(열
기, 닫기 옵션)'을 다시 불러옵니다.

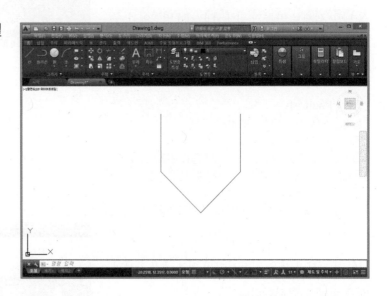

02 폴리선의 선 유형을 바꾸기 위해서 [Change] 명령어를 수행하고 폴리선을 클릭합니다. 이후, [특성] 옵션과 [선종류] 옵션을 차례로 입력하고 새로운 선 유형에 'Center'를 입력합니다.

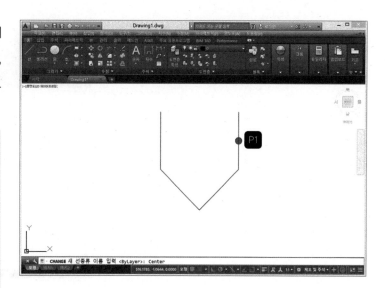

명령 : Change Enter
객체 선택 : P1 클릭   1개를 찾음
폴리선에 'P1'을 클릭합니다.
객체 선택 : Enter
변경점 지정 또는 [특성(P)] : P Enter
[특성] 옵션을 지정하기 위해서 'P'를 입력합니다.
변경할 특성 입력 [색상(C)/고도(E)/도면층(LA)/선종류 (LT)/선종류축척(S)/선가중치(LW)/두께(T)/투명도 (TR)/재료(M)/주석(A)] : LT Enter
[선종류] 옵션을 지정하기 위해서 'LT'를 입력합니다.
새 선종류 이름 입력〈ByLayer〉: Center Enter
새로운 폴리선의 선 유형에 'Center'를 입력합니다.
변경할 특성 입력 [색상(C)/고도(E)/도면층(LA)/선종 류(LT)/선종류축척(S)/선가중치(LW)/두께(T)/ 투명도(TR)/재료(M)/주석(A)] : Enter

03 폴리선에 대한 축적 비율을 지정하기 위해서 [Ltscale] 명령어를 수행하고 축적 비율에 '20'을 입력합니다.

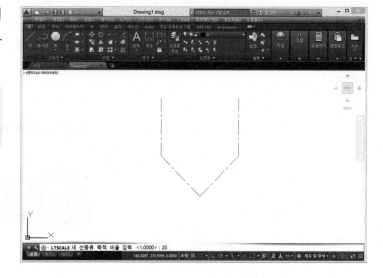

명령 : Ltscale Enter
새 선종류 축척 비율 입력〈1.0000〉: 20 Enter
새로운 폴리선의 축적 비율에 '20'을 입력합니다.

04 선 유형이 '중심선' 인 폴리선이 나타납니다.

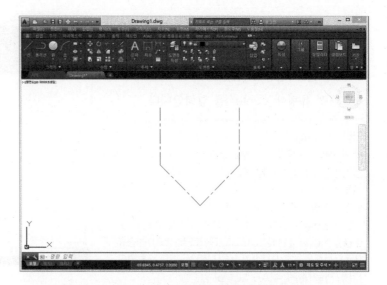

05 [Pedit] 명령어를 수행하고 폴리선을 클릭한 후, [선종류생성] 옵션을 지정합니다.

명령 : Pedit [Enter]
폴리선 선택 또는 [다중(M)] : P1 클릭
폴리선에 'P1'을 클릭합니다.
옵션 입력 [닫기(C)/결합(J)/폭(W)/정점 편집(E)/맞춤
(F)/스플라인(S)/비곡선화(D)/선종류생성(L)/반전(R)/
명령 취소(U)] : L [Enter]
[선종류생성] 옵션을 지정하기 위해서 'L'을 입력합니다.

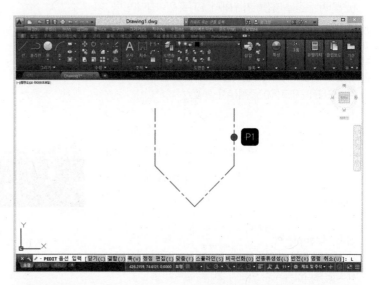

06 도면에서 현재 [선종류생성] 옵션이 [끄기] 옵션인 가운데, 폴리선의 각 정점에서 대시로 시작하고 끝나는 선이 그려져 있습니다. [선종류생성] 옵션을 켜기 위해서 'On' 을 입력합니다.

폴리선 선종류 생성 옵션 입력 [켜기(ON)/끄기(OFF)]
〈끄기〉: On [Enter]
[선종류생성] 옵션을 켜기 위해서 'On'을 입력합니다.
옵션 입력 [닫기(C)/결합(J)/폭(W)/정점 편집(E)/맞춤
(F)/스플라인(S)/비곡선화(D)/선종류생성(L)/반전
(R)/명령 취소(U)] : [Enter]

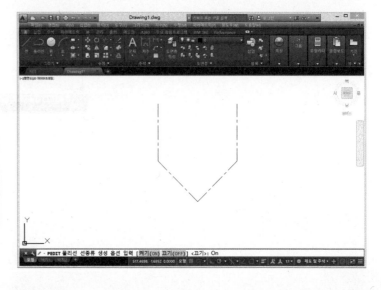

07 폴리선의 각 정점에서 대시로 시작하지도 않고 끝나지도 않는 선이 그려져 있습니다.

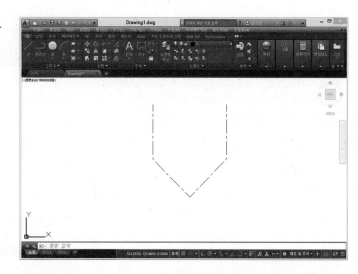

■ [반전] 옵션 실습하기

01 예제 파일 'Part01\Chapter06\6-2\2\ Pedit(열기, 닫기 옵션)' 을 다시 불러옵니다.

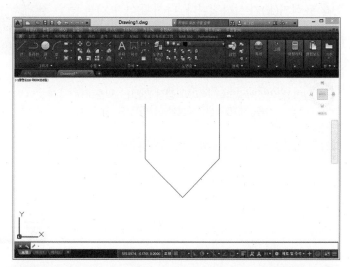

02 폴리선의 정점을 편집하기 위해서 [Pedit] 명령 어를 수행하고 폴리선을 클릭합니다. 이후, [정점 편집] 옵션을 지정하기 위해서 'E' 를 입력하면 표식기 (X)가 폴리선의 시작점인 1번 정점에 위치합니다.

명령 : Pedit Enter
폴리선 선택 또는 [다중(M)] : P1 클릭
폴리선에 'P1'을 클릭합니다.
옵션 입력 [닫기(C)/결합(J)/폭(W)/정점 편집(E)/맞춤(F)/
스플라인(S)/비곡선화(D)/선종류생성(L)/반전(R)/명령 취
소(U)] : E Enter
정점 편집 옵션 입력
[정점 편집] 옵션을 지정하기 위해서 'E'를 입력합니다.

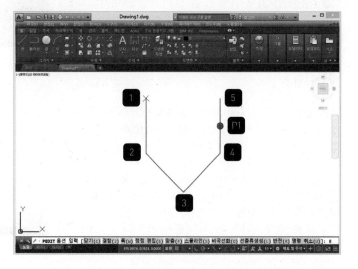

03 [정점 편집] 옵션을 끝내기 위해서 [종료] 옵션을
입력합니다.

> [다음(N)/이전(P)/끊기(B)/삽입(I)/이동(M)/재생성(R)/
> 직선화(S)/접선(T)/폭(W)/종료(X)] ⟨N⟩ : X [Enter]
> [종료] 옵션을 지정하기 위해서 'X'를 입력합니다.

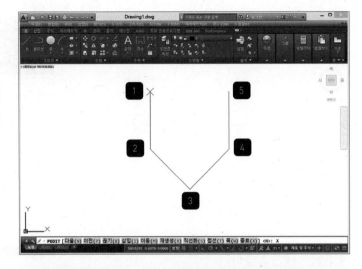

04 표식기(X)가 사라집니다. 다시 표식기(X)를 폴
리선의 끝점인 '5번' 정점에 위치시키기 위해서 [반전]
옵션 'R'을 입력합니다.

> 옵션 입력 [닫기(C)/결합(J)/폭(W)/정점 편집(E)/맞춤(F)/
> 스플라인(S)/비곡선화(D)/선종류생성(L)/반전(R)/명령 취
> 소(U)] : R [Enter]
> [반전] 옵션을 지정하기 위해서 'R'을 입력합니다.

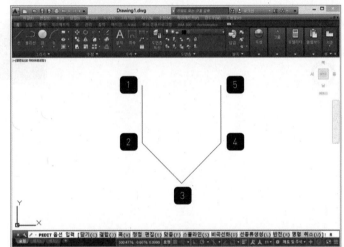

05 [정점 편집] 옵션인 'E'를 입력하면 표식기(X)가
폴리선의 끝점인 '5번' 정점에 위치합니다. 이후, [정
점 편집] 옵션을 끝내기 위해서 [종료] 옵션인 'X'를 입
력합니다.

> 옵션 입력 [닫기(C)/결합(J)/폭(W)/정점 편집(E)/맞춤(F)/
> 스플라인(S)/비곡선화(D)/선종류생성(L)/반전(R)/명령 취
> 소(U)] : E [Enter]
> 정점 편집 옵션 입력
> [정점 편집] 옵션을 지정하기 위해서 'E'를 입력합니다.
> [다음(N)/이전(P)/끊기(B)/삽입(I)/이동(M)/재생성(R)/
> 직선화(S)/접선(T)/폭(W)/종료(X)] ⟨N⟩ : X [Enter]
> [종료] 옵션을 지정하기 위해서 'X'를 입력합니다.
> 옵션 입력 [닫기(C)/결합(J)/폭(W)/정점 편집(E)/맞춤
> (F)/스플라인(S)/비곡선화(D)/선종류생성(L)/
> 반전(R)/명령 취소(U)] : [Enter]

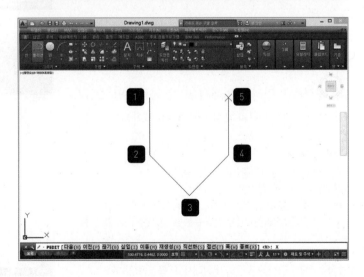

● [정점 편집] 모드

■ [다음], [이전] 옵션 실습하기

01 예제 파일 'Part01\Chapter06\6-2\2\ Pedit(열기, 닫기 옵션)' 을 다시 불러옵니다.

02 폴리선의 정점을 편집하기 위해서 [Pedit] 명령어를 수행하고 폴리선을 클릭합니다. 이후, [정점 편집] 옵션을 지정하기 위해서 'E' 를 입력합니다.

> **명령 : Pedit** Enter
> 폴리선 선택 또는 [다중(M)] : P1 클릭
> 폴리선에 'P1'을 클릭합니다.
> 옵션 입력 [닫기(C)/결합(J)/폭(W)/정점 편집(E)/맞춤(F)/
> 스플라인(S)/비곡선화(D)/선종류생성(L)/반전(R)/명령 취
> 소(U)] : E Enter
> [정점 편집] 옵션을 지정하기 위해서 'E'를 입력합니다.

03 표식기(X)가 '1번' 정점에 위치하고 있습니다.

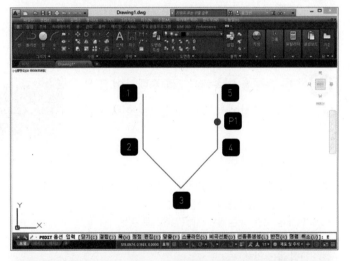

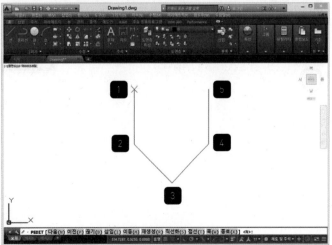

04 [다음] 옵션을 연속해서 3회 수행하여 표식기(X)를 '1번' 정점에서 '4번' 정점으로 이동시킵니다.

> 정점 편집 옵션 입력
> [다음(N)/이전(P)/끊기(B)/삽입(I)/이동(M)/재생성(R)/직선화(S)/접선(T)/폭(W)/종료(X)] 〈N〉 : N Enter
> 표식기(X)를 '1번' 정점에서 '2번' 정점으로 이동시키기 위해서 [다음] 옵션인 'N'을 입력합니다.
> 정점 편집 옵션 입력
> [다음(N)/이전(P)/끊기(B)/삽입(I)/이동(M)/재생성(R)/직선화(S)/접선(T)/폭(W)/종료(X)] 〈N〉 : N Enter
> 표식기(X)를 '2번' 정점에서 '3번' 정점으로 이동시키기 위해서 [다음] 옵션인 'N'을 입력합니다.
> 정점 편집 옵션 입력
> [다음(N)/이전(P)/끊기(B)/삽입(I)/이동(M)/재생성(R)/직선화(S)/접선(T)/폭(W)/종료(X)] 〈N〉 : N Enter
> 표식기(X)를 '3번' 정점에서 '4번' 정점으로 이동시키기 위해서 [다음] 옵션인 'N'을 입력합니다.

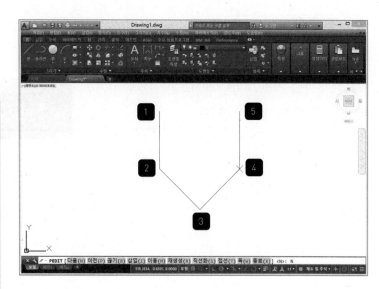

05 [이전] 옵션을 연속해서 2회 수행하여 표식기(X)를 '4번' 정점에서 '2번' 정점으로 이동시킵니다.

> 정점 편집 옵션 입력
> [다음(N)/이전(P)/끊기(B)/삽입(I)/이동(M)/재생성(R)/직선화(S)/접선(T)/폭(W)/종료(X)] 〈N〉 : P Enter
> 표식기(X)를 '4번' 정점에서 '3번' 정점으로 이동시키기 위해서 [이전] 옵션인 'P'를 입력합니다.
> 정점 편집 옵션 입력
> [다음(N)/이전(P)/끊기(B)/삽입(I)/이동(M)/재생성(R)/직선화(S)/접선(T)/폭(W)/종료(X)] 〈P〉 : P Enter
> 표식기(X)를 '3번' 정점에서 '2번' 정점으로 이동시키기 위해서 [이전] 옵션인 'P'를 입력합니다.

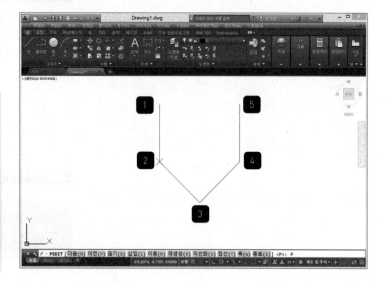

■ [끊기], [진행] 옵션 실습하기

01 폴리선을 끊기 위해서 [끊기] 옵션을 지정하고 표식기(X)를 '2번' 정점부터 '3번' 정점까지 이동시킨 후, [진행] 옵션을 지정합니다. '2번' 정점부터 '3번' 정점까지 끊어진 것을 확인할 수 있습니다.

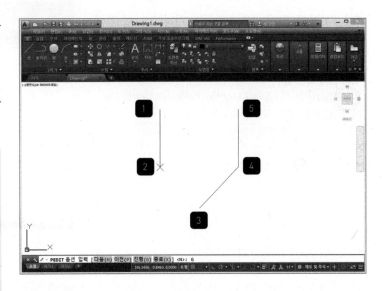

정점 편집 옵션 입력
[다음(N)/이전(P)/끊기(B)/삽입(I)/이동(M)/재생성
(R)/직선화(S)/접선(T)/폭(W)/종료(X)] 〈P〉: B [Enter]
[끊기] 옵션을 지정하기 위해서 'B'를 입력합니다.
옵션 입력 [다음(N)/이전(P)/진행(G)/종료(X)] 〈N〉:
N [Enter]
표식기(X)를 '2번' 정점에서 '3번' 정점으로 이동시키기
위해서 'N'을 입력합니다.
옵션 입력 [다음(N)/이전(P)/진행(G)/종료(X)] 〈N〉:
G [Enter]
[진행] 옵션을 지정하기 위해서 'G'를 입력합니다.

■ [삽입] 옵션 실습하기

01 끊어진 '2번' 정점과 '3번' 정점 사이를 잇기 위해서 [삽입] 옵션을 지정하고 '3번' 정점을 클릭합니다.

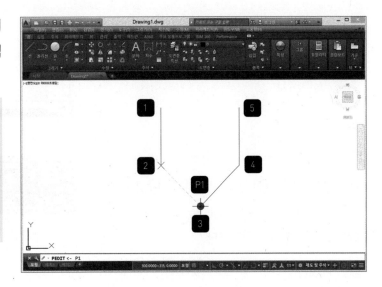

정점 편집 옵션 입력
[다음(N)/이전(P)/끊기(B)/삽입(I)/이동(M)/재생성
(R)/직선화(S)/접선(T)/폭(W)/종료(X)] 〈N〉: I [Enter]
[삽입] 옵션을 지정하기 위해서 'I'를 입력합니다.
새 정점의 위치 지정 : End [Enter]
〈- P1 클릭
'3번' 정점을 정확히 지정하기 위해서 'End'를 입력하고
'P1'을 클릭합니다.

02 '2번' 정점과 '3번' 정점이 이어진 도면이 나타납니다. [정점 편집] 옵션을 종료하기 위해서 'X'를 입력합니다.

> 정점 편집 옵션 입력
> [다음(N)/이전(P)/끊기(B)/삽입(I)/이동(M)/재생성(R)/직선화(S)/접선(T)/폭(W)/종료(X)] ⟨P⟩ : X [Enter]
> [종료] 옵션을 지정하기 위해서 'X'를 입력합니다.
> 옵션 입력 [닫기(C)/결합(J)/폭(W)/정점 편집(E)/맞춤(F)/스플라인(S)/비곡선화(D)/선종류생성(L)/반전(R)/명령 취소(U)] : [Enter]

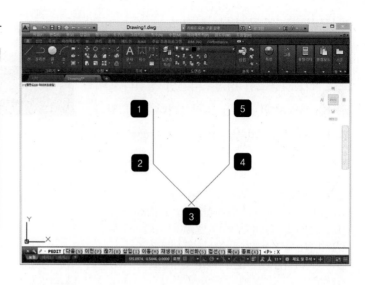

■ [이동] 옵션 실습하기

01 예제 파일 'Part01\Chapter06\6-2\2\ Pedit(열기, 닫기 옵션)'을 다시 불러옵니다.

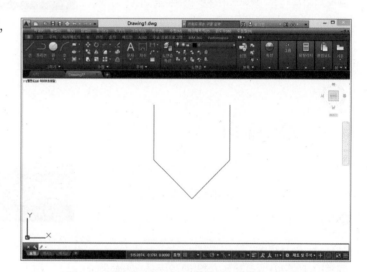

02 폴리선의 정점을 편집하기 위해서 [Pedit] 명령어를 수행하고 폴리선을 클릭합니다. 이후, [정점 편집] 옵션을 지정하기 위해서 'E'를 입력하면 표식기(X)가 '1번' 정점에 위치합니다.

> 명령 : Pedit [Enter]
> 폴리선 선택 또는 [다중(M)] : P1 클릭
> 폴리선에 'P1'을 클릭합니다.
> 옵션 입력 [닫기(C)/결합(J)/폭(W)/정점 편집(E)/맞춤(F)/스플라인(S)/비곡선화(D)/선종류생성(L)/반전(R)/명령 취소(U)] : E [Enter]
> [정점 편집] 옵션을 지정하기 위해서 'E'를 입력합니다.

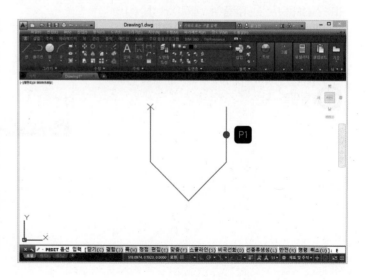

03 [다음] 옵션을 연속해서 '1회' 수행하여 표식기(X)를 '1번' 정점에서 '2번' 정점으로 이동시킵니다.

정점 편집 옵션 입력
[다음(N)/이전(P)/끊기(B)/삽입(I)/이동(M)/재생성(R)/직선화(S)/접선(T)/폭(W)/종료(X)] 〈N〉 : N Enter
표식기(X)를 '1번' 정점에서 '2번' 정점으로 이동시키기 위해서 [다음] 옵션인 'N'을 입력합니다.

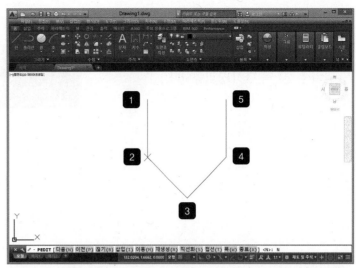

04 정점을 이동시키기 위해서 [이동] 옵션을 지정하고 정점의 새로운 위치를 클릭합니다.

정점 편집 옵션 입력
[다음(N)/이전(P)/끊기(B)/삽입(I)/이동(M)/재생성(R)/직선화(S)/접선(T)/폭(W)/종료(X)] 〈N〉 : M Enter
[이동] 옵션을 지정하기 위해서 'M'을 입력합니다.
표시된 정점에 대한 새 위치 지정 : P1 클릭
새로운 정점 위치에 'P1'을 클릭합니다.

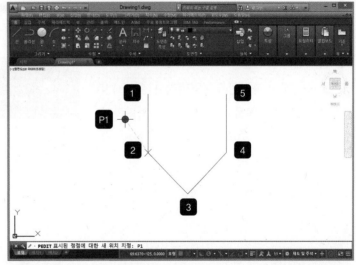

05 정점의 위치가 바뀐 도면이 나타납니다. 이후, 정점 편집을 종료합니다.

정점 편집 옵션 입력
[다음(N)/이전(P)/끊기(B)/삽입(I)/이동(M)/재생성(R)/직선화(S)/접선(T)/폭(W)/종료(X)] 〈N〉 : X Enter
[종료] 옵션을 지정하기 위해서 'X'를 입력합니다.
옵션 입력 [닫기(C)/결합(J)/폭(W)/정점 편집(E)/맞춤(F)/스플라인(S)/비곡선화(D)/선종류생성(L)/반전(R)/명령 취소(U)] : Enter

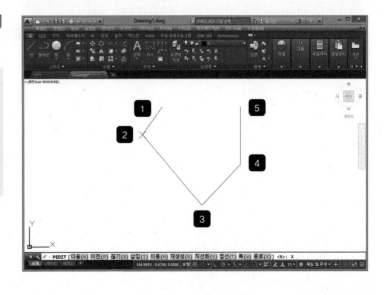

■ [직선화] 옵션 실습하기

01 예제 파일 'Part01\Chapter06\6-2\2\ Pedit(열기, 닫기 옵션)'을 다시 불러옵니다.

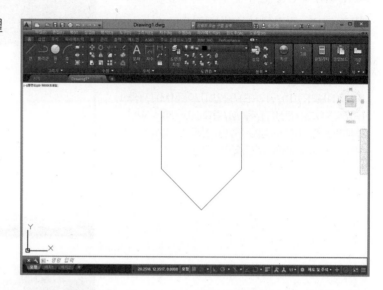

02 폴리선의 정점을 편집하기 위해서 [Pedit] 명령어를 수행하고 폴리선을 클릭합니다. 이후, [정점 편집] 옵션을 지정하기 위해서 'E'를 입력하면 표식기(X)가 '1번' 정점에 위치합니다.

명령 : Pedit Enter
폴리선 선택 또는 [다중(M)] : P1 클릭
폴리선에 'P1'을 클릭합니다.
옵션 입력 [닫기(C)/결합(J)/폭(W)/정점 편집(E)/맞춤
(F)/스플라인(S)/비곡선화(D)/선종류생성(L)/반전
(R)/명령 취소(U)] : E Enter
[정점 편집] 옵션을 지정하기 위해서 'E'를 입력합니다.

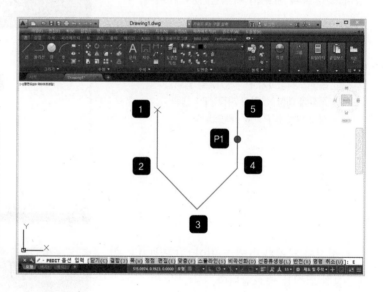

03 [직선화] 옵션을 지정하고[다음] 옵션을 사용하여 표식기(X)를 '1번' 정점에서 '3번' 정점으로 이동시킵니다.

정점 편집 옵션 입력
[다음(N)/이전(P)/끊기(B)/삽입(I)/이동(M)/재생성(R)/직선화(S)/접선(T)/폭(W)/종료(X)] 〈N〉 : S Enter
[직선화] 옵션을 지정하기 위해서 'S'를 입력합니다.
옵션 입력 [다음(N)/이전(P)/진행(G)/종료(X)] 〈N〉 :
N Enter
표식기(X)를 '1번' 정점에서 '2번' 정점으로 이동시키기 위해서 [다음] 옵션인 'N'을 입력합니다.
옵션 입력 [다음(N)/이전(P)/진행(G)/종료(X)] 〈N〉 :
N Enter
표식기(X)를 '2번' 정점에서 '3번' 정점으로 이동시키기 위해서 [다음] 옵션인 'N'을 입력합니다.

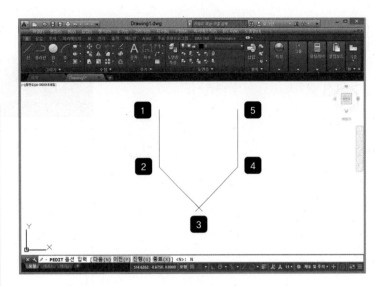

04 [진행] 옵션을 지정하면 '1번' 정점에서 바로 '3번' 정점으로 이어지는 폴리선이 생성되는데 이때 '2번' 정점은 사라집니다. 이후, [정점 편집] 옵션을 종료합니다.

옵션 입력 [다음(N)/이전(P)/진행(G)/종료(X)] 〈N〉 :
G Enter
[진행] 옵션을 지정하기 위해서 'G'를 입력합니다.
정점 편집 옵션 입력
[다음(N)/이전(P)/끊기(B)/삽입(I)/이동(M)/재생성(R)/직선화(S)/접선(T)/폭(W)/종료(X)] 〈N〉 : X Enter
[종료] 옵션을 지정하기 위해서 'X'를 입력합니다.
옵션 입력 [닫기(C)/결합(J)/폭(W)/정점 편집(E)/맞춤(F)/스플라인(S)/비곡선화(D)/선종류생성(L)/반전(R)/명령 취소(U)] : Enter

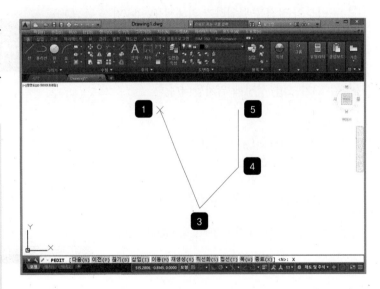

■ [접선] 옵션 실습하기

01 예제 파일 'Part01\Chapter06\6-2\2\ Pedit(열기, 닫기 옵션)' 을 다시 불러옵니다.

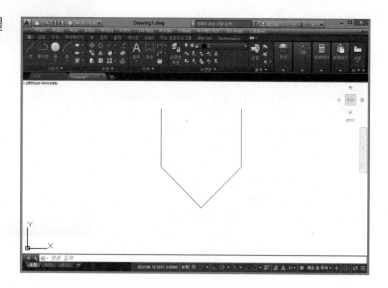

02 폴리선의 정점을 편집하기 위해서 [Pedit] 명령어를 수행하고 폴리선을 클릭합니다. 이후, [정점 편집] 옵션을 지정하기 위해서 'E' 를 입력하면 표식기(X)가 '1번' 정점에 위치합니다.

> **명령 : Pedit** Enter
> 폴리선 선택 또는 [다중(M)] : P1 클릭
> 폴리선에 'P1'을 클릭합니다.
> 옵션 입력 [닫기(C)/결합(J)/폭(W)/정점 편집(E)/맞춤 (F)/스플라인(S)/비곡선화(D)/선종류생성(L)/반전(R)/ 명령 취소(U)] : E Enter
> [정점 편집] 옵션을 지정하기 위해서 'E'를 입력합니다.

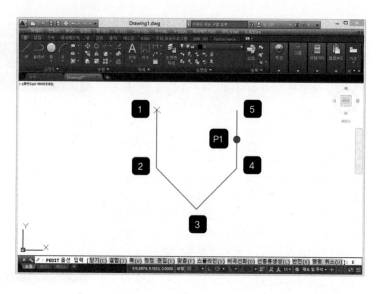

03 '1번' 정점에서 '2번' 정점으로의 접선 방향을 나타내기 위해서 [접선] 옵션을 지정하고 '2번' 정점을 클릭합니다.

정점 편집 옵션 입력
[다음(N)/이전(P)/끊기(B)/삽입(I)/이동(M)/재생성(R)/직선화(S)/접선(T)/폭(W)/종료(X)] ⟨N⟩ : T Enter
[접선] 옵션을 지정하기 위해서 'T'를 입력합니다.
정점 접선의 방향 지정 : P1 클릭
'1번' 정점으로부터 '2번' 정점으로 접선 방향에 'P1'을 클릭합니다.

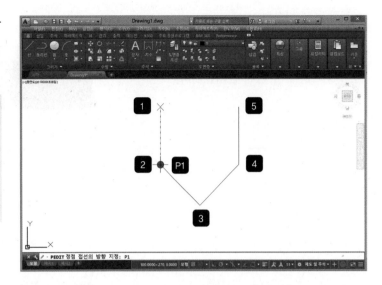

04 '1번' 정점에 접선 방향이 표시된 폴리선이 나타납니다. 이후, [정점 편집] 옵션을 종료하고 [Pedit] 명령을 종료합니다.

정점 편집 옵션 입력
[다음(N)/이전(P)/끊기(B)/삽입(I)/이동(M)/재생성(R)/직선화(S)/접선(T)/폭(W)/종료(X)] ⟨N⟩ : X Enter
[종료] 옵션을 지정하기 위해서 'X'를 입력합니다.
옵션 입력 [닫기(C)/결합(J)/폭(W)/정점 편집(E)/맞춤(F)/스플라인(S)/비곡선화(D)/선종류생성(L)/반전(R)/명령 취소(U)] : Enter

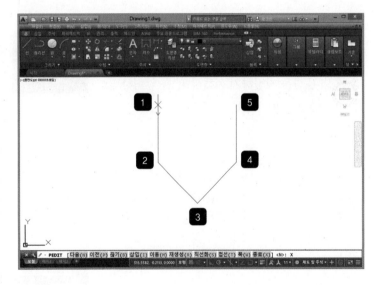

■ [폭] 옵션 실습하기

01 예제 파일 'Part01\Chapter06\6-2\2\ Pedit(열기, 닫기 옵션)'을 다시 불러옵니다.

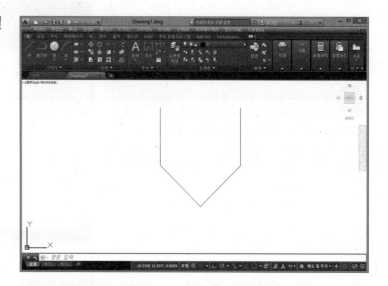

02 폴리선의 정점을 편집하기 위해서 [Pedit] 명령어를 수행하고 폴리선을 클릭합니다. 이후, [정점 편집] 옵션을 지정하기 위해서 'E'를 입력하면 표식기(X)가 '1번' 정점에 위치합니다.

명령 : Pedit [Enter]
폴리선 선택 또는 [다중(M)] : P1 클릭
폴리선에 'P1'을 클릭합니다.
옵션 입력 [닫기(C)/결합(J)/폭(W)/정점 편집(E)/맞춤(F)/스플라인(S)/비곡선화(D)/선종류생성(L)/반전(R)/명령 취소(U)] : E [Enter]
[정점 편집] 옵션을 지정하기 위해서 'E'를 입력합니다.

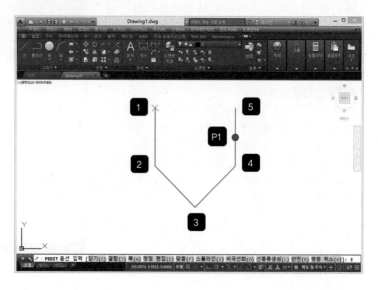

03 [폭] 옵션을 지정하고 각 정점에서의 폭을 입력한 후, 각 정점 사이에서 표식기(X)를 이동시키기 위해서 [다음] 옵션을 지정합니다. 이후, [정점 편집] 옵션을 종료하고 [Pedit] 명령을 종료합니다.

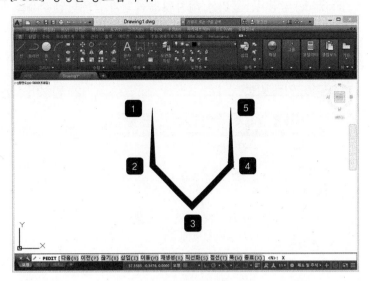

정점 편집 옵션 입력
[다음(N)/이전(P)/끊기(B)/삽입(I)/이동(M)/재생성(R)/
직선화(S)/접선(T)/폭(W)/종료(X)] 〈N〉: W Enter
다음 세그먼트에 대한 시작 폭 지정 〈0.0000〉: 0 Enter
다음 세그먼트에 대한 끝 폭 지정 〈0.0000〉: 10 Enter
[폭] 옵션을 지정하고 '1번' 정점에서의 폭에 '0', '2번' 정점
에서의 폭에 '10'을 입력합니다.

정점 편집 옵션 입력
[다음(N)/이전(P)/끊기(B)/삽입(I)/이동(M)/재생성(R)/
직선화(S)/접선(T)/폭(W)/종료(X)] 〈N〉: N Enter
표식기(X)를 '1번' 정점에서 '2번' 정점으로 이동시키기 위
해서 [다음] 옵션인 'N'을 입력합니다.

정점 편집 옵션 입력
[다음(N)/이전(P)/끊기(B)/삽입(I)/이동(M)/재생성(R)/
직선화(S)/접선(T)/폭(W)/종료(X)] 〈N〉: W Enter
다음 세그먼트에 대한 시작 폭 지정 〈0.0000〉: 10 Enter
다음 세그먼트에 대한 끝 폭 지정 〈10.0000〉: 10 Enter
[폭] 옵션을 지정하고 '2번' 정점에서의 폭에 '10', '3번' 정
점에서의 폭에 '10'을 입력합니다.

정점 편집 옵션 입력
[다음(N)/이전(P)/끊기(B)/삽입(I)/이동(M)/재생성(R)/
직선화(S)/접선(T)/폭(W)/종료(X)] 〈N〉: N Enter
표식기(X)를 '2번' 정점에서 '3번' 정점으로 이동시키기 위
해서 [다음] 옵션인 'N'을 입력합니다.

정점 편집 옵션 입력
[다음(N)/이전(P)/끊기(B)/삽입(I)/이동(M)/재생성(R)/
직선화(S)/접선(T)/폭(W)/종료(X)] 〈N〉: W Enter
다음 세그먼트에 대한 시작 폭 지정 〈0.0000〉: 10 Enter
다음 세그먼트에 대한 끝 폭 지정 〈10.0000〉: 10 Enter
[폭] 옵션을 지정하고 '3번' 정점에서의 폭에 '10', '4번' 정
점에서의 폭에 '10'을 입력합니다.

정점 편집 옵션 입력
[다음(N)/이전(P)/끊기(B)/삽입(I)/이동(M)/재생성(R)/
직선화(S)/접선(T)/폭(W)/종료(X)] 〈N〉: N Enter
표식기(X)를 '3번' 정점에서 '4번' 정점으로 이동시키기 위
해서 [다음] 옵션인 'N'을 입력합니다.

정점 편집 옵션 입력
[다음(N)/이전(P)/끊기(B)/삽입(I)/이동(M)/재생성(R)/
직선화(S)/접선(T)/폭(W)/종료(X)] 〈N〉: W Enter
다음 세그먼트에 대한 시작 폭 지정 〈0.0000〉: 10 Enter
다음 세그먼트에 대한 끝 폭 지정 〈10.0000〉: 0 Enter
[폭] 옵션을 지정하고 '4번' 정점에서의 폭에 '10', '5번' 정
점에서의 폭에 '0'을 입력합니다.

정점 편집 옵션 입력
[다음(N)/이전(P)/끊기(B)/삽입(I)/이동(M)/재생성(R)/
직선화(S)/접선(T)/폭(W)/종료(X)] 〈N〉: X Enter
[정점 편집] 옵션을 종료하기 위해서 'X'를 입력합니다.
옵션 입력 [닫기(C)/결합(J)/폭(W)/정점 편집(E)/맞춤
(F)/스플라인(S)/비곡선화(D)/선종류생성(L)/반전(R)/명
령 취소(U)] : Enter

③ 단일 객체를 개별 객체로 분해하는 [Explode] 명령어

[Explode] 명령어는 폴리선, 해치 및 블록 등과 같은 단일 객체를 개별 객체로 변환할 수 있습니다. 두께를 갖는 객체인 경우, [Explode] 명령어를 수행하면 객체가 분해되면서 두께가 '0' 이 됩니다.

(1) 명령어 입력 방법

[Explode] 명령어	
메뉴 막대	수정→분해
명령어	Explode
단축 명령어	X
리본 메뉴	(홈)탭→(수정)패널→분해( ) ([제도 및 주석] 작업공간)
	(홈)탭→(수정)패널→분해( ) ([3D 모델링] 작업공간)

(2) 명령어 사용 방법

명령 : Explode [Enter]
객체 선택 : P1 클릭   1개를 찾음
분해할 객체를 지정합니다.
객체 선택 : [Enter]

(3) 실습하기

● 기본 실습하기

01 아래의 예제 파일을 불러옵니다.

예제 파일 : Part01\Chapter06\6-2\3\Explode(기본)

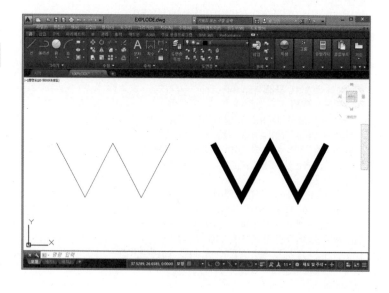

02 왼쪽과 오른쪽의 폴리선에 마우스를 갖다 대어 단일 객체임을 확인합니다.

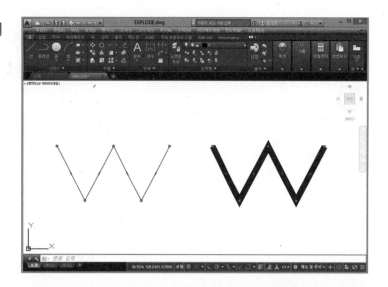

03 왼쪽 폴리선을 단일 객체에서 개별 객체로 분해하기 위해서 [Explode] 명령어를 입력하고 왼쪽 폴리선을 클릭합니다.

명령 : Explode [Enter]
객체 선택 : P1 클릭　1개를 찾음
분해할 객체에 'P1'을 클릭합니다.
객체 선택 : [Enter]

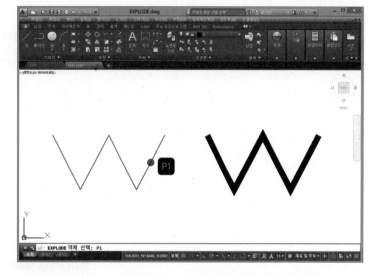

04 왼쪽 선의 'P1'에 마우스를 갖다 대면 단일 객체가 개별 객체로 분해된 것을 알 수 있습니다.

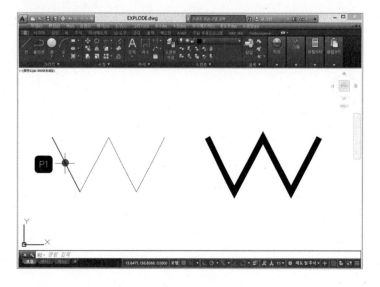

05 두께가 있는 오른쪽 폴리선을 단일 객체에서 개별 객체로 분해하기 위해서 [Explode] 명령어를 입력하고 오른쪽 폴리선을 클릭합니다.

명령 : Explode [Enter]
객체 선택 : P1 클릭   1개를 찾음
분해할 객체에 'P1'을 클릭합니다.
객체 선택 : [Enter]

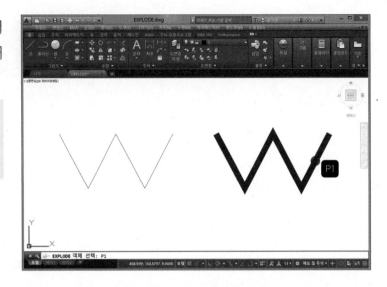

06 오른쪽 폴리선을 클릭하여 두께가 '0' 으로 바뀐 것을 확인할 수 있습니다. 또한 오른쪽 선의 'P1'에 마우스를 갖다 대면 단일 객체가 개별 객체로 분해된 것을 알 수 있습니다.

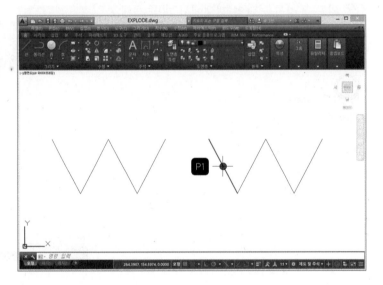

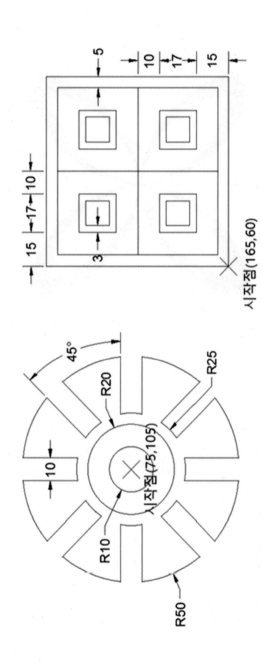

명령어 : Rectangle, Offset, Line, Copy

시작점(165,60)

명령어 : Circle, Line, Offset, Trim, Erase

시작점(75,105)

Limits : 0,0~297,210

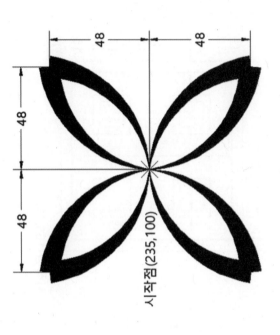

48

48

48

48

시작점(235,100)

명령어 : Polyline[폭 0(시작점), 10(끝점)],
Polyline[두 번째 점(211,83)], Mirror

25

50

25

R5

R5

R5

25

R5

R5

10

26

2-R5

R15

R5

5

10

8

25

R5

시작점(35,50)

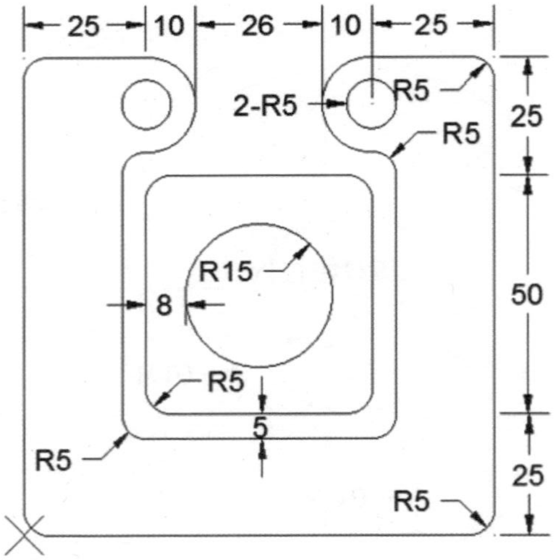

명령어 : Polyline, Circle, Fillet,
Line, Trim, Erase

Limits : 0,0~297,210

7 CHAPTER

문자와 도면층 작성하기

7.1 문자 작성하기

1 단일 행 문자를 작성하는 [Dtext 또는 Text] 명령어

[Dtext 또는 Text(이하 Dtext)] 명령어는 단일 행 문자를 입력하는 것으로서 [Dtext] 명령어는 'Dynamic Text(동적 문자)' 라고도 합니다. 'Enter' 를 눌러가면서 계속해서 문자를 작성할 수 있고 [Dtext] 명령어에 의해서 단일행 문자를 여러 줄 입력한 후, 마우스로 입력한 문자를 클릭하면 여러 줄이 한꺼번에 선택 안되고 단일행만 선택됩니다.

(1) 명령어 입력 방법

[Dtext] 명령어	
메뉴 막대	그리기→문자→단일 행 문자
명령어	Dtext 또는 Text
단축 명령어	Dt
리본 메뉴	(홈)탭→(주석)패널→문자→단일 행(**A**) ([제도 및 주석] 작업공간)
	(주석)탭→(문자)패널→단일 행(**A**) ([3D 모델링] 작업공간)

(2) 명령어 사용 방법

명령 : Dtext Enter
현재 문자 스타일 : "Standard" 문자 높이 : 0.2000 주석 : 아니오 자리맞추기 : 왼쪽
문자의 시작점 지정 또는 [자리맞추기(J)/스타일(S)] : P1 클릭
문자의 시작점을 지정합니다.
높이 지정 〈0.2000〉 : 30 Enter
문자의 높이를 지정합니다.
문자의 회전 각도 지정 〈0〉 : 0 Enter
문자의 회전 각도를 지정합니다.
문자를 입력한 후, 'Enter'를 2번 칩니다.

(3) 옵션 설명

옵션	설명
자리맞추기(J)	문자열의 정렬 위치를 지정합니다.
왼쪽(L)	문자열의 '왼쪽'을 기준으로 정렬합니다.
중심(C)	문자열의 '중심'을 기준으로 정렬합니다.
오른쪽(R)	문자열의 '오른쪽'을 기준으로 정렬합니다.
정렬(A)	2점을 지정하면 2점 사이에 문자가 정렬합니다. 이때 문자의 높이는 문자행의 길이에 따라서 자동으로 조절됩니다.
중간(M)	문자열의 '중간'을 기준으로 정렬합니다.
맞춤(F)	2점을 지정하면 2점 사이에 문자가 정렬합니다. 이때 문자의 높이는 입력값에 따라서 조절됩니다.
맨위왼쪽(TL)	문자열의 '맨위왼쪽'을 기준으로 정렬합니다.
맨위중심(TC)	문자열의 '맨위중심'을 기준으로 정렬합니다.
맨위오른쪽(TR)	문자열의 '맨위오른쪽'을 기준으로 정렬합니다.
중간왼쪽(ML)	문자열의 '중간왼쪽'을 기준으로 정렬합니다. .
중간중심(MC)	문자열의 '중간중심'을 기준으로 정렬합니다.
중간오른쪽(MR)	문자열의 '중간오른쪽'을 기준으로 정렬합니다.
맨아래왼쪽(BL)	문자열의 '맨아래왼쪽'을 기준으로 정렬합니다.

옵션	설명
맨아래중심(BC)	문자열의 '맨아래중심'을 기준으로 정렬합니다.
맨아래오른쪽(BR)	문자열의 '맨아래오른쪽'을 기준으로 정렬합니다.
스타일(S)	미리 문자 스타일을 지정해 놓은 경우, 그 중 하나의 스타일을 불러옵니다.

● 자리맞추기(J)의 지정 위치

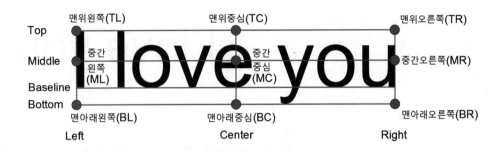

⑷ 실습하기

● [왼쪽] 옵션 실습하기

01 [Limits] 명령어에 의해서 도면 한계를 설정한 후, [Limits] 명령어에 의해서 지정한 설정값을 [Zoom] 명령을 수행함으로써 화면상에 적용합니다.

명령 : Limits Enter
모형 공간 한계 재설정 :
왼쪽 아래 구석 지정 또는 [켜기(ON)/끄기(OFF)]
⟨0.0000,0.0000⟩ : 0,0 Enter
작업 도면의 '왼쪽-아래쪽'에 '0,0'을 입력합니다.
오른쪽 위 구석 지정 ⟨420.0000,297.0000⟩ : 420, 297
Enter
작업 도면의 '오른쪽-위쪽'에 '420,297'을 입력합니다.

명령 : Zoom Enter
윈도우 구석 지정, 축척 비율(nX 또는 nXP) 입력 또는
[전체(A)/중심(C)/동적(D)/범위(E)/이전(P)/축척(S)/윈
도우(W)/객체(O)] ⟨실시간⟩ : A Enter
[Limits] 명령어에 의해서 지정한 도면 한계를 화면에 적용하기
위해서 [Zoom] 명령어의 [전체] 옵션을 입력합니다.
모형 재생성 중.

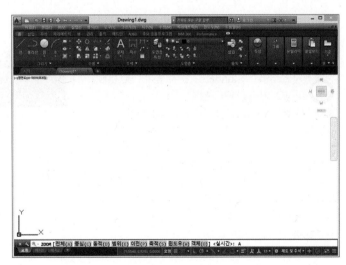

02 [Dtext] 명령어를 입력하고 [자리맞추기] 옵션과 [왼쪽] 옵션을 지정합니다. 문자의 시작점, 높이 및 회전 각도를 지정한 후, 문자를 입력합니다. Baseline의 왼쪽 끝점을 기준으로 문자가 입력됩니다.

명령 : Dtext [Enter]
현재 문자 스타일 : "Standard" 문자 높이 : 0.2000 주석 : 아니오 자리맞추기 : 왼쪽
문자의 시작점 지정 또는 [자리맞추기(J)/스타일(S)] : J [Enter]
[자리맞추기] 옵션을 지정하기 위해서 'J'를 입력합니다.
옵션 입력 [왼쪽(L)/중심(C)/오른쪽(R)/정렬(A)/중간
(M)/맞춤(F)/맨위왼쪽(TL)/맨위중심(TC)/맨위오른쪽
(TR)/중간왼쪽(ML)/중간중심(MC)/중간오른쪽(MR)/맨아
래왼쪽(BL)/맨아래중심(BC)/맨아래오른쪽(BR)] : L [Enter]
[왼쪽] 옵션을 지정하기 위해서 'L'을 입력합니다.
문자의 시작점 지정 : P1 클릭
문자의 시작점에 'P1'을 클릭합니다.
높이 지정 〈0.2000〉 : 60 [Enter]
문자의 높이에 '60'을 입력합니다.
문자의 회전 각도 지정 〈0〉 : 0 [Enter]
문자의 회전 각도에 '0'을 입력합니다.
'I love you'를 입력한 후, [Enter]를 2번 칩니다.

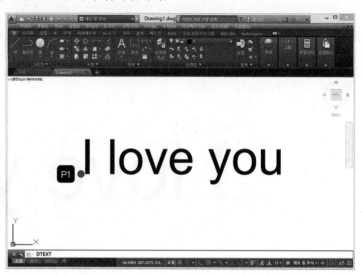

● [중심] 옵션 실습하기

01 [Dtext] 명령어를 입력하고 [자리맞추기] 옵션과 [중심] 옵션을 지정합니다. 문자의 중심점, 높이 및 회전 각도를 지정한 후, 문자를 입력합니다. Baseline의 중심점을 기준으로 문자가 입력됩니다.

명령 : Dtext [Enter]
현재 문자 스타일 : "Standard" 문자 높이 : 60.0000
주석 : 아니오 자리맞추기 : 왼쪽
문자의 시작점 지정 또는 [자리맞추기(J)/스타일(S)] : J [Enter]
[자리맞추기] 옵션을 지정하기 위해서 'J'를 입력합니다.
옵션 입력 [왼쪽(L)/중심(C)/오른쪽(R)/정렬(A)/중간
(M)/맞춤(F)/맨위왼쪽(TL)/맨위중심(TC)/맨위오른쪽
(TR)/중간왼쪽(ML)/중간중심(MC)/중간오른쪽(MR)/맨아
래왼쪽(BL)/맨아래중심(BC)/맨아래오른쪽(BR)] : C [Enter]
[중심] 옵션을 지정하기 위해서 'C'를 입력합니다.
문자의 중심점 지정 : P1 클릭
문자의 중심점에 'P1'을 클릭합니다.
높이 지정 〈60.0000〉 : 60 [Enter]
문자의 높이에 '60'을 입력합니다.
문자의 회전 각도 지정 〈0〉 : 0 [Enter]
문자의 회전 각도에 '0'을 입력합니다.
'I love you'를 입력한 후, [Enter]를 2번 칩니다.

● [오른쪽] 옵션 실습하기

01 [Dtext] 명령어를 입력하고 [자리맞추기] 옵션과 [오른쪽] 옵션을 지정합니다. 문자의 오른쪽 끝점, 높이 및 회전 각도를 지정한 후, 문자를 입력합니다. Baseline의 오른쪽 끝점을 기준으로 문자가 입력됩니다.

명령 : Dtext Enter
현재 문자 스타일 : "Standard" 문자 높이 : 60.0000
주석 : 아니오 자리맞추기 : 중심
문자의 중심점 지정 또는 [자리맞추기(J)/스타일(S)] :
J Enter
[자리맞추기] 옵션을 지정하기 위해서 'J'를 입력합니다.
옵션 입력 [왼쪽(L)/중심(C)/오른쪽(R)/정렬(A)/중간
(M)/맞춤(F)/맨위왼쪽(TL)/맨위중심(TC)/맨위오른쪽
(TR)/중간왼쪽(ML)/중간중심(MC)/중간오른쪽(MR)/
맨아래왼쪽(BL)/맨아래중심(BC)/맨아래오른쪽(BR)] :
R Enter
[오른쪽] 옵션을 지정하기 위해서 'R'을 입력합니다.
문자 기준선의 오른쪽 끝점 지정 : P1 클릭
문자의 오른쪽 끝점에 'P1'을 클릭합니다.
높이 지정 〈60.0000〉 : 60 Enter
문자의 높이에 '60'을 입력합니다.
문자의 회전 각도 지정 〈0〉 : 0 Enter
문자의 회전 각도에 '0'을 입력합니다.
'I love you'를 입력한 후, Enter 를 2번 칩니다.

● [정렬] 옵션 실습하기

01 [Dtext] 명령어를 입력하고 [자리맞추기] 옵션과 [정렬] 옵션을 지정합니다. 문자 기준선의 첫 번째와 두 번째 끝점을 지정한 후, 문자를 입력합니다. 문자가 첫 번째와 두 번째 끝점 사이에 입력되면서 문자의 높이는 자동으로 조절됩니다.

명령 : **Dtext** Enter
현재 문자 스타일 : "Standard" 문자 높이 : 60.0000
주석 : 아니오 자리맞추기 : 오른쪽
문자 기준선의 오른쪽 끝점 지정 또는 [자리맞추기(J)/
스타일(S)] : J Enter
[자리맞추기] 옵션을 지정하기 위해서 'J'를 입력합니다.
옵션 입력 [왼쪽(L)/중심(C)/오른쪽(R)/정렬(A)/중간
(M)/맞춤(F)/맨위왼쪽(TL)/맨위중심(TC)/맨위오른쪽
(TR)/중간왼쪽(ML)/중간중심(MC)/중간오른쪽(MR)/
맨아래왼쪽(BL)/맨아래중심(BC)/맨아래오른쪽(BR)] :
A Enter
[정렬] 옵션을 지정하기 위해서 'A'를 입력합니다.
문자 기준선의 첫 번째 끝점 지정 : P1 클릭
문자 기준선의 첫 번째 끝점에 'P1'을 클릭합니다.
문자 기준선의 두 번째 끝점을 지정 : P2 클릭
문자 기준선의 두 번째 끝점에 'P2'를 클릭합니다.
'I love you'를 입력한 후, Enter 를 2번 칩니다.

명령 : **Dtext** Enter
현재 문자 스타일 : "Standard" 문자 높이 : 60.0000
주석 : 아니오 자리맞추기 : 정렬
문자 기준선의 첫 번째 끝점 지정 또는 [자리맞추기(J)/
스타일(S)] : J Enter
[자리맞추기] 옵션을 지정하기 위해서 'J'를 입력합니다.
옵션 입력 [왼쪽(L)/중심(C)/오른쪽(R)/정렬(A)/중간
(M)/맞춤(F)/맨위왼쪽(TL)/맨위중심(TC)/맨위오른쪽
(TR)/중간왼쪽(ML)/중간중심(MC)/중간오른쪽(MR)/
맨아래왼쪽(BL)/맨아래중심(BC)/맨아래오른쪽(BR)] :
A Enter
[정렬] 옵션을 지정하기 위해서 'A'를 입력합니다.
문자 기준선의 첫 번째 끝점 지정 : P3 클릭
문자 기준선의 첫 번째 끝점에 'P3'을 클릭합니다.
문자 기준선의 두 번째 끝점을 지정 : P4 클릭
문자 기준선의 두 번째 끝점에 'P4'를 클릭합니다.
'I love you'를 입력한 후, Enter 를 2번 칩니다.

● [중간] 옵션 실습하기

01 [Dtext] 명령어를 입력하고 [자리맞추기] 옵션과 [중간] 옵션을 지정합니다. 문자의 중간점, 높이 및 회전 각도를 지정한 후, 문자를 입력합니다. 문자의 중간점을 기준으로 문자가 입력됩니다.

명령 : Dtext Enter
현재 문자 스타일 : "Standard" 문자 높이 : 60.0000
주석 : 아니오 자리맞추기 : 정렬
문자 기준선의 첫 번째 끝점 지정 또는 [자리맞추기(J)/
스타일(S)] : J Enter
[자리맞추기] 옵션을 지정하기 위해서 'J'를 입력합니다.
옵션 입력 [왼쪽(L)/중심(C)/오른쪽(R)/정렬(A)/중간
(M)/맞춤(F)/맨위왼쪽(TL)/맨위중심(TC)/맨위오른쪽
(TR)/중간왼쪽(ML)/중간중심(MC)/중간오른쪽(MR)/
맨아래왼쪽(BL)/맨아래중심(BC)/맨아래오른쪽(BR)] :
M Enter
[중간] 옵션을 지정하기 위해서 'M'을 입력합니다.
문자의 중간점 지정 : P1 클릭
문자의 중간점에 'P1'을 클릭합니다.
높이 지정 〈60.0000〉 : 60 Enter
문자의 높이에 '60'을 입력합니다.
문자의 회전 각도 지정 〈0〉 : 0 Enter
문자의 회전 각도에 '0'을 입력합니다.
'I love you'를 입력한 후, Enter 를 2번 칩니다.

● [맞춤] 옵션 실습하기

01 [Dtext] 명령어를 입력하고 [자리맞추기] 옵션과 [맞춤] 옵션을 지정합니다. 문자 기준선의 첫 번째와 두 번째 끝점을 지정하고 문자 높이를 지정한 후, 문자를 입력합니다. 문자가 첫 번째와 두 번째 끝점 사이에 입력되지만 문자의 높이는 자동으로 조절되지 않고 직접 높이를 입력해야 합니다.

명령 : Dtext Enter
현재 문자 스타일 : "Standard" 문자 높이 : 60.0000
주석 : 아니오 자리맞추기 : 중간
문자의 중간점 지정 또는 [자리맞추기(J)/스타일(S)] :
J Enter
[자리맞추기] 옵션을 지정하기 위해서 'J'를 입력합니다.
옵션 입력 [왼쪽(L)/중심(C)/오른쪽(R)/정렬(A)/중간
(M)/맞춤(F)/맨위왼쪽(TL)/맨위중심(TC)/맨위오른쪽
(TR)/중간왼쪽(ML)/중간중심(MC)/중간오른쪽(MR)/
맨아래왼쪽(BL)/맨아래중심(BC)/맨아래오른쪽(BR)] :
F Enter
[맞춤] 옵션을 지정하기 위해서 'F'를 입력합니다.
문자 기준선의 첫 번째 끝점 지정 : P1 클릭
문자 기준선의 첫 번째 끝점에 'P1'을 클릭합니다.
문자 기준선의 두 번째 끝점을 지정 : P2 클릭
문자 기준선의 두 번째 끝점에 'P2'를 클릭합니다.
높이 지정 〈60.0000〉 : 60 Enter
문자의 높이에 '60'을 입력합니다.
'I love you'를 입력한 후, 'Enter'를 2번 칩니다.

명령 : Dtext Enter
현재 문자 스타일 : "Standard" 문자 높이 : 60.0000
주석 : 아니오 자리맞추기 : 맞춤
문자 기준선의 첫 번째 끝점 지정 또는 [자리맞추기(J)/
스타일(S)] : J Enter
[자리맞추기] 옵션을 지정하기 위해서 'J'를 입력합니다.
옵션 입력 [왼쪽(L)/중심(C)/오른쪽(R)/정렬(A)/중간
(M)/맞춤(F)/맨위왼쪽(TL)/맨위중심(TC)/맨위오른쪽
(TR)/중간왼쪽(ML)/중간중심(MC)/중간오른쪽(MR)/
맨아래왼쪽(BL)/맨아래중심(BC)/맨아래오른쪽(BR)] :
F Enter
[맞춤] 옵션을 지정하기 위해서 'F'를 입력합니다.
문자 기준선의 첫 번째 끝점 지정 : P3 클릭
문자 기준선의 첫 번째 끝점에 'P3'을 클릭합니다.
문자 기준선의 두 번째 끝점을 지정 : P4 클릭
문자 기준선의 두 번째 끝점에 'P4'를 클릭합니다.
높이 지정 〈60.0000〉 : 60 Enter
문자의 높이에 '60'을 입력합니다.
'I love you'를 입력한 후, 'Enter'를 2번 칩니다.

● [맨위왼쪽] 옵션 실습하기

01 [Dtext] 명령어를 입력하고 [자리맞추기] 옵션과 [맨위왼쪽] 옵션을 지정합니다. 문자의 맨 위 왼쪽 점, 높이 및 회전 각도를 지정한 후, 문자를 입력합니다. 문자의 맨 위 왼쪽 점을 기준으로 문자가 입력됩니다.

명령 : Dtext [Enter]
현재 문자 스타일 : "Standard" 문자 높이 : 60.0000
주석 : 아니오 자리맞추기 : 맞춤
문자 기준선의 첫 번째 끝점 지정 또는 [자리맞추기(J)/스타일(S)] : J [Enter]
[자리맞추기] 옵션을 지정하기 위해서 'J'를 입력합니다.
옵션 입력 [왼쪽(L)/중심(C)/오른쪽(R)/정렬(A)/중간(M)/맞춤(F)/맨위왼쪽(TL)/맨위중심(TC)/맨위오른쪽(TR)/중간왼쪽(ML)/중간중심(MC)/중간오른쪽(MR)/맨아래왼쪽(BL)/맨아래중심(BC)/맨아래오른쪽(BR)] : TL [Enter]
[맨위왼쪽] 옵션을 지정하기 위해서 'TL'을 입력합니다.
문자의 맨 위 왼쪽 점 지정 : P1 클릭
문자의 맨 위 왼쪽 점에 'P1'을 클릭합니다.
높이 지정 〈60.0000〉 : 60 [Enter]
문자의 높이에 '60'을 입력합니다.
문자의 회전 각도 지정 〈0〉 : 0 [Enter]
문자의 회전 각도에 '0'을 입력합니다.
'I love you'를 입력한 후, [Enter]를 2번 칩니다.

● [맨위중심] 옵션 실습하기

01 [Dtext] 명령어를 입력하고 [자리맞추기] 옵션과 [맨위중심] 옵션을 지정합니다. 문자의 맨 위 중심점, 높이 및 회전 각도를 지정한 후, 문자를 입력합니다. 문자의 맨 위 중심점을 기준으로 문자가 입력됩니다.

명령 : Dtext [Enter]
현재 문자 스타일 : "Standard" 문자 높이 : 60.0000
주석 : 아니오 자리맞추기 : 좌상단
문자의 맨 위 왼쪽 점 지정 또는 [자리맞추기(J)/스타일(S)] : J [Enter]
[자리맞추기] 옵션을 지정하기 위해서 'J'를 입력합니다.
옵션 입력 [왼쪽(L)/중심(C)/오른쪽(R)/정렬(A)/중간(M)/맞춤(F)/맨위왼쪽(TL)/맨위중심(TC)/맨위오른쪽(TR)/중간왼쪽(ML)/중간중심(MC)/중간오른쪽(MR)/맨아래왼쪽(BL)/맨아래중심(BC)/맨아래오른쪽(BR)] : TC [Enter]
[맨위중심] 옵션을 지정하기 위해서 'TC'를 입력합니다.
문자의 맨 위 중심점 지정 : P1 클릭
문자의 맨 위 중심점에 'P1'을 클릭합니다.
높이 지정 〈60.0000〉 : 60 [Enter]
문자의 높이에 '60'을 입력합니다.
문자의 회전 각도 지정 〈0〉 : 0 [Enter]
문자의 회전 각도에 '0'을 입력합니다.
'I love you'를 입력한 후, [Enter]를 2번 칩니다.

● [맨위오른쪽] 옵션 실습하기

01 [Dtext] 명령어를 입력하고 [자리맞추기] 옵션과 [맨위오른쪽] 옵션을 지정합니다. 문자의 맨 위 오른쪽 점, 높이 및 회전 각도를 지정한 후, 문자를 입력합니다. 문자의 맨 위 오른쪽 점을 기준으로 문자가 입력됩니다.

명령 : **Dtext** Enter
현재 문자 스타일 : "Standard" 문자 높이 : 60.0000
주석 : 아니오 자리맞추기 : 상단중앙
문자의 맨 위 중심점 지정 또는 [자리맞추기(J)/스타일
(S)] : J Enter
[자리맞추기] 옵션을 지정하기 위해서 'J'를 입력합니다.
옵션 입력 [왼쪽(L)/중심(C)/오른쪽(R)/정렬(A)/중간(M)/
맞춤(F)/맨위왼쪽(TL)/맨위중심(TC)/맨위오른쪽(TR)/중
간왼쪽(ML)/중간중심(MC)/중간오른쪽(MR)/맨아래왼쪽
(BL)/맨아래중심(BC)/맨아래오른쪽(BR)] : TR
[맨위오른쪽] 옵션을 지정하기 위해서 'TR'을 입력합니다.
문자의 맨 위 오른쪽 점 지정 : P1 클릭
문자의 맨 위 오른쪽 점에 'P1'을 클릭합니다.
높이 지정 〈60.0000〉 : 60 Enter
문자의 높이에 '60'을 입력합니다.
문자의 회전 각도 지정 〈0〉 : 0 Enter
문자의 회전 각도에 '0'을 입력합니다.
'I love you'를 입력한 후, 'Enter'를 2번 칩니다.

● [중간왼쪽] 옵션 실습하기

01 [Dtext] 명령어를 입력하고 [자리맞추기] 옵션과 [중간왼쪽] 옵션을 지정합니다. 문자의 중간 왼쪽 점, 높이 및 회전 각도를 지정한 후, 문자를 입력합니다. 문자의 중간 왼쪽 점을 기준으로 문자가 입력됩니다.

명령 : **Dtext** Enter
현재 문자 스타일 : "Standard" 문자 높이 : 60.0000
주석 : 아니오 자리맞추기 : 우상단
문자의 맨 위 오른쪽 점 지정 또는 [자리맞추기(J)/스타
일(S)] : J Enter
[자리맞추기] 옵션을 지정하기 위해서 'J'를 입력합니다.
옵션 입력 [왼쪽(L)/중심(C)/오른쪽(R)/정렬(A)/중간(M)/
맞춤(F)/맨위왼쪽(TL)/맨위중심(TC)/맨위오른쪽(TR)/중
간왼쪽(ML)/중간중심(MC)/중간오른쪽(MR)/맨아래왼쪽
(BL)/맨아래중심(BC)/맨아래오른쪽(BR)] : ML Enter
[중간왼쪽] 옵션을 지정하기 위해서 'ML'을 입력합니다.
문자의 중간 왼쪽 점 지정 : P1 클릭
문자의 중간 왼쪽 점에 'P1'을 클릭합니다.
높이 지정 〈60.0000〉 : 60 Enter
문자의 높이에 '60'을 입력합니다.
문자의 회전 각도 지정 〈0〉 : 0 Enter
문자의 회전 각도에 '0'을 입력합니다.
'I love you'를 입력한 후, 'Enter'를 2번 칩니다.

● [중간중심] 옵션 실습하기

01 [Dtext] 명령어를 입력하고 [자리맞추기] 옵션과 [중간중심] 옵션을 지정합니다. 문자의 중간 중심점, 높이 및 회전 각도를 지정한 후, 문자를 입력합니다. 문자의 중간 중심점을 기준으로 문자가 입력됩니다.

명령 : Dtext [Enter]
현재 문자 스타일 : "Standard" 문자 높이 : 60.0000
주석 : 아니오 자리맞추기 : 좌측중간
문자의 중간 왼쪽 점 지정 또는 [자리맞추기(J)/스타일
(S)] : J [Enter]
[자리맞추기] 옵션을 지정하기 위해서 'J'를 입력합니다.
옵션 입력 [왼쪽(L)/중심(C)/오른쪽(R)/정렬(A)/중간(M)/
맞춤(F)/맨위왼쪽(TL)/맨위중심(TC)/맨위오른쪽(TR)/중
간왼쪽(ML)/중간중심(MC)/중간오른쪽(MR)/맨아래왼쪽
(BL)/맨아래중심(BC)/맨아래오른쪽(BR)] : MC [Enter]
[중간중심] 옵션을 지정하기 위해서 'MC'를 입력합니다.
문자의 중간점 지정 : P1 클릭
문자의 중간 중심점에 'P1'을 클릭합니다.
높이 지정 〈60.0000〉: 60 [Enter]
문자의 높이에 '60'을 입력합니다.
문자의 회전 각도 지정 〈0〉: 0 [Enter]
문자의 회전 각도에 '0'을 입력합니다.
'I love you'를 입력한 후, '[Enter]'를 2번 칩니다.

● [중간오른쪽] 옵션 실습하기

01 [Dtext] 명령어를 입력하고 [자리맞추기] 옵션과 [중간오른쪽] 옵션을 지정합니다. 문자의 중간 오른쪽 점, 높이 및 회전 각도를 지정한 후, 문자를 입력합니다. 문자의 중간 오른쪽 점을 기준으로 문자가 입력됩니다.

명령 : Dtext [Enter]
현재 문자 스타일 : "Standard" 문자 높이 : 60.0000
주석 : 아니오 자리맞추기 : 중앙중간
문자의 중간점 지정 또는 [자리맞추기(J)/스타일(S)] :
J [Enter]
[자리맞추기] 옵션을 지정하기 위해서 'J'를 입력합니다.
옵션 입력 [왼쪽(L)/중심(C)/오른쪽(R)/정렬(A)/중간(M)/
맞춤(F)/맨위왼쪽(TL)/맨위중심(TC)/맨위오른쪽(TR)/중간
왼쪽(ML)/중간중심(MC)/중간오른쪽(MR)/맨아래왼쪽(BL)/
맨아래중심(BC)/맨아래오른쪽(BR)] : MR [Enter]
[중간오른쪽] 옵션을 지정하기 위해서 'MR'을 입력합니다.
문자의 중간 오른쪽 점 지정 : P1 클릭
문자의 중간 오른쪽 점에 'P1'을 클릭합니다.
높이 지정 〈60.0000〉: 60 [Enter]
문자의 높이에 '60'을 입력합니다.
문자의 회전 각도 지정 〈0〉: 0 [Enter]
문자의 회전 각도에 '0'을 입력합니다.
'I love you'를 입력한 후, '[Enter]'를 2번 칩니다.

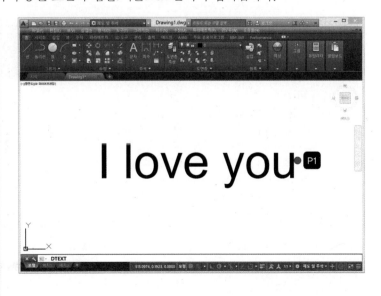

● [맨아래왼쪽] 옵션 실습하기

01 [Dtext] 명령어를 입력하고 [자리맞추기] 옵션과 [맨아래왼쪽] 옵션을 지정합니다. 문자의 맨 아래 왼쪽 점, 높이 및 회전 각도를 지정한 후, 문자를 입력합니다. 문자의 맨 아래 왼쪽 점을 기준으로 문자가 입력됩니다.

명령 : Dtext [Enter]
현재 문자 스타일 : "Standard" 문자 높이 : 60.0000
주석 : 아니오 자리맞추기 : 우측중간
문자의 중간 오른쪽 점 지정 또는 [자리맞추기(J)/스타
일(S)] : J [Enter]
[자리맞추기] 옵션을 지정하기 위해서 'J'를 입력합니다.
옵션 입력 [왼쪽(L)/중심(C)/오른쪽(R)/정렬(A)/중간(M)/
맞춤(F)/맨위왼쪽(TL)/맨위중심(TC)/맨위오른쪽(TR)/중간
왼쪽(ML)/중간중심(MC)/중간오른쪽(MR)/맨아래왼쪽
(BL)/맨아래중심(BC)/맨아래오른쪽(BR)] : BL [Enter]
[맨아래왼쪽] 옵션을 지정하기 위해서 'BL'을 입력합니다.
문자의 맨 아래 왼쪽 점 지정 : P1 클릭
문자의 맨 아래 왼쪽 점에 'P1'을 클릭합니다.
높이 지정 〈60.0000〉 : 60 [Enter]
문자의 높이에 '60'을 입력합니다.
문자의 회전 각도 지정 〈0〉 : 0 [Enter]
문자의 회전 각도에 '0'을 입력합니다.
'I love you'를 입력한 후, '[Enter]'를 2번 칩니다.

● [맨아래중심] 옵션 실습하기

01 [Dtext] 명령어를 입력하고 [자리맞추기] 옵션과 [맨아래중심] 옵션을 지정합니다. 문자의 맨 아래 중심점, 높이 및 회전 각도를 지정한 후, 문자를 입력합니다. 문자의 맨 아래 중심점을 기준으로 문자가 입력됩니다.

명령 : Dtext [Enter]
현재 문자 스타일 : "Standard" 문자 높이 : 60.0000
주석 : 아니오 자리맞추기 : 좌하단
문자의 맨 아래 왼쪽 점 지정 또는 [자리맞추기(J)/스타
일(S)] : J [Enter]
[자리맞추기] 옵션을 지정하기 위해서 'J'를 입력합니다.
옵션 입력 [왼쪽(L)/중심(C)/오른쪽(R)/정렬(A)/중간(M)/
맞춤(F)/맨위왼쪽(TL)/맨위중심(TC)/맨위오른쪽(TR)/중간
왼쪽(ML)/중간중심(MC)/중간오른쪽(MR)/맨아래왼쪽
(BL)/맨아래중심(BC)/맨아래오른쪽(BR)] : BC [Enter]
[맨아래중심] 옵션을 지정하기 위해서 'BC'를 입력합니다.
문자의 맨 아래 중심점 지정 : P1 클릭
문자의 맨 아래 중심점에 'P1'을 클릭합니다.
높이 지정 〈60.0000〉 : 60 [Enter]
문자의 높이에 '60'을 입력합니다.
문자의 회전 각도 지정 〈0〉 : 0 [Enter]
문자의 회전 각도에 '0'을 입력합니다.
'I love you'를 입력한 후, '[Enter]'를 2번 칩니다.

● [맨아래오른쪽] 옵션 실습하기

01 [Dtext] 명령어를 입력하고 [자리맞추기] 옵션과 [맨아래오른쪽] 옵션을 지정합니다. 문자의 맨 아래 오른쪽 점, 높이 및 회전 각도를 지정한 후, 문자를 입력합니다. 문자의 맨 아래 오른쪽 점을 기준으로 문자가 입력됩니다.

명령 : Dtext [Enter]
현재 문자 스타일 : "Standard" 문자 높이 : 60.0000
주석 : 아니오 자리맞추기 : 하단중앙
문자의 맨 아래 중심점 지정 또는 [자리맞추기(J)/스타일(S)] : J [Enter]
[자리맞추기] 옵션을 지정하기 위해서 'J'를 입력합니다.
옵션 입력 [왼쪽(L)/중심(C)/오른쪽(R)/정렬(A)/중간(M)/맞춤(F)/맨위왼쪽(TL)/맨위중심(TC)/맨위오른쪽(TR)/중간왼쪽(ML)/중간중심(MC)/중간오른쪽(MR)/맨아래왼쪽(BL)/맨아래중심(BC)/맨아래오른쪽(BR)] : BR [Enter]
[맨아래오른쪽] 옵션을 지정하기 위해서 'BR'을 입력합니다.
문자의 맨 아래 오른쪽 점 지정 : P1 클릭
문자의 맨 아래 오른쪽 점에 'P1'을 클릭합니다.
높이 지정 〈60.0000〉 : 60 [Enter]
문자의 높이에 '60'을 입력합니다.
문자의 회전 각도 지정 〈0〉 : 0 [Enter]
문자의 회전 각도에 '0'을 입력합니다.
'I love you'를 입력한 후, [Enter]를 2번 칩니다.

2 여러 줄 문자를 작성하는 [Mtext] 명령어

[Mtext] 명령어는 여러 줄 문자를 입력하는 것으로서 문자를 여러 줄 입력한 후, 마우스로 문자를 클릭하면 한꺼번에 선택됩니다. [Mtext] 명령어를 통해서 '문자 높이', '글꼴', '자리맞추기', '기호' 등을 설정하여 문자를 작성할 수 있습니다.

(1) 명령어 입력 방법

[Mtext] 명령어	
메뉴 막대	그리기→문자→여러 줄 문자
명령어	Mtext
단축 명령어	Mt
리본 메뉴	(홈)탭→(주석)패널→문자→여러 줄 문자(A) ([제도 및 주석] 작업공간) (주석)탭→(문자)패널→여러 줄 문자(A) ([3D 모델링] 작업공간)

(2) 명령어 사용 방법

명령 : Mtext [Enter]
현재 문자 스타일 : "Standard" 문자 높이 : 2.5 주석 : 아니오
첫 번째 구석 지정 : P1 클릭
문자 입력 영역의 첫 번째 구석점을 지정합니다.
반대 구석 지정 또는 [높이(H)/자리맞추기(J)/선 간격두기(L)/회전(R)/스타일(S)/폭(W)/열(C)] : P2 클릭
문자 입력 영역의 두 번째 구석점을 지정합니다. 이후, 문자 입력 영역이 나타나면 문자를 입력한 후, [문자 편집기] 탭 중 [닫기] 패널의 [문서 편집기 닫기]를 클릭하여 문자 작성을 종료합니다.

(3) 옵션 설명

옵션	설명
높이(H)	문자의 높이를 지정합니다.
자리맞추기(J)	문자의 정렬 위치를 지정합니다.
선 간격두기(L)	행과 행 사이의 간격을 지정합니다. [최소한(A)] 모드는 행에서 가장 큰 문자 높이를 기준으로 문자 행을 자동 조정하고 [정확히(E)] 모드는 여러 줄 문자 객체에 포함된 모든 문자 행의 행 간격두기가 같도록 조절합니다.
회전(R)	문자를 회전시킵니다.
스타일(S)	문자의 스타일을 지정합니다.
폭(W)	문자 입력 영역의 폭을 지정합니다.
열(C)	[동적(D)] 모드는 문자 입력 영역의 '열 폭', '열 사이 여백', '열 높이'를 지정할 수 있고, [정적(S)] 모드는 문자 입력 영역의 '총 폭', '열 수', '열 사이 여백 폭', '열 높이'를 지정할 수 있습니다. 또한 [열 없음(N)] 모드는 문자 입력 영역을 한 개만 작성합니다.

(4) 실습하기

● 기본 실습하기

01 [Limits] 명령어에 의해서 도면 한계를 설정한 후, [Limits] 명령어에 의해서 지정한 설정값을 [Zoom] 명령을 수행함으로써 화면상에 적용합니다.

명령 : Limits Enter
모형 공간 한계 재설정 :
왼쪽 아래 구석 지정 또는 [켜기(ON)/끄기(OFF)]
⟨0.0000,0.0000⟩ : 0,0 Enter
작업 도면의 '왼쪽-아래쪽'에 '0,0'을 입력합니다.
오른쪽 위 구석 지정 ⟨420.0000,297.0000⟩ :
420,297 Enter
작업 도면의 '오른쪽-위쪽'에 '420,297'을 입력합니다.

명령 : Zoom Enter
윈도우 구석 지정, 축척 비율(nX 또는 nXP) 입력 또는
[전체(A)/중심(C)/동적(D)/범위(E)/이전(P)/축척
(S)/윈도우(W)/객체(O)] ⟨실시간⟩ : A Enter
모형 재생성 중.
[Limits] 명령어에 의해서 지정한 도면 한계를 화면에 적용하기 위해서 [Zoom] 명령어의 [전체] 옵션을 입력합니다.

02 [Mtext] 명령어를 입력하고 문자 입력 영역의 첫 번째 구석과 반대 구석을 지정하면 문자 입력 영역이 나타납니다.

> **명령 : Mtext** [Enter]
> 현재 문자 스타일 : "Standard" 문자 높이 : 2.5 주석 : 아니오
> 첫 번째 구석 지정 : P1 클릭
> 문자 입력 영역의 첫 번째 구석점에 'P1'을 클릭합니다.
> 반대 구석 지정 또는 [높이(H)/자리맞추기(J)/선 간격 두기(L)/회전(R)/스타일(S)/폭(W)/열(C)] : H [Enter]
> [높이] 옵션을 지정하기 위하여 'H'를 입력합니다.
> 높이 지정 〈0.2000〉 : 20 [Enter]
> 문자의 높이에 '20'을 입력합니다.
> 반대 구석 지정 또는 [높이(H)/자리맞추기(J)/선 간격 두기(L)/회전(R)/스타일(S)/폭(W)/열(C)] : P2 클릭
> 문자 입력 영역의 두 번째 구석에 'P2'를 클릭합니다. 이후, 직사각형 모양의 문자 입력 영역이 나타납니다.

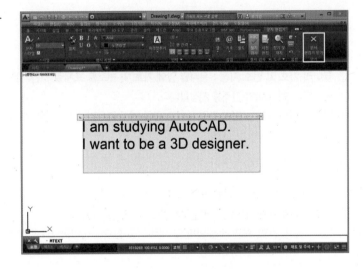

03 문자를 입력한 후, [문서 편집기 닫기]를 클릭합니다.

■ [기본] 옵션

(1) [스타일] 패널

① 문자 스타일 : 여러 줄 문자에 사용할 문자 유형을 지정합니다.

② 문자 높이 : 문자의 높이를 지정합니다.

(2) [형식 지정] 패널

① 문자 형식 일치 : 선택한 문자의 형식을 동일한 여러 줄 문자 객체 내의 다른 문자에 적용합니다.
② 굵게 : 문자를 굵게 할 것인가를 결정합니다.
③ 기울임꼴 : 문자를 기울일 것인가를 결정합니다.
④ 취소선 : 문자 가운데 취소선을 그을 것인가를 결정합니다.
⑤ 밑줄 : 문자열에 밑줄을 삽입할 것인가를 결정합니다.
⑥ 오버라인 : 문자열에 윗줄을 삽입할 것인가를 결정합니다.
⑦ 스택 : 문자를 분수 형태로 변경할 것인가를 결정합니다.
⑧ 위 첨자 : 문자를 위 첨자 형식으로 변경할 것인가를 결정합니다.
⑨ 아래 첨자 : 문자를 아래 첨자 형식으로 변경할 것인가를 결정합니다.
⑩ 대소문자 변경 : 문자를 대문자 또는 소문자로 변경할 것인가를 결정합니다.
⑪ 지우기 : 문자 서식, 단락 서식 및 모든 서식을 제거합니다.
⑫ 글꼴 : 문자의 유형을 변경합니다.
⑬ 색상 : 문자의 색상을 변경합니다.
⑭ 기울기 각도 : 문자열의 기울기 각도를 조절합니다.
⑮ 자간 : 문자 사이의 간격을 조절합니다.
⑯ 폭 비율 : 문자열 전체의 장평을 조절합니다.

(3) [단락] 패널

① 자리맞추기 : 문자열의 정렬 상태를 조절합니다.
② 글머리 기호 및 번호 지정 : 문자열 앞에 기호 및 번호를 표시할 것인가를 결정합니다.
③ 행 간격 : 행 사이의 간격을 지정합니다.
④ 단락 : '단락 두기', '단락 간격 두기', '단락 행 간격두기', '왼쪽 들여쓰기' 및 '오른쪽 들여쓰기'를 조절합니다.

(4) [삽입] 패널

① 열 : 열의 수와 열의 크기를 결정합니다.
② 기호 : 여러 가지 기호를 불러와 문자열에 삽입할 수 있습니다.
③ 필드 : 도면 번호, 도면 작성 날짜 및 제목 등을 필드로 삽입함으로써 작업 도중에 데이터가 변경되더라도 자동으로 업데이트합니다.

(5) [철자 검사] 패널

① 철자 검사 : 철자 검사를 통해 오자로 인식하는 부분을 표시합니다.
② 사전 편집 : 철자 검사 중에 [사전 대화 상자]를 통하여 사용하는 사용자 사전을 추가하거나 제거할 수 있습니다.

(6) [도구] 패널

① 찾기 및 대치 : 변경하고자 하는 문자나 문자열을 찾아서 새로운 문자나 문자열로 대치합니다.

(7) [옵션] 패널

① 높음 : 문자 세트를 제공하고 [문자 형식] 대화 상자를 표시할 수 있으며 문자 입력 영역의 배경색을 조절합니다.

② 눈금자 : 눈금자를 표시할 것인가를 결정합니다.

③ 명령 취소 : 입력한 문자를 취소합니다.

④ 명령 복구 : '명령 취소'한 명령을 복구합니다.

● [높이] 옵션 실습하기

01 [Mtext] 명령어를 입력하여 문자 입력 영역의 첫 번째 구석을 지정하고 [높이] 옵션에 의해서 문자의 높이에 '20'을 입력한 후, 문자 입력 영역의 반대 구석을 지정합니다. 문자 입력 영역이 나타나면 문자를 입력한 후, [문자 편집기] 탭 중 [닫기] 패널의 [문서 편집기 닫기]를 클릭하여 문자 작성을 종료합니다.

> **명령 : Mtext** Enter
> 현재 문자 스타일 : "Standard" 문자 높이 : 20.0000 주석 : 아니오
> 첫 번째 구석 지정 : P1 클릭
> 문자 입력 영역의 첫 번째 구석에 'P1'을 클릭합니다.
> 반대 구석 지정 또는 [높이(H)/자리맞추기(J)/선 간격 두기(L)/회전(R)/스타일(S)/폭(W)/열(C)] : H Enter
> [높이] 옵션을 지정하기 위해서 'H'를 입력합니다.
> 높이 지정 〈20.0000〉 : 20 Enter
> 문자의 높이에 '20'을 입력합니다.
> 반대 구석 지정 또는 [높이(H)/자리맞추기(J)/선 간격 두기(L)/회전(R)/스타일(S)/폭(W)/열(C)] : P2 클릭
> 문자 입력 영역의 반대 구석에 'P2'를 입력합니다.
> 문자 입력 영역이 나타나면 'AutoCAD expert'를 입력한 후, [문자 편집기] 탭 중 [닫기] 패널의 [문서 편집기 닫기]를 클릭하여 문자 작성을 종료합니다.

02 문자 높이가 '20' 인 도면이 나타납니다.

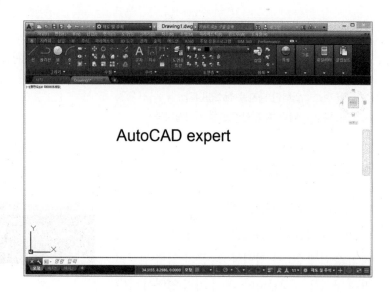

03 문자의 높이를 '30' 으로 변경하기 위해서, [Mtext] 명령어를 입력하고 문자 입력 영역의 첫 번째 구석을 지정한 후, [높이] 옵션에 의해서 높이에 '30' 을 입력하고 문자 입력 영역의 반대 구석을 지정합니다. 문자 입력 영역이 나타나면 문자를 입력한 후, [문자 편집기] 탭 중 [닫기] 패널의 [문서 편집기 닫기]를 클릭하여 문자 작성을 종료합니다.

명령 : Mtext Enter
현재 문자 스타일 : "Standard" 문자 높이 : 20.0000 주석 : 아니오
첫 번째 구석 지정 : P1 클릭
문자 입력 영역의 첫 번째 구석에 'P1'을 클릭합니다.
반대 구석 지정 또는 [높이(H)/자리맞추기(J)/선 간격두기(L)/회전(R)/스타일(S)/폭(W)/열(C)] : H Enter
[높이] 옵션을 지정하기 위해서 'H'를 입력합니다.
높이 지정 〈20.0000〉 : 30 Enter
문자의 높이에 '30'을 입력합니다.
반대 구석 지정 또는 [높이(H)/자리맞추기(J)/선 간격두기(L)/회전(R)/스타일(S)/폭(W)/열(C)] : P2 클릭
문자 입력 영역의 반대 구석에 'P2'를 입력합니다.
문자 입력 영역이 나타나면 'AutoCAD expert'를 입력한후, [문자 편집기] 탭 중 [닫기] 패널의 [문서 편집기 닫기]를 클릭하여 문자 작성을 종료합니다.

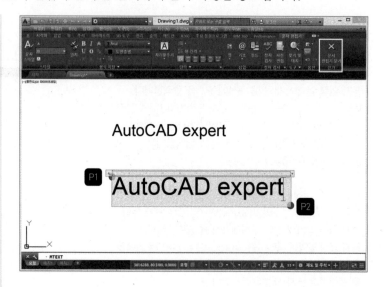

04 문자 높이가 '30' 인 도면이 나타납니다.

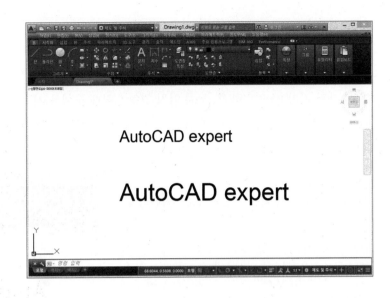

● [자리맞추기] 옵션 실습하기

01 [Mtext] 명령어를 입력하여 문자 입력 영역의 첫 번째 구석을 지정하고 [자리맞추기] 옵션에 의해서 문자의 각 정렬 옵션을 입력한 후, 문자 입력 영역의 반대 구석을 지정합니다. 문자 입력 영역이 나타나면 문자를 입력한 후, [문자 편집 기] 탭 중 [닫기] 패널의 [문서 편집기 닫기]를 클릭하여 문자 작성을 종료합니다.

명령 : Mtext Enter
현재 문자 스타일 : "Standard" 문자 높이 : 30.0000
주석 : 아니오
첫 번째 구석 지정 : P1   클릭
문자 입력 영역의 첫 번째 구석에 'P1'을 클릭합니다.
반대 구석 지정 또는 [높이(H)/자리맞추기(J)/선 간격 두기(L)/회전(R)/스타일(S)/폭(W)/열(C)] : J Enter
[자리맞추기] 옵션을 지정하기 위해서 'J'를 입력합니다.
자리맞추기 입력 [좌상단(TL)/상단중앙(TC)/우상단 (TR)/좌측중간(ML)/중앙중간(MC)/우측중간(MR)/ 좌하단(BL)/하단중앙(BC)/우하단(BR)]〈좌상단 (TL)〉: TL Enter
[좌상단] 등 각 정렬 옵션을 입력합니다.
반대 구석 지정 또는 [높이(H)/자리맞추기(J)/선 간격 두기(L)/회전(R)/스타일(S)/폭(W)/열(C)] : P2 클릭
문자 입력 영역의 반대 구석에 'P2'를 클릭합니다.
문자 입력 영역이 나타나면 'AutoCAD'를 입력한 후, [문자 편집기] 탭 중 [닫기] 패널의 [문서 편집기 닫기]를 클릭하여 문자 작성을 종료합니다.

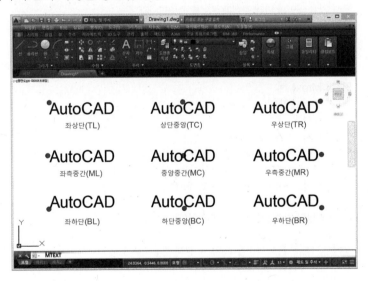

● [선 간격두기] 옵션 실습하기

01 [Mtext] 명령어를 입력하여 문자 입력 영역의 첫 번째 구석을 지정하고 [선 간격두기] 옵션에 의해서 '선 간격 유형' 과 '선 간격 거리'를 입력한 후, 문자 입력 영역의 반대 구석을 지정합니다. 문자 입력 영역이 나타나면 문자를 입력한 후, [문자 편집기] 탭 중 [닫기] 패널의 [문서 편집기 닫기]를 클릭하여 문자 작성을 종료합니다. 행 간격을 '1X' 입력했을 때보다 '2X'를 입력했을 때, 행 간격이 2배로 증가하는 것을 알 수 있습니다.

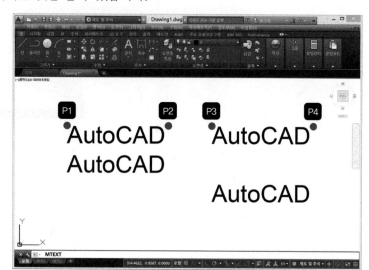

명령 : Mtext Enter
현재 문자 스타일 : "Standard" 문자 높이 : 30.0000 주석 : 아니오
첫 번째 구석 지정 : P1 클릭
문자 입력 영역의 첫 번째 구석에 'P1'을 클릭합니다.
반대 구석 지정 또는 [높이(H)/자리맞추기(J)/선 간격두기(L)/회전(R)/스타일(S)/폭(W)/열(C)] : L Enter
[선 간격두기] 옵션을 지정하기 위해서 'L'을 입력합니다.
선 간격 유형 입력 [최소한(A)/정확히(E)] 〈최소한(A)〉 :
A Enter
행에서 가장 큰 문자 높이를 기준으로 문자 행을 자동 조정하기 위해서 [최소한] 옵션인 'A'를 입력합니다.
선 간격 요인 또는 거리 입력 〈1x〉 : 1X Enter
행 간격에 '1X'를 입력합니다.
반대 구석 지정 또는 [높이(H)/자리맞추기(J)/선 간격두기(L)/회전(R)/스타일(S)/폭(W)/열(C)] : P2 클릭
문자 입력 영역의 반대 구석에 'P2'를 클릭합니다.
문자 입력 영역이 나타나면 'AutoCAD Enter AutoCAD'를 입력한 후, [문자 편집기] 탭 중 [닫기] 패널의 [문서 편집기 닫기]를 클릭하여 문자 작성을 종료합니다.

명령 : Mtext Enter
현재 문자 스타일 : "Standard" 문자 높이 : 30.0000 주석 : 아니오
첫 번째 구석 지정 : P3 클릭
문자 입력 영역의 첫 번째 구석에 'P3'을 클릭합니다.
반대 구석 지정 또는 [높이(H)/자리맞추기(J)/선 간격두기(L)/회전(R)/스타일(S)/폭(W)/열(C)] : L Enter
[선 간격두기] 옵션을 지정하기 위해서 'L'을 입력합니다.
선 간격 유형 입력 [최소한(A)/정확히(E)] 〈최소한(A)〉
: A Enter
행에서 가장 큰 문자 높이를 기준으로 문자 행을 자동 조정하기 위해서 [최소한] 옵션인 'A'를 입력합니다.
선 간격 요인 또는 거리 입력 〈1x〉 : 2X Enter
행 간격에 '2X'를 입력합니다.
반대 구석 지정 또는 [높이(H)/자리맞추기(J)/선 간격두기(L)/회전(R)/스타일(S)/폭(W)/열(C)] : P4 클릭
문자 입력 영역의 반대 구석에 'P4'를 클릭합니다.
문자 입력 영역이 나타나면 'AutoCAD Enter AutoCAD'를 입력한 후, [문자 편집기] 탭 중 [닫기] 패널의 [문서 편집기 닫기]를 클릭하여 문자 작성을 종료합니다.

● [회전] 옵션 실습하기

01 [Mtext] 명령어를 입력하여 문자 입력 영역의 첫 번째 구석을 지정하고 [회전] 옵션에 의해서 '회전 각도'에 '0'을 입력한 후, 문자 입력 영역의 반대 구석을 지정합니다. 문자 입력 영역이 나타나면 문자를 입력한 후, [문자 편집기] 탭 중 [닫기] 패널의 [문서 편집기 닫기]를 클릭하여 문자 작성을 종료합니다.

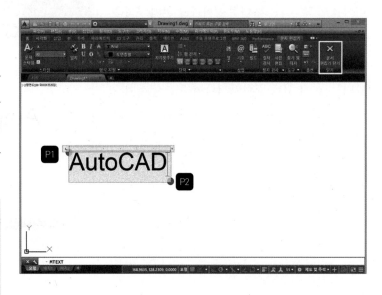

명령 : Mtext Enter
현재 문자 스타일 : "Standard" 문자 높이 : 30.0000 주석 : 아니오
첫 번째 구석 지정 : P1 클릭
문자 입력 영역의 첫 번째 구석에 'P1'을 클릭합니다.
반대 구석 지정 또는 [높이(H)/자리맞추기(J)/선 간격 두기(L)/회전(R)/스타일(S)/폭(W)/열(C)] : R Enter
[회전] 옵션을 지정하기 위해서 'R'을 입력합니다.
회전 각도 지정 〈0〉 : 0 Enter
회전 각도에 '0'을 입력합니다.
반대 구석 지정 또는 [높이(H)/자리맞추기(J)/선 간격 두기(L)/회전(R)/스타일(S)/폭(W)/열(C)] : P2 클릭
문자 입력 영역의 반대 구석에 'P2'를 클릭합니다.
문자 입력 영역이 나타나면 'AutoCAD'를 입력한 후, [문자 편집기] 탭 중 [닫기] 패널의 [문서 편집기 닫기]를 클릭하여 문자 작성을 종료합니다.

---

02 회전 각도를 '0' 입력했을 때 문자가 수평으로 작성되는 것을 알 수 있습니다.

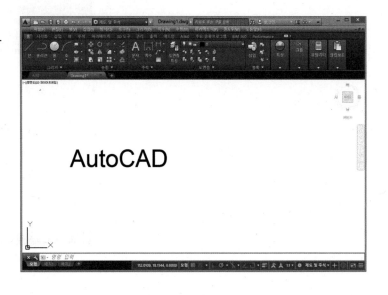

03 회전 각도를 '30'으로 하기 위해서, [Mtext] 명령어를 입력하여 문자 입력 영역의 첫 번째 구석을 지정하고 [회전] 옵션에 의해서 '회전 각도'에 '30'을 입력한 후, 문자 입력 영역의 반대 구석을 지정합니다. 문자 입력 영역이 나타나면 문자를 입력한 후, [문자 편집기] 탭 중 [닫기] 패널의 [문서 편집기 닫기]를 클릭하여 문자 작성을 종료합니다.

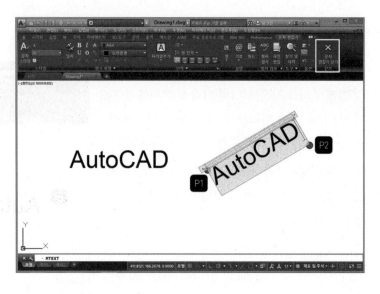

명령 : Mtext Enter
현재 문자 스타일 : "Standard" 문자 높이 : 30.0000 주석 : 아니오
첫 번째 구석 지정 : P1 클릭
문자 입력 영역의 첫 번째 구석에 'P1'을 클릭합니다.
반대 구석 지정 또는 [높이(H)/자리맞추기(J)/선 간격두기(L)/회전(R)/스타일(S)/폭(W)/열(C)] : R Enter
[회전] 옵션을 지정하기 위해서 'R'을 입력합니다.
회전 각도 지정 〈0〉 : 30 Enter
회전 각도에 '30'을 입력합니다.
반대 구석 지정 또는 [높이(H)/자리맞추기(J)/선 간격두기(L)/회전(R)/스타일(S)/폭(W)/열(C)] : P2 클릭
문자 입력 영역의 반대 구석에 'P2'를 클릭합니다.
문자 입력 영역이 나타나면 'AutoCAD'를 입력한 후, [문자 편집기] 탭 중 [닫기] 패널의 [문서 편집기 닫기]를 클릭하여 문자 작성을 종료합니다.

04 회전 각도를 '30'을 입력했을 때 문자가 '30도' 만큼 기울어져 작성된 것을 알 수 있습니다.

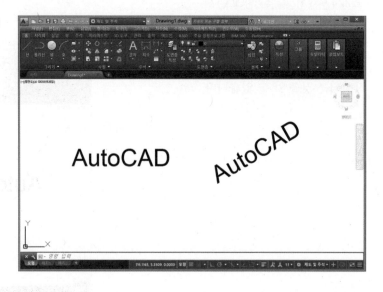

● [스타일] 옵션 실습하기

01 문자의 글꼴을 바꿀 수 있는 [Style] 명령어를 입력하면 [문자 스타일] 대화 상자가 나타납니다. 문자의 글꼴 스타일을 새로 만들기 위해서 [새로 만들기]를 클릭하면 [새 문자 스타일] 대화 상자가 나타납니다. [스타일 이름]에 '스타일1'을 입력하고 [확인]을 클릭합니다.

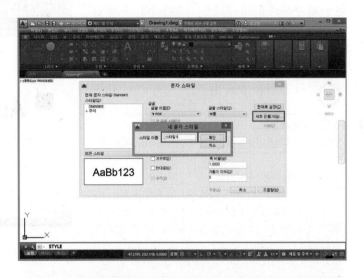

명령 : Style Enter

[Style] 명령어를 입력하면 [문자 스타일] 대화 상자가 나타납니다. 새로운 문자 스타일을 작성하기 위해서 [새로 만들기]를 클릭하여 [새 문자 스타일] 대화 상자가 나타나면 [스타일 이름]에 '스타일1'을 지정한 후, [확인]을 클릭합니다.

02 '스타일1' 이라는 문자 스타일에 'Italic.shx' 글꼴을 적용하기 위해서 [글꼴]의 [글꼴 이름]에 'Italic.shx' 글꼴을 선택하고 [적용]을 클릭합니다.

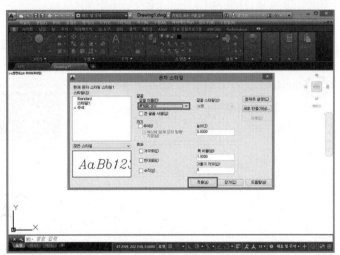

03 현재의 문자 스타일을 'Standard' 로 지정하기 위해서 [스타일] 내의 'Standard' 를 클릭한 후, [현재로 설정]을 클릭하면, 현재의 문자 스타일이 'Standard' 로 바뀝니다. 이후, [닫기]를 클릭합니다.

04 [Mtext] 명령어를 입력하여 문자 입력 영역의 첫 번째 구석과 반대 구석을 지정합니다. 문자 입력 영역이 나타나면 문자를 입력한 후, [문자 편집기] 탭 중 [닫기] 패널의 [문서 편집기 닫기]를 클릭하여 문자 작성을 종료합니다.

명령 : Mtext Enter

현재 문자 스타일 : "Standard" 문자 높이 : 30.0000 주석 : 아니오

첫 번째 구석 지정 : P1 클릭

문자 입력 영역의 첫 번째 구석에 'P1'을 클릭합니다.

반대 구석 지정 또는 [높이(H)/자리맞추기(J)/선 간격 두기(L)/회전(R)/스타일(S)/폭(W)/열(C)] : P2 클릭

문자 입력 영역의 반대 구석에 'P2'를 클릭합니다.

문자 입력 영역이 나타나면 'AutoCAD'를 입력한 후, [문자 편집기] 탭 중 [닫기] 패널의 [문서 편집기 닫기]를 클릭하여 문자 작성을 종료합니다.

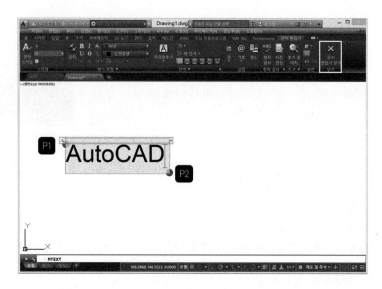

05 'Standard' 문자 스타일의 'Arial' 글꼴에 의해서 문자가 작성되는 것을 알 수 있습니다.

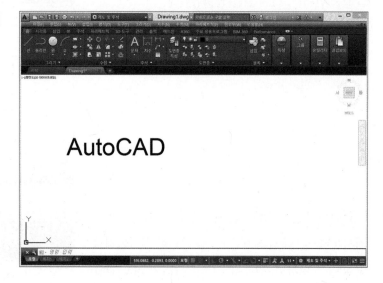

06 문자의 스타일을 미리 지정한 '스타일1'로 변경하기 위해서, [Mtext] 명령어를 입력하여 문자 입력 영역의 첫 번째 구석을 지정하고 [스타일] 옵션에 의해서 '스타일1'을 지정한 후, 문자 입력 영역의 반대 구석을 지정합니다. 문자 입력 영역이 나타나면 문자를 입력한 후, [문자 편집기] 탭 중 [닫기] 패널의 [문서 편집기 닫기]를 클릭하여 문자 작성을 종료합니다.

명령 : Mtext Enter
현재 문자 스타일 : "Standard" 문자 높이 : 30.0000 주석 : 아니오
첫 번째 구석 지정 : P1 클릭
문자 입력 영역의 첫 번째 구석에 'P1'을 클릭합니다.
반대 구석 지정 또는 [높이(H)/자리맞추기(J)/선 간격 두기(L)/회전(R)/스타일(S)/폭(W)/열(C)] : S Enter
[스타일] 옵션을 지정하기 위해서 'S'를 입력합니다.
스타일 이름 또는 [?] 입력 〈Standard〉 : 스타일1 Enter
불러 올 문자 스타일 이름에 '스타일1'을 입력합니다.
반대 구석 지정 또는 [높이(H)/자리맞추기(J)/선 간격 두기(L)/회전(R)/스타일(S)/폭(W)/열(C)] : P2 클릭
문자 입력 영역의 반대 구석에 'P2'를 클릭합니다.
문자 입력 영역이 나타나면 'AutoCAD'를 입력한 후, [문자 편집기] 탭 중 [닫기] 패널의 [문서 편집기 닫기]를 클릭하여 문자 작성을 종료합니다.

07 '스타일1' 문자 스타일의 'Italic.shx' 글꼴에 의해서 문자가 작성되는 것을 알 수 있습니다.

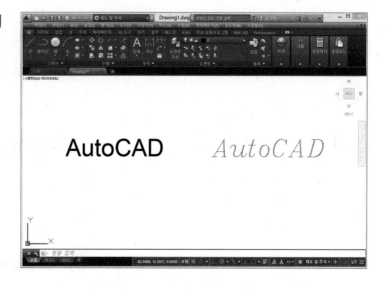

● [폭] 옵션 실습하기

01 [Mtext] 명령어를 입력하여 문자 입력 영역의
첫 번째 구석을 지정하고 [폭] 옵션에 의해서 문자
입력 영역에 '175'를 입력합니다. 문자 입력 영역
이 나타나면 문자를 입력한 후, [문자 편집기] 탭
중 [닫기] 패널의 [문서 편집기 닫기]를 클릭하여
문자 작성을 종료합니다.

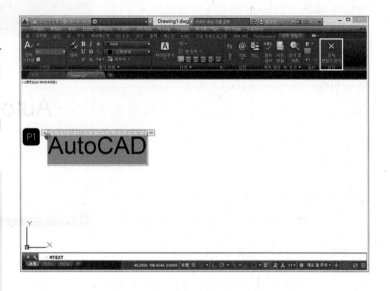

명령 : Mtext Enter
현재 문자 스타일 : "Standard" 문자 높이 : 30.0000 주
석 : 아니오
첫 번째 구석 지정 : P1 클릭
문자 입력 영역의 첫 번째 구석에 'P1'을 클릭합니다.
반대 구석 지정 또는 [높이(H)/자리맞추기(J)/선 간격두
기(L)/회전(R)/스타일(S)/폭(W)/열(C)] : S Enter
[스타일] 옵션을 지정하기 위해서 'S'를 입력합니다.
스타일 이름 또는 [?] 입력 〈스타일1〉 : Standard Enter
스타일 이름에 'Standard'를 입력합니다.
반대 구석 지정 또는 [높이(H)/자리맞추기(J)/선 간격두
기(L)/회전(R)/스타일(S)/폭(W)/열(C)] : W Enter
[폭] 옵션을 지정하기 위해서 'W'를 입력합니다.
폭 지정 : 175 Enter
문자 입력 영역의 폭에 '175'를 입력합니다.
문자 입력 영역이 나타나면 'AutoCAD'를 입력한 후, [문
자 편집기] 탭 중 [닫기] 패널의 [문서 편집기 닫기]를 클
릭하여 문자 작성을 종료합니다.

02 문자가 폭이 '175'인 문자 입력 영역에 작성
됩니다.

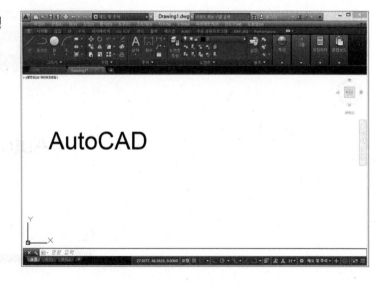

03 문자 입력 영역의 폭을 '300' 으로 지정하기 위해서, [Mtext] 명령어를 입력하여 문자 입력 영역의 첫 번째 구석을 지정하고 [폭] 옵션에 의해서 문자 입력 영역에 '300' 을 입력합니다. 문자 입력 영역이 나타나면 문자를 입력한 후, [문자 편집기] 탭 중 [닫기] 패널의 [문서 편집기 닫기]를 클릭하여 문자 작성을 종료합니다.

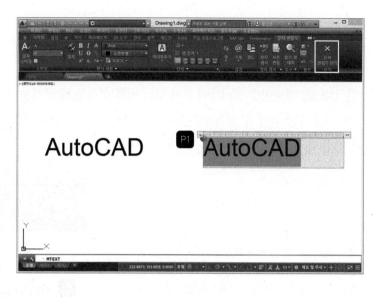

명령 : Mtext [Enter]
현재 문자 스타일 : "Standard" 문자 높이 : 30.0000 주석 : 아니오
첫 번째 구석 지정 : P1 클릭
문자 입력 영역의 첫 번째 구석에 'P1'을 클릭합니다.
반대 구석 지정 또는 [높이(H)/자리맞추기(J)/선 간격두기(L)/회전(R)/스타일(S)/폭(W)/열(C)]
: W [Enter]
[폭] 옵션을 지정하기 위해서 'W'를 입력합니다.
폭 지정 : 300 [Enter]
문자 입력 영역의 폭에 '300'을 입력합니다.
문자 입력 영역이 나타나면 'AutoCAD'를 입력한 후, [문자 편집기] 탭 중 [닫기] 패널의 [문서 편집기 닫기]를 클릭하여 문자 작성을 종료합니다.

04 문자가 폭이 '300' 인 문자 입력 영역에 작성됩니다.

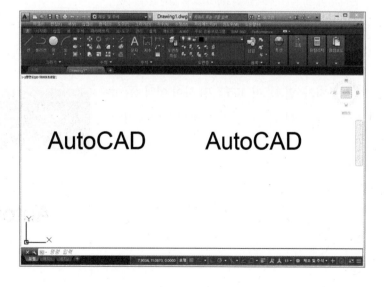

● [열] 옵션 실습하기

■ [동적] 모드 실습하기

01 [Mtext] 명령어를 입력하여 문자 입력 영역의 첫 번째 구석을 지정하고 [열] 옵션의 [동적] 옵션에 의해서 '열 폭' 에 '175', '열 사이 여백 폭' 에 '12.5', '열 높이' 에 '50' 을 입력합니다. 문자 입력 영역이 나타나면 문자를 입력한 후, [문자 편집기] 탭 중 [닫기] 패널의 [문서 편집기 닫기]를 클릭하여 문자 작성을 종료합니다.

명령 : Mtext Enter
현재 문자 스타일 : "Standard" 문자 높이 : 30.0000 주석 : 아니오
첫 번째 구석 지정 : P1 클릭
문자 입력 영역의 첫 번째 구석에 'P1'을 클릭합니다.
반대 구석 지정 또는 [높이(H)/자리맞추기(J)/선 간격두기(L)/회전(R)/스타일(S)/폭(W)/열(C)] : C Enter
[열] 옵션을 지정하기 위해서 'C'를 입력합니다.
열 유형 입력 [동적(D)/정적(S)/열 없음(N)] 〈동적(D)〉 : D Enter
[동적] 옵션을 지정하기 위해서 'D'를 입력합니다.
열 폭 지정 : 〈900.0000〉 : 175 Enter
'열 폭'에 '175'를 입력합니다.
열 사이 여백 폭 지정 : 〈150.0000〉 : 12.5 Enter
'열 사이 여백 폭'에 '12.5'를 입력합니다.
열 높이 지정 : 〈300.0000〉 : 50 Enter
'열 높이'에 '50'을 입력합니다.
문자 입력 영역이 나타나면 'AutoCAD'를 입력한 후, [문자 편집기] 탭 중 [닫기] 패널의 [문서 편집기 닫기]를 클릭하여 문자 작성을 종료합니다.

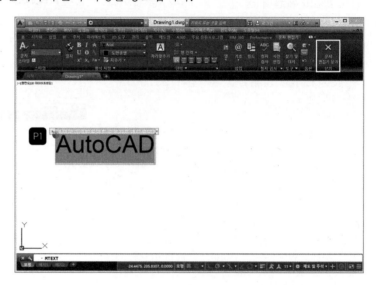

02 문자가 '열 폭' 이 '175', '열 사이 여백 폭' 이 '12.5', '열 높이' 가 '50' 인 문자 입력 영역에 작성됩니다.

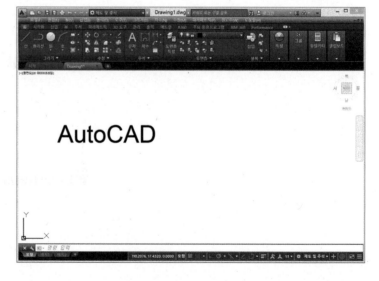

03 문자 입력 영역의 '열 폭'과 '열 높이'를 변경하기 위해서, [Mtext] 명령어를 입력하여 문자 입력 영역의 첫 번째 구석을 지정하고 [열] 옵션의 [동적] 옵션에 의해서 '열 폭'에 '300', '열 사이 여백 폭'에 '12.5', '열 높이'에 '100'을 입력합니다. 문자 입력 영역이 나타나면 문자를 입력한 후, [문자 편집기] 탭 중 [닫기] 패널의 [문서 편집기 닫기]를 클릭하여 문자 작성을 종료합니다.

명령 : Mtext Enter
현재 문자 스타일 : "Standard" 문자 높이 : 30.0000 주석 : 아니오
첫 번째 구석 지정 : P1 클릭
문자 입력 영역의 첫 번째 구석에 'P1'을 클릭합니다.
반대 구석 지정 또는 [높이(H)/자리맞추기(J)/선 간격두기(L)/회전(R)/스타일(S)/폭(W)/열(C)] : C Enter
[열] 옵션을 지정하기 위해서 'C'를 입력합니다.
열 유형 입력 [동적(D)/정적(S)/열 없음(N)] 〈동적(D)〉 : D Enter
[동적] 옵션을 지정하기 위해서 'D'를 입력합니다.
열 폭 지정: 〈900.0000〉: 300 Enter
'열 폭'에 '300'을 입력합니다.
열 사이 여백 폭 지정: 〈150.0000〉: 12.5 Enter
'열 사이 여백 폭'에 '12.5'를 입력합니다.
열 높이 지정: 〈300.0000〉: 100 Enter
'열 높이'에 '100'을 입력합니다.
문자 입력 영역이 나타나면 'AutoCAD'를 입력한 후, [문자 편집기] 탭 중 [닫기] 패널의 [문서 편집기 닫기]를 클릭하여 문자 작성을 종료합니다.

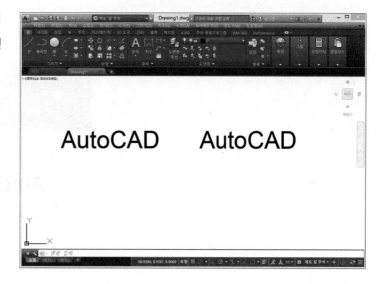

04 문자가 '열 폭'이 '300', '열 사이 여백 폭'이 '12.5', '열 높이'가 '100'인 문자 입력 영역에 작성됩니다.

■ [정적] 모드 실습하기

01 [Mtext] 명령어를 입력하여 문자 입력 영역의 첫 번째 구석을 지정하고 [열] 옵션의 [정적] 옵션에 의해서 '총 폭' 에 '250' , '열 수' 에 '2' , '열 사이 여백 폭' 에 '30' , '열 높이' 에 '50' 을 입력합니다. 문자 입력 영역이 나타나면 문자를 입력한 후, [문자 편집기] 탭 중 [닫기] 패널의 [문서 편집기 닫기]를 클릭하여 문자 작성을 종료합니다.

명령 : Mtext [Enter]
현재 문자 스타일 : "Standard" 문자 높이 : 30.0000 주석 : 아니오
첫 번째 구석 지정 : P1 클릭
문자 입력 영역의 첫 번째 구석에 'P1'을 클릭합니다.
반대 구석 지정 또는 [높이(H)/자리맞추기(J)/선 간격두기(L)/회전(R)/스타일(S)/폭(W)/열(C)] : C [Enter]
[열] 옵션을 지정하기 위해서 'C'를 입력합니다.
열 유형 입력 [동적(D)/정적(S)/열 없음(N)] 〈동적(D)〉: S [Enter]
[정적] 옵션을 지정하기 위해서 'S'를 입력합니다.
총 폭 지정: 〈2400.0000〉: 250 [Enter]
열의 '총 폭'에 '250'을 입력합니다.
열 수 지정: 〈2〉: 2 [Enter]
'열 수'에 '2'를 입력합니다.
열 사이 여백 폭 지정: 〈150.0000〉: 30 [Enter]
'열 사이 여백 폭'에 '30'을 입력합니다.
열 높이 지정: 〈300.0000〉: 50 [Enter]
'열 높이'에 '50'을 입력합니다.
문자 입력 영역이 나타나면 'Auto'를 입력하고 '[Enter]'를 치고 'CAD'를 입력한 후, [문자 편집기] 탭 중 [닫기] 패널의 [문서 편집기 닫기]를 클릭하여 문자 작성을 종료합니다.

02 문자가 '총 폭' 이 '250' , '열 수' 가 '2' , '열 사이 여백 폭' 이 '30' , '열 높이' 가 '50' 인 문자 입력 영역에 작성됩니다.

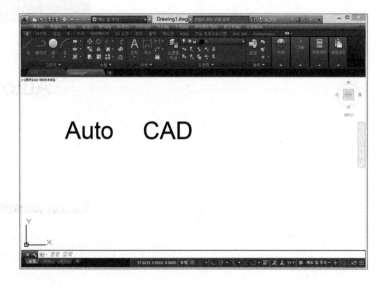

03 문자 입력 영역의 '총 폭', '열 수', '열 사이 여백 폭'을 변경하기 위해서, [Mtext] 명령어를 입력하여 문자 입력 영역의 첫 번째 구석을 지정하고 [열] 옵션의 [정적] 옵션에 의해서 '총 폭'에 '400', '열 수'에 '3', '열 사이 여백 폭'에 '60', '열 높이'에 '50'을 입력합니다. 문자 입력 영역이 나타나면 문자를 입력한 후, [문자 편집기] 탭 중 [닫기] 패널의 [문서 편집기 닫기]를 클릭하여 문자 작성을 종료합니다.

명령 : Mtext [Enter]
현재 문자 스타일 : "Standard" 문자 높이 : 30.0000 주석 : 아니오
첫 번째 구석 지정 : P1 클릭
문자 입력 영역의 첫 번째 구석에 'P1'을 클릭합니다.
반대 구석 지정 또는 [높이(H)/자리맞추기(J)/선 간격 두기(L)/회전(R)/스타일(S)/폭(W)/열(C)] : C [Enter]
[열] 옵션을 지정하기 위해서 'C'를 입력합니다.
열 유형 입력 [동적(D)/정적(S)/열 없음(N)] 〈동적(D)〉 : S [Enter]
[정적] 옵션을 지정하기 위해서 'S'를 입력합니다.
총 폭 지정: 〈2400.0000〉: 400 [Enter]
열의 '총 폭'에 '400'을 입력합니다.
열 수 지정: 〈2〉: 3 [Enter]
'열 수'에 '3'을 입력합니다.
열 사이 여백 폭 지정: 〈150.0000〉: 60 [Enter]
'열 사이 여백 폭'에 '60'을 입력합니다.
열 높이 지정: 〈300.0000〉: 50 [Enter]
'열 높이'에 '50'을 입력합니다.
문자 입력 영역이 나타나면 'Auto'를 입력하고 '[Enter]'를 치고 'CAD'를 입력하고 '[Enter]'를 치고 'best'를 입력한 후, [문자 편집기] 탭 중 [닫기] 패널의 [문서 편집기 닫기]를 클릭하여 문자 작성을 종료합니다.

04 문자가 '총 폭'이 '400', '열 수'가 '3', '열 사이 여백 폭'이 '60', '열 높이'가 '50'인 문자 입력 영역에 작성됩니다.

■ [열 없음] 모드 실습하기

01 [Mtext] 명령어를 입력하여 문자 입력 영역의 첫 번째 구석을 지정하고 [열] 옵션의 [열 없음] 옵션을 입력한 후, 문자 입력 영역의 반대 구석을 지정합니다. 문자 입력 영역이 나타나면 문자를 입력한 후, [문자 편집기] 탭 중 [닫기] 패널의 [문서 편집기 닫기]를 클릭하여 문자 작성을 종료합니다.

명령 : Mtext [Enter]
현재 문자 스타일 : "Standard" 문자 높이 : 30.0000 주석 : 아니오
첫 번째 구석 지정 : P1 클릭
문자 입력 영역의 첫 번째 구석에 'P1'을 클릭합니다.
반대 구석 지정 또는 [높이(H)/자리맞추기(J)/선 간격 두기(L)/회전(R)/스타일(S)/폭(W)/열(C)] : C [Enter]
[열] 옵션을 지정하기 위해서 'C'를 입력합니다.
열 유형 입력 [동적(D)/정적(S)/열 없음(N)] 〈동적 (D)〉 : N [Enter]
[열 없음] 옵션을 지정하기 위해서 'N'을 입력합니다.
반대 구석 지정 또는 [높이(H)/자리맞추기(J)/선 간격두기(L)/회전(R)/스타일(S)/폭(W)/열(C)] : P2 클릭
문자 입력 영역의 반대 구석에 'P2'를 클릭합니다.
문자 입력 영역이 나타나면 'AutoCAD'를 입력하고 [Enter]를 치고 'I do my best'를 입력한 후, [문자 편집기] 탭 중 [닫기] 패널의 [문서 편집기 닫기]를 클릭하여 문자 작성을 종료합니다.

02 [열 없음] 모드를 지정하여 열의 수가 1개만 나타나는 것을 알 수 있습니다.

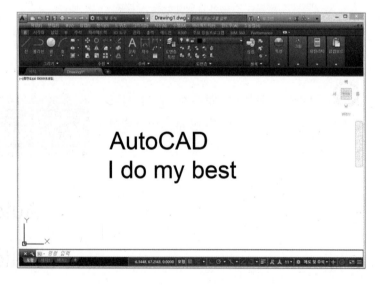

> **⚡ TIP   특수 문자 입력**
>
> 특수 문자를 입력하기 위해서는 [문자표]를 활용하는 방법과 직접 특수 문자를 입력하는 방법이 있습니다.

● [문자표]를 활용하는 방법

[Mtext] 명령어를 입력하고 여러 줄 문자의 첫 번째와 반대 구석을 지정하면 [문자 편집기] 탭 중 [삽입] 패널의 [기호] 아이콘을 클릭합니다. [기호] 아이콘의 가장 마지막 메뉴인 [기타]를 클릭하면 [문자표] 대화 상자가 나타 나고 기호를 선택하여 원하는 특수 문자를 입력할 수 있습니다.

● 직접 특수 문자를 입력하는 방법

특수 문자	문자 입력 내용	최종 문자 표시
밑줄(%%U)	%%UAutoCAD	<u>AutoCAD</u>
윗줄(%%O)	%%OAutoCAD	‾AutoCAD‾
각도(%%D)	50%%D	50°
지름(%%C)	%%C50	∅50
허용 공차(%%P)	%%P50	±50
특수 기호(%%65)	%%65	A
특수 기호(%%90)	%%90	Z

7.2 문자 스타일 결정과 문자 편집하기

1 문자의 스타일을 결정하는 [Style] 명령어

[Style] 명령어는 문자 스타일을 지정하고 수정할 수 있는 가운데, '글꼴, 글꼴 스타일, 주석, 높이, 폭 비율, 기울기 각도' 등을 설정하여 문자를 작성할 수 있습니다.

(1) 명령어 입력 방법

[Style] 명령어	
메뉴 막대	형식→문자 스타일
명령어	Style
단축 명령어	St
리본 메뉴	(홈)탭→(주석)패널→문자 스타일(A) ([제도 및 주석] 작업공간)
	(주석)탭→(문자)패널→문자 스타일() ([3D 모델링] 작업공간)

(2) 명령어 사용 방법

명령 : Style ⏎

[Style] 명령어를 입력하면 [문자 스타일] 대화 상자가 나타납니다. 새로운 문자 스타일을 지정하기 위해서 [새로 만들기]를 클릭하고 [새 문자 스타일] 대화 상자가 나타나면 [스타일 이름]을 입력한 후, [확인]을 클릭합니다.
[글꼴]의 [글꼴 이름]과 [크기], [효과]를 설정한 후, [적용]과 [닫기]를 차례로 클릭합니다.

(3) 옵션 설명

옵션	설명
스타일	
현재 문자 스타일	현재의 문자 스타일을 표시합니다.
스타일(S)	전체 스타일 리스트를 표시합니다.
스타일 리스트 필터	모든 스타일을 표시할 것인가, 사용 중인 스타일만 표시할 것인가를 결정합니다.
미리보기	문자 스타일에서 지정한 글꼴을 미리 볼 수 있습니다.
글꼴(TTF)	
글꼴 이름(F)	윈도우 글꼴인 트루 타입 글꼴(TTF) 이름을 표시합니다.
글꼴 스타일(Y)	윈도우 글꼴인 트루 타입 글꼴(TTF)을 지정한 경우에만 활성화됩니다. '굵게', '굵은 기울림꼴', '기울림꼴', '보통' 같은 글꼴 문자 형식을 지정합니다.
글꼴(SHX)	
SHX 글꼴(X)	오토 캐드 글꼴인 쉐이프(SHX) 글꼴 이름을 표시합니다.
큰 글꼴(B)	오토 캐드 글꼴인 쉐이프(SHX) 글꼴을 지정한 경우에만 활성화됩니다. 한국어는 'whgdtxt.shx, whgtxt.shx, whtgtxt.shx, whtmtxt.shx' 글꼴에서, 중국어는 'chineset.shx, gbcbig.shx' 글꼴에서, 일본어는 '@extfont2.shx, bigfont.shx, extfont.hx, extfont2.shx' 글꼴에서 적용가능합니다.
큰 글꼴 사용(U)	오토 캐드 글꼴인 쉐이프(SHX) 글꼴을 지정한 경우에만 활성화됩니다. 쉐이프(SHX) 글꼴을 지정한 상태에서 [큰 글꼴 사용]에 클릭하면 [큰 글꼴] 옵션이 활성화됩니다.

옵션	설명
크기	
주석(I)	문자가 주석임을 지정합니다. 주석 객체 및 스타일은 주석 객체가 모형 공간이나 배치에서 표시되는 크기와 축척을 조정하는데 사용됩니다.
배치에 맞게 문자 방향 지정(M)	도면 공간 뷰포트의 문자 방향이 배치의 방향과 일치하도록 지정합니다. [주석] 옵션을 지정한 상태에서만 [배치에 맞게 문자 방향 지정] 옵션이 활성화됩니다.
높이 또는 도면 문자 높이(T)	'0'보다 큰 값을 높이로 입력하면 문자 높이가 자동으로 설정됩니다. '0'을 입력하면 마지막으로 사용한 문자 높이 또는 도면 템플릿 파일에 저장된 값을 기본 문자 높이로 사용합니다.
효과	
거꾸로(E)	문자의 위, 아래를 거꾸로 표시합니다.
반대로(K)	문자의 뒤로부터 앞으로 문자를 반대로 표시합니다.
수직(V)	문자를 수직으로 표시합니다. 단, 윈도우 글꼴인 트루 타입 글꼴(TTF)에서는 적용할 수 없습니다.
폭 비율(W)	문자 높이에 대한 폭의 비율을 지정합니다.
기울기 각도(O)	문자의 기울기 값을 지정합니다.
현재로 설정(C)	[스타일]에서 선택한 스타일을 현재 스타일로 지정합니다.
새로 만들기(N)	새로운 스타일을 작성합니다.

(4) 실습하기

● [스타일]과 [글꼴(TTF)] 옵션 실습하기

01 [Limits] 명령어에 의해서 도면 한계를 설정한 후, [Limits] 명령어에 의해서 지정한 설정값을 [Zoom] 명령을 수행함으로써 화면상에 적용합니다.

명령 : Limits Enter
모형 공간 한계 재설정 :
왼쪽 아래 구석 지정 또는 [켜기(ON)/끄기(OFF)]
〈0.0000,0.0000〉: 0,0 Enter
작업 도면의 '왼쪽-아래쪽'에 '0,0'을 입력합니다.
오른쪽 위 구석 지정 〈420.0000,297.0000〉:
420,297 Enter
작업 도면의 '오른쪽-위쪽'에 '420,297'을 입력합니다.

명령 : Zoom Enter
윈도우 구석 지정, 축척 비율(nX 또는 nXP) 입력 또는
[전체(A)/중심(C)/동적(D)/범위(E)/이전(P)/축척
(S)/윈도우(W)/객체(O)] 〈실시간〉: A Enter
모형 재생성 중.
[Limits] 명령어에 의해서 지정한 도면 한계를 화면에 적용하기 위해서 [Zoom] 명령어의 [전체] 옵션을 입력합니다.

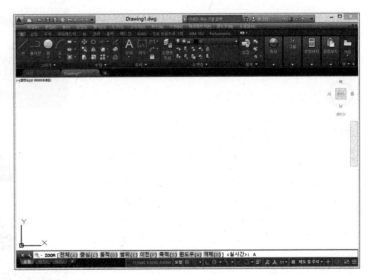

02 [Style] 명령어를 입력하면 [문자 스타일] 대화 상자가 나타납니다. [새로 만들기]를 클릭하여 [새 문자 스타일] 대화 상자가 나타나면 [스타일 이름]을 지정한 후, [확인]을 클릭합니다.

명령 : Style Enter

[Style] 명령어를 입력하면 [문자 스타일] 대화 상자가 나타납니다. 새로운 문자 스타일을 작성하기 위해서 [새로 만들기]를 클릭하여 [새 문자 스타일] 대화 상자가 나타나면 [스타일 이름]에 '스타일1'을 지정한 후, [확인]을 클릭합니다.

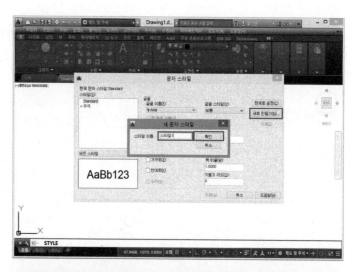

03 [스타일]에 '스타일1' 이 표시된 것을 확인하고 [글꼴]의 [글꼴 이름]에 트루 타입 글꼴인 'SansSerif'를 지정하고 [글꼴 스타일]에 각각 'BoldOblique', 'Oblique', '굵게', '보통' 을 차례로 지정한 후, [적용]과 [닫기]를 클릭합니다.

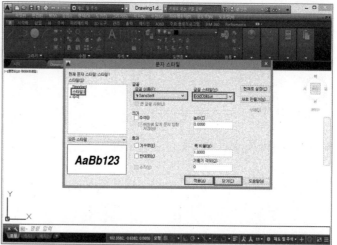

04 [Dtext] 명령어를 입력하고 문자의 시작점을 지정합니다. 이후, 문자의 높이와 회전 각도를 차례로 입력하고 문자를 작성합니다.

명령 : Dtext Enter

현재 문자 스타일 : "스타일1" 문자 높이 : 2.5000 주석 : 아니오 자리맞추기 : 왼쪽
문자의 시작점 지정 또는 [자리맞추기(J)/스타일(S)] : P1, P2, P3, P4 클릭
[글꼴 스타일]에 따른 문자의 시작점에 'BoldOblique'는 'P1', 'Oblique'는 'P2', '굵게'는 'P3', '보통'은 'P4'를 클릭합니다.
높이 지정 〈2.5000〉 : 30 Enter
문자의 높이에 '30'을 입력합니다.
문자의 회전 각도 지정 〈0〉 : 0 Enter
문자의 회전 각도에 '0'을 입력합니다.
'AutoCAD'를 입력한 후, Enter 를 2번 칩니다.

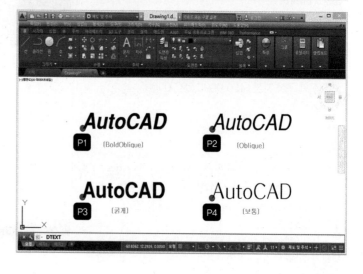

● [스타일]과 [글꼴(SHX)] 옵션 실습하기

01 [Style] 명령어를 입력하면 [문자 스타일] 대화 상
자가 나타납니다. [새로 만들기]를 클릭하여 [새 문자
스타일] 대화 상자가 나타나면 [스타일 이름]을 지정
한 후, [확인]을 클릭합니다.

명령 : Style [Enter]
[Style] 명령어를 입력하면 [문자 스타일] 대화 상자가 나타납니
다. 새로운 문자 스타일을 작성하기 위해서 [새로 만들기]를 클릭
하여 [새 문자 스타일] 대화 상자가 나타나면 [스타일 이름]에 '스
타일2'를 지정한 후, [확인]을 클릭합니다.

02 [스타일]에 '스타일2'가 표시된 것을 확인하고 [글
꼴]의 [SHX 글꼴]에 쉐이프 글꼴인 'txt.shx'를 지정하
고 [큰 글꼴 사용]에 클릭하면 [큰 글꼴]이 활성화됩니
다. [큰 글꼴]에 한국어 지원 글꼴인 'whgdtxt.shx',
'whgtxt.shx', 'whtgtxt.shx', 'whtmtxt.shx'를 차례로
지정한 후, [적용]과 [닫기]를 클릭합니다.

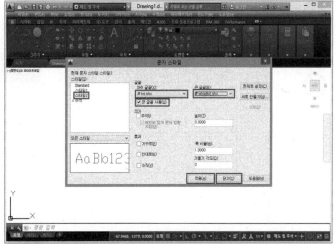

03 [Dtext] 명령어를 입력하고 문자의 시작점을 지
정합니다. 이후, 문자의 높이와 회전 각도를 차례로
입력하고 문자를 작성합니다.

명령 : Dtext [Enter]
현재 문자 스타일 : "스디일2" 문자 높이 : 30.0000 주석 :
아니오 자리맞추기 : 왼쪽
문자의 시작점 지정 또는 [자리맞추기(J)/스타일(S)] : P1,
P2, P3, P4 클릭
[큰 글꼴]에 따른 문자의 시작점에 'whgdtxt.shx' 글꼴은 'P1',
'whgtxt.shx' 글꼴은 'P2', 'whtgtxt.shx' 글꼴은 'P3',
'whtmtxt.shx' 글꼴은 'P4'를 클릭합니다.
높이 지정 〈30.0000〉 : 30 [Enter]
문자의 높이에 '30'을 입력합니다.
문자의 회전 각도 지정 〈0〉 : 0 [Enter]
문자의 회전 각도에 '0'을 입력합니다.
키보드의 '한/영' 기능키를 눌러 '한국어'로 바꾼 후, '오토 캐드'
를 입력하고 '[Enter]'를 2번 칩니다.

● [크기] 옵션 실습하기

01 [Style] 명령어를 입력하면 [문자 스타일] 대화 상자가 나타납니다. '스타일1' 을 클릭하면 [글꼴 이름]에 'SansSerif' , [글꼴 스타일]에 '보통' 이 나타납니다. 이후, [현재로 설정]을 클릭합니다.

명령 : Style Enter
[Style] 명령어를 입력하면 [문자 스타일] 대화 상자가 나타납니다. 이전에 작성하였던 '스타일1'의 'SansSerif' 글꼴을 불러오기 위해서 '스타일1'을 클릭하면 [글꼴 이름]에 'SansSerif', [글꼴 스타일]에 '보통'이 나타나면 [현재로 설정]을 클릭합니다.

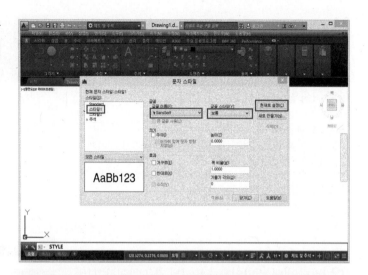

02 문자의 크기를 조절하기 위해서 [크기]의 [높이]에 각각 '20' , '40' 을 입력한 후, [적용]과 [닫기]를 클릭합니다.

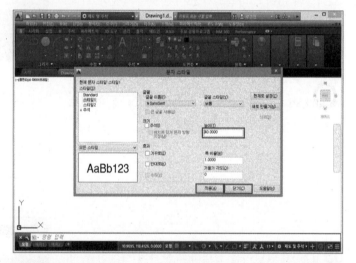

03 [Dtext] 명령어를 입력하고 문자의 시작점을 지정합니다. 이후, 문자의 높이와 회전 각도를 차례로 입력하고 문자를 작성합니다.

명령 : Dtext Enter
현재 문자 스타일 : "스타일1" 문자 높이 : 20.0000 주석 : 아니오 자리맞추기 : 왼쪽
문자의 시작점 지정 또는 [자리맞추기(J)/스타일(S)] : P1, P2 클릭
[높이]에 따른 문자의 시작점에 높이가 '20'은 'P1', 높이가 '40'은 'P2'를 클릭합니다.
문자의 회전 각도 지정 〈0〉 : 0 Enter
문자의 회전 각도에 '0'을 입력합니다.
'AutoCAD'를 입력하고 'Enter'를 2번 칩니다.

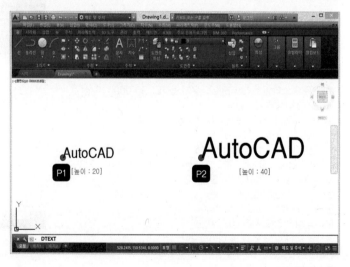

● [효과] 옵션 실습하기

01 [Style] 명령어를 입력하면 [문자 스타일] 대화 상자가 나타납니다. [새로 만들기]를 클릭하여 [새 문자 스타일] 대화 상자가 나타나면 [스타일 이름]을 지정한 후, [확인]을 클릭합니다.

명령 : Style Enter
[Style] 명령어를 입력하면 [문자 스타일] 대화 상자가 나타납니다. 새로운 문자 스타일을 작성하기 위해서 [새로 만들기]를 클릭하여 [새 문자 스타일] 대화 상자가 나타나면 [스타일 이름]에 '스타일3'을 지정한 후, [확인]을 클릭합니다.

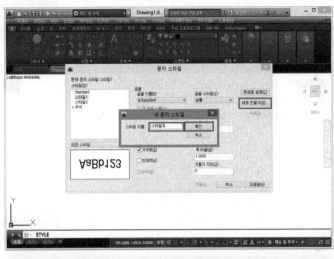

02 [스타일]에 '스타일3'이 표시된 것을 확인하고 문자의 크기를 조절하기 위해서 [크기]의 [높이]에 '30'을 입력합니다.

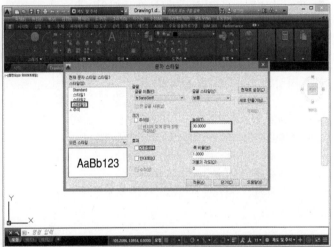

03 [효과]의 [거꾸로]를 체크 표시한 후, [적용]과 [닫기]를 클릭합니다.

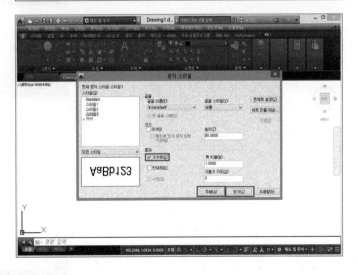

04 [Dtext] 명령어를 입력하고 문자의 시작점을 지정합니다. 이후, 문자의 회전 각도를 입력하고 문자를 작성합니다.

> **명령 : Dtext** [Enter]
> 현재 문자 스타일 : "스타일3" 문자 높이 : 30.0000
> 주석 : 아니오 자리맞추기 : 왼쪽
> 문자의 시작점 지정 또는 [자리맞추기(J)/스타일(S)] :
> P1 클릭
> 문자의 시작점에 'P1'을 입력합니다.
> 문자의 회전 각도 지정 ⟨0⟩ : 0 [Enter]
> 문자의 회전 각도에 '0'을 입력합니다.
> 'AutoCAD'를 입력하고 [Enter]를 2번 칩니다.

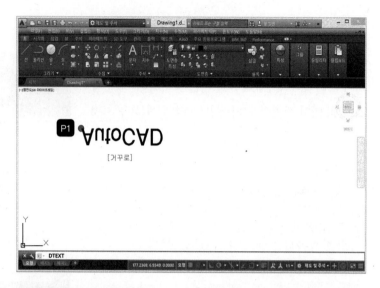

05 [Style] 명령어를 입력하면 [문자 스타일] 대화 상자가 나타납니다. [새로 만들기]를 클릭하여 [새 문자 스타일] 대화 상자가 나타나면 [스타일 이름]을 지정한 후, [확인]을 클릭합니다.

> **명령 : Style** [Enter]
> [Style] 명령어를 입력하면 [문자 스타일] 대화 상자가 나타납니다. 새로운 문자 스타일을 작성하기 위해서 [새로 만들기]를 클릭하여 [새 문자 스타일] 대화 상자가 나타나면 [스타일 이름]에 '스타일4'를 지정한 후, [확인]을 클릭합니다.

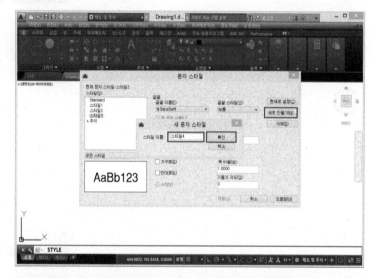

06 [스타일]에 '스타일4'가 표시된 것을 확인하고 [효과]의 [거꾸로] 체크를 제거하고 [반대로]에 체크 표시한 후, [적용]과 [닫기]를 클릭합니다.

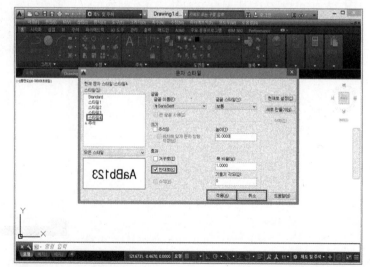

07 [Dtext] 명령어를 입력하고 문자의 시작점을 지정합니다. 이후, 문자의 회전 각도를 입력하고 문자를 작성합니다.

> **명령 : Dtext [Enter]**
> 현재 문자 스타일 : "스타일4" 문자 높이 : 30.0000
> 주석 : 아니오 자리맞추기 : 왼쪽
> 문자의 시작점 지정 또는 [자리맞추기(J)/스타일(S)] :
> P1 클릭
> 문자의 시작점에 'P1'을 입력합니다.
> 문자의 회전 각도 지정 〈0〉 : 0 [Enter]
> 문자의 회전 각도에 '0'을 입력합니다.
> 'AutoCAD'를 입력하고 [Enter]를 2번 칩니다.

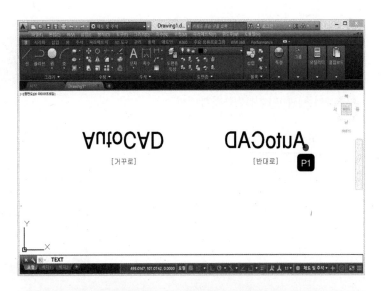

08 [Style] 명령어를 입력하면 [문자 스타일] 대화 상자가 나타납니다. [효과]의 [반대로] 체크를 제거하고 [폭 비율]에 각각 '1'과 '1.5'를 입력한 후, [적용]과 [닫기]를 클릭합니다.

> **명령 : Style [Enter]**
> [Style] 명령어를 입력하면 [문자 스타일] 대화 상자가 나타납니다. [효과]의 [폭 비율]에 각각 '1'과 '1.5'를 입력한 후, [적용]과 [닫기]를 클릭합니다.

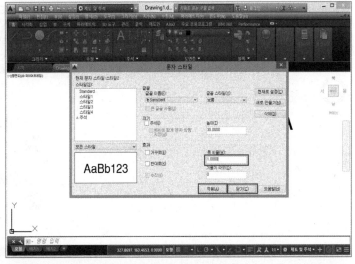

09 [Dtext] 명령어를 입력하고 문자의 시작점을 지정합니다. 이후, 문자의 회전 각도를 입력하고 문자를 작성합니다.

> **명령 : Dtext [Enter]**
> 현재 문자 스타일 : "스타일4" 문자 높이 : 30.0000
> 주석 : 아니오 자리맞추기 : 왼쪽
> 문자의 시작점 지정 또는 [자리맞추기(J)/스타일(S)] :
> P1, P2 클릭
> [폭 비율]이 '1'인 경우 'P1', '2'인 경우 'P2'를 지정합니다.
> 문자의 회전 각도 지정 〈0〉 : 0 [Enter]
> 문자의 회전 각도에 '0'을 입력합니다.
> 'AutoCAD'를 입력하고 [Enter]를 2번 칩니다.

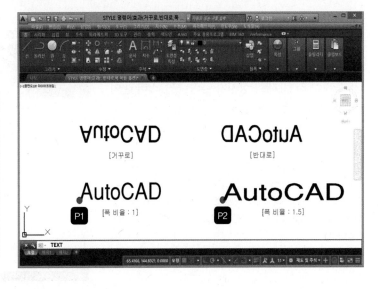

10 [Style] 명령어를 입력하면 [문자 스타일] 대화 상자가 나타납니다. [효과]의 [폭 비율]에 '1'을 입력하고 [기울기 각도]에 각각 '0'과 '40'을 입력한 후, [적용]과 [닫기]를 클릭합니다.

명령 : Style Enter

[Style] 명령어를 입력하면 [문자 스타일] 대화 상자가 나타납니다. [효과]의 [폭 비율]에 각각 '1'을 입력하고 [기울기 각도]에 각각 '0'과 '40'을 입력한 후, [적용]과 [닫기]를 클릭합니다.

11 [Dtext] 명령어를 입력하고 문자의 시작점을 지정합니다. 이후, 차례로 문자의 회전 각도를 입력하고 문자를 작성합니다.

명령 : Dtext Enter

현재 문자 스타일 : "스타일4" 문자 높이 : 30.0000
주석 : 아니오 자리맞추기 : 왼쪽
문자의 시작점 지정 또는 [자리맞추기(J)/스타일(S)] :
P1, P2 클릭
문자의 시작점에 기울기 각도 '0'은 'P1', '40'은 'P2'를
클릭합니다.
문자의 회전 각도 지정 〈0〉: 0 Enter
문자의 회전 각도에 '0'을 입력합니다.
'AutoCAD'를 입력하고 Enter 를 2번 칩니다.

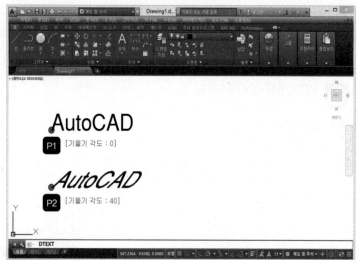

12 [Style] 명령어를 입력하면 [문자 스타일] 대화 상자가 나타납니다. [새로 만들기]를 클릭하여 [새 문자 스타일] 대화 상자가 나타나면 [스타일 이름]을 지정한 후, [확인]을 클릭합니다.

명령 : Style Enter

[Style] 명령어를 입력하면 [문자 스타일] 대화 상자가 나타납니다. 새로운 문자 스타일을 작성하기 위해서 [새로 만들기]를 클릭하여 [새 문자 스타일] 대화 상자가 나타나면 [스타일 이름]에 '스타일5'를 지정한 후, [확인]을 클릭합니다.

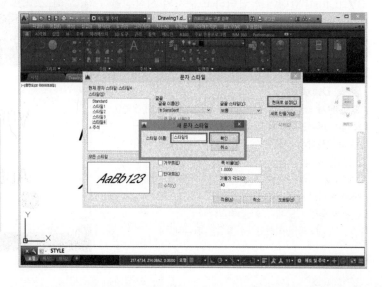

13 [글꼴]의 [글꼴 이름]에 'txt.shx' 를 입력하고 [효과]의 [수직]에 체크를 표시한 후, [기울기 각도]에 '0' 을 입력한 다음, [적용]과 [닫기]를 클릭합니다.

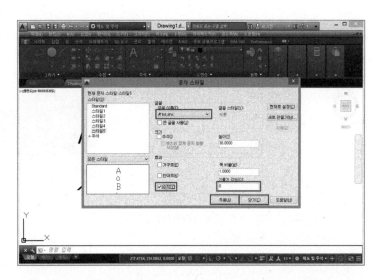

14 [Dtext] 명령어를 입력하고 문자의 시작점을 지정합니다. 이후, 문자의 회전 각도를 입력하고 문자를 작성합니다.

> **명령 : Dtext** Enter
> 현재 문자 스타일 : "스타일5" 문자 높이 : 30.0000
> 주석 : 아니오   자리맞추기 : 왼쪽
> 문자의 시작점 지정 또는 [자리맞추기(J)/스타일(S)] :
> P1 클릭
> 문자의 시작점에 'P1'을 클릭합니다.
> 문자의 회전 각도 지정 〈270〉 : 270 Enter
> 문자의 회전 각도에 '270'을 입력합니다.
> 'CAD'를 입력하고 Enter 를 2번 칩니다.

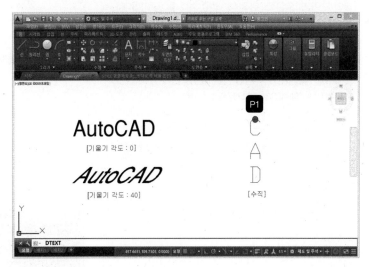

2 문자를 편집하는 [Ddedit] 명령어

[Ddedit] 명령어는 이미 작성한 문자를 편집할 수 있습니다. [Ddedit] 명령어에 의해서 문자를 편집할 때, [Dtext] 명령어로 작성한 문자는 1줄만 수정이 가능하지만 [Mtext] 명령어로 작성한 문자는 문자 전부를 수정할 수 있습니다.

(1) 명령어 입력 방법

[Ddedit] 명령어	
메뉴 막대	수정→객체→문자→편집
명령어	Ddedit

(2) 명령어 사용 방법

> **명령 : Ddedit** Enter
> TEXTEDIT
> 현재 설정 : 편집 모드 = Multiple
> 주석 객체 선택 : 문자 클릭
> 편집하고자 하는 문자를 클릭합니다.

(3) 실습하기

● 기본 실습하기

01 [Limits] 명령어에 의해서 도면 한계를 설정한 후, [Limits] 명령어에 의해서 지정한 설정값을 [Zoom] 명령을 수행함으로써 화면상에 적용합니다.

> **명령 : Limits** Enter
> 모형 공간 한계 재설정 :
> 왼쪽 아래 구석 지정 또는 [켜기(ON)/끄기(OFF)]
> ⟨0.0000,0.0000⟩ : 0,0 Enter
> 작업 도면의 '왼쪽-아래쪽'에 '0,0'을 입력합니다.
> 오른쪽 위 구석 지정 ⟨420.0000,297.0000⟩ : 420,297 Enter
> 작업 도면의 '오른쪽-위쪽'에 '420,297'을 입력합니다.
>
> **명령 : Zoom** Enter
> 윈도우 구석 지정, 축척 비율(nX 또는 nXP) 입력 또는
> [전체(A)/중심(C)/동적(D)/범위(E)/이전(P)/축척(S)/
> 윈도우(W)/객체(O)] ⟨실시간⟩ : A Enter
> 모형 재생성 중.
> [Limits] 명령어에 의해서 지정한 도면 한계를 화면에 적용하기 위해서 [Zoom] 명령어의 [전체] 옵션을 입력합니다.

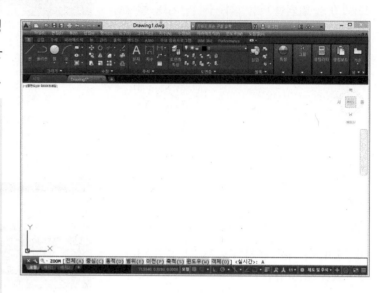

02 [Dtext] 명령어를 입력하고 문자의 시작점을 지정한 후, 문자의 높이와 회전 각도를 차례로 입력합니다. 이후, 문자를 2줄 작성합니다.

> **명령 : Dtext** Enter
> 현재 문자 스타일 : "Standard" 문자 높이 : 0.2000 주석 : 아니오 자리맞추기 : 왼쪽
> 문자의 시작점 지정 또는 [자리맞추기(J)/스타일(S)] :
> P1 클릭
> 문자의 시작점에 'P1'을 클릭합니다.
> 높이 지정 ⟨0.2000⟩ : 30 Enter
> 문자의 높이에 '30'을 입력합니다.
> 문자의 회전 각도 지정 ⟨0⟩ : 0 Enter
> 문자의 회전 각도에 '0'을 입력합니다.
> 'I love you'를 입력한 후 'Enter'를 1번 치고, 'You love me'를 입력한 후 'Enter'를 2번 칩니다.

03 이번에는 문자를 [Mtext] 명령어에 의해서 입력하고 문자를 입력할 영역을 지정하기 위해서 첫번째 구석과 반대 구석을 지정합니다. 이후, 문자를 2줄 입력합니다.

명령 : Mtext [Enter]
현재 문자 스타일 : "Standard" 문자 높이 : 30.0000 주석 : 아니오
첫 번째 구석 지정 : P1 클릭
문자를 입력할 영역의 첫 번째 구석에 'P1'을 클릭합니다.
반대 구석 지정 또는 [높이(H)/자리맞추기(J)/선 간격두기(L)/회전(R)/스타일(S)/폭(W)/열(C)] : P2 클릭
문자를 입력할 반대 구석에 'P2'를 클릭합니다.
'AutoCAD'를 입력하고 [Enter]를 친 후, '3D designer'를 입력하고 [문자편집기]탭 [닫기] 패널의 [문서편집기 닫기]를 클릭합니다.

04 [Dtext] 명령어에 의해서 작성한 문자를 수정하기 위해서 [Ddedit] 명령어를 입력한 후, 'I love you'를 클릭합니다. [Dtext] 명령어에 의해서 작성한 2줄의 문자 중 1줄만 선택되는 것을 확인할 수 있습니다.

명령 : Ddedit [Enter]
TEXTEDIT
현재 설정 : 편집 모드 = Multiple
주석 객체 선택 또는 [명령 취소(U)/모드(M)] : 'I love you' 클릭
'I love you'를 클릭하면 [Dtext] 명령어에 의해서 작성한 2줄의 문자 중 1줄만 선택되는 것을 확인할 수 있습니다.

05 'I love you' 를 'I like you' 로 수정합니다. 따라서 [Dtext] 명령어에 의해서 작성한 문자는 [Ddedit] 명령어에 의해서 수정할 때 1줄만 수정이 가능합니다.

> 주석 객체 선택 또는 [명령 취소(U)/모드(M)] : 'I like you' 입력 후 **Enter**
> 'I like you'를 입력하고 **Enter**를 칩니다.
> 주석 객체 선택 또는 [명령 취소(U)/모드(M)] : **Enter**

06 [Mtext] 명령어에 의해서 작성한 문자를 수정하기 위해서 [Ddedit] 명령어를 입력한 후, 'AutoCAD' 를 클릭합니다. [Dtext] 명령어에 의해서 작성한 2줄의 문자 전부가 선택되는 것을 확인할 수 있습니다.

> **명령 : Ddedit** **Enter**
> TEXTEDIT
> 현재 설정 : 편집 모드 = Multiple
> 주석 객체 선택 또는 [명령 취소(U)/모드(M)] : 'AutoCAD' 클릭
> 'AutoCAD'를 클릭하면 [Mtext] 명령어에 의해서 작성한 2줄의 문자 전부가 선택되는 것을 확인할 수 있습니다.

07 'AutoCAD'를 'OrCAD'로, '3D designer' 를 'Circuit design' 으로 수정합니다. 따라서 [Mtext] 명령어에 의해서 작성한 문자는 [Ddedit] 명령어에 의해서 수정할 때 2줄 전부 수정이 가능합니다.

> 주석 객체 선택 또는 [명령 취소(U)/모드(M)] : 'OrCAD', 'Circuit design' 입력 후, [문자편집기]탭 [닫기] 패널의 [문서편집기 닫기] 클릭
> 'OrCAD'를 입력하고 **Enter**를 친 후, 'Circuit design'을 입력하고 [문자편집기]탭 [닫기] 패널의 [문서편집기 닫기]를 클릭합니다.
> 주석 객체 선택 또는 [명령 취소(U)/모드(M)] : **Enter**

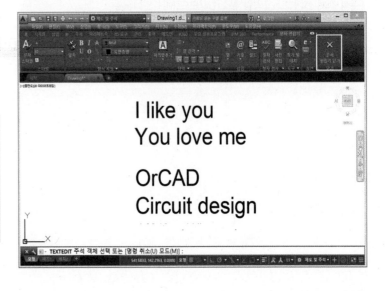

> **TIP** [Ddedit] 명령어 이외에 문자 편집 방법
>
> [Ddedit] 명령어를 수행하지 않고 작성한 문자를 편집하고자 할 때에는 [Ddedit] 명령어를 입력하지 않고 작성한 문자를 더블 클릭하면 편집이 가능한 선택 박스가 나타나고 이후, 새로운 문자를 입력하면 됩니다.

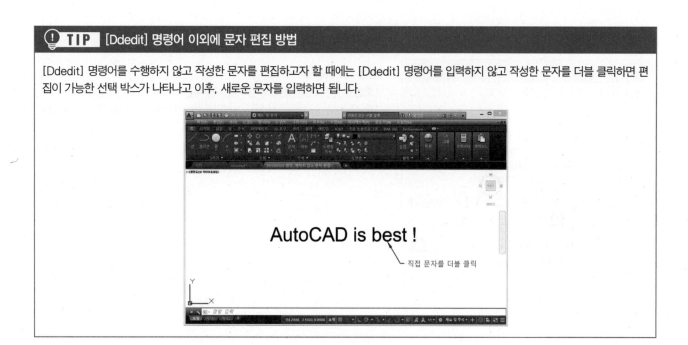

7.3 도면층 작성하기

1 도면층을 작성하는 [Layer] 명령어

[Layer] 명령어는 도면층을 작성하는 것으로서, 건축물을 설계한 전체 도면이 있다고 하면, 도면 내에는 벽체, 문이나 창문, 전기 배선 등 많은 도면 요소가 있습니다. 이와 같은 각 도면 요소를 OHP 필름지에 하나씩 그려서 OHP 필름지를 정확히 겹치면 전체 도면을 작성할 수 있습니다. 여기서 벽체, 문이나 창문, 전기 배선 등과 같은 각 도면 요소를 '도면층'이라 할 수 있습니다.

도면층에 의해서 도면을 작성하면 수정하고자 하는 도면층만을 업로드하기 때문에 전체 도면층을 업로드할 때보다 업로드 시간과 수정 후 저장하는 시간을 절약할 수 있습니다. 또한 도면을 작업할 때 많은 도면을 전부 보이게 한 상태에서 작업을 하면 도면이 복잡하여 작업하는데 효율이 떨어질 수 있습니다. 이때 수정하고자 하는 도면층만을 업로드하여 수정하면 효율적으로 도면을 작성할 수 있습니다.

(1) 명령어 입력 방법

[Layer] 명령어	
메뉴 막대	형식→도면층
명령어	Layer
단축 명령어	La
리본 메뉴	(홈)탭→(도면층)패널→도면층 특성(🗃) ([제도 및 주석] 작업공간)
	(홈)탭→(도면층 및 뷰)패널→도면층 특 성(🗃)([3D 기본 사항] 작업공간)
	(홈)탭→(도면층)패널→도면층 특성(🗃) ([3D 모델링] 작업공간)

(2) 명령어 사용 방법

명령 : Layer [Enter]
[도면층 특성 관리자] 대화 상자가 나타나면 [켜기/크기], [동결/동결 해제], [잠금/열림], [색상], [선종류], [선가중치], [투명도], [플롯 스타일], [플롯]을 지정하여 도면층을 작성합니다.

(3) 옵션 설명

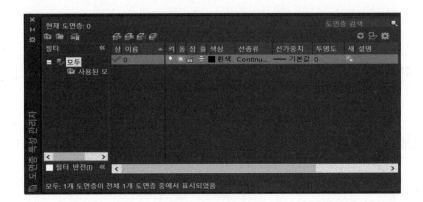

● [도면층 관리] 옵션

① [켜기/끄기] 메뉴
　도면층을 화면상에서 [켜기]에 의해서 보이게 하거나 [끄기]에 의해서 사라지게 합니다. [켜기/끄기]는 [현재로 설정]한 도면에서 도면층을 화면상에서 보이게 하거나 사라지게 할 수 있습니다.

② [동결/동결 해제] 메뉴
　도면층을 화면상에서 [동결 해제]에 의해서 보이게 하거나 [동결]에 의해서 사라지게 합니다. [동결/동결 해제]은 [현재로 설정]한 도면에서 도면층을 화면상에서 보이게 하거나 사라지게 할 수 없습니다.

③ [잠금/잠금 해제] 메뉴
　도면층을 [잠금]에 의해서 선택이 되지 않게 하거나 [잠금 해제]에 의해서 선택이 되게 합니다.

④ [색상] 메뉴

도면층의 색상을 지정합니다. [색상 선택] 대화 상자의 [색상 색인], [트루 컬러], [색상표] 탭에 의해서 원하는 색상을 선택합니다.

⑤ [선종류] 메뉴

도면층의 선종류를 지정합니다. [선종류 선택] 대화 상자의 [로드]를 클릭하여 [선종류 로드 또는 다시 로드] 대화 상자가 나타나면 원하는 선종류를 선택합니다.

⑥ [선가중치] 메뉴

도면층 내 선의 두께를 지정합니다. [선가중치]에 의해서 지정하여도 화면상에서는 선의 두께 변화를 확인할 수 없습니다. 이럴 경우 [상태 표시 막대]의 [선가중치 표시/숨기기] 를 클릭하여 선가중치 표시를 켜면 선의 두께 변화를 확인할 수 있습니다.

⑦ [투명도] 메뉴

　도면층의 투명도를 지정합니다. 투명도 값은 '0'에서 '90'까지 지정이 가능하며 '90'에 가까울수록 흐려집니다.

⑧ [플롯 스타일] 메뉴

　도면층의 플롯 스타일을 지정합니다. 특히 [색상]에서 지정한 색상값을 확인할 수 있습니다.

⑨ [플롯] 메뉴

　도면층의 출력 여부를 지정합니다. [플롯 안함]을 선택하면 도면상에는 보이지만, 출력되지는 않습니다.

● [도면층 필터] 옵션

① [새 특성 필터] 메뉴

　[새 특성 필터] 아이콘을 클릭하면 [도면층 필터 특성] 대화 상자가 나타납니다. 대화 상자에서 한 개 이상의 도면층을 원하는 조건으로 필터링할 수 있습니다.

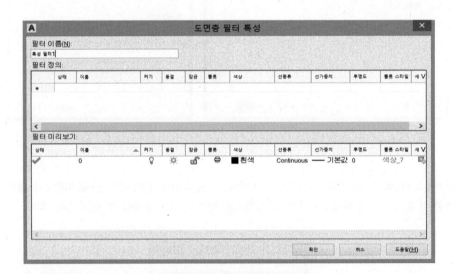

- 필터 이름 : [필터 정의]에 의해서 필터링 조건을 설정하여 필터 이름을 지정합니다.
- 필터 정의 : [켜기/크기], [동결/동결 해제], [잠금/열림], [색상], [선종류], [선가중치], [투명도], [플롯], [새 VP 동결]에 의해서 필터링 조건을 지정합니다.
- 필터 미리보기 : 필터 정의에 의해서 필터링된 조건을 미리 보여줍니다.

② [새 그룹 필터] 메뉴

　[새 그룹 필터] 아이콘을 클릭하면 새로운 필터 이름을 생성할 수 있습니다.

③ [도면층 상태 관리자] 옵션

　[도면층 상태 관리자] 아이콘을 클릭하면 [도면층 상태 관리자] 대화 상자가 나타납니다. 대화 상자에서 이미 작성된 도면층의 상태를 관리할 수 있습니다.

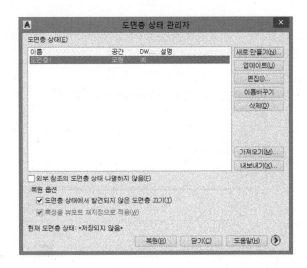

- 도면층 상태 : 도면층의 상태 리스트를 표시합니다.
- 새로 만들기 : 새 도면층 상태 이름과 설명을 입력합니다.
- 삭제 : 선택된 이름의 리스트를 삭제합니다.
- 가져오기 : 도면층의 상태 파일(*.las)을 가져옵니다.
- 내보내기 : 도면층의 상태 파일(*.las)을 저장합니다.
- 복원 : 도면층의 상태와 특성을 지정하기 이전 상태로 복원합니다.

● [도면층 작성] 옵션

① [새 도면층] 메뉴

　새로운 도면층을 생성합니다. 도면층의 이름을 바꾸고자 할 때에는 'F2' 를 누른 상태에서 원하는 이름을 입력하거나 'F2' 를 누르지 않은 상태에서 원하는 이름을 입력한 후, 'End' 를 칩니다.

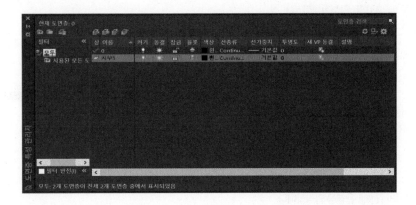

② [새 도면층 VP가 모든 뷰포트에서 동결됨] 메뉴

전체 뷰포트에서 동결된 새로운 도면층을 추가합니다. 새로운 도면층을 작성하고 기존의 모든 뷰포트에서 동결합니다. 이 옵션은 도형 탭이나 배치 탭에서 사용이 가능합니다.

③ [도면층 삭제] 메뉴

도면층을 삭제합니다. 도면층이 '0' 및 정의점, 현재 도면층, 객체가 포함된 도면층, 외부 참조에 종속된 도면층은 삭제할 수 없습니다. 위의 도면층을 삭제하고자 할 때는 아래와 같은 메시지가 나타납니다.

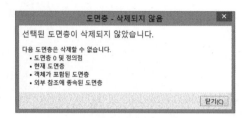

④ [현재로 설정] 메뉴

도면층을 현재 도면층으로 지정합니다. 현재 도면층으로 지정하면 도면층의 상태 표시가 '☑' 에서 '✓' 으로 바뀌게 됩니다. 도면층을 [현재로 설정]으로 지정하면 도면층을 [끄기]나 [켜기]가 가능하지만, [동결]이나 [동결 해제]는 가능하지 않습니다.

(4) 실습하기

● 기본 실습하기

01 [Limits] 명령어에 의해서 도면 한계를 설정한 후, [Limits] 명령어에 의해서 지정한 설정값을 [Zoom] 명령을 수행함으로써 화면상에 적용합니다.

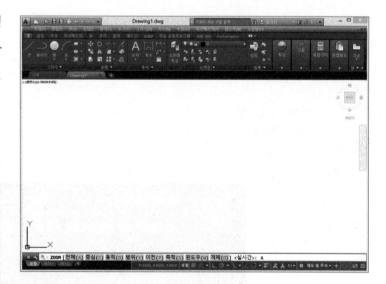

명령 : Limits [Enter]
모형 공간 한계 재설정 :
왼쪽 아래 구석 지정 또는 [켜기(ON)/끄기(OFF)]
〈0.0000,0.0000〉: 0,0 [Enter]
작업 도면의 '왼쪽-아래쪽'에 '0,0'을 입력합니다.
오른쪽 위 구석 지정 〈420.0000,297.0000〉 :
420,297 [Enter]
작업 도면의 '오른쪽-위쪽'에 '420,297'을 입력합니다.

명령 : Zoom [Enter]
윈도우 구석 지정, 축척 비율(nX 또는 nXP) 입력 또는
[전체(A)/중심(C)/동적(D)/범위(E)/이전(P)/축척
(S)/윈도우(W)/객체(O)] 〈실시간〉: A [Enter]
모형 재생성 중.
[Limits] 명령어에 의해서 지정한 도면 한계를 화면에 적용하기 위해서 [Zoom] 명령어의 [전체] 옵션을 입력합니다.

02 새로운 도면층을 생성하기 위해서 [Layer] 명령어를 입력하면 [도면층 특성 관리자] 대화 상자가 나타납니다. 4개의 도면층을 생성하기 위해서 [새 도면층] 메뉴를 4번 클릭하면 새로운 도면층 4개가 생성됩니다.

명령 : Layer Enter

[Layer] 명령어를 입력하면 [도면층 특성 관리자] 대화 상자가 나타납니다. 이후, [도면층 특성 관리자] 대화 상자에서 [새 도면층] 아이콘을 4번 클릭합니다.

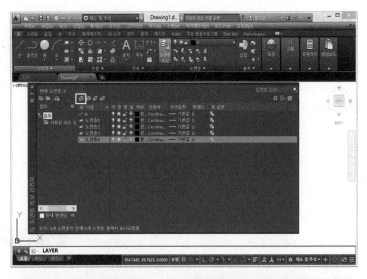

03 도면층 이름을 바꾸기 의해서 '도면층1' 을 천천히 2번 클릭하여 '외형선' 을 입력 후, End 를 칩니다. 동일한 방법으로 '도면층2' 를 '중심선' , '도면층3' 을 '치수선' , '도면층4' 를 '해칭선' 을 입력한 후, End 를 칩니다.

04 '외형선' 도면층을 현재 도면층으로 지정하기 위해서 '외형선' 도면층을 더블 클릭하면 '외형선' 도면층이 현재 도면층으로 바뀝니다. 이후, [닫기]를 클릭하여 [도면층 특성 관리자] 대화 상자를 종료합니다.

05 [Line] 명령어에 의해서 '외형선'을 그립니다.

명령 : Line [Enter]
첫 번째 점 지정 : 150,100 [Enter]
첫 번째 점에 '150,100'을 입력합니다.
다음 점 지정 또는 [명령 취소(U)] : @100<0 [Enter]
첫 번째 점으로부터 오른쪽으로 '100' 만큼 떨어진 두 번째 점 까지 선을 그리기 위해서 '@100<0'을 입력합니다.
다음 점 지정 또는 [명령 취소(U)] : @100<90 [Enter]
두 번째 점으로부터 위쪽으로 '100' 만큼 떨어진 세 번째 점까 지 선을 그리기 위해서 '@100<90'을 입력합니다.
다음 점 지정 또는 [닫기(C)/명령 취소(U)] : @100<180
[Enter]
세 번째 점으로부터 왼쪽으로 '100' 만큼 떨어진 네 번째 점까 지 선을 그리기 위해서 '@100<180'을 입력합니다.
다음 점 지정 또는 [닫기(C)/명령 취소(U)] : C [Enter]
[닫기] 옵션을 입력하여 '외형선'을 닫습니다.

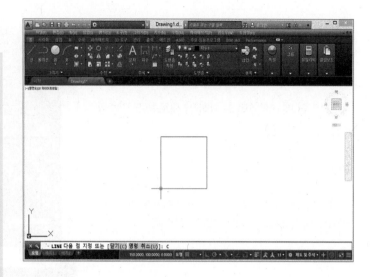

06 [Layer] 명령어를 입력하여 [도면층 특성 관리자] 대화 상자를 불러온 후, '해칭선' 도면층을 더블 클릭 하여 현재 도면층을 '해칭선'으로 지정합니다. 이후, [닫기]를 클릭하여 [도면층 특성 관리자] 대화 상자를 종료합니다.

명령 : Layer [Enter]
[Layer] 명령어를 입력하면 [도면층 특성 관리자] 대화 상자 가 나타납니다. 이후, [도면층 특성 관리자] 대화 상자에서 현 재 도면층을 '해칭선'으로 지정한 후, [닫기]를 클릭합니다.

07 [Hatch] 명령어를 입력하고 해칭 조건을 설정하 기 위해서 [설정] 옵션을 지정합니다. 이후, [해치 및 그라데이션] 대화 상자가 나타나면 [패턴], [축척] 및 [경계]를 지정합니다.

명령 : Hatch [Enter]
내부 점 선택 또는 [객체 선택(S)/명령 취소(U)/설정(T)] :
T [Enter]
해칭 조건을 설정하기 위해서 'T'를 입력합니다. 이후, [해치 및 그라데이션] 대화 상자가 나타나면 [유형 및 패턴]의 [패 턴]에 'ANSI31'을 지정하고 [각도 및 축척]의 [축척]에 '30' 을 지정한 후, [경계]의 [추가 : 점 선택]을 클릭합니다.

08 해칭할 영역을 지정하기 위해 사각형 내부의 한 점을 클릭하면 사각형 내부가 해칭됩니다.

내부 점 선택 또는 [객체 선택(S)/명령 취소(U)/설정(T)] :
P1 클릭
사각형 내부의 한 점에 'P1'을 클릭합니다.
내부 점 선택 또는 [객체 선택(S)/명령 취소(U)/설정(T)] :
모든 것 선택...
가시적인 모든 것 선택 중...
선택된 데이터 분석 중...
내부 고립영역 분석 중...
내부 점 선택 또는 [객체 선택(S)/명령 취소(U)/설정(T)] :
[Enter]

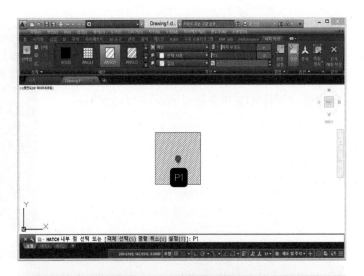

09 [Layer] 명령어를 입력하여 [도면층 특성 관리자] 대화 상자를 불러온 후, '중심선' 도면층을 더블 클릭하여 현재 도면층을 '중심선'으로 지정합니다. 이후, [닫기]를 클릭하여 [도면층 특성 관리자] 대화 상자를 종료합니다.

명령 : Layer [Enter]
[Layer] 명령어를 입력하면 [도면층 특성 관리자] 대화 상자가 나타납니다. 이후, [도면층 특성 관리자] 대화 상자에서 현재 도면층을 '중심선'으로 지정한 후, [닫기]를 클릭합니다.

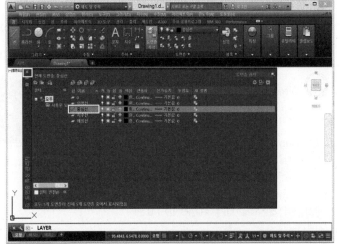

10 [Line] 명령어에 의해서 중심선을 그립니다.

명령 : Line [Enter]
첫 번째 점 지정 : 125,150 [Enter]
선의 첫 번째 점에 '125,150'을 입력합니다.
다음 점 지정 또는 [명령 취소(U)] : @150〈0 [Enter]
선을 첫 번째 점으로부터 오른쪽으로 '150'만큼 그리기 위해서 '@150〈0'을 입력합니다.
다음 점 지정 또는 [명령 취소(U)] : [Enter]

명령 : Line [Enter]
첫 번째 점 지정 : 200,75 [Enter]
선의 첫 번째 점에 '200,75'를 입력합니다.
다음 점 지정 또는 [명령 취소(U)] : @150〈90 [Enter]
선을 첫 번째 점으로부터 위쪽으로 '150'만큼 그리기 위해서 '@150〈90'을 입력합니다.
다음 점 지정 또는 [명령 취소(U)] : [Enter]

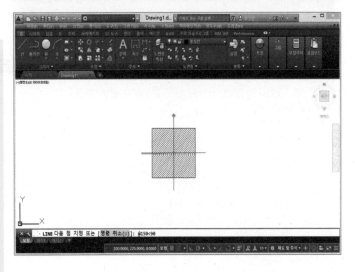

11 [Layer] 명령어를 입력하여 [도면층 특성 관리자]
대화 상자를 불러온 후, '치수선' 도면층을 더블 클릭
하여 현재 도면층을 '치수선'으로 지정합니다. 이후,
[닫기]를 클릭하여 [도면층 특성 관리자] 대화 상자를
종료합니다.

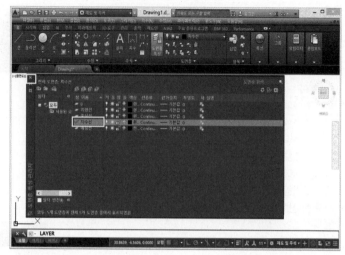

명령 : Layer Enter
[Layer] 명령어를 입력하면 [도면층 특성 관리자] 대화 상자가
나타납니다. 이후, [도면층 특성 관리자] 대화 상자에서 현재 도
면층을 '치수선'으로 지정한 후, [닫기]를 클릭합니다.

12 외형선의 치수 문자를 적당한 크기로 조절하기 위해서 [Dimscale] 명령어를 입력하고 새로운 값을 입력합니다. 외
형선의 치수 문자의 위치를 조절하기 위해서 [Dimtad] 명령어와 [Dimtih] 명령어를 입력하고 새로운 값을 입력합니다.
이후, [Dimlinear] 명령어에 의해서 외형선의 치수를 기입합니다.

명령 : Dimscale Enter
DIMSCALE에 대한 새 값 입력 〈1.0000〉: 30 Enter
치수의 크기값에 '30'을 입력합니다.

명령 : Dimtad Enter
DIMTAD에 대한 새 값 입력 〈0〉: 1 Enter
Dimtad값에 '1'을 입력합니다.

명령 : Dimtih Enter
DIMTIH에 대한 새 값 입력 〈켜기(ON)〉: 0 Enter
Dimtih값에 '0'을 입력합니다.

명령 : Dimlinear Enter
첫 번째 치수보조선 원점 지정 또는 〈객체 선택〉: P1 클릭
외형선의 첫 번째 치수보조선에 'P1'을 클릭합니다.
두 번째 치수보조선 원점 지정 : P2 클릭
외형선의 두 번째 치수보조선에 'P2'를 클릭합니다.
치수선의 위치 지정 또는
[여러 줄 문자(M)/문자(T)/각도(A)/수평(H)/수직(V)/회전
(R)] : @40〈90 Enter
치수 문자 = 100
치수선의 위치값에 '@40〈90'을 입력합니다.

명령 : Dimlinear Enter
첫 번째 치수보조선 원점 지정 또는 〈객체 선택〉: P1 클릭
외형선의 첫 번째 치수보조선에 'P1'을 클릭합니다.
두 번째 치수보조선 원점 지정 : P3 클릭
외형선의 두 번째 치수보조선에 'P3'을 클릭합니다.
치수선의 위치 지정 또는
[여러 줄 문자(M)/문자(T)/각도(A)/수평(H)/수직(V)/회전
(R)] : @40〈180 Enter
치수 문자 = 100
치수선의 위치값에 '@40〈180'을 입력합니다.

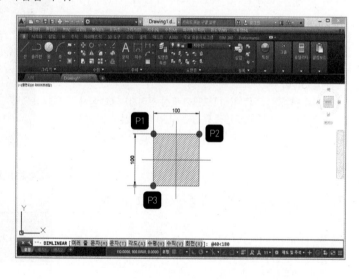

● [켜기/끄기] 메뉴 실습하기

01 [Layer] 명령어를 입력하여 [도면층 특성 관리자] 대화 상자를 불러온 후, '해칭선' 도면층에서 켜져 있는 전구 모양을 클릭하여 전구를 끈 상태로 만듭니다. 이후, [닫기]를 클릭하여 [도면층 특성 관리자] 대화 상자를 종료합니다.

명령 : Layer Enter
[Layer] 명령어를 입력하면 [도면층 특성 관리자] 대화 상자가 나타납니다. 이후, [도면층 특성 관리자] 대화 상자에서 '해칭선' 도면층을 끈 상태로 지정한 후, [닫기]를 클릭합니다.

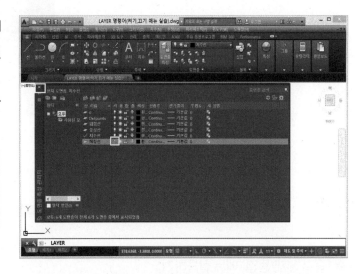

02 '해칭선' 도면층이 커진 것을 확인할 수 있습니다.

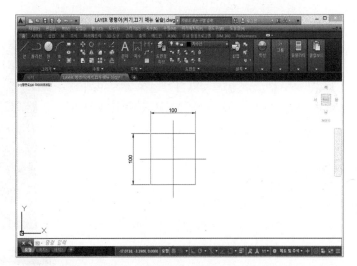

03 [Layer] 명령어를 입력하여 [도면층 특성 관리자] 대화 상자를 불러온 후, '해칭선' 도면층에서 꺼져 있는 전구 모양을 클릭하여 전구를 켠 상태로 만듭니다. 이후, [닫기]를 클릭하여 [도면층 특성 관리자] 대화 상자를 종료합니다.

명령 : Layer Enter
[Layer] 명령어를 입력하면 [도면층 특성 관리자] 대화 상자가 나타납니다. 이후, [도면층 특성 관리자] 대화 상자에서 '해칭선' 도면층을 켠 상태로 지정합니다.

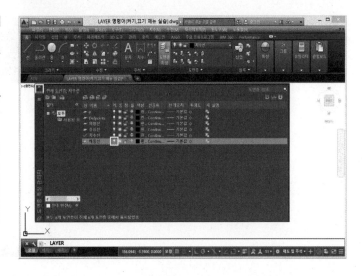

04 '해칭선' 도면층이 켜진 것을 확인할 수 있습니다.

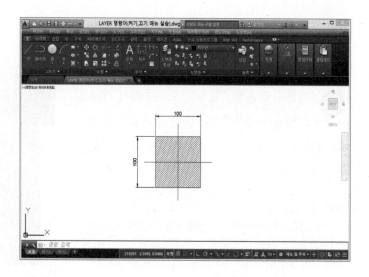

● [동결 해제/동결] 메뉴 실습하기

01 [Layer] 명령어를 입력하여 [도면층 특성 관리자] 대화 상자를 불러온 후, '중심선' 도면층에서 동결 해제되어 있는 해 모양을 클릭하여 해가 동결된 상태로 만듭니다. 이후, [닫기]를 클릭하여 [도면층 특성 관리자] 대화 상자를 종료합니다.

명령 : Layer ⏎
[Layer] 명령어를 입력하면 [도면층 특성 관리자] 대화 상자가 나타납니다. 이후, [도면층 특성 관리자] 대화 상자에서 '중심선' 도면층을 동결된 상태로 지정한 후, [닫기]를 클릭합니다.

02 '중심선' 도면층이 동결된 것을 확인할 수 있습니다.

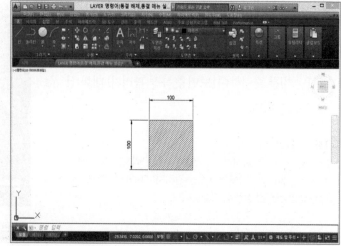

03 [Layer] 명령어를 입력하여 [도면층 특성 관리자] 대화 상자를 불러온 후, '중심선' 도면층에서 동결되어 있는 해 모양을 클릭하여 해가 동결 해제된 상태로 만듭니다. 이후, [닫기]를 클릭하여 [도면층 특성 관리자] 대화 상자를 종료합니다.

명령 : Layer Enter
[Layer] 명령어를 입력하면 [도면층 특성 관리자] 대화 상자가 나타납니다. 이후, [도면층 특성 관리자] 대화 상자에서 '중심선' 도면층을 동결 해제된 상태로 지정한 후, [닫기]를 클릭합니다.

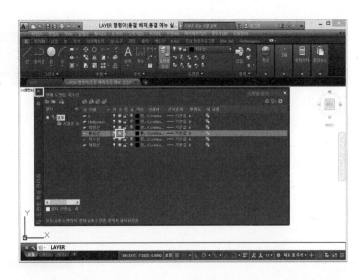

04 '중심선' 도면층이 동결 해제된 것을 확인할 수 있습니다.

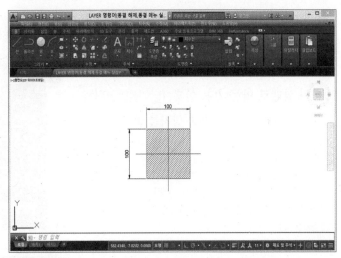

● [잠금/잠금 해제] 메뉴 실습하기

01 [Layer] 명령어를 입력하여 [도면층 특성 관리자] 대화 상자를 불러온 후, '치수선' 도면층에서 잠금 해제되어 있는 자물쇠 모양을 클릭하여 자물쇠가 잠긴 상태로 만듭니다. 이후, [닫기]를 클릭하여 [도면층 특성 관리자] 대화 상자를 종료합니다.

명령 : Layer Enter
[Layer] 명령어를 입력하면 [도면층 특성 관리자] 대화 상자가 나타납니다. 이후, [도면층 특성 관리자] 대화 상자에서 '치수선' 도면층을 잠긴 상태로 지정한 후, [닫기]를 클릭합니다.

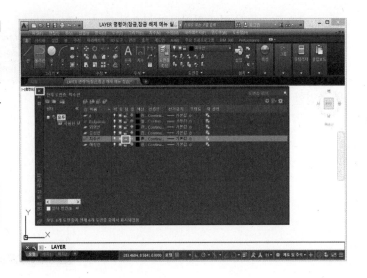

02 마우스를 치수선 위에 위치하면 치수선 옆에 자물쇠 형태가 나타납니다. 따라서 '치수선' 도면 층이 편집이 불가능하게 잠금 상태인 것을 확인할 수 있습니다.

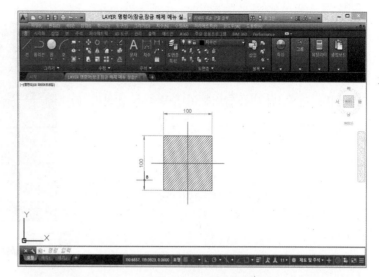

03 [Layer] 명령어를 입력하여 [도면층 특성 관리자] 대화 상자를 불러온 후, '치수선' 도면층에서 잠겨 있는 자물쇠 모양을 클릭하여 자물쇠가 잠금 해제된 상태로 만듭니다. 이후, [닫기]를 클릭하여 [도면층 특성 관리자] 대화 상자를 종료합니다.

명령 : Layer Enter
[Layer] 명령어를 입력하면 [도면층 특성 관리자] 대화 상자가 나타납니다. 이후, [도면층 특성 관리자] 대화 상자에서 '치수선' 도면층을 잠금 해제된 상태로 지정한 후, [닫기]를 클릭합니다.

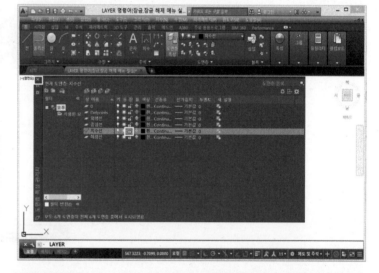

04 마우스를 치수선 위에 위치하면 치수선 옆에 자물쇠 형태가 보이지 않습니다. 따라서 '치수선' 도면층이 편집이 가능하게 잠금 해제된 상태인 것을 확인할 수 있습니다.

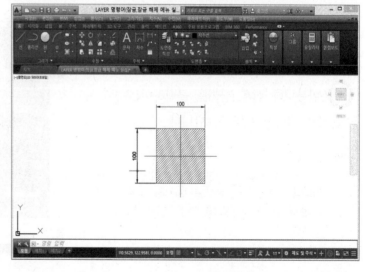

● [색상] 메뉴 실습하기

01 [Layer] 명령어를 입력하여 [도면층 특성 관리자] 대화 상자를 불러온 후, '해칭선' 도면층의 [색상]을 클릭하여 [색상 선택] 대화 상자가 나타나면 '파란색'으로 바꾼 후, [확인]을 클릭합니다.

명령 : Layer Enter
[Layer] 명령어를 입력하면 [도면층 특성 관리자] 대화 상자가 나타납니다. 이후, [도면층 특성 관리자] 대화 상자에서 '해칭선' 도면층의 [색상]을 클릭하여 [색상 선택] 대화상자가 나타나면 '파란색'을 클릭한 후, [확인]을 클릭합니다.

02 '해칭선' 도면층의 색상이 '파란색' 으로 바뀐 것을 확인하고, 이후, [닫기]를 클릭하여 [도면층 특성 관리자] 대화 상자를 종료합니다.

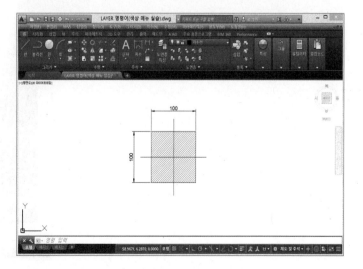

03 '해칭선' 도면층의 색상이 '파란색' 으로 바뀐 것을 확인할 수 있습니다.

● [선종류] 메뉴 실습하기

01 [Layer] 명령어를 입력하면 [도면층 특성 관리자]
대화 상자를 나타냅니다. 이후, '중심선' 도면층의 [선
종류]를 클릭하여 [선종류 선택] 대화 상자가 나타나
면 선종류를 선택하기 위해서 [로드]를 클릭합니다.

명령 : Layer ⏎
[Layer] 명령어를 입력하면 [도면층 특성 관리자] 대화 상자
가 나타납니다. 이후, [도면층 특성 관리자] 대화 상자에서 '중
심선' 도면층의 [선종류]를 클릭하면 [선종류 선택] 대화 상자
가 나타나고 대화 상자의 아래에 있는 [로드]를 클릭합니다.

02 [선종류 로드 또는 다시 로드] 대화 상자가 나타
나면 선종류에 'CENTER' 를 클릭하고 [확인]을 클릭
합니다.

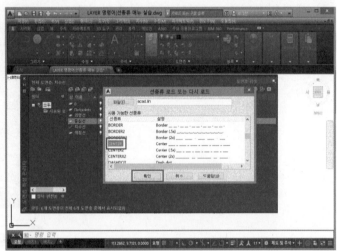

03 로드한 선종류인 'CENTER' 를 클릭한 후, [확인]
을 클릭합니다.

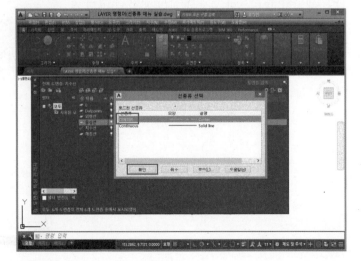

04 '중심선' 도면층의 선종류가 'CENTER'로 바뀐 것을 확인할 수 특있습니다. 이후, [닫기]를 클릭하여 [도면층 특성 관리자] 대화 상자를 종료합니다.

05 이후, [Ltscale] 명령어를 입력하고 입력값에 '30'을 입력합니다. '중심선'의 선종류가 'CENTER'로 바뀐 것을 확인할 수 있습니다.

명령 : Ltscale ⏎
새 선종류 축척 비율 입력 〈1.0000〉 : 30 ⏎
모형 재생성 중.
선종류 축척 비율에 '30'을 입력합니다.

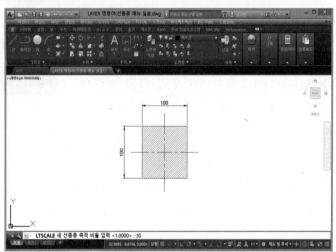

● [선가중치] 메뉴 실습하기

01 [Layer] 명령어를 입력하면 [도면층 특성 관리자] 대화 상자를 나타납니다. 이후, '외형선' 도면층의 [선가중치]를 클릭하여 [선가중치] 대화 상자가 나타나면 선두께를 선택한 후, [확인]을 클릭합니다.

명령 : Layer ⏎
[Layer] 명령어를 입력하면 [도면층 특성 관리자] 대화 상자가 나타납니다. 이후, [도면층 특성 관리자] 대화 상자에서 '외형선' 도면층의 [선가중치]를 클릭하면 [선가중치] 대화 상자가 나타나고 '0.3mm'를 선택한 후, [확인]을 클릭합니다.

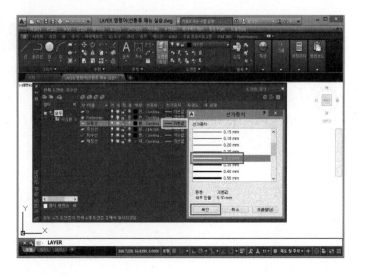

02 '외형선' 도면층의 '선가중치'가 '0.3mm' 로 바뀐 것을 확인할 수 있습니다. 이후, [닫기]를 클릭하여 [도면층 특성 관리자] 대화 상자를 종료합니다.

03 선 가중치가 적용된 것을 확인하기 위해서 화면의 오른쪽·아래쪽에 있는 [사용자화] 아이콘을 클릭하면 [상태 표시 막대]에 표시되는 각종 메뉴들이 나타납니다. 이중 [선가중치]를 클릭하면 화면 하단에 [선 가중치 표시/숨기기] 아이콘이 나타나고 아이콘을 클릭하면 외형선의 두께가 두꺼워진 것을 확인할 수 있습니다.

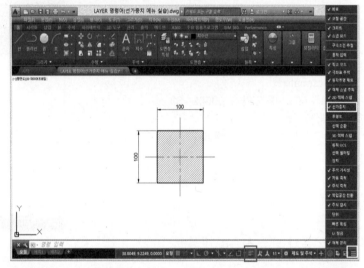

💡 **TIP**　[켜기/끄기]와 [동결 해제/동결]의 차이점

[켜기/끄기]와 [동결 해제/동결]은 도면층을 보이게 하거나 보이지 않게 하는 기능으로 동일합니다. 하지만 도면층이 '현재 도면층'인 경우, [켜기/끄기]에서는 도면층을 [끄기]에 의해서 보이지 않게 한 후, [켜기]에 의해서 다시 보이게 할 수 있으나, [동결 해제/동결]에서는 도면층을 [동결]에 의해서 보이지 않게 할 수 없습니다.

또한 [끄기]인 상태에서는 도면층을 '현재 도면층'으로 지정할 수 있으나, [동결]인 상태에서는 도면층을 '현재 도면층'으로 지정할 수 없습니다.

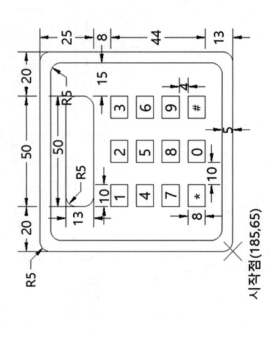

Limits : 0,0~297,210

명령어 : Rectangle, Offset, Arrayrect, Fillet, Mtext(문자 높이 : 5), Explode, Ddedit

명령어 : Polyline, Rotate, Mirror, Dtext(문자 높이 : 10,15), Move

시작점(185,65)

시작점(40,85)

Designer

ADB

AutoCAD

Best

60°

20

72

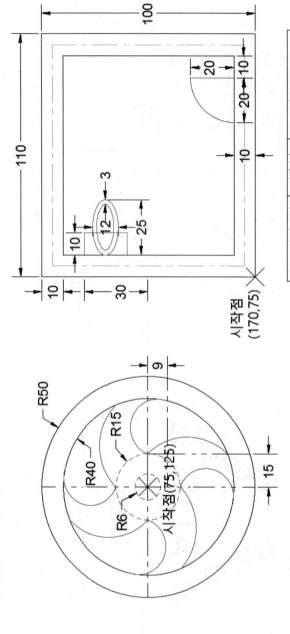

Limits : 0,0~297,210

100

110

20

10

20

10

3

12

25

10

10

30

시작점
(170,75)

도면층명	색상	선종류
벽체	Black	Continuous
좌변기	Red	Continuous
외단이문	Blue	Continuous
중심 벽체	Green	Center

명령어 : Layer, Rectangle, Offset,
Line, Ellipse, Arc

9

R50

R15

R40

R6

15

시작점(75,125)

도면층명	색상	선종류
외형부	Black	Continuous
날개부	Blue	Continuous
중심부	Red	Hidden

명령어 : Layer, Circle, Line, Arc,
Offset, Trim, Ltscale(10), Rotate

8 CHAPTER

해치와 블록 작성 및
삽입하기

8.1 해치 입력과 편집하기

1 해치 패턴을 입력하는 [Hatch 또는 Bhatch] 명령어

[Hatch 또는 Bhatch(이하 Hatch)] 명령어는 부품의 단면을 표시하거나 마감 재료 등을 표시하는 것으로서 빗금, 바닥의 타일, 벽돌 무늬, 시멘트 무늬 및 그라데이션 등을 사용할 수 있습니다. 해치 패턴은 단일 객체로서 [Explode] 명령어에 의해서 개별 객체로 분해되지만, 개별 객체로 분해된 해치 패턴은 [Hatchedit] 명령어에 의해서 편집할 수 없습니다.

(1) 명령어 입력 방법

[Hatch] 명령어	
메뉴 막대	그리기→해치
명령어	Hatch 또는 Bhatch
단축 명령어	H 또는 Bh
리본 메뉴	(홈) 탭→(그리기) 패널→해치(▨) ([제도 및 주석] 작업공간)
	(홈) 탭→(그리기) 패널→해치(▨) ([3D 모델링] 작업공간)

(2) 명령어 사용 방법

명령 : Hatch Enter
내부 점 선택 또는 [객체 선택(S)/명령 취소(U)/설정(T)] : P1 클릭   모든 것 선택...
닫힌 객체 내부의 한 점을 지정합니다.
가시적인 모든 것 선택 중...
선택된 데이터 분석 중...
내부 고립영역 분석 중...
내부 점 선택 또는 [객체 선택(S)/명령 취소(U)/설정(T)] : Enter

(3) 옵션 설명

● [경계] 패널

해칭을 적용할 객체를 선택하는 방법, 해치를 제거하는 방법, 해치를 재작성하는 방법 및 경계 객체를 표시, 유지하는 방법에 대해서 지정합니다.

① 선택점 : 객체의 내부를 선택하여 해칭합니다.
② 선택 : 객체를 선택하여 해칭합니다.
③ 제거 : 해칭한 영역을 제거합니다.
④ 재작성 : 선택한 해치 주변에 폴리선이나 영역을 작성하고 해치 객체와 연관시킵니다.
⑤ 경계 객체 표시 : 해칭이나 그라데이션의 영역 경계를 표시합니다.
⑥ 경계 객체 유지 : 해치를 둘러싸고 있는 객체를 작성할 것인가를 지정합니다.
• 경계 유지 안 함 : 해치를 둘러싸고 있는 객체를 작성하지 않습니다.
• 경계 유지 – 폴리선 : 해치를 둘러싸고 있는 객체를 폴리선으로 작성합니다.
• 경계 유지 – 영역 : 해치를 둘러싸고 있는 객체를 영역으로 작성합니다.

● [패턴] 패널

[미리 정의], [사용자 정의], [사용자] 유형에 의해서 해치 패턴을 지정합니다.

① 미리 정의 : 오토 캐드에서 제공하는 'acad.pat' 형태의 파일을 불러옵니다. [미리 정의]를 지정 시, 패턴이 활성화됩니다.
② 사용자 정의 : 'ANSI31' 해치 패턴을 사용자가 원하는 형태로 조절할 수 있도록 [색상], [각도], [간격두기]가 활성화됩니다.
③ 사용자 : 사용자가 제작한 해치를 사용합니다. 사용자가 패턴 형태를 조절할 수 있도록 [색상], [각도], [축척]이 활성화됩니다.

● [특성] 패널

[해칭 유형], [해치 색상], [배경색], [해치 도면층 재지정], [도면 공간 축적], [교차 해치] , [ISO 펜 폭], [해치 투명도], [해치 각도] 및 [해치 패턴 축적]을 조절합니다.

① 해치 유형 : [솔리드], [그라데이션], [패턴], [사용자 정의]와 같은 해치 유형을 지정합니다.
② 해치 색상 : 해치와 그라데이션 색상을 지정합니다.
③ 배경색 : 해치 내부의 배경색을 지정합니다.
④ 해치 투명도 : 해치의 투명도를 조절합니다. 해치 투명도는 '0~90'범위에서 조절 가능합니다.
⑤ 해치 각도 : [그라데이션], [패턴], [사용자 정의]의 해치 각도를 조절합니다.
⑥ 해치 패턴 축적 : [패턴] 해치 유형의 축적값과 [사용자 정의] 해치 유형의 해치 간격을 지정합니다.
⑦ 교차 해치 : [사용자 정의] 해치 유형인 경우, 해치를 이중인 체크 무늬 형태로 그립니다.
⑧ ISO 펜 폭 : [패턴] 해치 유형 가운데 'ISO' 해치 유형을 사용할 경우, 'ISO' 해치의 폭을 조절합니다.

● [원점] 패널

해치의 새로운 원점을 지정합니다.

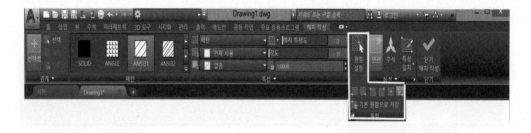

① 원점 설정 : 해치의 원점을 지정합니다.
② 맨 아래 왼쪽 : 해치의 [맨 아래 왼쪽]에 원점을 지정합니다.
③ 맨 아래 오른쪽 : 해치의 [맨 아래 오른쪽]에 원점을 지정합니다.
④ 맨 위 왼쪽 : 해치의 [맨 위 왼쪽]에 원점을 지정합니다.
⑤ 맨 위 오른쪽 : 해치의 [맨 위 오른쪽]에 원점을 지정합니다.
⑥ 중심 : 해치의 [중심]에 원점을 지정합니다.
⑦ 현재 원점 사용 : 저장되어 있는 기본 원점을 사용합니다.
⑧ 기본 원점으로 저장 : 현재 원점을 기본 원점으로 사용합니다.

● [옵션] 패널

[연관], [주석], [특성 일치], [차이 공차], [개별 해치 작성], [외부 고립영역 탐지], [경계의 뒤로 보내기] 및 [해치 작성
닫기]를 지정합니다.

① 연관 : [연관]을 지정하고 해치 경계를 변경하면 변경된 해치 경계로 해치가 적용되고, [연관]을 지정하지 않고 해치 경계를 변경하면 원래의 해치 경계대로 해치가 적용됩니다.
② 주석 : 해치 패턴의 축적이 뷰 포트의 축적이 변함에 따라서 조절되도록 합니다.
③ 특성 일치 : 어떤 경계 영역에 작성한 해치를 다른 경계 영역에도 똑같은 해치를 적용합니다.
  • 현재 원점 사용 : 선택한 해치의 원점을 제외한 해치의 모든 객체 특성을 적용합니다.
  • 원본 해치 원점 사용 : 선택한 해치의 원점을 포함한 모든 객체 특성을 적용합니다.
④ 차이 공차 : 원칙적으로 열린 객체는 해치를 할 수 없지만, 그럼에도 불구하고 해치를 하고자 할 때 [차이 공차] 값을 증가시킨다면 해치가 가능합니다.
⑤ 개별 해치 작성 : [개별 해치 작성]을 지정하고 여러 경계 영역을 해치한 후, 어떤 명령어도 수행하지 않고 해치를 선택하면 해치한 여러 경계 영역이 개별적으로 선택됩니다. 하지만 [개별 해치 작성]을 지정하지 않고 여러 경계 영역을 해치한 후, 어떤 명령어도 수행하지 않고 해치를 선택하면 여러 경계 영역이 전부 선택됩니다.
⑥ 외부 고립영역 탐지 : 해치 경계 영역 내에 다른 해치 경계 영역이 있는 경우, 아래의 유형으로 해치합니다.
  • 일반 고립영역 탐지 : 맨 바깥쪽 해치 경계 영역을 기준으로 안쪽 해치 경계 영역으로 하나씩 걸러서 해치합니다.
  • 외부 고립영역 탐지 : 맨 바깥쪽 해치 경계 영역만 해치합니다.
  • 고립영역 탐지 무시 : 모든 해치 경계 영역에 해치합니다.
  • 고립영역 탐지 안 함 : [고립영역 탐지 안 함]을 지정하지 않으면 기존 고립 영역 탐지 방법을 사용합니다.
⑦ 경계의 뒤로 보내기 : 솔리드 또는 그라데이션을 사용할 때, 해치를 작성하는 순서를 지정합니다.
  • 지정 안함 : 해치에 해당 기본값과 다른 작성 순서를 지정하지 않습니다.
  • 맨 뒤로 보내기 : 해치를 다른 객체의 뒤로 보냅니다.
  • 맨 앞으로 가져오기 : 해치를 다른 객체의 앞으로 가져옵니다.
  • 경계의 뒤로 보내기 : 해치를 해치 경계 뒤로 보냅니다
  • 경계의 앞으로 가져오기 : 해치를 해치 경계 앞으로 가져옵니다.

⑧ [해치 및 그라데이션] 아이콘 : 해치 및 그라데이션 작성에 사용한 대화 상자를 불러옵니다.

⑨ 해치 작성 닫기 : 해치 작성을 종료합니다.

(4) 실습하기

● [선택점] 옵션 실습하기

01 아래의 예제 파일을 불러옵니다.

예제 파일 : Part01\Chapter08\8-1\1\Hatch(선택점, 선택, 패턴 옵션)

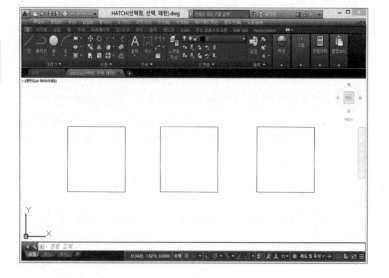

02 [Hatch] 명령어를 입력하면 [Hatch] 명령어
의 패널이 나타납니다. 첫 번째 사각형의 해치 패
턴을 지정하기 위해서 [패턴] 패널에서 'ANGLE'
을 클릭한 후, 첫 번째 사각형 내부의 한 점을 클릭
하여 해치하기 위해서 [경계] 패널의 [선택점]을
클릭합니다. 이후, 첫 번째 사각형 내부의 한 점을
클릭하고 [해치 작성 닫기]를 클릭하여 해치를 종
료합니다.

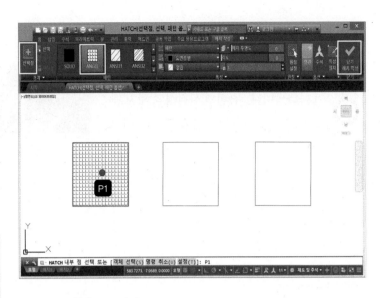

명령 : Hatch Enter
내부 점 선택 또는 [객체 선택(S)/명령 취소(U)/설정
(T)] : [패턴] 패널에서 'ANGLE'을 클릭한 후, [경계]
패턴의 [선택점] 클릭   _K
[패턴] 패널에서 'ANGLE' 해치 유형을 지정한 후, 첫 번째
사각형 내부의 한 점을 클릭하여 해치하기 위해서 [경계]
패널에서 [선택점]을 클릭합니다.
내부 점 선택 또는 [객체 선택(S)/명령 취소(U)/설정
(T)] : P1 클릭   모든 것 선택...
첫 번째 사각형 내부의 한 점에 'P1'을 클릭합니다.
가시적인 모든 것 선택 중...
선택된 데이터 분석 중...
내부 고립영역 분석 중...
내부 점 선택 또는 [객체 선택(S)/명령 취소(U)/설정
(T)] : [해치 작성 닫기] 클릭
해치 작성을 종료하기 위해서 [해치 작성 닫기]를 클릭합
니다.

03 첫 번째 사각형이 'ANGLE' 해치 유형으로 해
치된 것을 알 수 있습니다.

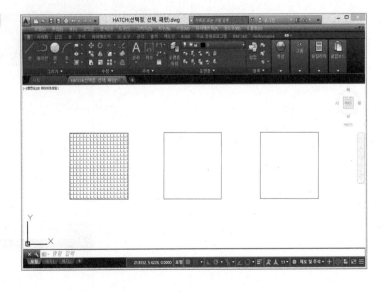

● [선택] 옵션 실습하기

01 [Hatch] 명령어를 입력하면 [Hatch] 명령어의 패널이 나타납니다. 두 번째 사각형의 해치 패턴을 새롭게 지정하기 위해서 [패턴] 패널에서 'ANSI31'을 클릭한 후, 두 번째 사각형의 한 점을 클릭하여 해치하기 위해서 [경계] 패널의 [선택]을 클릭합니다. 이후, 두 번째 사각형의 한 점을 클릭하고 [해치 작성 닫기]를 클릭하여 해치를 종료합니다.

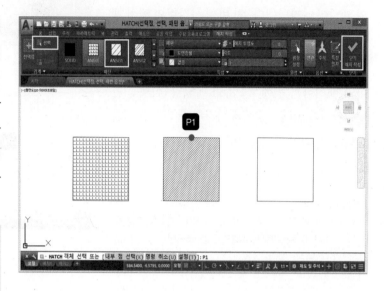

명령 : Hatch ⏎
내부 점 선택 또는 [객체 선택(S)/명령 취소(U)/설정(T)] : [패턴] 패널에서 'ANSI31'을 지정한 후, [경계] 패턴에서 [선택] 클릭   _S
[패턴] 패널에서 'ANSI31' 해치 유형을 지정한 후, 두 번째 사각형의 한 점을 클릭하여 해치하기 위해서 [경계] 패널에서 [선택]을 클릭합니다.
객체 선택 또는 [내부 점 선택(K)/명령 취소(U)/설정(T)] : P1 클릭   1개를 찾음
두 번째 사각형의 한 점에 'P1'을 지정합니다.
객체 선택 또는 [내부 점 선택(K)/명령 취소(U)/설정(T)] : [해치 작성 닫기] 클릭
해치 작성을 종료하기 위해서 [해치 작성 닫기]를 클릭합니다.

02 두 번째 사각형이 'ANSI31' 해치 유형으로 해치된 것을 알 수 있습니다.

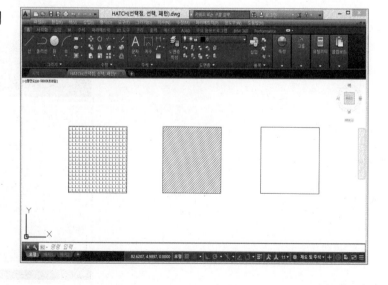

● [그라데이션] 옵션 실습하기

01 [Hatch] 명령어를 입력하면 [Hatch] 명령어
의 패널이 나타납니다. 세 번째 사각형의 해치 패
턴을 새롭게 지정하기 위해서 [패턴] 패널에서
'GR_CYLIN'을 클릭한 후, 세 번째 사각형의 한 점
을 클릭하여 해치하기 위해서 [경계] 패널의 [선택]
을 클릭합니다. 이후, 세 번째 사각형의 한 점을 클
릭하고 [해치 작성 닫기]를 클릭하여 해치를 종료
합니다.

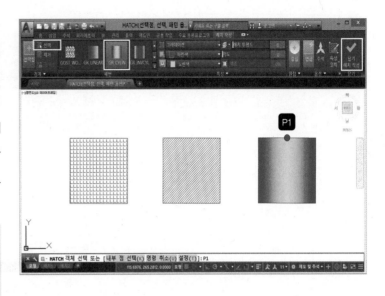

명령 : Hatch Enter

객체 선택 또는 [내부 점 선택(K)/명령 취소(U)/설정
(T)] : [패턴] 패널에서 'GR_CYLIN'을 지정한 후, [경
계] 패턴에서 [선택] 클릭   _S
[패턴] 패널에서 'GR_CYLIN' 해치 유형을 지정한 후, 세
번째 사각형의 한 점을 클릭하여 해치하기 위해서 [경계]
패널에서 [선택]을 클릭합니다.
객체 선택 또는 [내부 점 선택(K)/명령 취소(U)/설정
(T)] : P1 클릭   1개를 찾음
세 번째 사각형의 한 점에 'P1'을 지정합니다.
객체 선택 또는 [내부 점 선택(K)/명령 취소(U)/설정
(T)] : [해치 작성 닫기] 클릭
해치 작성을 종료하기 위해서 [해치 작성 닫기]를 클릭합
니다.

02 세 번째 사각형이 [그라데이션] 해치 유형으
로 해치된 것을 알 수 있습니다.

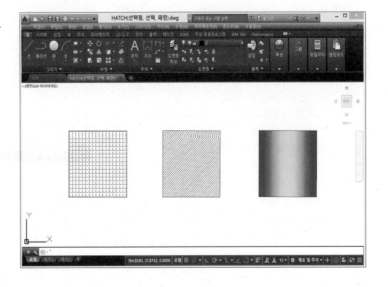

● [해치 색상] 옵션 실습하기

01 아래의 예제 파일을 불러옵니다.

예제 파일 : Part01\Chapter08\8-1\1\Hatch(해치 색상,
해치 투명도, 해치 각도, 해치 패턴 축적 옵션)

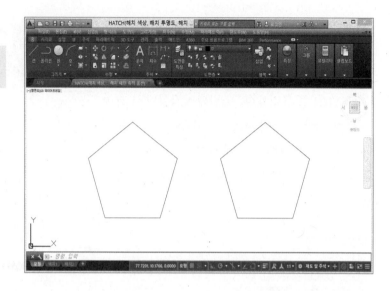

02 [Hatch] 명령어를 입력하면 [Hatch] 명령어의 패널이 나타납니다. 첫 번째 오각형의 해치 패턴과 해치 색상을 지정하기 위해서 [패턴] 패널에서 'ANSI31'을 클릭한 후, [특성] 패널의 [해치 색상]을 클릭하여 '파란색'을 선택합니다. 그리고 첫 번째 오각형 내부의 한 점을 클릭하여 해치하기 위해서 [경계] 패널의 [선택점]을 클릭합니다. 이후, 첫 번째 오각형의 내부의 한 점을 클릭하고 [해치 작성 닫기]를 클릭하여 해치를 종료합니다.

명령 : Hatch [Enter]
내부 점 선택 또는 [객체 선택(S)/명령 취소(U)/설정
(T)] : [패턴] 패널에서 'ANSI31'을 클릭하고 [해치 색
상]에 '파란색'을 선택한 후, [경계] 패턴에서 [선택점]
클릭 _K
[패턴] 패널에서 'ANSI31' 해치유형을 지정한 후, [특성]
패널에서 [해치 색상]을 클릭하여 '파란색'을 선택합니다.
이후, 첫 번째 오각형 내부의 한 점을 클릭하여 해치하기
위해서 [경계] 패널에서 [선택점]을 클릭합니다.
내부 점 선택 또는 [객체 선택(S)/명령 취소(U)/설정
(T)] : P1 클릭 모든 것 선택...
첫 번째 오각형 내부의 한 점에 'P1'을 지정합니다.
가시적인 모든 것 선택 중...
선택된 데이터 분석 중...
내부 고립영역 분석 중...
내부 점 선택 또는 [객체 선택(S)/명령 취소(U)/설정
(T)] : [해치 작성 닫기] 클릭
해치 작성을 종료하기 위해서 [해치 작성 닫기]를 클릭합
니다.

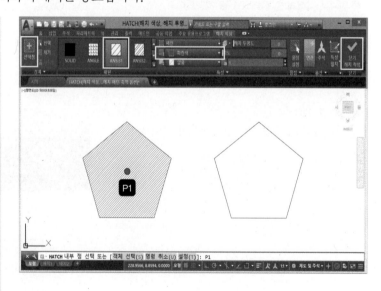

03 첫 번째 오각형의 해치 색상이 '파란색'으로 해치된 것을 알 수 있습니다.

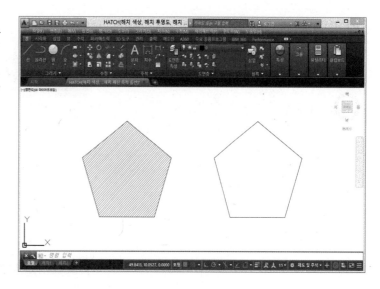

● [해치 투명도, 해치 각도, 해치 패턴 축적] 옵션 실습하기

01 [Hatch] 명령어를 입력하면 [Hatch] 명령어의 패널이 나타납니다. 두 번째 오각형의 [해치 투명도], [해치 각도] 및 [해치 패턴 축적]을 새롭게 지정하기 위해서 [특성] 패널에서 [해치 투명도], [해치 각도] 및 [해치 패턴 축적]을 새롭게 지정한 후, 두 번째 오각형 내부의 한 점을 클릭하여 해치하기 위해서 [경계] 패널의 [선택점]을 클릭합니다. 이후, 두 번째 오각형의 내부의 한 점을 클릭하고 [해치 작성 닫기]를 클릭하여 해치를 종료합니다.

명령 : Hatch Enter

내부 점 선택 또는 [객체 선택(S)/명령 취소(U)/설정 (T)] : [특성] 패널에서 [해치 투명도]를 '50', [해치 각도]를 '45', [해치 패턴 축적]을 '2'로 지정한 후, [경계] 패턴의 [선택점] 클릭   _K

[특성] 패널에서 [해치 투명도]를 '50', [해치 각도]를 '45', [해치 패턴 축적]을 '2'로 지정한 후, 두 번째 오각형 내부의 한 점을 지정하여 해치하기 위해서 [경계] 패널의 [선택점]을 클릭합니다.

내부 점 선택 또는 [객체 선택(S)/명령 취소(U)/설정 (T)] : P1 클릭   모든 것 선택...

두 번째 오각형 내부의 한 점에 'P1'을 클릭합니다.

가시적인 모든 것 선택 중...

선택된 데이터 분석 중...

내부 고립영역 분석 중...

내부 점 선택 또는 [객체 선택(S)/명령 취소(U)/설정 (T)] : [해치 작성 닫기] 클릭

해치 작성을 종료하기 위해서 [해치 작성 닫기]를 클릭합니다.

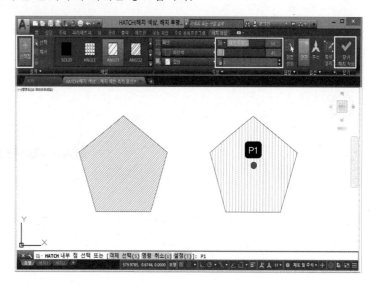

02 두 번째 오각형의 해치 색상이 이전 색상보다 절반 정도 흐려지고 해치 각도가 이전 각도보다 '45' 만큼 증가되며 해치 패턴 축적이 이전 패턴보다 '2' 배 증가된 것을 알 수 있습니다.

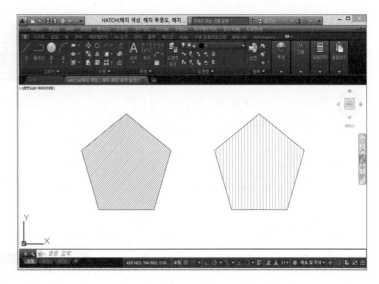

● [원점 설정] 옵션 실습하기

01 아래의 예제 파일을 불러옵니다.

예제 파일 : Part01\Chapter08\8-1\1\Hatch(원점 설정 옵션)

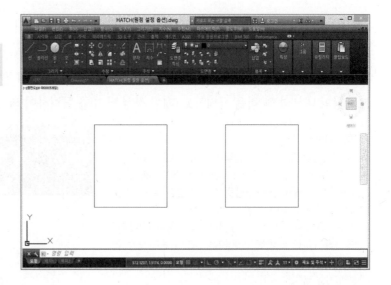

02 [Hatch] 명령어를 입력하면 [Hatch] 명령어의 패널이 나타납니다. 첫 번째 사각형의 원점을 지정하기 위해서 [원점] 패널에서 [맨 아래 왼쪽]으로, [특성] 패널에서 [해치 패턴 축적]을 '3'으로 지정하고 [패턴] 패널에서 해치 패턴에 'ANGLE' 로 지정한 후, 첫 번째 사각형 내부의 한 점을 클릭하고 [해치 작성 닫기]를 클릭하여 해치를 종료합니다.

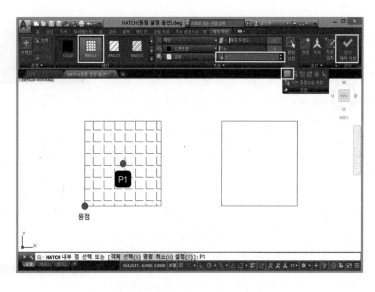

명령 : Hatch [Enter]
내부 점 선택 또는 [객체 선택(S)/명령 취소(U)/설정(T)] : [원점] 패널에서 해치 원점을 [맨 아래 왼쪽]으로, [특성] 패널에서 [해치 패턴 축적]을 '3'으로 지정하고 [패턴 유형]을 'ANGLE'로 지정한 후, 사각형 내부의 P1 클릭   모든 것 선택...
첫 번째 사각형의 원점을 지정하기 위해서 [원점] 패널에서 [맨 아래 왼쪽]과 [특성] 패널에서 [해치 패턴 축적]을 '3'으로 지정하고 [패턴] 패널에서 'ANGLE' 해치 유형으로 지정한 후, 첫 번째 사각형 내부의 한 점에 'P1'을 클릭합니다.
가시적인 모든 것 선택 중...
선택된 데이터 분석 중...
내부 고립영역 분석 중...
내부 점 선택 또는 [객체 선택(S)/명령 취소(U)/설정(T)] : [해치 작성 닫기] 클릭
해치 작성을 종료하기 위해서 [해치 작성 닫기]를 클릭합니다.

03 첫 번째 사각형의 해칭 원점이 [맨 아래 왼쪽]으로 지정된 것을 알 수 있습니다.

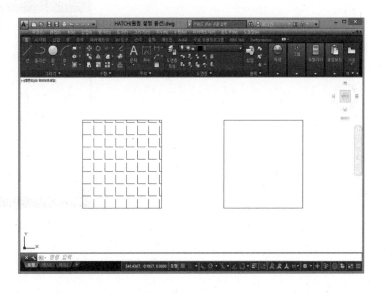

04 해치 원점을 바꾸기 위해서 다시 한 번 [Hatch] 명령어를 입력하면 [Hatch] 명령어의 패널이 나타납니다. 두 번째 사각형의 원점을 새롭게 지정하기 위해서 [원점] 패널에서 [맨 아래 오른쪽]으로 지정하고 두 번째 사각형 내부의 한 점을 클릭한 후, [해치 작성 닫기]를 클릭하여 해치를 종료합니다.

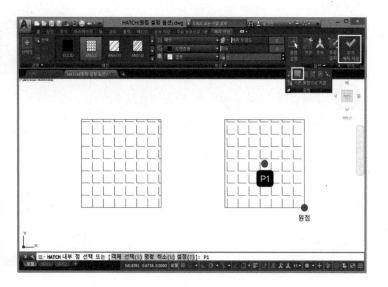

명령 : Hatch [Enter]
내부 점 선택 또는 [객체 선택(S)/명령 취소(U)/설정(T)] : [원점] 패널에서 해치 원점으로 [맨 아래 오른쪽]을 클릭하고 사각형 내부의 P1 클릭   모든 것 선택...
두 번째 사각형의 원점을 새롭게 지정하기 위해서 [원점] 패널에서 [맨 아래 오른쪽]을 클릭하고 두 번째 사각형 내부의 한 점에 'P1'을 클릭합니다.
가시적인 모든 것 선택 중...
선택된 데이터 분석 중...
내부 고립영역 분석 중...
내부 점 선택 또는 [객체 선택(S)/명령 취소(U)/설정(T)] : [해치 작성 닫기] 클릭
해치 작성을 종료하기 위해서 [해치 작성 닫기]를 클릭합니다.

05 두 번째 사각형의 해칭 원점이 [맨 아래 오른쪽]으로 지정된 것을 알 수 있습니다.

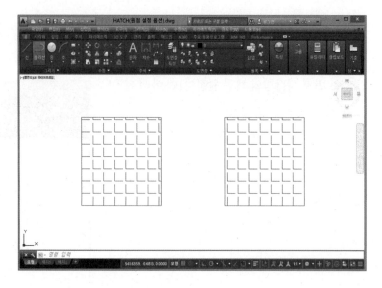

● [연관 경계] 옵션 실습하기

01 아래의 예제 파일을 불러옵니다.

예제 파일 : Part01\Chapter08\8-1\1\Hatch(연관 경계 옵션)

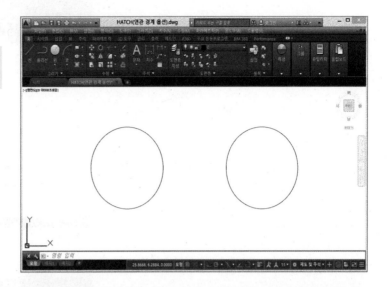

02 [Hatch] 명령어를 입력하면 [Hatch] 명령어의 패널이 나타납니다. 첫 번째 원 내부에 한 점을 클릭한 후, [해치 작성 닫기]를 클릭하여 해치를 종료합니다.

명령 : Hatch [Enter]
내부 점 선택 또는 [객체 선택(S)/명령 취소(U)/설정 (T)] : P1 클릭　모든 것 선택...
첫 번째 원 내부의 한 점에 'P1'을 클릭합니다.
가시적인 모든 것 선택 중...
선택된 데이터 분석 중...
내부 고립영역 분석 중...
내부 점 선택 또는 [객체 선택(S)/명령 취소(U)/설정 (T)] : [해치 작성 닫기] 클릭
해치 작성을 종료하기 위해서 [해치 작성 닫기]를 클릭합니다.

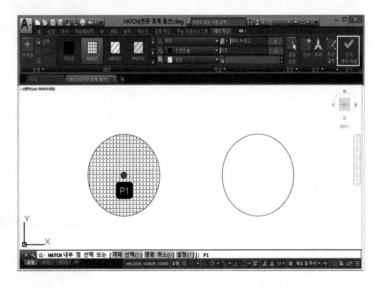

03 첫 번째 원이 해칭된 것을 알 수 있습니다.

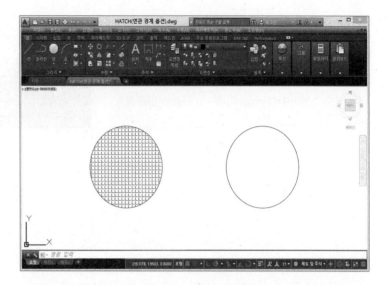

04 첫 번째 원의 해치 경계 영역을 변화시키기 위해서 마우스로 첫 번째 원의 한 점인 'P1'을 클릭합니다.

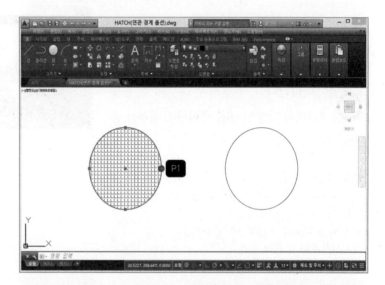

05 첫 번째 원의 해치 경계 영역을 확대하기 위해서 'P1'까지 드래그합니다.

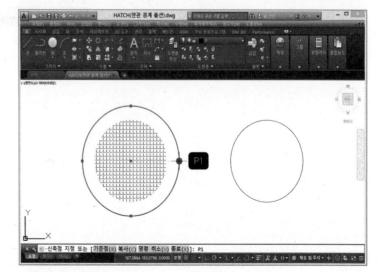

06 첫 번째 원은 [연관 경계]를 지정하지 않았기 때문에 해치 경계 영역이 확대되었지만 해치는 확대되지 않은 것을 확인할 수 있습니다.

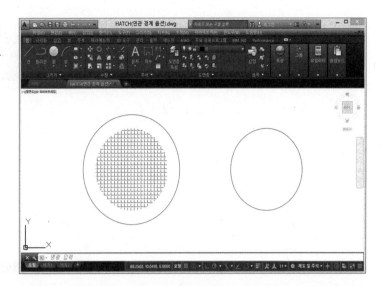

07 두 번째 원에 [연관 경계]를 지정하고 해치하기 위해서 [Hatch] 명령어를 입력하면 [Hatch] 명령어의 패널이 나타납니다. [옵션] 패널에서 [연관]을 클릭하고 두 번째 원 내부의 한 점을 클릭한 후, [해치 작성 닫기]를 클릭하여 해치를 종료합니다.

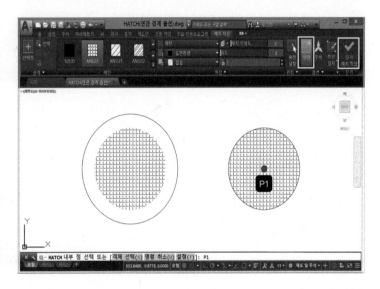

> **명령 : Hatch** Enter
> 내부 점 선택 또는 [객체 선택(S)/명령 취소(U)/설정
> (T)] : [옵션] 패널에서 [연관]을 클릭한 후, 사각형 내
> 부의 P1 클릭　모든 것 선택...
> [옵션] 패널에서 [연관]을 지정한 후, 두 번째 원 내부의
> 한 점에 'P1'을 클릭합니다.
> 가시적인 모든 것 선택 중...
> 선택된 데이터 분석 중...
> 내부 고립영역 분석 중...
> 내부 점 선택 또는 [객체 선택(S)/명령 취소(U)/설정
> (T)] : [해치 작성 닫기] 클릭
> 해치 작성을 종료하기 위해서 [해치 작성 닫기]를 클릭합
> 니다.

08 두 번째 원의 해치 경계 영역을 변화시키기 위해서 마우스로 두 번째 원의 한 점인 'P1'을 클릭합니다.

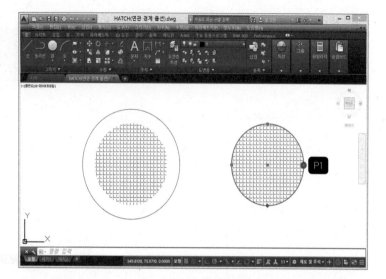

09 두 번째 원의 해치 경계 영역을 확대하기 위해서 'P1'까지 드래그합니다.

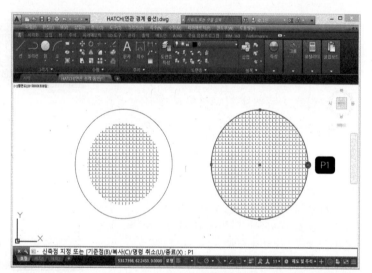

10 두 번째 원은 [연관 경계]를 지정하였기 때문에 해치 경계 영역이 확대됨에 따라서 해치도 확대된 것을 확인할 수 있습니다.

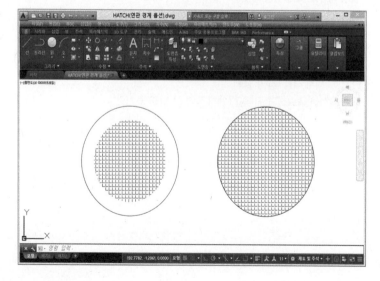

● [차이 공차] 옵션 실습하기

01 아래의 예제 파일을 불러옵니다.

예제 파일 : Part01\Chapter08\8-1\1\Hatch(차이 공차 옵션)

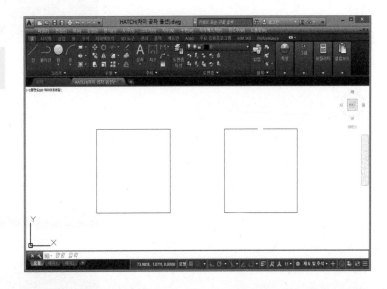

02 [Hatch] 명령어를 입력하면 [Hatch] 명령어의 패널이 나타납니다. 첫 번째 사각형의 해치 패턴과 해치 패턴 축적을 지정하기 위해서 [패턴] 패널에서 'AR-HBONE'을 클릭하고 [특성] 패널에서 [해치 패턴 축적]에 '0.1'을 지정합니다. 이후, 첫 번째 사각형 내부의 한 점을 클릭하고 [해치 작성 닫기]를 클릭하여 해치를 종료합니다.

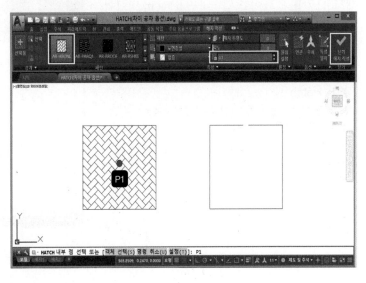

명령 : Hatch Enter
내부 점 선택 또는 [객체 선택(S)/명령 취소(U)/설정(T)] : [패턴] 패널에서 'AR-HBONE'을 클릭하고 [해치 패턴 축적]을 '0.1'로 지정한 후, 사각형 내부의 P1 클릭   모든 것 선택...
[해치 패턴] 패널에서 'AR-HBONE' 해치 유형을 지정하고 [특성] 패널의 [해치 패턴 축적]에 '0.1'을 지정합니다. 이후, 첫 번째 사각형 내부의 한 점에 'P1'을 클릭합니다.
가시적인 모든 것 선택 중...
선택된 데이터 분석 중...
내부 고립영역 분석 중...
내부 점 선택 또는 [객체 선택(S)/명령 취소(U)/설정(T)] : [해치 작성 닫기] 클릭
해치 작성을 종료하기 위해서 [해치 작성 닫기]를 클릭합니다.

03 첫 번째 사각형이 해칭된 것을 알 수 있습니다.

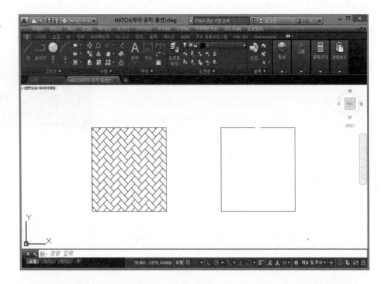

04 열린 객체인 두 번째 사각형에 해치하기 위해서 [Hatch] 명령어를 입력하면 [Hatch] 명령어의 패널이 나타납니다. 이후, 두 번째 사각형 내부의 한 점을 클릭합니다.

명령 : Hatch Enter
내부 점 선택 또는 [객체 선택(S)/명령 취소(U)/설정(T)] : 사각형 내부의 P1 클릭   모든 것 선택...
두 번째 사각형 내부의 한 점에 'P1'을 클릭합니다.
가시적인 모든 것 선택 중...
선택된 데이터 분석 중...

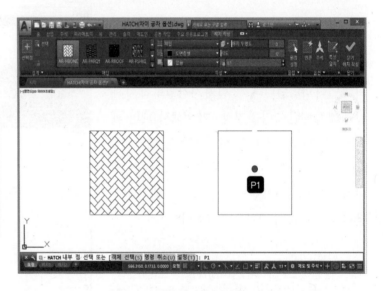

05 [해치-경계 정의 오류] 대화 상자가 나타나고
'닫힌 경계를 확인할 수 없습니다' 라는 메시지를
확인한 후, [닫기]를 클릭합니다.

06 [옵션] 패널 중 [차이 공차]를 '50' 으로 지정합
니다.

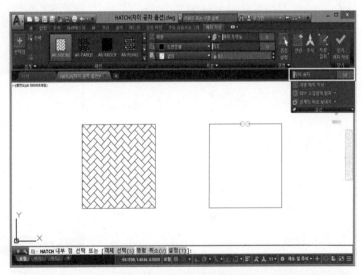

07 두 번째 사각형 내부의 한 점에 'P1' 을 클릭합
니다.

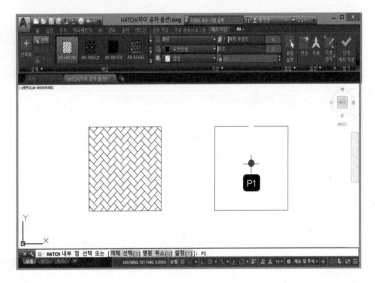

08 [해치-경계 열기 경고] 대화 상자가 나타나면
'이 영역의 해치 계속'을 클릭합니다.

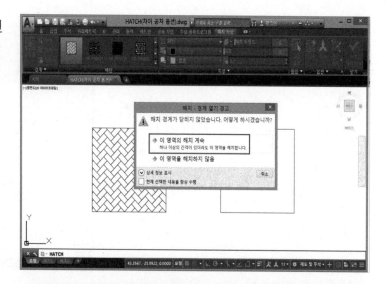

09 두 번째 사각형에 해치가 된 것을 확인한 후,
[해치 작성 닫기]를 클릭합니다. 열린 객체가 해칭
된 것을 알 수 있습니다.

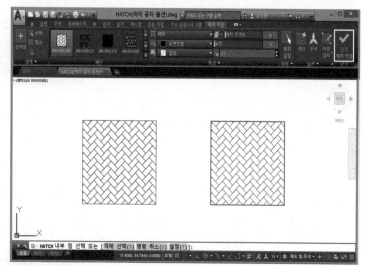

● [개별 해치 작성] 옵션 실습하기

01 아래의 예제 파일을 불러옵니다.

예제 파일 : Part01\Chapter08\8-1\1\Hatch(개별 해체
작성 옵션)

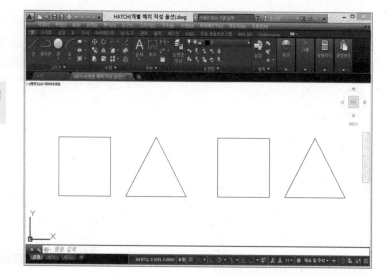

02 [Hatch] 명령어를 입력하면 [Hatch] 명령어의 패널이 나타납니다. 첫 번째 사각형과 삼각형 내부의 한 점을 클릭한 후, [해치 작성 닫기]를 클릭하여 해치를 종료합니다.

명령 : Hatch Enter
내부 점 선택 또는 [객체 선택(S)/명령 취소(U)/설정(T)] : 첫 번째 사각형 내부의 P1 클릭 모든 것 선택…
첫 번째 사각형 내부의 한 점인 'P1'을 클릭합니다.
가시적인 모든 것 선택 중…
선택된 데이터 분석 중…
내부 고립영역 분석 중…
내부 점 선택 또는 [객체 선택(S)/명령 취소(U)/설정(T)] : 첫 번째 삼각형 내부의 P2 클릭 모든 것 선택…
첫 번째 삼각형 내부의 한 점인 'P2'를 클릭합니다.
가시적인 모든 것 선택 중…
선택된 데이터 분석 중…
내부 고립영역 분석 중…
내부 점 선택 또는 [객체 선택(S)/명령 취소(U)/설정(T)] : [해치 작성 닫기] 클릭
해치 작성을 종료하기 위해서 [해치 작성 닫기]를 클릭합니다.

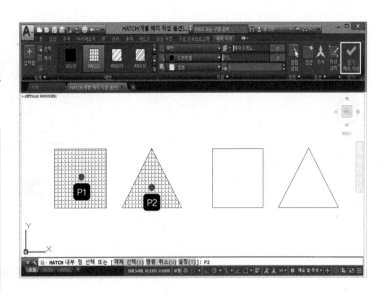

03 첫 번째 사각형과 삼각형이 해치된 것을 확인할 수 있습니다.

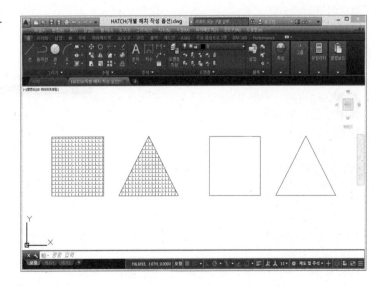

04 첫 번째 사각형 해치 내부의 한 점인 'P1'을 클릭하면 사각형뿐만 아니라 삼각형까지 선택되어 '단일 해치' 된 것을 확인할 수 있습니다.

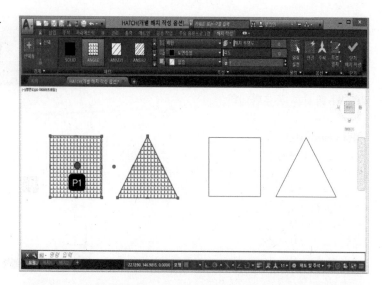

05 개별 해치를 작성하기 위해서 [Hatch] 명령어를 입력하면 [Hatch] 명령어의 패널이 나타납니다. [옵션] 패널에서 [개별 해치 작성]을 클릭하고 두 번째 사각형과 삼각형 내부의 한 점을 클릭한 후, [해치 작성 닫기]를 클릭하여 해치를 종료합니다.

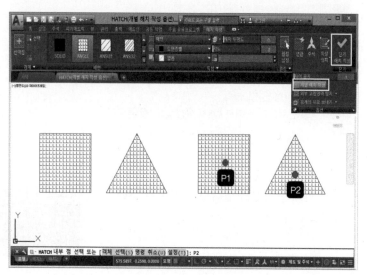

명령 : Hatch Enter
내부 점 선택 또는 [객체 선택(S)/명령 취소(U)/설정(T)] : [옵션] 패널에서 [개별 해치 작성]은 클릭하고 두 번째 사각형 내부의 P1 클릭   모든 것 선택...
[옵션] 패널의 [개별 해치 작성]을 클릭하고 두 번째 사각형 내부의 한 점인 'P1'을 클릭합니다.
가시적인 모든 것 선택 중...
선택된 데이터 분석 중...
내부 고립영역 분석 중...
내부 점 선택 또는 [객체 선택(S)/명령 취소(U)/설정(T)] : 두 번째 삼각형 내부의 P2 클릭   모든 것 선택...
두 번째 삼각형 내부의 한 점인 'P2'를 클릭합니다.
가시적인 모든 것 선택 중...
선택된 데이터 분석 중...
내부 고립영역 분석 중...
내부 점 선택 또는 [객체 선택(S)/명령 취소(U)/설정(T)] : [해치 작성 닫기] 클릭
해치 작성을 종료하기 위해서 [해치 작성 닫기]를 클릭합니다.

06 두 번째 사각형과 삼각형이 해치된 것을 확인할 수 있습니다.

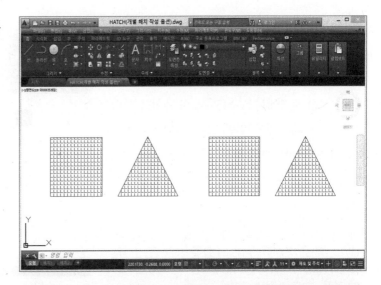

07 두 번째 사각형의 한 점인 'P1'을 클릭하면 사각형만 선택되어 '개별 해치' 된 것을 확인할 수 있습니다.

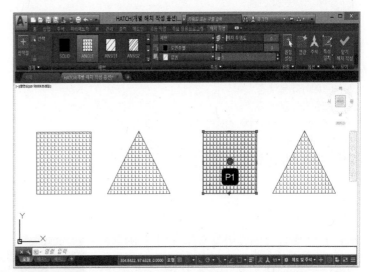

● [외부 고립영역 탐지] 옵션 실습하기

01 아래의 예제 파일을 불러옵니다.

예제 파일 : Part01\Chapter08\8-1\1\Hatch(외부 고립 영역 탐지 옵션)

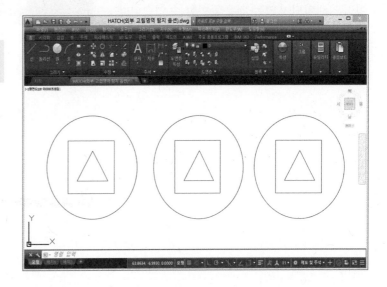

02 [일반 고립영역 탐지]를 사용하여 해치하기 위해서 [Hatch] 명령어를 입력하면 [Hatch] 명령어의 패널이 나타납니다. 해체 유형을 바꾸기 위해서 [패턴] 패널에서 'ANSI31' 해치 유형을 클릭하고 [옵션] 패널에서 [일반 고립영역 탐지]를 클릭합니다. 첫 번째 객체 내부의 한 점을 클릭한 후, [해치 작성 닫기]를 클릭하여 해치를 종료합니다.

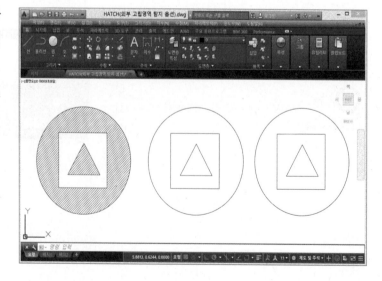

> **명령 : Hatch** ⏎
> 내부 점 선택 또는 [객체 선택(S)/명령 취소(U)/설정(T)] : [패턴] 패널에서 'ANSI31'을 클릭하고 [옵션] 패널에서 [일반 고립영역 탐지]를 클릭한 후, 객체 내부의 P1 클릭   모든 것 선택...
> [패턴] 패널에서 'ANSI31' 해치 유형을 지정하고 [옵션] 패널의 [일반 고립영역 탐지]를 지정한 후, 첫 번째 객체 내부의 'P1'을 클릭합니다.
> 가시적인 모든 것 선택 중...
> 선택된 데이터 분석 중...
> 내부 고립영역 분석 중...
> 내부 점 선택 또는 [객체 선택(S)/명령 취소(U)/설정(T)] : [해치 작성 닫기] 클릭
> 해치 작성을 종료하기 위해서 [해치 작성 닫기]를 클릭합니다.

03 첫 번째 객체가 맨 바깥쪽 해치 영역 경계를 기준으로 홀수 번째 영역은 해치되고 짝수 번째 영역은 해치되지 않는 것을 확인할 수 있습니다.

04 [외부 고립영역 탐지]를 사용하여 해치하기 위해서 [Hatch] 명령어를 입력하면 [Hatch] 명령어의 패널이 나타납니다. [옵션] 패널에서 [외부 고립영역 탐지]를 클릭하고 두 번째 객체 내부의 한 점을 클릭한 후, [해치 작성 닫기]를 클릭하여 해치를 종료합니다.

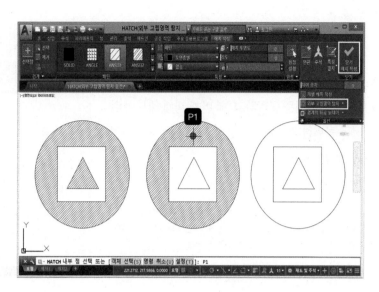

명령 : Hatch [Enter]

내부 점 선택 또는 [객체 선택(S)/명령 취소(U)/설정 (T)] : [옵션] 패널에서 [외부 고립영역 탐지]를 클릭한 후, 객체 내부의 P1 클릭   모든 것 선택...

[옵션] 패널에서 [외부 고립영역 탐지]를 지정한 후, 두 번째 객체 내부의 'P1'을 클릭합니다.

가시적인 모든 것 선택 중...

선택된 데이터 분석 중...

내부 고립영역 분석 중...

내부 점 선택 또는 [객체 선택(S)/명령 취소(U)/설정 (T)] : [해치 작성 닫기] 클릭

해치 작성을 종료하기 위해서 [해치 작성 닫기]를 클릭합니다.

05 두 번째 객체가 맨 바깥쪽 해치 영역 경계만 해치된 것을 확인할 수 있습니다.

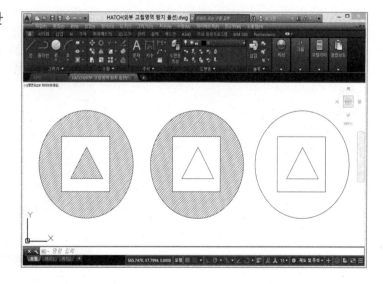

06 [고립영역 탐지 무시]를 사용하여 해치하기 위해서 [Hatch] 명령어를 입력하면 [Hatch] 명령어의 패널이 나타납니다. [옵션] 패널에서 [고립영역 탐지 무시]를 클릭하고 세 번째 객체 내부의 한 점을 클릭한 후, [해치 작성 닫기]를 클릭하여 해치를 종료합니다.

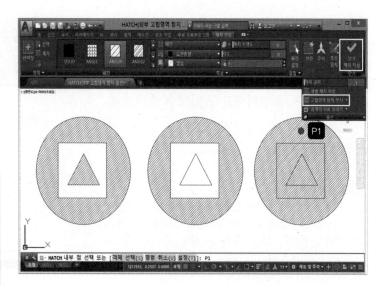

명령 : Hatch 🖰
내부 점 선택 또는 [객체 선택(S)/명령 취소(U)/설정(T)] : [옵션] 패널에서 [고립영역 탐지 무시]를 클릭한 후, 객체 내부의 P1 클릭   모든 것 선택...
[옵션] 패널에서 [고립영역 탐지 무시]를 지정한 후, 세 번째 객체 내부의 'P1'을 클릭합니다.
가시적인 모든 것 선택 중...
선택된 데이터 분석 중...
내부 고립영역 분석 중...
내부 점 선택 또는 [객체 선택(S)/명령 취소(U)/설정(T)] : [해치 작성 닫기] 클릭
해치 작성을 종료하기 위해서 [해치 작성 닫기]를 클릭합니다.

07 세 번째 객체의 모든 해치 경계 영역이 해치된 것을 확인할 수 있습니다.

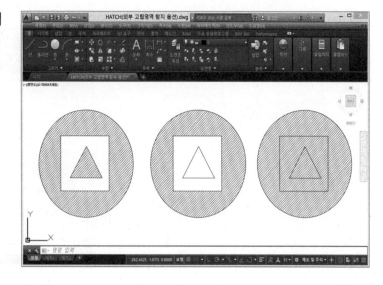

2 해치를 편집하는 [Hatchedit] 명령어

[Hatchedit] 명령어는 이미 그려진 해치를 편집할 수 있으며 [Hatchedit] 명령어를 수행하면 [해치 편집] 대화 상자를 사용하여 해치를 편집할 수 있습니다.

(1) 명령어 입력 방법

[Hatchedit] 명령어	
메뉴 막대	수정→객체→해치
명령어	Hatchedit
단축 명령어	He
리본 메뉴	(홈)탭→(수정)패널→해치 편집( ) ([제도 및 주석] 작업공간)
	(홈)탭→(수정)패널→해치 편집( ) ([3D 모델링] 작업공간)

(2) 명령어 사용 방법

명령 : Hatchedit Enter
해치 객체 선택 : P1 클릭
편집하려는 해치를 클릭하고 [해치 편집] 대화 상자에서 편집하고자 하는 부분을 수정한 후, [확인]을 클릭합니다.

(3) 실습하기

● 기본 실습하기

01 아래의 예제 파일을 불러옵니다.

예제 파일 : Part01\Chapter08\8-1\2\Hatchedit(기본)

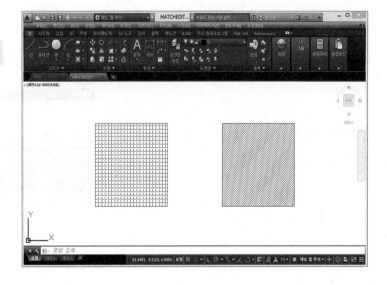

02 [Hatchedit] 명령어를 입력하고 첫 번째 사각형 해치 객체의 한 점을 클릭합니다.

명령 : Hatchedit [Enter]
해치 객체 선택 : P1 클릭
편집하려는 첫 번째 사각형 해치 객체에 'P1'을 클릭합니다.

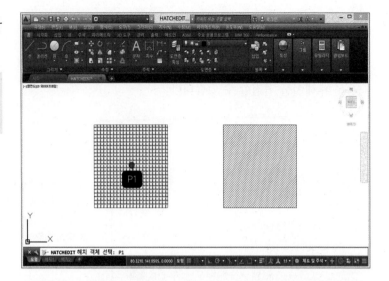

03 [해치 편집] 대화 상자가 나타나면 [유형 및 패턴] 중 [패턴]을 'GRAVEL' 을 지정한 후, [확인]을 클릭합니다.

04 첫 번째 사각형의 해치 유형이 'GRAVEL' 로 바뀐 것을 확인할 수 있습니다.

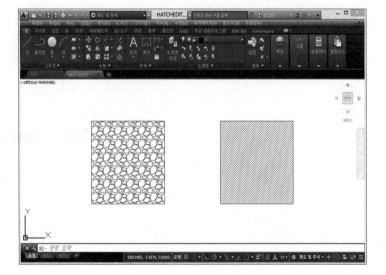

05 두 번째 사각형 해치의 [각도]와 [축적]을 수정하기 위해서 [Hatchedit] 명령어를 입력하고 두 번째 사각형 해치 객체의 한 점을 클릭합니다.

명령 : Hatchedit Enter
해치 객체 선택 : P1 클릭
편집하려는 두 번째 사각형 해치 객체에 'P1'을 클릭합니다.

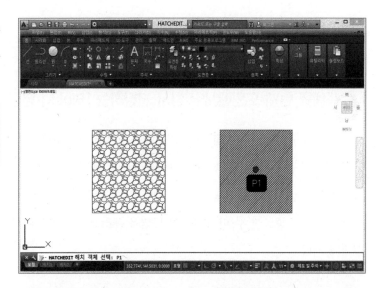

06 [해치 편집] 대화 상자가 나타나면 [각도 및 축적] 중 [각도]를 '45', [축적]을 '3' 으로 지정한 후, [확인]을 클릭합니다.

07 두 번째 사각형 해치 유형의 [각도]가 '45', [축적]이 '3' 으로 바뀐 것을 확인할 수 있습니다.

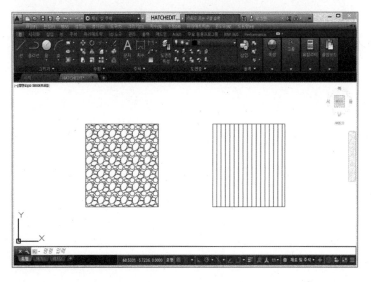

8.2 블록 작성하기

1 객체를 현재 도면에서만 임시 저장하는 [Block] 명령어

객체를 자주 사용한다고 할 때 작업할 때마다 객체를 작성하면 매우 힘이 들 것입니다. 이럴 때 자주 사용하는 객체를 단일 객체인 블록으로 저장한 후, 객체가 필요할 때마다 삽입한다면 도면을 작성하는데 상당히 도움이 됩니다. 한편 [Block] 명령어는 객체를 현재 도면에서만 단일 객체로 임시 저장하는 기능이 있습니다. 이런 이유로 이전 도면에서 작업하다가 작업을 종료한 후, 다시 새로운 도면을 불러왔을 때, 이전 도면에서 임시 저장한 블록을 새로운 도면으로 삽입할 수 없습니다.

(1) 명령어 입력 방법

[Block] 명령어	
메뉴 막대	그리기→블록→만들기
명령어	Block
단축 명령어	B
리본 메뉴	(홈)탭→(블록)패널→작성(🖼️) ([제도 및 주석] 작업공간)
	(삽입)탭→(블록 정의)패널→블록 작성(🖼️) ([제도 및 주석] 작업공간)
	(삽입)탭→(블록 정의)패널→블록 작성(🖼️) ([3D 모델링] 작업공간)

(2) 명령어 사용 방법

명령 : Block ⏎

[Block] 명령어를 입력하면 [블록 정의] 대화 상자가 나타나고 '블록 이름', '블록의 삽입 기준점', '블록으로 작성할 객체 선택', '블록의 축적', '블록의 분해', '블록을 삽입할 때 단위' 등을 지정한 후, [확인]을 클릭합니다.

(3) 옵션 설명

[Block] 명령어를 입력하여 [블록 정의] 대화 상자가 나타나면 다음과 같은 옵션을 설정할 수 있습니다.

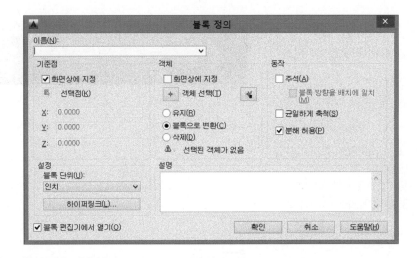

① 이름 : 블록의 이름을 지정합니다.
② 기준점 : 블록의 삽입 기준점을 지정합니다.
  • 화면상에 지정 : 체크하면 [선택점]과 'X/Y/Z'의 좌표값 입력창이 비활성화됩니다. 이후, 화면상에 직접 블록 삽입 기준점을 지정합니다.
  • 선택점 : [화면상에 지정]을 체크하지 않으면 활성화합니다. 이후, 화면상에 직접 블록 삽입 기준점을 지정합니다.
  • X/Y/Z : 'X/Y/Z'의 좌표값 입력창에 직접 좌표값을 입력하여 블록 삽입 기준점을 지정합니다.
③ 객체 : 블록으로 지정할 객체를 선택합니다.
  • 화면상에 지정 : 체크하고 화면상에서 직접 블록으로 지정할 객체를 선택합니다.
  • 객체 선택 : [화면상에 지정]을 체크하지 않으면 활성화합니다. 이후, 화면상에서 직접 블록으로 지정할 객체를 선택합니다.
  • 신속 선택 : [신속 선택] 대화 상자가 나타나면 원하는 선택 조건을 지정한 후, 블록으로 지정할 객체를 선택합니다.
  • 유지 : 화면상의 객체는 그대로 두고 하나의 블록이 저장됩니다.
  • 블록으로 변환 : 객체가 블록으로 저장되고 그려져 있던 객체도 블록으로 변환됩니다.
  • 삭제 : 객체가 블록으로 저장되면서 그려져 있던 객체가 삭제됩니다.
④ 동작 : 주석 객체를 블록으로 지정하고 블록을 삽입할 때 축적값을 지정하며 블록을 분해합니다.
  • 주석 : 주석 객체를 블록으로 지정합니다.
  • 블록 방향을 배치에 일치 : [주석]을 체크하면 활성화되고 도면 공간 뷰포트의 블록 방향이 배치 방향과 일치하도록 지정합니다.
  • 균일하게 축적 : 블록을 삽입할 때 'X/Y/Z'의 축적값을 동일하게 지정합니다.
  • 분해 허용 : 블록을 분해합니다.
⑤ 실징 . 블록 단위와 블록에 링크할 도면이니 문서를 지정합니디.
  • 블록 단위 : 블록의 단위를 지정합니다.
  • 하이퍼링크 : [하이퍼링크 삽입] 대화 상자가 나타나면 블록에 링크할 도면이나 문서를 지정합니다.
  • 블록 편집기에서 열기 : [블록 제작 팔레트] 대화 상자가 나타나면 다양하게 형식을 지정하여 블록을 지정합니다.
⑥ 설명 : 블록에 설명을 기입합니다.

(4) 실습하기

● 기본 실습하기

01 [Limits] 명령어로 도면 한계를 지정하고 지정한 도면 한계를 도면에 적용하기 위해서 [Zoom] 명령어를 입력합니다.

> **명령 : Limits** [Enter]
> 모형 공간 한계 재설정 :
> 왼쪽 아래 구석 지정 또는 [켜기(ON)/끄기(OFF)]
> 〈0.0000,0.0000〉 : 0,0 [Enter]
> 작업 도면의 '왼쪽-아래쪽'에 '0,0'을 입력합니다.
> 오른쪽 위 구석 지정 〈12.0000,9.0000〉 : 420,297
> [Enter]
> 작업 도면의 '오른쪽-위쪽'에 '420,297'을 입력합니다.
>
> **명령 : Zoom** [Enter]
> 윈도우 구석 지정, 축척 비율(nX 또는 nXP) 입력 또는
> [전체(A)/중심(C)/동적(D)/범위(E)/이전(P)/축척
> (S)/윈도우(W)/객체(O)] 〈실시간〉 : A [Enter]
> 모형 재생성 중.
> [Limits] 명령어에 의해서 지정한 도면 한계를 화면에 적용하기 위해서 [Zoom] 명령어의 [전체] 옵션을 입력합니다.

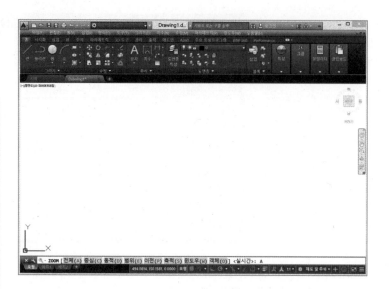

02 [Polygon] 명령어를 입력하여 거친 다듬질 기호를 작성합니다.

> **명령 : Polygon** [Enter]
> 면의 수 입력 〈4〉 : 3 [Enter]
> 삼각형을 작성하기 위해서 '3'을 입력합니다.
> 폴리곤의 중심을 지정 또는 [모서리(E)] : E [Enter]
> [모서리] 옵션을 지정하기 위해서 'E'를 입력합니다.
> 모서리의 첫 번째 끝점 지정 : 180,170 [Enter]
> 모서리의 첫 번째 끝점에 '180,170'을 입력합니다.
> 모서리의 두 번째 끝점 지정 : 60,170 [Enter]
> 모서리의 두 번째 끝점에 '60,170'을 입력합니다.

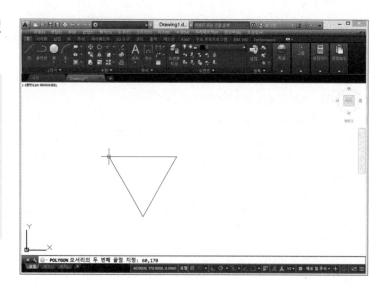

03 [Block] 명령어를 입력하면 [블록 정의] 대화 상자가 나타나고 [이름]창에 'B-1'을 입력한 후, [기준점]의 [선택점]을 클릭합니다.

명령 : Block Enter

[Block] 명령어를 입력하여 [블록 정의] 대화 상자가 나타나면 [이름]창에 'B-1'을 입력한 후, [기준점]의 [선택점]을 클릭합니다.

04 미리 그려 놓은 거친 다듬질 기호의 삽입 기준점에 'P1'을 클릭합니다.

삽입 기준점 지정 : P1 클릭

블록의 삽입 기준점에 'P1'을 클릭합니다.

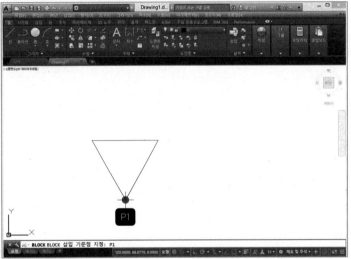

05 [블록 정의] 대화 상자가 나타나면 객체를 블록으로 지정하기 위해서 [객체]의 [객체 선택]을 클릭합니다.

06 객체를 블록으로 지정하기 위해서 'P1'을 클릭합니다.

객체 선택 : P1 클릭   1개를 찾음
객체를 블록으로 지정하기 위해서 'P1'을 클릭합니다.
객체 선택 : [enter]

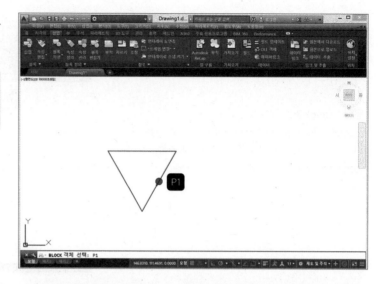

07 [블록 정의] 대화 상자가 나타나면 [확인]을 클릭합니다.

08 거친 다듬질 기호가 'B-1'이라는 이름의 블록으로 임시 저장되었습니다.

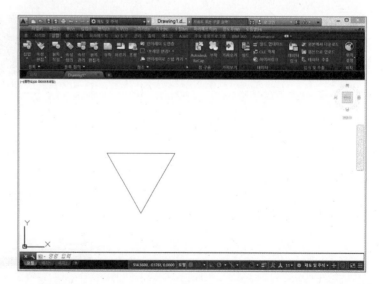

09 [Copy] 명령어를 입력하여 복사할 객체를 지정합니다.

명령 : Copy [Enter]
객체 선택 : P1 클릭   1개를 찾음
복사할 객체에 'P1'을 클릭합니다.
객체 선택 : [Enter]

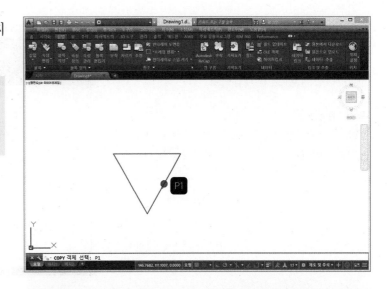

10 객체의 복사 기본점과 객체를 이동시킬 지점을 차례로 지정합니다.

현재 설정 : 복사 모드 = 다중(M)
기본점 지정 또는 [변위(D)/모드(O)] 〈변위〉 : P1 클릭
객체의 복사 기본점에 'P1'을 클릭합니다.
두 번째 점 지정 또는 [배열(A)] 〈첫 번째 점을 변위로 사용〉 : P2 클릭
객체를 이동시킬 지점에 'P2'를 클릭합니다.
두 번째 점 지정 또는 [배열(A)/종료(E)/명령 취소(U)]
〈종료〉 : [Enter]

11 중 다듬질 기호가 완성되었습니다.

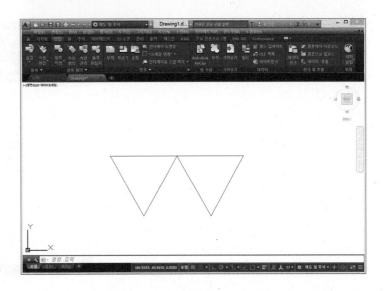

12 [Block] 명령어를 입력하면 [블록 정의] 대화 상자가 나타나고 [이름]창에 'B-2' 를 입력하고 [기준점]의 [선택점]을 클릭합니다.

명령 : Block [Enter]
[Block] 명령어를 입력하여 [블록 정의] 대화 상자가 나타나면 [이름]창에 'B-2'를 입력한 후, [기준점]의 [선택점]을 클릭합니다.

13 미리 그려 놓은 중 다듬질 기호의 삽입 기준점에 'P1' 을 클릭합니다.

삽입 기준점 지정 : P1 클릭
블록의 삽입 기준점에 'P1'을 클릭합니다.

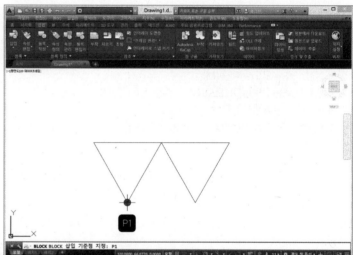

14 [블록 정의] 대화 상자가 나타나면 객체를 블록으로 지정하기 위해서 [객체]의 [객체 선택]을 클릭합니다.

15 객체를 블록으로 지정하기 위해서 'P1' 과 'P2' 를 클릭합니다.

객체 선택 : P1 클릭   1개를 찾음
객체를 블록으로 지정하기 위해서 'P1'을 클릭합니다.
객체 선택 : P2 클릭   1개를 찾음, 총 2개
객체를 블록으로 지정하기 위해서 'P2'를 클릭합니다.
객체 선택 : [Enter]

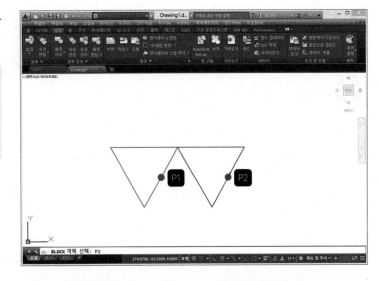

16 [블록 정의] 대화 상자가 나타나면 [확인]을 클릭합니다.

17 중 다듬질 기호를 'B-2' 라는 이름의 블록으로 임시 저장되었습니다.

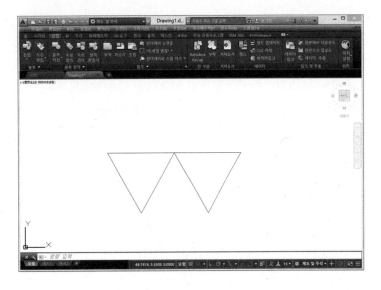

18 작성한 블록을 확인하기 위해서 [Block] 명령어를 입력하여 [블록 정의] 대화 상자가 나타나면 [이름]창의 오른쪽에 있는 화살표(∨)를 클릭하여 'B-1' 이름의 블록이 임시 저장된 것을 확인할 수 있습니다.

> **명령 : Block** Enter
> [Block] 명령어를 입력하여 [블록 정의] 대화 상자가 나타나면 [이름]창의 오른쪽에 있는 화살표를 클릭하여 'B-1' 블록이 임시 저장된 것을 확인할 수 있습니다.

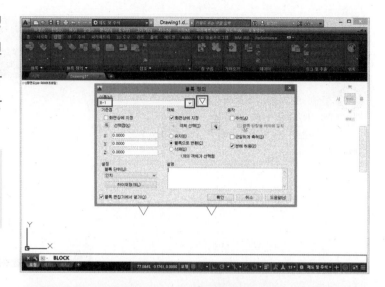

19 [이름]창의 오른쪽에 있는 화살표(∨)를 클릭하여 'B-2' 이름의 블록이 임시 저장된 것을 확인할 수 있습니다.

2 객체를 파일 형태로 영구히 저장하는 [Wblock] 명령어

[Wblock] 명령어는 객체를 단일 객체인 'DWG 파일' 형태로 저장하는 기능이 있습니다. 이런 이유로 현재 도면에서만 임시로 저장하는 [Block] 명령어와는 다르게, 언제 어디서나 파일을 불러와 도면상에 삽입할 수 있습니다. 따라서 자주 사용하는 블록 같은 경우에는 [Wblock] 명령어에 의해서 블록을 작성한 후, 저장하여 사용하는 것이 편리합니다.

(1) 명령어 입력 방법

[Wblock] 명령어	
명령어	Wblock
단축 명령어	Wb
리본 메뉴	(삽입)탭→(블록 정의)패널→블록 쓰기(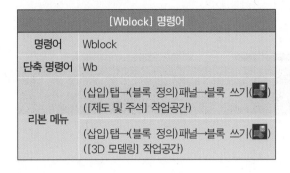) ([제도 및 주석] 작업공간)
	(삽입)탭→(블록 정의)패널→블록 쓰기(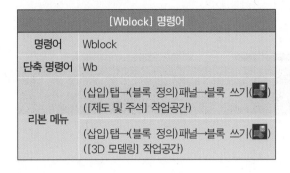) ([3D 모델링] 작업공간)

(2) 명령어 사용 방법

명령 : Wblock [Enter]

[Wblock] 명령어를 입력하면 [블록 쓰기] 대화 상자가 나타나고 '저장할 객체의 선택 방법', '블록의 삽입 기준점', '블록으로 작성할 객체 선택', '블록으로 저장할 객체의 이름과 폴더의 경로 지정', '블록을 삽입할 때 단위' 등을 지정한 후, [확인]을 클릭합니다.

(3) 옵션 설명

[Wblock] 명령어를 입력하면 [블록 쓰기] 대화 상자가 나타나고 다음과 같은 옵션을 설정할 수 있습니다.

① 원본 : 블록 파일로 지정하는 방법을 결정합니다.
  • 블록 : [Block] 명령어에 의해서 임시로 저장한 블록을 불러와 'DWG 파일'로 저장합니다.
  • 전체 도면 : 현재 화면상의 도면 전체를 'DWG 파일'로 저장합니다.
  • 객체 : 현재 화면상의 객체를 선택하여 'DWG 파일'로 저장합니다.
② 기준점 : 블록의 삽입 기준점을 지정합니다.
  • 선택점 : 화면상에 직접 블록 삽입 기준점을 지정합니다.
  • X/Y/Z : 'X/Y/Z'의 좌표값 입력창에 직접 좌표값을 입력하여 블록 삽입 기준점을 지정합니다.
③ 객체 : 블록으로 지정할 객체를 선택합니다.
  • 객체 선택 : 화면상에서 직접 블록으로 지정할 객체를 선택합니다.
  • 신속 선택 : [신속 선택] 대화 상자가 나타나면 원하는 선택 조건을 지정한 후, 블록으로 지정할 객체를 선택합니다.
  • 유지 : 화면상의 객체는 그대로 두고 하나의 블록이 저장됩니다.
  • 블록으로 변환 : 객체가 블록으로 저장되고 그려져 있던 객체도 블록으로 변환됩니다.
  • 도면에서 삭제 : 객체가 블록으로 저장되면서 그려져 있던 객체가 삭제됩니다.
④ 대상 : 블록을 파일로 저장할 때 파일 이름과 저장 경로를 지정하고 블록을 삽입할 때 단위를 지정합니다.
  • 파일 이름 및 경로 : 블록을 파일로 저장할 때 파일 이름과 저장 경로를 지정합니다.
  • 단위 삽입 : 블록을 삽입할 때 사용할 단위를 지정합니다.

(4) 실습하기

● 기본 실습하기

01 [Limits] 명령어로 도면 한계를 지정하고 지정한 도면 한계를 도면에 적용하기 위해서 [Zoom] 명령어를 입력합니다.

명령 : Limits Enter
모형 공간 한계 재설정 :
왼쪽 아래 구석 지정 또는 [켜기(ON)/끄기(OFF)]
⟨0.0000,0.0000⟩ : 0,0 Enter
작업 도면의 '왼쪽-아래쪽'에 '0,0'을 입력합니다.
오른쪽 위 구석 지정 ⟨12.0000,9.0000⟩ : 420,297
Enter
작업 도면의 '오른쪽-위쪽'에 '420,297'을 입력합니다.

명령 : Zoom Enter
윈도우 구석 지정, 축척 비율(nX 또는 nXP) 입력 또는
[전체(A)/중심(C)/동적(D)/범위(E)/이전(P)/축척
(S)/윈도우(W)/객체(O)] ⟨실시간⟩ : A Enter
모형 재생성 중.
[Limits] 명령어에 의해서 지정한 도면 한계를 화면에 적용하기 위해서 [Zoom] 명령어의 [전체] 옵션을 입력합니다.

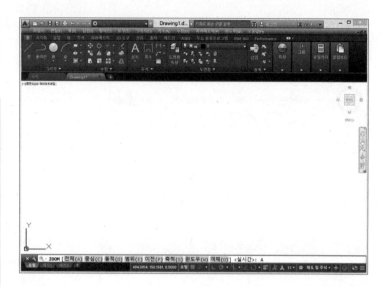

02 다듬질 기호를 작성하기 위해서 [Polygon] 명령어를 입력하여 면의 수를 입력하고 [모서리] 옵션을 지정합니다. 이후, 모서리의 첫 번째와 두 번째 끝점을 입력합니다.

명령 : Polygon Enter
면의 수 입력 ⟨4⟩ : 3 Enter
삼각형을 작성하기 위해서 '3'을 입력합니다.
폴리곤의 중심을 지정 또는 [모서리(E)] : E Enter
[모서리] 옵션을 지정하기 위해서 'E'를 입력합니다.
모서리의 첫 번째 끝점 지정 : 150,150 Enter
모서리의 첫 번째 끝점에 '150,150'을 입력합니다.
모서리의 두 번째 끝점 지정 : @100⟨180 Enter
모서리의 두 번째 끝점에 '@100⟨180'을 입력합니다.

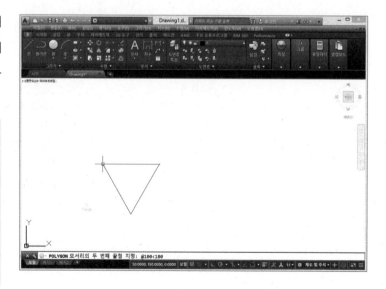

03 [Line] 명령어를 입력하여 삼각형의 위쪽-오른쪽 끝점을 클릭한 후, '60도' 각도로 '100' 만큼 떨어진 위치까지 선을 그립니다.

> **명령 : Line** Enter
> 첫 번째 점 지정 : P1 클릭
> 선의 첫 번째 점에 'P1'을 클릭합니다.
> 다음 점 지정 또는 [명령 취소(U)] : @100<60 Enter
> 선의 다음 점에 '@100<60'을 입력합니다.
> 다음 점 지정 또는 [명령 취소(U)] : Enter

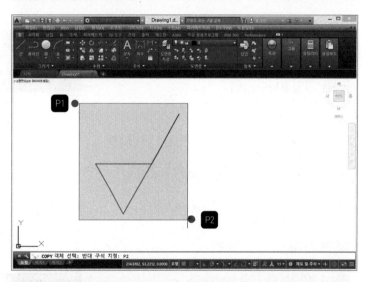

04 작성한 다듬질 기호를 복사하기 위해서 [Copy] 명령어를 입력한 후, 복사할 객체를 선택합니다.

> **명령 : Copy** Enter
> 객체 선택 : P1 클릭　　반대 구석 지정 : P2 클릭　　2개를 찾음
> 객체 전체가 선택되도록 'P1'부터 'P2'까지 드래그합니다.
> 객체 선택 : Enter

05 복사할 기본점을 지정하고 복사본 객체를 원본 객체로부터 오른쪽으로 '200' 만큼 이동시킵니다.

> 현재 설정 : 복사 모드 = 다중(M)
> 기본점 지정 또는 [변위(D)/모드(O)] <변위> : P1 클릭
> 복사할 기본점에 'P1'을 클릭합니다.
> 두 번째 점 지정 또는 [배열(A)] <첫 번째 점을 변위로 사용> : @200<0 Enter
> 원본 객체의 기본점으로부터 오른쪽으로 '200'만큼 이동한 지점에 복사하기 위해서 '@200<0'을 입력합니다.
> 두 번째 점 지정 또는 [배열(A)/종료(E)/명령 취소(U)] <종료> : Enter

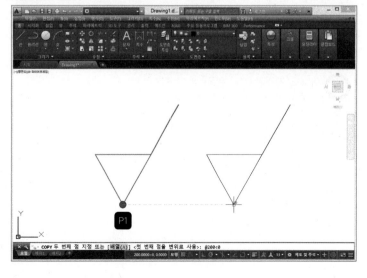

06 다듬질 기호가 2개 작성되었습니다.

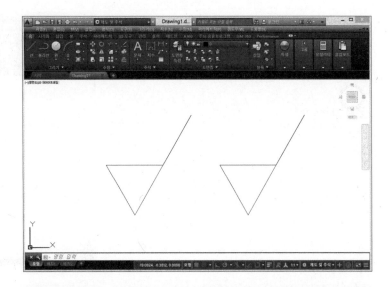

07 거친 다듬질과 중 다듬질 표시를 하기 위해서 다듬질 기호 위에 [Dtext] 명령어를 사용하여 문자를 기입합니다.

명령 : Dtext Enter
현재 문자 스타일 : "Standard" 문자 높이 : 0.2000
주석 : 아니오 자리맞추기 : 왼쪽
문자의 시작점 지정 또는 [자리맞추기(J)/스타일(S)] :
90,160 Enter
문자의 시작점에 '90,160'을 입력합니다.
높이 지정 〈0.2000〉: 30 Enter
문자의 높이에 '30'을 입력합니다.
문자의 회전 각도 지정 〈0〉: 0 Enter
문자의 회전 각도에 '0'을 입력합니다.
'W'를 입력한 후, Enter를 2번 칩니다.

명령 : Dtext Enter
현재 문자 스타일 : "Standard" 문자 높이 : 30.0000
주석 : 아니오 자리맞추기 : 왼쪽
문자의 시작점 지정 또는 [자리맞추기(J)/스타일(S)] :
290,160 Enter
문자의 시작점에 '290,160'을 입력합니다.
높이 지정 〈30.0000〉: 30 Enter
문자의 높이에 '30'을 입력합니다.
문자의 회전 각도 지정 〈0〉: 0 Enter
문자의 회전 각도에 '0'을 입력합니다.
'X'를 입력한 후, Enter를 2번 칩니다.

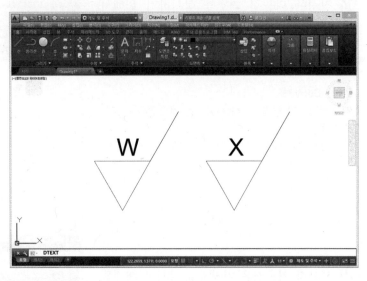

08 거친 다듬질 기호(문자 'W')에 대한 블록을 작성하기 위해서 [Wblock] 명령어를 입력하면 [블록 쓰기] 대화 상자가 나타납니다. 이후, 블록의 삽입 기준점을 지정하기 위해서 [기준점]의 [선택점]을 클릭합니다.

명령 : Wblock ⏎
[Wblock] 명령어를 입력하여 [블록 쓰기] 대화 상자가 나타나면 블록의 삽입 기준점을 지정하기 위해서 [기준점]의 [선택점]을 클릭합니다.

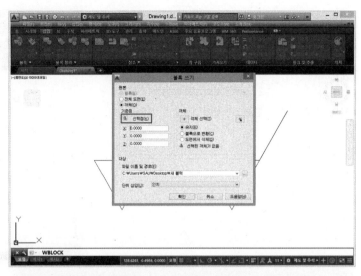

09 블록의 삽입 기준점에 'P1'을 클릭합니다.

삽입 기준점 지정 : P1 클릭
블록의 삽입 기준점에 'P1'을 클릭합니다.

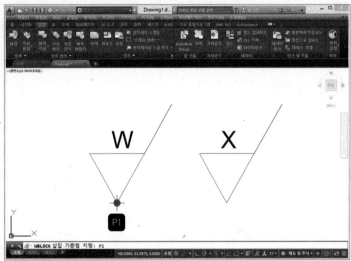

10 [블록 쓰기] 대화 상자가 나타나면 블록으로 지정할 객체를 선택하기 위해서 [객체]의 [객체 선택]을 클릭합니다.

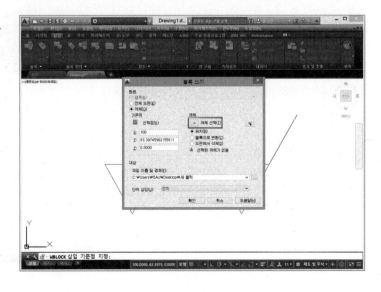

11 왼쪽의 거친 다듬질 기호(문자 'W')를 블록으로 지정하기 위해서 왼쪽의 객체를 선택합니다.

객체 선택 : P1 클릭   반대 구석 지정 : P2 클릭   3개를 찾음
왼쪽 객체가 선택되도록 'P1'부터 'P2'까지 드래그합니다.
객체 선택 : [Enter]

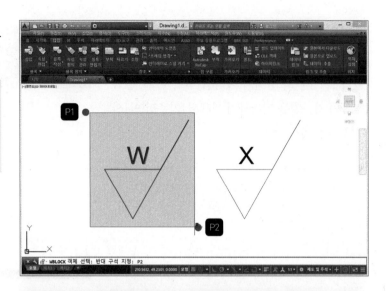

12 [블록 쓰기] 대화 상자가 나타나면 [파일 이름 및 경로]에 'C:\Users\SAU\Desk top\ WB-1'을 입력한 후, [확인]을 클릭합니다. (경로는 사용자에 따라서 변경할 수 있습니다.)

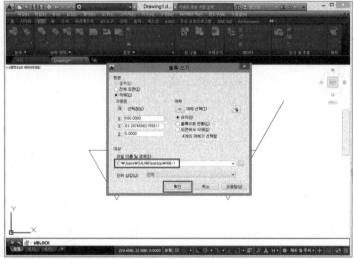

13 중 다듬질 기호(문자 'X')에 대한 블록을 작성하기 위해서 [Wblock] 명령어를 입력하면 [블록 쓰기] 대화 상자가 나타납니다. 이후, 블록의 삽입 기준점을 지정하기 위해서 [기준점]의 [선택점]을 클릭합니다.

명령 : Wblock [Enter]
[Wblock] 명령어를 입력하여 [블록 쓰기] 대화 상자가 나타나면 블록의 삽입 기준점을 지정하기 위해서 [기준점]의 [선택점]을 클릭합니다.

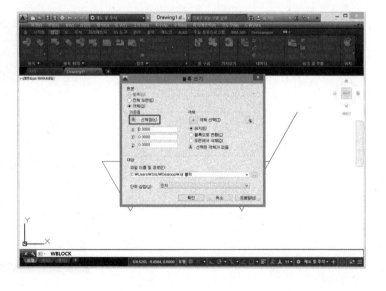

14 블록의 삽입 기준점에 'P1'을 클릭합니다.

삽입 기준점 지정 : P1 클릭
블록의 삽입 기준점에 'P1'을 클릭합니다.

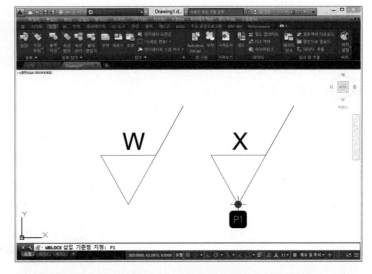

15 [블록 쓰기] 대화 상자가 나타나면 블록으로 지정할 객체를 선택하기 위해서 [객체]의 [객체 선택]을 클릭합니다.

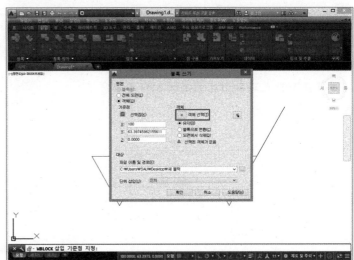

16 오른쪽의 중 다듬질 기호(문자 'X')를 블록으로 지정하기 위해서 오른쪽의 객체를 선택합니다.

객체 선택 : P1 클릭 반대 구석 지정 : P2 클릭 3개를 찾음
오른쪽 객체가 선택되도록 'P1'부터 'P2'까지 드래그합니다.
객체 선택 : Enter

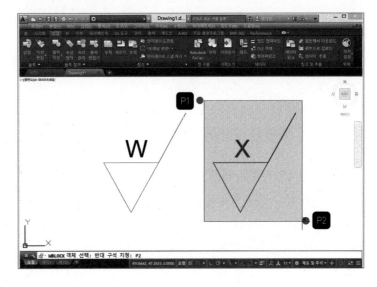

17 [블록 쓰기] 대화 상자가 나타나면 [파일 이름 및 경로]에 'C:\Users\SAU\Desk top\WB-2' 를 입력한 후, [확인]을 클릭합니다. (경로는 사용자에 따라서 변경할 수 있습니다.)

18 작성한 블록을 확인하기 위해서 [Insert] 명령어를 입력하여 [삽입] 대화 상자가 나타나면 [찾아보기]를 클릭합니다. [도면 파일선택] 대화 상자가 나타나고 'WB-1' 과 'WB-2' 블록이 저장된 것을 확인할 수 있습니다.

명령 : Insert Enter

[Insert] 명령어를 입력한 후, [삽입] 대화 상자가 나타나면 [찾아보기]를 클릭합니다. [도면 파일 선택] 대화상자가 나타나고 'WB-1'과 'WB-2' 블록이 저장되어 있는 것을 확인할 수 있습니다.

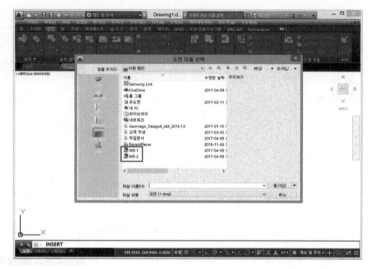

8.3 블록 삽입하기

1 작성한 블록을 도면에 삽입하는 [Insert] 명령어

[Insert] 명령어는 [Block] 명령어 또는 [Wblock] 명령어에 의해서 작성한 블록을 도면에 삽입할 수 있습니다. Design Center 또는 도구 팔레트에서 제공하는 블록을 삽입할 수 있습니다.

(1) 명령어 입력 방법

[Insert] 명령어	
메뉴 막대	삽입→블록
명령어	Insert
단축 명령어	I
리본 메뉴	(홈)탭→(블록)패널→삽입(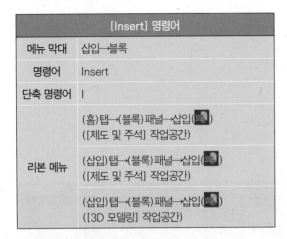) ([제도 및 주석] 작업공간) (삽입)탭→(블록)패널→삽입( ) ([제도 및 주석] 작업공간) (삽입)탭→(블록)패널→삽입( ) ([3D 모델링] 작업공간)

(2) 명령어 사용 방법

명령 : Insert [Enter]

[Insert] 명령어를 입력하면 [삽입] 대화 상자가 나타나고 '블록 이름', '블록 파일의 경로', '블록의 삽입점', '블록의 축적', '블록의 회전 각도', '블록 단위', '분해' 등을 지정한 후, [확인]을 클릭합니다.

(3) 옵션 설명

[Insert] 명령어를 입력하여 [삽입] 대화 상자가 나타나면 다음과 같은 옵션을 설정할 수 있습니다.

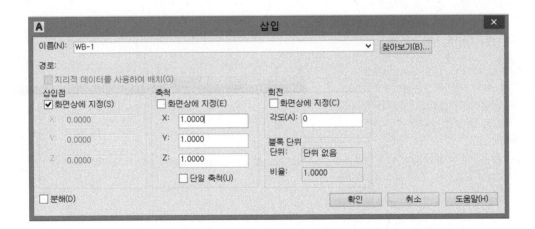

① 이름 : 삽입할 블록의 이름을 지정하거나 [찾아보기]를 클릭하여 블록 파일이나 도면 파일을 선택합니다.
② 경로 : 블록 파일이나 도면 파일의 경로를 지정합니다.
③ 삽입점 : 블록의 삽입점을 지정합니다.
  • 화면상에 지정 : 체크하고 화면상에서 직접 삽입점을 지정합니다.
  • X/Y/Z : 'X/Y/Z'의 좌표값 입력창에 직접 좌표값을 입력하여 블록 삽입점을 지정합니다.
④ 축적 : 삽입할 블록의 축적을 지정합니다.
  • 화면상에 지정 : 체크하고 화면상에서 직접 축적값을 지정합니다.
  • X/Y/Z : 'X/Y/Z'의 좌표값 입력창에 직접 좌표값을 입력하여 축적값을 지정합니다.
  • 단일 축적 : 체크하면 'X', 'Y', 'Z'의 좌표값이 동일하게 축적됩니다.

⑤ 회전 : 삽입할 블록의 회전 각도를 지정합니다.
- 화면상에 지정 : 체크하고 화면상에서 직접 회전 각도를 지정합니다.
- 각도 : [삽입] 대화 상자에서 회전 각도를 지정합니다.

⑥ 블록 단위 : 블록 단위와 단위 축적 비율에 대한 정보를 표시합니다.

⑦ 분해 : 체크하면 블록의 각 요소가 분해가 되어 삽입되고 단일 축적이 적용됩니다.

(4) 실습하기

● 기본 실습하기

01 [Limits] 명령어로 도면 한계를 지정하고 지정한 도면 한계를 도면에 적용하기 위해서 [Zoom] 명령어를 입력합니다.

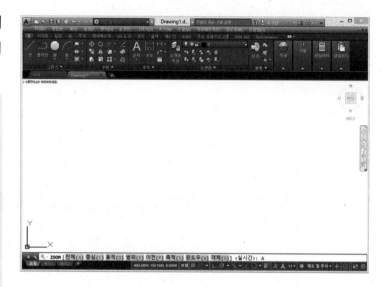

> **명령 : Limits** Enter
> 모형 공간 한계 재설정 :
> 왼쪽 아래 구석 지정 또는 [켜기(ON)/끄기(OFF)]
> ⟨0.0000,0.0000⟩ : 0,0 Enter
> 작업 도면의 '왼쪽-아래쪽'에 '0,0'을 입력합니다.
> 오른쪽 위 구석 지정 ⟨12.0000,9.0000⟩ : 420,297 Enter
> 작업 도면의 '오른쪽-위쪽'에 '420,297'을 입력합니다.
>
> **명령 : Zoom** Enter
> 윈도우 구석 지정, 축척 비율(nX 또는 nXP) 입력 또는
> [전체(A)/중심(C)/동적(D)/범위(E)/이전(P)/축척(S)/
> 윈도우(W)/객체(O)] ⟨실시간⟩ : A Enter
> 모형 재생성 중.
> [Limits] 명령어에 의해서 지정한 도면 한계를 화면에 적용하기 위해서 [Zoom] 명령어의 [전체] 옵션을 입력합니다.

02 [Line] 명령어를 입력하여 오각형을 작성합니다.

명령 : Line Enter
첫 번째 점 지정 : 75,75 Enter
첫 번째 점에 '75,75'를 입력합니다.
다음 점 지정 또는 [명령 취소(U)] : @250〈0 Enter
두 번째 점을 지정하기 위해서 '@250〈0'을 입력합니다.
다음 점 지정 또는 [명령 취소(U)] : @150〈90 Enter
세 번째 점을 지정하기 위해서 '@150〈90'을 입력합니다.
다음 점 지정 또는 [닫기(C)/명령 취소(U)] : @145〈210 Enter
네 번째 점을 지정하기 위해서 '@145〈210'을 입력합니다.
다음 점 지정 또는 [닫기(C)/명령 취소(U)] : @145〈150 Enter
다섯 번째 점을 지정하기 위해서 '@145〈150'을 입력합니다.
다음 점 지정 또는 [닫기(C)/명령 취소(U)] : C Enter
[닫기] 옵션을 지정하기 위해서 'C'를 입력합니다.

03 이전에 작성한 'B-1' 블록을 삽입하기 위해서 [Insert] 명령어를 입력하면 [삽입] 대화 상자가 나타납니다. [이름]에 'B-1'을 선택하고 [축적]의 [화면상에 지정] 체크 표시를 제거하여 'X'에 '0.2'를 입력한 후, [단일 축적]에 체크 표시를 합니다. 이후, [회전]의 [각도]에 '-30'을 입력하고 [확인]을 클릭합니다.

명령 : Insert Enter
[삽입] 대화 상자가 나타나면 [이름]에 'B-1'을 선택하고 [축적]의 [화면상에 지정] 체크 표시를 제거하여 'X'에 '0.2'를 입력한 후, [단일 축적]에 체크 표시를 합니다. 이후, [회전]의 [각도]에 '-30'을 입력하고 [확인]을 클릭합니다.

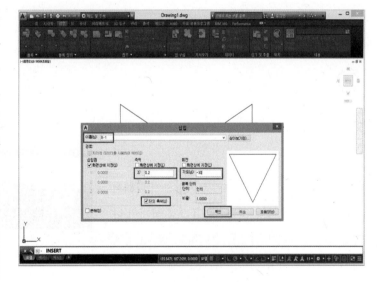

04 블록 삽입점을 지정하기 위해서 'P1'을 클릭
합니다.

> 삽입점 지정 또는 [기준점(B)/축척(S)/회전(R)] : P1
> 클릭
> 블록 삽입점을 지정하기 위해서 'P1'을 클릭합니다.

05 블록 'B-1'이 'P1'에 삽입됩니다.

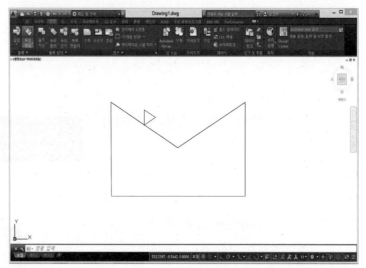

06 이전에 작성한 'B-2' 블록을 삽입하기 위해서
[Insert] 명령어를 입력하면 [삽입] 대화 상자가 나
타납니다. [이름]에 'B-2'를 선택하고 [축적]의 'X'
에 '0.2'를 입력한 후, [회전]의 [각도]에 '30'을 입력
하고 [확인]을 클릭합니다.

> **명령 : Insert** Enter
> [삽입] 대화 상자가 나타나면 [이름]에 'B-2'를 선택하고
> [축적]의 'X'에 '0.2'를 입력한 후, [회전]의 [각도]에 '30'
> 을 입력하고 [확인]을 클릭합니다.

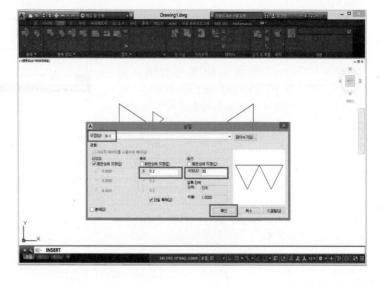

07 블록 삽입점을 지정하기 위해서 'P1'을 클릭합니다.

> 삽입점 지정 또는 [기준점(B)/축척(S)/회전(R)] : P1 클릭
> 블록 삽입점을 지정하기 위해서 'P1'을 클릭합니다.

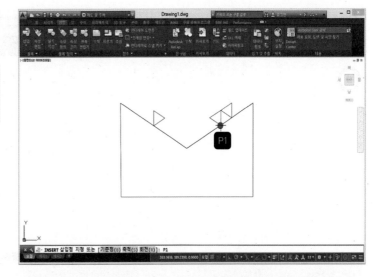

08 블록 'B-2'가 'P1'에 삽입됩니다.

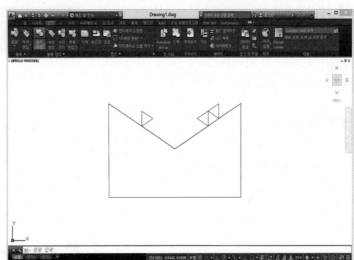

09 이전에 작성한 'WB-1' 블록을 삽입하기 위해서 [Insert] 명령어를 입력하여 [삽입] 대화 상자가 나타나면 [찾아보기]를 클릭합니다.

> **명령 : Insert** [Enter]
> [삽입] 대화 상자가 나타나면 [찾아보기]를 클릭합니다.

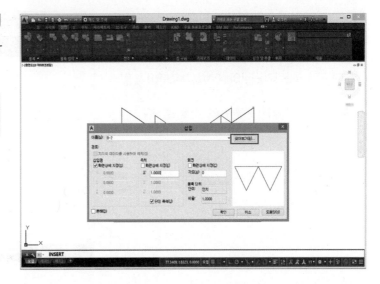

10 [도면 파일 선택] 대화 상자가 나타나면 'WB-1' 파일을 클릭한 후, [열기]를 클릭합니다.

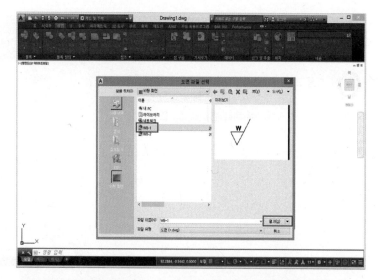

11 [삽입] 대화 상자가 나타나면 [이름]에 'WB-1' 파일이 표시된 것을 확인하고 [축척]의 'X'에 '0.3'을 입력한 후, [회전]의 [각도]에 '90'을 입력하고 [확인]을 클릭합니다.

> **명령 : Insert** Enter
> [삽입] 대화 상자가 나타나면 [이름]에 'WB-1' 파일이 표시된 것을 확인하고 [축척]의 'X'에 '0.3'을 입력한 후, [회전]의 [각도]에 '90'을 입력하고 [확인]을 클릭합니다.

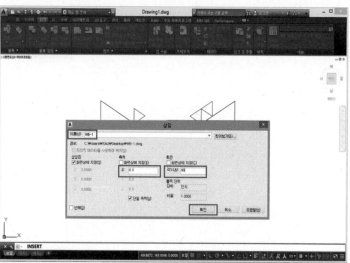

12 블록 삽입점을 지정하기 위해서 'P1'을 클릭합니다.

> 삽입점 지정 또는 [기준점(B)/축척(S)/회전(R)] : P1 클릭
> 블록 삽입점을 지정하기 위해서 'P1'을 클릭합니다.

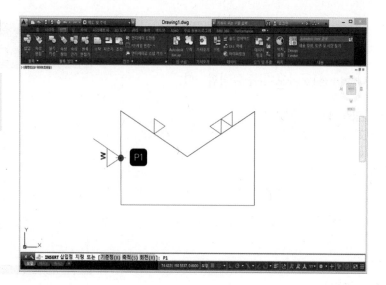

13 블록 'WB-1'이 'P1'에 삽입됩니다.

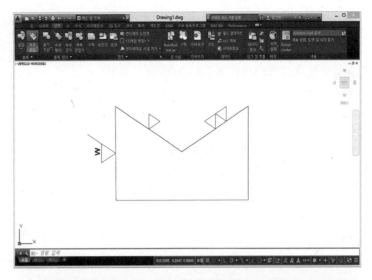

14 이전에 작성한 'WB-2' 블록을 삽입하기 위해서 [Insert] 명령어를 입력하여 [삽입] 대화 상자가 나타나면 [찾아보기]를 클릭합니다.

명령 : Insert ⏎
[삽입] 대화 상자가 나타나면 [찾아보기]를 클릭합니다.

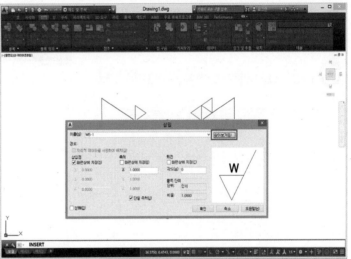

15 [도면 파일 선택] 대화 상자가 나타나면 'WB-2' 파일을 클릭한 후, [열기]를 클릭합니다.

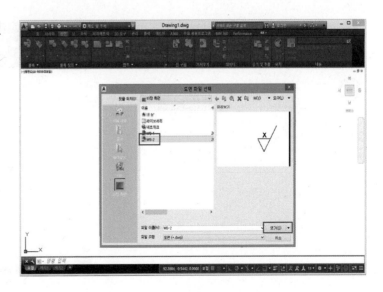

16 [삽입] 대화 상자가 나타나면 [이름]에 'WB-2' 파일이 표시된 것을 확인하고 [축적]의 'X'에 '0.5'를 입력한 후, [회전]의 [각도]에 '-90'을 입력하고 [확인]을 클릭합니다.

명령 : Insert [enter]
[삽입] 대화 상자가 나타나면 [이름]에 'WB-2' 파일이 표시된 것을 확인하고 [축적]의 'X'에 '0.5'를 입력한 후, [회전]의 [각도]에 '-90'을 입력하고 [확인]을 클릭합니다.

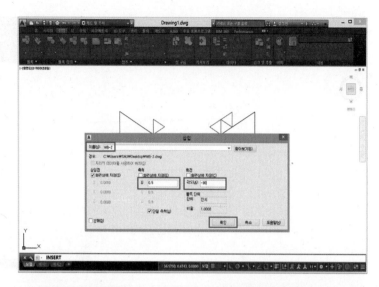

17 블록 삽입점을 지정하기 위해서 'P1'을 클릭합니다.

삽입점 지정 또는 [기준점(B)/축척(S)/회전(R)] : P1 클릭
블록 삽입점을 지정하기 위해서 'P1'을 클릭합니다.

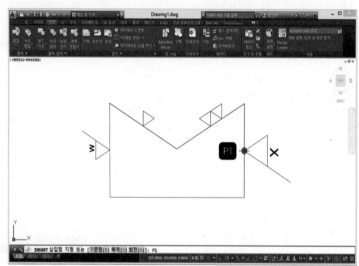

18 블록 'WB-2'가 'P1'에 삽입됩니다.

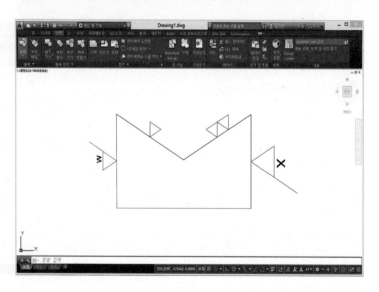

2 작성한 블록을 도면에 직사각형 배열로 삽입하는 [Minsert] 명령어

[Minsert] 명령어는 [Block] 명령어 또는 [Wblock] 명령어에 의해서 작성한 블록을 도면에 직사각형 배열로 삽입할 수 있습니다. 행 수, 열 수, 행 사이의 단위 셀 또는 거리 및 열 사이의 거리를 지정하여 블록을 직사각형 배열로 삽입할 수 있습니다.

(1) 명령어 입력 방법

[Minsert] 명령어	
명령어	Minsert

(2) 명령어 사용 방법

명령 : Minsert Enter
블록 이름 또는 [?] 입력 〈H-1〉: H-1 Enter
삽입하고자 하는 블록 이름을 입력합니다.
단위 : 인치 변환 :   1.0000
삽입점 지정 또는 [기준점(B)/축척(S)/X/Y/Z/회전(R)] : P1 클릭
블록의 삽입점을 지정합니다.
X축척 비율 입력, 반대구석 지정, 또는 [구석(C)/XYZ(XYZ)] 〈1〉: 1 Enter
X축적 비율을 입력합니다.
Y 축척 비율 입력 〈X 축척 비율 사용〉: 1 Enter
Y축적 비율을 입력합니다.
회전 각도 지정 〈0〉: 0 Enter
회전 각도를 입력합니다.
행 수 입력(---) 〈1〉: 2 Enter
삽입할 블록의 행 수를 입력합니다.
열 수 입력 (|||) 〈1〉: 3 Enter
삽입할 블록의 열 수를 입력합니다.
행 사이의 단위 셀 또는 거리 (---) : 120 Enter
블록 간 행 사이의 거리를 입력합니다.
열 사이의 거리를 지정 (|||) : 120 Enter
블록 간 열 사이의 거리를 입력합니다.

(3) 옵션 설명

옵션	설명
기준점(R)	삽입하고자 하는 블록을 이동 시, 임시로 참조 기준점을 지정하는 것으로써 실제 정의한 기준점에는 변화가 없습니다.
축적(S)	X, Y, Z 축의 축척 비율을 동일하게 설정합니다.
X/Y/Z	X, Y, Z 축의 축척 비율을 개별적으로 설정합니다.
회전(R)	배열 삽입되는 블록의 전체 삽입 각도를 지정합니다.
구석(C)	축적 비율을 마우스로 클릭함으로써 동적으로 지정합니다. 블록 삽입점과 반대 구석점을 마우스로 클릭한 두 점 사이의 거리로 축적 비율이 정해집니다.

(4) 실습하기

● 기본 실습하기

01 [Limits] 명령어로 도면 한계를 지정하고 지정한 도면 한계를 도면에 적용하기 위해서 [Zoom] 명령어를 입력합니다.

> **명령 : Limits** Enter
> 모형 공간 한계 재설정 :
> 왼쪽 아래 구석 지정 또는 [켜기(ON)/끄기(OFF)]
> ⟨0.0000,0.0000⟩ : 0,0 Enter
> 작업 도면의 '왼쪽-아래쪽'에 '0,0'을 입력합니다.
> 오른쪽 위 구석 지정 ⟨12.0000,9.0000⟩ : 420,297 Enter
> 작업 도면의 '오른쪽-위쪽'에 '420,297'을 입력합니다.
>
> **명령 : Zoom** Enter
> 윈도우 구석 지정, 축척 비율(nX 또는 nXP) 입력 또는
> [전체(A)/중심(C)/동적(D)/범위(E)/이전(P)/축척(S)/
> 윈도우(W)/객체(O)] ⟨실시간⟩ : A Enter
> 모형 재생성 중.
> [Limits] 명령어에 의해서 지정한 도면 한계를 화면에 적용하기 위해서 [Zoom] 명령어의 [전체] 옵션을 입력합니다.

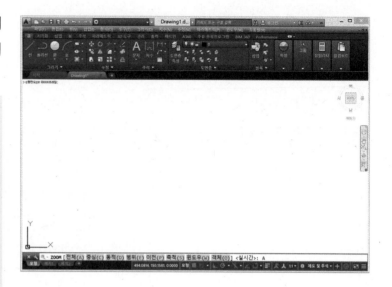

02 [Line] 명령어를 입력하여 사각형을 작성합니다.

> **명령 : Line** Enter
> 첫 번째 점 지정 : 0,30 Enter
> 첫 번째 점에 '0,30'을 입력합니다.
> 다음 점 지정 또는 [명령 취소(U)] : @60,0 Enter
> 두 번째 점을 지정하기 위해서 '@60,0'을 입력합니다.
> 다음 점 지정 또는 [명령 취소(U)] : @0,60 Enter
> 세 번째 점을 지정하기 위해서 '@0,60'을 입력합니다.
> 다음 점 지정 또는 [닫기(C)/명령 취소(U)] : @-60,0 Enter
> 네 번째 점을 지정하기 위해서 '@-60,0'을 입력합니다.
> 다음 점 지정 또는 [닫기(C)/명령 취소(U)] : C Enter
> [닫기] 옵션을 지정하기 위해서 'C'를 입력합니다.

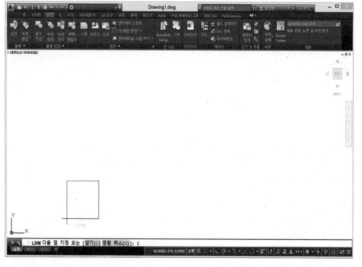

03 [Block] 명령어를 입력하면 [블록 정의] 대화 상자가 나타나고 [이름]창에 'H-1'을 입력한 후, [기준점]의 [선택점]을 클릭합니다.

명령 : Block [Enter]
[Block] 명령어를 입력하여 [블록 정의] 대화 상자가 나타나면 [이름]창에 'H-1'을 입력한 후, [기준점]의 [선택점]을 클릭합니다.

04 미리 그려 놓은 객체의 삽입 기준점에 'P1'을 클릭합니다.

삽입 기준점 지정 : P1 클릭
블록의 삽입 기준점에 'P1'을 클릭합니다.

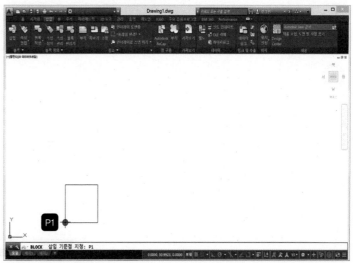

05 [블록 정의] 대화 상자가 나타나면 객체를 블록으로 지정하기 위해서 [객체]의 [객체 선택]을 클릭합니다.

06 객체를 블록으로 지정하기 위해서 'P1'부터
'P2'까지 드래그합니다.

객체 선택 : 반대 구석 지정 : P2 클릭 7개를 찾음.
객체를 블록으로 지정하기 위해서 'P1'부터 'P2'까지 드래
그합니다.
객체 선택 : Enter

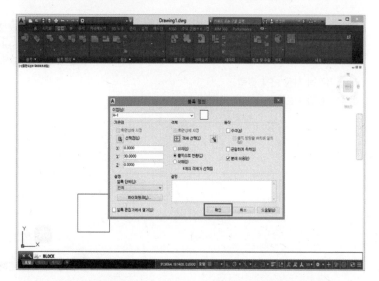

07 [블록 정의] 대화 상자가 나타나면 [확인]을
클릭합니다.

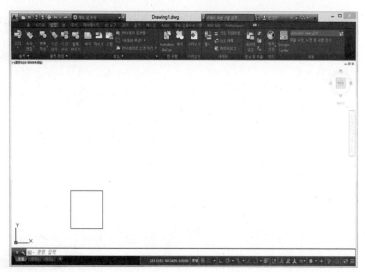

08 'H-1' 이라는 이름의 블록으로 임시 저장되었
습니다.

09 작성한 'H-1' 블록을 삽입하기 위해서 [Minsert] 명령어를 입력한 후, 블록 이름에 'H-1'을 입력하고 블록 삽입점을 클릭합니다. 이후, X축 축적 비율, Y축 축적 비율 및 회전 각도를 입력하고 행의 수, 열의 수 및 행 사이의 거리, 열 사이의 거리를 차례로 입력합니다.

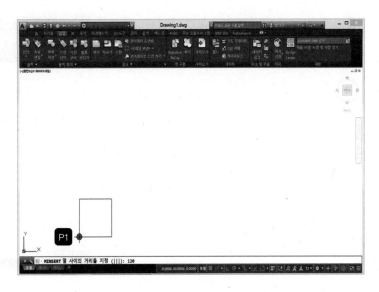

명령 : Minsert ⏎
블록 이름 또는 [?] 입력 〈H-1〉 : H-1 ⏎
블록 이름을 지정하기 위해서 'H-1'을 입력합니다.
단위 : 인치   변환 :   1.0000
삽입점 지정 또는 [기준점(B)/축척(S)/X/Y/Z/회전(R)]
: P1 클릭
블록 삽입점을 지정하기 위해서 'P1'을 클릭합니다.
X축척 비율 입력, 반대구석 지정, 또는 [구석(C)/XYZ
(XYZ)] 〈1〉 : 1 ⏎
X축 축적 비율에 '1'을 입력합니다.
Y 축척 비율 입력 〈X 축척 비율 사용〉 : 1 ⏎
Y축 축적 비율에 '1'을 입력합니다.
회전 각도 지정 〈0〉 : 0 ⏎
회전 각도에 '0'을 입력합니다.
행 수 입력(---) 〈1〉 : 3 ⏎
행의 수에 '3'을 입력합니다.
열 수 입력 (|||) 〈1〉 : 4 ⏎
열의 수에 '4'를 입력합니다.
행 사이의 단위 셀 또는 거리 (---) : 80 ⏎
행 사이의 거리에 '80'을 입력합니다.
열 사이의 거리를 지정 (|||) : 120 ⏎
열 사이의 거리에 '120'을 입력합니다.

10 블록 'H-1'이 직사각형 배열로 삽입됩니다.

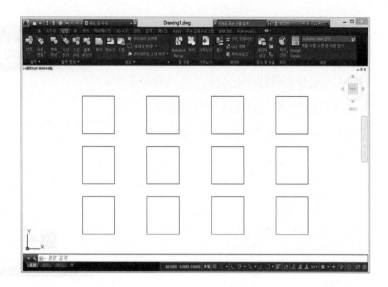

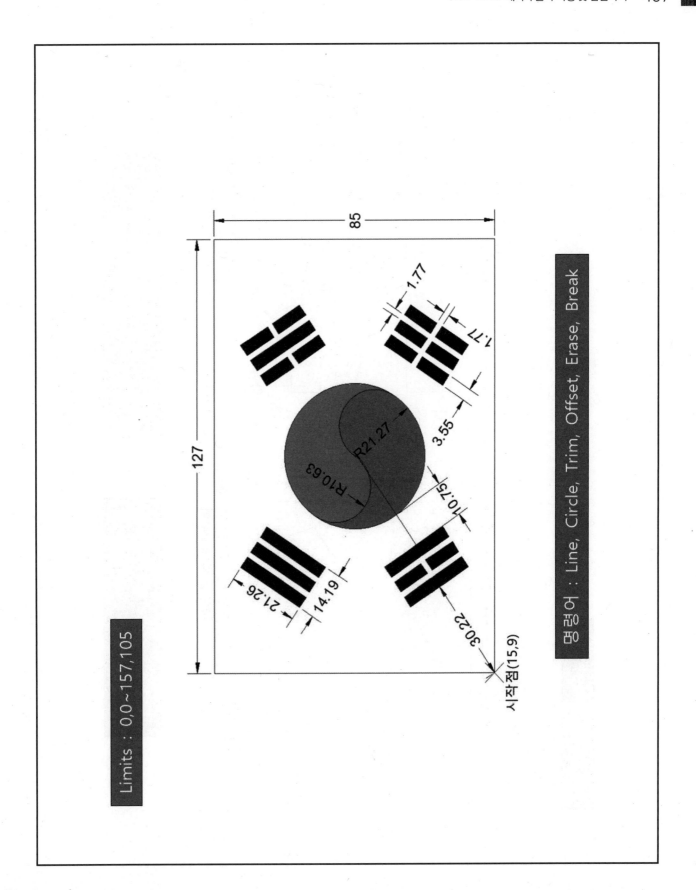

Limits : 0,0~157,105

명령어 : Line, Circle, Trim, Offset, Erase, Break

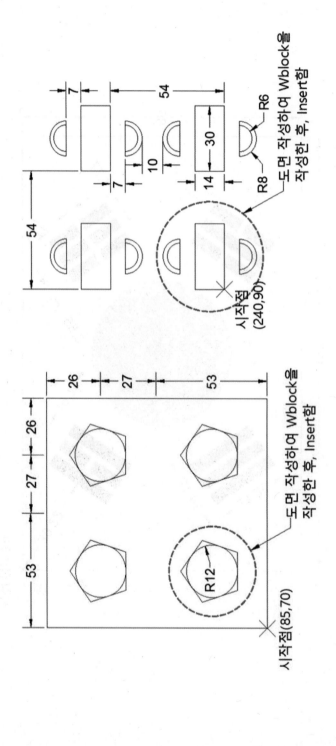

명령어 : Rectangle, Line, Circle, Trim, Mirror, Wblock, Insert

명령어 : Rectangle, Circle, Polygon, Wblock, Insert

Limits : 0,0~297,210

9 CHAPTER

치수 기입과 치수 편집하기

9.1 치수 기입하기

1 치수의 기본적인 용어

객체의 길이나 공차 등을 표시하기 위해서는 치수를 기입합니다. 정확히 치수를 기입하기 위해서 치수와 관계된 기본적인 용어를 학습하는 것이 중요하며 용어는 다음과 같습니다.

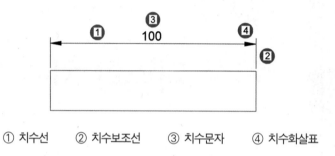

① 치수선　　② 치수보조선　　③ 치수문자　　④ 치수화살표

2 선형 치수를 기입하는 [Dimlinear] 명령어

[Dimlinear] 명령어는 객체의 수평, 수직 치수를 기입할 수 있으며 객체의 두 지점을 클릭하여 치수를 기입할 수 있습니다.

(1) 명령어 입력 방법

[Dimlinear] 명령어	
메뉴 막대	치수→선형
명령어	Dimlinear 또는 Dimlin
단축 명령어	Dli
리본 메뉴	(주석)탭→(치수)패널→선형(⊢⊣) ([제도 및 주석] 작업공간)
	(주석)탭→(치수)패널→선형(⊢⊣) ([3D 모델링] 작업공간)

(2) 명령어 사용 방법

명령 : Dimlinear ⏎
첫 번째 치수보조선 원점 지정 또는 〈객체 선택〉 : P1 클릭
첫 번째 치수보조선의 원점을 지정합니다.
두 번째 치수보조선 원점 지정 : P2 클릭
두 번째 치수보조선의 원점을 지정합니다.
치수선의 위치 지정 또는
[여러 줄 문자(M)/문자(T)/각도(A)/수평(H)/수직(V)/회전(R)] : P3 클릭
치수선의 위치를 지정합니다.
치수 문자 = 100

(3) 옵션 설명

옵션	설명
여러 줄 문자(M)	[Mtext] 명령어를 수행 시 나타나는 창을 사용하여 치수를 기입합니다.
문자(T)	측정 시 자동으로 기입된 치수 문자가 아닌, 임의의 치수 문자를 기입합니다.
각도(A)	치수 문자의 각도를 지정합니다.
수평(H)	선형 치수 중에서 수평 치수를 기입합니다.
수직(V)	선형 치수 중에서 수직 치수를 기입합니다.
회전(R)	치수선의 각도를 지정합니다.

(4) 실습하기

● 기본 실습하기

01 아래의 예제 파일을 불러옵니다.

예제 파일 : Part01\Chapter09\9-1\2\Dimlinear(기본)

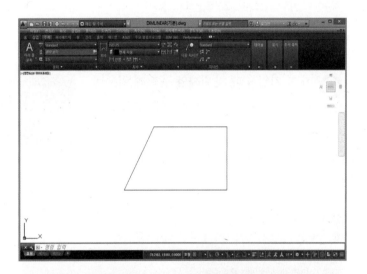

02 [Dimlinear] 명령어를 입력하고 객체의 첫 번째와 두 번째 치수보조선 원점을 클릭한 후, 치수선의 위치를 클릭합니다.

명령 : Dimlinear Enter
첫 번째 치수보조선 원점 지정 또는 〈객체 선택〉 : P1 클릭
첫 번째 치수보조선의 원점에 'P1'을 클릭합니다.
두 번째 치수보조선 원점 지정 : P2 클릭
두 번째 치수보조선의 원점에 'P2'를 클릭합니다.
치수선의 위치 지정 또는
[여러 줄 문자(M)/문자(T)/각도(A)/수평(H)/수직(V)/회전(R)] : P3 클릭
치수선의 위치에 'P3'을 클릭합니다.
치수 문자 = 150

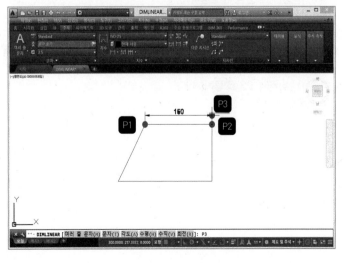

03 치수선의 위치를 정확히 지정하기 위해서 [Dimlinear] 명령어를 입력하고 객체의 첫 번째와 두 번째 치수보조선 원점을 클릭한 후, 치수선의 위치를 정확히 입력합니다.

명령 : Dimlinear Enter
첫 번째 치수보조선 원점 지정 또는 〈객체 선택〉: P1 클릭
첫 번째 치수보조선의 원점에 'P1'을 클릭합니다.
두 번째 치수보조선 원점 지정 : P2 클릭
두 번째 치수보조선의 원점에 'P2'를 클릭합니다.
치수선의 위치 지정 또는
[여러 줄 문자(M)/문자(T)/각도(A)/수평(H)/수직(V)/회전(R)] : @25〈270 Enter
치수선의 위치에 '@25〈270'을 입력합니다.
치수 문자 = 210

04 치수를 기입할 때 첫 번째와 두 번째 치수보조선 원점을 지정하지 않고 객체를 직접 선택하기 위해서 [Dimlinear] 명령어를 입력하고 'Enter' 를 칩니다. 이후, 치수 기입할 객체를 지정하고 치수선의 위치를 클릭합니다.

명령 : Dimlinear Enter
첫 번째 치수보조선 원점 지정 또는 〈객체 선택〉 : Enter
치수기입할 객체를 선택하기 위해서 'Enter'를 칩니다.
치수기입할 객체 선택 : P1 클릭
치수기입할 객체에 'P1'을 클릭합니다.
치수선의 위치 지정 또는
[여러 줄 문자(M)/문자(T)/각도(A)/수평(H)/수직(V)/회전(R)] : P2 클릭
치수선의 위치에 'P2'를 클릭합니다.
치수 문자 = 110

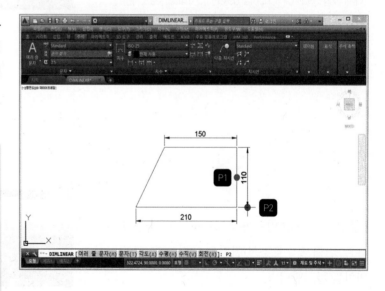

● [여러 줄 문자] 옵션 실습하기

01 예제 파일 'Part01\Chapter09\9-1\2\ Dimlinear (기본)' 을 다시 불러옵니다.

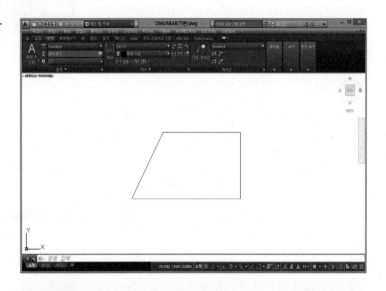

02 [Dimlinear] 명령어를 입력하고 객체의 첫 번째와 두 번째 치수보조선 원점을 클릭합니다.

> **명령 : Dimlinear** [Enter]
> 첫 번째 치수보조선 원점 지정 또는 〈객체 선택〉 : P1 클릭
> 첫 번째 치수보조선의 원점에 'P1'을 클릭합니다.
> 두 번째 치수보조선 원점 지정 : P2 클릭
> 두 번째 치수보조선의 원점에 'P2'를 클릭합니다.

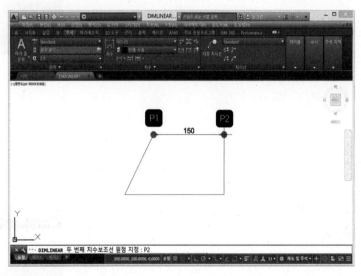

03 [Mtext] 명령어 수행 시 나타나는 창으로 치수를 입력하기 위해서 [여러 줄 문자 옵션인 'M'을 입력합니다. 치수 입력창의 위에 1차 단위인 '150'을, 아래에 대체 단위인 '5.90'을 입력한 후, [문서 편집기 닫기]를 클릭합니다.

치수선의 위치 지정 또는
[여러 줄 문자(M)/문자(T)/각도(A)/수평(H)/수직(V)/ 회전 (R)] : M Enter
[여러 줄 문자] 옵션을 지정하기 위해서 'M'을 입력합니다.
이후, 치수 입력창의 위에 1차 단위인 '150'을, 아래에 대체 단위인 '5.90'을 입력한 후, [확인]을 클릭합니다.

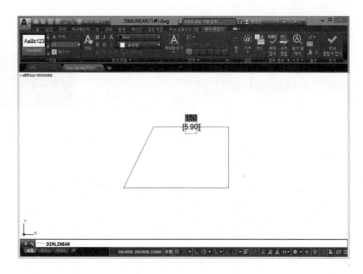

04 치수선의 위치를 클릭합니다.

치수선의 위치 지정 또는
[여러 줄 문자(M)/문자(T)/각도(A)/수평(H)/수직(V)/회전 (R)] : P1 클릭
치수선의 위치에 'P1'을 클릭합니다.
치수 문자 = 150

● [문자] 옵션 실습하기

01 [Dimlinear] 명령어를 입력하고 객체의 첫 번째와 두 번째 치수보조선 원점을 클릭한 후, 측정 시 자동으로 기입된 치수 문자가 아닌, 임의의 치수 문자를 입력하기 위해서 [문자] 옵션인 'T'를 입력합니다.

명령 : Dimlinear Enter
첫 번째 치수보조선 원점 지정 또는 〈객체 선택〉 : P1 클릭
첫 번째 치수보조선의 원점에 'P1'을 클릭합니다.
두 번째 치수보조선 원점 지정 : P2 클릭
두 번째 치수보조선의 원점에 'P2'를 클릭합니다.
치수선의 위치 지정 또는
[여러 줄 문자(M)/문자(T)/각도(A)/수평(H)/수직(V)/회 전(R)] : T Enter
[문자] 옵션을 지정하기 위해서 'T'를 입력합니다.

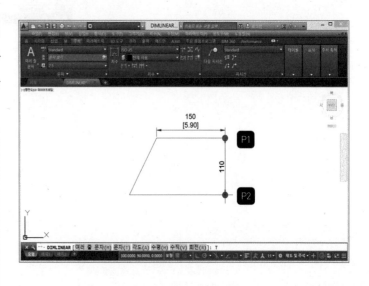

02 측정 시 자동으로 기입된 '110' 이 아닌, 임의의 치수 문자인 '1' 를 입력하고 치수선의 위치를 입력합니다. 새로운 치수 문자에 '1' 이 기입됩니다.

새 치수 문자를 입력 〈110〉 : 1 Enter
새로운 치수 문자에 '1'을 입력합니다.
치수선의 위치 지정 또는
[여러 줄 문자(M)/문자(T)/각도(A)/수평(H)/수직(V)/
회전(R)] : @25〈0 Enter
치수선의 위치에 '@25〈0'을 입력합니다.
치수 문자 = 110

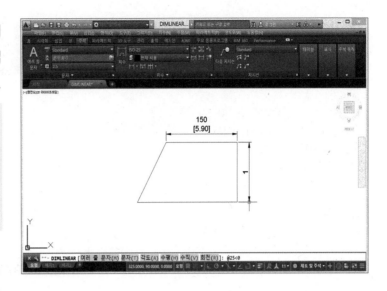

● [각도] 옵션 실습하기

01 [Dimlinear] 명령어를 입력하고 객체의 첫 번째와 두 번째 치수보조선 원점을 클릭한 후, 치수 문자를 기울이기 위해서 [각도] 옵션인 'A' 를 입력합니다.

명령 : Dimlinear Enter
첫 번째 치수보조선 원점 지정 또는 〈객체 선택〉 : P1 클릭
첫 번째 치수보조선의 원점에 'P1'을 클릭합니다.
두 번째 치수보조선 원점 지정 : P2 클릭
두 번째 치수보조선의 원점에 'P2'를 클릭합니다.
치수선의 위치 지정 또는
[여러 줄 문자(M)/문자(T)/각도(A)/수평(H)/수직(V)/
회전(R)] : A Enter
[각도] 옵션을 지정하기 위해서 'A'를 입력합니다.

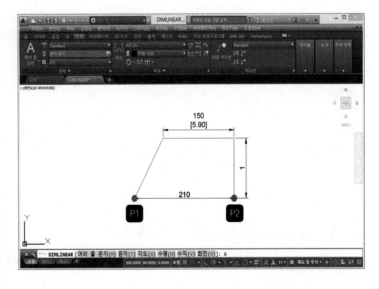

02 치수 문자의 각도를 지정하기 위해서 '45'를 입력하고 치수선의 위치를 클릭합니다. 치수 문자가 '45도' 기울어진 것을 확인할 수 있습니다.

치수 문자의 각도를 지정 : 45 Enter
치수 문자의 각도에 '45'를 입력합니다.
치수선의 위치 지정 또는
[여러 줄 문자(M)/문자(T)/각도(A)/수평(H)/수직(V)/
회전(R)] : P1 클릭
치수선의 위치에 'P1'을 클릭합니다.
치수 문자 = 210

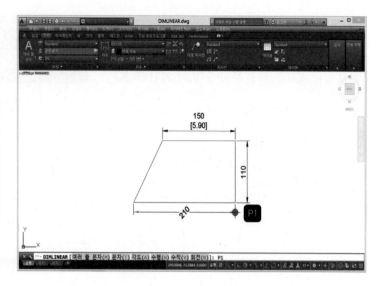

● [수평] 옵션 실습하기

01 [Dimlinear] 명령어를 입력하고 객체의 첫 번째와 두 번째 치수보조선 원점을 클릭한 후, 수평 치수를 기입하기 위해서 [수평] 옵션인 'H'를 입력합니다. 이후, 치수선의 위치를 클릭합니다.

명령 : Dimlinear Enter
첫 번째 치수보조선 원점 지정 또는 〈객체 선택〉 : P1 클릭
첫 번째 치수보조선의 원점에 'P1'을 클릭합니다.
두 번째 치수보조선 원점 지정 : P2 클릭
두 번째 치수보조선의 원점에 'P2'를 클릭합니다.
치수선의 위치 지정 또는
[여러 줄 문자(M)/문자(T)/각도(A)/수평(H)/수직(V)/
회전(R)] : H Enter
[수평] 옵션을 지정하기 위해서 'H'를 입력합니다.
치수선의 위치 지정 또는 [여러 줄 문자(M)/문자(T)/각도(A)] : P3 클릭
치수선의 위치에 'P3'을 클릭합니다.

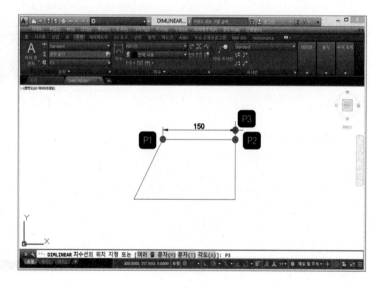

● [수직] 옵션 실습하기

01 [Dimlinear] 명령어를 입력하고 객체의 첫 번째와 두 번째 치수보조선 원점을 클릭한 후, 수직 치수를 기입하기 위해서 [수직] 옵션인 'V'를 입력합니다. 이후, 치수선의 위치를 클릭합니다.

명령 : Dimlinear [Enter]
첫 번째 치수보조선 원점 지정 또는 〈객체 선택〉 : P1 클릭
첫 번째 치수보조선의 원점에 'P1'을 클릭합니다.
두 번째 치수보조선 원점 지정 : P2 클릭
두 번째 치수보조선의 원점에 'P2'를 클릭합니다.
치수선의 위치 지정 또는
[여러 줄 문자(M)/문자(T)/각도(A)/수평(H)/수직(V)/
회전(R)] : V [Enter]
[수직] 옵션을 지정하기 위해서 'V'를 입력합니다.
치수선의 위치 지정 또는 [여러 줄 문자(M)/문자(T)/각도(A)] : P3 클릭
치수선의 위치에 'P3'을 클릭합니다.

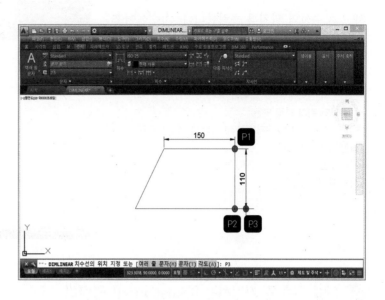

● [회전] 옵션 실습하기

01 [Dimlinear] 명령어를 입력하고 객체의 첫 번째와 두 번째 치수보조선 원점을 클릭한 후, 치수 선을 기울이기 위해서 [회전] 옵션인 'R'을 입력합니다.

명령 : Dimlinear [Enter]
첫 번째 치수보조선 원점 지정 또는 〈객체 선택〉 : P1 클릭
첫 번째 치수보조선의 원점에 'P1'을 클릭합니다.
두 번째 치수보조선 원점 지정 : P2 클릭
두 번째 치수보조선의 원점에 'P2'를 클릭합니다.
치수선의 위치 지정 또는
[여러 줄 문자(M)/문자(T)/각도(A)/수평(H)/수직(V)/
회전(R)] : R [Enter]
[회전] 옵션을 지정하기 위해서 'R'을 입력합니다.

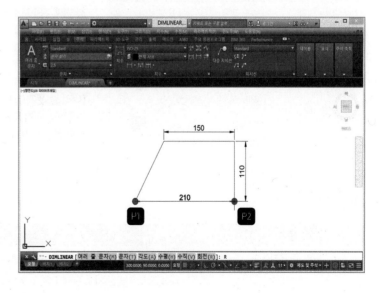

02 치수선의 각도를 지정하기 위해서 '5'를 입력하고 치수선의 위치를 클릭합니다. 치수선이 '5도' 만큼 기울어진 것을 확인할 수 있습니다.

치수선의 각도를 지정 : 5 [Enter]
치수선의 각도에 '5'를 입력합니다.
치수선의 위치 지정 또는
[여러 줄 문자(M)/문자(T)/각도(A)/수평(H)/수직(V)/
회전(R)] : @25〈270 [Enter]
치수선의 위치에 '@25〈270'을 입력합니다.
치수 문자 = 209.2

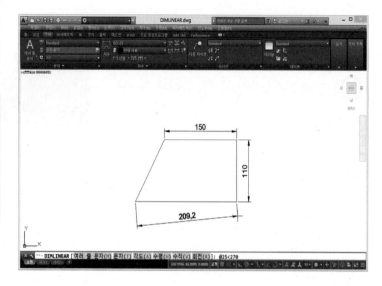

3 정렬 치수를 기입하는 [Dimaligned] 명령어

[Dimaligned] 명령어는 객체의 수평, 수직 치수뿐만 아니라, 기울어진 부분도 치수를 기입할 수 있습니다.

(1) 명령어 입력 방법

[Dimaligned] 명령어	
메뉴 막대	치수→정렬
명령어	Dimaligned 또는 Dimali
단축 명령어	Dal
리본 메뉴	(주석)탭→(치수)패널→정렬( ) ([제도 및 주석] 작업공간)
	(주석)탭→(치수)패널→정렬( ) ([3D 모델링] 작업공간)

(2) 명령어 사용 방법

명령 : Dimaligned [Enter]
첫 번째 치수보조선 원점 지정 또는 〈객체 선택〉 : P1 클릭
첫 번째 치수보조선의 원점을 지정합니다.
두 번째 치수보조선 원점 지정 : P2 클릭
두 번째 치수보조선의 원점을 지정합니다.
치수선의 위치 지정 또는
[여러 줄 문자(M)/문자(T)/각도(A)/수평(H)/수직(V)/회전(R)] : P3 클릭
치수선의 위치를 지정합니다.
치수 문자 = 100

(3) 옵션 설명

옵션	설명
여러 줄 문자(M)	[Mtext] 명령어를 수행 시 나타나는 창을 사용하여 치수를 기입합니다.
문자(T)	측정 시 자동으로 기입된 치수 문자가 아닌, 임의의 치수 문자를 기입합니다.
각도(A)	치수 문자의 각도를 지정합니다.

(4) 실습하기

● 기본 실습하기

01 아래의 예제 파일을 불러옵니다.

예제 파일 : Part01\Chapter09\9-1\3\Dimaligned(기본)

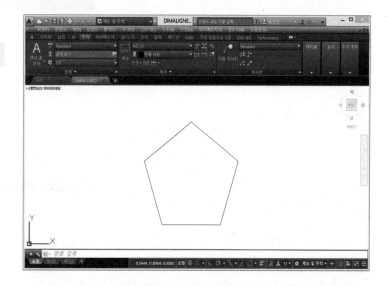

02 [Dimaligned] 명령어를 입력하고 객체의 첫 번째와 두 번째 치수보조선 원점을 클릭한 후, 치수선의 위치를 클릭합니다. [Dimaligned] 명령어를 수행하면 경사진 부분에도 치수 기입이 가능한 것을 확인할 수 있습니다.

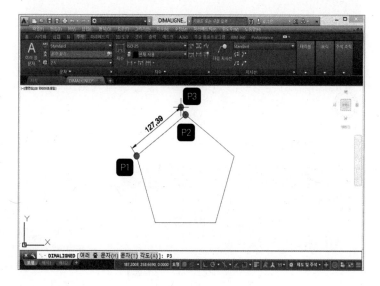

명령 : Dimaligned [Enter]
첫 번째 치수보조선 원점 지정 또는 〈객체 선택〉 : P1 클릭
첫 번째 치수보조선의 원점에 'P1'을 클릭합니다.
두 번째 치수보조선 원점 지정 : P2 클릭
두 번째 치수보조선의 원점에 'P2'를 클릭합니다.
치수선의 위치 지정 또는
[여러 줄 문자(M)/문자(T)/각도(A)] : P3 클릭 [Enter]
치수선의 위치에 'P3'을 클릭합니다
치수 문자 = 127.39

03 수평인 부분에도 치수 기입을 하기 위해서 [Dimaligned] 명령어를 입력하고 객체의 첫 번째 와 두 번째 치수보조선 원점을 클릭한 후, 치수선 의 위치를 클릭합니다. [Dimaligned] 명령어를 수 행하면 경사진 부분뿐만 아니라 수평인 부분에도 치수 기입이 가능한 것을 확인할 수 있습니다.

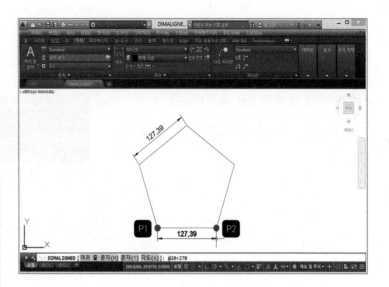

> **명령 : Dimaligned** [Enter]
> 첫 번째 치수보조선 원점 지정 또는 〈객체 선택〉 : P1 클릭
> 첫 번째 치수보조선의 원점에 'P1'을 클릭합니다.
> 두 번째 치수보조선 원점 지정 : P2 클릭
> 두 번째 치수보조선의 원점에 'P2'를 클릭합니다.
> 치수선의 위치 지정 또는
> [여러 줄 문자(M)/문자(T)/각도(A)] : @20〈270 [Enter]
> 치수선의 위치에 '@20〈270'을 입력합니다.
> 치수 문자 = 127.39

4 각도 치수를 기입하는 [Dimangular] 명령어

[Dimangular] 명령어는 선, 원, 호와 같은 객체의 각도 치수를 나타낼 수 있습니다.

(1) 명령어 입력 방법

[Dimangular] 명령어	
메뉴 막대	치수→각도
명령어	Dimangular 또는 Dimang
단축 명령어	Dan
리본 메뉴	(주석)탭→(치수)패널→각도(◢) ([제도 및 주석] 작업공간)
	(주석)탭→(치수)패널→각도(◢) ([3D 모델링] 작업공간)

(2) 명령어 사용 방법

> **명령 : Dimangular** [Enter]
> 호, 원, 선을 선택하거나 〈정점 지정〉 : P1 클릭
> 첫 번째 선을 지정합니다.
> 두 번째 선 선택 : P2 클릭
> 두 번째 선을 지정합니다.
> 치수 호 선의 위치 지정 또는 [여러 줄 문자(M)/문자(T)/각도(A)/사분점 (Q)] : P3 클릭
> 치수선의 위치를 지정합니다.
> 치수 문자 = 45

(3) 옵션 설명

옵션	설명
여러 줄 문자(M)	[Mtext] 명령어를 수행 시 나타나는 창을 사용하여 치수를 기입합니다.
문자(T)	측정 시 자동으로 기입된 치수 문자가 아닌, 임의의 치수 문자를 기입합니다.
각도(A)	치수 문자의 각도를 지정합니다.
사분점(Q)	각도 치수는 선택한 선분에 대해서 360도 모두를 치수 기입합니다. 반면, [사분점] 옵션은 선택한 지점의 각도에 대해서만 치수를 기입할 수 있습니다.

(4) 실습하기

● 기본 실습하기

01 아래의 예제 파일을 불러옵니다.

예제 파일 : Part01\Chapter09\9-1\4\Dimangular(기본)

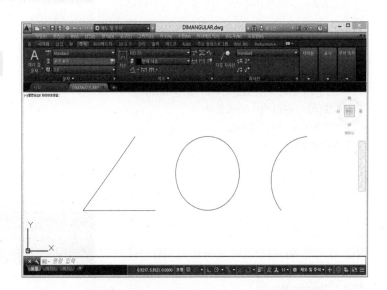

02 [Dimangular] 명령어를 입력하고 첫 번째 객체인 선의 첫 번째 점과 두 번째 점을 클릭한 후, 치수선의 위치를 클릭합니다.

명령 : Dimangular ⏎
호, 원, 선을 선택하거나 〈정점 지정〉 : P1 클릭
첫 번째 객체인 선의 첫 번째 점에 'P1'을 지정합니다.
두 번째 선 선택 : P2 클릭
첫 번째 객체인 선의 두 번째 점에 'P2'를 지정합니다.
치수 호 선의 위치 지정 또는 [여러 줄 문자(M)/문자(T)/각도(A)/사분점(Q)] : P3 클릭
치수선의 위치에 'P3'을 지정합니다.
치수 문자 = 51

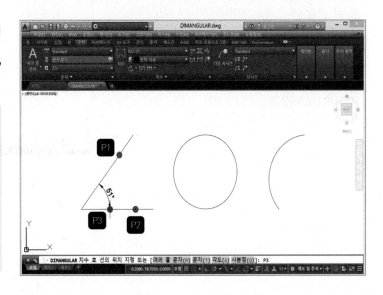

03 첫 번째 객체의 정점을 지정하여 각도 치수를 기입하기 위해서 [Dimangular] 명령어를 입력하여 첫 번째 객체에 '정점'을 지정하고 첫 번째 객체의 첫 번째 각도 끝점과 두 번째 각도 끝점을 클릭한 후, 치수선의 위치를 클릭합니다.

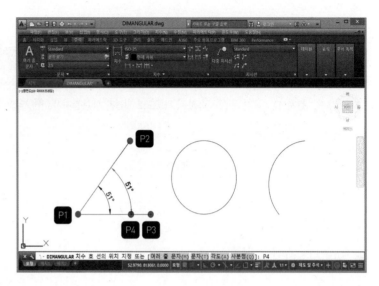

명령 : Dimangular [Enter]
호, 원, 선을 선택하거나 〈정점 지정〉: [Enter]
첫 번째 객체에 정점을 지정하기 위해서 '[Enter]'를 칩니다.
각도 정점 지정 : P1 클릭
첫 번째 객체의 각도 정점에 'P1'을 클릭합니다.
첫 번째 각도 끝점 지정 : P2 클릭
첫 번째 객체인 선의 첫 번째 각도 끝점에 'P2'를 클릭합니다.
두 번째 각도 끝점 지정 : P3 클릭
첫 번째 객체인 선의 두 번째 각도 끝점에 'P3'을 클릭합니다.
치수 호 선의 위치 지정 또는 [여러 줄 문자(M)/문자(T)/각도(A)/사분점(Q)] : P4 클릭
치수선의 위치에 'P4'를 클릭합니다.
치수 문자 = 51

04 두 번째 객체인 원에 각도 치수를 기입하기 위해서 [Dimangular] 명령어를 입력하고 원의 두 점을 클릭한 후, 치수선의 위치를 클릭합니다.

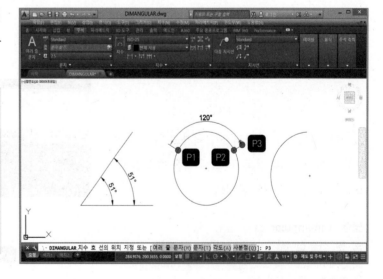

명령 : Dimangular [Enter]
호, 원, 선을 선택하거나 〈정점 지정〉: P1 클릭
두 번째 객체인 원의 한 점에 'P1'을 클릭합니다.
두 번째 각도 끝점 지정 : P2 클릭
두 번째 객체인 원의 다른 한 점에 'P2'를 클릭합니다.
치수 호 선의 위치 지정 또는 [여러 줄 문자(M)/문자(T)/각도(A)/사분점(Q)] : P3 클릭
치수선의 위치에 'P3'을 클릭합니다.
치수 문자 = 120

05 세 번째 객체인 호에 각도 치수를 기입하기 위해서 [Dimangular] 명령어를 입력하고 호의 한 점을 클릭한 후, 치수선의 위치를 클릭합니다.

> **명령 : Dimangular** [Enter]
> 호, 원, 선을 선택하거나 〈정점 지정〉 : P1 클릭
> 세 번째 객체인 호의 한 점에 'P1'을 클릭합니다.
> **치수 호 선의 위치 지정 또는 [여러 줄 문자(M)/문자(T)/각도(A)/사분점(Q)] : P2 클릭**
> 치수선의 위치에 'P2'를 클릭합니다.
> 치수 문자 = 129

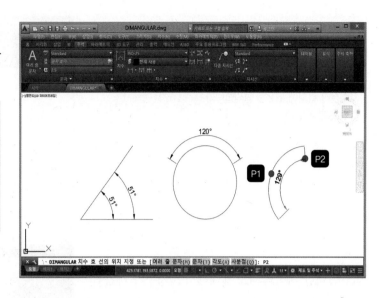

● [사분점] 옵션 실습하기

01 [Dimangular] 명령어를 입력하여 두 번째 객체인 원에 정점을 지정한 후, [사분점] 옵션에 의해서 원의 첫 번째 각도 끝점과 두 번째 각도 끝점을 지정합니다.

> **명령 : Dimangular** [Enter]
> 호, 원, 선을 선택하거나 〈정점 지정〉 : [Enter]
> 두 번째 객체에 정점을 지정하기 위해서 '[Enter]'를 칩니다.
> **각도 정점 지정 : CEN** [Enter]
> 각도 정점에 원의 중심점을 지정하기 위해서 'CEN'을 입력합니다.
> **〈- P1 클릭**
> 각도 정점에 'P1'을 클릭합니다.
> **첫 번째 각도 끝점 지정 : QUA** [Enter]
> [사분점] 옵션을 지정하기 위해서 'QUA'를 입력합니다.
> **〈- P2 클릭**
> 두 번째 객체인 원의 첫 번째 각도 끝점에 'P2'를 클릭합니다.
> **두 번째 각도 끝점 지정 : QUA** [Enter]
> [사분점] 옵션을 지정하기 위해서 'QUA'를 입력합니다.
> **〈- P3 클릭**
> 두 번째 객체인 원의 두 번째 각도 끝점에 'P3'을 클릭합니다.

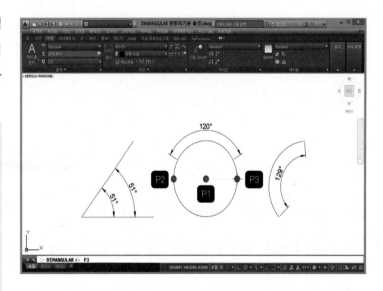

02 치수선의 위치를 지정합니다.

> 치수 호 선의 위치 지정 또는 [여러 줄 문자(M)/문자(T)/각
> 도(A)/사분점(Q)] : P1 클릭
> 치수선의 위치에 'P1'을 클릭합니다.
> 치수 문자 = 180

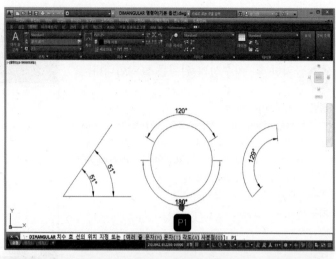

03 선택한 지점의 각도에 대해서만 치수가 기입됩니다.

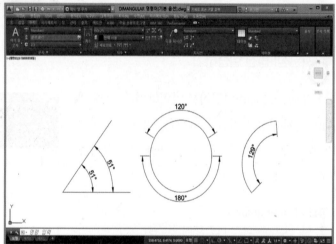

5 호 길이 치수를 기입하는 [Dimarc] 명령어

[Dimarc] 명령어는 호를 클릭하여 호의 길이 치수를 기입할 수 있습니다.

(1) 명령어 입력 방법

[Dimarc] 명령어	
메뉴 막대	치수→호 길이
명령어	Dimarc
단축 명령어	Dar
리본 메뉴	(주석)탭→(치수)패널→호 길이(　) ([제도 및 주석] 작업공간)
	(주석)탭→(치수)패널→호 길이(　) ([3D 모델링] 작업공간)

(2) 명령어 사용 방법

> **명령 : Dimarc** [Enter]
> 호 또는 폴리선 호 세그먼트 선택 : P1 클릭
> 호를 지정합니다.
> 호 길이 치수 위치 지정 또는 [여러 줄 문자(M)/문자(T)/각도(A)/부분(P)] :
> P2 클릭
> 치수선의 위치를 지정합니다.
> 치수 문자 = 180

(3) 옵션 설명

옵션	설명
여러 줄 문자(M)	[Mtext] 명령어를 수행 시 나타나는 창을 사용하여 치수를 기입합니다.
문자(T)	측정 시 자동으로 기입된 치수 문자가 아닌, 임의의 치수 문자를 기입합니다.
각도(A)	치수 문자의 각도를 지정합니다.
부분(P)	호 길이 치수의 길이를 감소시킵니다.

(4) 실습하기

● 기본 실습하기

01 아래의 예제 파일을 불러옵니다.

예제 파일 : Part01\Chatper09\9-1\5\Dimarc(기본)

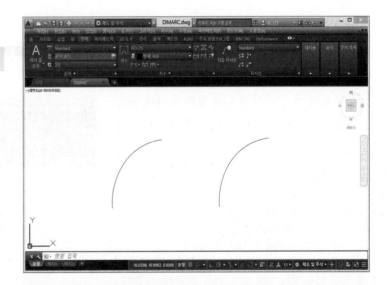

02 [Dimarc] 명령어를 입력하고 첫 번째 호를 클릭한 후, 치수선의 위치를 클릭합니다.

명령 : Dimarc [Enter]
호 또는 폴리선 호 세그먼트 선택 : P1 클릭
첫 번째 호에 'P1'을 클릭합니다.
호 길이 치수 위치 지정 또는 [여러 줄 문자(M)/문자(T)/각도(A)/부분(P)] : P2 클릭
치수선의 위치에 'P2'를 클릭합니다.
치수 문자 = 179.24

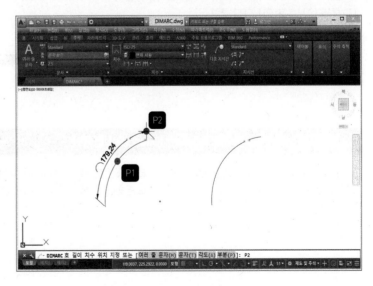

● [부분] 옵션 실습하기

01 [Dimarc] 명령어를 입력하고 두 번째 호를 클릭한 후, [부분] 옵션을 지정합니다.

명령 : Dimarc [Enter]
호 또는 폴리선 호 세그먼트 선택 : P1 클릭
두 번째 호에 'P1'을 클릭합니다.
호 길이 치수 위치 지정 또는 [여러 줄 문자(M)/문자(T)/각도(A)/부분(P)] : P [Enter]
[부분] 옵션을 지정하기 위해서 'P'를 입력합니다.

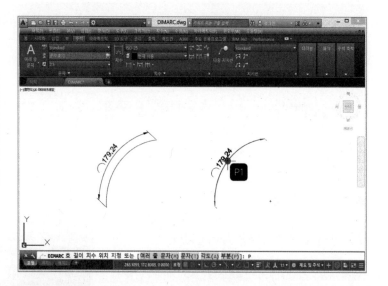

02 두 번째 호 길이의 첫 번째 점과 두 번째 점을 지정한 후, 호 길이 치수 위치를 클릭합니다. 지정한 2점 사이의 호 길이 치수가 기입되는 것을 확인할 수 있습니다.

호 길이 치수의 첫 번째 점 지정 : P1 클릭
두 번째 호 길이 치수의 첫 번째 점에 'P1'을 클릭합니다.
호 길이 치수의 두 번째 점 지정 : P2 클릭
두 번째 호 길이 치수의 두 번째 점에 'P2'를 클릭합니다.
호 길이 치수 위치 지정 또는 [여러 줄 문자(M)/문자(T)/각도(A)/부분(P)] : P3 클릭
호 길이 치수 위치에 'P3'을 클릭합니다.
치수 문자 = 67.58

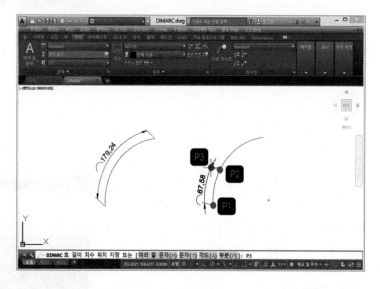

💡 **TIP**   치수기입 변수를 축적하는 [Dimscale] 명령어

도면 작업을 할 때 [Limits] 명령어를 수행하여 도면 공간 한계를 지정합니다. 이때 도면 공간 한계가 넓을 때에는 치수문자나 치수화살표의 크기를 조절하는 [Dimscale]을 크게 지정하고, 도면 공간 한계가 좁을 때에는 [Dimscale]을 작게 지정해야 합니다.

6 반지름 치수를 기입하는 [Dimradius] 명령어

[Dimradius] 명령어는 원과 호에 반지름 치수를 기입할 수 있습니다.

(1) 명령어 입력 방법

[Dimradius] 명령어	
메뉴 막대	치수→반지름
명령어	Dimradius 또는 Dimrad
단축 명령어	Dra
리본 메뉴	(주석)탭→(치수)패널→반지름( ) ([제도 및 주석] 작업공간)
	(주석)탭→(치수)패널→반지름( ) ([3D 모델링] 작업공간)

(2) 명령어 사용 방법

명령 : Dimradius ⏎
호 또는 원 선택 : P1 클릭
호 또는 원을 지정합니다.
치수 문자 = 80
치수선의 위치 지정 또는 [여러 줄 문자(M)/문자(T)/각도(A)] : P2 클릭
치수선의 위치를 지정합니다.

(3) 옵션 설명

옵션	설명
여러 줄 문자(M)	[Mtext] 명령어를 수행 시 나타나는 창을 사용하여 치수를 기입합니다.
문자(T)	측정 시 자동으로 기입된 치수 문자가 아닌, 임의의 치수 문자를 기입합니다.
각도(A)	치수 문자의 각도를 지정합니다.

(4) 실습하기

● 기본 실습하기

01 아래의 예제 파일을 불러옵니다.

예제 파일 : Part01\Chapter09\9-1\6\Dimradius(기본)

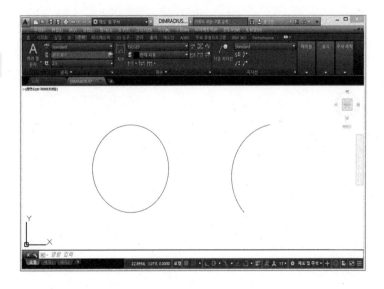

02 [Dimradius] 명령어를 입력하고 원을 클릭한 후, 치수선의 위치를 지정합니다.

> **명령 : Dimradius** Enter
> 호 또는 원 선택 : P1 클릭
> 원에 'P1'을 클릭합니다.
> 치수 문자 = 80
> 치수선의 위치 지정 또는 [여러 줄 문자(M)/문자(T)/각도(A)] : P2 클릭
> 치수선의 위치에 'P2'를 클릭합니다.

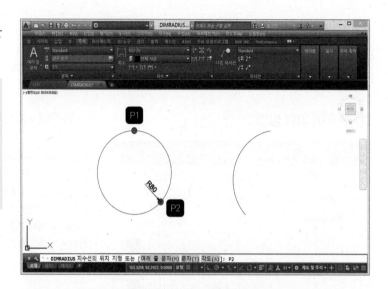

03 호에 반지름 치수를 기입하기 위해서 [Dimradius] 명령어를 입력하고 호를 클릭한 후, 치수선의 위치를 지정합니다.

> **명령 : Dimradius** Enter
> 호 또는 원 선택 : P1 클릭
> 호에 'P1'을 클릭합니다.
> 치수 문자 = 95.46
> 치수선의 위치 지정 또는 [여러 줄 문자(M)/문자(T)/각도(A)] : P2 클릭
> 치수선의 위치에 'P2'를 클릭합니다.

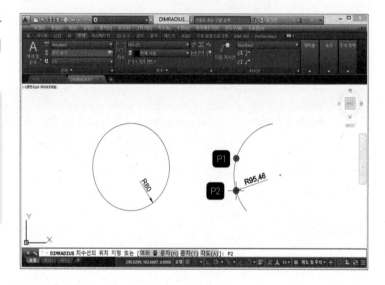

7 지름 치수를 기입하는 [Dimdiameter] 명령어

[Dimdiameter] 명령어는 원과 호에 지름 치수를 기입할 수 있습니다.

(1) 명령어 입력 방법

[Dimdiameter] 명령어	
메뉴 막대	치수→지름
명령어	Dimdiameter 또는 Dimdia
단축 명령어	Ddi
리본 메뉴	(주석)탭→(치수)패널→지름(⬤) ([제도 및 주석] 작업공간)
	(주석)탭→(치수)패널→지름(⬤) ([3D 모델링] 작업공간)

(2) 명령어 사용 방법

명령 : Dimdiameter Enter
호 또는 원 선택 : P1 클릭
호 또는 원을 지정합니다.
치수 문자 = 160
치수선의 위치 지정 또는 [여러 줄 문자(M)/문자(T)/각도(A)] : P2 클릭
치수선의 위치를 지정합니다.

(3) 옵션 설명

옵션	설명
여러 줄 문자(M)	[Mtext] 명령어를 수행 시 나타나는 창을 사용하여 치수를 기입합니다.
문자(T)	측정 시 자동으로 기입된 치수 문자가 아닌, 임의의 치수 문자를 기입합니다.
각도(A)	치수 문자의 각도를 지정합니다.

(4) 실습하기

● 기본 실습하기

01 아래의 예제 파일을 불러옵니다.

예제파일 : Part01\Chapter09\9-1\7\Dimdiameter(기본)

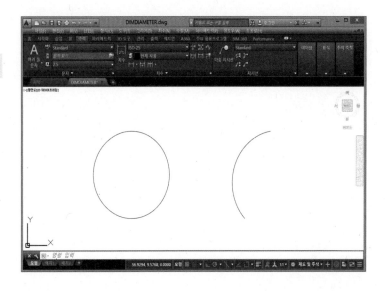

02 [Dimdiameter] 명령어를 입력하고 원을 클릭한 후, 치수선의 위치를 지정합니다.

> **명령 : Dimdiameter** Enter
> 호 또는 원 선택 : P1 클릭
> 원에 'P1'을 클릭합니다.
> 치수 문자 = 160
> 치수선의 위치 지정 또는 [여러 줄 문자(M)/문자(T)/각도(A)] : P2 클릭
> 치수선의 위치에 'P2'를 클릭합니다.

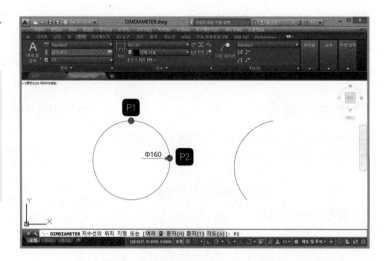

03 호에 지름 치수를 기입하기 위해서 [Dimdiameter] 명령어를 입력하고 호를 클릭한 후, 치수선의 위치를 지정합니다.

> **명령 : Dimdiameter** Enter
> 호 또는 원 선택 : P1 클릭
> 호에 'P1'을 클릭합니다.
> 치수 문자 = 190.91
> 치수선의 위치 지정 또는 [여러 줄 문자(M)/문자(T)/각도(A)] : P2 클릭
> 치수선의 위치에 'P2'를 클릭합니다.

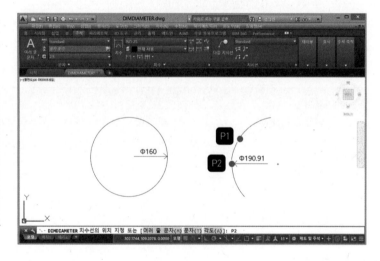

8 꺾기 치수를 기입하는 [Dimjogged] 명령어

[Dimjogged] 명령어는 원과 호에 꺾어진 반지름 치수를 기입할 수 있습니다.

(1) 명령어 입력 방법

[Dimjogged] 명령어	
메뉴 막대	치수→꺾어진
명령어	Dimjogged 또는 Dimjog
단축 명령어	Jog
리본 메뉴	(주석)탭→(치수)패널→꺾기( ) ([제도 및 주석] 작업공간)
	(주석)탭→(치수)패널→꺾기( ) ([3D 모델링] 작업공간)

(2) 명령어 사용 방법

명령 : Dimjogged Enter
호 또는 원 선택 : P1 클릭
호 또는 원을 지정합니다.
중심 위치 재지정 지정 : P2 클릭
호 또는 원의 중심 위치를 재지정합니다.
치수 문자 = 80
치수선의 위치 지정 또는 [여러 줄 문자(M)/문자(T)/각도(A)] : P3 클릭
치수선의 위치를 지정합니다.
꺾기 위치 지정 : P4 클릭
호 또는 원의 꺾기 위치를 지정합니다.

(3) 옵션 설명

옵션	설명
여러 줄 문자(M)	[Mtext] 명령어를 수행 시 나타나는 창을 사용하여 치수를 기입합니다.
문자(T)	측정 시 자동으로 기입된 치수 문자가 아닌, 임의의 치수 문자를 기입합니다.
각도(A)	치수 문자의 각도를 지정합니다.

(4) 실습하기

● 기본 실습하기

01 아래의 예제 파일을 불러옵니다.

예제 파일 : Part01\Chapter09\9-1\8\Dimjogged(기본)

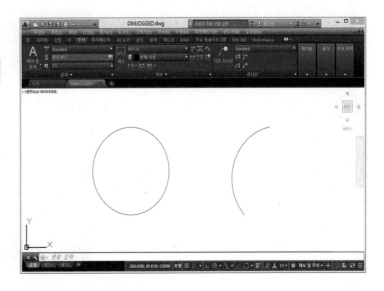

02 [Dimjogged] 명령어를 입력하고 원을 클릭한 후, 꺾어진 반지름 치수의 중심 위치를 재지정합니다.

명령 : Dimjogged [Enter]
호 또는 원 선택 : P1 클릭
원에 'P1'을 클릭합니다.
중심 위치 재지정 지정 : P2 클릭
꺾어진 반지름 치수의 중심 위치를 재지정하기 위해서 'P2'를 클릭합니다.
치수 문자 = 80

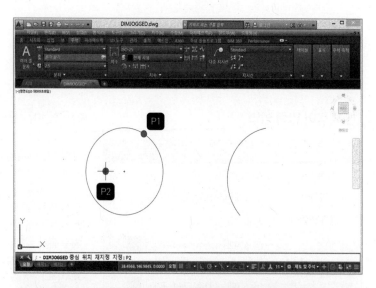

03 치수선의 위치를 클릭합니다.

치수선의 위치 지정 또는 [여러 줄 문자(M)/문자(T)/각도(A)] : P1 클릭
치수선의 위치에 'P1'을 클릭합니다.

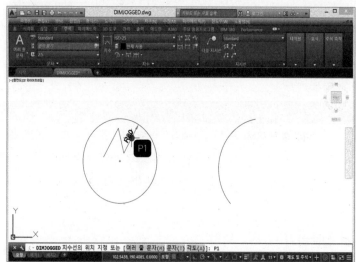

04 치수선의 꺾기 위치를 클릭합니다.

꺾기 위치 지정 : P1 클릭
치수선의 꺾기 위치에 'P1'을 클릭합니다.

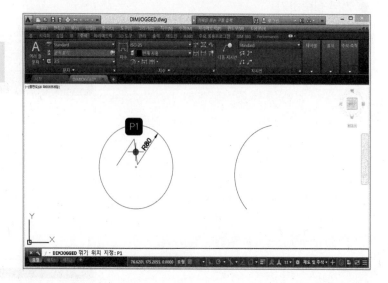

05 호에 꺾기 치수를 기입하기 위해서 [Dimjogged] 명령어를 입력하고 호를 클릭한 후, 꺾어진 반지름 치수의 중심 위치를 재지정합니다.

> **명령 : Dimjogged** ⏎
> 호 또는 원 선택 : P1 클릭
> 호에 'P1'을 클릭합니다.
> 중심 위치 재지정 지정 : P2 클릭
> 꺾어진 반지름 치수의 중심 위치를 재지정하기 위해서
> 'P2'를 클릭합니다.
> 치수 문자 = 95.46

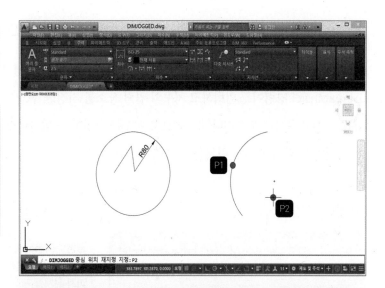

06 치수선의 위치를 클릭합니다.

> 치수선의 위치 지정 또는 [여러 줄 문자(M)/문자(T)/각
> 도(A)] : P1 클릭
> 치수선의 위치에 'P1'을 클릭합니다.

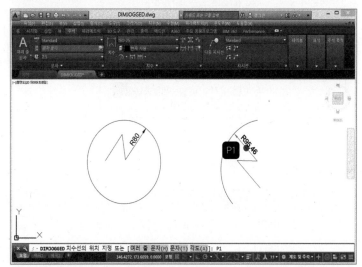

07 치수선의 꺾기 위치를 클릭합니다.

> 꺾기 위치 지정 : P1 클릭
> 치수선의 꺾기 위치에 'P1'을 클릭합니다.

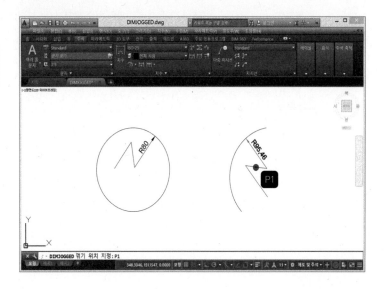

9 데이텀부터 피쳐까지 수평, 수직 치수를 기입하는 [Dimordinate] 명령어

[Dimordinate] 명령어는 데이텀으로부터 각각의 지점을 수평 또는 수직 거리로 치수를 기입할 수 있습니다. [Dimordinate] 명령어를 입력하고 치수의 입력 장소를 지정한 후, 가로 좌표(X)인 경우에는 위쪽이나 아래쪽으로, 세로 좌표(Y)인 경우에는 왼쪽이나 오른쪽으로 치수를 기입할 수 있습니다. 이때 기입되는 치수는 절대좌표의 치수가 입력됨으로 원하는 위치에 UCS 위치를 정확히 지정해야 합니다.

(1) 명령어 입력 방법

[Dimordinate] 명령어	
메뉴 막대	치수→세로 좌표
명령어	Dimordinate 또는 Dimord
단축 명령어	Dor
리본 메뉴	(주석)탭→(치수)패널→세로 좌표(⊞)([제도 및 주석] 작업공간)
	(주석)탭→(치수)패널→세로 좌표(⊞)([3D 모델링] 작업공간)

(2) 명령어 사용 방법

명령 : Dimordinate ⏎
피쳐 위치를 지정 : P1 클릭
피쳐 위치를 지정합니다.
지시선 끝점을 지정 또는 [X데이텀(X)/Y데이텀(Y)/여러 줄 문자(M)/문자(T)/각도(A)] : P2 클릭
치수 문자 = 100.0000
지시선 끝점의 위치를 지정합니다.

(3) 옵션 설명

옵션	설명
X 데이텀(X)	가로 좌표 치수만 기입됩니다.
Y 데이텀(Y)	세로 좌표 치수만 기입됩니다.
여러 줄 문자(M)	[Mtext] 명령어를 수행 시 나타나는 창을 사용하여 치수를 기입합니다.
문자(T)	측정 시 자동으로 기입된 치수 문자가 아닌, 임의의 치수 문자를 기입합니다.
각도(A)	치수 문자의 각도를 지정합니다.

(4) 실습하기

● 기본 실습하기

01 아래의 예제 파일을 불러옵니다.

예제 파일 : Part01\Chapter09\9-1\9\Dimordinate(기본)

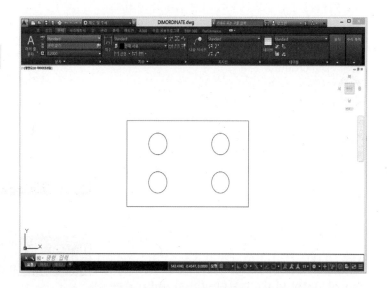

02 [UCSicon] 명령어를 입력하여 [원점] 옵션을 지정합니다. 이후, [UCS] 명령어를 입력한 후, UCS 아이콘의 원점과 X축 및 Y축을 지정합니다. UCS 아이콘이 객체의 왼쪽-아래쪽에 위치합니다.

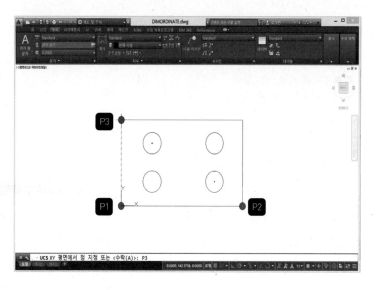

명령 : UCSicon Enter
옵션 입력 [켜기(ON)/끄기(OFF)/전체(A)/원점없음(N)/원점(OR)/선택 가능(S)/특성(P)] 〈켜기〉: OR Enter
[원점] 옵션을 지정하기 위해서 'OR'을 입력합니다.

명령 : UCS Enter
현재 UCS 이름 : *표준*
UCS의 원점 지정 또는 [면(F)/이름(NA)/객체(OB)/이전(P)/뷰(V)/표준(W)/X(X)/Y(Y)/Z(Z)/Z축(ZA)] 〈표준〉: P1 클릭
UCS의 원점에 'P1'을 클릭합니다.
X축에서 점 지정 또는 〈수락(A)〉: P2 클릭
X축으로의 한 점에 'P2'를 클릭합니다.
XY 평면에서 점 지정 또는 〈수락(A)〉: P3 클릭
XY평면(Y축)으로의 한 점에 'P3'을 클릭합니다.

03 [Dimordinate] 명령어를 입력한 후, 피쳐 위
치와 지시선 끝점의 위치를 차례로 지정합니다.
UCS 아이콘의 원점으로부터 피쳐 위치까지 가로
좌표 치수가 기입됩니다.

명령 : Dimordinate ⏎
피쳐 위치를 지정 : P1 클릭
피쳐 위치에 'P1'을 클릭합니다.
지시선 끝점을 지정 또는 [X데이텀(X)/Y데이텀(Y)/여
러 줄 문자(M)/문자(T)/각도(A)] : P2 클릭
치수 문자 = 60.0652
지시선 끝점의 위치에 'P2'를 클릭합니다.

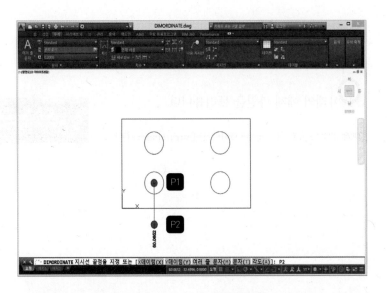

04 [Dimordinate] 명령어를 입력한 후, 피쳐 위
치와 지시선 끝점의 위치를 차례로 지정합니다.
UCS 아이콘의 원점으로부터 피쳐 위치까지 세로
좌표 치수가 기입됩니다.

명령 : Dimordinate ⏎
피쳐 위치를 지정 : P1 클릭
피쳐 위치에 'P1'을 클릭합니다.
지시선 끝점을 지정 또는 [X데이텀(X)/Y데이텀(Y)/여
러 줄 문자(M)/문자(T)/각도(A)] : P2 클릭
치수 문자 = 103.9109
지시선 끝점의 위치에 'P2'를 클릭합니다.

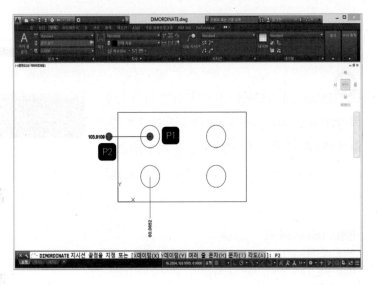

● [X 데이텀] 옵션 실습하기

01 [Dimordinate] 명령어를 입력한 후, 피쳐 위치를 지정합니다. 이후, [X 데이텀] 옵션을 지정하고 지시선 끝점의 위치를 지정합니다. UCS 아이콘의 원점으로부터 피쳐 위치까지 가로 좌표 치수만 기입됩니다.

명령 : Dimordinate ⏎
피쳐 위치를 지정 : P1 클릭
피쳐 위치에 'P1'을 클릭합니다.
지시선 끝점을 지정 또는 [X데이텀(X)/Y데이텀(Y)/여러 줄 문자(M)/문자(T)/각도(A)] : X ⏎
[X 데이텀] 옵션을 지정하기 위해서 'X'를 입력합니다.
지시선 끝점을 지정 또는 [X데이텀(X)/Y데이텀(Y)/여러 줄 문자(M)/문자(T)/각도(A)] : P2 클릭
치수 문자 = 183.3672
지시선 끝점의 위치에 'P2'를 클릭합니다.

명령 : Dimordinate ⏎
피쳐 위치를 지정 : P1 클릭
피쳐 위치에 'P1'을 클릭합니다.
지시선 끝점을 지정 또는 [X데이텀(X)/Y데이텀(Y)/여러 줄 문자(M)/문자(T)/각도(A)] : X ⏎
[X 데이텀] 옵션을 지정하기 위해서 'X'를 입력합니다.
지시선 끝점을 지정 또는 [X데이텀(X)/Y데이텀(Y)/여러 줄 문자(M)/문자(T)/각도(A)] : P3 클릭
치수 문자 = 183.3672
지시선 끝점의 위치에 'P3'을 클릭합니다.

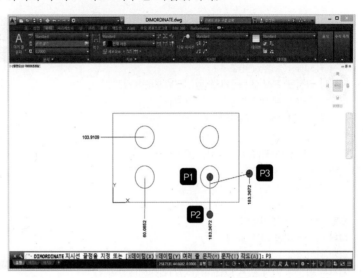

● [Y 데이텀] 옵션 실습하기

01 [Dimordinate] 명령어를 입력한 후, 피쳐 위치를 지정합니다. 이후, [Y 데이텀] 옵션을 지정하고 지시선 끝점의 위치를 지정합니다. UCS 아이콘의 원점으로부터 피쳐 위치까지 세로 좌표 치수만 기입됩니다.

명령 : Dimordinate Enter
피쳐 위치를 지정 : P1 클릭
피쳐 위치에 'P1'을 클릭합니다.
지시선 끝점을 지정 또는 [X데이텀(X)/Y데이텀(Y)/여러 줄 문자(M)/문자(T)/각도(A)] : Y Enter
[Y 데이텀] 옵션을 지정하기 위해서 'Y'를 입력합니다.
지시선 끝점을 지정 또는 [X데이텀(X)/Y데이텀(Y)/여러 줄 문자(M)/문자(T)/각도(A)] : P2 클릭
치수 문자 = 103.9109
지시선 끝점의 위치에 'P2'를 클릭합니다.

명령 : Dimordinate Enter
피쳐 위치를 지정 : P1 클릭
피쳐 위치에 'P1'을 클릭합니다.
지시선 끝점을 지정 또는 [X데이텀(X)/Y데이텀(Y)/여러 줄 문자(M)/문자(T)/각도(A)] : Y Enter
[Y 데이텀] 옵션을 지정하기 위해서 'Y'를 입력합니다.
지시선 끝점을 지정 또는 [X데이텀(X)/Y데이텀(Y)/여러 줄 문자(M)/문자(T)/각도(A)] : P3 클릭
치수 문자 = 103.9109
지시선 끝점의 위치에 'P3'을 클릭합니다.

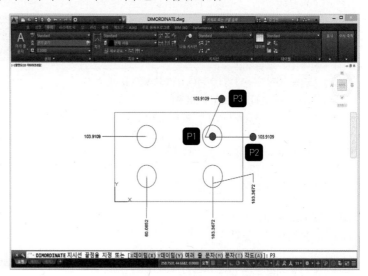

10 연속 치수를 기입하는 [Dimcontinue] 명령어

[Dimcontinue] 명령어는 이전에 기입했던 치수의 두 번째 치수보조선으로부터 연속하여 치수를 기입할 수 있습니다. 항상 이전에 치수를 기입한 상태에서 [Dimcontinue] 명령을 수행할 수 있습니다.

(1) 명령어 입력 방법

[Dimcontinue] 명령어	
메뉴 막대	치수→연속
명령어	Dimcontinue 또는 Dimcont
단축 명령어	Dco
리본 메뉴	(주석)탭→(치수)패널→연속(┬┬) ([제도 및 주석] 작업공간)
	(주석)탭→(치수)패널→연속(┬┬) ([3D 모델링] 작업공간)

(2) 명령어 사용 방법

명령: Dimlinear [Enter]
첫 번째 치수보조선 원점 지정 또는 〈객체 선택〉 : P1 클릭
첫 번째 치수보조선의 원점을 지정합니다.
두 번째 치수보조선 원점 지정 : P2 클릭
두 번째 치수보조선의 원점을 지정합니다.
치수선의 위치 지정 또는
[여러 줄 문자(M)/문자(T)/각도(A)/수평(H)/수직(V)/회전(R)] : P3 클릭
치수선의 위치를 지정합니다.
치수 문자 = 100

명령 : Dimcontinue [Enter]
두 번째 치수보조선 원점 지정 또는 [선택(S)/명령 취소(U)] 〈선택〉 : P4 클릭
두 번째 치수보조선의 원점을 지정합니다.
치수 문자 = 100
두 번째 치수보조선 원점 지정 또는 [선택(S)/명령 취소(U)] 〈선택〉 : P5 클릭
세 번째 치수보조선의 원점을 지정합니다.
치수 문자 = 100
두 번째 치수보조선 원점 지정 또는 [선택(S)/명령 취소(U)] 〈선택〉 : [Enter]
연속된 치수 선택 : [Enter]

(3) 옵션 설명

옵션	설명
선택(S)	이전에 기입한 치수선이나 치수보조선을 선택하여 연속 치수를 기입합니다.
명령 취소(U)	연속으로 기입한 치수 명령을 단계적으로 하나씩 취소합니다.

(4) 실습하기

● 기본 실습하기

01 아래의 예제 파일을 불러옵니다.

> 예제 파일 : Pat01\Chapter09\9-1\10\Dimcontinue(기본)

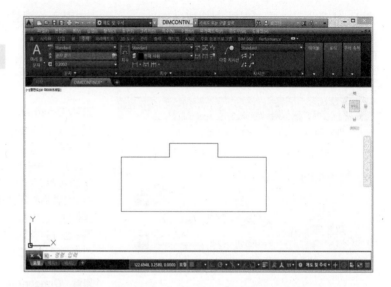

02 [Dimlinear] 명령어를 입력하고 객체의 첫 번째와 두 번째 치수보조선 원점을 클릭한 후, 치수선의 위치를 클릭합니다.

> **명령 : Dimlinear** [Enter]
> **첫 번째 치수보조선 원점 지정 또는 〈객체 선택〉 : P1 클릭**
> 첫 번째 치수보조선의 원점에 'P1'을 클릭합니다.
> **두 번째 치수보조선 원점 지정 : P2 클릭**
> 두 번째 치수보조선의 원점에 'P2'를 클릭합니다.
> **치수선의 위치 지정 또는**
> **[여러 줄 문자(M)/문자(T)/각도(A)/수평(H)/수직(V)/회전(R)] : P3 클릭**
> 치수선의 위치에 'P3'을 클릭합니다.
> **치수 문자 = 100**

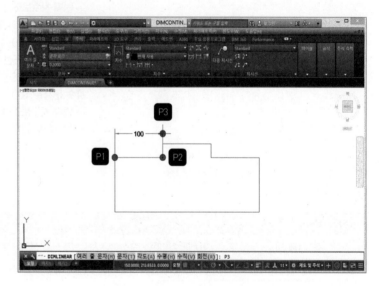

03 기입한 치수에 연속해서 객체 각 부분의 치수를 기입하기 위해서 [Dimcontinue] 명령어를 입력하고 객체의 두 번째와 세 번째 치수보조선 원점을 클릭합니다.

명령 : Dimcontinue Enter
두 번째 치수보조선 원점 지정 또는 [선택(S)/명령 취소(U)] 〈선택〉 : P1 클릭
두 번째 치수보조선의 원점에 'P1'을 클릭합니다.
치수 문자 = 100
두 번째 치수보조선 원점 지정 또는 [선택(S)/명령 취소(U)] 〈선택〉 : P2 클릭
세 번째 치수보조선의 원점에 'P2'를 클릭합니다.
치수 문자 = 100
두 번째 치수보조선 원점 지정 또는 [선택(S)/명령 취소(U)] 〈선택〉 : Enter
연속된 치수 선택 : Enter

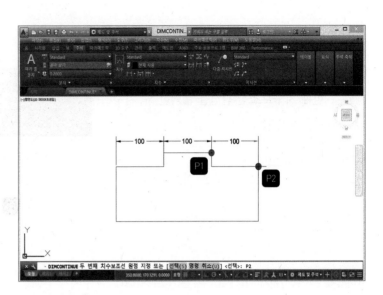

04 객체에 연속해서 치수가 기입된 것을 확인할 수 있습니다.

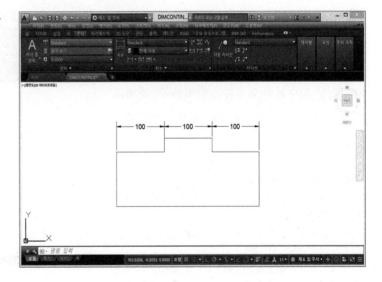

● [선택] 옵션 실습하기

01 [Dimlinear] 명령어를 입력하고 객체의 첫 번째와 두 번째 치수보조선 원점을 클릭한 후, 치수선의 위치를 클릭합니다.

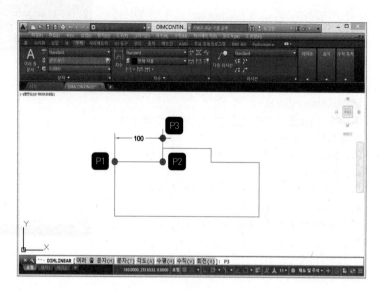

명령 : Dimlinear Enter
첫 번째 치수보조선 원점 지정 또는 〈객체 선택〉 : P1 클릭
첫 번째 치수보조선의 원점에 'P1'을 클릭합니다.
두 번째 치수보조선 원점 지정 : P2 클릭
두 번째 치수보조선의 원점에 'P2'를 클릭합니다.
치수선의 위치 지정 또는
[여러 줄 문자(M)/문자(T)/각도(A)/수평(H)/수직(V)/회전(R)] : P3 클릭
치수선의 위치에 'P3'을 클릭합니다.
치수 문자 = 100

02 이전에 기입한 치수에 연속해서 객체 각 부분의 치수를 기입하기 위해서 [Dimcontinue] 명령어를 입력하고 [선택] 옵션을 지정합니다. 이전에 기입한 치수선의 오른쪽을 클릭한 후, 객체의 두 번째와 세 번째 치수보조선 원점을 클릭합니다.

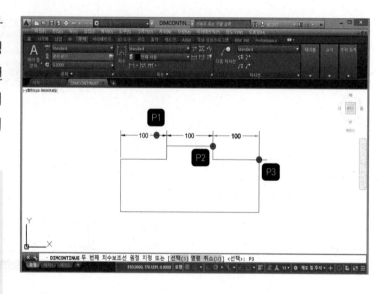

명령: Dimcontinue Enter
두 번째 치수보조선 원점 지정 또는 [선택(S)/명령 취소(U)] 〈선택〉 : S Enter
[선택] 옵션을 지정하기 위해서 'S'를 입력합니다.
연속된 치수 선택 : P1 클릭
이전에 기입한 치수선의 오른쪽에 'P1'을 클릭합니다.
두 번째 치수보조선 원점 지정 또는 [선택(S)/명령 취소(U)] 〈선택〉 : P2 클릭
두 번째 치수보조선의 원점에 'P2'를 클릭합니다.
치수 문자 = 100
두 번째 치수보조선 원점 지정 또는 [선택(S)/명령 취소(U)] 〈선택〉 : P3 클릭
세 번째 치수보조선의 원점에 'P3'을 클릭합니다.
치수 문자 = 100
두 번째 치수보조선 원점 지정 또는 [선택(S)/명령 취소(U)] 〈선택〉 : Enter
연속된 치수 선택 : Enter

03 객체에 연속해서 치수가 기입된 것을 확인할 수 있습니다.

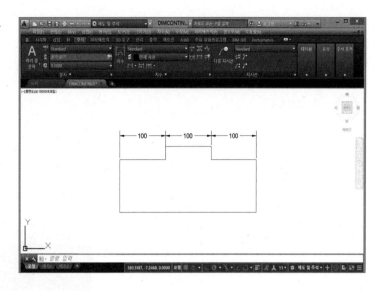

11 기준선 치수를 기입하는 [Dimbaseline] 명령어

[Dimbaseline] 명령어는 이전에 기입했던 치수의 첫 번째 치수보조선을 기준으로 치수를 연속하여 기입할 수 있습니다. 항상 이전에 치수를 기입한 상태에서 [Dimbaseline] 명령을 수행할 수 있습니다.

(1) 명령어 입력 방법

[Dimbaseline] 명령어	
메뉴 막대	치수→기준선
명령어	Dimbaseline 또는 Dimbase
단축 명령어	Dba
리본 메뉴	(주석)탭→(치수)패널→기준선(▤) ([제도 및 주석] 작업공간)
	(주석)탭→(치수)패널→기준선(▤) ([3D 모델링] 작업공간)

(2) 명령어 사용 방법

명령: Dimlinear Enter
첫 번째 치수보조선 원점 지정 또는 〈객체 선택〉 : P1 클릭
첫 번째 치수보조선의 원점을 지정합니다.
두 번째 치수보조선 원점 지정 : P2 클릭
두 번째 치수보조선의 원점을 지정합니다.
치수선의 위치 지정 또는
[여러 줄 문자(M)/문자(T)/각도(A)/수평(H)/수직(V)/회전(R)] : P3 클릭
치수선의 위치를 지정합니다.
치수 문자 = 100

명령 : Dimbaseline Enter
두 번째 치수보조선 원점 지정 또는 [선택(S)/명령 취소(U)] 〈선택〉 : P4 클릭
두 번째 치수보조선의 원점을 지정합니다.
치수 문자 = 200
두 번째 치수보조선 원점 지정 또는 [선택(S)/명령 취소(U)] 〈선택〉 : P5 클릭
세 번째 치수보조선의 원점을 지정합니다.
치수 문자 = 300
두 번째 치수보조선 원점 지정 또는 [선택(S)/명령 취소(U)] 〈선택〉 : Enter
기준 치수 선택 : Enter

(3) 옵션 설명

옵션	설명
선택(S)	이전에 기입한 치수선이나 치수보조선을 선택하여 연속 치수를 기입합니다.
명령 취소(U)	연속으로 기입한 치수 명령을 단계적으로 하나씩 취소합니다.

(4) 실습하기

● 기본 실습하기

01 아래의 예제 파일을 불러옵니다.

예제파일 : Part01\Chapter09\9-1\11\Dimbaseline(기본)

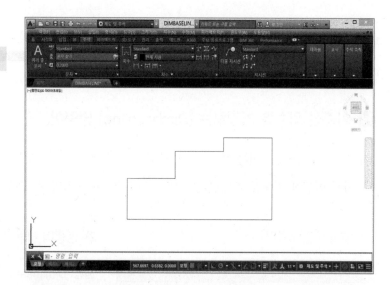

02 [Dimlinear] 명령어를 입력하고 객체의 첫 번째와 두 번째 치수보조선 원점을 클릭한 후, 치수선의 위치를 클릭합니다.

명령 : Dimlinear [Enter]
첫 번째 치수보조선 원점 지정 또는 〈객체 선택〉: P1 클릭
첫 번째 치수보조선의 원점에 'P1'을 클릭합니다.
두 번째 치수보조선 원점 지정 : P2 클릭
두 번째 치수보조선의 원점에 'P2'를 클릭합니다.
치수선의 위치 지정 또는
[여러 줄 문자(M)/문자(T)/각도(A)/수평(H)/수직(V)/회전(R)] : P3 클릭
치수선의 위치에 'P3'을 클릭합니다.
치수 문자 = 100

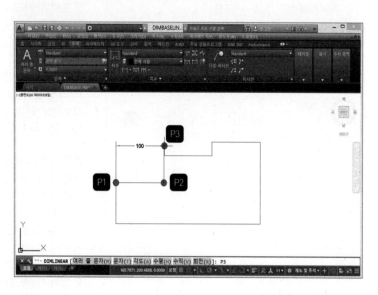

03 기입한 치수의 첫 번째 치수보조선을 기준으로 하여 연속해서 객체 각 부분의 치수를 기입하기 위해서 [Dimbaseline] 명령어를 입력하고 객체의 두 번째와 세 번째 치수보조선 원점을 클릭합니다.

명령: Dimbaseline Enter
두 번째 치수보조선 원점 지정 또는 [선택(S)/명령 취소(U)] 〈선택〉: P1 클릭
두 번째 치수보조선의 원점에 'P1'을 클릭합니다.
치수 문자 = 200
두 번째 치수보조선 원점 지정 또는 [선택(S)/명령 취소(U)] 〈선택〉: P2 클릭
세 번째 치수보조선의 원점에 'P2'를 클릭합니다.
치수 문자 = 300
두 번째 치수보조선 원점 지정 또는 [선택(S)/명령 취소(U)] 〈선택〉: Enter
기준 치수 선택: Enter

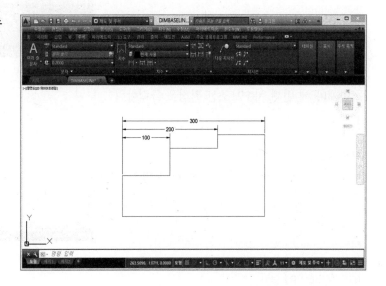

04 객체의 첫 번째 치수보조선을 기준으로 치수가 기입된 것을 확인할 수 있습니다.

● [선택] 옵션 실습하기

01 [Dimlinear] 명령어를 입력하고 객체의 첫 번째와 두 번째 치수보조선 원점을 클릭한 후, 치수선의 위치를 클릭합니다.

> **명령 : Dimlinear** Enter
> 첫 번째 치수보조선 원점 지정 또는 〈객체 선택〉 : P1 클릭
> 첫 번째 치수보조선의 원점에 'P1'을 클릭합니다.
> 두 번째 치수보조선 원점 지정 : P2 클릭
> 두 번째 치수보조선의 원점에 'P2'를 클릭합니다.
> 치수선의 위치 지정 또는
> [여러 줄 문자(M)/문자(T)/각도(A)/수평(H)/수직(V)/회전(R)] : P3 클릭
> 치수선의 위치에 'P3'을 클릭합니다.
> 치수 문자 = 100

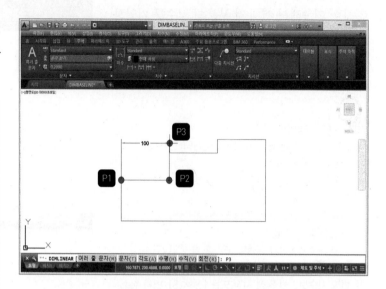

02 객체의 첫 번째 치수보조선을 기준으로 객체 각 부분의 치수를 기입하기 위해서 [Dimbaseline] 명령어를 입력하고[선택] 옵션을 지정합니다. 이전에 기입한 치수선의 왼쪽을 클릭한 후, 객체의 두 번째와 세 번째 치수보조선 원점을 클릭합니다.

> **명령 : Dimbaseline** Enter
> 두 번째 치수보조선 원점 지정 또는 [선택(S)/명령 취소(U)] 〈선택〉 : S Enter
> [선택] 옵션을 지정하기 위해서 'S'를 입력합니다.
> 기준 치수 선택 : P1 클릭
> 이전에 기입한 치수의 왼쪽에 'P1'을 클릭합니다.
> 두 번째 치수보조선 원점 지정 또는 [선택(S)/명령 취소(U)] 〈선택〉 : P2 클릭
> 두 번째 치수보조선의 원점에 'P2'를 클릭합니다.
> 치수 문자 = 200
> 두 번째 치수보조선 원점 지정 또는 [선택(S)/명령 취소(U)] 〈선택〉 : P3 클릭
> 세 번째 치수보조선의 원점에 'P3'을 클릭합니다.
> 치수 문자 = 300
> 두 번째 치수보조선 원점 지정 또는 [선택(S)/명령 취소(U)] 〈선택〉 : Enter
> 기준 치수 선택 : Enter

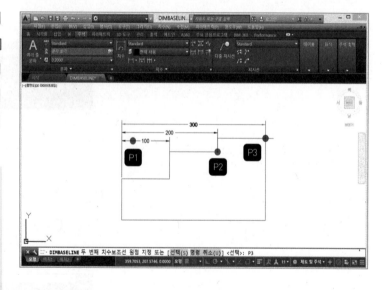

03 객체의 첫 번째 치수보조선을 기준으로 치수
가 기입된 것을 확인할 수 있습니다.

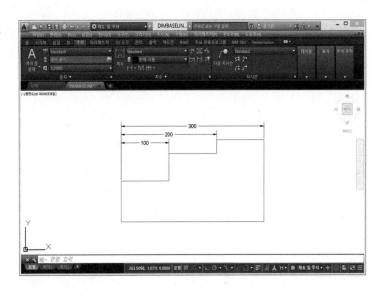

TIP [Dimcen] 명령어와 [Dimcenter] 명령어의 차이점

[Dimcen] 명령어는 원이나 호의 중심이 있을 때 중심 표시의 크기를 조절할 수 있으며, [Dimcenter]는 원이나 호의 중심을 표시하거나 사
라지게 할 수 있습니다.

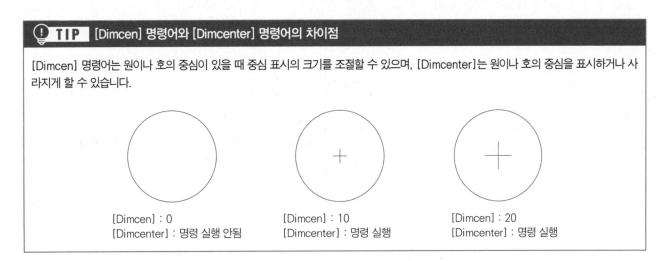

[Dimcen] : 0
[Dimcenter] : 명령 실행 안됨

[Dimcen] : 10
[Dimcenter] : 명령 실행

[Dimcen] : 20
[Dimcenter] : 명령 실행

9.2 지시선 치수 기입하기

1 지시선의 기본적인 용어

지시선은 치수를 입력하기 힘든 부분이나 객체를 설계하여 상세한 조건을 제시할 때 사용합니다. 지시선은 화살촉,
연결선 컨텐츠 중 어떤 것을 먼저 표시하느냐에 따라서 다양한 방법으로 기입할 수 있습니다.

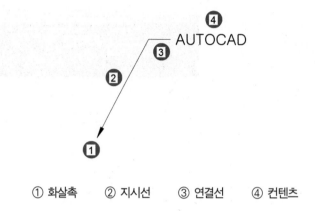

① 화살촉   ② 지시선   ③ 연결선   ④ 컨텐츠

2 다중 지시선을 기입하는 [Mleader] 명령어

[Mleader] 명령어는 화살촉, 연결선, 지시선 및 컨텐츠로 구성됩니다. 특히 컨텐츠는 여러 줄 문자 객체 또는 블록으로 구성되어 있습니다.

(1) 명령어 입력 방법

[Mleader] 명령어	
메뉴 막대	치수→다중 지시선
명령어	Mleader
단축 명령어	Mld
리본 메뉴	(주석)탭→(지시선)패널→다중 지시선( ) ([제도 및 주석] 작업공간)
	(주석)탭→(지시선)패널→다중 지시선( ) ([3D 모델링] 작업공간)

(2) 명령어 사용 방법

명령 : Mleader ⏎
지시선 화살촉 위치 지정 또는 [지시선 연결선 먼저(L)/컨텐츠 먼저(C)/옵션 (O)] 〈옵션〉 : P1 클릭
지시선 화살촉의 위치를 지정합니다.
지시선 연결선 위치 지정 : P2 클릭
지시선 연결선의 위치를 지정하면 [Mtext] 명령어의 [문자 편집기] 탭이 실행되고 문자 입력 영역에 문자를 입력한 후, [문서 편집기 닫기]를 클릭합니다.

(3) 옵션 설명

옵션	설명
지시선 연결선 먼저(L)	지시선의 시작을 연결선을 먼저 표시할 것을 지정합니다.
지시선 화살촉 먼저(H)	지시선의 시작을 화살촉을 먼저 표시할 것을 지정합니다.
컨텐츠 먼저(C)	지시선의 시작을 컨텐츠를 먼저 입력할 것을 지정합니다.
옵션(O)	지시선의 유형, 연결선, 컨텐츠 유형, 연결선의 최대점 및 지시선의 첫 번째 각도와 두 번째 각도를 지정합니다.

(4) 실습하기

● 기본 실습하기

01 아래의 예제 파일을 불러옵니다.

예제 파일 : Part01\Chapter09\9-2\2\Mleader(기본)

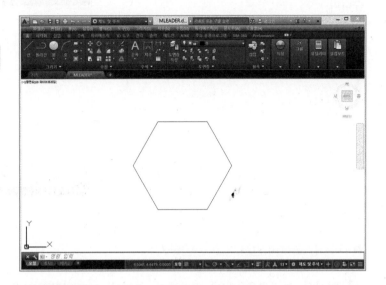

02 [Mleader] 명령어를 입력하고 지시선 연결선의 위치를 지정합니다. 이후, 지시선 화살촉의 위치를 지정하면 [Mtext] 명령어의 [문자 편집기] 탭이 실행되고 문자 입력 영역에 문자를 입력합니다.

명령 : Mleader Enter
지시선 연결선 위치 또는 [지시선 화살촉 먼저(H)/컨텐츠 먼저(C)/옵션(O)] 지정 〈옵션〉: P1 클릭
지시선 연결선의 위치에 'P1'을 클릭합니다.
지시선 화살촉 위치 지정 : P2 클릭
지시선 화살촉의 위치에 'P2'를 클릭하면 [Mtext] 명령어의 [문자 편집기] 탭이 실행되고 문자 입력 영역에 '다중지시선'을 입력한 후, [문서 편집기 닫기]를 클릭합니다.

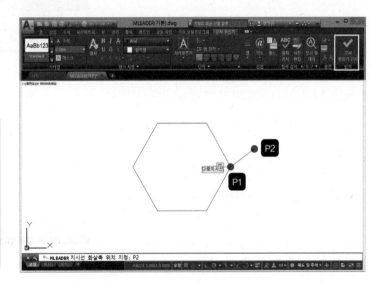

03 지시선 연결선이 먼저 표시되고 지시선 화살촉이 나중에 표시된 다중 지시선을 확인할 수 있습니다.

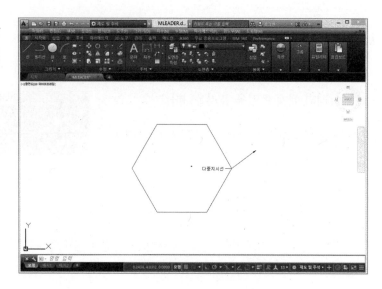

● [지시선 화살촉 먼저] 옵션 실습하기

01 지시선 화살촉을 먼저 표시하기 위해서 [Mleader] 명령어를 입력하고 [지시선 화살촉 먼저] 옵션을 지정합니다. 이후, 지시선 화살촉의 위치를 지정하고 지시선 연결선의 위치를 지정하면 [Mtext] 명령어의 [문자 편집기] 탭이 실행되고 문자 입력 영역에 문자를 입력합니다.

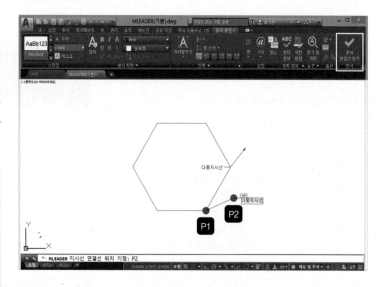

명령 : Mleader Enter
지시선 연결선 위치 또는 [지시선 화살촉 먼저(H)/컨텐츠 먼저(C)/옵션(O)] 지정 〈옵션〉 : H Enter
[지시선 화살촉 먼저] 옵션을 지정하기 위해서 'H'를 입력합니다.
지시선 화살촉 위치 지정 또는 [지시선 연결선 먼저(L)/컨텐츠 먼저(C)/옵션(O)] : P1 클릭
지시선 화살촉의 위치에 'P1'을 클릭합니다.
지시선 연결선 위치 지정 : P2 클릭
지시선 연결선의 위치에 'P2'를 클릭하면 [Mtext] 명령어의 [문자 편집기] 탭이 실행되고 문자 입력 영역에 '다중지시선'을 입력한 후, [문서 편집기 닫기]를 클릭합니다.

02 지시선 화살촉이 먼저 표시되고 지시선 연결
선이 나중에 표시된 다중 지시선을 확인할 수 있
습니다.

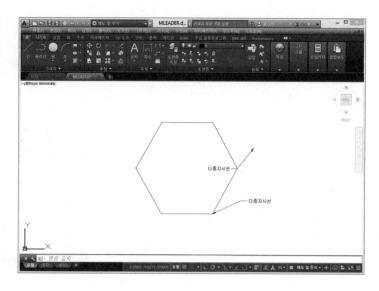

● [컨텐츠 먼저] 옵션 실습하기

01 컨텐츠를 먼저 표시하기 위해서 [Mleader]
명령어를 입력하고 [컨텐츠 먼저] 옵션을 지정합
니다. 이후, 문자 입력 영역을 지정하면 [Mtext] 명
령어의 [문자 편집기] 탭이 실행되고 문자 입력 영
역에 문자를 입력합니다.

명령 : Mleader Enter
지시선 화살촉 위치 지정 또는 [지시선 연결선 먼저(L)/
컨텐츠 먼저(C)/옵션(O)] 〈옵션〉 : C Enter
[컨텐츠 먼저] 옵션을 지정하기 위해서 'C'를 입력합니다.
문자의 첫 번째 구석 지정 또는 [지시선 화살촉 먼저
(H)/지시선 연결선 먼저(L)/옵션(O)] 〈옵션〉 : P1 클
릭
문자 입력 영역의 한쪽에 'P1'을 클릭합니다.
반대 구석 지정 : P2 클릭
문자 입력 영역의 다른 한쪽에 'P2'를 클릭합니다. 이후,
[Mtext] 명령어의 [문자 편집기] 탭이 실행되면 '다중지
시선'을 입력하고 [문서 편집기 닫기]를 클릭합니다.

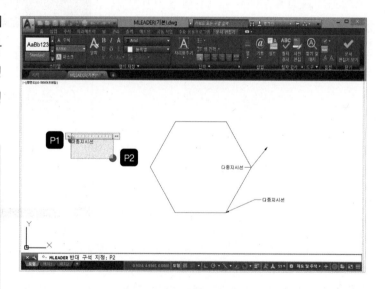

02 지시선 화살촉의 위치를 지정합니다.

지시선 화살촉 위치 지정 : P1 클릭
지시선 화살촉의 위치에 'P1'을 클릭합니다.

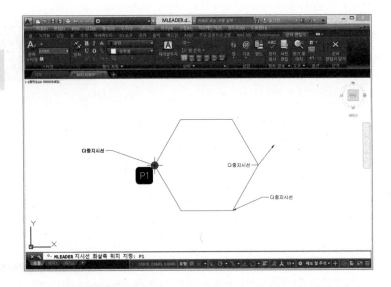

03 컨텐츠가 먼저 표시되고 지시선 화살촉이 나중에 표시된 다중 지시선을 확인할 수 있습니다.

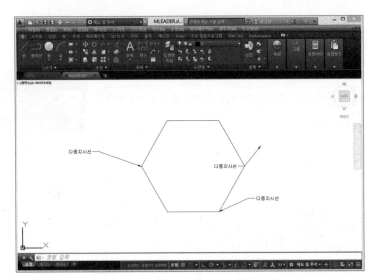

3 지시선 및 지시선 주석을 작성하는 [Qleader] 명령어

[Qleader] 명령어는 지시선 주석 및 주석의 형식 지정, 지시선이 여러 줄 문자 주석에 부착되는 위치 지정, 지시선 세그먼트의 수 제한, 첫 번째 지시선 세그먼트와 두 번째 지시선 세그먼트의 각도를 제한할 수 있습니다. 대부분의 경우에는 [Mleader] 명령어를 사용하여 지시선 객체를 작성하는 것이 일반적입니다.

(1) 명령어 입력 방법

[Qleader] 명령어	
명령어	Qleader
단축 명령어	Qle

(2) 명령어 사용 방법

명령 : Qleader [Enter]
첫 번째 지시선 지정, 또는 [설정(S)]〈설정〉: P1 클릭
화살촉의 위치를 지정합니다.
다음 점 지정 : P2 클릭
지시선의 위치를 지정합니다.
다음 점 지정 : P3 클릭
연결선의 위치를 지정합니다.
문자 폭 지정 〈0.0000〉: 0 [Enter]
문자의 폭을 지정합니다.
주석 문자의 첫 번째 행 입력 또는 〈여러 줄 문자〉: 첫 번째 문자행 입력 후 [Enter]
첫 번째 문자행을 입력합니다.
주석 문자의 다음 행을 입력 : 두 번째 문자행 입력 후 [Enter]
두 번째 문자행을 입력합니다.
주석 문자의 다음 행을 입력 : [Enter]

(3) 옵션 설명

[Qleader] 명령어를 입력한 후, '[Enter]' 를 치면 다음과 같은 옵션을 설정할 수 있습니다.

● [주석] 탭

지시 문자를 입력하는 유형, 여러 줄 문자 입력 옵션 유형 및 주석의 사용 여부를 지정합니다.

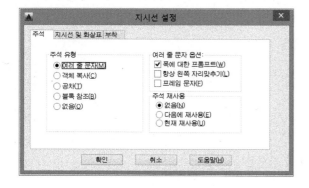

■ 주석 유형

지시 문자를 입력하기 위한 유형을 지정합니다.

① 여러 줄 문자 : 문자를 여러 줄로 입력합니다.
② 객체 복사 : 객체인 문자를 복사합니다.
③ 공차 : 공차를 입력합니다.
④ 블록 참조 : 블록 객체를 참조합니다.
⑤ 없음 : 주석을 입력하지 않습니다.

■ 여러 줄 문자 옵션

문자 입력 옵션 유형을 지정합니다.

① 폭에 대한 프롬프트 : 여러 줄 문자열의 폭을 조절하는 프롬프트
　를 표시합니다.
② 항상 왼쪽 자리맞추기 : 문자열을 왼쪽으로 정렬합니다.
③ 프레임 문자 : 문자열에 테두리를 표시합니다.

■ 주석 재사용

주석의 재사용 방식을 지정합니다.

① 없음 : 주석을 재사용하지 않습니다.
② 다음에 재사용 : 주석을 다음에 재사용합니다.
③ 현재 재사용 : 주석을 현재 재사용합니다.

● [지시선 및 화살표] 탭

지시선 유형, 지시선 마디의 수, 화살촉의 유형 및 지시선의 각도를 지정합니다.

■ 지시선

지시선의 유형을 지정합니다.

① 직선 : 지시선을 직선 유형으로 지정합니다.
② 스플라인 : 지시선을 스플라인 유형으로 지정합니다.

■ 점의 수

지시선의 마디 수를 지정합니다.

① 한계 없음 : 지시선의 마디 수를 무한대로 지정합니다.
② 최대 : 지시선 마디 수를 사용자가 원하는 수만큼 지정합니다.

■ 화살촉

화살촉의 유형을 지정합니다.

■ 각도 구속조건

지시선의 각도를 지정합니다.

① 첫 번째 세그먼트 : 첫 번째 지시선의 각도를 지정합니다.
② 두 번째 세그먼트 : 두 번째 지시선의 각도를 지정합니다.

● [부착] 탭

지시선을 문자열에 부착하는 위치를 지정합니다.

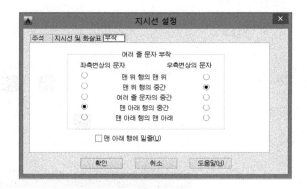

① 맨 위 행의 맨 위 : 지시선을 문자열 맨 위 행의 맨 위에 부착합니다.
② 맨 위 행의 중간 : 지시선을 문자열 맨 위 행의 중간에 부착합니다.
③ 여러 줄 문자의 중간 : 지시선을 여러 줄 문자의 중간에 부착합니다.
④ 맨 아래 행의 중간 : 지시선을 문자열 맨 아래 행의 중간에 부착합니다.
⑤ 맨 아래 행의 맨 아래 : 지시선을 문자열 맨 아래 행의 맨 아래에 부착합니다.

⑷ 실습하기

● 기본 실습하기

01 아래의 예제 파일을 불러옵니다.

예제 파일 : Part01\Chapter09\9-2\3\Qleader(기본)

02 [Qleader] 명령어를 입력하고 화살촉, 지시선, 연결선의 위치를 차례로 클릭한 후, 문자의 폭을 지정하고 문자를 입력합니다. 문자가 입력된 지시선을 확인할 수 있습니다.

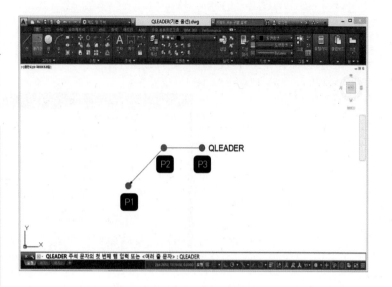

> **명령 : Qleader** Enter
> 첫 번째 지시선 지정, 또는 [설정(S)]〈설정〉 : P1 클릭
> 화살촉의 위치에 'P1'을 클릭합니다.
> **다음 점 지정 : P2 클릭**
> 지시선의 위치에 'P2'를 클릭합니다.
> **다음 점 지정 : P3 클릭**
> 연결선의 위치에 'P3'을 클릭합니다.
> **문자 폭 지정 〈0.0000〉 : 0** Enter
> 문자의 폭에 '0'을 입력합니다.
> **주석 문자의 첫 번째 행 입력 또는 〈여러 줄 문자〉 :**
> **'QLEADER' 입력 후** Enter
> 'QLEADER' 문자를 입력한 후, 'Enter'를 칩니다.
> **주석 문자의 다음 행을 입력 :** Enter

9.3 치수 유형 지정 및 치수 편집하기

1 치수 유형을 지정하는 [Dimstyle] 명령어

[Dimstyle] 명령어는 치수를 구성하고 있는 '치수선' , '치수보조선' , '치수 문자' 의 치수 스타일을 미리 지정해 놓고 지정한 치수 스타일을 필요로 하는 치수 요소에 적용할 수 있습니다. [Dimstyle] 명령어를 사용하여 치수 스타일을 지정하면 도면 작업의 편리성과 치수 기입의 표준을 향상시킬 수 있습니다.

(1) 명령어 입력 방법

[Dimstyle] 명령어	
메뉴 막대	치수→치수 스타일
명령어	Dimstyle
단축 명령어	D
리본 메뉴	(주석)탭→(치수)패널→치수, 치수 스타일...(↘) ([제도 및 주석] 작업공간)
	(주석)탭→(치수)패널→치수, 치수 스타일...(↘) ([3D 모델링] 작업공간)

(2) 명령어 사용 방법

명령 : Dimstyle ⏎
[치수 스타일 관리자] 대화 상자가 나타나면 [수정]을 클릭합니다. [치수 스타일 관리자] 대화 상자의 [선]탭, [기호 및 화살표]탭, [문자]탭, [맞춤]탭, [1차 단위]탭, [대체 단위]탭 및 [공차]탭에서 치수 스타일을 변경합니다.

(3) 옵션 설명

[Dimstyle] 명령어를 입력하면 [치수 스타일 관리자] 대화 상자가 나타납니다. 이후, [수정]을 클릭하면 다음과 같은 옵션을 설정할 수 있습니다.

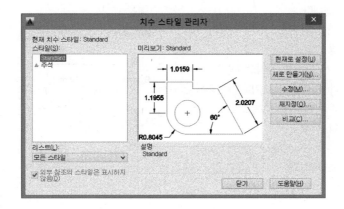

① 스타일 : 미리 작성한 치수 스타일 목록을 나타냅니다.
② 리스트 : 모든 스타일을 볼 것인가, 사용 중인 스타일일 볼 것인가를 지정합니다.
③ 미리보기 : 지정한 치수 스타일을 미리 보여줍니다.
④ 현재로 설정 : 변경하고자 하는 치수 스타일을 선택하여 현재 사용할 스타일로 지정합니다.
⑤ 새로 만들기 : 새로운 치수 스타일을 작성합니다.
⑥ 수성 : 치수의 스타일을 바꾸기 위해서 설정값을 변경합니다.
⑦ 재지정 : 치수 스타일의 [수정]과 같은 방법으로 설정값을 변경할 수 있습니다. 하지만 [스타일] 목록에서 치수 스타일의 아래에 바로 저장되지 않고 [스타일 재지정]이라는 이름으로 임시 목록을 생성합니다.
⑧ 비교 : [치수 스타일 비교] 대화 상자가 나타나고 [비교] 스타일과 [대상] 스타일을 비교할 수 있습니다.

● [선] 탭

[치수선]과 [치수보조선]의 각 조건을 지정합니다.

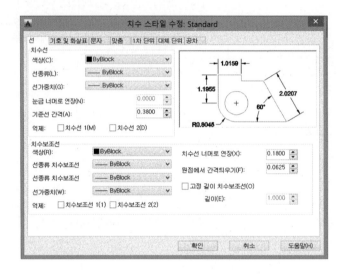

① 치수선 : 치수선의 유형을 지정합니다.
- 색상 : 치수선의 색상을 지정합니다.
- 선 종류 : 치수선의 선 종류를 지정합니다.
- 선 가중치 : 치수선의 두께인 선 가중치를 지정합니다.
- 눈금 너머로 연장 : 화살촉이 [건축 눈금], [기울기], [작은 점], [정수] 및 [없음]인 경우, 치수선이 치수보조선을 벗어나는 길이 값을 지정합니다.
- 기준선 간격 : 기준선 치수인 [Dimbaseline] 명령어를 수행 시, 치수선 간의 간격을 조절합니다.
- 억제 : 첫 번째와 두 번째 치수선 표시를 억제합니다.

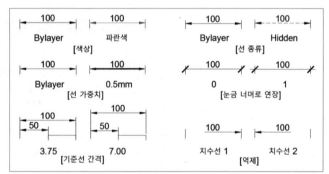

② 치수보조선 : 치수보조선의 유형을 지정합니다.
- 색상 : 치수보조선의 색상을 지정합니다.
- 선 종류 (첫 번째) 치수보조선 : 첫 번째 치수보조선의 선 종류를 지정합니다.
- 선 종류 (두 번째) 치수보조선 : 두 번째 치수보조선의 선 종류를 지정합니다.
- 선 가중치 : 치수보조선의 두께인 선 가중치를 지정합니다.
- 억제 : 첫 번째와 두 번째 치수보조선 표시를 억제합니다.
- 치수선 너머로 연장 : 치수선 너머로 연장되는 치수보조선의 길이를 지정합니다.
- 원점에서 간격 띄우기 : 치수 원점으로부터 치수보조선까지의 길이를 지정합니다.
- 고정 길이 치수보조선 : 치수선으로부터 치수 원점 방향으로 길이를 고정합니다.

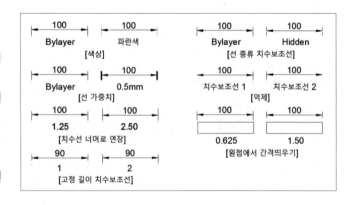

● [기호 및 화살표] 탭

[화살촉], [중심 표식], [치수 끊기], [호 길이 기호], [반지름 꺾기 치수] 및 [선형 꺾기 치수]의 각 조건을 지정합니다.

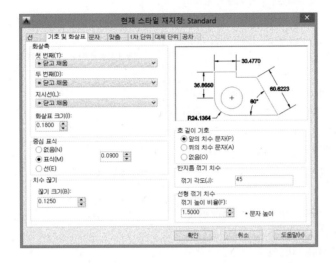

① 화살촉 : 치수선과 지시선의 화살촉 종류와 크기를 지정합니다.
- 첫 번째 : 치수선의 첫 번째 화살촉 종류를 지정합니다.
- 두 번째 : 치수선의 두 번째 화살촉 종류를 지정합니다.
- 지시선 : 지시선의 화살촉 종류를 지정합니다.
- 화살표 크기 : 화살촉의 크기를 지정합니다.

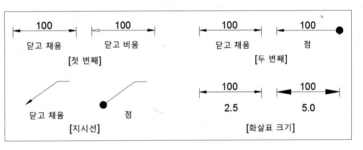

② 중심 표식 : 중심과 보조선을 표시하거나 중심의 크기를 지정합니다.
- 없음 : 중심을 표시하지 않습니다.
- 표식 : 중심을 표시합니다.
- 선 : 중심과 보조선까지 표시합니다.
- 크기 : 중심 표시의 크기를 지정합니다.

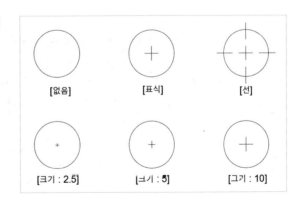

③ 치수 끊기 : [Dimbreak] 명령어에 의해서 치수보조선이 서로 교차하고 있을 때 한쪽의 치수 보조선의 일부를 끊습니다.
- 끊기 크기 : 끊기는 치수 보조선의 크기를 지정합니다.

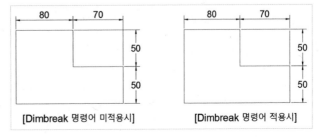

④ 호 길이 기호 : 호 길이 기호의 위치를 지정합니다.

　• 앞의 치수 문자 : 호의 치수 문자 앞에 호 길이 기호를 표시합
　　니다.

　• 위의 치수 문자 : 호의 치수 문자 위에 호 길이 기호를 표시합
　　니다.

　• 없음 : 호의 치수 문자에 호 길이 기호를 표시하지 않습니다.

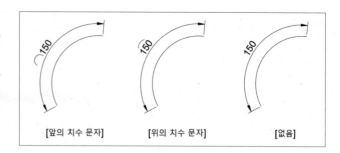

⑤ 반지름 꺾기 치수 : 원이나 호에 정상적인 반지름 치수 기입이
　어려운 경우, [Dimjogged] 명령어에 의해 반지름 치수의 꺾기
　각도를 지정합니다.

　• 꺾기 각도 : 반지름 치수의 꺾기 각도를 지정합니다.

⑥ 선형 꺾기 치수 : 기입된 선형 치수에 대해서 [Dimjogline] 명
　령어로 꺾기 표시를 지정합니다.

　• 꺾기 높이 비율 : 꺾기를 구성하는 각도의 두 정점 간 거리에
　　의해서 결정되는 꺾기 높이를 결정합니다.

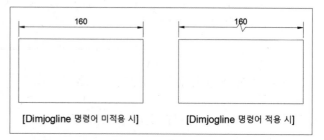

● [문자] 탭

[문자 모양], [문자 배치] 및 [문자 정렬]의 각 조건을 지정합니다.

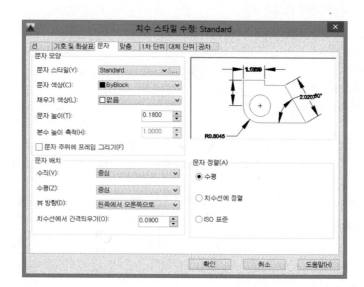

① 문자 모양 : 문자의 스타일, 색상 및 높이뿐만 아니라 문자의 배경 색상과 분수 높이의 축적을 지정합니다.

- 문자 스타일 : 치수 문자의 스타일을 지정합니다.
- 문자 색상 : 치수 문자의 색상을 지정합니다.
- 채우기 색상 : 치수 문자의 배경색을 지정합니다.
- 문자 높이 : 치수 문자의 크기를 지정합니다.
- 분수 높이 축적 : 치수 문자 단위를 분수 단위로 사용하는 경우, 분수 높이 축적을 지정합니다.
- 문자 주위에 프레임 그리기 : 치수 문자 주위에 프레임을 표시합니다.

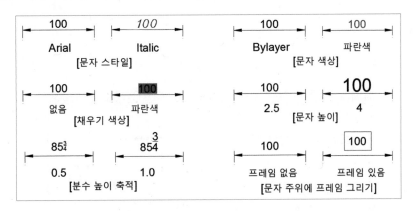

② 문자 배치 : 치수 문자를 수직, 수평으로 배치하고 치수 문자와 치수선의 간격을 지정합니다.

- 수직 : 치수 문자의 수직 위치를 지정합니다.
- 수평 : 치수 문자의 수평 위치를 지정합니다.
- 뷰 방향 : 치수 문자의 보는 방향을 지정합니다.
- 치수선에서 간격 띄우기 : 치수 문자와 치수선 사이의 간격을 지정합니다.

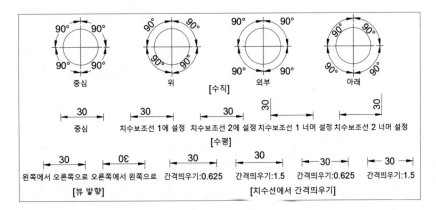

③ 문자 정렬 : 치수 문자의 정렬 방식을 지정합니다.

- 수평 : 치수 문자를 수평으로 정렬합니다.
- 치수선에 정렬 : 치수 문자를 치수선의 각도와 평행하게 정렬합니다.
- ISO 표준 : ISO 표준에 따라서 정렬합니다.

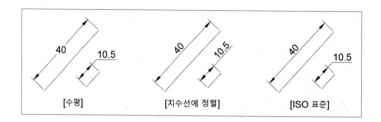

● [맞춤] 탭

[맞춤 옵션], [문자 배치], [치수 피쳐 축적] 및 [최상으로 조정]의 각 조건을 지정합니다.

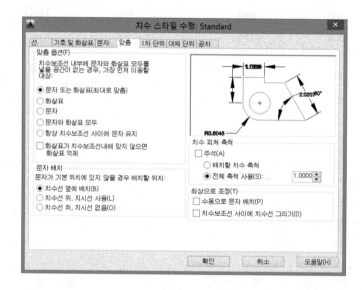

① 맞춤 옵션 : 치수보조선 내부에 치수 문자와 화살표를 전부 기입할 공간이 부족할 경우, 치수보조선 외부로 내보낼 대상을 지정합니다.

  • 문자 또는 화살표(최대로 맞춤) : 치수보조선을 기준으로 치수 문자와 화살표를 치수보조선 내부와 외부에 자동으로 배치하여 최적의 배치합니다.

  • 화살표 : 치수보조선 외부로 화살표를 배치합니다.

  • 문자 : 치수보조선 외부로 치수 문자를 배치합니다.

  • 문자와 화살표 모두 : 치수보조선 외부로 치수 문자와 화살표 모두를 배치합니다.

  • 항상 치수보조선 사이에 문자 유지 : 치수보조선 내부에 항상 치수 문자를 배치합니다.

  • 화살표가 치수보조선 내에 맞지 않으면 화살표 억제 : 치수보조선 내부에 치수 문자와 화살표를 전부 기입할 공간이 부족할 경우, 화살표를 배치하지 않습니다.

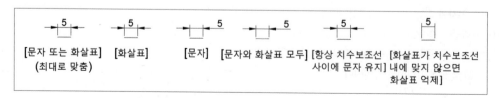

② 문자 배치 : 치수 문자의 위치를 지정합니다.

- 치수선 옆에 배치 : 치수보조선 외부로 치수 문자를 배치합니다.
- 치수선 위, 지시선 사용 : 지시선을 사용하여 치수선 위에 치수 문자를 배치합니다.
- 치수선 위, 지시선 없음 : 지시선을 사용하지 않고 치수선 위에 치수 문자를 배치합니다.

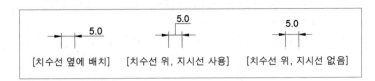

③ 치수 피쳐 축적 : 치수 전체 축적을 지정합니다.

- 주석 : 치수 스타일을 주석 객체로 지정합니다.
- 배치할 치수 축적 : 배치 공간 내에서 치수 축적값을 지정합니다.
- 전체 축적 사용 : 치수 전체에 대한 축적값을 지정합니다.

④ 최상으로 조정 : 치수 문자의 위치나 치수선의 위치를 지정합니다.

- 수동으로 문자 배치 : 치수 문자의 위치를 수동으로 조절하여 배치합니다.
- 치수보조선 사이에 치수선 그리기 : 치수보조선 사이에 항상 치수선을 배치하도록 지정합니다.

● [1차 단위] 탭

[선형 치수], [각도 치수]의 각 조건을 지정합니다.

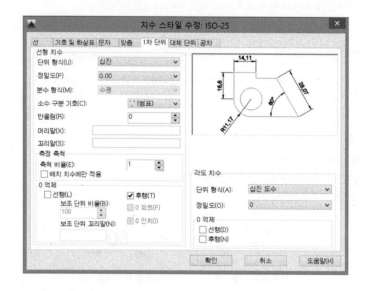

① 선형 치수 : 각도 치수를 제외한 모든 치수 문자의 단위 형식, 정밀도, 분수 형식, 소수 구분 기호, 반올림, 머리말 및 꼬리말을 지정합니다.

• 단위 형식 : 치수 문자의 단위 형식을 지정합니다.

• 정밀도 : 치수 문자의 소수점 이하 자리수를 지정합니다.

• 분수 형식 : 치수 문자의 단위 형식을 분수로 지정합니다.

• 소수 구분 기호 : 치수 문자를 소수 형식으로 표시할 때 소수점 유형을 지정합니다.

• 반올림 : 치수 문자를 소수점 이하 몇 번째 자리에서 반올림할 것인가를 지정합니다.

• 머리말 : 치수 문자 앞에 머리말을 입력합니다.

• 꼬리말 : 치수 문자 뒤에 꼬리말을 입력합니다.

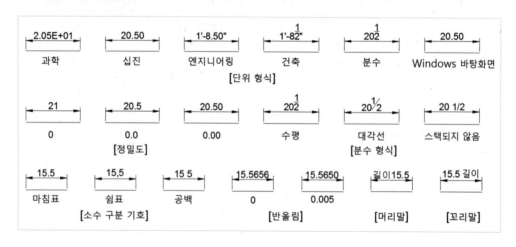

② 측정 축적 : 치수 문자의 축적 옵션을 적용합니다.
- 축적 비율 : 치수 문자의 축적 비율을 지정합니다.
- 배치 치수에만 적용 : 배치 뷰포트에서 작성한 치수에만 측정된 값에 축적 비율을 적용합니다.

③ 0억제 : 치수 문자를 소수 형식으로 표시할 때 소수점 앞의 0과 소수점 뒤의 0을 생략합니다.
- 선행 : 치수 문자의 소수점 앞의 0을 생략합니다.
- 후행 : 치수 문자의 소수점 뒤의 0을 생략합니다.
- 보조 단위 비율 : 보조 단위의 비율을 지정합니다. 예를 들어 m를 보조 단위 cm로 입력하기 위해서 100을 입력하면, 단위가 1m 미만은 cm로 기입됩니다.
- 보조 단위 꼬리말 : 보조 단위의 꼬리말을 지정합니다. 예를 들어 0.5m를 50cm로 입력하기 위해서는 cm를 입력합니다.
- 0 피트 : 피트-인치 치수인 경우, 길이가 1피트 미만일 때 피트 부분의 0을 생략합니다. 예를 들어 0피트 6과 2분의 1인치인 경우, 6과 2분의 1인치로 표시합니다.
- 0 인치 : 피트-인치 치수인 경우, 길이가 피트 부분의 정수배일 때 인치 부분을 생략합니다. 예를 들어 1피트 0인치인 경우, 1피트로 표시합니다.

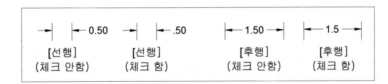

④ 각도 치수 : 각도 치수 문자의 단위 형식과 소수점 이하 자리수를 지정합니다.
- 단위 형식 : 각도 치수 문자의 단위 형식을 지정합니다.
- 정밀도 : 각도 치수 문자의 소수점 이하 자리수를 지정합니다.

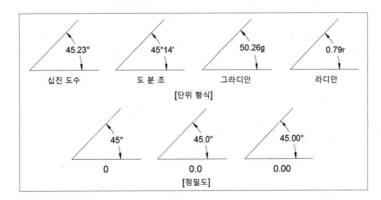

⑤ 0억제 : 각도 치수 문자를 소수 형식으로 표시할 때 소수점 앞의 0과 소수점 뒤의 0을 생략합니다.
- 선행 : 각도 치수 문자의 소수점 앞의 0을 생략합니다.
- 후행 : 각도 치수 문자의 소수점 뒤의 0을 생략합니다.

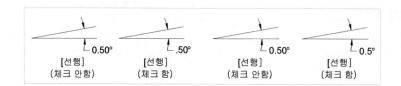

● [대체 단위] 탭

1차 단위에서 표시한 단위를 다른 단위로 함께 표시하고자 할 때 사용합니다. [대체 단위], [0 억제], [배치]의 각 조건을 지정합니다.

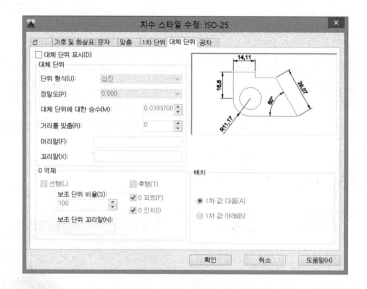

① 대체 단위 표시 : 대체 치수 단위의 표시 여부를 지정합니다.

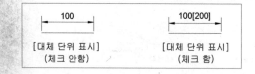

② 대체 단위 : 대체 치수 문자의 단위 형식, 정밀도, 대체 단위에 대한 승수, 거리를 맞춤, 머리말 및 꼬리말을 지정합니다.
   • 단위 형식 : 대체 치수 문자의 단위 형식을 지정합니다.
   • 정밀도 : 대체 치수 문자의 소수점 이하 자리수를 지정합니다.
   • 대체 단위에 대한 승수 : 1차 단위와 대체 단위 사이의 변환 요인으로 사용할 승수를 지정합니다. 예를 들어, 인치를 밀리미터로 변환하려면 25.4를 입력합니다.
   • 거리를 맞춤 : 각도 치수를 제외한 모든 치수 유형의 대체 단위에 대한 반올림 규칙을 지정합니다.
   • 머리말 : 대체 치수 문자 앞에 머리말을 입력합니다.
   • 꼬리말 : 대체 치수 문자 뒤에 꼬리말을 입력합니다.

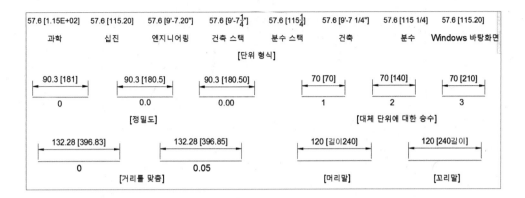

③ 0억제 : 대체 치수 문자를 소수 형식으로 표시할 때 소수점 앞의 0과 소수점 뒤의 0을 생략합니다.

　• 선행 : 대체 치수 문자의 소수점 앞의 0을 생략합니다.

　• 후행 : 대체 치수 문자의 소수점 뒤의 0을 생략합니다.

　• 보조 단위 비율 : 보조 단위의 비율을 지정합니다. 예를 들어 m를 보조 단위 cm로 입력하기 위해서 100을 입력하면, 단위가 1m 미만은 cm로 기입됩니다.

　• 보조 단위 꼬리말 : 보조 단위의 꼬리말을 지정합니다. 예를 들어 0.5m를 50cm로 입력하기 위해서는 cm를 입력합니다.

　• 0 피트 : 피트-인치 치수인 경우, 길이가 1피트 미만일 때 피트 부분의 0을 생략합니다. 예를 들어 0피트 6과 2분의 1인치인 경우, 6과 2분의 1인치로 표시합니다.

　• 0 인치 : 피트-인치 치수인 경우, 길이가 피트 부분의 정수배일 때 인치 부분을 생략합니다. 예를 들어 1피트 0인치인 경우, 1피트로 표시합니다.

④ 배치 : 대체 치수 단위의 배치 위치를 지정합니다.

　• 1차값 다음 : 대체 치수 단위를 1차 치수 단위 다음에 배치합니다.

　• 1차값 아래 : 대체 치수 단위를 1차 치수 단위 아래에 배치합니다.

● [공차] 탭

　1차 치수와 대체 치수에 공차값을 표시하고자 할 때 사용합니다. 치수의 [공차 형식], [공차 정렬], [0억제], [대체 단위 공차]의 각 조건을 지정합니다.

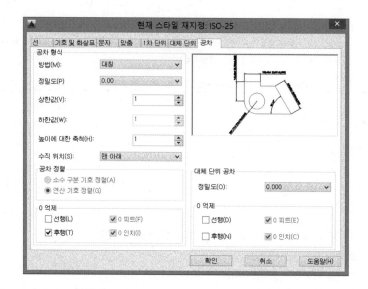

① 공차 형식 : 1차 치수의 공차 표시 방법, 정밀도, 상한값 및 하한값, 높이에 대한 축적값을 지정합니다.

- 방법 : 1차 치수 공차의 표시 형식을 지정합니다.
- 정밀도 : 1차 치수 공차의 소수점 이하 자리수를 지정합니다.
- 상한값 : 1차 치수 공차의 상한값을 지정합니다.
- 하한값 : 1차 치수 공차의 하한값을 지정합니다.
- 높이에 대한 축적 값 : 1차 치수 공차 문자의 높이를 지정합니다.
- 수직 위치 : 대칭 및 편차 공차의 문자 자리를 지정합니다.

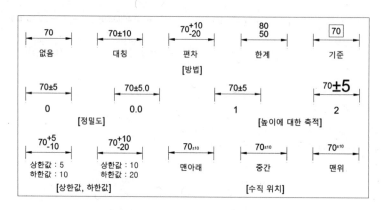

② 공차 정렬 : 스택 시 상위 공차값과 하위 공차값의 정렬을 조정합니다.

- 소수 구분 기호 정렬 : 상위 공차값과 하위 공차값은 소수 구분 기호에 의해 스택됩니다.
- 연산 기호 정렬 : 상위 공차값과 하위 공차값은 연산 기호에 의해 스택됩니다.

③ 0억제 : 1차 치수 공차를 소수 형식으로 표시할 때 소수점 앞의 0과 소수점 뒤의 0을 생략합니다.

- 선행 : 1차 치수 공차의 소수점 앞의 0을 생략합니다.
- 후행 : 1차 치수 공차의 소수점 뒤의 0을 생략합니다.
- 0 피트 : 피트-인치 치수인 경우, 길이가 1피트 미만일 때 피트 부분의 0을 생략합니다. 예를 들어 0피트 6과 2분의 1인치인 경우, 6과 2분의 1인치로 표시합니다.

- 0 인치 : 피트-인치 치수인 경우, 길이가 피트 부분의 정수배일 때 인치 부분을 생략합니다. 예를 들어 1피트 0인치인 경우, 1피트로 표시합니다.

④ 대체 단위 공차 : 대체 치수의 정밀도와 0억제를 지정합니다.
   - 정밀도 : 대체 치수 공차의 소수점 이하 자리수를 지정합니다.

⑤ 0억제 : 대체 치수 공차를 소수 형식으로 표시할 때 소수점 앞의 0과 소수점 뒤의 0을 생략합니다.
   - 선행 : 대체 치수 공차의 소수점 앞의 0을 생략합니다.
   - 후행 : 대체 치수 공차의 소수점 뒤의 0을 생략합니다.
   - 0 피트 : 피트-인치 치수인 경우, 길이가 1피트 미만일 때 피트 부분의 0을 생략합니다. 예를 들어 0피트 6과 2분의 1인치인 경우, 6과 2분의 1인치로 표시합니다.
   - 0 인치 : 피트-인치 치수인 경우, 길이가 피트 부분의 정수배일 때 인치 부분을 생략합니다. 예를 들어 1피트 0인치인 경우, 1피트로 표시합니다.

2 치수 문자와 치수보조선을 편집하는 [Dimedit] 명령어

[Dimedit] 명령어는 미리 작성한 치수 중 치수 문자를 회전시키고 치수 문자값을 새롭게 지정할 뿐만 아니라, 치수보조선의 기울기도 조절할 수 있습니다.

(1) 명령어 입력 방법

[Dimedit] 명령어	
메뉴 막대	치수→기울기
명령어	Dimedit
단축 명령어	Dimed
리본 메뉴	(주석)탭→(치수)패널→기울기(☐) ([제도 및 주석] 작업공간)
	(주석)탭→(치수)패널→기울기(☐) ([3D 모델링] 작업공간)

(2) 명령어 사용 방법

명령 : Dimedit ⏎
치수 편집의 유형 입력 [홈(H)/새로 만들기(N)/회전(R)/기울기(O)] 〈홈(H)〉: H ⏎
원하는 옵션을 입력하여 치수 문자를 회전시키고 치수 문자값을 새롭게 지정하며 치수보조선의 기울기를 조절할 수 있습니다.

(3) 옵션 설명

옵션	설명
홈(H)	회전된 치수 문자의 위치를 처음 기입했을 때의 위치로 지정합니다.
새로 만들기(N)	치수 문자값을 변경합니다.
회전(R)	치수 문자를 회전시킵니다.
기울기(O)	치수보조선을 기울입니다.

(4) 실습하기

● [새로 만들기] 옵션 실습하기

01 아래의 예제 파일을 불러옵니다.

예제 파일 : Part01\Chapter09\9-3\2\Dimedit(새로 만들기 옵션)

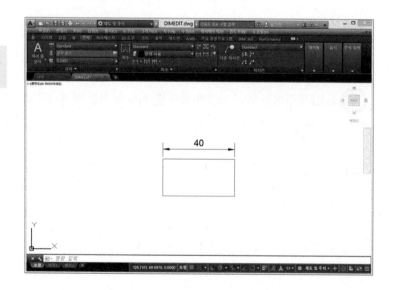

02 치수 문자값인 '40' 을 '1' 로 바꾸기 위해서 [Dimedit] 명령어를 입력하고 [새로 만들기] 옵션인 'N' 을 입력합니다. 이후, 문자 입력 창에 나타나면 '1' 을 입력하고 [문자편집기]탭 [닫기] 패널의 [문서편집기 닫기]를 클릭합니다.

명령 : Dimedit Enter
치수 편집의 유형 입력 [홈(H)/새로 만들기(N)/회전(R)/기울기(O)] 〈홈(H)〉: N Enter
치수 문자값을 바꾸기 위해서 'N'을 입력하면 문자 입력 창에 나타나고 '1'을 입력한 후, [문자편집기]탭 [닫기] 패널의 [문서편집기 닫기]를 클릭합니다.

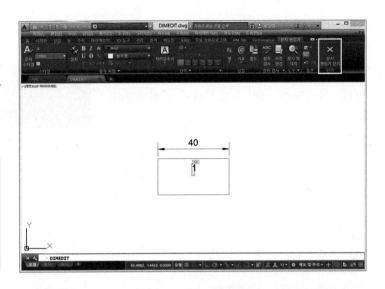

03 치수를 클릭합니다.

객체 선택 : P1 클릭　1개를 찾음
치수에 'P1'을 클릭합니다.
객체 선택 : Enter

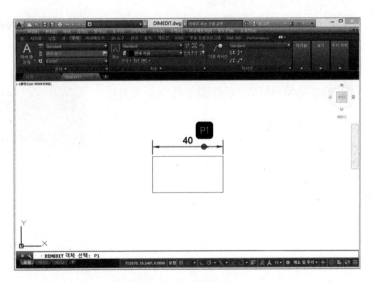

04 치수 문자값이 '40' 에서 '1' 로 바뀐 것을 확인할 수 있습니다.

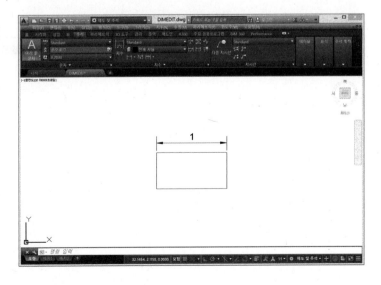

● [회전] 옵션 실습하기

01 치수 문자값을 회전시키기 위해서 [Dimedit] 명령어를 입력하고 [회전] 옵션인 'R'을 입력합니다. 이후, 치수 문자를 회전시킬 각도를 입력하고 치수를 클릭합니다.

> **명령 : Dimedit [Enter]**
> 치수 편집의 유형 입력 [홈(H)/새로 만들기(N)/회전(R)/기울기(O)] 〈홈(H)〉 : R [Enter]
> [회전] 옵션을 지정하기 위해서 'R'을 입력합니다.
> **치수 문자에 대한 각도를 지정 : 45 [Enter]**
> 치수 문자의 회전 각도에 '45'를 입력합니다.
> **객체 선택 : P1클릭　1개를 찾음**
> 치수에 'P1'을 클릭합니다.
> **객체 선택 : [Enter]**

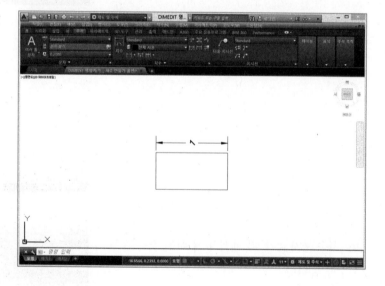

02 치수 문자가 '45도' 만큼 회전된 것을 확인할 수 있습니다.

● [기울기] 옵션 실습하기

01 치수보조선을 기울이기 위해서 [Dimedit] 명령어를 입력하고 [기울기] 옵션인 'O'를 입력합니다. 이후, 치수를 클릭하고 치수보조선의 기울기 각도를 입력합니다.

> **명령 : Dimedit** [Enter]
> 치수 편집의 유형 입력 [홈(H)/새로 만들기(N)/회전(R)/기울기(O)] 〈홈(H)〉 : O [Enter]
> [기울기] 옵션을 지정하기 위해서 'O'를 입력합니다.
> 객체 선택 : P1 클릭   1개를 찾음
> 치수에 'P1'을 클릭합니다.
> 객체 선택 : [Enter]
> 기울기 각도 입력 (없는 경우 ENTER 키) : 45 [Enter]
> 치수보조선의 기울기 각도에 '45'를 입력합니다.

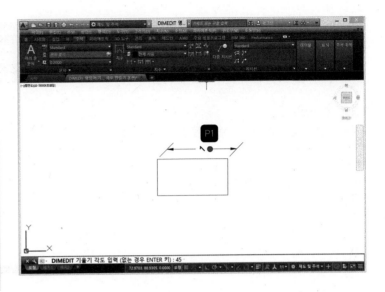

02 치수보조선이 '45도' 만큼 기울어진 것을 확인할 수 있습니다.

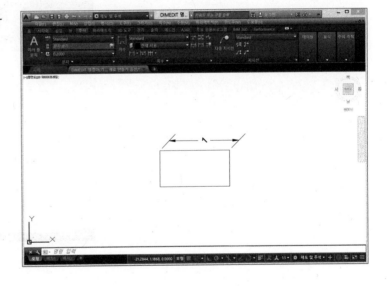

● [홈] 옵션 실습하기

01 치수 문자를 처음 기입했을 때 위치로 지정하기 위해서 [Dimedit] 명령어를 입력하고 [홈] 옵션인 'H'를 입력한 후, 치수를 클릭합니다.

> **명령 : Dimedit** Enter
> **치수 편집의 유형 입력 [홈(H)/새로 만들기(N)/회전(R)/기울기(O)] 〈홈(H)〉 :** H Enter
> [홈] 옵션을 지정하기 위해서 'H'를 입력합니다.
> **객체 선택 : P1 클릭   1개를 찾음**
> 치수에 'P1'을 클릭합니다.
> **객체 선택 :** Enter

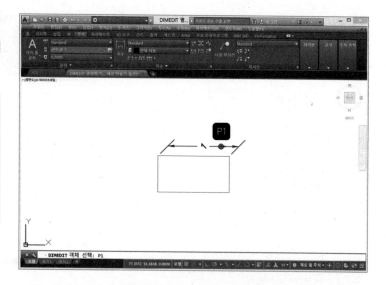

02 치수 문자가 처음 기입했을 때의 위치로 되돌아간 것을 확인할 수 있습니다.

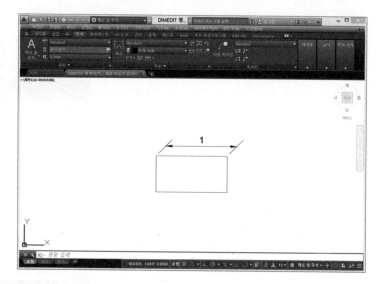

3 치수 문자의 위치와 회전 각도를 지정하는 [Dimtedit] 명령어

[Dimtedit] 명령어는 미리 작성한 치수 중 치수 문자의 위치를 변화시키고 치수 문자를 회전시킬 수 있습니다.

(1) 명령어 입력 방법

[Dimtedit] 명령어	
메뉴 막대	치수→문자 정렬
명령어	Dimtedit
단축 명령어	Dimted
리본 메뉴	(주석)탭→(치수)패널→문자 각도(⬈), 왼쪽 자리맞추기(⊢✕⊣), 가운데 자리맞추기(⊢✕⊣), 오른쪽 자리맞추기(⊢✕⊣) ([제도 및 주석] 작업공간)
	(주석)탭→(치수)패널→문자 각도(⬈), 왼쪽 자리맞추기(⊢✕⊣), 가운데 자리맞추기(⊢✕⊣), 오른쪽 자리맞추기(⊢✕⊣) ([3D 모델링] 작업공간)

(2) 명령어 사용 방법

명령 : Dimtedit [Enter]
치수 선택 : P1 클릭
치수를 클릭합니다.
치수 문자에 대한 새 위치 또는 다음을 지정 [왼쪽(L)/오른쪽(R)/중심(C)/홈(H)/각도(A)] : L [Enter]
원하는 옵션을 입력하여 치수 문자의 위치를 변화시키고 치수 문자를 회전시킬 수 있습니다.

(3) 옵션 설명

옵션	설명
왼쪽(L)	치수 문자의 위치를 치수선의 왼쪽으로 지정합니다.
오른쪽(R)	치수 문자의 위치를 치수선의 오른쪽으로 지정합니다.
중심(C)	치수 문자의 위치를 치수선의 중심으로 지정합니다.
홈(H)	회전된 치수 문자의 회전 각도를 처음 기입했을 때의 회전 각도로 지정합니다.
각도(A)	치수 문자를 회전시킵니다.

(4) 실습하기

● [왼쪽] 옵션 실습하기

01 아래의 예제 파일을 불러옵니다.

예제 파일 : Part01\Chapter09\9-3\3\Dimtedit(왼쪽 옵션)

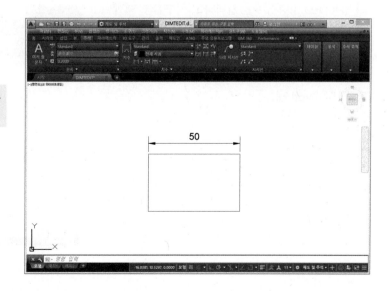

02 [Dimtedit] 명령어를 입력하고 치수를 클릭합니다. 이후, 치수 문자의 위치를 치수선의 '왼쪽' 으로 지정하기 위해서 [왼쪽] 옵션을 입력합니다.

명령 : Dimtedit [Enter]
치수 선택 : P1 클릭
치수에 'P1'을 클릭합니다.
치수 문자에 대한 새 위치 또는 다음을 지정 [왼쪽(L)/오른쪽(R)/중심(C)/홈(H)/각도(A)] : L [Enter]
[왼쪽] 옵션을 지정하기 위해서 'L'을 입력합니다.

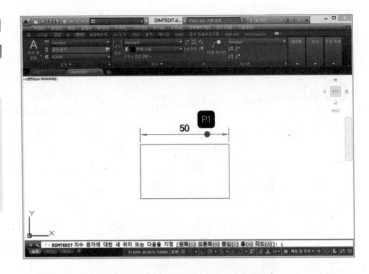

03 치수 문자의 위치가 치수선의 '왼쪽' 에 위치한 것을 확인할 수 있습니다.

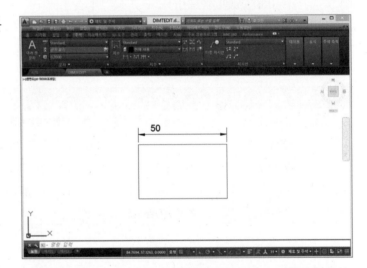

● [오른쪽] 옵션 실습하기

01 [Dimtedit] 명령어를 입력하고 치수를 클릭합니다. 이후, 치수 문자의 위치를 치수선의 '오른쪽' 으로 지정하기 위해서 [오른쪽] 옵션을 입력합니다.

명령 : Dimtedit [Enter]
치수 선택 : P1 클릭
치수에 'P1'을 클릭합니다.
치수 문자에 대한 새 위치 또는 다음을 지정 [왼쪽(L)/오른쪽(R)/중심(C)/홈(H)/각도(A)] : R [Enter]
[오른쪽] 옵션을 지정하기 위해서 'R'을 입력합니다.

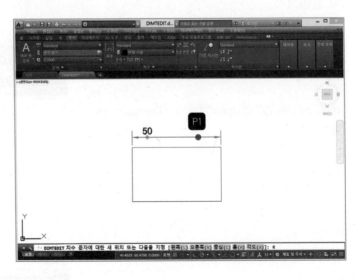

02 치수 문자의 위치가 치수선의 '오른쪽'에 위치한 것을 확인할 수 있습니다.

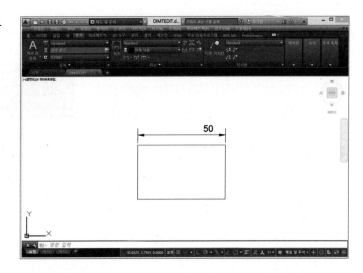

● [중심] 옵션 실습하기

01 [Dimtedit] 명령어를 입력하고 치수를 클릭합니다. 이후, 치수 문자의 위치를 치수선의 '중심'으로 지정하기 위해서 [중심] 옵션을 입력합니다.

> **명령 : Dimtedit** ↵
> **치수 선택 : P1 클릭**
> 치수에 'P1'을 클릭합니다.
> **치수 문자에 대한 새 위치 또는 다음을 지정 [왼쪽(L)/오른쪽(R)/중심(C)/홈(H)/각도(A)] : C** ↵
> [중심] 옵션을 지정하기 위해서 'C'를 입력합니다.

02 치수 문자의 위치가 치수선의 '중심'에 위치한 것을 확인할 수 있습니다.

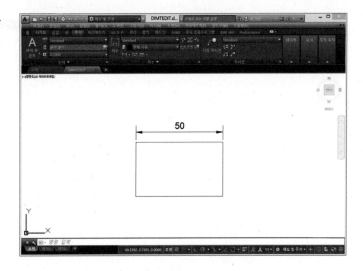

● [각도] 옵션 실습하기

01 [Dimtedit] 명령어를 입력하고 치수를 클릭
합니다. 이후, 치수 문자를 회전시키기 위해서 [각
도] 옵션을 입력하고 회전 각도를 입력합니다.

명령 : Dimtedit Enter
치수 선택 : P1 클릭
치수에 'P1'을 클릭합니다.
치수 문자에 대한 새 위치 또는 다음을 지정 [왼쪽(L)/
오른쪽(R)/중심(C)/홈(H)/각도(A)] : A Enter
[각도] 옵션을 지정하기 위해서 'A'를 입력합니다.
치수 문자에 대한 각도를 지정 : 45 Enter
치수 문자의 회전 각도에 '45'를 입력합니다.

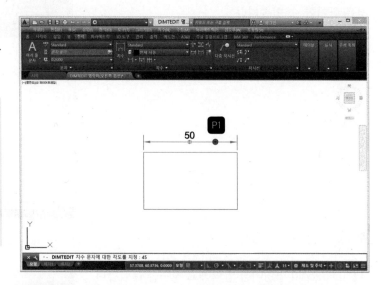

02 치수 문자가 '45도' 만큼 회전된 것을 확인할
수 있습니다.

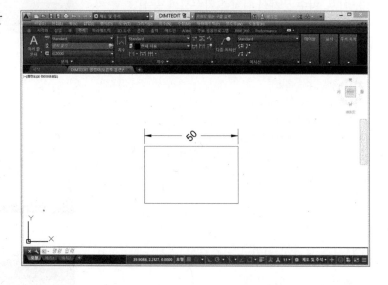

● [홈] 옵션 실습하기

01 [Dimtedit] 명령어를 입력하고 치수를 클릭합니다. 이후, [각도] 옵션을 적용하기 전의 회전 각도로 지정하기 위해서 [홈] 옵션을 입력합니다.

> **명령 : Dimtedit** [Enter]
> 치수 선택 : P1 클릭
> 치수에 'P1'을 클릭합니다.
> 치수 문자에 대한 새 위치 또는 다음을 지정 [왼쪽(L)/
> 오른쪽(R)/중심(C)/홈(H)/각도(A)] : H [Enter]
> [홈] 옵션을 지정하기 위해서 'H'를 입력합니다.

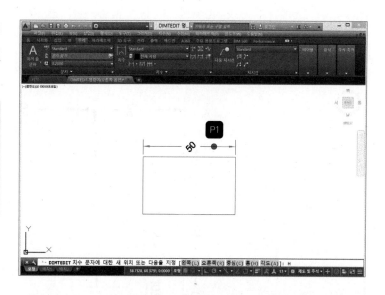

02 치수 문자가 처음 기입했을 때의 위치로 바뀐 것을 확인할 수 있습니다.

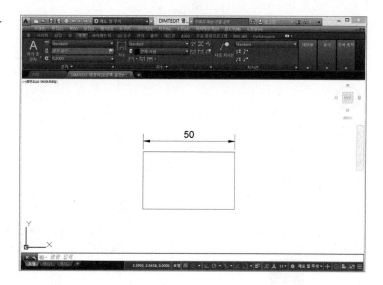

Limits : 0,0~297,210

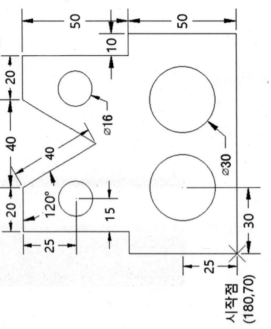

시작점
(180,70)

명령어 : Line, Circle, Mirror, Dimscale(25),
Dimtih(On), Dimcont, Dimdia, Dimali, Dimang

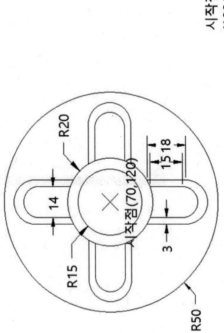

시작점(70,120)

명령어 : Circle, Line, Offset, Trim, Arc,
Rotate, Dimscale(25), Dimlin, Dimrad

10 CHAPTER

객체 정보 조회 및
점 스타일 지정하기

10.1 객체의 정보 조회하기

1 객체의 면적을 조회하는 [Area] 명령어

[Area] 명령어는 객체를 직접 선택하거나 각 지점을 마우스로 선택하여 객체의 면적이나 둘레를 나타냅니다. 닫힌 객체는 물론, 열린 객체도 각 지점을 마우스로 선택하여 면적이나 둘레를 나타냅니다.

(1) 명령어 입력 방법

[Area] 명령어	
메뉴 막대	도구→조회→면적
명령어	Area
단축 명령어	Aa
리본 메뉴	(홈)탭→(유틸리티)패널→길이 분할→면적(🔲) ([제도 및 주석] 작업공간)

(2) 명령어 사용 방법

명령 : Area ⏎
첫 번째 구석점 지정 또는 [객체(O)/면적 추가(A)/면적 빼기(S)] 〈객체(O)〉 : P1 클릭
다음 점 또는 [호(A)/길이(L)/명령 취소(U)] 지정 : P2 클릭
다음 점 또는 [호(A)/길이(L)/명령 취소(U)] 지정 : P3 클릭
다음 점 또는 [호(A)/길이(L)/명령 취소(U)/합계(T)] 지정 〈합계〉: P4 클릭
객체의 각 지점을 지정합니다.
다음 점 또는 [호(A)/길이(L)/명령 취소(U)/합계(T)] 지정 〈합계〉: ⏎
영역 = 2500.0000, 둘레 = 200.0000

(3) 옵션 설명

옵션	설명
객체(O)	객체를 선택하여 객체의 면적과 둘레를 나타냅니다.
면적 추가(A)	현재 선택한 객체나 좌표의 면적에, 추가로 새로운 객체나 좌표를 입력한 면적을 더합니다.
면적 빼기(S)	현재 선택한 객체나 좌표의 면적에서, 새로운 객체나 좌표를 입력한 면적을 뺍니다.

(4) 실습하기

● 기본 실습하기

01 아래의 예제 파일을 불러옵니다.

예제 파일 : Part01\Chapter10\10-1\1\Area(기본)

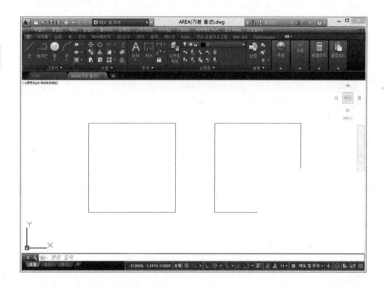

02 [Area] 명령어를 입력하고 왼쪽의 닫힌 객체인 사각형의 각 꼭지점을 클릭합니다. 사각형의 면적(영역)과 둘레가 표시됩니다.

명령 : Area ⏎
첫 번째 구석점 지정 또는 [객체(O)/면적 추가(A)/면적 빼기(S)] 〈객체(O)〉 : P1 클릭
다음 점 또는 [호(A)/길이(L)/명령 취소(U)] 지정 : P2 클릭
다음 점 또는 [호(A)/길이(L)/명령 취소(U)] 지정 : P3 클릭
다음 점 또는 [호(A)/길이(L)/명령 취소(U)/합계(T)] 지정 〈합계〉 : P4 클릭
사각형의 4개 꼭지점에 'P1'부터 'P4'까지 차례로 클릭합니다.
다음 점 또는 [호(A)/길이(L)/명령 취소(U)/합계(T)] 지정 〈합계〉 : ⏎
영역 = 25600.0000, 둘레 = 640.0000

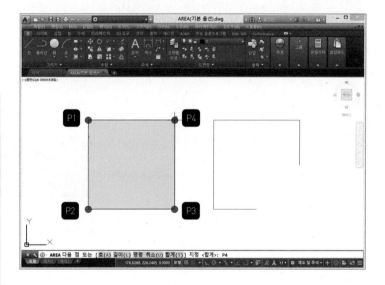

03 오른쪽 열린 객체의 면적과 둘레를 구하기 위해서 [Area] 명령어를 입력하고 객체의 각 꼭지점을 클릭합니다. 객체의 면적(영역)과 둘레가 표시됩니다.

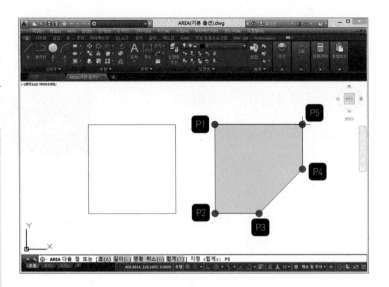

명령 : Area Enter
첫 번째 구석점 지정 또는 [객체(O)/면적 추가(A)/면적 빼기(S)] 〈객체(O)〉 : P1 클릭
다음 점 또는 [호(A)/길이(L)/명령 취소(U)] 지정 : P2 클릭
다음 점 또는 [호(A)/길이(L)/명령 취소(U)] 지정 : P3 클릭
다음 점 또는 [호(A)/길이(L)/명령 취소(U)/합계(T)] 지정 〈합계〉 : P4 클릭
다음 점 또는 [호(A)/길이(L)/명령 취소(U)/합계(T)] 지정 〈합계〉 : P5 클릭
객체의 각 꼭지점에 'P1'부터 'P5'까지 차례로 클릭합니다.
다음 점 또는 [호(A)/길이(L)/명령 취소(U)/합계(T)] 지정 〈합계〉 : Enter
영역 = 22400.0000, 둘레 = 593.1371

● [객체] 옵션 실습하기

01 아래의 예제 파일을 불러옵니다.

예제 파일 : Part01\Chapter10\10-1\1\Area(객체 옵션)

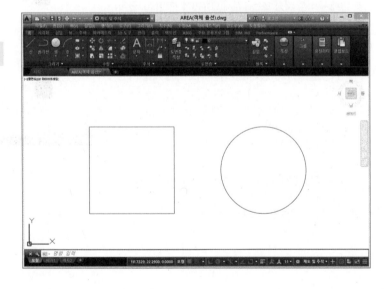

02 [Area] 명령어를 입력하고 왼쪽의 사각형을 한 번에 선택하기 위해서 [객체] 옵션을 입력한 후, 사각형의 한 점을 클릭합니다. 사각형의 면적(영역)과 둘레가 표시됩니다.

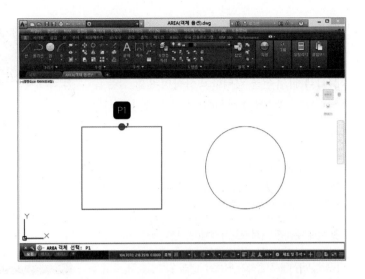

명령 : Area Enter
첫 번째 구석점 지정 또는 [객체(O)/면적 추가(A)/면적 빼기(S)] 〈객체(O)〉 : O Enter
[객체] 옵션을 지정하기 위해서 'O'를 입력합니다.
객체 선택 : P1 클릭
사각형의 한 점에 'P1'을 클릭합니다.
영역 = 22500.0000, 둘레 = 600.0000
사각형의 면적(영역)과 둘레가 표시됩니다.

03 오른쪽 원을 한 번에 선택해 면적을 구하기 위해서 [Area] 명령어를 입력하고 [객체] 옵션을 입력한 후, 원의 한 점을 클릭합니다. 원의 면적(영역)과 둘레가 표시됩니다.

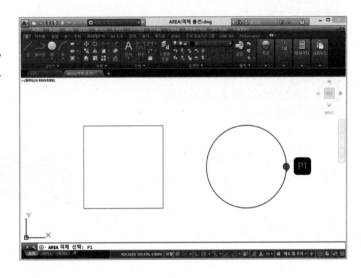

명령 : Area Enter
첫 번째 구석점 지정 또는 [객체(O)/면적 추가(A)/면적 빼기(S)] 〈객체(O)〉 : O Enter
[객체] 옵션을 지정하기 위해서 'O'를 입력합니다.
객체 선택 : P1 클릭
원의 한 점에 'P1'을 클릭합니다.
영역 = 17671.4587, 원주 = 471.2389
원의 면적(영역)과 원주가 표시됩니다.

● [면적 추가, 면적 빼기] 옵션 실습하기

01 아래의 예제 파일을 불러옵니다.

예제 파일 : Part01\Chapter10\10-1\1\Area(면적 추가, 면적 빼기 옵션)

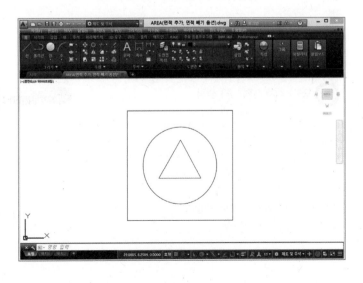

02 [Area] 명령어를 입력하고 [면적 추가] 옵션을 지정합니다. 이후, 사각형을 한 번에 선택하기 위해서 [객체] 옵션을 입력하고 사각형의 한 점을 클릭합니다. 사각형의 면적(영역)과 둘레가 표시됩니다.

명령 : Area [Enter]
첫 번째 구석점 지정 또는 [객체(O)/면적 추가(A)/면적 빼기(S)] 〈객체(O)〉 : A [Enter]
[면적 추가] 옵션을 지정하기 위해서 'A'를 입력합니다.
첫 번째 구석점 지정 또는 [객체(O)/면적 빼기(S)] : O [Enter]
[객체] 옵션을 지정하기 위해서 'O'를 입력합니다.
(추가 모드) 객체 선택 : P1 클릭
사각형의 한 점에 'P1'을 클릭합니다.
영역 = 40000.0000, 둘레 = 800.0000
전체 면적 = 40000.0000
사각형의 면적(영역)과 둘레가 표시됩니다.
(추가 모드) 객체 선택 : [Enter]
영역 = 40000.0000, 둘레 = 800.0000
전체 면적 = 40000.0000

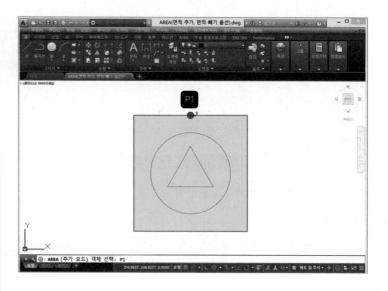

03 사각형 면적에서 원의 면적을 빼기 위해서 [면적 빼기] 옵션과 [객체] 옵션을 지정한 후, 원의 한 점을 클릭합니다. 원의 면적(영역)과 원주가 표시되고 사각형 면적(영역)에서 원의 면적(영역)을 뺀 면적이 표시됩니다.

첫 번째 구석점 지정 또는 [객체(O)/면적 빼기(S)] : S [Enter]
[면적 빼기] 옵션을 지정하기 위해서 'S'를 입력합니다.
첫 번째 구석점 지정 또는 [객체(O)/면적 추가(A)] : O [Enter]
[객체] 옵션을 지정하기 위해서 'O'를 입력합니다.
(빼기 모드) 객체 선택 : P1 클릭
원의 한 점에 'P1'을 클릭합니다.
영역 = 15393.8040, 원주 = 439.8230
전체 면적 = 24606.1960
원의 면적(영역)과 원주가 표시되고 사각형의 면적(영역)에서 원의 면적(영역)을 뺀 면적이 표시됩니다.
(빼기 모드) 객체 선택 : [Enter]
영역 = 15393.8040, 원주 = 439.8230
전체 면적 = 24606.1960

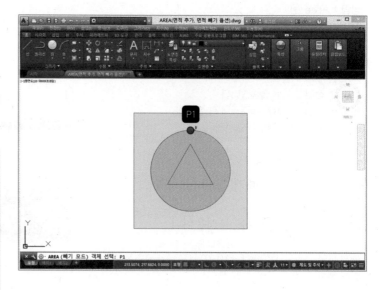

04 사각형 면적(영역)에서 원의 면적(영역)을 뺀 면적에 삼각형의 면적(영역)을 더하기 위해서 [면적 추가] 옵션과 [객체] 옵션을 지정한 후, 삼각형의 한 점을 클릭합니다. 삼각형의 면적(영역)과 둘레가 표시되고 최종적으로 사각형 면적(영역)에서 원의 면적(영역)을 뺀 면적에 삼각형 면적(영역)을 더한 면적(영역)이 표시됩니다.

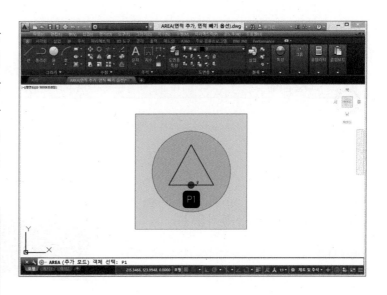

첫 번째 구석점 지정 또는 [객체(O)/면적 추가(A)] : A [Enter]
[면적 추가] 옵션을 지정하기 위해서 'A'를 입력합니다.
첫 번째 구석점 지정 또는 [객체(O)/면적 빼기(S)] : O [Enter]
[객체] 옵션을 지정하기 위해서 'O'를 입력합니다.
(추가 모드) 객체 선택 : P1 클릭
삼각형의 한 점에 'P1'을 클릭합니다.
영역 = 2802.5507, 둘레 = 241.3502
전체 면적 = 27408.7467
삼각형의 면적(영역)과 둘레가 표시되고 최종적으로 사각형 면적(영역)에서 원의 면적(영역)을 뺀 면적에 삼각형 면적(영역)을 더한 면적(영역)이 표시됩니다.
(추가 모드) 객체 선택 : [Enter]
영역 = 2802.5507, 둘레 = 241.3502
전체 면적 = 27408.7467
첫 번째 구석점 지정 또는 [객체(O)/면적 빼기(S)] : [Enter]
전체 면적 = 27408.7467

2 두 점 사이의 거리를 조회하는 [Dist] 명령어

[Dist] 명령어는 객체 두 점 사이의 직선 거리와 각도를 알 수 있습니다. 2차원 객체인 경우 'XY 평면에서의 각도'를 알 수 있고 3차원 객체인 경우 'XY 평면에서의 각도' 뿐만 아니라 'XY 평면으로부터의 각도'를 알 수 있습니다.

(1) 명령어 입력 방법

[Dist] 명령어	
메뉴 막대	도구→조회→거리
명령어	Dist
단축 명령어	Di
리본 메뉴	(홈)탭→(유틸리티)패널→길이 분할 →거리(📏) ([제도 및 주석] 작업공간)

(2) 명령어 사용 방법

명령 : Dist [Enter]
첫 번째 점 지정 : P1 클릭
객체의 첫 번째 점을 지정합니다.
두 번째 점 또는 [다중 점(M)] 지정 : P2 클릭
객체의 두 번째 점을 지정합니다.
거리 = 10.0000, XY 평면에서의 각도 = 30, XY 평면으로부터의 각도 = 0
X증분 = 8.6603, Y증분 = 5.0000, Z증분 = 0.0000

(3) 옵션 설명

옵션	설명
다중 점(M)	객체의 두 점 사이의 누적 거리를 나타냅니다.

(4) 실습하기

● 기본 실습하기

01 아래의 예제 파일을 불러옵니다.

예제 파일 : Part01\Chapter10\10-1\2\Dist(기본)

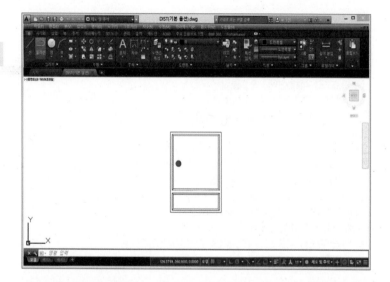

02 [Dist] 명령어를 입력하고 객체의 왼쪽-아래쪽에 있는 한 점을 클릭한 후, 왼쪽-위쪽에 있는 다른 한 점을 클릭합니다. 객체의 두 점 사이의 거리가 '168', Y증분이 '168', XY 평면에서의 각도가 '90' 으로 표시됩니다.

명령 : Dist Enter
첫 번째 점 지정 : P1 클릭
객체의 첫 번째 점에 'P1'을 클릭합니다.
두 번째 점 또는 [다중 점(M)] 지정 : P2 클릭
객체의 두 번째 점에 'P2'를 클릭합니다.
거리 = 168.0000, XY 평면에서의 각도 = 90, XY 평면으로부터의 각도 = 0
X증분 = 0.0000,   Y증분 = 168.0000,   Z증분 = 0.0000

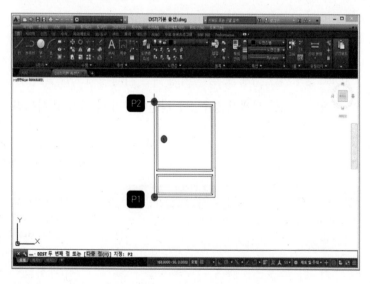

03 [Dist] 명령어를 입력하고 그림 02번 방향과는 반대로, 객체의 왼쪽-위쪽에 있는 한 점을 클릭한 후, 왼쪽-아래쪽에 있는 다른 한 점을 클릭합니다. 객체의 두 점 사이의 거리가 '168', Y증분이 '-168', XY 평면에서의 각도가 '270' 으로 표시됩니다.

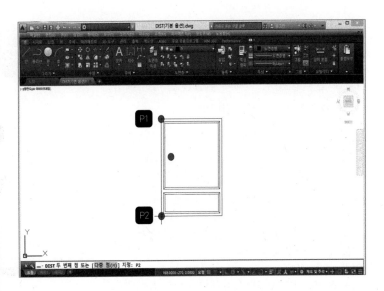

명령 : Dist [Enter]
첫 번째 점 지정 : P1 클릭
객체의 첫 번째 점에 'P1'을 클릭합니다.
두 번째 점 또는 [다중 점(M)] 지정 : P2 클릭
객체의 두 번째 점에 'P2'를 클릭합니다.
거리 = 168.0000, XY 평면에서의 각도 = 270, XY 평면으로부터의 각도 = 0
X증분 = 0.0000, Y증분 = -168.0000, Z증분 = 0.0000

● [다중 점] 옵션 실습하기

01 아래의 예제 파일을 불러옵니다.

예제 파일 : Part01\Chapter10\10-1\2\Dist(다중 점 옵션)

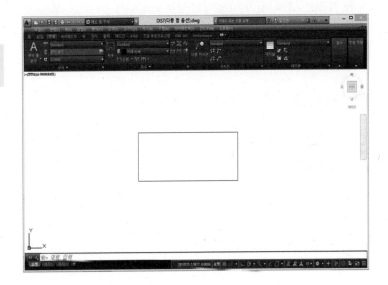

02 [Dist] 명령어를 입력하여 객체의 한 점을 클릭하고 [다중 점] 옵션을 입력한 후, 다른 점들을 차례로 클릭합니다. 객체의 점들을 클릭할 때마다 거리가 축적되어 표시됩니다.

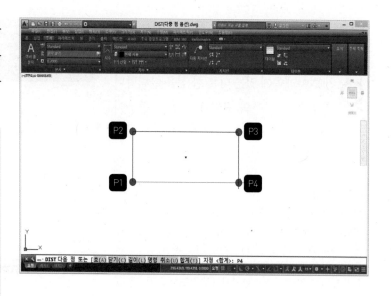

명령 : Dist [Enter]
첫 번째 점 지정 : P1 클릭
객체의 첫 번째 점에 'P1'을 클릭합니다.
두 번째 점 또는 [다중 점(M)] 지정 : M [Enter]
[다중 점] 옵션을 입력하기 위해서 'M'을 입력합니다.
다음 점 또는 [호(A)/길이(L)/명령 취소(U)/합계(T)]
지정 〈합계〉: P2 클릭
거리 = 83.2498
다음 점 또는 [호(A)/닫기(C)/길이(L)/명령 취소(U)/
합계(T)] 지정 〈합계〉: P3 클릭
거리 = 288.1919
다음 점 또는 [호(A)/닫기(C)/길이(L)/명령 취소(U)/
합계(T)] 지정 〈합계〉: P4 클릭
거리 = 371.4417
객체의 두 번째, 세 번째, 네 번째 점에 'P2', 'P3', 'P4'를
차례로 클릭합니다.
다음 점 또는 [호(A)/닫기(C)/길이(L)/명령 취소(U)/
합계(T)] 지정 〈합계〉: [Enter]
거리 = 371.4417

3 객체의 정보를 조회하는 [List] 명령어

[List] 명령어는 객체와 관련된 정보를 알 수 있는 가운데, 기본적으로 객체의 도면층과 객체가 작성된 공간을 표시합니다. 또한 원의 경우, 중심점, 반지름, 원주 및 면적을 표시하고 선의 경우, 시작점, 끝점, 길이, XY평면의 각도 및 X증분, Y증분, Z증분을 표시합니다. 폴리선인 경우, 폭, 면적, 길이, 시작점 및 끝점을 표시합니다.

(1) 명령어 입력 방법

[List] 명령어	
메뉴 막대	도구→조회→리스트
명령어	List
단축 명령어	Li

(2) 명령어 사용 방법

명령 : List [Enter]
객체 선택 : P1 클릭   1개를 찾음
객체의 한 점을 지정합니다.
객체 선택 : [Enter]

     원   도면층 : "0"
              공간 : 모형 공간
       핸들 = 21f
     중심 점, X= 456.6750 Y= 121.0998 Z= 0.0000
      반지름 42.3219
       원주 265.9162
       면적 5627.0369

[AutoCAD 문자 윈도우] 대화 상자가 나타나며 객체의 정보가 표시됩니다.

(3) 실습하기

● 기본 실습하기

01 아래의 예제 파일을 불러옵니다.

예제 파일 : Part01\Chapter10\10-1\3\List(기본)

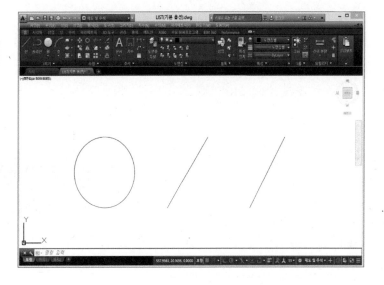

02 [List] 명령어를 입력하고 첫 번째 객체인 원의 한 점을 클릭합니다.

명령 : List [Enter]
객체 선택 : P1 클릭   1개를 찾음
첫 번째 객체인 원의 한 점에 'P1'을 클릭합니다.
객체 선택 : [Enter]

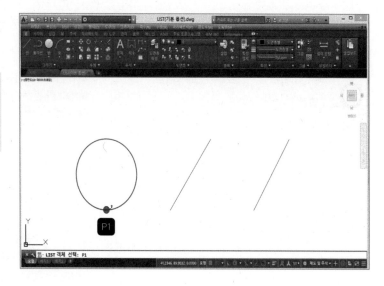

03 [AutoCAD 문자 윈도위] 대화 상자가 나타나며 원의 도면층, 원을 작성한 공간, 원의 중심점, 반지름, 원주 및 면적이 표시됩니다.

```
    원        도면층 : "0"
              공간 : 모형 공간
      핸들 = 1f6
      중심 점, X=  33.1957  Y= 149.4212  Z=   0.0000
      반지름   60.9923
       원주  383.2260
       면적 11686.9191
```

04 두 번째 객체인 선의 정보를 알기 위해서 [List] 명령어를 입력하고 두 번째 객체인 선의 한 점을 클릭합니다.

명령 : List [Enter]
객체 선택 : P1 클릭   1개를 찾음
두 번째 객체인 선의 한 점에 'P1'을 클릭합니다.
객체 선택 : [Enter]

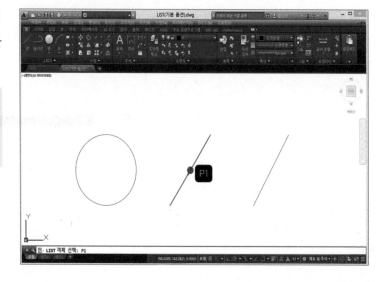

05 [AutoCAD 문자 윈도우] 대화 상자가 나타나며 선의 도면층, 선을 작성한 공간, 신의 시작점, 끝점, 길이, XY 평면의 각도 및 X 증분, Y 증분, Z 증분이 표시됩니다.

```
        선        도면층 : "0"
                  공간 : 모형 공간
        핸들 = 1f7
     시작점 점, X= 161.5125  Y=  88.4289  Z=   0.0000
       부터 점, X= 244.1072  Y= 210.4135  Z=   0.0000
    길이  = 147.3164,  XY 평면의 각도   =    56
         X 증분 =  82.5947, Y 증분  = 121.9846, Z 증분  =   0.0000
```

06 세 번째 객체인 폴리선의 정보를 알기 위해서 [List] 명령어를 입력하고 세 번째 객체인 폴리선의 한 점을 클릭합니다.

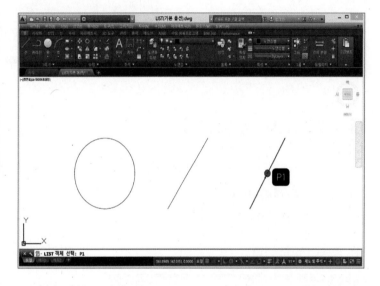

명령 : List [Enter]
객체 선택 : P1 클릭   1개를 찾음
세 번째 객체인 폴리선의 한 점에 'P1'을 클릭합니다.
객체 선택 : [Enter]

07 [AutoCAD 문자 윈도우] 대화 상자가 나타나며 폴리선의 도면층, 폴리선을 작성한 공간, 폭, 면적, 길이 및 폴리선의 시작점과 끝점이 표시됩니다.

```
        LWPOLYLINE  도면층 : "0"
                  공간 : 모형 공간
        핸들 = 1f8
    열기
  상수 폭   0.0000
   면적  0.0000
   길이  141.2253

    점  X= 330.7579  Y=  88.4289  Z=   0.0000
    점  X= 401.9221  Y= 210.4135  Z=   0.0000
```

> **⚡ TIP** **수행한 명령어를 다시 볼 수 있는 방법**
>
> 도면 작성 시 수행한 명령어 내역을 다시 조회하고자 할 때에는 'F2'를 누르면 이전의 명령어 수행 내역을 볼 수 있습니다.

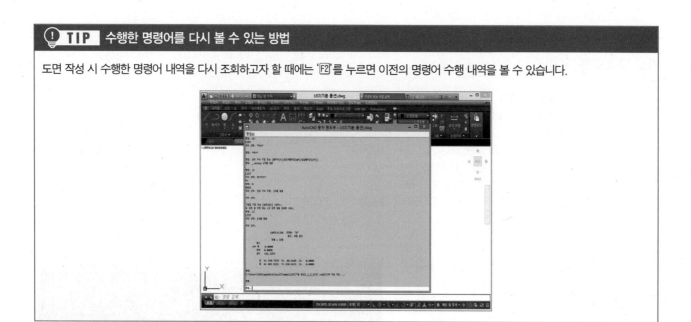

4 좌표를 표시하는 [ID] 명령어

[ID] 명령어는 선택한 지점의 절대 좌표값을 나타냅니다. 2차원인 경우, X축과 Y축, 3차원인 경우, X축, Y축 및 Z축의 절대 좌표값을 나타냅니다.

(1) 명령어 입력 방법

[ID] 명령어	
메뉴 막대	도구→조회→ID 점
명령어	ID
리본 메뉴	(홈)탭→(유틸리티) 패널→ID점(🔍) ([제도 및 주석] 작업공간)

(2) 명령어 사용 방법

명령 : ID Enter
점 지정 : P1 클릭
객체의 한 점을 지정합니다.
 X = 50.0000   Y = 50.0000   Z = 0.0000

(3) 실습하기

● 기본 실습하기

01 아래의 예제 파일을 불러옵니다.

> 예제 파일 : Part01\Chapter10\10-1\4\ID(기본)

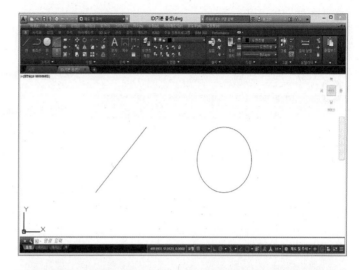

02 [ID] 명령어를 입력하고 선의 한 점을 클릭합니다.

> **명령 : ID Enter**
> 점 지정 : P1 클릭
> 선의 한 점에 'P1'을 클릭합니다.
> X = 20.0000　　Y = 80.0000　　Z = 0.0000
> 선택한 한 점의 절대 좌표값에 '20,80'이 표시됩니다.

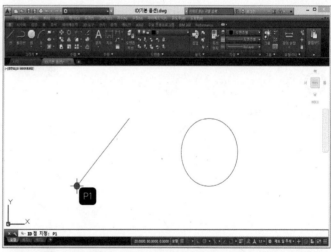

03 [ID] 명령어를 입력하고 원의 중심점을 클릭합니다.

> **명령 : ID Enter**
> 점 지정 : P1 클릭
> 원의 중심점에 'P1'을 클릭합니다.
> X = 300.0000　　Y = 140.0000　　Z = 0.0000
> 선택한 중심점의 절대 좌표값에 '300,140'이 표시됩니다.

5 도면의 정보를 표시하는 [Status] 명령어

[Status] 명령어는 현재 도면의 각종 설정 상태와 시스템 상태를 나타냅니다. [Status] 명령어는 도면의 설정 및 시스템 상태를 표시합니다.

(1) 명령어 입력 방법

[Status] 명령어	
메뉴 막대	도구→조회→상태
명령어	Status

(2) 명령어 사용 방법

명령 : Status Enter
도면의 설정 및 시스템 설정 상태를 나타냅니다.

(3) 실습하기

● 기본 실습하기

01 아래의 예제 파일을 불러옵니다.

예제 파일 : Part01\Chapter10\10-1\5\Status(기본)

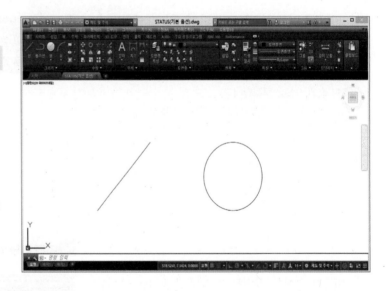

02 [Status] 명령어를 입력합니다. 이후, [AutoCAD 문자 윈도우] 대화 상자가 나타나며 도면의 설정 및 시스템 설정 상태가 표시됩니다.

명령 : Status ⏎

164 객체가 E : \그림\시작 도면\NEW\PART10\10-1\5\STATUS(기본).dwg에 있음

파일 크기 명령 취소 :   343바이트

모형 공간 한계	X : 0.0000	Y : 0.0000 (끄기)	
	X : 420.0000	Y : 297.0000	
모형 공간 사용	X : 20.0000	Y : 80.0000	
	X : 360.0000	Y : 200.0000	
디스플레이 보기	X : −176.7257	Y : −1.6875	
	X : 630.0562	Y : 298.6875	
삽입 기준	X : 0.0000	Y : 0.0000	Z : 0.0000
스냅 해상도	X : 0.5000	Y : 0.5000	
그리드 간격	X : 0.5000	Y : 0.5000	

현재 공간 :	모형 공간
현재 배치 :	Model
현재 도면층 :	"0"
현재 색상 :	BYLAYER -- 7 (흰색)
현재 선종류 :	BYLAYER -- "Continuous"
현재 재료 :	BYLAYER -- "Global"
현재 선가중치 :	BYLAYER
현재 고도 :	0.0000 두께 : 0.0000

채우기 켜기 그리드 끄기 직교 끄기 Qtext 끄기 스냅 끄기 타블렛 끄기

객체 스냅 모드 : 중심점, 끝점, 교차점, 중간점, 사분점

빈 도면 디스크 (E:) 공간 : 4648.6 MB

빈 임시 디스크 (C:) 공간 : 47284.7 MB

사용 가능한 실제 메모리 : 5566.3 MB (8107.7M 외).

사용 가능한 스왑 파일 공간 : 5547.0 MB (전체 9579.7M).

10.2 점 스타일 지정, 길이 등분 및 분할하기

1 점의 형태를 지정하는 [Ddptype] 명령어

[Ddptype] 명령어는 점의 형태를 지정할 수 있습니다. 점의 형태는 20가지가 있는 가운데, 점 번호는 '0번~4번', '32번 ~36번', '64번~68번', '96번~100번' 으로 나눌 수 있습니다. 점의 크기는 화면에 상대적인 크기로 설정하거나 절대 단위로 크기를 설정할 수 있습니다.

(1) 명령어 입력 방법

[Ddptype] 명령어	
메뉴 막대	형식→점 스타일
명령어	Ddptype
단축 명령어	Ddpt
리본 메뉴	(홈)탭→(유틸리티)패널→점 스타일(🔹) ([제도 및 주석] 작업공간)

(2) 명령어 사용 방법

명령 : Ddptype ⏎
[점 스타일] 대화 상자가 나타나면 점의 형태와 점의 크기를 조절합니다.

(3) 옵션 설명

설명
①번 : 점의 형태를 선택합니다.
②번 : 점의 크기를 설정합니다.
③번 : Limits와 비교하여 점의 크기가 상대적으로 정해집니다.
④번 : Limits와 비교하지 않고 점의 크기가 절대적으로 정해집니다.

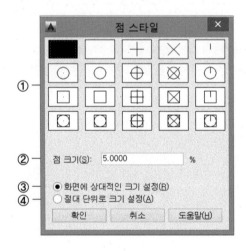

(4) 실습하기

● 기본 실습하기

01 [Limits] 명령어로 도면 한계를 설정하고 설정한 도면 한계를 도면에 적용하기 위해서 [Zoom] 명령어를 입력합니다.

명령 : Limits Enter
모형 공간 한계 재설정 :
왼쪽 아래 구석 지정 또는 [켜기(ON)/끄기(OFF)]
⟨0.0000,0.0000⟩ : 0,0 Enter
작업 도면의 '왼쪽–아래쪽'에 '0,0'을 입력합니다.
오른쪽 위 구석 지정 ⟨420.0000,297.0000⟩ : 12,9 Enter
작업 도면의 '오른쪽–위쪽'에 '12,9'를 입력합니다.

명령 : Zoom Enter
윈도우 구석 지정, 축척 비율(nX 또는 nXP) 입력 또는
[전체(A)/중심(C)/동적(D)/범위(E)/이전(P)/축척
(S)/윈도우(W)/객체(O)] ⟨실시간⟩ : A Enter
모형 재생성 중.
[Limits] 명령어에 의해서 지정한 도면 한계를 화면에 적용하기 위해서 [Zoom] 명령어의 [전체] 옵션을 입력합니다.

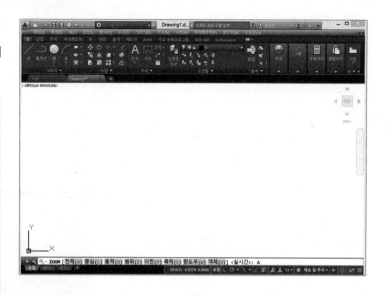

02 [Ddptype] 명령어를 입력하여 [점 스타일] 대화 상자가 나타나면 점 번호 '35번'을 클릭하고 [점 크기]가 '5%', [화면에 상대적인 크기 설정]이 지정된 것을 확인한 후, [확인]을 클릭합니다.

명령 : Ddptype Enter
[점 스타일] 대화 상자가 나타나면 점 번호 '35번'을 클릭하고 [점 크기]가 '5%', [화면에 상대적인 크기 설정]이 지정된 것을 확인한 후, [확인]을 클릭합니다.
PTYPE 모형 재생성 중.
모형 재생성 중.

03 [Point] 명령어를 입력한 후, 도면상에 한 점을 클릭합니다.

> **명령 : Point** [Enter]
> 현재 점 모드 : PDMODE=35 PDSIZE=0.0000
> 점 지정 : P1 클릭
> 도면상의 한 점에 'P1'을 클릭합니다.

04 [화면에 상대적인 크기 설정]에서 점의 크기를 5%로 지정하였기 때문에 작업 도면의 전체인 100%에 비해서 상대적으로 5%만큼 크기를 갖는 점 번호 '35번' 인 점이 나타납니다.

05 점의 크기를 확대하기 위해서 [Ddptype] 명령어를 입력한 후, [점 스타일] 대화 상자가 나타나면 점 크기에 '20' 을 입력하고 [확인]을 클릭합니다.

> **명령 : Ddptype** [Enter]
> [점 스타일] 대화 상자가 나타나면 점 크기 '20'을 입력한 후, [확인]을 클릭합니다.
> PTYPE 모형 재생성 중.
> 모형 재생성 중.

06 작업 도면의 전체인 100%에 비해서 상대적으로 20%만큼 크기를 갖는 점이 나타납니다.

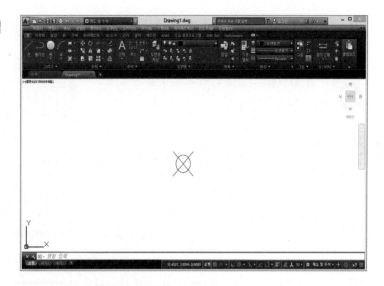

07 점의 형태를 '35번' 점에서 '66번' 으로 변화시키기 위해서 [Ddptype] 명령어를 입력합니다. [점 스타일] 대화 상자가 나타나면 점 번호 '66' 를 클릭한 후, [확인]을 클릭합니다.

> **명령 : Ddptype** [Enter]
> [점 스타일] 대화 상자가 나타나면 점 번호 '66번'을 클릭한 후, [확인]을 클릭합니다.
> PTYPE 모형 재생성 중.
> 모형 재생성 중.

08 점 번호 '66번' 인 점이 나타납니다.

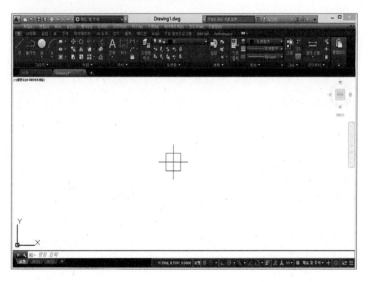

09 점을 절대 크기로 지정하기 위해서 [Ddptype] 명령어를 입력하여 [점 스타일] 대화 상자가 나타나면 점크기에 '5'을 입력하고 [절대 단위로 크기 설정]에 체크한 후, [확인]을 클릭합니다.

> **명령 : Ddptype** [Enter]
> [점 스타일] 대화 상자가 나타나면 점 크기에 '5'를 입력하고 [절대 단위로 크기 설정]에 체크한 후, [확인]을 클릭합니다.
> PTYPE 모형 재생성 중.
> 모형 재생성 중.

10 작업 도면 전체의 크기가 '12,9' 인 조건 하에서 절대 크기가 '5' 인 점이 표시되었습니다.

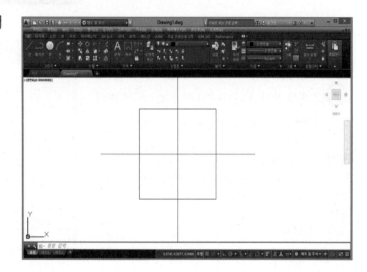

2 점을 표시하는 [Point] 명령어

[Point] 명령어는 점을 화면상에 표시할 수 있습니다. 점의 형태와 크기는 [Ddptype] 명령어에 의해서 지정할 수 있으며 [Divide] 명령어나 [Measure] 명령어 수행 시 기준점으로 사용하고 있습니다.

(1) 명령어 입력 방법

[Point] 명령어	
메뉴 막대	그리기→점
명령어	Point
단축 명령어	Po

(2) 명령어 사용 방법

> **명령 : Point** [Enter]
> 현재 점 모드 : PDMODE=0 PDSIZE=0.0000
> 점 지정 : P1 클릭
> 화면상의 한 점을 클릭합니다.

(3) 실습하기

● 기본 실습하기

01 [Limits] 명령어로 도면 한계를 설정하고 설정한 도면 한계를 도면에 적용하기 위해서 [Zoom] 명령어를 입력합니다.

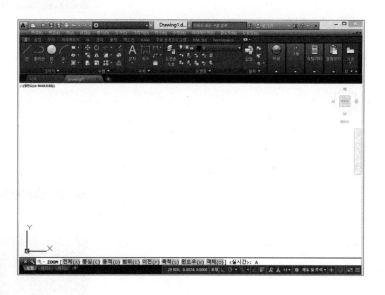

> **명령 : Limits** [Enter]
> 모형 공간 한계 재설정 :
> 왼쪽 아래 구석 지정 또는 [켜기(ON)/끄기(OFF)]
> 〈0.0000,0.0000〉: 0,0 [Enter]
> 작업 도면의 '왼쪽-아래쪽'에 '0,0'을 입력합니다.
> 오른쪽 위 구석 지정 〈420.0000,297.0000〉:
> 420,297 [Enter]
> 작업 도면의 '오른쪽-위쪽'에 '420,297'을 입력합니다.
>
> **명령 : Zoom** [Enter]
> 윈도우 구석 지정, 축척 비율(nX 또는 nXP) 입력 또는
> [전체(A)/중심(C)/동적(D)/범위(E)/이전(P)/축척
> (S)/윈도우(W)/객체(O)] 〈실시간〉: A [Enter]
> 모형 재생성 중.
> [Limits] 명령어에 의해서 지정한 도면 한계를 화면에 적용하기 위해서 [Zoom] 명령어의 [전체] 옵션을 입력합니다.

02 [Ddptype] 명령어를 입력하여 [점 스타일] 대화 상자가 나타나면 점 번호 '36번'을 클릭하고 점 크기에 '20'을 입력한 후, [확인]을 클릭합니다.

> **명령 : Ddptype** [Enter]
> [점 스타일] 대화 상자가 나타나면 점 번호 '36번'을 클릭하고 점 크기 '20'을 입력한 후, [확인]을 클릭합니다.
> PTYPE 모형 재생성 중.
> 모형 재생성 중.

03 [Point] 명령어를 입력한 후, 도면상에 한 점을 클릭합니다.

> **명령 : Point** [Enter]
> 현재 점 모드 : PDMODE=36 PDSIZE=-20.0000
> 점 지정 : P1 클릭
> 도면상의 한 점에 'P1'을 클릭합니다.

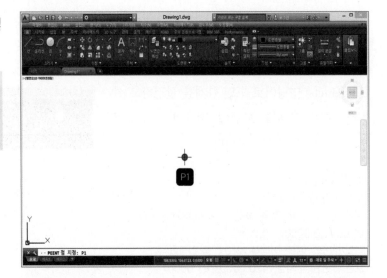

04 점 번호 '36번' 인 점이 나타납니다.

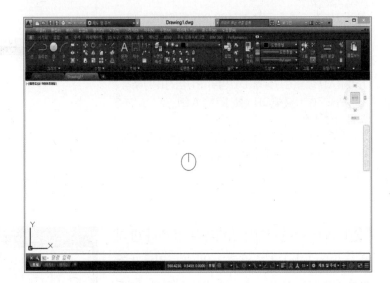

💡 **TIP** | **점의 형태와 크기를 지정하는 다른 방법**

[Ddptype] 명령어에 의해서 점의 형태와 크기를 한꺼번에 지정할 수 있으나, 점의 형태만을 지정할 경우에는 [Pdmode] 명령어를 입력 후, 점 번호를 입력하면 점의 형태만 지정이 가능합니다. 또한 점의 크기만을 지정할 경우에는 [Pdsize] 명령어에 의해서 (+)값을 입력하면 절대 크기, (-)값을 입력하면 상대 크기의 점을 지정할 수 있습니다.

3 객체를 등분하는 [Divide] 명령어

[Divide] 명령어는 객체를 원하는 개수로 등분할 수 있습니다. 등분을 할 때 점을 이용하는데, 일반적인 점은 화면상에서 표시가 안되므로 등분하기 전에 [Ddptype] 명령어에 의해서 점의 형태를 설정한 후 등분해야 합니다. 또한 점에 의해서 등분을 하더라도 실제로 객체가 잘라지는 것은 아니고 단순히 점을 표시만 하는 것입니다.

(1) 명령어 입력 방법

[Divide] 명령어	
메뉴 막대	그리기→점→등분할
명령어	Divide
단축 명령어	Div
리본 메뉴	(홈) 탭→(그리기) 패널→등분할( ) ([제도 및 주석] 작업공간)
	(홈) 탭→(그리기) 패널→등분할( ) ([3D 모델링] 작업공간)

(2) 명령어 사용 방법

명령 : Divide ⏎
등분할 객체 선택 : P1 클릭
등분할 객체를 선택합니다.
세그먼트의 개수 또는 [블록(B)] 입력 : 3 ⏎
등분할 개수를 입력합니다.

(3) 옵션 설명

옵션	설명
블록(O)	블록을 사용하여 객체를 등분합니다.

(4) 실습하기

● 기본 실습하기

01 아래의 예제 파일을 불러옵니다.

예제 파일 : Part01\Chapter10\10-2\3\Divide(기본)

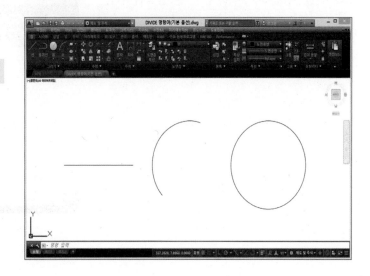

02 [Ddptype] 명령어를 입력하여 [점 스타일] 대화 상자가 나타나면 점 번호 '35번'을 클릭하고 [확인]을 클릭합니다.

> **명령 : Ddptype** [Enter]
> [점 스타일] 대화 상자가 나타나면 점 번호 '35번'을 클릭한 후, [확인]을 클릭합니다.
> PTYPE 모형 재생성 중.
> 모형 재생성 중.

03 [Divide] 명령어를 입력하고 선의 한 점을 클릭합니다.

> **명령 : Divide** [Enter]
> 등분할 객체 선택 : P1 클릭
> 등분할 선에 'P1'을 클릭합니다.

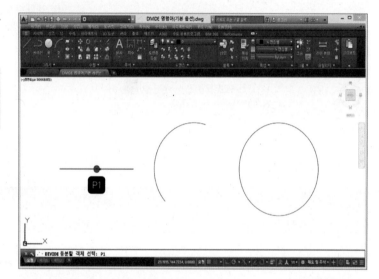

04 선을 3등분하기 위해서 '3'을 입력합니다.

> 세그먼트의 개수 또는 [블록(B)] 입력 : 3 [Enter]
> 등분할 개수에 '3'을 입력합니다.

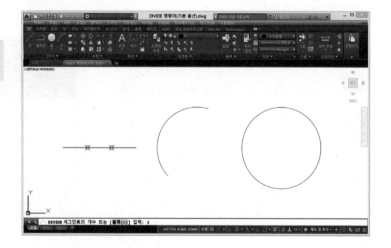

05 호를 4등분하기 위해서 [Divide] 명령어를 입력하고 호의 한 점을 클릭합니다.

명령 : Divide Enter
등분할 객체 선택 : P1 클릭
등분할 호에 'P1'을 클릭합니다.

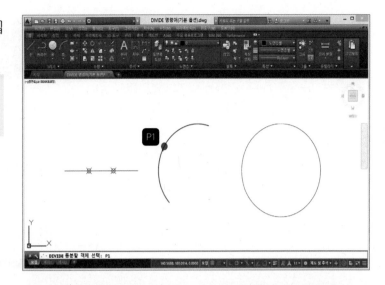

06 호를 4등분하기 위해서 '4'를 입력합니다.

세그먼트의 개수 또는 [블록(B)] 입력 : 4 Enter
등분할 개수에 '4'를 입력합니다.

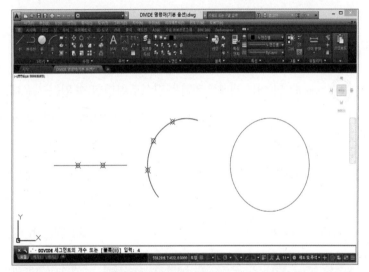

07 원을 5등분하기 위해서 [Divide] 명령어를 입력하고 원의 한 점을 클릭합니다.

명령 : Divide Enter
등분할 객체 선택 : P1 클릭
등분할 원에 'P1'을 클릭합니다.

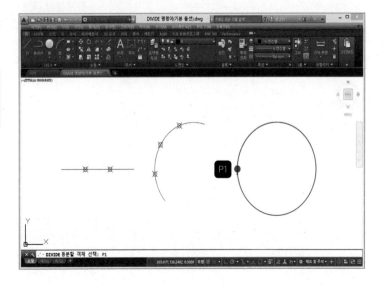

08 원을 5등분하기 위해서 '5'를 입력합니다.

> 세그먼트의 개수 또는 [블록(B)] 입력 : 5 [Enter]
> 등분할 개수에 '5'를 입력합니다.

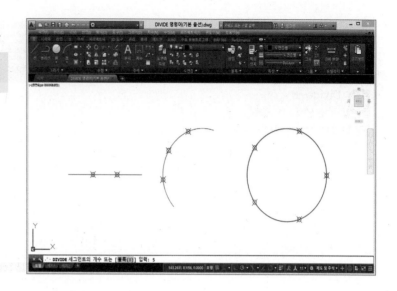

4 객체를 분할하는 [Measure] 명령어

[Measure] 명령어는 객체를 원하는 길이로 분할할 수 있는 가운데, 특정한 점을 지정한 후, 분할 길이를 설정하면 특정한 점을 기준으로 객체가 분할되는 것을 알 수 있습니다. 또한 [Measure] 명령어도 [Divide] 명령어와 마찬가지로, 일반적인 점은 화면상에서 표시가 안되므로 분할하기 전에 [Ddptype] 명령어에 의해서 점의 형태를 설정한 후 분할합니다. 또한 점에 의해서 분할을 하더라도 실제로 객체가 잘라지는 것은 아니고 단순히 점을 표시만 하는 것입니다.

(1) 명령어 입력 방법

[Measure] 명령어	
메뉴 막대	그리기→점→길이 분할
명령어	Measure
단축 명령어	Me
리본 메뉴	(홈)탭→(그리기)패널→길이 분할(⚊) ([제도 및 주석] 작업공간)
	(홈)탭→(그리기)패널→길이 분할(⚊) ([3D 모델링] 작업공간)

(2) 명령어 사용 방법

> **명령 : Measure** [Enter]
> 길이 분할 객체 선택 : P1 클릭
> 분할한 객체를 선택합니다.
> 세그먼트의 길이 지정 또는 [블록(B)] : 50 [Enter]
> 분할할 길이를 입력합니다.

(3) 옵션 설명

옵션	설명
블록(O)	블록을 사용하여 객체를 분할합니다.

(4) 실습하기

● 기본 실습하기

01 아래의 예제 파일을 불러옵니다.

예제 파일 : Part01\Chapter10\10-2\4\Measure(기본)

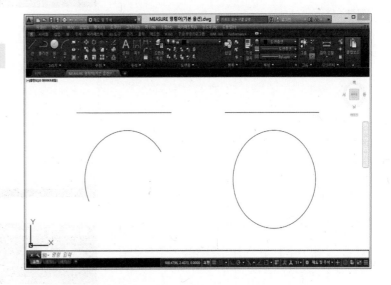

02 [Ddptype] 명령어를 입력하여 [점 스타일] 대화 상자가 나타나면 점 번호 '66번'을 클릭하고 [확인]을 클릭합니다.

명령 : Ddptype Enter
[점 스타일] 대화 상자가 나타나면 점 번호 '66번'을 클릭한 후, [확인]을 클릭합니다.
PTYPE 모형 재생성 중.
모형 재생성 중.

03 [Measure] 명령어를 입력하고 왼쪽 선의 왼쪽 한 점을 클릭합니다.

명령 : **Measure** Enter
길이 분할 객체 선택 : P1 클릭
분할할 왼쪽 선의 왼쪽 한 점에 'P1'을 클릭합니다.

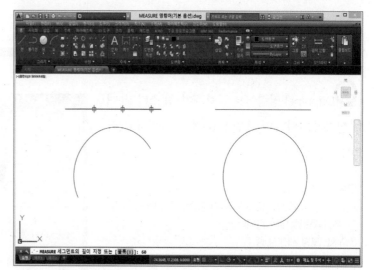

04 왼쪽 선을 '60' 의 길이로 분할하기 위해서 '60' 을 입력합니다. 왼쪽 선의 왼쪽을 기준으로 길이 '60' 으로 분할되었습니다.

세그먼트의 길이 지정 또는 [블록(B)] : 60 Enter
분할 길이에 '60'을 입력합니다.

05 [Measure] 명령어를 입력하고 오른쪽 선의 오른쪽 한 점을 클릭합니다.

명령 : **Measure** Enter
길이 분할 객체 선택 : P1 클릭
분할할 오른쪽 선의 오른쪽에 'P1'을 클릭합니다.

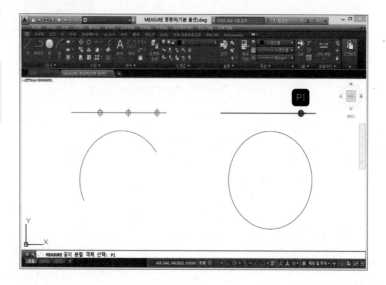

06 오른쪽 선을 '60' 의 길이로 분할하기 위해서 '60' 을 입력합니다. 오른쪽 선의 오른쪽을 기준으로 길이 '60' 으로 분할되었습니다.

> 세그먼트의 길이 지정 또는 [블록(B)] : 60 [Enter]
> 분할 길이에 '60'을 입력합니다.

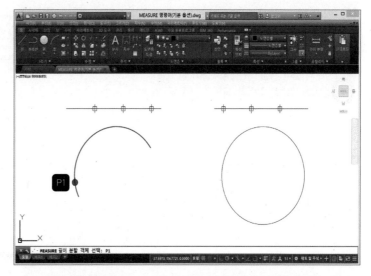

07 호를 분할하기 위해서 [Measure] 명령어를 입력하고 호의 한 점을 클릭합니다.

> **명령 : Measure** [Enter]
> 길이 분할 객체 선택 : P1 클릭
> 분할할 호의 한 점에 'P1'을 클릭합니다.

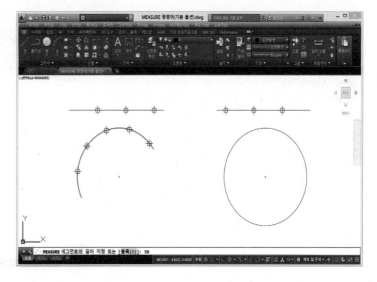

08 호를 '50' 의 길이로 분할하기 위해서 '50' 을 입력합니다. 호가 클릭한 점을 기준으로 '50' 으로 분할되었습니다.

> 세그먼트의 길이 지정 또는 [블록(B)] : 50 [Enter]
> 분할 길이에 '50'을 입력합니다.

09 원을 분할하기 위해서 [Measure] 명령어를 입력하고 원의 한 점을 클릭합니다.

> **명령 : Measure** Enter
> 길이 분할 객체 선택 : P1 클릭
> 분할할 원의 한 점에 'P1'을 클릭합니다.

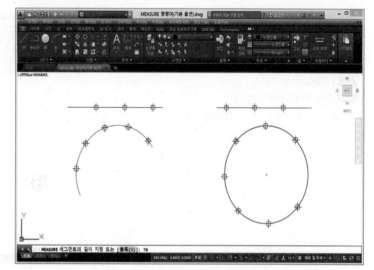

10 원을 '70' 의 길이로 분할하기 위해서 '70' 을 입력합니다. 원이 '70' 으로 분할되었습니다.

> 세그먼트의 길이 지정 또는 [블록(B)] : 70 Enter
> 분할 길이에 '70'을 입력합니다.

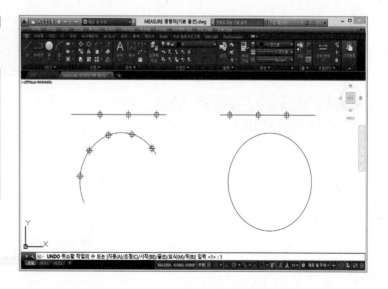

11 원을 분할한 표시점을 없애기 위해서 [Undo] 명령어를 수행합니다. 표시한 점이 사라졌습니다.

> **명령 : Undo** Enter
> 현재 설정 : 자동 = 켜기, 조정 = 전체, 결합 = 예, 도면층 = 예
> 취소할 작업의 수 또는 [자동(A)/조정(C)/시작(BE)/끝(E)/표식(M)/뒤(B)] 입력 〈1〉 : 1 Enter
> 이전 수행했던 1개 작업에 대한 작업 취소를 하기 위해서 '1'을 입력합니다.

12 원은 기준점에 따라서 분할되지 않음을 보이기 위해서 [Measure] 명령어를 입력하고 원의 다른 한 점을 클릭합니다.

명령 : Measure ⏎
길이 분할 객체 선택 : P1 클릭
분할할 원의 다른 한 점에 'P1'을 클릭합니다.

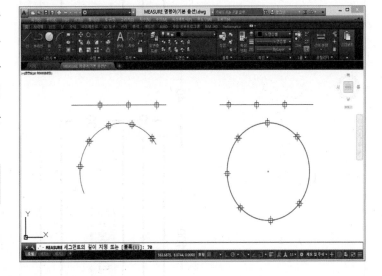

13 원을 '70' 의 길이로 분할하기 위해서 '70' 을 입력합니다. 원이 '70' 으로 분할되었습니다. 분할을 표시한 점을 비교해 보았을 때 그림 10과 동일하게 나타났으며 결론적으로 원은 분할하기 위한 기준점에 따르지 않고 항상 일정하게 분할되는 것을 알 수 있습니다.

세그먼트의 길이 지정 또는 [블록(B)] : 70 ⏎
분할 길이에 '70'을 입력합니다.

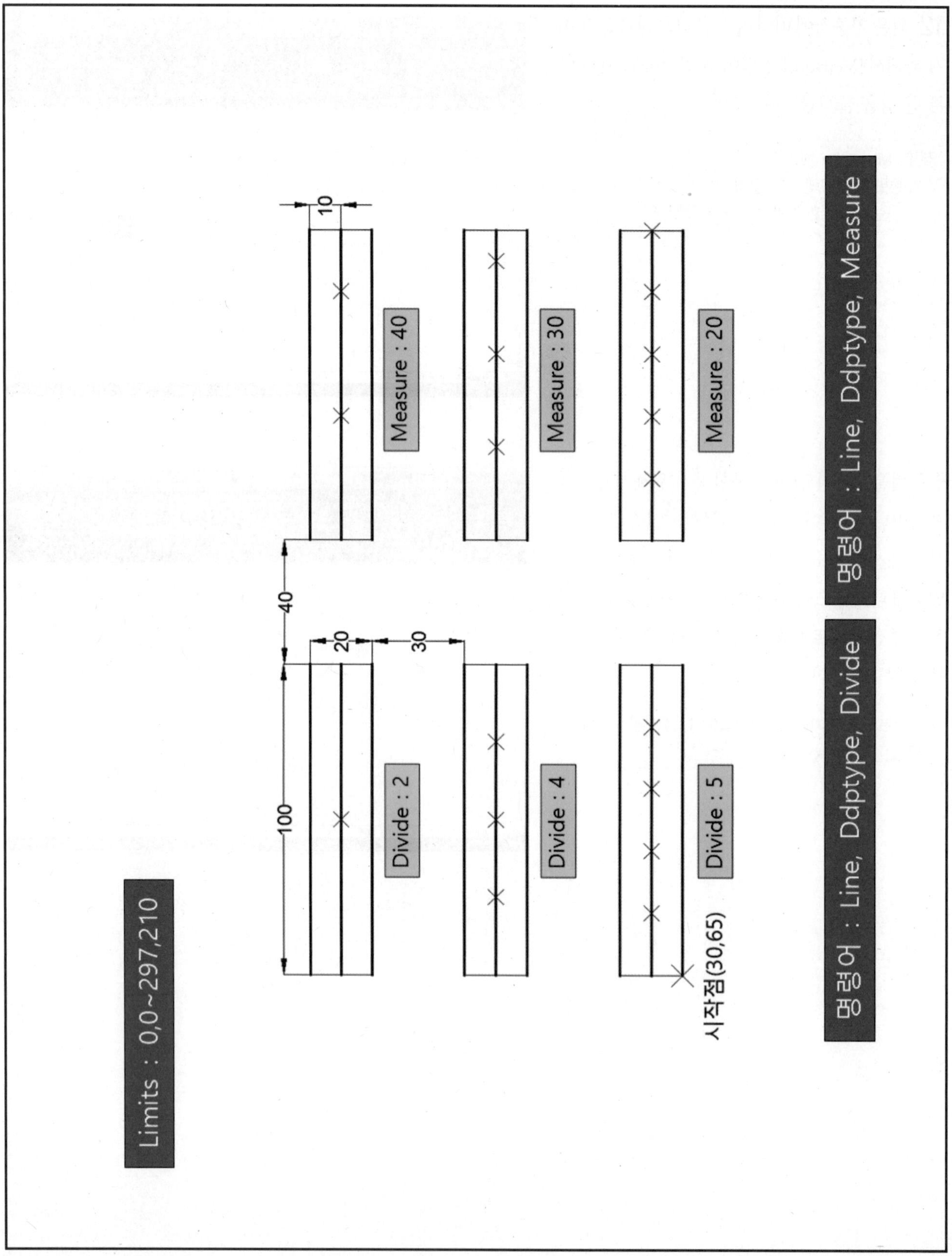

Limits : 0,0~297,210

Divide : 2

100

20 30

40

Divide : 4

Divide : 5

시작점(30,65)

10

Measure : 40

Measure : 30

Measure : 20

명령어 : Line, Ddptype, Divide

명령어 : Line, Ddptype, Measure

11

구속 조건 설정하기

11.1 기하학적 구속 조건 설정하기

1 기하학적으로 객체의 형상을 구속하는 [Geomconstraint] 명령어

파라메트릭 도면은 파라미터(매개 변수)에 의해서 구속 조건을 부여한 도면을 말합니다. 구속 조건이란 객체의 상대적인 관계를 제한하는 기하학적 구속 조건과 객체의 길이, 반지름, 지름 또는 객체 간의 거리, 각도를 제한하는 치수 구속 조건으로 나눌 수 있습니다. 예를 들어 기하학적 구속 조건에 의해서 한 객체를 다른 객체와 평행하게 하거나 치수 구속 조건에 의해서 한 객체의 길이나 반지름을 특정한 값으로 변환했을 때에도 원래 형상을 그대로 유지하도록 할 수 있습니다. 객체를 구속하면 구속한 객체 옆에 구속 조건 막대가 나타나고 객체에는 파란색의 작은 사각형이 나타납니다.

[Geomconstraint] 명령어는 객체의 상대적인 관계를 제한하여 기하학적으로 구속할 수 있는 가운데, 객체를 드래그하거나 객체의 치수를 변경하고자 할 때 변경 범위를 제한합니다. 예를 들어 2개의 선에 평행 구속 조건을 적용하면 2개의 선은 항상 평행하게 됩니다.

화면 하단 우측에 있는 '사용자화' 아이콘(▤)을 클릭한 후, '구속 조건 추정'을 클릭하면 상태 표시 막대에 '구속 조건 추정' 아이콘이 나타납니다. 예를 들어 '구속 조건 추정'을 켠 상태에서 폴리선에 의해서 직사각형을 작성한 후, 직사각형의 어느 한 점을 클릭하여 정점이 나타나면 정점을 어느 한쪽으로 신축하여도 자동으로 직사각형 2변이 평행하고 직교 상태를 유지합니다. 반면 '구속 조건 추정'을 끈 상태에서 폴리선에 의해서 직사각형을 작성한 후, 직사각형의 어느 한 점을 클릭하여 정점이 나타나면 정점을 어느 한쪽으로 신축한 경우, 원래의 형상을 유지하지 못하고 직사각형 형상이 달라집니다.

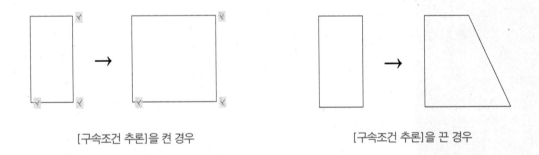

[구속조건 추론]을 켠 경우   [구속조건 추론]을 끈 경우

[파라메트릭] 탭의 [기하학적] 패널 하단에 있는 [구속 조건 설정, 기하학적] 확장 화살표를 클릭하면 [구속 조건 설정] 대화 상자가 나타납니다. 대화 상자에는 [기하학적] 탭, [치수] 탭, [자동 구속] 탭이 있습니다.

[기하학적] 탭에서는 [기하학적 구속 조건 추론]을 켜거나 끌 수 있고 구조조건 막대를 화면에 표시할 것인가에 대한 설정이 가능하고 구속 조건 막대의 투명도를 조절할 수 있습니다. 또한 선택한 객체에 구속 조건을 적용 후, 구속 조건 막대를 표시할 것인가를 결정하고 객체를 선택하면 구속 조건 막대를 표시할 것인가를 결정합니다.

① 기하학적 구속 조건 추론 : 객체를 작성하거나 편집할 때 객체의 형상에 기하학적인 구속 조건 부여 여부를 결정합니다.

② 구속 조건 막대 화면표시 설정 : 구속 조건 막대의 표시 여부를 결정합니다.

③ 구속 조건 막대 투명도 : 구속 조건 막대의 표시 투명도를 설정합니다.

④ 선택한 객체에 구속 조건 적용 후, 구속 조건 막대 표시 : 객체에 구속 조건을 적용한 후, 구속 조건 막대의 표시 여부를 결정합니다.

⑤ 객체를 선택하면 구속 조건 막대 표시 : 구속 조건 막대가 표시되지 않은 상태에서 객체를 선택했을 때 구속 조건 막대의 표시 여부를 결정합니다.

[자동 구속] 탭에서는 구속 조건의 적용 우선 순위를 결정하고 공차에서 거리나 각도의 허용값을 설정할 수 있습니다.

① 우선 순위 : 구속 조건의 적용 순서를 결정합니다. [위로 이동]은 선택한 구속 조건의 적용 순서를 앞으로 할 수 있고 [아래로 이동]은 선택한 구속 조건의 적용 순서를 뒤로 미룰 수 있습니다. [모두 선택]은 모든 구속 조건을 자동 구속되도록 할 수 있고 [모두 지우기]는 모든 구속 조건을 자동구속이 취소되도록 합니다. [재설정]은 자동구속 설정을 기본값으로 재설정합니다.

② 접하는 객체는 교차점을 공유해야 함 : 두 개의 곡선이 거리 공차 이내에서 동일한 점을 공유하는 경우에 접점 구속 조건 적용 여부를 결정합니다.

③ 직교 객체는 교차점을 공유해야 함 : 2개의 선이 서로 교차하거나 1개 선의 끝점이 거리 공차 이내에 지정된 다른 선 또는 나른 신의 끝점과 일치히는 경우, 구속 조건 적용 여부를 결정합니다.

④ 공차 : 허용 가능한 공차값을 설정하여 구속 조건의 적용 여부를 결정합니다. 거리 공차는 일치, 동심, 접선 및 동일선상 구속 조건에 적용되고 각도 공차는 수평, 수직, 평행, 직교, 접선 및 동일선상 구속 조건에 적용됩니다.

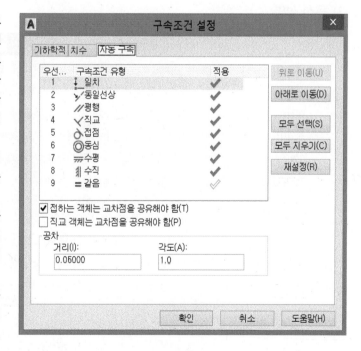

[치수]탭은 '11-2. 치수 구속 조건'에서 설명되어 있으니 참고바랍니다.

(1) 명령어 입력 방법

[Geomconstraint] 명령어	
메뉴 막대	파라메트릭→기하학적 구속 조건→일치함, 직교, 평행, 접점, 수평, 수직, 동일선상, 동심, 부드러움, 대칭, 같음, 고정
명령어	Geomconstraint
단축 명령어	Gcon
리본 메뉴	(파라메트릭)탭→(기하학적)패널→일치(▣), 직교(▣), 평행(▣), 접점(▣), 수평(▣), 수직(▣),동일선상(▣), 동심(▣), 부드러움(▣), 대칭(▣), 같음(▣), 고정(▣) ([제도 및 주석] 작업공간)
	(파라메트릭)탭→(기하학적)패널→일치(▣), 직교(▣), 평행(▣), 접점(▣), 수평(▣), 수직(▣),동일선상(▣), 동심(▣), 부드러움(▣), 대칭(▣), 같음(▣), 고정(▣) ([3D 모델링] 작업공간)

(2) 명령어 사용 방법

명령 : Geomconstraint ⏎
구속 조건 유형 입력 [수평(H)/수직(V)/직교(P)/평행(PA)/접점(T)/부드러움(SM)/일치(C)/동심(CON)/동일선상(COL)/대칭(S)/같음(E)/고정(F)] 〈일치〉 : H ⏎
객체에 적용하고자 하는 구속 조건을 입력합니다.

(3) 옵션 설명

옵션	설명
일치(C)	선, 원, 호, 타원형 호, 스플라인, 폴리선 및 폴리선 호 중 선택한 2개 객체의 각 2점을 같은 위치에 배치합니다.
수평(H)	선, 타원, 폴리선 및 여러 줄 문자 중 선택한 객체를 수평으로 배치합니다.
수직(V)	선, 타원, 폴리선 및 여러 줄 문자 중 선택한 객체를 수직으로 배치합니다.
직교(P)	선, 타원, 폴리선 및 여러 줄 문자 중 선택한 2개의 객체가 서로 직각이 되도록 배치합니다.
평행(PA)	선, 타원, 폴리선 및 여러 줄 문자 중 선택한 2개의 객체가 서로 평행하도록 배치합니다.
접점(T)	선, 원, 호, 타원, 폴리선 및 폴리선 호 중 선택한 2개의 객체가 서로 접하도록 배치합니다.
부드러움(SM)	선, 호, 스플라인, 폴리선 및 폴리선 호 중 선택한 2개의 객체가 부드러운 곡선으로 이어지도록 배치합니다. 단, 스플라인을 먼저 작성해야 명령어를 수행할 수 있습니다.
동심(CON)	원, 호, 폴리선 호 및 타원 중 선택한 2개 객체의 중심점을 동일하게 배치합니다.
동일선상(COL)	선, 타원, 타원형 호, 폴리선 및 여러 줄 문자 중 선택한 2개 객체를 동일선상에 배치합니다.
대칭(S)	선, 원, 호, 타원, 폴리선 및 폴리선 호 중 대칭축을 중심으로 선택한 2개의 객체를 대칭하도록 배치합니다. 단, 대칭축은 선, 타원, 타원형 호의 장축 또는 단축, 폴리선 세그먼트, 문자 및 여러 줄 문자만 가능합니다.
같음(E)	선, 원, 호, 폴리선 및 폴리선 호 중 선택한 2개 객체의 길이나 각도를 같도록 배치합니다.
고정(F)	선, 원, 호, 타원, 스플라인, 폴리선 및 폴리선 호 중 선택한 객체를 현재 위치에 고정합니다.

[Geomconstraint] 명령어의 [일치], [수평], [수직] 등과 같은 각 옵션은 다음의 명령어와 동일합니다.

옵션	명령어	옵션	명령어
일치(C)	Gccoincident	부드러움(SM)	Gcsmooth
수평(H)	Gchorizontal	동심(CON)	Gcconcentric
수직(V)	Gcvertical	동일선상(COL)	Gccollinear
직교(P)	Gcperpendicular	대칭(S)	Gcsymmetric
평행(PA)	Gcparallel	같음(E)	Gcequal
접점(T)	Gctangent	고정(F)	Gcfix

(4) 실습하기

기하학적 구속 조건을 분류하면 자동 구속 조건과 수동 구속 조건으로 나눌 수 있습니다. 수동 구속 조건은 [일치], [수평], [수직], [직교], [평행], [접점], [부드러움], [동심], [동일선상], [대칭], [같음] 및 [고정]이 있습니다.

● [자동 구속] 실습하기

01 아래의 예제 파일을 불러옵니다.

예제 파일 : Part01\Chapter11\11-1\1\(자동 구속 조건)

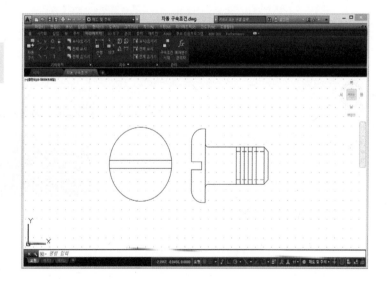

02 [Autoconstrain] 명령어를 입력한 후, 2개의
객체가 선택될 수 있도록 드래그합니다.

> **명령 : Autoconstrain** [Enter]
> 객체 선택 또는 [설정(S)] : P1 클릭　반대 구석 지정 :
> P2 클릭　29개를 찾음.
> 2개의 객체를 선택하기 위해서 'P1'부터 'P2'까지 드래그
> 합니다.
> 객체 선택 또는 [설정(S)] : [Enter]
> 0개의 구속 조건을 29개의 객체에 적용함.

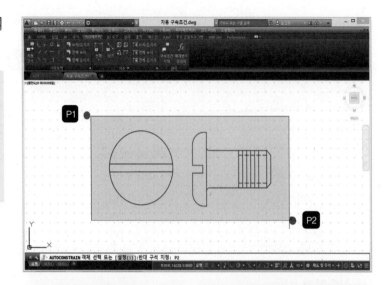

03 2개의 객체에 구속 조건이 자동으로 생성됩
니다.

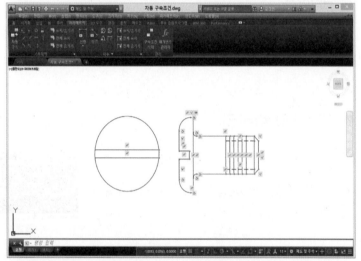

● [일치] 옵션 실습하기

01 아래의 예제 파일을 불러옵니다.

> 예제 파일 : Part01\Chapter11\11-1\1\Gccoincident
> (일치 옵션)

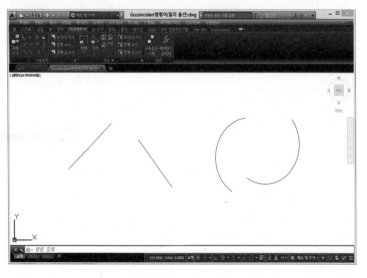

02 [Gccoincident] 명령어를 입력한 후, 첫 번째
의 2개 선 중 첫 번째 선과 두 번째 선의 끝점을 클
릭합니다.

명령 : Gccoincident Enter
첫 번째 점 또는 [객체(O)/자동 구속(A)] 선택 〈객체〉 :
P1 클릭
2개의 선을 일치시킬 때 기준 객체인 선에 'P1'을 클릭합
니다.
두 번째 점 또는 [객체(O)] 선택 〈객체〉 : P2 클릭
기준 객체와 일치시킬 객체인 선에 'P2'를 클릭합니다.

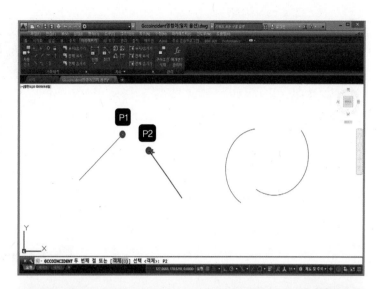

03 [일치] 구속 막대가 표시되면서 첫 번째 선의
끝점에 두 번째 선의 끝점이 일치하여 구속되는
것을 알 수 있습니다.

04 2개 호의 끝점을 일치시키기 위해서 [Gccoin-
cident] 명령어를 입력한 후, 두 번째의 2개 호 중
첫 번째 호와 두 번째 호의 끝점을 클릭합니다.

명령 : Gccoincident Enter
첫 번째 점 또는 [객체(O)/자동 구속(A)] 선택 〈객체〉 :
P1 클릭
2개의 호를 일치시킬 때 기준 객체인 호에 'P1'을 클릭합
니다.
두 번째 점 또는 [객체(O)] 선택 〈객체〉 : P2 클릭
기준 객체와 일치시킬 객체인 호에 'P2'를 클릭합니다.

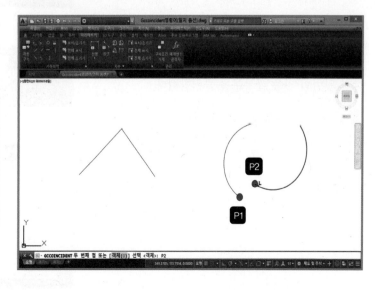

05 [일치] 구속 조건 막대가 표시되면서 첫 번째 호의 끝점에 두 번째 호의 끝점이 일치하여 구속되는 것을 알 수 있습니다.

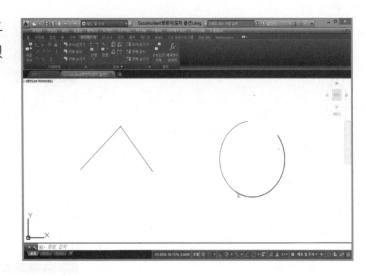

● [수평] 옵션 실습하기

01 아래의 예제 파일을 불러옵니다.

예제 파일 : Part01\Capter11\11-1\1\Gchorizontal
(수평 옵션)

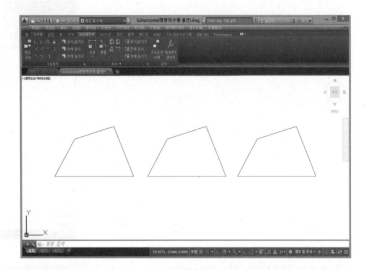

02 [Gchorizontal] 명령어를 입력한 후, 첫 번째 사각형 윗변의 왼쪽 끝부분을 클릭합니다.

명령 : Gchorizontal Enter
객체 또는 [2점(2P)] 선택 〈2점(2P)〉 : P1 클릭
윗변의 왼쪽 끝점을 기준으로 수평 배치하기 위해서 'P1'을 클릭합니다.

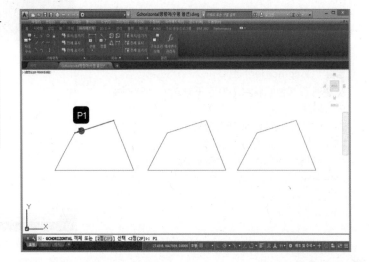

03 [수평] 구속 막대가 표시되면서 첫 번째 사각형 윗변이 왼쪽 끝점에 맞추어 수평으로 구속됩니다.

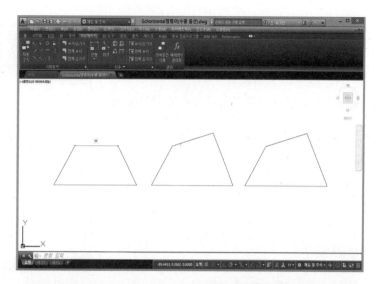

04 두 번째 사각형의 윗변을 윗변 오른쪽 끝점을 기준으로 수평 배치하기 위해서 [Gchorizontal] 명령어를 입력한 후, 두 번째 사각형 윗변의 오른쪽 끝부분을 클릭합니다.

명령 : Gchorizontal [Enter]
객체 또는 [2점(2P)] 선택 〈2점(2P)〉 : P1 클릭
윗변의 오른쪽 끝점을 기준으로 수평 배치하기 위해서 'P1'을 클릭합니다.

05 [수평] 구속 막대가 표시되면서 두 번째 사각형 윗변이 오른쪽 끝점에 맞추어 수평으로 구속됩니다.

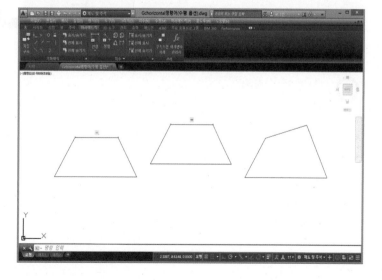

06 세 번째 사각형의 윗변을 [2점] 옵션에 의해
서 수평 배치하기 위해 [Gchorizontal] 명령어를
입력한 후, [2점] 옵션을 입력합니다. 이후, 세 번
째 사각형 윗변의 왼쪽 끝점과 오른쪽 끝점을 차
례로 클릭합니다.

명령 : Gchorizontal Enter
객체 또는 [2점(2P)] 선택 〈2점(2P)〉 : 2P Enter
[2점] 옵션을 지정하기 위해서 '2P'를 입력합니다.
첫 번째 점 선택 : P1 클릭
윗변의 왼쪽 끝점을 기준으로 수평 배치하기 위해서 'P1'
을 클릭합니다.
두 번째 점 선택 : P2 클릭
윗변의 오른쪽 끝점에 'P2'를 클릭합니다.

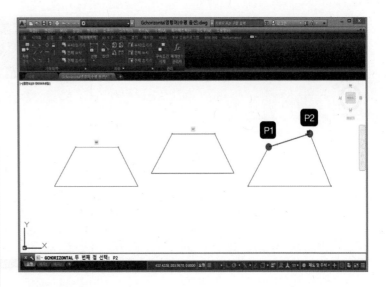

07 [수평] 구속 막대가 표시되면서 세 번째 사각
형 윗변이 왼쪽 끝점에 맞추어 수평으로 구속됩
니다.

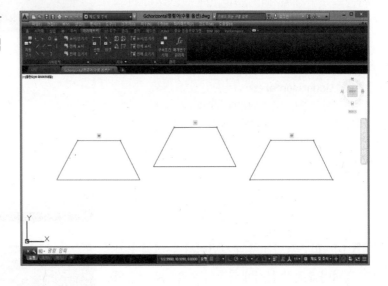

● [수직] 옵션 실습하기

01 아래의 예제 파일을 불러옵니다.

> 예제 파일 : Part01\Chatper11\11-1\1\Gcvertical
> (수직 옵션)

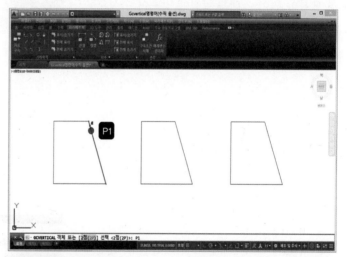

02 [Gcvertical] 명령어를 입력한 후, 첫 번째 사각형 오른쪽 변의 위쪽 끝부분을 클릭합니다.

> **명령 : Gcvertical** Enter
> 객체 또는 [2점(2P)] 선택 〈2점(2P)〉 : P1 클릭
> 첫 번째 사각형 오른쪽 변의 위쪽 끝점을 기준으로 수직 배치
> 하기 위해서 'P1'을 클릭합니다.

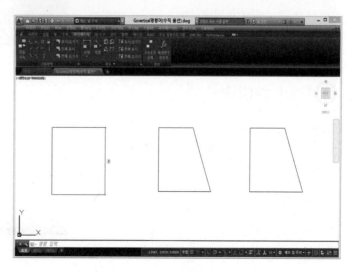

03 [수직] 구속 막대가 표시되면서 첫 번째 사각형 오른쪽 변이 위쪽 끝점에 맞추어 수직으로 구속됩니다.

04 [Gcvertical] 명령어를 입력한 후, 두 번째 사각형 오른쪽 변의 아래쪽 끝부분을 클릭합니다.

명령 : Gcvertical Enter
객체 또는 [2점(2P)] 선택 〈2점(2P)〉 : P1 클릭
두 번째 사각형 오른쪽 변의 아래쪽 끝점을 기준으로 수직 배치하기 위해서 'P1'을 클릭합니다.

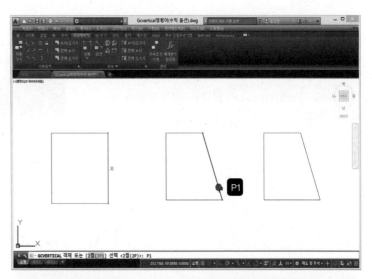

05 [수직] 구속 막대가 표시되면서 두 번째 사각형 오른쪽 변이 아래쪽 끝점에 맞추어 수직으로 구속됩니다.

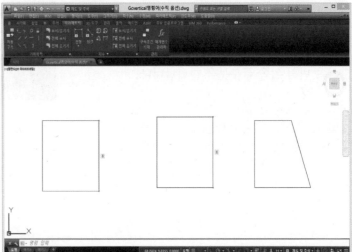

06 세 번째 사각형의 오른쪽 변을 [2점] 옵션에 의해서 수직 배치하기 위해서 [Gcvertical] 명령어를 입력한 후, [2점] 옵션을 입력합니다. 이후, 세 번째 사각형 오른쪽 변의 위쪽 끝점과 아래쪽 끝점을 차례로 클릭합니다.

명령 : Gcvertical Enter
객체 또는 [2점(2P)] 선택 〈2점(2P)〉 : 2P Enter
[2점] 옵션을 지정하기 위해서 '2P'를 입력합니다.
첫 번째 점 선택 : P1 클릭
세 번째 사각형 오른쪽 변의 왼쪽 끝점을 기준으로 수직 배치하기 위해서 'P1'을 클릭합니다.
두 번째 점 선택 : P2 클릭
세 번째 사각형 오른쪽 변의 아래쪽 끝점에 'P2'를 클릭합니다.

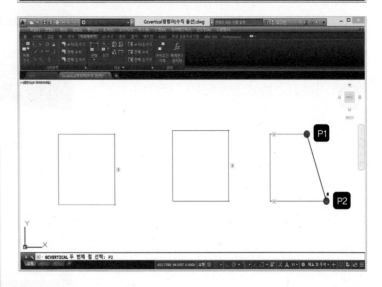

07 [수직] 구속 막대가 표시되면서 세 번째 사각형 오른쪽 변이 위쪽 끝점에 맞추어 수직으로 구속됩니다.

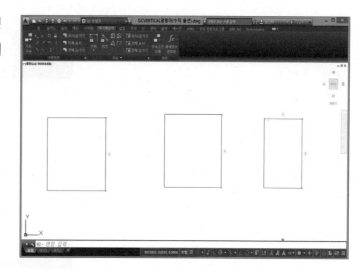

● [직교] 옵션 실습하기

01 아래의 예제 파일을 불러옵니다.

예제 파일 : Part01\Chapter11\11-1\1\Gcperpendicular (직교 옵션)

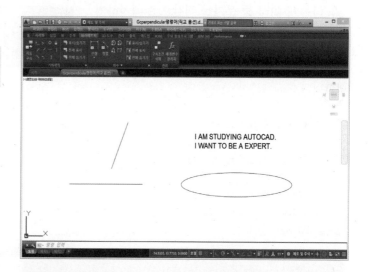

02 [Gcperpendicular] 명령어를 입력한 후, 첫 번째의 2개 선 중 아랫선의 중간 부분과 윗선의 끝부분을 차례로 클릭합니다.

명령 : Gcperpendicular [Enter]
첫 번째 객체 선택 : P1 클릭
2개의 객체를 수직으로 배치할 때 기준 객체인 선을 지정하기 위해서 'P1'을 클릭합니다.
두 번째 객체 선택 : P2 클릭
기준 객체에 직각으로 배치할 객체인 선에 'P2'를 클릭합니다.

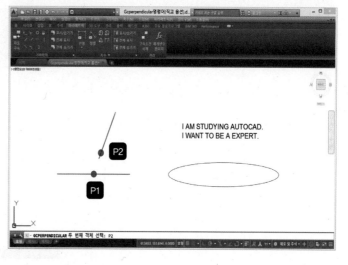

03 [직교] 구속 막대가 표시되면서 기준 객체인 아래 선에 위의 선이 직각으로 구속됩니다.

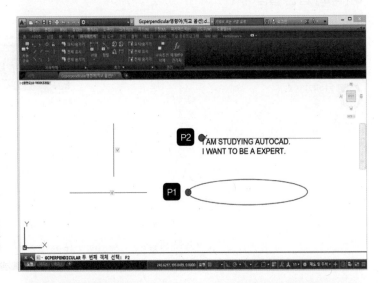

04 타원에 여러 줄 문자를 직각으로 배치하기 위해서 [Gcperpendicular] 명령어를 입력한 후, 타원의 한 점과 여러 줄 문자의 한 점을 차례로 클릭합니다.

> **명령 : Gcperpendicular** Enter
> **첫 번째 객체 선택 : P1 클릭**
> 2개의 객체를 수직으로 배치할 때 기준 객체인 타원에 'P1'을 클릭합니다.
> **두 번째 객체 선택 : P2 클릭**
> 기준 객체에 직각으로 배치할 객체인 여러 줄 문자에 'P2'를 클릭합니다.

05 [직교] 구속 막대가 표시되면서 기준 객체인 타원에 위의 여러 줄 문자가 직각으로 구속됩니다.

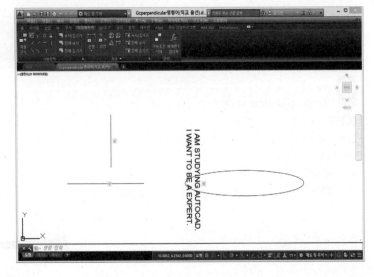

● [평행] 옵션 실습하기

01 아래의 예제 파일을 불러옵니다.

> 예제 파일 : Part01\Chapter11\11-1\1\Gcparallel
> (평행 옵션)

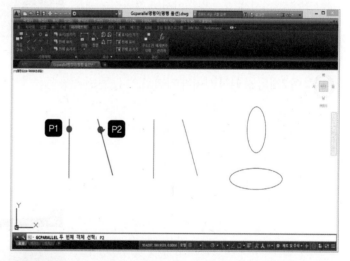

02 [Gcparallel] 명령어를 입력한 후, 첫 번째의 2개
폴리선 중 왼쪽 폴리선과 오른쪽 폴리선의 윗부분을
차례로 클릭합니다.

> **명령 : Gcparallel** [Enter]
> **첫 번째 객체 선택 : P1 클릭**
> 2개의 객체를 평행하게 배치할 때 기준 객체인 폴리선에 'P1'
> 을 클릭합니다.
> **두 번째 객체 선택 : P2 클릭**
> 기준 객체에 평행으로 배치할 객체인 폴리선에 'P2'를 클릭합
> 니다.

03 [평행] 구속 조건 막대가 표시되면서 기준 객체
인 왼쪽 폴리선에 오른쪽 폴리선이 평행으로 구속됩
니다.

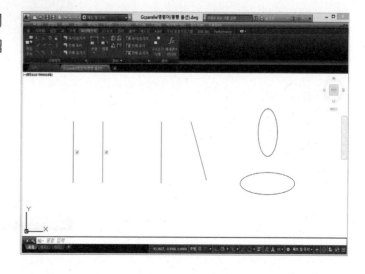

04 두 번째의 2개 폴리선을 평행하게 배치하기 위해서 [Gcparallel] 명령어를 입력한 후, 두 번째 2개의 폴리선 중 왼쪽 폴리선의 윗부분과 오른쪽 폴리선의 아랫부분을 차례로 클릭합니다.

명령 : Gcparallel [Enter]
첫 번째 객체 선택 : P1 클릭
2개의 객체를 평행하게 배치할 때 기준 객체인 폴리선에 'P1'을 클릭합니다.
두 번째 객체 선택 : P2 클릭
기준 객체에 평행으로 배치할 객체인 폴리선에 'P2'를 클릭합니다.

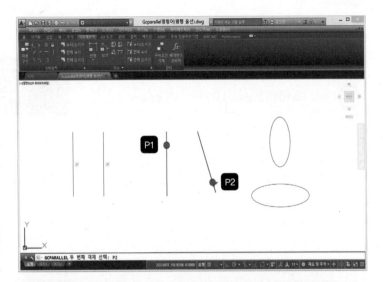

05 [평행] 구속 조건 막대가 표시되면서 기준 객체인 왼쪽 폴리선에 오른쪽 폴리선이 평행으로 배치됩니다. 첫 번째의 2개 폴리선과의 차이점은 첫 번째의 2개 폴리선은 오른쪽 폴리선의 윗부분을 클릭하여 2개의 폴리선 사이가 가까웠으나, 두 번째의 2개 폴리선은 오른쪽 폴리선의 아랫부분을 클릭하여 2개의 폴리선 사이가 멀어졌음을 알 수 있습니다.

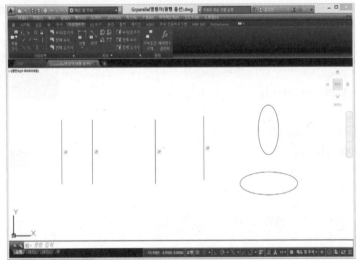

06 세 번째의 2개 타원을 평행하게 배치하기 위해서 [Gcparallel] 명령어를 입력한 후, 세 번째 2개의 타원 중 아래쪽 타원의 왼쪽 부분과 위쪽 타원의 아랫부분을 차례로 클릭합니다.

명령 : Gcparallel [Enter]
첫 번째 객체 선택 : P1 클릭
2개의 객체를 평행하게 배치할 때 기준 객체인 타원에 'P1'을 클릭합니다.
두 번째 객체 선택 : P2 클릭
기준 객체에 평행으로 배치할 객체인 타원에 'P2'를 클릭합니다.

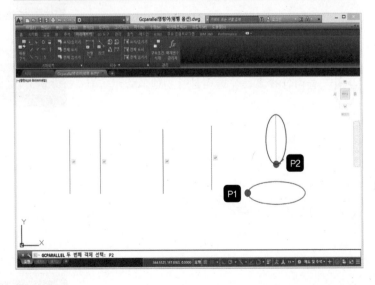

07 [평행] 구속 조건 막대가 표시되면서 기준 객체
인 아래쪽 타원에 위쪽 타원이 평행으로 구속됩니다.

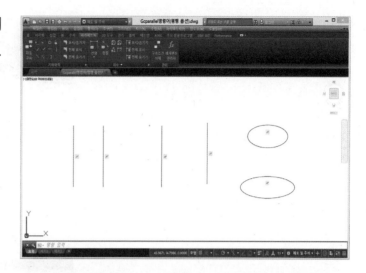

● [접점] 옵션 실습하기

01 아래의 예제 파일을 불러옵니다.

예제 파일 : Part01\Chapter11\11-1\1\Gctangent
(접점 옵션)

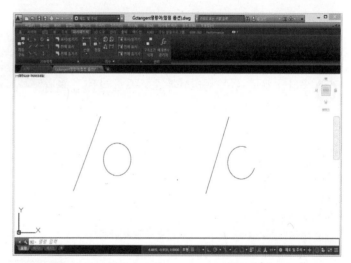

02 [Gctangent] 명령어를 입력한 후, 첫 번째의 선과
원 중 왼쪽 선과 오른쪽 원을 차례로 클릭합니다.

명령 : Gctangent Enter
첫 번째 객체 선택 : P1 클릭
2개의 객체가 섭할 때 기준 객체인 신에 'P1'을 클릭합니다.
두 번째 객체 선택 : P2 클릭
기준 객체에 접할 객체인 원에 'P2'를 클릭합니다.

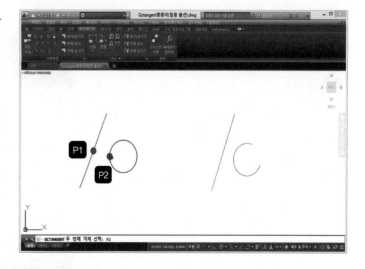

03 [접점] 구속 조건 막대가 표시되면서 기준 객체인 왼쪽 선에 오른쪽 원이 접하여 구속됩니다.

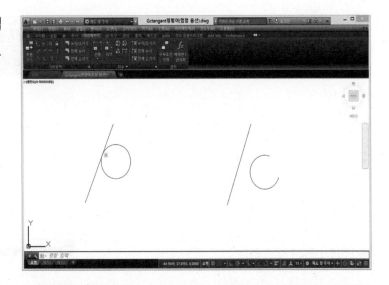

04 폴리선에 폴리선 호를 접하게 하기 위해서 [Gctangent] 명령어를 입력한 후, 두 번째의 폴리선과 폴리선 호 중 왼쪽 폴리선과 오른쪽 폴리선 호를 차례로 클릭합니다.

> **명령 : Gctangent** [Enter]
> 첫 번째 객체 선택 : P1 클릭
> 2개의 객체가 접할 때 기준 객체인 폴리선에 'P1'을 클릭합니다.
> 두 번째 객체 선택 : P2 클릭
> 기준 객체에 접할 객체인 폴리선 호에 'P2'를 클릭합니다.

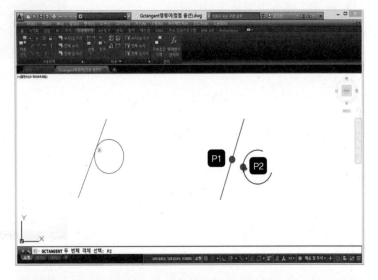

05 [접점] 구속 조건 막대가 표시되면서 기준 객체인 왼쪽 폴리선에 오른쪽 폴리선 호가 접하여 구속됩니다.

● [부드러움] 옵션 실습하기

01 아래의 예제 파일을 불러옵니다.

예제 파일 : Part01\Chapter11\11-1\1\Gcsmooth
(부드러움 옵션)

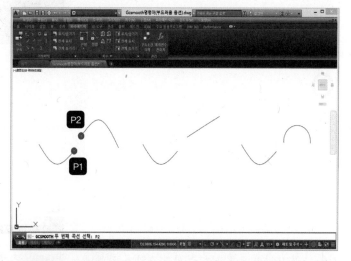

02 [Gcsmooth] 명령어를 입력한 후, 첫 번째의 2개
의 스플라인 중 왼쪽 스플라인과 오른쪽 스플라인을
차례로 클릭합니다.

명령 : Gcsmooth Enter
첫 번째 스플라인 곡선 선택 : P1 클릭
2개의 객체가 부드럽게 연결될 때 기준 객체인 스플라인에
'P1'을 클릭합니다.
두 번째 곡선 선택 : P2 클릭
기준 객체에 부드럽게 연결될 객체인 스플라인에 'P2'를 클릭
합니다.

03 [부드러움] 구속 조건 막대가 표시되면서 기준
객체인 왼쪽 스플라인과 오른쪽 스프라인이 부드러
운 곡선으로 연결되어 구속됩니다.

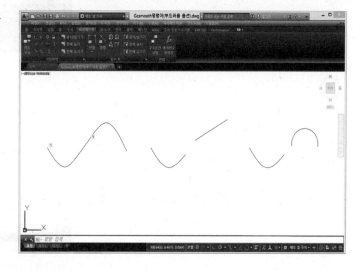

04 스플라인과 선을 부드럽게 연결하기 위해서 [Gcsmooth] 명령어를 입력한 후, 두 번째의 스플라인과 선 중 왼쪽 스플라인과 오른쪽 선을 차례로 클릭합니다.

> **명령 : Gcsmooth** Enter
> 첫 번째 스플라인 곡선 선택 : P1 클릭
> 2개의 객체가 부드럽게 연결될 때 기준 객체인 스플라인에 'P1'을 클릭합니다.
> 두 번째 곡선 선택 : P2 클릭
> 기준 객체에 부드럽게 연결될 객체인 선에 'P2'를 클릭합니다.

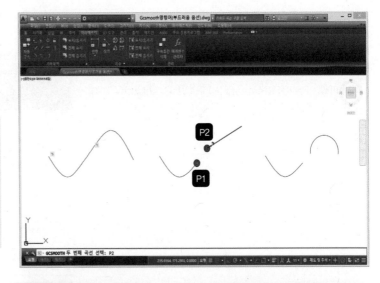

05 [부드러움] 구속 조건 막대가 표시되면서 기준 객체인 왼쪽 스플라인과 오른쪽 선이 부드러운 곡선으로 연결되어 구속됩니다.

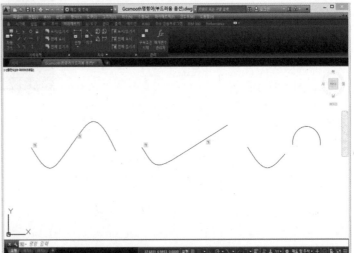

06 스플라인과 호를 부드럽게 연결하기 위해서 [Gcsmooth] 명령어를 입력한 후, 세 번째의 스플라인과 호 중 왼쪽 스플라인과 오른쪽 호를 차례로 클릭합니다.

> **명령 : Gcsmooth** Enter
> 첫 번째 스플라인 곡선 선택 : P1 클릭
> 2개의 객체가 부드럽게 연결될 때 기준 객체인 스플라인에 'P1'을 클릭합니다.
> 두 번째 곡선 선택 : P2 클릭
> 기준 객체에 부드럽게 연결될 객체인 호에 'P2'를 클릭합니다.

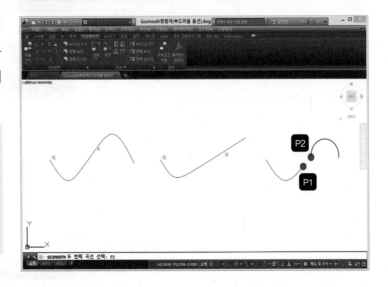

07 [부드러움] 구속 조건 막대가 표시되면서 기준 객체인 왼쪽 스플라인과 오른쪽 호가 부드러운 곡선으로 연결되어 구속됩니다.

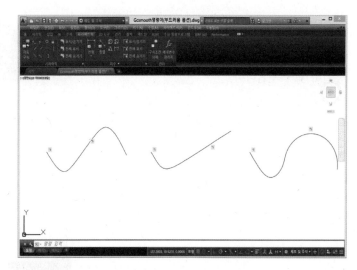

● [동심] 옵션 실습하기

01 아래의 예제 파일을 불러옵니다.

예제 파일 : Part01\Chapter11\11-1\1\Gcconcentric (동심 옵션)

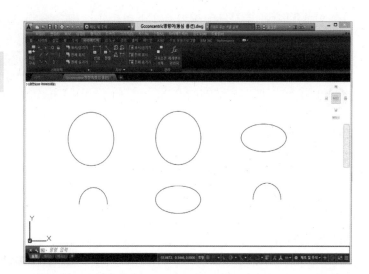

02 [Gcconcentric] 명령어를 입력한 후, 첫 번째의 원과 호 중 위쪽 원과 아래쪽 호를 차례로 클릭합니다.

명령 : Gcconcentric Enter
첫 번째 객체 선택 : P1 클릭
2개 객체의 중심점을 동일하게 배치할 때 기준 객체인 원에 'P1'을 클릭합니다.
두 번째 객체 선택 : P2 클릭
기준 객체의 중심점과 동일하게 배치할 객체인 호에 'P2'를 클릭합니다.

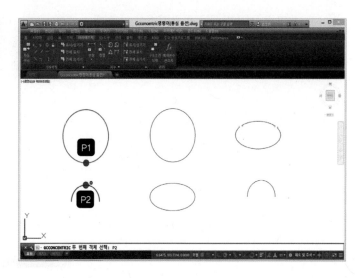

03 [동심] 구속 조건 막대가 표시되면서 기준 객체인 위쪽 원의 중심점에 아래쪽 호의 중심점이 동일하게 구속됩니다.

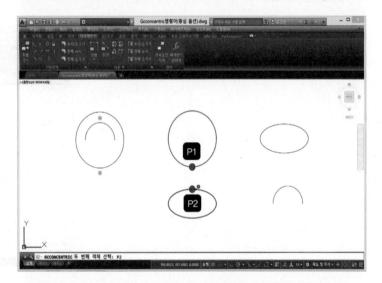

04 원과 타원의 중심점을 일치시키기 위해서 [Gcconcentric] 명령어를 입력한 후, 두 번째의 원과 타원 중 위쪽 원과 아래쪽 타원을 차례로 클릭합니다.

명령 : Gcconcentric [Enter]
첫 번째 객체 선택 : P1 클릭
2개 객체의 중심점을 동일하게 배치할 때 기준 객체인 원에 'P1'을 클릭합니다.
두 번째 객체 선택 : P2 클릭
기준 객체의 중심점과 동일하게 배치할 객체인 타원에 'P2'를 클릭합니다.

05 [동심] 구속 조건 막대가 표시되면서 기준 객체인 위쪽 원의 중심점에 아래쪽 타원의 중심점이 동일하게 구속됩니다.

06 타원과 호의 중심점을 일치시키기 위해서 [Gcconcentric] 명령어를 입력한 후, 세 번째의 타원과 호 중 위쪽 타원과 아래쪽 호를 차례로 클릭합니다.

> **명령 : Gcconcentric** [Enter]
> **첫 번째 객체 선택 : P1 클릭**
> 2개 객체의 중심점을 동일하게 배치할 때 기준 객체인 타원에 'P1'을 클릭합니다.
> **두 번째 객체 선택 : P2 클릭**
> 기준 객체의 중심점과 동일하게 배치할 객체인 호에 'P2'를 클릭합니다.

07 [동심] 구속 조건 막대가 표시되면서 기준 객체인 위쪽 타원의 중심점에 아래쪽 호의 중심점이 동일하게 구속됩니다.

● [동일선상] 옵션 실습하기

01 아래의 예제 파일을 불러옵니다.

> 예제 파일 : Part01\Chapter11\11-1\1\Gccollinear (동일선상 옵션)

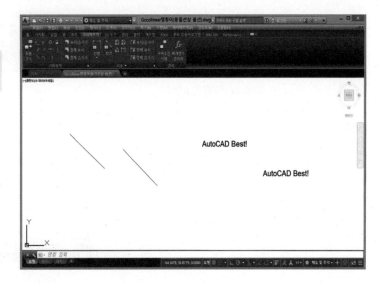

02 [Gccollinear] 명령어를 입력한 후, 첫 번째의 2개 선 중 왼쪽 선과 오른쪽 선을 차례로 클릭합니다.

명령 : **Gccollinear** Enter
첫 번째 객체 또는 [다중(M)] 선택 : P1 클릭
2개의 객체를 동일선 상에 배치할 때 기준 객체인 선에 'P1'을 클릭합니다.
두 번째 객체 선택 : P2 클릭
기준 객체와 동일선 상에 배치할 객체인 선에 'P2'를 클릭합니다.

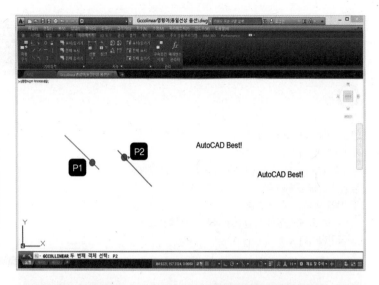

03 [동일선상] 구속 조건 막대가 표시되면서 기준 객체인 왼쪽 선에 오른쪽 선이 동일선 상으로 구속됩니다.

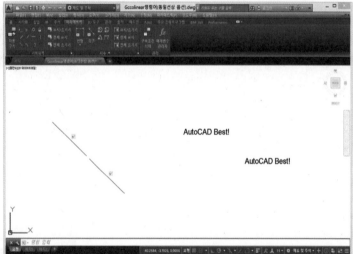

04 2개의 여러 줄 문자를 동일선 상에 위치시키기 위해서 [Gccollinear] 명령어를 입력한 후, 두 번째의 여러 줄 문자 중 왼쪽 여러 줄 문자와 오른쪽 여러 줄 문자를 차례로 클릭합니다.

명령 : **Gccollinear** Enter
첫 번째 객체 또는 [다중(M)] 선택 : P1 클릭
2개의 객체를 동일선 상에 배치할 때 기준 객체인 여러 줄 문자에 'P1'을 클릭합니다.
두 번째 객체 선택 : P2 클릭
기준 객체와 동일선 상에 배치할 객체인 여러 줄 문자에 'P2'를 클릭합니다.

05 [동일선상] 구속 조건 막대가 표시되면서 기준 객체인 왼쪽 여러 줄 문자에 오른쪽 여러 줄 문자가 동일선 상으로 구속됩니다.

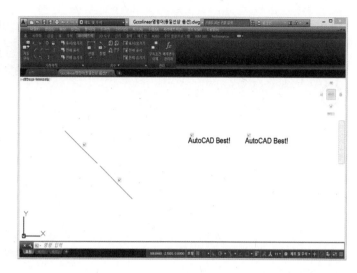

● [대칭] 옵션 실습하기

01 아래의 예제 파일을 불러옵니다.

예제 파일 : Part01\Chapter11\11-1\1\Gcsymmetric (대칭 옵션)

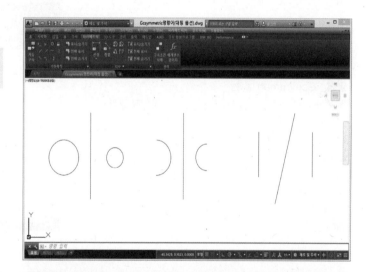

02 [Gcsymmetric] 명령어를 입력한 후, 첫 번째의 2개 원과 선 중 왼쪽 원과 오른쪽 원을 클릭하고 가운데 선을 차례로 클릭합니다.

명령 : Gcsymmetric [Enter]
첫 번째 객체 선택 또는 [2점(2P)] 〈2점(2P)〉 : P1 클릭
2개의 객체를 대칭으로 배치할 때 기준 객체인 원에 'P1'을 클릭합니다.
두 번째 객체 선택 : P2 클릭
기준 객체와 대칭으로 배치할 객체인 원에 'P2'를 클릭합니다.
대칭 선 선택 : P3 클릭
2개의 객체를 대칭으로 배치하기 위한 대칭선에 'P3'을 클릭합니다.

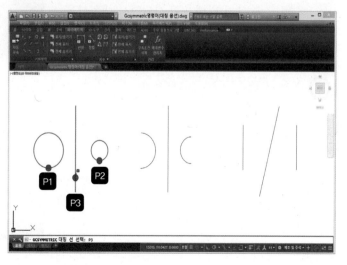

03 [대칭] 구속 조건 막대가 표시되면서 대칭선을 중심으로 기준 객체인 왼쪽 원이 오른쪽에도 대칭되어 구속됩니다.

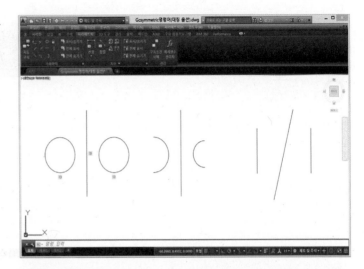

04 2개의 호를 대칭시키기 위해 [Gcsymmetric] 명령어를 입력한 후, 두 번째의 2개 호와 선 중 왼쪽 호와 오른쪽 호를 클릭하고 가운데 선을 차례로 클릭합니다.

명령 : Gcsymmetric Enter
첫 번째 객체 선택 또는 [2점(2P)] 〈2점(2P)〉 : P1 클릭
2개의 객체를 대칭으로 배치할 때 기준 객체인 호에 'P1'을 클릭합니다.
두 번째 객체 선택 : P2 클릭
기준 객체와 대칭으로 배치할 객체인 호에 'P2'를 클릭합니다.
대칭 선 선택 : P3 클릭
2개의 객체를 대칭으로 배치하기 위한 대칭선에 'P3'을 클릭합니다.

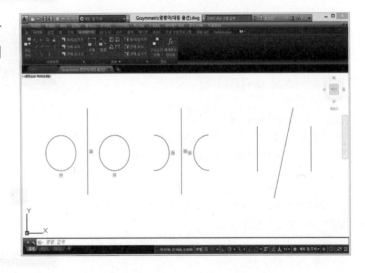

05 [대칭] 구속 조건 막대가 표시되면서 대칭선을 중심으로 기준 객체인 왼쪽 호가 오른쪽에도 대칭되어 구속됩니다.

06 2개의 폴리선을 대칭시키기 위해서 [Gcsym metric] 명령어를 입력한 후, 세 번째의 3개 폴리선 중 왼쪽 폴리선과 오른쪽 폴리선을 클릭하고 가운데 폴리선을 차례로 클릭합니다.

명령 : Gcsymmetric Enter
첫 번째 객체 선택 또는 [2점(2P)] 〈2점(2P)〉 : P1 클릭
2개의 객체를 대칭으로 배치할 때 기준 객체인 폴리선에 'P1'을 클릭합니다.
두 번째 객체 선택 : P2 클릭
기준 객체와 대칭으로 배치할 객체인 폴리선에 'P2'를 클릭합니다.
대칭 선 선택 : P3 클릭
2개의 객체를 대칭으로 배치하기 위한 대칭선에 'P3'을 클릭합니다.

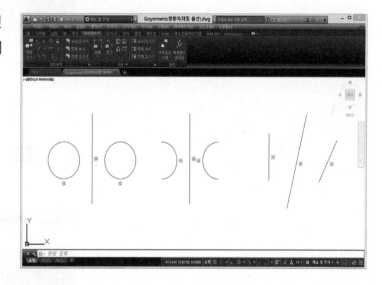

07 [대칭] 구속 조건 막대가 표시되면서 대칭선을 중심으로 기준 객체인 왼쪽 폴리선이 오른쪽에도 대칭되어 구속됩니다.

● [같음] 옵션 실습하기

01 아래의 예제 파일을 불러옵니다.

예제 파일 : Part01\Chapter11\11-1\1\Gcequal
(같음 옵션)

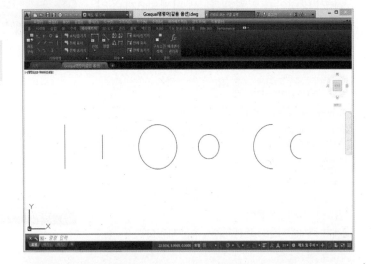

02 [Gcequal] 명령어를 입력한 후, 첫 번째의 2개 선 중 왼쪽 선과 오른쪽 선을 차례로 클릭합니다.

명령 : Gcequal Enter
첫 번째 객체 또는 [다중(M)] 선택 : P1 클릭
2개 객체의 길이를 같게 할 때 기준 객체인 선에 'P1'을 클릭합니다.
두 번째 객체 선택 : P2 클릭
기준 객체와 길이를 같게 할 객체인 선에 'P2'를 클릭합니다.

03 [같음] 구속 조건 막대가 표시되면서 기준 객체인 왼쪽 선의 길이가 오른쪽 선에도 동일하게 구속됩니다.

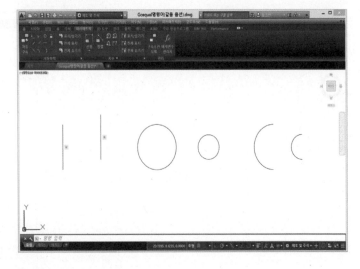

04 2개 원의 반지름을 같게 하기 위해서 [Gcequal] 명령어를 입력한 후, 두 번째의 2개 원 중 왼쪽 원과 오른쪽 원을 차례로 클릭합니다.

명령 : Gcequal [Enter]
첫 번째 객체 또는 [다중(M)] 선택 : P1 클릭
2개 객체의 반지름을 같게 할 때 기준 객체인 원에 'P1'을 클릭합니다.
두 번째 객체 선택 : P2 클릭
기준 객체와 반지름을 같게 할 객체인 원에 'P2'를 클릭합니다.

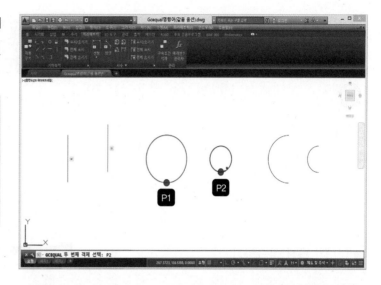

05 [같음] 구속 조건 막대가 표시되면서 기준 객체인 왼쪽 원의 반지름이 오른쪽 원에도 동일하게 구속됩니다.

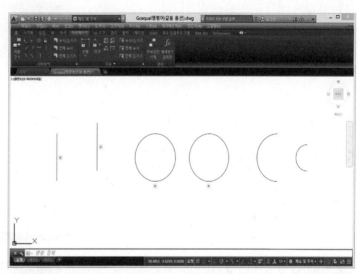

06 2개 호의 반지름을 같게 하기 위해서 [Gcequal] 명령어를 입력한 후, 세 번째의 2개 호 중 왼쪽 호와 오른쪽 호를 차례로 클릭합니다.

명령 : Gcequal [Enter]
첫 번째 객체 또는 [다중(M)] 선택 : P1 클릭
2개 객체의 반지름을 같게 할 때 기준 객체인 호에 'P1'을 클릭합니다.
두 번째 객체 선택 : P2 클릭
기준 객체와 반지름을 같게 할 객체인 호에 'P2'를 클릭합니다.

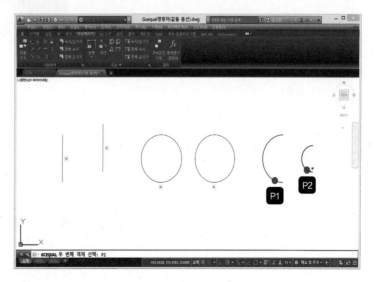

07 [같음] 구속 조건 막대가 표시되면서 기준 객체인 왼쪽 호의 반지름이 오른쪽 호에도 같게 구속됩니다.

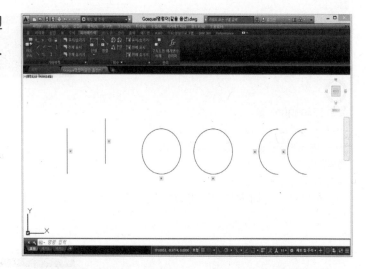

● [고정] 옵션 실습하기

01 아래의 예제 파일을 불러옵니다.

예제 파일 : Part01\Chapter11\11-1\1\Gcfix(고정 옵션)

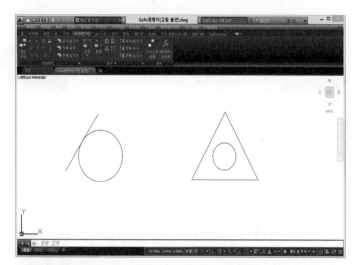

02 [Gcfix] 명령어를 입력한 후, 첫 번째의 선과 원 중 원을 클릭합니다.

명령 : Gcfix [Enter]
점 또는 [객체(O)] 선택 〈객체〉 : P1 클릭
선과 원 중 원을 고정시키기 위해서 'P1'을 클릭합니다.

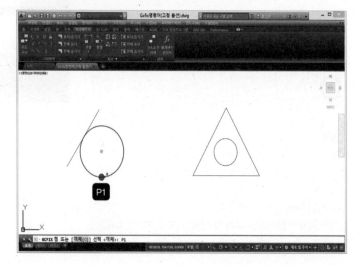

03 [고정] 구속 조건 막대가 표시되면서 원의 중심이 고정되어 구속됩니다.

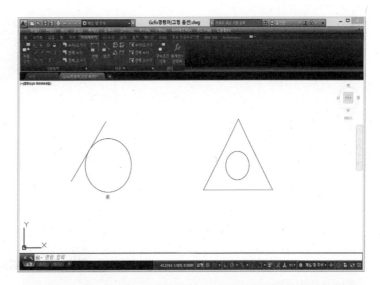

04 [Move] 명령어를 입력하고 이동시킬 객체를 윈도우 옵션에 의해서 지정합니다.

명령 : Move Enter
객체 선택 : P1 클릭　반대 구석 지정 : P2 클릭　2개를 찾음
이동시킬 객체를 선택하기 위해서 'P1'부터 'P2'까지 드래그합니다.
객체 선택 : Enter

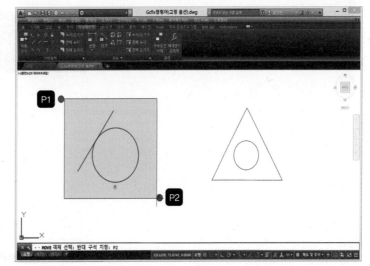

05 이동시킬 기준점을 지정하고 이동시킬 위치를 지정합니다. 원은 고정된 채 선만 왼쪽으로 '30'만큼 이동합니다.

기준점 지정 또는 [변위(D)] 〈변위〉 : 0,0 Enter
이동시킬 기준점에 '0,0'을 입력합니다.
두 번째 점 지정 또는 〈첫 번째 점을 변위로 사용〉 : @30〈180 Enter
이동시킬 위치에 '@30〈180'을 입력합니다.

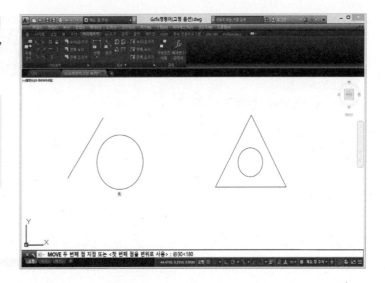

06 [고정] 옵션을 다시 한번 수행하기 위해서 [Gcfix] 명령어를 입력한 후, 두 번째의 삼각형과 원 중 원을 클릭합니다.

> **명령 : Gcfix** [Enter]
> 점 또는 [객체(O)] 선택 〈객체〉 : P1 클릭
> 삼각형과 원 중 원을 고정시키기 위해서 'P1'을 클릭합니다.

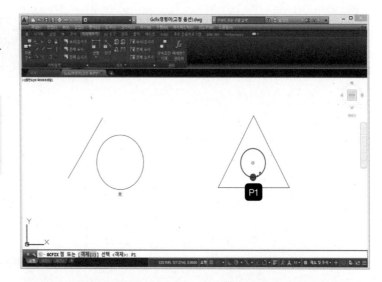

07 [고정] 구속 조건 막대가 표시되면서 원의 중심이 고정되어 구속됩니다.

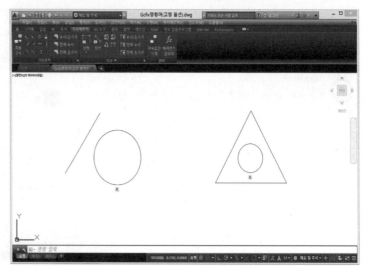

08 [Move] 명령어를 입력하고 이동시킬 객체를 윈도우 옵션에 의해서 지정합니다.

> **명령 : Move** [Enter]
> 객체 선택 : P1 클릭   반대 구석 지정 : P2 클릭   2개를 찾음
> 이동시킬 객체를 선택하기 위해서 'P1'부터 'P2'까지 드래그합니다.
> 객체 선택 : [Enter]

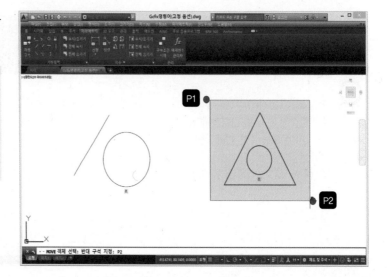

09 이동시킬 기준점을 지정하고 이동시킬 위치를 지정합니다. 원은 고정된 채 삼각형만 오른쪽으로 '100'만큼 이동합니다.

기준점 지정 또는 [변위(D)] 〈변위〉 : 0,0 [Enter]
이동시킬 기준점에 '0,0'을 입력합니다.
두 번째 점 지정 또는 〈첫 번째 점을 변위로 사용〉 :
@100〈0 [Enter]
이동시킬 위치에 '@100〈0'을 입력합니다.

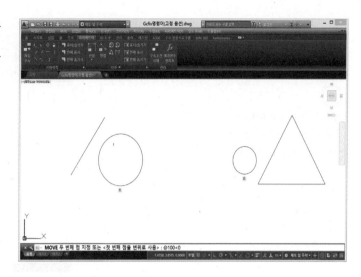

● [표시/숨기기] 옵션 실습하기

01 아래의 예제 파일을 불러옵니다.

예제 파일 : Part01\Chapter11\11-1\1\(자동 구속 조건)

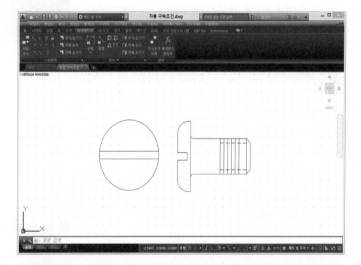

02 객체에 구속된 구속 조건을 표시하기 위해서 [파라메트릭] 탭의 [기하학적] 패널 중 [전체 표시]를 클릭하면 숨겨졌던 구속 조긴 막대가 전부 표시됩니다.

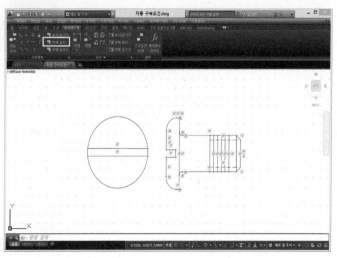

03 객체의 일부분에 표시된 구속 조건 막대를 숨기기 위해서 [Constrainbar] 명령어를 입력하고 구속 조건 막대가 표시된 객체를 클릭합니다.

명령 : Constraintbar [Enter]
객체 선택 : P1 클릭   1개를 찾음
구속 조건이 표시된 객체에 'P1'을 클릭합니다.
객체 선택 : [Enter]

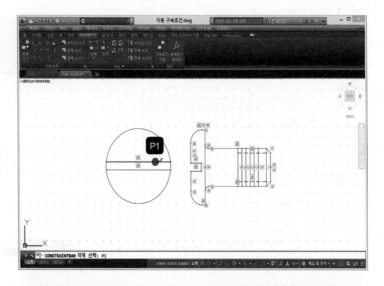

04 [숨기기]를 옵션을 지정하면 선택한 객체의 구속 조건 막대가 숨겨집니다. 단, 구속 조건 막대가 숨겨진 것이지 완전히 제거된 것은 아닙니다.

옵션 입력 [표시(S)/숨기기(H)/재설정(R)]⟨표시⟩ : H [Enter]
[숨기기] 옵셥을 지정하기 위해서 'H'를 입력합니다.

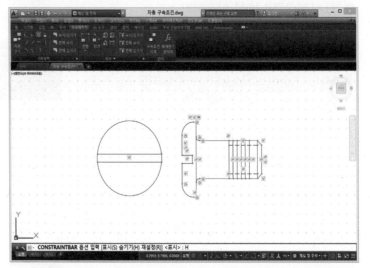

05 숨겨진 구속 조건 막대를 다시 표시하기 위해서 [Constraintbar] 명령어를 입력하고 구속 조건 막대가 숨겨진 객체를 클릭합니다.

명령 : Constraintbar [Enter]
객체 선택 : P1 클릭   1개를 찾음
구속 조건이 숨겨진 객체에 'P1'을 클릭합니다.
객체 선택 : [Enter]

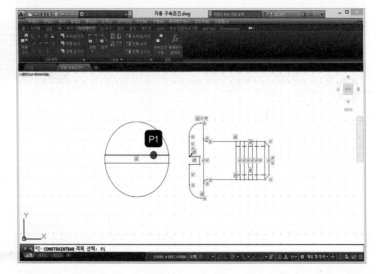

06 [표시] 옵션을 지정하면 선택한 객체의 구속 조건 막대가 다시 표시됩니다.

> 옵션 입력 [표시(S)/숨기기(H)/재설정(R)]〈표시〉: S Enter
> [표시] 옵션을 지정하기 위해서 'S'를 입력합니다.

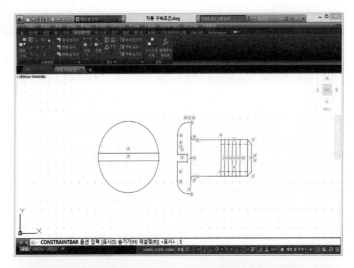

● [전체 숨기기] 옵션 실습하기

01 [파라메트릭] 탭의 [기하학적] 패널 중 [전체 숨기기]를 클릭하면 객체에 표시된 모든 기하학적 구속 조건이 한꺼번에 숨겨집니다.

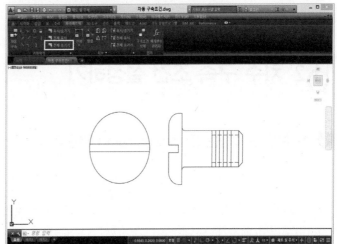

● [전체 표시] 옵션 실습하기

01 [파라메트릭] 탭의 [기하학적] 패널 중 [전체 표시]를 클릭하면 숨겨진 모든 기하학적 구속 조건이 한꺼번에 표시됩니다.

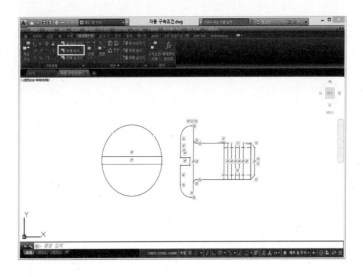

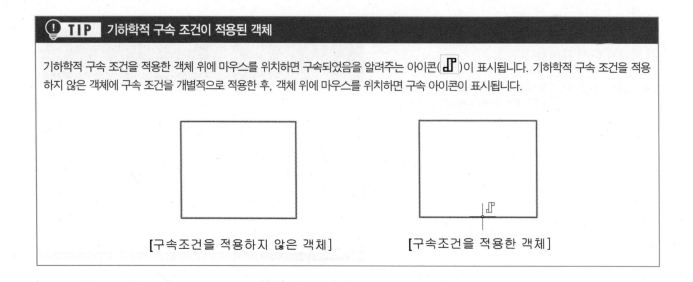

TIP 기하학적 구속 조건이 적용된 객체

기하학적 구속 조건을 적용한 객체 위에 마우스를 위치하면 구속되었음을 알려주는 아이콘(⬛)이 표시됩니다. 기하학적 구속 조건을 적용하지 않은 객체에 구속 조건을 개별적으로 적용한 후, 객체 위에 마우스를 위치하면 구속 아이콘이 표시됩니다.

[구속조건을 적용하지 않은 객체]　　　[구속조건을 적용한 객체]

11.2 치수 구속 조건 설정하기

1 치수를 구속하는 [Dimconstraint] 명령어

치수 구속 조건은 점 또는 객체 간의 거리, 각도, 호 및 원의 지름, 반지름을 구속할 수 있습니다. 치수 구속 조건의 입력값을 변경하면 입력값을 적용하여 구속 조건이 자동 계산되고 객체의 형상에 그대로 반영합니다.

[파라메트릭] 탭의 [치수] 패널 하단에 있는 [구속 조건 설정, 치수] 확장 화살표를 클릭하면 [구속 조건 설정] 대화상자가 나타나는 가운데, 대화상자에는 [기하학적] 탭, [치수] 탭, [자동 구속] 탭이 있습니다.

[치수] 탭에서는 치수 구속 조건의 형식을 설정하고 주석 구속 조건에 대해 잠금 아이콘을 표시할 것인가를 결정하며 선택한 객체에 대해 숨겨진 동적 구속 조건을 표시할 것인가를 결정합니다.

① **치수 구속 조건 형식** : 치수 구속 조건에 의해서 표시되는 치수 문자 형식을 설정하는 것으로서 '이름', '값' 및 '이름 및 표현식'으로 나타낼 수 있습니다.

② **주석 구속조건에 대해 잠금 아이콘 표시** : 주석 구속 조건이 적용된 객체에 잠금 아이콘 표시 여부를 결정합니다.

③ **선택한 객체에 대해 숨겨진 동적 구속 조건 표시** : 동적 구속 조건이 적용된 객체에서 치수 구속 조건이 숨겨진 경우, 객체를 클릭했을 때 치수 구속 조건 표시 여부를 결정합니다.

치수 구속 조건은 동적 구속 조건과 주석 구속 조건으로 나눌 수 있는 가운데, 동적 구속 조건과 주석 구속 조건의 특징은 다음과 같습니다.

동적 치수조건	주석 치수조건
줌에 의해 확대나 축소할 때 객체의 크기가 동일하게 유지됩니다.	줌에 의해 확대나 축소할 때 객체의 크기가 변경됩니다.
문자 정보를 자동으로 배치하고 치수 구속 조건값을 변경할 수 있도록 삼각형 그립이 표시됩니다.	그립 기능이 치수 구속 조건과 동일합니다.
미리 정의된 고정 치수 스타일로 표시할 수 있습니다.	현재 사용하고 있는 치수 스타일을 사용하여 표시됩니다.
도면에서 표시하거나 숨길 수 있습니다.	도면층으로 개별 표시됩니다.
도면을 출력할 때 표시되지 않습니다.	도면을 출력할 때 표시됩니다.

(1) 명령어 입력 방법

[Dimconstraint] 명령어	
메뉴 막대	파라메트릭→치수 구속 조건→정렬, 수평, 수직, 각도, 반지름, 지름
명령어	Dimconstraint
단축 명령어	Dcon
리본 메뉴	(파라메트릭)탭→(치수)패널→선형(🔒), 수평(🔒), 수직(🔒), 정렬(🔒), 반지름(🔒), 지름(🔒), 각도(🔒), 변환(🔲) ([제도 및 주석] 작업공간)
	(파라메트릭)탭→(치수)패널→선형(🔒), 수평(🔒), 수직(🔒), 정렬(🔒), 반지름(🔒), 지름(🔒), 각도(🔒), 변환(🔲) ([3D 모델링] 작업공간)

(2) 명령어 사용 방법

명령 : Dimconstraint [Enter]
현재 설정 : 구속 조건 폼 = 동적
치수 구속 조건 옵션 입력 [선형(L)/수평(H)/수직(V)/정렬(A)/각도(AN)/반지름(R)/지름(D)/폼(F)/변환(C)] 〈정렬〉: L [Enter]
객체에 적용하고자 하는 구속 조건을 지정합니다.
첫 번째 구속점 또는 [객체(O)] 지정 〈객체〉: P1 클릭
치수 구속 조건에 의해서 치수 기입할 첫 번째 구속점을 지정합니다.
두 번째 구속점 지정 : P2 클릭
치수 구속 조건에 의해서 치수 기입할 두 번째 구속점을 지정합니다.
치수선 위치 지정 : P3 클릭
치수선의 위치를 지정합니다.
치수 문자 = 10.0000 [Enter]

(3) 옵션 설명

옵션	설명
선형(L)	선, 호, 폴리선 및 폴리선 호의 양 끝점과 서로 다른 선, 원, 호, 폴리선 및 폴리선 호에 치수 구속 조건이 부여된 치수선을 수평 또는 수직으로 배치합니다.
수평(H)	선, 호, 폴리선 및 폴리선 호의 양 끝점과 서로 다른 선, 원, 호, 폴리선 및 폴리선 호에 치수 구속 조건이 부여된 치수선을 수평으로 배치합니다.
수직(V)	선, 호, 폴리선 및 폴리선 호의 양 끝점과 서로 다른 선, 원, 호, 폴리선 및 폴리선 호에 치수 구속 조건이 부여된 치수선을 수직으로 배치합니다.
정렬(A)	선, 호, 폴리선 및 폴리선 호의 양 끝점과 서로 다른 선, 원, 호, 폴리선 및 폴리선 호에 치수 구속 조건이 부여된 치수선을 수평, 수직 및 사선으로 배치합니다.
각도(AN)	서로 다른 선, 호, 폴리선 및 폴리선 호 사이의 각도가 표시되고 치수 구속 조건이 부여된 치수선을 배치합니다.
반지름(R)	원이나 호의 반지름이 표시되고 치수 구속 조건이 부여된 치수선을 배치합니다.
지름(D)	원이나 호의 지름이 표시되고 치수 구속 조건이 부여된 치수선을 배치합니다.
폼(F)	동적 구속 조건 또는 주석 구속 조건 중 하나의 치수 구속 조건을 결정합니다.
변환(C)	객체의 연관 치수를 치수 구속 조건이 적용된 치수로 변환합니다.

⑷ 실습하기

● [선형] 옵션 실습하기

01 아래의 예제 파일을 불러옵니다.

> 예제 파일 : Part01\Chapter11\11-2\1\Dclinear(선형 옵션)

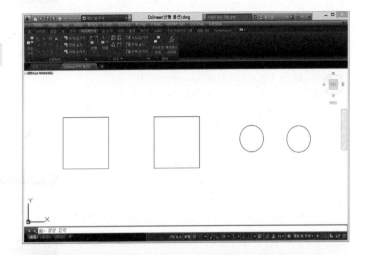

02 [Dclinear] 명령어를 입력하고 첫 번째 사각형 아래쪽 변의 왼쪽과 오른쪽 끝부분을 클릭한 후, 치수선의 위치를 지정합니다.

> **명령 : Dclinear** [Enter]
> 첫 번째 구속점 지정 또는 [객체(O)] 〈객체〉 : P1 클릭
> 첫 번째 사각형의 아래쪽 변 왼쪽에 선형 치수 조건을 구속하기 위해서 'P1'을 클릭합니다.
> **두 번째 구속점 지정 : P2 클릭**
> 첫 번째 사각형의 아래쪽 변 오른쪽에 선형 치수 조건을 구속하기 위해서 'P2'를 클릭합니다.
> **치수선 위치 지정 : P3 클릭**
> 치수선의 위치에 'P3'을 클릭합니다.
> **치수 문자 = 100.0000** [Enter]

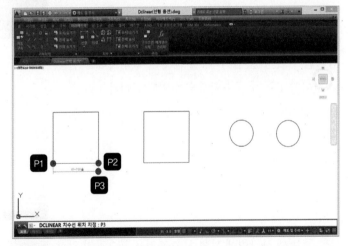

03 첫 번째 사각형 아래쪽 변에 치수 조건이 구속되어 길이가 '100'인 치수선이 작성됩니다.

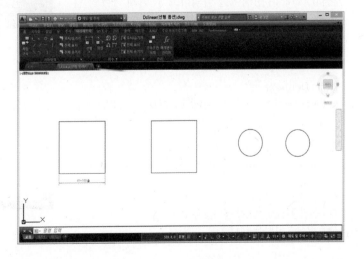

04 첫 번째 사각형 위쪽 변에 선형 치수 조건을 구속하기 위해서 [Dclinear] 명령어를 입력하고 첫 번째 사각형 위쪽 변의 왼쪽과 오른쪽 끝부분을 클릭한 후, 치수선의 위치를 지정합니다.

명령 : Dclinear [Enter]
첫 번째 구속점 지정 또는 [객체(O)] 〈객체〉 : P1 클릭
첫 번째 사각형의 위쪽 변 왼쪽에 선형 치수 조건을 구속하기 위해서 'P1'을 클릭합니다.
두 번째 구속점 지정 : P2 클릭
첫 번째 사각형의 위쪽 변 오른쪽에 선형 치수 조건을 구속하기 위해서 'P2'를 클릭합니다.
치수선 위치 지정 : P3 클릭
치수선의 위치에 'P3'을 클릭합니다.
치수 문자 = 100.0000 [Enter]

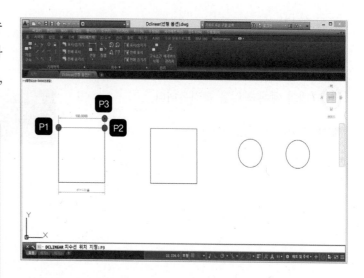

05 이후, 첫 번째 사각형 위쪽 변의 치수인 'd2'를 아래쪽 변 치수인 'd1'에 구속시키기 위해서 위쪽 변 치수문자를 더블 클릭하여 '100'을 제거하고 'd1+30'을 입력한 후, '[Enter]'를 칩니다. 첫 번째 사각형 아래쪽 변의 길이인 '100'에 구속되어 위쪽 변의 길이가 '130'으로 됩니다.

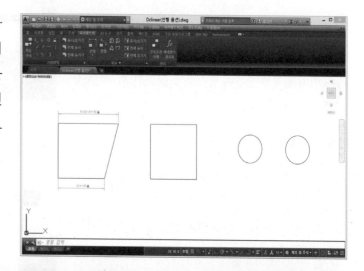

06 두 번째 사각형에 선형 치수 조건을 구속하기 위해서 [Dclinear] 명령어를 입력하고 두 번째 사각형 왼쪽 변의 아래쪽과 위쪽 끝부분을 클릭한 후, 치수선의 위치를 지정합니다.

명령 : Dclinear [Enter]
첫 번째 구속점 지정 또는 [객체(O)] 〈객체〉 : P1 클릭
두 번째 사각형의 왼쪽 변 아래쪽에 선형 치수 조건을 구속하기 위해서 'P1'을 클릭합니다.
두 번째 구속점 지정 : P2 클릭
두 번째 사각형의 왼쪽 변 위쪽에 선형 치수 조건을 구속하기 위해서 'P2'를 클릭합니다.
치수선 위치 지정 : P3 클릭
치수선의 위치에 'P3'을 클릭합니다.
치수 문자 = 100.0000 [Enter]

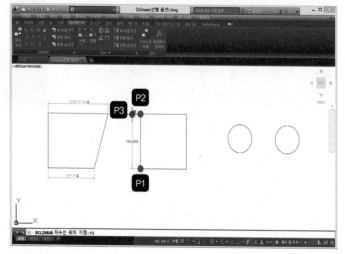

07 두 번째 사각형 왼쪽 변에 치수 조건이 구속되어 길이가 '100' 인 치수선이 작성됩니다.

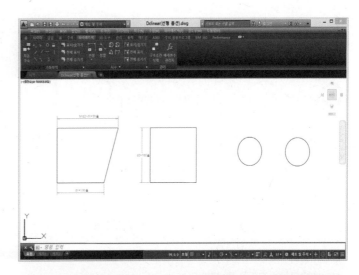

08 두 번째 사각형 오른쪽 변에 선형 치수 조건을 구속하기 위해서 [Dclinear] 명령어를 입력하고 두 번째 사각형 오른쪽 변의 아래쪽과 위쪽 끝부분을 클릭한 후, 치수선의 위치를 지정합니다.

명령 : Dclinear [Enter]
첫 번째 구속점 지정 또는 [객체(O)] 〈객체〉 : P1 클릭
두 번째 사각형의 오른쪽 변 아래쪽에 선형 치수 조건을 구속하기 위해서 'P1'을 클릭합니다.
두 번째 구속점 지정 : P2 클릭
두 번째 사각형의 오른쪽 변 위쪽에 선형 치수 조건을 구속하기 위해서 'P2'를 클릭합니다.
치수선 위치 지정 : P3 클릭
치수선의 위치에 'P3'을 클릭합니다.
치수 문자 = 100.0000 [Enter]

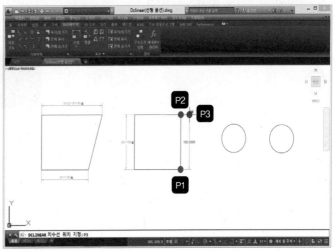

09 이후, 두 번째 사각형 오른쪽 변의 치수인 'd4'를 왼쪽 변 치수인 'd3'에 구속시키기 위해서 오른쪽 변 치수문자를 더블 클릭하여 '100'을 제거하고 'd3+30'을 입력한 후, [Enter]를 칩니다. 두 번째 사각형 왼쪽 변의 길이인 '100'에 구속되어 오른쪽 변의 길이가 '130'으로 됩니다.

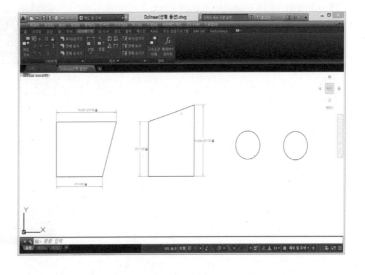

10 세 번째 2개의 원 사이의 거리에 선형 치수 조건을 구속하기 위해서 [Dclinear] 명령어를 입력하고 세 번째 2개의 원 중 왼쪽 원의 한 변과 오른쪽 원의 한 변을 클릭한 후, 치수선의 위치를 지정합니다.

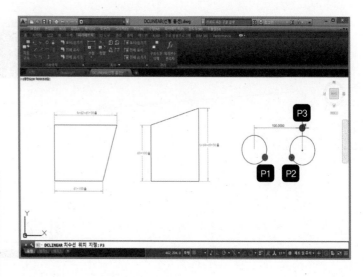

명령 : Dclinear [Enter]
첫 번째 구속점 지정 또는 [객체(O)] 〈객체〉 : P1 클릭
세 번째 2개의 원 중 왼쪽 원의 한 변에 선형 치수 조건을 구속하기 위해서 'P1'을 클릭합니다.
두 번째 구속점 지정 : P2 클릭
세 번째 2개의 원 중 오른쪽 원의 한 변에 선형 치수 조건을 구속하기 위해서 'P2'를 클릭합니다.
치수선 위치 지정 : P3 클릭
치수선의 위치에 'P3'을 클릭합니다.
치수 문자 = 100.0000 [Enter]

11 세 번째 2개 원의 중심 사이에 선형 치수 조건이 구속되어 길이가 '100' 인 치수선이 작성됩니다.

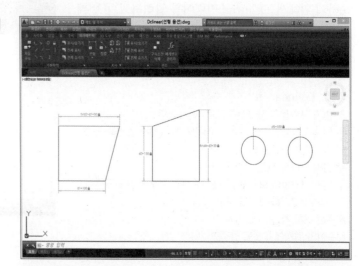

● [수평] 옵션 실습하기

01 아래의 예제 파일을 불러옵니다.

예제 파일 : Part01\Chapter11\11-2\1\Dchorizontal (수평 옵션)

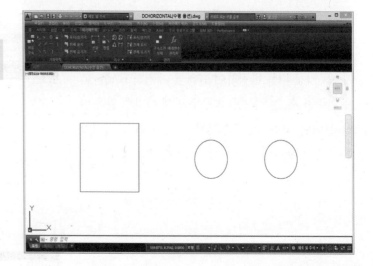

02 [Dchorizontal] 명령어를 입력하고 첫 번째 사각형 위쪽 변의 왼쪽과 오른쪽 끝부분을 클릭한 후, 치수선의 위치를 지정합니다.

명령 : Dchorizontal Enter
첫 번째 구속점 지정 또는 [객체(O)] 〈객체〉 : P1 클릭
첫 번째 사각형의 위쪽 변 왼쪽에 수평 치수 조건을 구속하기 위해서 'P1'을 클릭합니다.
두 번째 구속점 지정 : P2 클릭
첫 번째 사각형의 위쪽 변 오른쪽에 수평 치수 조건을 구속하기 위해서 'P2'를 클릭합니다.
치수선 위치 지정 : P3 클릭
치수선의 위치에 'P3'을 클릭합니다.
치수 문자 = 125.0000 Enter

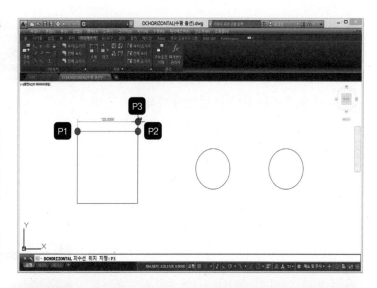

03 첫 번째 사각형 위쪽 변에 수평 치수 조건이 구속되어 길이가 '125'인 치수선이 작성됩니다.

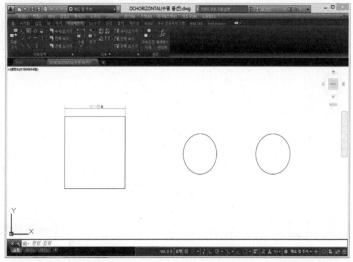

04 첫 번째 사각형 아래쪽 변에 수평 치수 조건을 구속하기 위해서 [Dchorizontal] 명령어를 입력하고 첫 번째 사각형 아래쪽 변의 왼쪽과 오른쪽 끝부분을 클릭한 후, 치수선의 위치를 지정합니다.

명령 : Dchorizontal Enter
첫 번째 구속점 지정 또는 [객체(O)] 〈객체〉 : P1 클릭
첫 번째 사각형의 아래쪽 변 왼쪽에 수평 치수 조건을 구속하기 위해서 'P1'을 클릭합니다.
두 번째 구속점 지정 : P2 클릭
첫 번째 사각형의 아래쪽 변 오른쪽에 수평 치수 조건을 구속하기 위해서 'P2'를 클릭합니다.
치수선 위치 지정 : P3 클릭
치수선의 위치에 'P3'을 클릭합니다.
치수 문자 = 125.0000 Enter

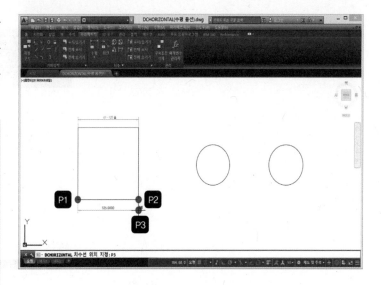

05 이후, 첫 번째 사각형 아래쪽 변의 치수인 'd2'를 위쪽 변 치수인 'd1'에 구속시키기 위해서 아래쪽 변 치수문자를 더블 클릭하여 '125'를 제거하고 'd1+25'을 입력한 후, Enter 를 칩니다. 첫 번째 사각형 위쪽 변의 길이인 '125'에 구속되어 아래쪽 변의 길이가 '150'으로 됩니다.

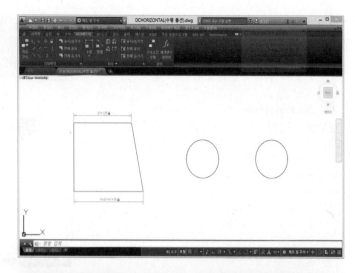

06 두 번째 2개의 원 사이의 거리에 수평 치수 조건을 구속하기 위해서 [Dchorizontal] 명령어를 입력하고 두 번째 2개의 원 중 왼쪽 원과 오른쪽 원을 클릭한 후, 치수선의 위치를 지정합니다.

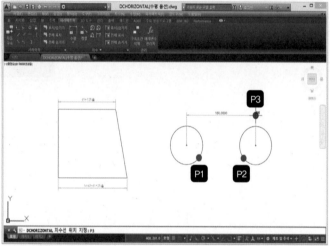

> **명령 : Dchorizontal** Enter
> 첫 번째 구속점 지정 또는 [객체(O)] 〈객체〉 : P1 클릭
> 두 번째 2개의 원 중 왼쪽 원에 수평 치수 조건을 구속하기 위해서 'P1'을 클릭합니다.
> **두 번째 구속점 지정 : P2 클릭**
> 두 번째 2개의 원 중 오른쪽 원에 수평 치수 조건을 구속하기 위해서 'P2'를 클릭합니다.
> **치수선 위치 지정 : P3 클릭**
> 치수선의 위치에 'P3'을 클릭합니다.
> 치수 문자 = 150.0000 Enter

07 두 번째 2개 원의 중심 사이에 수평 치수 조건이 구속되어 길이가 '150'인 치수선이 작성됩니다.

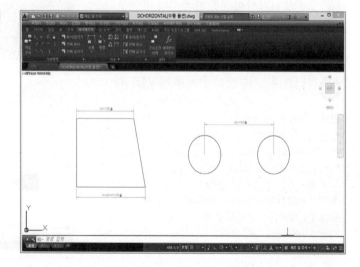

● [수직] 옵션 실습하기

01 아래의 예제 파일을 불러옵니다.

예제 파일 : Part01\Chapter11\11-2\1\Dcvertical
(수직 옵션)

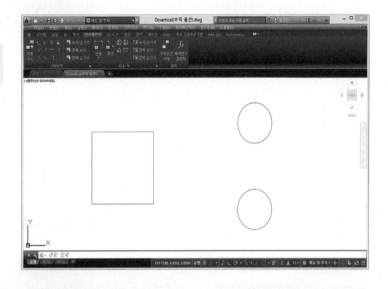

02 [Dcvertical] 명령어를 입력하고 첫 번째 사각형 왼쪽 변의 위쪽과 아래쪽 끝부분을 클릭한 후, 치수선의 위치를 지정합니다.

명령 : Dcvertical [Enter]
첫 번째 구속점 지정 또는 [객체(O)] 〈객체〉 : P1 클릭
첫 번째 사각형의 왼쪽 변 위쪽에 수직 치수 조건을 구속하기 위해서 'P1'을 클릭합니다.
두 번째 구속점 지정 : P2 클릭
첫 번째 사각형의 왼쪽 변 아래쪽에 수직 치수 조건을 구속하기 위해서 'P2'를 클릭합니다.
치수선 위치 지정 : P3 클릭
치수선의 위치에 'P3'을 클릭합니다.
치수 문자 = 125.0000 [Enter]

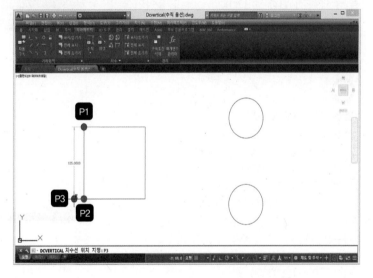

03 첫 번째 사각형 왼쪽 변에 치수 조건이 구속
되어 길이가 '125' 인 치수선이 작성됩니다.

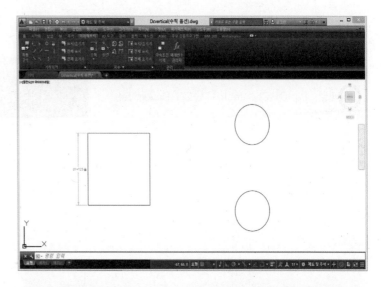

04 첫 번째 사각형 오른쪽 변에 수직 치수 조건
을 구속하기 위해서 [Dchorizontal] 명령어를 입
력하고 첫 번째 사각형 오른쪽 변의 위쪽과 아래
쪽 끝부분을 클릭한 후, 치수선의 위치를 지정합
니다.

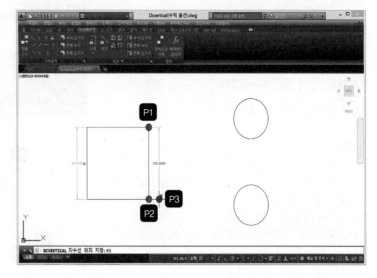

명령 : Dcvertical [Enter]
첫 번째 구속점 지정 또는 [객체(O)] 〈객체〉 : P1 클릭
첫 번째 사각형의 오른쪽 변 위쪽에 수직 치수 조건을 구속
하기 위해서 'P1'을 클릭합니다.
두 번째 구속점 지정 : P2 클릭
첫 번째 사각형의 오른쪽 변 아래쪽에 수직 치수 조건을 구
속하기 위해서 'P2'를 클릭합니다.
치수선 위치 지정 : P3 클릭
치수선의 위치에 'P3'을 클릭합니다.
치수 문자 = 125.0000 [Enter]

05 이후, 첫 번째 사각형 오른쪽 변의 치수인 'd2'를 왼쪽 변 치수인 'd1'에 구속시키기 위해서 오른쪽 변 치수문자를 더블 클릭하여 '125'를 제거하고 'd1+25'을 입력한 후, Enter 를 칩니다. 첫 번째 사각형 왼쪽 변의 길이인 '125'에 구속되어 오른쪽 변의 길이가 '150'으로 됩니다.

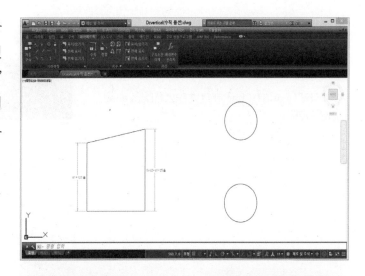

06 두 번째 2개의 원 사이의 거리에 수직 치수 조건을 구속하기 위해서 [Dcvertical] 명령어를 입력하고 두 번째 2개의 원 중 위쪽 원과 아래쪽 원을 클릭한 후, 치수선의 위치를 지정합니다.

명령 : Dcvertical Enter
첫 번째 구속점 지정 또는 [객체(O)] 〈객체〉 : P1 클릭
두 번째 2개의 원 중 위쪽 원에 수직 치수 조건을 구속하기 위해서 'P1'을 클릭합니다.
두 번째 구속점 지정 : P2 클릭
두 번째 2개의 원 중 아래쪽 원에 수직 치수 조건을 구속하기 위해서 'P2'를 클릭합니다.
치수선 위치 지정 : P3 클릭
치수선의 위치에 'P3'을 클릭합니다.
치수 문자 = 150.0000 Enter

07 두 번째 2개 원의 중심 사이에 수직 치수 조건이 구속되어 길이가 '150'인 치수선이 작성됩니다.

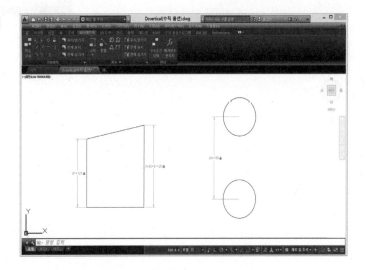

● [정렬] 옵션 실습하기

01 아래의 예제 파일을 불러옵니다.

예제 파일 : Part01\Chapter11\11-2\1\Dcaligned
(정렬 옵션)

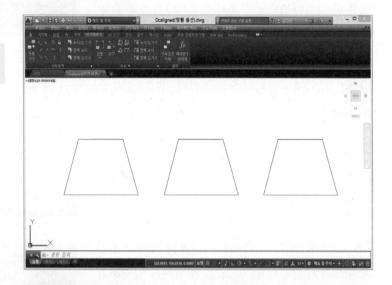

02 [Dcaligned] 명령어를 입력하고 첫 번째 사각형 위쪽 변의 왼쪽과 오른쪽 끝부분을 클릭한 후, 치수선의 위치를 지정합니다.

명령 : Dcaligned [Enter]
첫 번째 구속점 지정 또는 [객체(O)/점과 선(P)/2선(2L)] 〈객체〉: P1 클릭
첫 번째 사각형의 위쪽 변 왼쪽에 정렬 치수 조건을 구속하기 위해서 'P1'을 클릭합니다.
두 번째 구속점 지정 : P2 클릭
첫 번째 사각형의 위쪽 변 오른쪽에 정렬 치수 조건을 구속하기 위해서 'P2'를 클릭합니다.
치수선 위치 지정 : P3 클릭
치수선의 위치에 'P3'을 클릭합니다.
치수 문자 = 90.0000 [Enter]

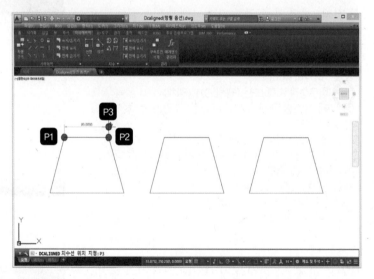

03 첫 번째 사각형의 위쪽 변에 정렬 치수 조건이 구속되어 길이가 '90'인 치수선이 작성됩니다. 따라서 [Dcaligned] 명령어는 선형 치수도 기입할 수 있습니다.

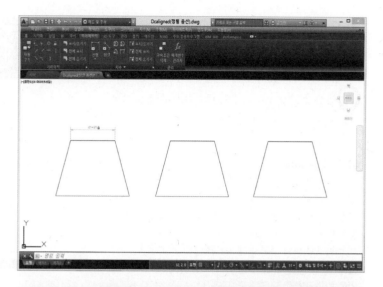

04 [객체] 옵션을 수행하기 위해서 [Dcaligned] 명령어를 입력하고 [객체] 옵션을 지정합니다. 이후, 두 번째 사각형의 오른쪽 변을 지정하고 치수선의 위치를 지정합니다.

명령 : Dcaligned Enter
첫 번째 구속점 지정 또는 [객체(O)/점과 선(P)/2선(2L)] 〈객체〉 : O Enter
[객체] 옵션을 지정하기 위해서 'O'를 입력합니다.
객체 선택 : P1 클릭
두 번째 사각형의 오른쪽 변에 'P1'을 클릭합니다.
치수선 위치 지정 : P2 클릭
치수선의 위치에 'P2'를 클릭합니다.
치수 문자 = 101.0124 Enter

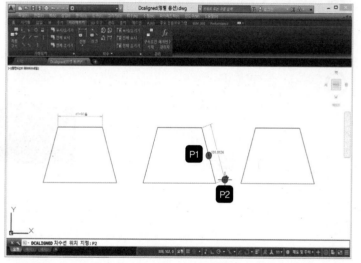

05 두 번째 사각형의 오른쪽 변에 정렬 치수 조건이 구속되어 길이가 '101.0124'인 치수선이 작성됩니다. 따라서 [Dcaligned] 명령어는 경사진 곳에 정렬 치수를 기입할 수 있습니다.

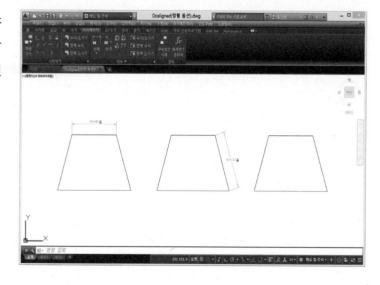

06 [2선] 옵션을 수행하기 위해서 [Dcaligned] 명령어를 입력하고 [2선] 옵션을 지정합니다. 이후, 세 번째 사각형의 왼쪽 변을 지정하고 왼쪽 변과 평행할 오른쪽 변을 지정하고 치수선의 위치를 지정합니다.

> **명령 : Dcaligned** ⏎
> 첫 번째 구속점 지정 또는 [객체(O)/점과 선(P)/2선 (2L)] 〈객체〉 : 2L ⏎
> [2선] 옵션을 지정하기 위해서 '2L'을 입력합니다.
> 첫 번째 선 선택 : P1 클릭
> 세 번째 사각형의 왼쪽 변에 'P1'을 클릭합니다.
> 평행선으로 만들 두 번째 선 선택 : P2 클릭
> 왼쪽 변과 평행할 오른쪽 변에 'P2'를 클릭합니다.
> 치수선 위치 지정 : P3 클릭
> 치수선의 위치에 'P3'을 클릭합니다.
> 치수 문자 = 109.7679

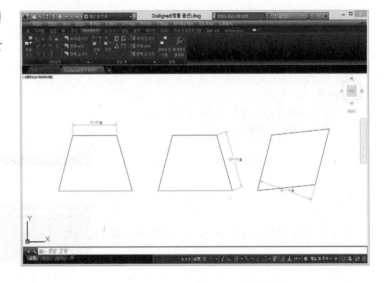

07 세 번째 사각형의 오른쪽 변이 왼쪽 변과 평행하게 되고 치수 조건이 구속되어 2개의 평행한 변 사이에 치수선이 작성됩니다.

● [반지름] 옵션 실습하기

01 아래의 예제 파일을 불러옵니다.

예제 파일 : Part01\Chapter11\11-2\1\Dcradius
(반지름 옵션)

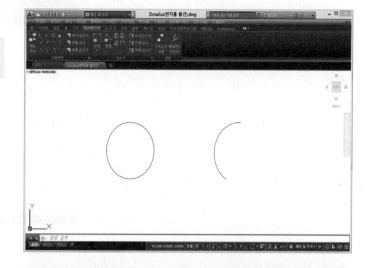

02 [Dcradius] 명령어를 입력하여 원을 클릭하고 치수선의 위치를 지정합니다. 이후, 원의 반지름을 증가시키기 위해서 치수 문자를 더블 클릭한 후, '50'을 제거하고 '75'를 입력하면 원의 반지름이 증가합니다.

명령 : Dcradius [Enter]
호 또는 원 선택 : P1 클릭
원에 반지름 치수 조건을 구속하기 위해서 'P1'을 클릭합니다.
치수 문자 = 50.0000
치수선 위치 지정 : P2 클릭
치수선의 위치에 'P2'를 클릭합니다.
치수선 위치 지정 : [Enter]
이후, 치수 문자를 더블 클릭하여 치수 문자인 '50'을 제거하고 '75'를 입력한 후, '[Enter]'를 칩니다.

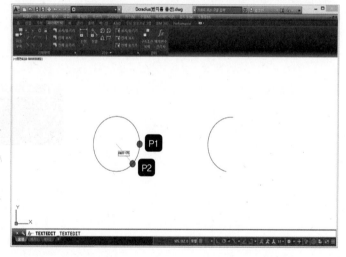

03 원에 반지름 치수 조건이 구속되어 반지름이 '75'인 치수선이 작성됩니다.

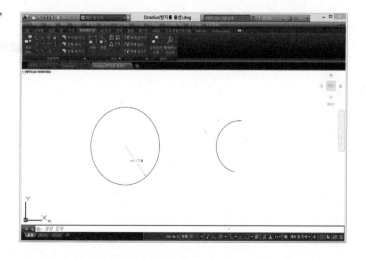

04 호에 반지름 치수 조건을 구속하기 위해서 [Dcradius] 명령어를 입력하여 호를 클릭하고 치수선의 위치를 지정합니다. 이후, 호의 반지름을 감소시키기 위해서 치수 문자를 더블 클릭한 후, '50'을 제거하고 '30'을 입력하면 호의 반지름이 감소합니다.

명령 : Dcradius [Enter]
호 또는 원 선택 : P1 클릭
호에 반지름 치수 조건을 구속하기 위해서 'P1'을 클릭합니다.
치수 문자 = 50.0000
치수선 위치 지정 : P2 클릭
치수선의 위치에 'P2'를 클릭합니다.
치수선 위치 지정 : [Enter]
이후, 치수 문자를 더블 클릭하여 치수 문자인 '50'을 제거하고 '30'을 입력한 후, '[Enter]'를 칩니다.

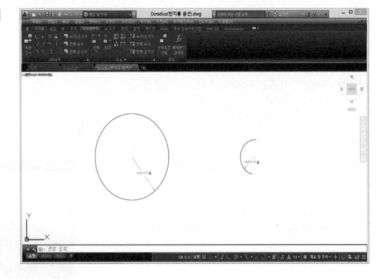

05 호에 반지름 치수 조건이 구속되어 반지름이 '30'인 치수선이 작성됩니다.

● [지름] 옵션 실습하기

01 아래의 예제 파일을 불러옵니다.

예제 파일 : Part01\Chapter11\11-2\1\Dcdiameter
(지름 옵션)

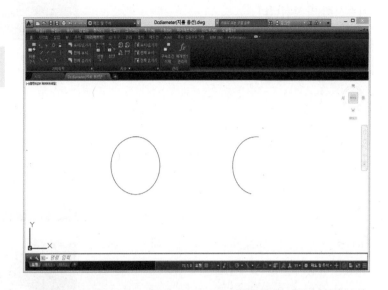

02 [Dcdiameter] 명령어를 입력하여 원을 클릭하고 치수선의 위치를 지정합니다. 이후, 원의 지름을 증가시키기 위해서 치수 문자를 더블 클릭한 후, '100' 을 제거하고 '150' 을 입력하면 원의 지름이 증가합니다.

명령 : Dcdiameter Enter
호 또는 원 선택 : P1 클릭
원에 지름 치수 조건을 구속하기 위해서 'P1'을 클릭합니다.
치수 문자 = 100.0000
치수선 위치 지정 : P2 클릭
치수선의 위치에 'P2'를 클릭합니다.
치수선 위치 지정 : Enter
이후, 치수 문자를 더블 클릭하여 치수 문자인 '100'을 제거하고 '150'을 입력한 후, Enter 를 칩니다.

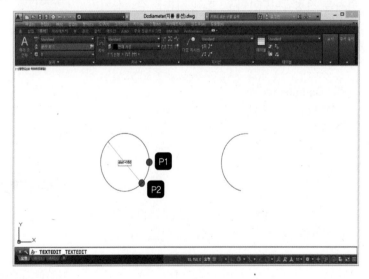

03 원에 지름 치수 조건이 구속되어 지름이 '150' 인 치수선이 작성됩니다.

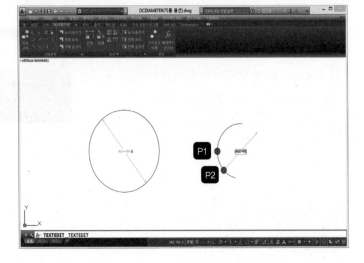

04 호에 지름 치수 조건을 구속하기 위해서 [Dcdia-meter] 명령어를 입력하여 호를 클릭하고 치수선의 위치를 지정합니다. 이후, 호의 지름을 감소시키기 위해서 치수 문자를 더블 클릭한 후, '100' 을 제거하고 '60' 을 입력하면 호의 지름이 감소합니다.

> **명령 : Dcdiameter** `Enter`
> **호 또는 원 선택 : P1 클릭**
> 호에 지름 치수 조건을 구속하기 위해서 'P1'을 클릭합니다.
> **치수 문자 = 100.0000**
> **치수선 위치 지정 : P2 클릭**
> 치수선의 위치에 'P2'를 클릭합니다.
> **치수선 위치 지정 :** `Enter`
> 이후, 치수 문자를 더블 클릭하여 치수 문자인 '100'을 제거하고 '60'을 입력한 후, `Enter`를 칩니다.

05 호에 지름 치수 조건이 구속되어 지름이 '60' 인 치수선이 작성됩니다.

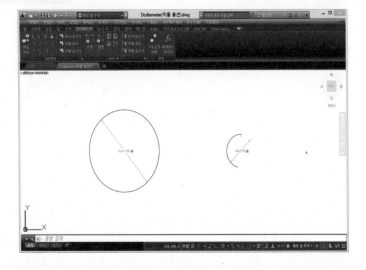

● [각도] 옵션 실습하기

01 아래의 예제 파일을 불러옵니다.

예제 파일 : Part01\Chatper11\11-2\1\Dcangular
(각도 옵션)

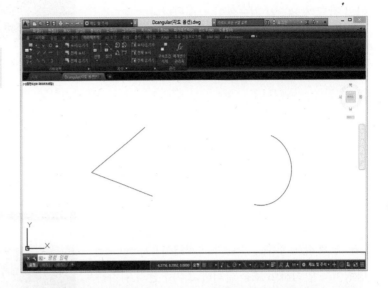

02 [Dcangular] 명령어를 입력하여 첫 번째 2개
선 중 위쪽 선과 아래쪽 선을 차례로 클릭하고 치
수선의 위치를 지정합니다. 이후, 2개의 선 사이
의 각도를 증가시키기 위해서 치수 문자를 더블
클릭한 후, '54'를 제거하고 '80'을 입력합니다.

명령 : Dcangular [Enter]
첫 번째 선 또는 호 또는 [3점(3P)] 선택 〈3점〉 : P1 클
릭
첫 번째 2개의 선 중 위쪽 선에 각도 치수 조건을 구속하기
위해서 'P1'을 클릭합니다.
두 번째 선 선택 : P2 클릭
첫 번째 2개의 선 중 아래쪽 선에 각도 치수 조건을 구속하
기 위해서 'P2'를 클릭합니다.
치수선 위치 지정 : P3 클릭
치수선의 위치에 'P3'을 클릭합니다.
치수 문자 = 54 [Enter]
이후, 치수 문자를 더블 클릭하여 치수 문자인 '54'를 제거
하고 '80'을 입력한 후, [Enter]를 칩니다.

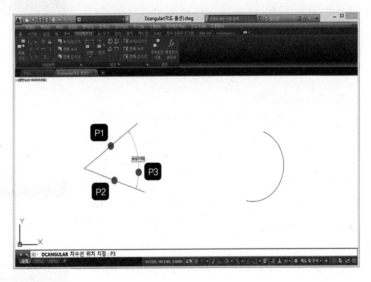

03 2개의 선에 각도 치수 조건이 구속되어 2개 선 사이의 각도가 '80' 인 치수선이 작성됩니다.

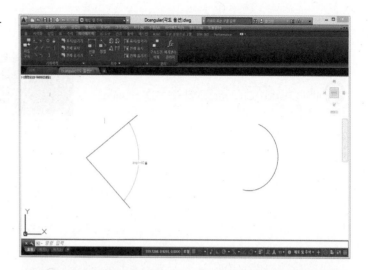

04 호에 각도 치수를 구속하기 위해서 [Dcangular] 명령어를 입력하여 호를 클릭하고 치수선의 위치를 지정합니다. 이후, 호의 각도를 증가시키기 위해서 치수 문자를 더블 클릭한 후, '173' 을 제거하고 '270' 을 입력합니다.

> **명령 : Dcangular** [Enter]
> 첫 번째 선 또는 호 또는 [3점(3P)] 선택 〈3점〉 : P1 클릭
> 호에 각도 치수 조건을 구속하기 위해서 'P1'을 클릭합니다.
> **치수선 위치 지정 : P2 클릭**
> 치수선의 위치에 'P2'를 클릭합니다.
> **치수 문자 = 173** [Enter]
> 이후, 치수 문자를 더블 클릭하여 치수 문자인 '173'을 제거하고 '270'을 입력한 후, [Enter]를 칩니다.

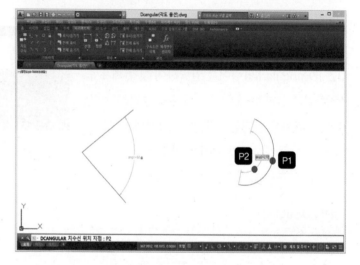

05 호에 각도 치수 조건이 구속되어 각도가 '270' 인 호가 작성됩니다.

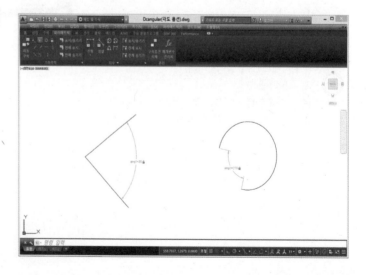

● [변환] 옵션 실습하기

01 아래의 예제 파일을 불러옵니다.

예제 파일 : Part01\Chatper11\11-2\1\Dcconvert
(변환 옵션)

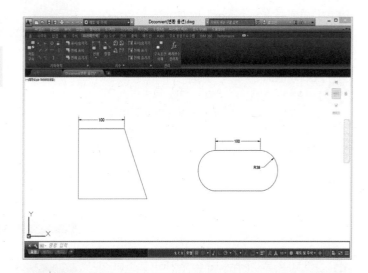

02 [Dcconvert] 명령어를 입력하여 치수 조건이 구속되지 않은 사각형의 일반 선형 치수를 클릭합니다.

명령 : Dcconvert [Enter]
변환할 연관 치수 선택 : P1 클릭   1개를 찾음
일반 선형 치수에 치수 조건을 구속하기 위해서 'P1'을 클릭합니다.
변환할 연관 치수 선택 : [Enter]
1개의 연관 치수가 변환됨
0개의 연관 치수를 변환할 수 없습니다.

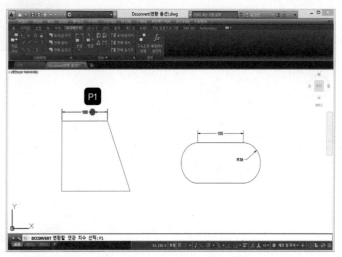

03 일반 선형 치수가 치수 조건이 구속된 치수로 변환됩니다.

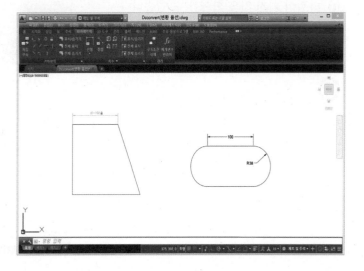

04 타원의 일반 반지름 치수에 치수 조건을 구속하기 위해서 [Dcconvert] 명령어를 입력하여 일반 반지름 치수를 클릭합니다.

> **명령 : Dcconvert** [Enter]
> 변환할 연관 치수 선택 : P1 클릭   1개를 찾음
> 일반 반지름 치수에 치수 조건을 구속하기 위해서 'P1'을 클릭합니다.
> 변환할 연관 치수 선택 : [Enter]
> 1개의 연관 치수가 변환됨
> 0개의 연관 치수를 변환할 수 없습니다.

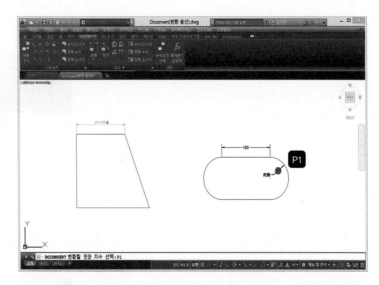

05 일반 반지름 치수가 치수 조건이 구속된 치수로 변환되었습니다. 이후, 반지름 치수의 치수 문자를 더블 클릭한 후, '38'을 제거하고 '50'을 입력합니다.

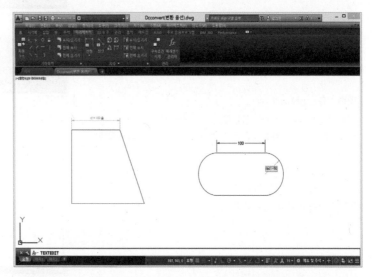

06 타원이 커진 것을 확인할 수 있습니다.

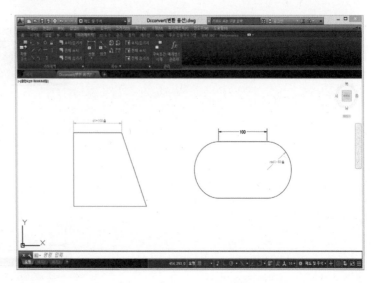

● [표시/숨기기] 옵션 실습하기

01 아래의 예제 파일을 불러옵니다.

예제 파일 : Part01\Chapter11\11-2\1\Dcdisplay
(표시, 숨기기 옵션)

02 객체에 구속된 구속 조건을 표시하기 위해서 [파라메트릭] 탭의 [치수] 패널 중 [전체 표시]를 클릭하면 숨겨졌던 모든 치수 구속 조건이 전부 표시됩니다.

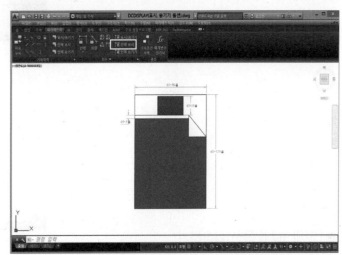

03 객체의 구속 조건 중 부분적으로 구속 조건을 없애기 위해서 [Dcdisplay] 명령어를 입력하고 구속 조건이 표시된 객체를 클릭합니다.

명령 : Dcdisplay Enter
객체 선택 : P1 클릭   1개를 찾음
구속 조건이 표시된 객체에 'P1'을 클릭합니다.
객체 선택 : Enter

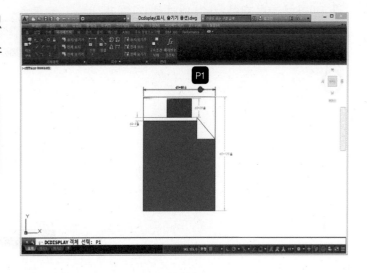

04 [숨기기] 옵션을 지정하면 선택한 객체의 구속 조건이 숨겨집니다. 단, 구속 조건이 숨겨진 것이지 완전히 제거된 것은 아닙니다.

> 옵션 입력 [표시(S)/숨기기(H)]〈표시〉: H [Enter]
> [숨기기] 옵션을 지정하기 위해서 'H'를 입력합니다.

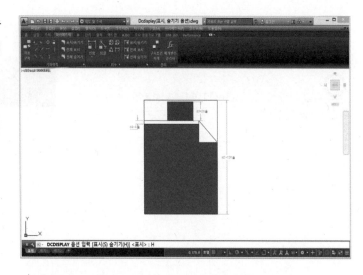

● [전체 숨기기] 옵션 실습하기

01 [파라메트릭] 탭의 [치수] 패널 중 [전체 숨기기]를 클릭하면 객체에 표시된 모든 구속 조건이 한꺼번에 숨겨집니다.

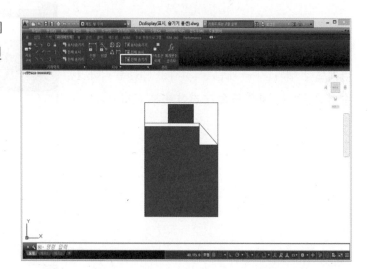

● [전체 표시] 옵션 실습하기

01 [파라메트릭] 탭의 [치수] 패널 중 [전체 표시]를 클릭하면 숨겨진 모든 구속 조건이 한꺼번에 표시됩니다.

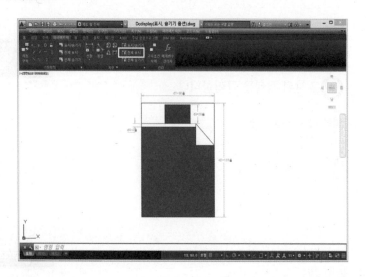

● [구속 조건 삭제] 옵션 실습하기

01 [Autoconstrain] 명령어를 입력하여 모든 객체를 자동 구속합니다.

명령 : **Autoconstrain** Enter
객체 선택 또는 [설정(S)] : All Enter
22개를 찾음
4개는 현재 공간에 없습니다.
모든 객체를 자동 구속하기 위해서 'All'을 입력합니다.
객체 선택 또는 [설정(S)] : Enter
27개의 구속조건을 18개의 객체에 적용함

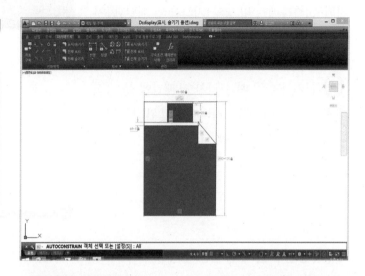

02 [파라메트릭] 탭의 [관리] 패널 중 [구속 조건 삭제]를 클릭하고 구속 조건을 제거하고자 하는 한 변과 치수를 클릭한 후, Enter를 칩니다.

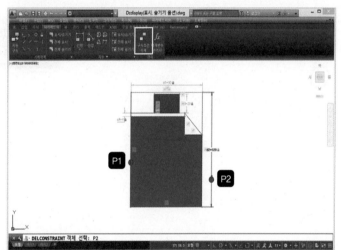

03 객체 한 변의 기하학적 구속 조건과 치수 구속 조건이 한꺼번에 제거됩니다.

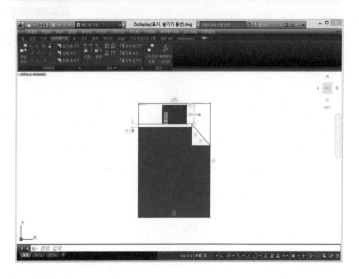

04 구속 조건이 완전히 제거된 것을 확인하기 위해서 [파라메트릭] 탭의 [기하학적] 패널과 [치수] 패널에 있는 [전체 표시]를 클릭합니다. 그림 02번에서 [구속 조건 삭제]에 의해서 제거된 구속 조건이 [기하학적] 패널과 [치수] 패널에 있는 [전체 표시]에 의해서도 표시되지 않고 완전히 제거된 것을 확인할 수 있습니다.

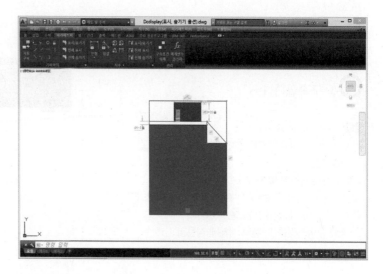

● [매개 변수 관리자] 옵션 실습하기

01 아래의 예제 파일을 불러옵니다.

예제 파일 : Part01\Chapter11\11-2\1\(매개 변수 관리자)

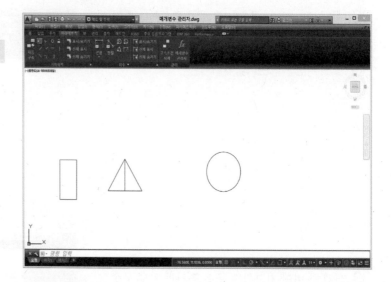

02 치수 구속 조건을 표시하기 위해서 [파라메트릭] 탭의 [치수] 패널에 있는 [전체 표시]를 클릭합니다. 치수 구속 조건이 표시된 것을 확인할 수 있습니다.

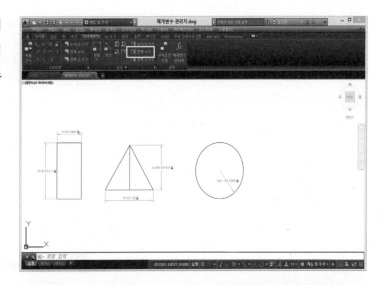

03 [파라메트릭] 탭의 [관리] 패널 중 [매개 변수 관리자]를 클릭하면 [매개 변수 관리자] 대화 상자가 나타납니다.

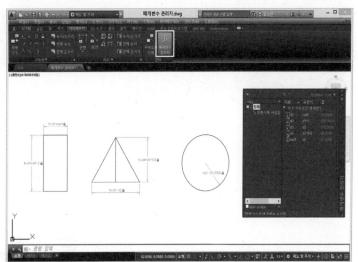

04 원의 반지름 치수인 'rad1' 을 클릭하여 '50' 에서 '35' 로 변경합니다. 사각형, 삼각형, 원의 치수가 서로 구속되어 있기 때문에 치수 하나만 변경하여도 각 객체가 조금씩 축소됩니다.

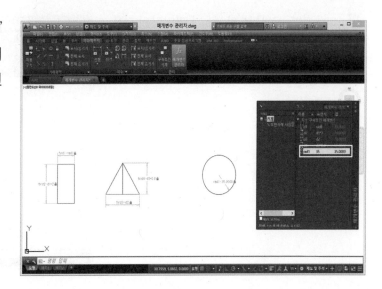

05 [새 매개변수 그룹 작성] 아이콘(▼)을 클릭하여 [그룹 필터 1]을 생성합니다. 이와 같이 필터를 사용하여 도면 번호, 부품명, 재질 등과 같이 도면과 관련된 사항을 세분화하여 구분할 수 있습니다.

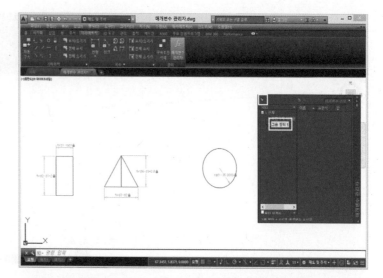

06 [표현식에 사용된 모든 변수]를 클릭하여 구속된 모든 치수를 확인하고 [그룹 필터 1] 내에 'd3'과 'd4'를 포함시키기 위해서 'd3'과 'd4'를 선택한 후, [그룹 필터 1]에 포함시켜 필터링합니다.

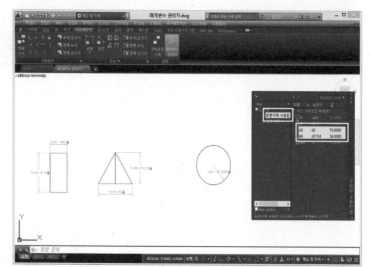

07 [그룹 필터 1]에 'd3'과 'd4'가 필터링된 것을 확인할 수 있습니다.

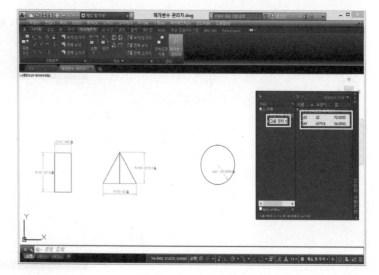

08 [새 사용자 매개 변수를 작성함] 아이콘을 클릭하여 'user1' 매개 변수를 추가합니다. 매개 변수의 이름을 'user1' 에서 'area' 로 변경하고 표현식에 'rad1^2*3.14' 를 입력하면 값이 '3846.5' 가 됩니다.

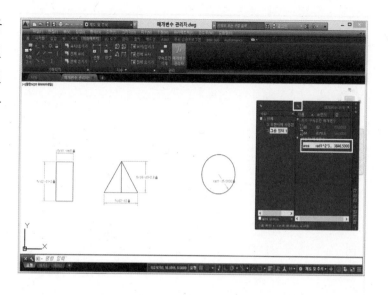

💡 **TIP**   치수 이름 형식

[파라메트릭] 탭의 [치수] 패널 하단에 있는 [구속 조건 설정, 치수] 확장 화살표를 클릭하면 [구속 조건 설정] 대화상자가 나타나는 가운데, 대화상자에는 [기하학적] 탭, [치수] 탭, [자동 구속] 탭이 있습니다. 이중 [치수] 탭은 치수 이름을 표현할 때 '이름', '값' 및 '이름 및 표현식' 중 어느 하나로 나타낼 수 있습니다.

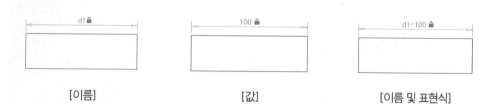

[이름]   [값]   [이름 및 표현식]

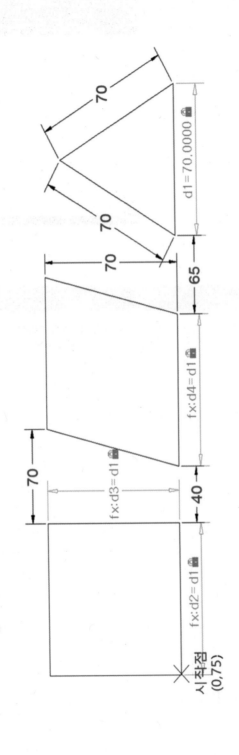

Limits : 0,0~297,210

명령어 : Polyline, Dclinear, Autoconstrain(실행 방법 : 삼각형 밑면이 치수인 d1에 '35', '105'를 입력한 후, 각 도형이 형태가 동일하게 유지되는 것을 확인)

12 CHAPTER

도면 출력하기

12.1 도면 출력 조건 설정하기

1 도면을 출력하는 [Plot] 명령어

[Plot] 명령어는 도면을 출력하는 것을 말합니다. 여기서 출력이란 도면을 플로터나 프린터를 사용하여 인쇄하거나 'PDF, JPG 및 PNG' 등의 파일로 저장하는 것입니다. [Plot] 명령어의 다양한 옵션을 이해하고 용도에 적합한 옵션을 사용함으로써 정확한 도면을 출력할 수 있습니다.

(1) 명령어 입력 방법

[Plot] 명령어	
메뉴 막대	파일→플롯
명령어	Plot
단축키	Ctrl + P
리본 메뉴	(출력)탭→(플롯)패널→플롯(🖨) ([제도 및 주석] 작업공간)
	(출력)탭→(플롯)패널→플롯(🖨) ([3D 기본 사항] 작업공간)
	(출력)탭→(플롯)패널→플롯(🖨) ([3D 모델링] 작업공간)

(2) 명령어 사용 방법

명령 : Plot Enter

[플롯-모형] 대화 상자가 나타나면 출력하고자 하는 각 옵션을 적합하게 설정한 후, 출력합니다.

(3) 옵션 설명

[Plot] 명령어를 입력하면 다음과 같은 메뉴를 설정할 수 있습니다.

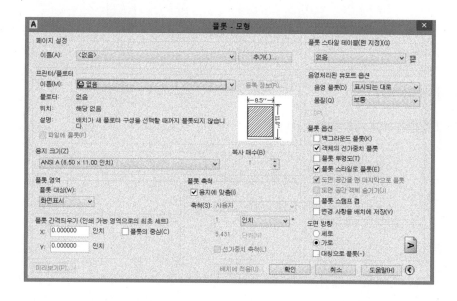

● [페이지 설정] 메뉴

원하는 출력 조건을 설정하여 저장한 후, 출력 시 저장한 출력 조건에 의해서 출력할 수 있습니다.

① 이전 플롯 : 최근 사용한 설정값을 그대로 사용합니다.
② 가져오기 : 다른 도면에 저장된 페이지 설정값을 가져옵니다.
③ 추가 : 출력 조건을 설정하고 [추가]를 클릭하면 [페이지 설정 추가] 대화 상자가 나타납니다. 이후, [새 플롯 설정 이름]을 입력하면 새로운 플롯 이름이 추가되면서 새롭게 설정한 플롯 조건에 의해서 출력할 수 있습니다.

● [프린터/플로터] 메뉴

사용할 프린터나 플로터를 설정하는 것은 물론, 'PDF, JPG 및 PNG 파일 형식' 으로 저장할 수 있습니다. [파일에 플롯]을 클릭하면 프린터나 플로터로 출력되지 않고 'AutoCAD 플롯 파일(*.PLT) 형식' 으로 저장됩니다.

① 이름 : 출력할 프린터나 플로터를 선택하거나 저장할 파일 형식을 선택합니다.
② 등록 정보 : 플로터를 구성하고 있는 파일 이름이나 포트, 장치 및 문서 설정을 확인할 수 있습니다.

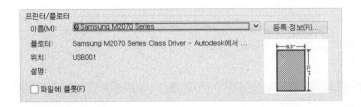

● [용지 크기/복사 매수] 메뉴

출력할 용지의 크기와 복사할 매수를 설정합니다.

● [플롯 영역] 메뉴

[플롯 대상]을 통하여 도면의 출력 영역을 설정합니다.

① 범위 : 도면 한계와 관계없이 객체를 화면상에 꽉 차게 출력합니다.

② 윈도우 : 마우스로 선택 영역을 지정하여 출력합니다.

③ 한계 : 설정한 Limits 영역으로 출력합니다.

④ 화면 표시 : 현재 화면상에 보이는 대로 출력합니다.

```
플롯 영역
플롯 대상(W):
화면표시        ∨
```

● [플롯 간격띄우기] 메뉴

출력할 때 X, Y 원점을 결정하거나 객체를 용지 중심에 출력되도록 설정합니다.

① X : X방향의 출력 원점을 지정합니다.

② Y : Y방향의 출력 원점을 지정합니다.

③ 플롯의 중심 : 객체를 용지 중심에 출력되도록 지정합니다.

```
플롯 간격띄우기 (인쇄 가능 영역으로의 최초 세트)
X: 0.000000   인치    □ 플롯의 중심(C)
Y: 0.000000   인치
```

● [플롯 축척] 메뉴

출력을 선택한 용지 크기에 맞게 축적하거나 출력할 축척 비율을 지정합니다. 또한 출력 축척에 비례하여 선가중치를 축척합니다.

① 용지에 맞춤 : 출력을 선택한 용지에 맞게 축적합니다.

② 축척 : 출력할 축척 비율을 지정합니다.

③ 선가중치 축척 : 출력 축척에 비례하여 선가중치를 축척합니다.

```
플롯 축척
☑ 용지에 맞춤(I)
축척(S): 사용자        ∨
     1    인치   ∨ =
    5.346  단위(N)
    □ 선가중치 축척(L)
```

● [플롯 스타일 테이블] 메뉴

플롯 스타일 테이블을 설정, 편집하거나 새로운 플롯 스타일 테이블을 작성합니다. '색상 종속 플롯 스타일 테이블(*.CTB)' 형식의 파일에 의해서 도면의 색상을 회색, 단색으로 변경할 수 있으며 screening 기능에 의해서 도면의 해상도를 조절합니다.

● [음영 처리된 뷰포트 옵션] 메뉴

음영 처리된 뷰포트와 렌더링된 뷰포트가 출력되는 방법과 해상도를 지정합니다. [음영 플롯]은 뷰포트와 렌더링된 뷰포트의 음영 처리 정도를 조절할 수 있습니다. [품질] 중 [간단하게 인쇄]는 렌더링 및 음영 처리된 모형 공간 뷰를 와이어 프레임으로 출력되게 설정하고 [사용자]는 사용자가 직접 DPI를 지정할 수 있습니다. 또한 [미리보기], [보통], [프리젠테이션]은 렌더링 및 음영 처리된 모형 공간 뷰를 현재 장치 해상도의 각각 '150', '300' 및 '600' DPI로 설정할 수 있습니다. [최대]는 렌더링 및 음영 처리된 모형 공간 뷰를 현재 장치 해상도의 최대로 설정할 수 있습니다.

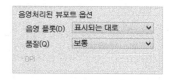

● [플롯 옵션] 메뉴

객체의 선가중치, 플롯 투명도 및 플롯 스탬프 등을 지정합니다.

① 백그라운드 플롯 : 백그라운드로 설정된 도면을 출력할 것인가를 지정합니다.
② 객체의 선가중치 플롯 : 객체의 선가중치를 출력할 것인가를 지정합니다.
③ 플롯 투명도 : 객체의 투명도를 출력할 것인가를 지정합니다.
④ 플롯 스타일로 플롯 : 플롯 스타일로 출력할 것인가를 지정합니다.
⑤ 도면 공간을 맨 마지막으로 플롯 : 모형 공간을 먼저, 도면 공간을 뒤에 출력합니다. 이 옵션은 배치 탭인 경우에서만 사용할 수 있습니다.
⑥ 도면 공간 객체 숨기기 : 3차원 객체를 출력할 때 은선을 제거하고 출력합니다. 이 옵션은 배치 탭인 경우에서만 사용할 수 있습니다.
⑦ 플롯 스탬프 켬 : [플롯 스탬프 설정]을 클릭하면 [플롯 스탬프] 대화 상자가 나타나고 도면에 [도면 이름], [배치 이름], [날짜 및 시간], [로그인 이름], [장치 이름], [용지 크기] 및 [플롯 축척] 등을 표시할 수 있습니다.
⑧ 변경 사항을 배치에 저장 : 플롯 대화 상자에서 변경한 사항을 배치에 저장합니다.

● [도면 방향] 메뉴

도면을 출력할 때, 출력할 용지의 방향을 지정합니다.

① 세로 : 출력할 용지의 방향을 세로로 지정합니다.
② 가로 : 출력할 용지의 방향을 가로로 지정합니다.
③ 대칭으로 플롯 : 출력할 용지의 방향을 위, 아래가 뒤집어지도록 지정합니다.

2 플로터를 설정하는 [Plottermanager] 명령어

[Plottermanager] 명령어는 컴퓨터에 새로운 프린터나 플로터 또는 출력 디바이스를 설정합니다. 설정한 프린터나 플로터를 사용하여 출력할 수 있고 출력 디바이스를 통하여 파일 형식으로도 출력됩니다.

(1) 명령어 입력 방법

	[Plottermanager] 명령어
메뉴 막대	파일→플로터 관리자
명령어	Plottermanager
리본 메뉴	(출력)탭→(플롯)패널→플로터 관리자( ) ([제도 및 주석] 작업공간)
	(출력)탭→(플롯)패널→플로터 관리자( ) ([3D 기본 사항] 작업공간)
	(출력)탭→(플롯)패널→플로터 관리자( ) ([3D 모델링] 작업공간)

(2) 명령어 사용 방법

명령 : Plottermanager Enter
[플로터 추가 마법사] 파일이 나타나면 더블 클릭하여 플로터를 추가합니다.

(3) 실습하기

01 [Plottermanager] 명령어를 입력한 후, [Plotters] 대화 상자가 나타나고 [플로터 추가 마법사]가 나타나면 [플로터 추가 마법사]를 더블 클릭합니다.

명령 : Plottermanager Enter
이후, [Plotters] 대화 상자가 나타나면 [플로터 추가 마법사]를 더블 클릭합니다.

02 [플로터 추가-개요 페이지] 대화 상자가 나타나면 [다음]을 클릭합니다.

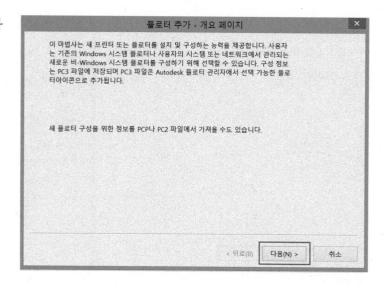

03 [플로터 추가-시작] 대화 상자가 나타나고 현재 PC와 연결되어 있는 프린터라면 [시스템 프린터]를 선택한 후, [다음]을 클릭합니다.

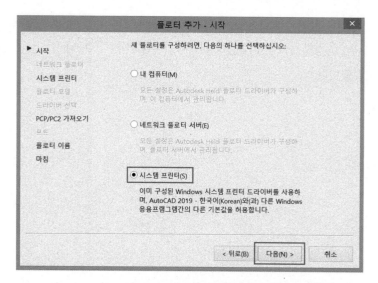

04 [플로터 추가-시스템 프린터] 대화 상자가 나타나면 현재 PC와 연결되어 있는 프린터를 선택한 후, [다음]을 클릭합니다.

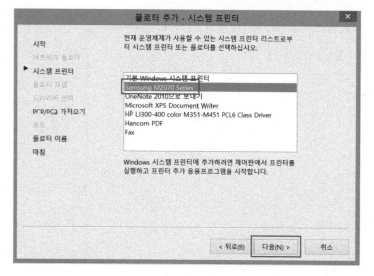

05 [플로터 추가-PCP/PC2 가져오기] 대화 상자가 나타나고 처음으로 플로터를 설정한다면 [다음]을 클릭합니다.

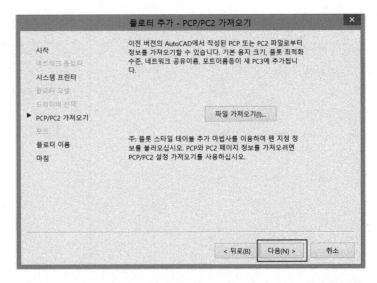

06 [플로터 추가-플로터 이름] 대화 상자가 나타나면 설정할 플로터 이름을 입력한 후, [다음]을 클릭합니다.

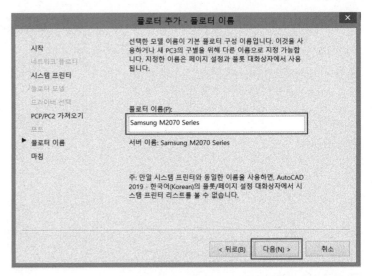

07 [플로터 추가-마침] 대화 상자가 나타나면 [마침]을 클릭합니다.

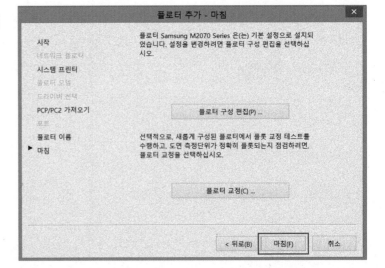

08 플로터가 추가되었는지 확인하기 위해서 [Plottermanager] 명령어를 입력하면 새로운 플로터가 추가된 것을 확인할 수 있습니다.

> 명령 : Plottermanager [Enter]
> 이후, [Plotters] 대화 상자가 나타나면 새롭게 추가된 플로터를 확인합니다.

---

3 출력 조건을 미리 설정하는 [Pagesetup] 명령어

[Pagesetup] 명령어는 새로운 페이지 이름으로 프린터나 플로터의 설정, 용지 크기, 플롯 영역, 플롯 간격 띄우기, 플롯 스타일 테이블, 음영 처리된 뷰포트 옵션, 플롯 옵션 및 도면 방향을 설정합니다. 이후, [Plot] 명령어를 수행하여 [페이지 설정]에서 미리 설정한 페이지 이름을 확인할 수 있습니다. 따라서 미리 페이지 이름을 지정하면 다시 출력 조건을 설정할 필요 없이 편리하게 출력할 수 있습니다.

(1) 명령어 입력 방법

[Pagesetup] 명령어	
메뉴 막대	파일→페이지 설정 관리자
명령어	Pagesetup
리본 메뉴	(출력)탭→(플롯)패널→페이지 설정 관리자(🔲) ([제도 및 주석] 작업공간)
	(출력)탭→(플롯)패널→페이지 설정 관리자(🔲) ([3D 기본 사항] 작업공간)
	(출력)탭→(플롯)패널→페이지 설정 관리자(🔲) ([3D 모델링] 작업공간)

(2) 명령어 사용 방법

> 명령 : Pagesetup [Enter]
> [페이지 설정 관리자] 대화 상자가 나타나면 [새로 만들기]를 클릭하고 [새 페이지 설정] 대화 상자가 나타나면 [새 플롯 설정 이름]을 지정한 후, [확인]을 클릭합니다. 이후, [페이지 설정-모형] 대화 상자가 나타나면 출력 조건 지정을 위한 페이지 설정을 한 후, [확인]을 클릭합니다.

(3) 실습하기

01 [Pagesetup] 명령어를 입력하여 [페이지 설정 관리자] 대화 상자가 나타나면 [새로 만들기]를 클릭합니다.

> **명령 : Pagesetup** ⏎
> [페이지 설정 관리자] 대화 상자가 나타나면 [새로 만들기]를 클릭합니다.

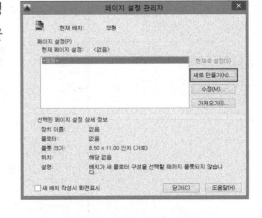

02 [새 페이지 설정] 대화 상자가 나타나면 [새 플롯 설정 이름]에 '설정1'을 입력한 후, [확인]을 클릭합니다.

03 [페이지 설정-모형] 대화 상자가 나타나면 화면과 동일하게 [프린터/플로터]의 [이름], [용지 크기], [플롯 영역]의 [플롯 대상], [플롯 간격띄우기]의 [플롯의 중심], [플롯 축적]의 [용지에 맞춤] 및 [도면 방향]의 [가로]로 설정한 후, [확인]을 클릭합니다.

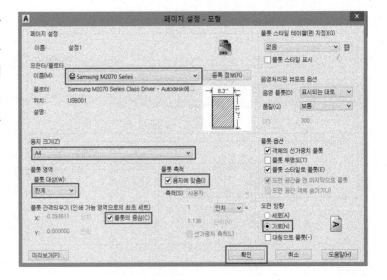

04 [페이지 설정 관리자] 대화 상자가 나타나면 '설정1'이란 페이지가 표시된 것을 확인한 후, [닫기]를 클릭합니다.

05 페이지 설정이 잘 되었는지 확인하기 위해서 [Plot] 명령어를 입력하면 [플롯-모형] 대화 상자가 나타나고 [페이지 설정]의 [이름]을 클릭하여 '설정1'을 지정하면 이전에 페이지 설정 조건이 나타나는 것을 알 수 있습니다. 이후, [확인]을 클릭합니다.

명령 : Plot [Enter]

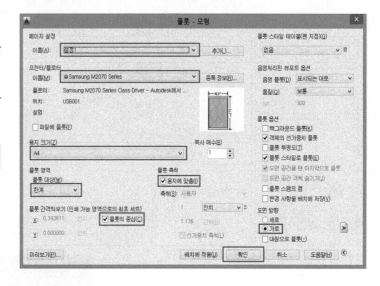

4 도면을 이미지 파일로 변환하기

[Plot] 명령어를 입력하여 [플롯-모형] 대화 상자가 나타나면 [프린터/플로터]의 [이름]에 'DWG To PDF.pc3'을 클릭하여 도면을 PDF 파일로 변환할 수 있습니다.

(1) 명령어 입력 방법

도면을 이미지 파일로 변환하기	
메뉴 막대	파일→플롯→프린터/플로터→이름
명령어	Plot
리본 메뉴	(출력)탭→(플롯)패널→플롯(🖶) ([제도 및 주석] 작업공간)
	(출력)탭→(플롯)패널→플롯(🖶) ([3D 기본 사항] 작업공간)
	(출력)탭→(플롯)패널→플롯(🖶) ([3D 모델링] 작업공간)

(2) 명령어 사용 방법

명령 : Plot [Enter]

[플롯-모형] 대화 상자가 나타나면 [프린터/플로터]의 [이름]을 클릭하여 'DWG To PDF.pc3'로 지정하고 출력 조건을 설정한 후, [확인]을 클릭합니다. 이후, [플롯 파일 찾아보기] 대화 상자가 나타나면 경로를 지정한 후, [저장]을 클릭합니다.

(3) 실습하기

● 기본 실습하기

01 아래의 예제 파일을 불러옵니다.

예제 파일 : Part01\Chapter12\12-1\4\Plot
(도면을 이미지 파일로 변환하기)

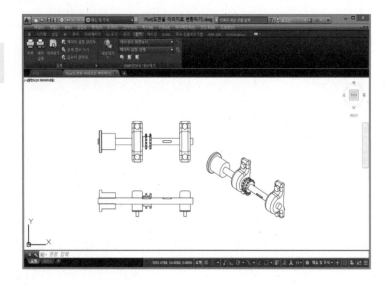

02 [Plot] 명령어를 입력하여 [플롯-모형] 대화 상자가 나타나면 [프린터/플로터]의 [이름]을 클릭하여 'DWG To PDF.pc3'로 지정하고 [플롯 간격띄우기]의 [플롯의 중심]에 체크를 한 후, [확인]을 클릭합니다.

명령 : Plot Enter
[플롯-모형] 대화 상자가 나타나면 [프린터/플로터]의 [이름]을 클릭하여 'DWG To PDF.pc3'을 지정하고 [플롯 간격띄우기]의 [플롯의 중심]에 체크를 한 후, [확인]을 클릭합니다.

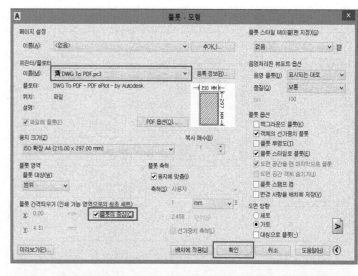

03 [플롯 파일 찾아보기] 대화 상자가 나타나면 저장할 경로를 지정하고 저장할 파일명을 입력한 후, [저장]을 클릭합니다.

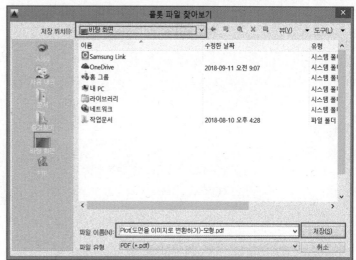

04 바탕화면에 있는 [Plot(도면을 이미지로 변환하기)-모형] 아이콘이 생성된 것을 확인할 수 있습니다. 이후, 마우스를 아이콘 위에 위치하고 마우스의 오른쪽 버튼을 클릭하여 [속성]을 클릭하면 [Plot(도면을 이미지로 변환하기)-모형 속성] 대화 상자가 나타나고 파일 형식이 'PDF 파일'로 변환된 것을 확인할 수 있습니다.

AUTOCAD

PART 2
3차원 명령어 학습하기

13 CHAPTER

3차원 관측점과 좌표계 이해하기

13.1 3차원 물체를 보는 관측점 조절하기

▣ 숫자를 입력하여 관측점을 조절하는 [−Vpoint] 명령어

3차원은 2차원인 가로와 세로 길이에 높이가 추가된 개념입니다. 따라서 3차원은 보는 위치에 따라서 모델링이 다르게 될 수 있기 때문에 보는 관측점을 정확히 설정하는 것이 매우 중요합니다.

[-Vpoint] 명령어는 X축, Y축, Z축에 숫자를 입력하여 3차원 관측점을 표현하거나 나침반의 8개 영역 중 어느 한 영역을 클릭하여 3차원 관측점을 표현할 수 있는 가운데, 1,-1,1과 같은 숫자를 입력하면 3면이 전부 보이는 등각투명이 가능하고 0,0,1과 같은 숫자를 입력하면 윗면만 보이게 할 수 있습니다.

(1) 명령어 입력 방법

[−Vpoint] 명령어	
명령어	−Vpoint
단축 명령어	−Vp

(2) 명령어 사용 방법

명령 : **−Vpoint** ⏎
현재 뷰 방향 : VIEWDIR=1,−1,1
관측점 지정 또는 [회전(R)] 〈나침반과 삼각대 표시〉 : 1,−1,1 ⏎
3차원 관측점에 X축, Y축, Z축을 입력합니다.
모형 재생성 중.

(3) 옵션 설명

옵션	X축		Y축		Z축	
	−1	왼쪽에서 봄	−1	앞쪽에서 봄	−1	아래에서 봄
관측점	1	오른쪽에서 봄	1	뒤쪽에서 봄	1	위에서 봄
	0	보지 않음	0	보지 않음	0	보지 않음

⑷ 실습하기

● 기본 실습하기

01 아래의 예제 파일을 불러옵니다.

예제 파일 : Part02\Chapter13\13-1\1\-Vpoint(기본)

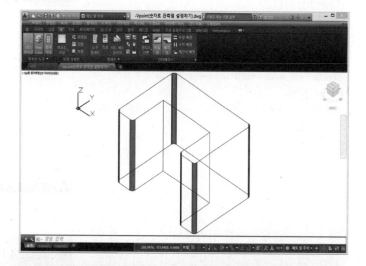

02 [-Vpoint] 명령어를 입력한 후, '0,0,1'을 입력합니다. 객체를 '위쪽'에서 본 화면이 나타납니다.

명령 : -Vpoint Enter
현재 뷰 방향 : VIEWDIR=1.0000,-1.0000,1.0000
관측점 지정 또는 [회전(R)] 〈나침반과 삼각대 표시〉 :
0,0,1 Enter
객체를 보는 관측점을 '위쪽'으로 지정하기 위해서 '0,0,1'을
입력합니다.
모형 재생성 중.

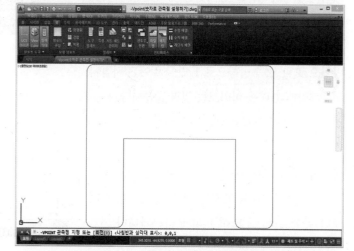

03 [-Vpoint] 명령어를 입력한 후, '1,-1,1'을 입력합니다. 객체를 '오른쪽, 앞쪽, 위쪽'에서 본 화면이 나타납니다.

명령 : -Vpoint Enter
현재 뷰 방향 : VIEWDIR=0.0000,0.0000,1.0000
관측점 지정 또는 [회전(R)] 〈나침반과 삼각대 표시〉 :
1,-1,1 Enter
객체를 보는 관측점을 '오른쪽, 앞쪽, 위쪽'으로 지정하기 위
해서 '1,-1,1'을 입력합니다.
모형 재생성 중.

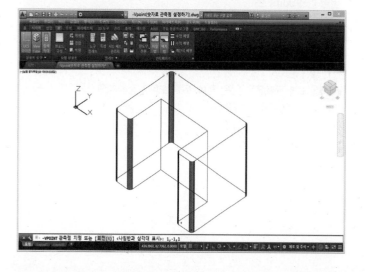

04 [-Vpoint] 명령어를 입력한 후, '-1,-1,1'을 입력합니다. 객체를 '왼쪽, 앞쪽, 위쪽'에서 본 화면이 나타납니다.

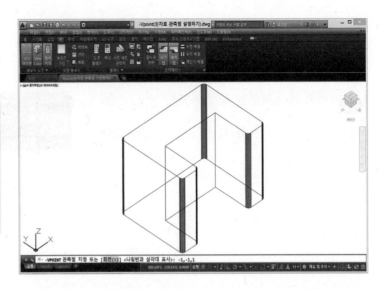

> 명령 : -Vpoint Enter
> 현재 뷰 방향 : VIEWDIR=1.0000,-1.0000,1.0000
> 관측점 지정 또는 [회전(R)] 〈나침반과 삼각대 표시〉 :
> -1,-1,1 Enter
> 객체를 보는 관측점을 '왼쪽, 앞쪽, 위쪽'으로 지정하기 위해서 '-1,-1,1'을 입력합니다.
> 모형 재생성 중.

05 [-Vpoint] 명령어를 입력한 후, '-1,-2,1'을 입력합니다. '-1,-1,1'을 입력했을 때와 같이 객체를 '왼쪽, 앞쪽, 위쪽'에서 본 것은 동일한 가운데, '-1,-1,1'을 입력했을 때는 X축 방향으로 '-1', Y축 방향으로 '-1', Z축 방향으로 '1' 만큼 떨어진 지점에서 원점인 '0,0,0'을 바라보는 것과 같습니다. 하지만 '-1,-2,1'을 입력했을 때는 X축 방향으로 '-1', Y축 방향으로 '-2', Z축 방향으로 '1' 만큼 떨어진 지점에서 원점인 '0,0,0'을 바라보는 것과 같기 때문에 '-1,-2,1'을 입력했을 때가 '-1,-1,1'을 입력했을 때보다 앞쪽 면이 더 많이 보이게 나타납니다.

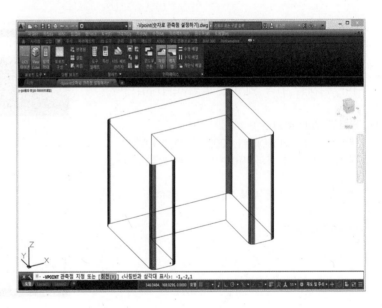

> 명령 : -Vpoint Enter
> 현재 뷰 방향 : VIEWDIR = -1.0000, -1.0000, 1.0000
> 관측점 지정 또는 [회전(R)] 〈나침반과 삼각대 표시〉 :
> -1,-2,1 Enter
> 객체를 보는 관측점을 '왼쪽, 앞쪽, 위쪽'으로 지정하기 위해서 '-1,-2,1'을 입력합니다.
> 모형 재생성 중.

2 나침반을 사용하여 관측점을 조절하는 [-Vpoint] 명령어

[-Vpoint] 명령어는 X축, Y축, Z축인 3개의 숫자를 입력하여 관측점을 조절하기도 하고, 나침반을 사용하여 관측점을 조절할 수도 있습니다.

나침반을 사용하여 관측점을 조절할 때 기본적으로 나침반과 삼각대가 표시되며 마우스로 나침반의 특정 위치를 클릭하여 관측점을 조절할 수 있습니다. 나침반은 X축을 왼쪽, 오른쪽, Y축을 앞쪽, 뒤쪽, Z축을 아래쪽, 위쪽으로 구분하여 구분된 면을 클릭하면 지정한 면에서 물체를 볼 수 있도록 설정되어 있습니다. 또한 지정한 면에 따라서 삼각대의 방향이 바뀌는 것을 알 수 있습니다.

(1) 명령어 입력 방법

[-Vpoint] 명령어	
메뉴 막대	뷰→3D 뷰→관측점
명령어	-Vpoint
단축 명령어	-Vp

(2) 명령어 사용 방법

명령 : -Vpoint Enter
현재 뷰 방향: VIEWDIR=1,-1,1
관측점 지정 또는 [회전(R)] 〈나침반과 삼각대 표시〉 : Enter 를 친 후, P1 클릭
나침반이 나타나면 나침반 내부의 특정 위치를 클릭합니다.
모형 재생성 중.

(3) 옵션 설명

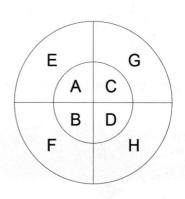

기호	관측면의 방향	관측점의 부호
A	왼쪽, 뒤쪽, 위쪽에서 봄	-X축, Y축, Z축
B	왼쪽, 앞쪽, 위쪽에서 봄	-X축, -Y축, Z축
C	오른쪽, 뒤쪽, 위쪽에서 봄	X축, Y축, Z축
D	오른쪽, 앞쪽, 위쪽에서 봄	X축, -Y축, Z축
E	왼쪽, 뒤쪽, 아래쪽에서 봄	-X축, Y축, -Z축
F	왼쪽, 앞쪽, 아래쪽에서 봄	-X축, -Y축, -Z축
G	오른쪽, 뒤쪽, 아래쪽에서 봄	X축, Y축, -Z축
H	오른쪽, 앞쪽, 아래쪽에서 봄	X축, -Y축, -Z축

나침반을 X축, Y축 및 Z축으로 구분할 때 관측면의 방향과 관측점의 부호는 다음과 같습니다.

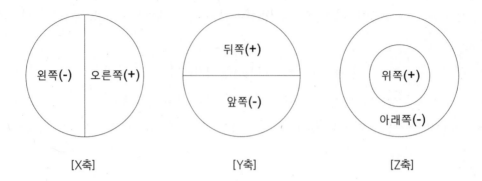

[X축]   [Y축]   [Z축]

⑷ 실습하기

● 기본 실습하기

01 아래의 예제 파일을 불러옵니다.

예제 파일 : Part02\Chapter13\13-1\2\-Vpoint(기본)

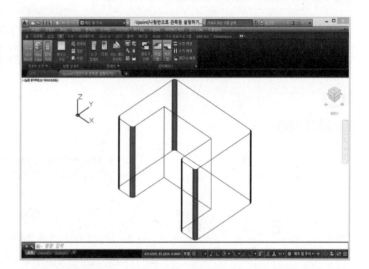

02 [-Vpoint] 명령어를 입력한 후, [Enter] 를 칩니다. 화면에 나침반이 나타나면 '왼쪽, 뒤쪽, 위쪽'의 한 점을 클릭합니다.

명령 : -Vpoint [Enter]
현재 뷰 방향 : VIEWDIR=1.0000,-1.0000,1.0000
관측점 지정 또는 [회전(R)] 〈나침반과 삼각대 표시〉 : [Enter]
를 친 후, 'P1' 클릭
'[Enter]'를 친 후, '왼쪽, 뒤쪽, 위쪽'의 한 점을 클릭합니다.
모형 재생성 중.

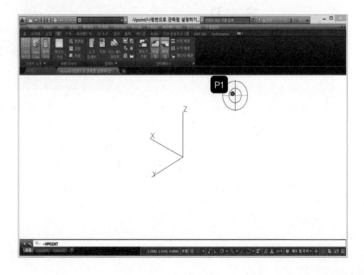

03 객체를 '왼쪽, 뒤쪽, 위쪽'에서 본 화면이 나타납니다.

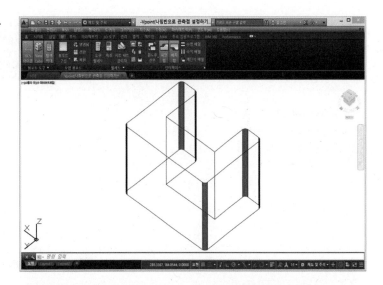

04 [-Vpoint] 명령어를 입력한 후, 'Enter'를 칩니다. 화면에 나침반이 나타나면 '오른쪽, 앞쪽, 위쪽'의 한 점을 클릭합니다.

> **명령 : -Vpoint** [Enter]
> 현재 뷰 방향 : VIEWDIR=-1.9151,1.9138,2.8925
> 관측점 지정 또는 [회전(R)] 〈나침반과 삼각대 표시〉 :
> 'Enter'를 친 후, 'P1' 클릭
> 'Enter'를 친 후, '오른쪽, 앞쪽, 위쪽'의 한 점을 클릭합니다.
> 모형 재생성 중.

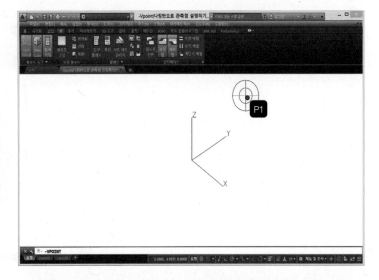

05 객체를 '오른쪽, 앞쪽, 위쪽'에서 본 화면이 나타납니다.

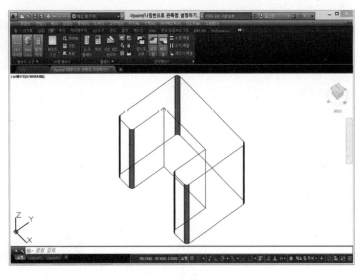

06 [-Vpoint] 명령어를 입력한 후, 'Enter' 를 칩니다. 화면에 나침반이 나타나면 '오른쪽, 뒤쪽, 아래쪽'의 한 점을 클릭합니다.

명령 : -Vpoint Enter
현재 뷰 방향 : VIEWDIR=2.4673,-2.1897,2.3012
관측점 지정 또는 [회전(R)] 〈나침반과 삼각대 표시〉 :
'Enter'를 친 후, 'P1' 클릭
'Enter'를 친 후, '오른쪽, 뒤쪽, 아래쪽'의 한 점을 클릭합니다.
모형 재생성 중.

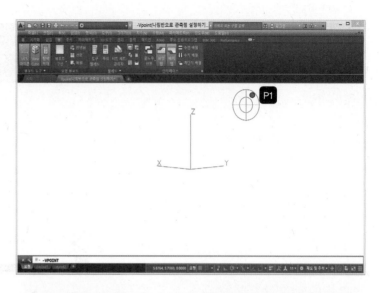

07 객체를 '오른쪽, 뒷쪽, 아래쪽'에서 본 화면이 나타납니다.

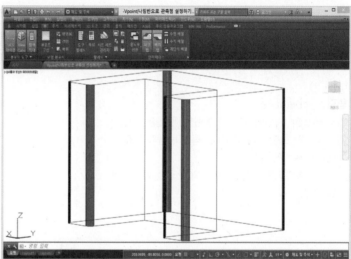

08 객체를 정확히 파악하기 위해서 [Hide] 명령어를 입력합니다.

명령 : Hide Enter
모형 재생성 중.
숨기기를 위해 빈 RAM이 충분하지 않음--일부 선들이 부정확하게 은선처리 될 것임.
은선이 제거된 객체가 나타납니다.

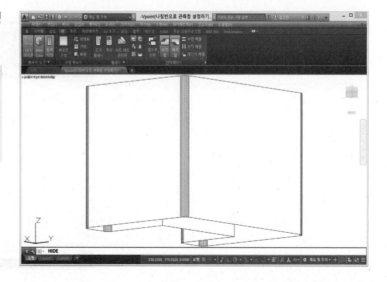

3 X축과 XY 평면의 시점에서 관측점을 조절하는 [Vpoint] 명령어

[Vpoint] 명령어는 [관측점 사전 설정] 대화 상자를 통해서 관측점을 표준 좌표계(WCS)와 사용자 좌표계(UCS)를 기준으로 설정합니다. 또한 관측점을 X축과 XY 평면을 기준으로 설정할 수 있습니다.

(1) 명령어 입력 방법

[Vpoint] 명령어	
메뉴 막대	뷰→3D 뷰→관측점 사전 설정
명령어	Vpoint
단축 명령어	Vp

(2) 명령어 사용 방법

명령 : Vpoint [Enter]
[관측점 사전 설정] 대화 상자가 나타나면 X축과 XY평면으로부터의 관측점 시작 위치를 지정한 후, [확인]을 클릭합니다.

(3) 옵션 설명

① 관측 각도 설정 : 관측점을 표준 좌표계(WCS) 또는 사용자 좌표계(UCS)를 기준으로 설정합니다.
  • WCS에 절대적 : 관측점을 WCS에 상대적으로 설정합니다.
  • UCS에 상대적 : 관측점을 UCS에 상대적으로 설정합니다.

② 시작 위치 : 관측 각도를 지정합니다.
  • X축 : X축으로부터의 각도를 지정합니다.
  • XY평면 : XY평면으로부터의 각도를 지정합니다.

③ 평면도로 설정 : 선택된 좌표계를 기준으로 한 XY 평면을 표시하도록 관측 각도를 설정합니다.

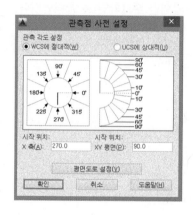

(4) 실습하기

● 기본 실습하기

01 아래의 예제 파일을 불러옵니다.

예제 파일 : Part02\Chapter13\13-1\3\Vpoint(기본)

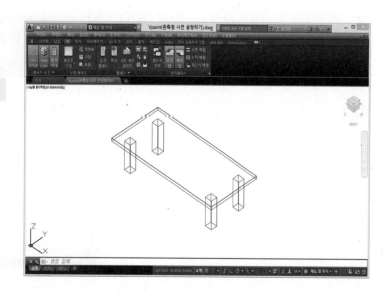

02 [Vpoint] 명령어를 입력하면 화면에 [관측 점 사전 설정] 대화 상자가 나타납니다.

명령 : Vpoint ⏎
[관측점 사전 설정] 대화 상자가 나타납니다.

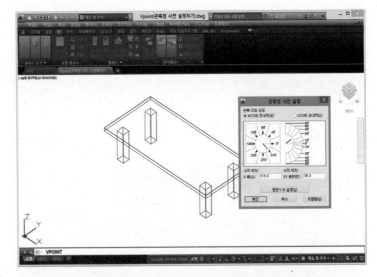

03 [관측 각도 설정]의 X축의 시작 위치에 '0' 을 입력한 후, [확인]을 클릭합니다.

[관측 각도 설정]의 X축의 시작 위치에 '0'을 입력한 후, [확인]을 클릭합니다.

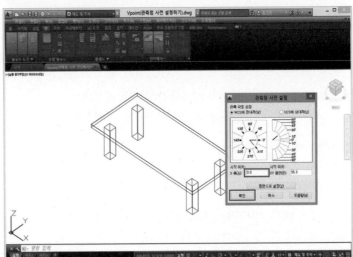

04 X축의 시작 위치가 '0' 에서 본 화면이 나타납 니다.

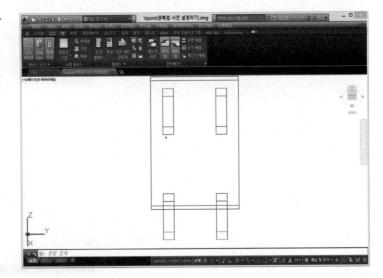

05 은선을 숨기기 위해서 [Hide] 명령어를 입력합니다.

명령 : Hide [Enter]
모형 재생성 중.
숨기기를 위해 빈 RAM이 충분하지 않음--일부 선들이 부정확하게 은선처리 될 것임.
은선이 제거된 객체가 나타납니다.

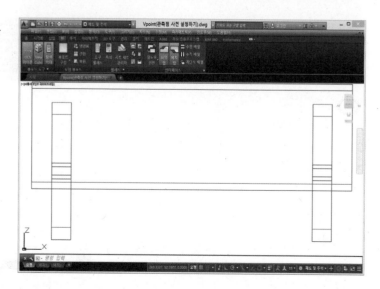

06 [Vpoint] 명령어를 입력하면 화면에 [관측점 사전 설정] 대화 상자가 나타납니다. [관측 각도 설정]의 X축 시작 위치에 '270'을 입력한 후, [확인]을 클릭합니다.

명령 : Vpoint [Enter]
[관측점 사전 설정] 대화 상자가 나타납니다. [관측 각도 설정]의 X축 시작 위치에 '270'을 입력한 후, [확인]을 클릭합니다.

07 X축의 시작 위치가 '270'에서 본 화면이 나타납니다.

08 은선을 숨기기 위해서 [Hide] 명령어를 입력
합니다.

명령 : Hide Enter
모형 재생성 중.
숨기기를 위해 빈 RAM이 충분하지 않음--일부 선들이
부정확하게 은선처리 될 것임.
은선이 제거된 객체가 나타납니다.

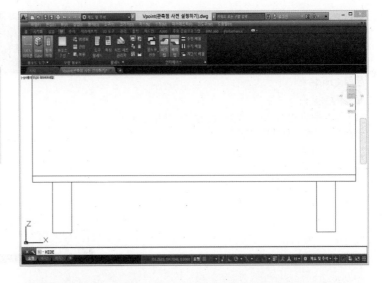

09 [Vpoint] 명령어를 입력하면 화면에 [관측점
사전 설정] 대화 상자가 나타납니다. [관측 각도
설정]의 XY 평면의 시작 위치에 '0' 구간을 클릭한
후, [확인]을 클릭합니다.

명령 : Vpoint Enter
[관측점 사전 설정] 대화 상자가 나타납니다. [관측 각도
설정]의 XY 평면의 시작 위치에 '0' 구간을 클릭한 후, [확
인]을 클릭합니다.

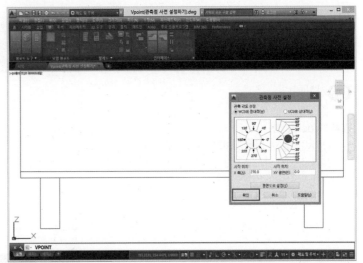

10 XY 평면의 시작 위치가 '0' 에서 본 화면이 나
타납니다.

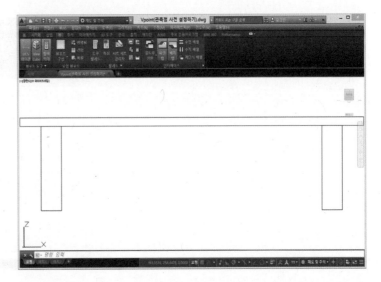

11 [Vpoint] 명령어를 입력하면 화면에 [관측점 사전 설정] 대화 상자가 나타납니다. [관측 각도 설정]의 XY 평면의 시작 위치에 '-90'을 입력한 후, [확인]을 클릭합니다.

> **명령 : Vpoint** [Enter]
> [관측점 사전 설정] 대화 상자가 나타납니다. [관측 각도 설정]의 XY 평면의 시작 위치에 '-90'을 입력한 후, [확인]을 클릭합니다.

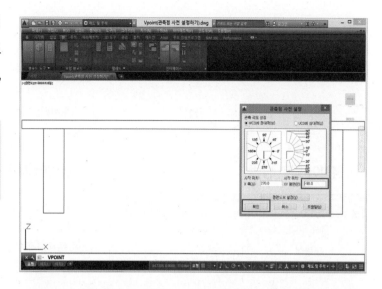

12 XY 평면의 시작 위치가 '-90'에서 본 화면이 나타납니다.

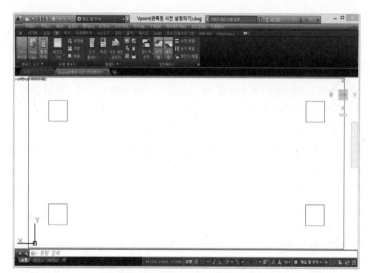

4 뷰큐브를 사용하여 관측점을 조절하는 [Navvcube] 명령어

[Navvcube] 명령어는 뷰큐브를 표시하거나 사라지게 할 수 있으며 화면상에서 뷰큐브의 위치, 뷰큐브의 크기, 뷰큐브의 비활성 불투명도, 뷰큐브를 끌 때나 클릭할 때 뷰의 상태를 조절합니다.

또한 뷰큐브는 6개의 면, 12개의 모서리, 8개의 꼭지점을 클릭하여 뷰를 변화시킬 수 있으며 '동서남북' 나침반을 마우스로 누른 채 회전시키거나 뷰큐브의 면, 모서리, 꼭지점을 마우스로 누른 채 회전시켜 뷰를 조절할 수 있습니다.

[면]

[모서리]

[꼭지점]

(1) 명령어 입력 방법

[Navvcube] 명령어	
메뉴 막대	뷰→화면 표시→ViewCube
명령어	Navvcube

(2) 명령어 사용 방법

명령 : Navvcube [Enter]
옵션 입력 [켜기(ON)/끄기(OFF)/설정(S)] 〈켜기〉 : On [Enter]
뷰큐브를 표시 또는 사라지게 하거나 설정하기 위해서 각 옵션을 입력합니다.

(3) 옵션 설명

① 화면 표시 : 뷰큐브의 화면상 위치와 크기, 뷰큐브의 비활성 불투명도 및 UCS 메뉴 표시를 설정합니다.
- 화면상의 위치 : 뷰큐브를 '맨 위 오른쪽', '맨 아래 오른쪽', '맨 위 왼쪽', '맨 아래 왼쪽'에 배치합니다.
- ViewCube 크기 : 뷰큐브의 크기를 조절합니다.
- 비활성 불투명도 : 비활성 불투명도가 0%일 때는 ViewCube가 보이지 않게 되며 100%일 때는 뚜렷하게 보입니다.
- UCS 메뉴 표시 : 뷰큐브 아래에 UCS와 관련한 하위 메뉴를 표시할 것인가 를 결정합니다.

② ViewCube를 끌 때 : 관측 각도를 지정합니다.
- 가장 가까운 뷰로 스냅 : 뷰큐브를 끌어 뷰를 변경할 때 가장 최근의 사전 설정 뷰에 맞춰 현재 뷰를 조정할 것인가를 결정합니다.

③ ViewCube를 클릭할 때 : 뷰 변경 후, 범위에 맞출 것인가, 뷰를 바꿀 때 전환 사용할 것인가, View Cube를 현재 UCS로 설정할 것인가를 지정합니다.
- 뷰 변경 후, 범위에 맞춤 : 뷰를 변경한 후, 객체를 현재 뷰포트에 맞출 것인 가를 결정합니다.
- 뷰를 바꿀 때 전환 사용 : 뷰 사이를 전환할 때 부드럽게 뷰를 변경할 것인 가를 결정합니다.
- ViewCube를 현재 UCS로 설정 : 객체의 현재 UCS나 WCS를 기준으로 뷰큐브의 방향을 결정합니다.

④ 장면을 위로 유지 : 객체의 관측점을 위, 아래로 뒤집을 수 있는 가를 결정합니다.

⑤ ViewCube 아래 나침반 표시 : 뷰큐브 아래에 나침반을 표시할지 여부를 조정합니다.

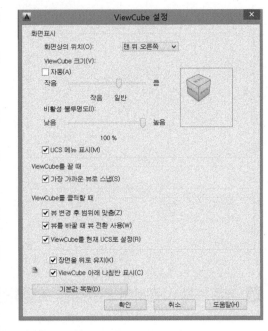

⑷ 실습하기

● [끄기] 옵션 실습하기

01 아래의 예제 파일을 불러옵니다.

예제 파일 : Part02\Chapter13\13-1\4\Navvcube
(끄기 옵션)

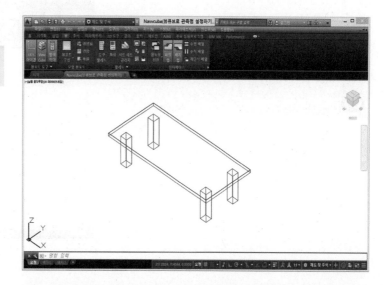

02 [Navvcube] 명령어를 입력하고 'Off'를 입력합니다. 뷰큐브가 사라집니다.

명령 : Navvcube ⏎
옵션 입력 [켜기(ON)/끄기(OFF)/설정(S)] 〈켜기〉 :
Off ⏎
[끄기] 옵션을 지정하기 위해서 'Off'를 입력합니다.

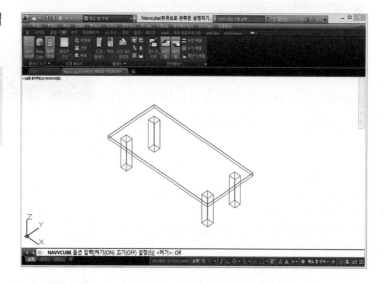

● [켜기] 옵션 실습하기

01 [Navvcube] 명령어를 입력하고 'On'을 입력
합니다. 뷰큐브가 나타납니다.

> **명령 : Navvcube** [Enter]
> 옵션 입력 [켜기(ON)/끄기(OFF)/설정(S)] 〈끄기〉 :
> On [Enter]
> [켜기] 옵션을 지정하기 위해서 'On'을 입력합니다.

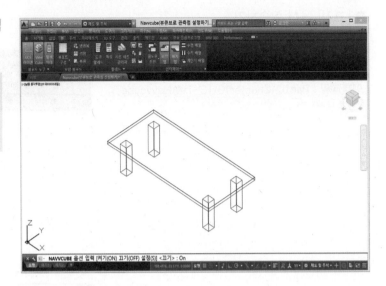

● [설정] 옵션 실습하기

01 [Navvcube] 명령어를 입력하고 'S'를 입력합
니다. [ViewCube 설정] 대화 상자가 나타나면 화
면상에서 현재 '맨 위 오른쪽'에 있는 뷰큐브의 위
치를 '맨 위 왼쪽'으로 변경하기 위해서 [화면상의
위치]의 '맨 위 왼쪽'을 클릭한 후, [확인]을 클릭합
니다.

> **명령 : Navvcube** [Enter]
> 옵션 입력 [켜기(ON)/끄기(OFF)/설정(S)] 〈켜기〉 : S
> [Enter]
> [설정] 옵션을 지정하기 위해서 'S'를 입력합니다. 이후,
> [ViewCube 설정] 대화 상자가 나타나면 [화면상의 위
> 치]의 '맨 위 왼쪽'을 클릭한 후, [확인]을 클릭합니다.

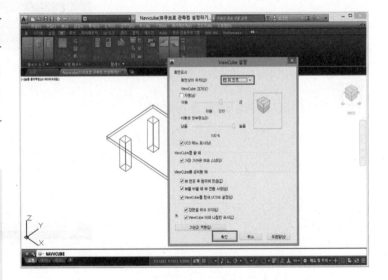

02 뷰큐브의 위치가 '맨 위 왼쪽' 으로 변경되었습니다.

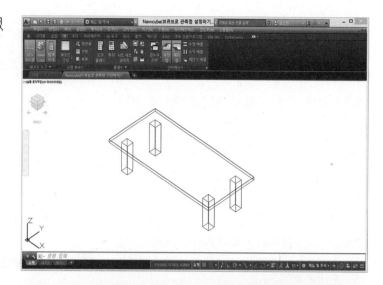

03 다시 뷰큐브의 위치를 '맨 위 오른쪽' 으로 변경하기 위해서 [Navvcube] 명령어를 입력하고 'S' 를 입력합니다. [ViewCube 설정] 대화 상자가 나타나면 화면상에서 현재 '맨 위 왼쪽' 에 있는 뷰큐브의 위치를 '맨 위 오른쪽' 으로 변경하기 위해서 [화면상의 위치]의 '맨 위 오른쪽' 을 클릭한 후, [확인]을 클릭합니다.

명령 : Navvcube [Enter]
옵션 입력 [켜기(ON)/끄기(OFF)/설정(S)] 〈켜기〉: S [Enter]
[설정] 옵션을 지정하기 위해서 'S'를 입력합니다. 이후, [ViewCube 설정] 대화 상자가 나타나면 [화면상의 위치]의 '맨 위 오른쪽'을 클릭한 후, [확인]을 클릭합니다.

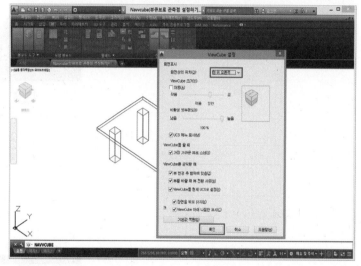

04 뷰큐브의 위치가 '맨 위 오른쪽' 으로 변경되었습니다.

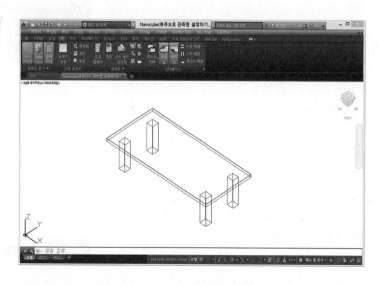

05 뷰큐브의 크기를 변경하기 위해서 [Navvcube] 명령어를 입력하고 'S'를 입력합니다. [ViewCube 설정] 대화 상자가 나타나면 ViewCube의 크기를 최대로 하기 위해 [자동]의 체크 표시를 제거하고 [ViewCube 크기]를 '큼'으로 설정한 후, [확인]을 클릭합니다.

> **명령 : Navvcube** Enter
> 옵션 입력 [켜기(ON)/끄기(OFF)/설정(S)] 〈켜기〉 : S Enter
> [설정] 옵션을 지정하기 위해서 'S'를 입력합니다.
> [ViewCube 설정] 대화 상자가 나타나면 [자동]의 체크
> 표시를 제거하고 [ViewCube 크기]를 '큼'으로 설정한
> 후, [확인]을 클릭합니다.

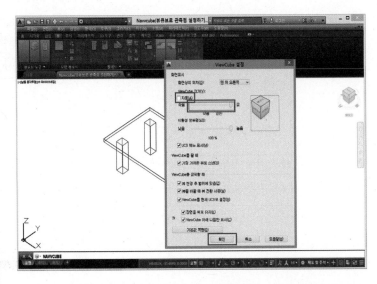

06 뷰큐브의 크기가 확대되었습니다.

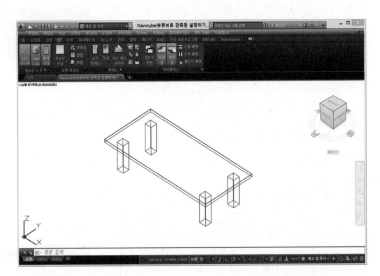

07 뷰큐브를 흐리게 표시하기 위해서 [Navvcube] 명령어를 입력하고 'S'를 입력합니다. [ViewCube 설정] 대화 상자가 나타나면 [ViewCube 크기]를 '작음'으로, [비활성 불투명도]를 '10%'로 설정한 후, [확인]을 클릭합니다.

> **명령 : Navvcube** Enter
> 옵션 입력 [켜기(ON)/끄기(OFF)/설정(S)] 〈켜기〉 : S Enter
> [설정] 옵션을 지정하기 위해서 'S'를 입력합니다.
> [ViewCube 설정] 대화 상자가 나타나면 [ViewCube 크
> 기]를 '작음'으로, [비활성 불투명도]를 '10%'로 설정한
> 후, [확인]을 클릭합니다.

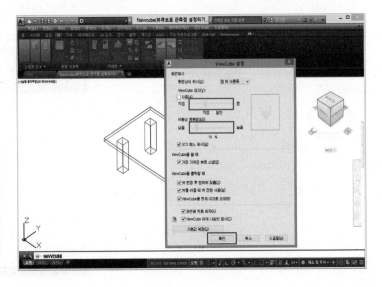

08 뷰큐브가 흐려졌습니다.

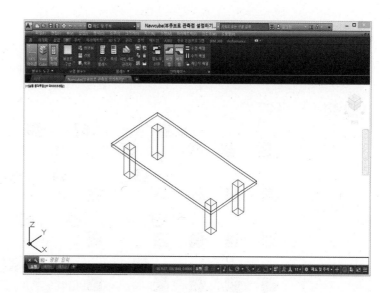

💡 TIP 3차원 객체의 은선을 숨겨주는 [Hide] 명령어

일반적으로 3차원 모델링 객체는 와이어 프레임 상태이기 때문에 객체의 형태를 파악할 때 복잡해집니다. 하지만 3차원 모델링 객체에 [Hide] 명령어를 실행하면 은선이 사라지면서 면 처리가 가능하기 때문에 객체의 형태를 쉽게 파악할 수 있습니다.

[Hide] 명령어 실행 전   [Hide] 명령어 실행 후

13.2 UCS 이해하기

1 사용자가 원하는 XY 평면을 지정하는 [UCS] 명령어

WCS(World Coordinate System)는 표준 좌표계로서 절대좌표를 기준으로 XY 평면이 고정된 좌표계를 말합니다. 하지만 UCS(User Coordinate System)는 사용자 좌표계로서 사용자가 원하는 XY 평면을 지정할 수 있기 때문에 자유롭게 객체를 모델링할 수 있습니다.

XY 평면을 지정할 때 객체에 원점, X축의 양의 방향 및 Y축의 양의 방향을 지정하여 XY 평면을 지정하는 3-Point 방식이 가장 많이 활용되고 있습니다.

(1) 명령어 입력 방법

[UCS] 명령어	
메뉴 막대	도구→새 UCS→표준, 이전, 면, 객체, 뷰, 원점, Z축 벡터, 3점, X, Y, Z
명령어	UCS
리본 메뉴	(홈)탭→(좌표)패널→UCS(▨), 명명된 UCS(▨), 표준(▨), 이전(▨), 원점(▨), 면(▨), 객체(▨), 뷰(▨), 3점(▨), X(▨), Y(▨), Z(▨), Z축 벡터(▨) ([3D 기본 사항] 작업공간)
	(시각화)탭→(좌표)패널→UCS(▨), 명명된 UCS(▨), 표준(▨), 이전(▨), 원점(▨), 면(▨), 객체(▨), 뷰(▨), 3점(▨), X(▨), Y(▨), Z(▨), Z축 벡터(▨) ([3D 기본 사항] 작업공간)
	(홈)탭→(좌표)패널→UCS(▨), 명명된 UCS(▨), 표준(▨), 이전(▨), 원점(▨), 면(▨), 객체(▨), 뷰(▨), 3점(▨), X(▨), Y(▨), Z(▨), Z축 벡터(▨) ([3D 모델링] 작업공간)
	(시각화)탭→(좌표)패널→UCS(▨), 명명된 UCS(▨), 표준(▨), 이전(▨), 원점(▨), 면(▨), 객체(▨), 뷰(▨), 3점(▨), X(▨), Y(▨), Z(▨), Z축 벡터(▨) ([3D 모델링] 작업공간)

(2) 명령어 사용 방법

명령 : UCS [Enter]
현재 UCS 이름 : *이름 없음*
UCS의 원점 지정 또는 [면(F)/이름(NA)/객체(OB)/이전(P)/뷰(V)/표준(W)/X(X)/Y(Y)/Z(Z)/Z축(ZA)] 〈표준〉: F [Enter]
원하는 옵션을 입력합니다.

(3) 옵션 설명

옵션	설명
면(F)	선택한 지점을 UCS의 원점으로 하여 UCS의 X축과 Y축을 객체의 XY 평면과 평행하게 배치합니다.
이름(NA)	자주 사용하는 UCS를 저장한 후, 저장한 UCS를 필요한 경우, 불러오거나 저장 또는 삭제합니다.
객체(OB)	객체를 기준으로 생성된 XY 평면을 따라서 UCS를 설정합니다.
이전(P)	바로 전에 지정했던 UCS로 되돌아갑니다.
뷰(V)	현재 보이는 화면을 2차원 평면으로 UCS를 설정합니다.
표준(W)	UCS 좌표계를 WCS 좌표계로 설정합니다.
X(X)	X축을 기준으로 UCS를 회전시킵니다.
Y(Y)	Y축을 기준으로 UCS를 회전시킵니다.
Z(Z)	Z축을 기준으로 UCS를 회전시킵니다.
Z축(ZA)	원점과 Z축의 양의 방향을 지정하여 UCS를 설정합니다.

● [플레밍의 오른손 법칙]을 사용하여 축 방향 설정하기

UCS 좌표계에서 X축, Y축 및 Z축의 방향을 정할 때 '플레밍의 오른손 법칙' 을 사용하면 편리합니다. 즉, 오른손의
첫 번째 손가락을 'X축' , 두 번째 손가락을 'Y축' , 세 번째 손가락을 'Z축' 으로 지정하면 됩니다.

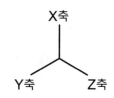

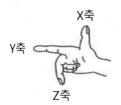

(4) 실습하기

● 기본 실습하기

01 아래의 예제 파일을 불러옵니다.

예제 파일 : Part02\Chapter13\13-2\1\UCS(기본)

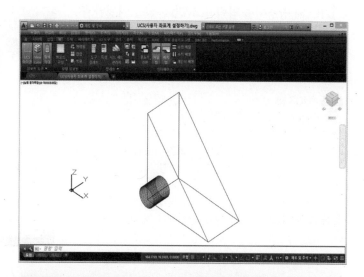

02 [UCS] 명령어를 입력하고 UCS의 원점, X축에서
의 점 및 XY 평면에서의 점을 차례로 지정합니다.

명령 : UCS Enter
현재 UCS 이름 : 표준
UCS의 원점 지정 또는 [면(F)/이름(NA)/객체(OB)/이전
(P)/뷰(V)/표준(W)/X(X)/Y(Y)/Z(Z)/Z축(ZA)] ⟨표준⟩ :
P1 클릭
UCS의 원점에 'P1'을 클릭합니다.
X축에서 점 지정 또는 ⟨수락(A)⟩ : P2 클릭
UCS의 X축에 'P2'를 클릭합니다.
XY 평면에서 점 지정 또는 ⟨수락(A)⟩ : P3 클릭
UCS의 Y축에 'P3'을 클릭합니다.

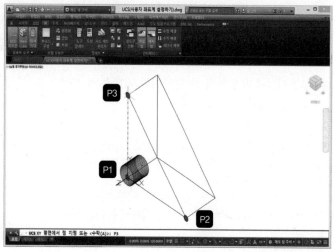

03 UCS의 XY 평면이 변경된 것을 확인할 수 있습니다.

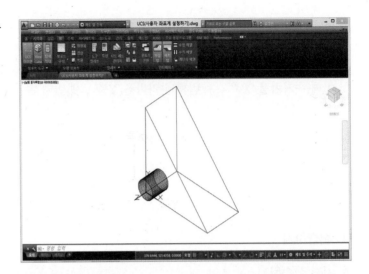

● [면] 옵션 실습하기

01 [UCS] 명령어를 입력하고 [면] 옵션을 지정한 후, 한 면을 클릭합니다. UCS의 X축과 Y축이 한 면과 평행하게 배치됩니다.

> **명령 : UCS** Enter
> 현재 UCS 이름 : *이름 없음*
> UCS의 원점 지정 또는 [면(F)/이름(NA)/객체(OB)/이전(P)/뷰(V)/표준(W)/X(X)/Y(Y)/Z(Z)/Z축(ZA)] 〈표준〉 : F Enter
> [면] 옵션을 지정하기 위해서 'F'를 입력합니다.
> 솔리드, 표면 또는 메쉬의 면 선택 : P1 클릭
> [면] 옵션을 지정할 한 면에 'P1'을 클릭합니다.
> 옵션 입력 [다음(N)/X반전(X)/Y반전(Y)] 〈승인〉 : Enter

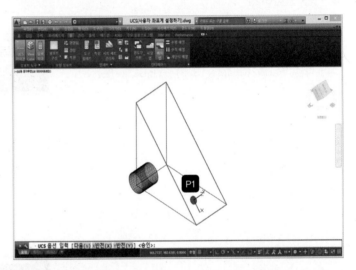

02 UCS의 X축과 Y축이 선택한 면과 평행하게 배치된 것을 확인하기 위해서 [3Dorbit] 명령어를 입력하여 '회전기준 아이콘'이 나타나면 화면을 회전시킵니다. UCS의 X축과 Y축이 선택한 면과 평행하게 배치된 것을 확인할 수 있습니다.

> **명령 : 3Dorbit** Enter
> Esc 키 또는 ENTER 키를 눌러 종료하거나 오른쪽 클릭하여 바로 가기 메뉴를 표시하십시오.
> 원하는 화면으로 회전시킨 후, 'Esc 키' 또는 'ENTER 키'를 눌러 종료하거나 마우스의 오른쪽 버튼을 클릭한 후, [종료]를 클릭합니다.
> 모형 재생성 중.

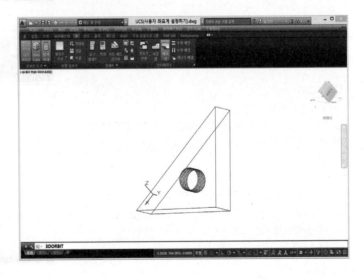

● [이름] 옵션 실습하기

01 [UCS] 명령어를 입력하고 [이름] 옵션을 지정합니다. 이후, 현재의 UCS 상태를 저장하기 위해서 [저장] 옵션을 입력하고 저장하려는 UCS의 이름을 입력합니다.

> **명령 : UCS** [Enter]
> 현재 UCS 이름 : *이름 없음*
> UCS의 원점 지정 또는 [면(F)/이름(NA)/객체(OB)/이전(P)/뷰(V)/표준(W)/X(X)/Y(Y)/Z(Z)/Z축(ZA)]
> 〈표준〉: NA [Enter]
> [이름] 옵션을 지정하기 위해서 'NA'를 입력합니다.
> 옵션 입력 [복원(R)/저장(S)/삭제(D)/?] : S [Enter]
> [저장] 옵션을 지정하기 위해서 'S'를 입력합니다.
> 현재 UCS를 저장하려면 이름 또는 [?] 입력 : FACE [Enter]
> 저장하려는 UCS의 이름에 'FACE'를 입력합니다.

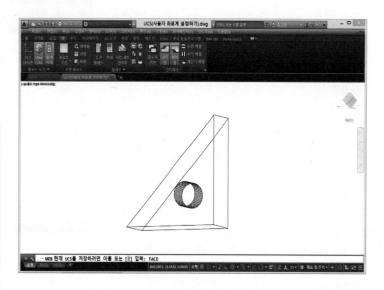

02 [UCS] 명령어를 입력하고 [표준] 옵션을 지정합니다. UCS의 상태를 [표준] 상태로 변경합니다.

> **명령 : UCS** [Enter]
> 현재 UCS 이름 : FACE
> UCS의 원점 지정 또는 [면(F)/이름(NA)/객체(OB)/이전(P)/뷰(V)/표준(W)/X(X)/Y(Y)/Z(Z)/Z축(ZA)]
> 〈표준〉: W [Enter]
> [표준] 옵션을 지정하기 위해서 'W'를 입력합니다.

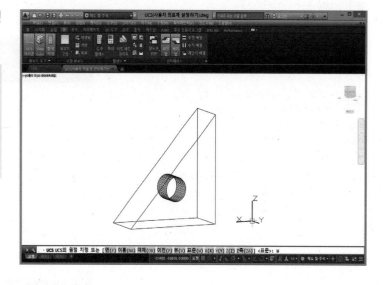

03 'FACE' 로 저장한 UCS로 복원하기 위해서
[UCS] 명령어를 입력하고 [이름] 옵션을 지정합니
다. 이후, 저장한 UCS로 복원하기 위해서 [복원]
옵션을 입력하고 복원하려는 UCS의 이름을 입력
합니다. 'FACE' 로 저장한 UCS로 복원됩니다.

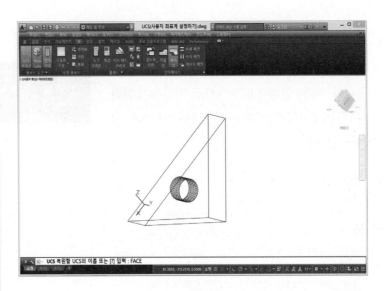

명령 : UCS Enter
현재 UCS 이름 : *표준*
UCS의 원점 지정 또는 [면(F)/이름(NA)/객체(OB)/이
전(P)/뷰(V)/표준(W)/X(X)/Y(Y)/Z(Z)/Z축(ZA)]
〈표준〉: NA Enter
[이름] 옵션을 지정하기 위해서 'NA'를 입력합니다.
옵션 입력 [복원(R)/저장(S)/삭제(D)/?] : R Enter
[복원] 옵션을 지정하기 위해서 'R'을 입력합니다.
복원할 UCS의 이름 또는 [?] 입력 : FACE Enter
복원하려는 UCS의 이름에 'FACE'를 입력합니다.

● [객체] 옵션 실습하기

01 [3Dorbit] 명령어를 입력하여 '회전기준 아이
콘' 이 나타나면 화면을 회전시킵니다.

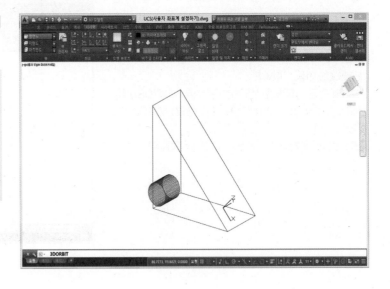

명령 : 3Dorbit Enter
Esc 키 또는 ENTER 키를 눌러 종료하거나 오른쪽 클릭
하여 바로 가기 메뉴를 표시하십시오.
원하는 화면으로 회전시킨 후, 'Esc 키' 또는 'ENTER 키'
를 눌러 종료하거나 마우스의 오른쪽 버튼을 클릭한 후,
[종료]를 클릭합니다.
모형 재생성 중.

02 [Hide] 명령어를 입력하여 은선을 제거하고 객체의 정확한 형태를 확인합니다.

> **명령 : Hide** Enter
> 모형 재생성 중.
> 숨기기를 위해 빈 RAM이 충분하지 않음--일부 선들이 부정확하게 은선처리 될 것임.
> 은선이 제거된 객체가 나타납니다.

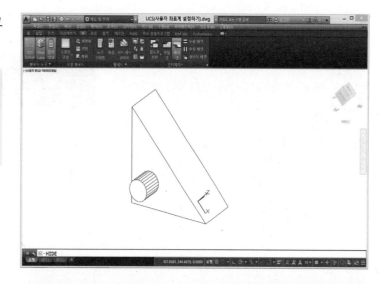

03 [UCS] 명령어를 입력하고 [객체] 옵션을 지정한 후, 객체의 일부분을 클릭합니다.

> **명령 : UCS** Enter
> 현재 UCS 이름 : FACE
> UCS의 원점 지정 또는 [면(F)/이름(NA)/객체(OB)/이전(P)/뷰(V)/표준(W)/X(X)/Y(Y)/Z(Z)/Z축(ZA)]
> 〈표준〉: OB Enter
> [객체] 옵션을 지정하기 위해서 'OB'를 입력합니다.
> UCS를 정렬할 객체 선택 : P1 클릭
> 객체의 일부분을 지정하기 위해서 'P1'을 클릭합니다.

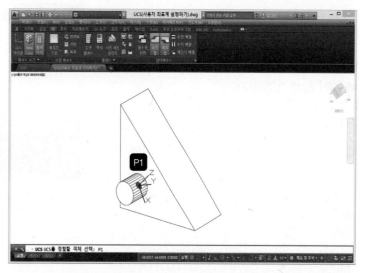

04 객체를 기준으로 생성된 XY 평면을 따라서 UCS가 설정됩니다.

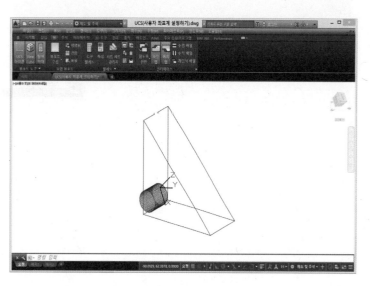

● [이전] 옵션 실습하기

01 [UCS] 명령어를 입력하고 [이전] 옵션을 지정
합니다. 바로 전의 UCS 상태로 되돌아갑니다.

> **명령 : UCS** [Enter]
> 현재 UCS 이름 : *이름 없음*
> UCS의 원점 지정 또는 [면(F)/이름(NA)/객체(OB)/이
> 전(P)/뷰(V)/표준(W)/X(X)/Y(Y)/Z(Z)/Z축(ZA)]
> 〈표준〉: P [Enter]
> [이전] 옵션을 지정하기 위해서 'P'를 입력합니다.

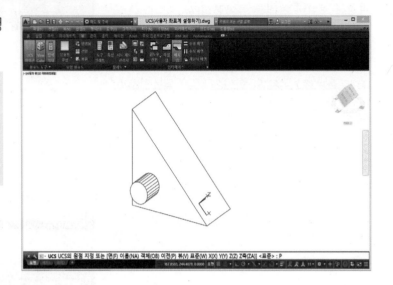

● [뷰] 옵션 실습하기

01 [UCS] 명령어를 입력하고 [뷰] 옵션을 지정합
니다. 3차원 UCS가 2차원 UCS로 변경되면서 뷰
를 2차원 평면으로 설정합니다.

> **명령 : UCS** [Enter]
> 현재 UCS 이름 : *이름 없음*
> UCS의 원점 지정 또는 [면(F)/이름(NA)/객체(OB)/이
> 전(P)/뷰(V)/표준(W)/X(X)/Y(Y)/Z(Z)/Z축(ZA)]
> 〈표준〉: V [Enter]
> [뷰] 옵션을 지정하기 위해서 'V'를 입력합니다.

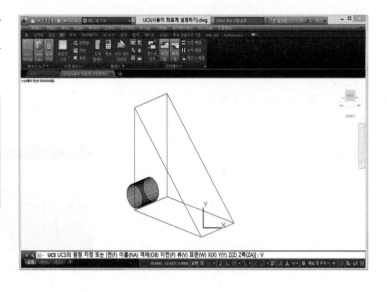

02 UCS가 2차원 평면으로 변경된 것을 확인하기 위해서 문자를 기입합니다. [Dtext] 명령어를 입력하고 문자의 시작점, 높이 및 회전 각도를 차례로 지정한 후, 문자 입력창이 나타나면 문자를 입력합니다. 문자가 2차원 평면 위에 기입되는 것을 확인할 수 있습니다.

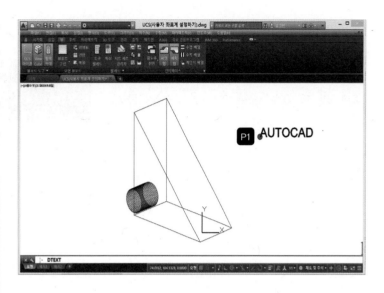

명령 : Dtext [Enter]
현재 문자 스타일 : "Standard" 문자 높이 : 0.2000
주석 : 아니오 자리맞추기 : 왼쪽
문자의 시작점 지정 또는 [자리맞추기(J)/스타일(S)] :
P1 클릭
문자의 시작점에 'P1'을 클릭합니다.
높이 지정 〈0.2000〉: 10 [Enter]
문자의 높이에 '10'을 입력합니다.
문자의 회전 각도 지정 〈0〉: 0 [Enter]
문자의 회전 각도에 '0'을 입력합니다.
이후, 문자 입력창이 나타나면 'AUTOCAD'를 입력하고
'[Enter]'를 2번 칩니다.

● [표준] 옵션 실습하기

01 [UCS] 명령어를 입력하고 [표준] 옵션을 지정합니다. [표준] 옵션에 의해서 UCS가 변경됩니다.

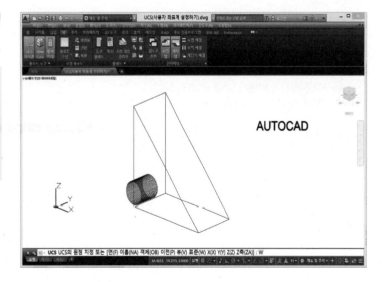

명령 : UCS [Enter]
현재 UCS 이름 : *이름 없음*
UCS의 원점 지정 또는 [면(F)/이름(NA)/객체(OB)/이전(P)/뷰(V)/표준(W)/X(X)/Y(Y)/Z(Z)/Z축(ZA)]
〈표준〉: W [Enter]
[표준] 옵션을 지정하기 위해서 'W'를 입력합니다.

● [X] 옵션 실습하기

01 아래의 예제 파일을 불러옵니다.

예제 파일 : Part02\Chapter13\13-2\1\UCS(X 옵션)

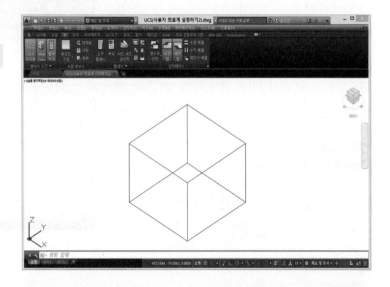

02 [UCS] 명령어를 입력하고 [X] 옵션을 지정한 후, X축에 관한 회전 각도에 '90' 을 입력합니다. UCS가 X축을 기준으로 Y축과 Z축이 '90도' 회전된 것을 확인할 수 있습니다.

명령 : UCS Enter
현재 UCS 이름 : *표준*
UCS의 원점 지정 또는 [면(F)/이름(NA)/객체(OB)/이전(P)/뷰(V)/표준(W)/X(X)/Y(Y)/Z(Z)/Z축(ZA)] 〈표준〉 : X Enter
[X] 옵션을 지정하기 위해서 'X'를 입력합니다.
X축에 관한 회전 각도 지정 〈90〉 : 90 Enter
X축을 기준으로 Y축과 Z축을 '90도' 회전시키기 위해서 '90'을 입력합니다.

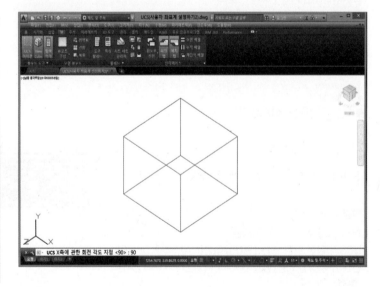

03 XY 평면이 변경된 것을 확인하기 위해서 원을 그립니다. [Circle] 명령어를 입력하고 원의 중심점 과 반지름을 차례로 입력합니다.

명령 : Circle [Enter]
원에 대한 중심점 지정 또는 [3점(3P)/2점(2P)/Ttr – 접선 접선 반지름(T)] : P1 클릭
원의 중심점에 'P1'을 클릭합니다.
원의 반지름 지정 또는 [지름(D)] : 30 [Enter]
원의 반지름에 '30'을 입력합니다.

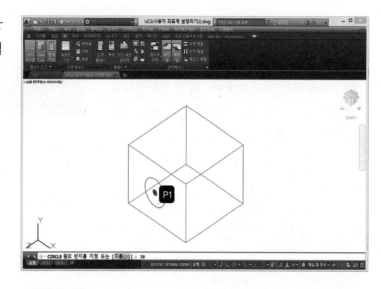

04 원의 두께를 변경하기 위해서 [Change] 명령 어를 입력하고 원을 클릭합니다. 이후, [특성] 옵 션과 [두께] 옵션을 차례로 지정하고 두께를 입력 합니다. XY 평면에 평행하게 원이 두께를 가지며 그려지는 것을 확인할 수 있습니다.

명령 : Change [Enter]
객체 선택 : P1 클릭   1개를 찾음
원을 지정하기 위해서 'P1'을 클릭합니다.
객체 선택 : [Enter]
변경점 지정 또는 [특성(P)] : P [Enter]
[특성] 옵션을 지정하기 위해서 'P'를 입력합니다.
변경할 특성 입력 [색상(C)/고도(E)/도면층(LA)/선종 류(LT)/선종류축척(S)/선가중치(LW)/두께(T)/투명도 (TR)/재료(M)/주석(A)] : T [Enter]
[두께] 옵션을 지정하기 위해서 'T'를 입력합니다.
새 두께을(를) 지정 〈0.0000〉 : 30 [Enter]
두께에 '30'을 입력합니다.
변경할 특성 입력 [색상(C)/고도(E)/도면층(LA)/선종 류(LT)/선종류축척(S)/선가중치(LW)/두께(T)/투명도 (TR)/재료(M)/주석(A)] : [Enter]

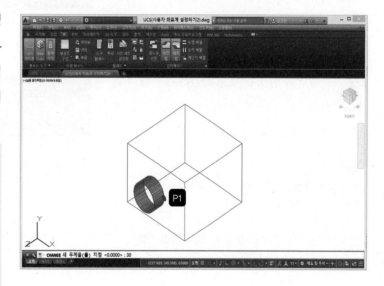

● [Y] 옵션 실습하기

01 [UCS] 명령어를 입력하고 [Y] 옵션을 지정한 후, Y축에 관한 회전 각도에 '90'을 입력합니다. UCS가 Y축을 기준으로 X축과 Z축이 '90도' 회전된 것을 확인할 수 있습니다.

> **명령 : UCS** Enter
> 현재 UCS 이름 : *이름 없음*
> UCS의 원점 지정 또는 [면(F)/이름(NA)/객체(OB)/이전(P)/뷰(V)/표준(W)/X(X)/Y(Y)/Z(Z)/Z축(ZA)] 〈표준〉: Y Enter
> [Y] 옵션을 지정하기 위해서 'Y'를 입력합니다.
> Y축에 관한 회전 각도 지정 〈90〉 : 90 Enter
> Y축을 기준으로 X축과 Z축을 '90도' 회전시키기 위해서 '90'을 입력합니다.

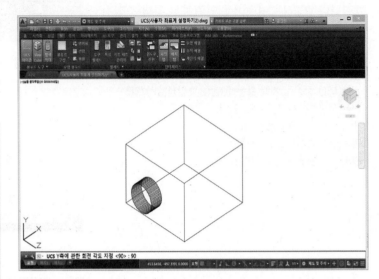

02 XY 평면이 변경된 것을 확인하기 위해서 원을 그립니다. [Circle] 명령어를 입력하고 원의 중심점과 반지름을 차례로 입력합니다.

> **명령 : Circle** Enter
> 원에 대한 중심점 지정 또는 [3점(3P)/2점(2P)/Ttr - 접선 접선 반지름(T)] : P1 클릭
> 원의 중심점에 'P1'을 클릭합니다.
> 원의 반지름 지정 또는 [지름(D)] 〈30.0000〉 : 30 Enter
> 원의 반지름에 '30'을 입력합니다.

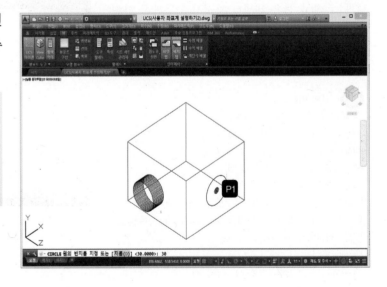

03 원의 두께를 변경하기 위해서 [Change] 명령어를 입력하고 원을 클릭합니다. 이후, [특성] 옵션과 [두께] 옵션을 차례로 지정하고 두께를 입력합니다. XY 평면에 평행하게 원이 두께를 가지며 그려지는 것을 확인할 수 있습니다.

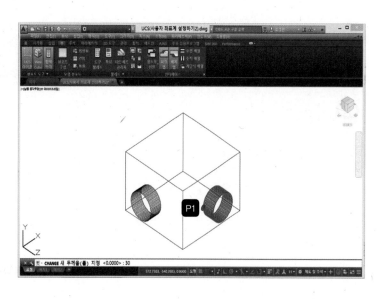

명령 : Change [Enter]
객체 선택 : P1 클릭　1개를 찾음
원을 지정하기 위해서 'P1'을 클릭합니다.
객체 선택 : [Enter]
변경점 지정 또는 [특성(P)] : P [Enter]
[특성] 옵션을 지정하기 위해서 'P'를 입력합니다.
변경할 특성 입력 [색상(C)/고도(E)/도면층(LA)/선종류(LT)/선종류축척(S)/선가중치(LW)/두께(T)/투명도(TR)/재료(M)/주석(A)] : T [Enter]
[두께] 옵션을 지정하기 위해서 'T'를 입력합니다.
새 두께을(를) 지정 〈0.0000〉 : 30 [Enter]
두께에 '30'을 입력합니다.
변경할 특성 입력 [색상(C)/고도(E)/도면층(LA)/선종류(LT)/선종류축척(S)/선가중치(LW)/두께(T)/투명도(TR)/재료(M)/주석(A)] : [Enter]

● [Z] 옵션 실습하기

01 [UCS] 명령어를 입력하고 [Z] 옵션을 지정한 후, Z축에 관한 회전 각도에 '90' 을 입력합니다. UCS가 Z축을 기준으로 X축과 Y축이 '90도' 회전된 것을 확인할 수 있습니다.

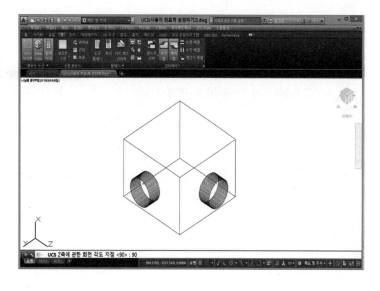

명령 : UCS [Enter]
현재 UCS 이름 : *이름 없음*
UCS의 원점 지정 또는 [면(F)/이름(NA)/객체(OB)/이전(P)/뷰(V)/표준(W)/X(X)/Y(Y)/Z(Z)/Z축(ZA)] 〈표준〉 : Z [Enter]
[Z] 옵션을 지정하기 위해서 'Z'를 입력합니다.
Z축에 관한 회전 각도 지정 〈90〉 : 90 [Enter]
Z축을 기준으로 X축과 Y축을 '90도' 회전시키기 위해서 '90'을 입력합니다.

02 XY 평면이 변경된 것을 확인하기 위해서 원을 그립니다. [Circle] 명령어를 입력하고 원의 중심점과 반지름을 차례로 입력합니다.

> **명령 : Circle** [Enter]
> 원에 대한 중심점 지정 또는 [3점(3P)/2점(2P)/Ttr –
> 접선 접선 반지름(T)] : P1 클릭
> 원의 중심점에 'P1'을 클릭합니다.
> 원의 반지름 지정 또는 [지름(D)] 〈30.0000〉 : 15 [Enter]
> 원의 반지름에 '15'를 입력합니다.

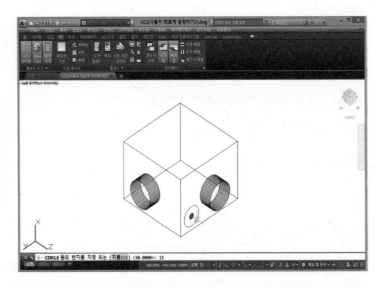

03 원의 두께를 변경하기 위해서 [Change] 명령어를 입력하고 원을 클릭합니다. 이후, [특성] 옵션과 [두께] 옵션을 차례로 지정하고 두께를 입력합니다. XY 평면에 평행하게 원이 두께를 가지며 그려지는 것을 확인할 수 있습니다.

> **명령 : Change** [Enter]
> 객체 선택 : P1 클릭   1개를 찾음
> 원을 지정하기 위해서 'P1'을 클릭합니다.
> 객체 선택 : [Enter]
> 변경점 지정 또는 [특성(P)] : P [Enter]
> [특성] 옵션을 지정하기 위해서 'P'를 입력합니다.
> 변경할 특성 입력 [색상(C)/고도(E)/도면층(LA)/선종
> 류(LT)/선종류축척(S)/선가중치(LW)/두께(T)/투명도
> (TR)/재료(M)/주석(A)] : T [Enter]
> [두께] 옵션을 지정하기 위해서 'T'를 입력합니다.
> 새 두께을(를) 지정 〈0.0000〉 : 30 [Enter]
> 두께에 '30'을 입력합니다.
> 변경할 특성 입력 [색상(C)/고도(E)/도면층(LA)/선종
> 류(LT)/선종류축척(S)/선가중치(LW)/두께(T)/투명도
> (TR)/재료(M)/주석(A)] : [Enter]

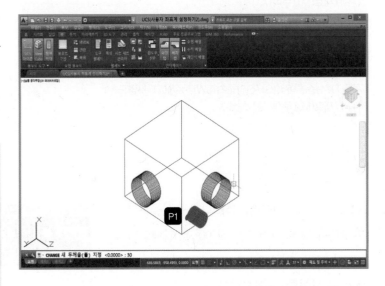

● [Z축] 옵션 실습하기

01 [UCS] 명령어를 입력하고 [Z축] 옵션을 지정한 후, UCS의 원점과 Z축을 차례로 지정합니다.

명령 : UCS [Enter]
현재 UCS 이름 : *이름 없음*
UCS의 원점 지정 또는 [면(F)/이름(NA)/객체(OB)/이전(P)/뷰(V)/표준(W)/X(X)/Y(Y)/Z(Z)/Z축(ZA)] 〈표준〉 : ZA [Enter]
[Z축] 옵션을 지정하기 위해서 'ZA'를 입력합니다.
새 원점 지정 또는 [객체(O)] 〈0,0,0〉 : P1 클릭
UCS의 원점에 'P1'을 클릭합니다.
Z-축 양의 구간에 있는 점 지정 〈0.0000, 0.0000, 1.0000〉 : P2 클릭
UCS의 Z축에 'P2'를 클릭합니다.

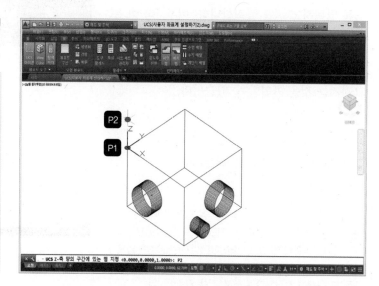

02 XY 평면이 변경된 것을 확인하기 위해서 원을 그립니다. [Circle] 명령어를 입력하고 원의 중심점과 반지름을 차례로 입력합니다.

명령 : Circle [Enter]
원에 대한 중심점 지정 또는 [3점(3P)/2점(2P)/Ttr - 접선 접선 반지름(T)] : P1 클릭
원의 중심점에 'P1'을 클릭합니다.
원의 반지름 지정 또는 [지름(D)] 〈15.0000〉 : 30 [Enter]
원의 반지름에 '30'을 입력합니다.

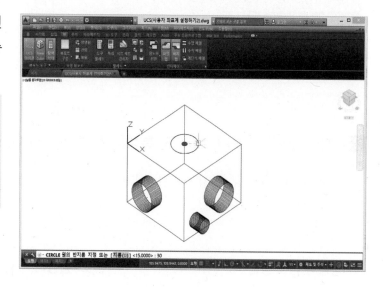

03 원의 두께를 변경하기 위해서 [Change] 명령어를 입력하고 원을 클릭합니다. 이후, [특성] 옵션과 [두께] 옵션을 차례로 지정하고 두께를 입력합니다. XY 평면에 평행하게 원이 두께를 가지며 그려지는 것을 확인할 수 있습니다.

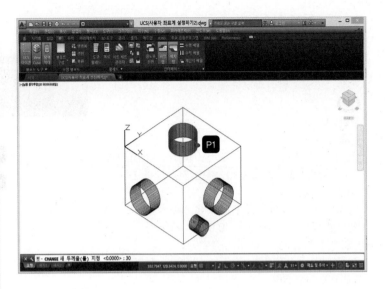

명령 : Change [Enter]
객체 선택 : P1 클릭   1개를 찾음
원을 지정하기 위해서 'P1'을 클릭합니다.
객체 선택 : [Enter]
변경점 지정 또는 [특성(P)] : P [Enter]
[특성] 옵션을 지정하기 위해서 'P'를 입력합니다.
변경할 특성 입력 [색상(C)/고도(E)/도면층(LA)/선종
류(LT)/선종류축척(S)/선가중치(LW)/두께(T)/투명도
(TR)/재료(M)/주석(A)] : T [Enter]
[두께] 옵션을 지정하기 위해서 'T'를 입력합니다.
새 두께을(를) 지정 〈0.0000〉 : 30 [Enter]
두께에 '30'을 입력합니다.
변경할 특성 입력 [색상(C)/고도(E)/도면층(LA)/선종
류(LT)/선종류축척(S)/선가중치(LW)/두께(T)/투명도
(TR)/재료(M)/주석(A)] : [Enter]

2 UCS 아이콘의 표시, 위치 및 특성을 지정하는 [UCSicon] 명령어

[UCSicon] 명령어는 UCS의 표시와 위치를 설정할 수 있으며 UCS 아이콘의 스타일, 크기, 색상과 같은 특성을 조절할 수 있습니다.

(1) 명령어 입력 방법

[UCSicon] 명령어	
명령어	UCSicon

(2) 명령어 사용 방법

명령 : UCSicon [Enter]
옵션 입력 [켜기(ON)/끄기(OFF)/전체(A)/원점없음(N)/원점(OR)/선택 가능(S)/특성(P)] 〈켜기〉 : ON [Enter]
원하는 옵션을 입력합니다.

(3) 옵션 설명

옵션	설명
켜기(ON)	UCS 아이콘을 나타나게 합니다.
끄기(OFF)	UCS 아이콘을 사라지게 합니다.
전체(A)	[Vports] 명령어에 의해서 화면이 분할된 경우, 전체 뷰 포트에 UCS 아이콘을 표시합니다.
원점 없음(N)	화면의 왼쪽-아래쪽에 UCS 아이콘을 표시합니다.
원점(OR)	사용자의 설정에 맞추어 UCS 아이콘을 이동시킵니다.
선택 가능(S)	UCS 아이콘을 선택할 경우, 마우스를 UCS 아이콘 위에 위치시키면 색상이 바뀌며 클릭하면 그립이 생성됩니다. UCS 아이콘을 선택하지 않을 경우, 마우스를 UCS 아이콘 위에 위치시켜도 아무런 변화가 없습니다.
특성(P)	UCS 아이콘의 스타일, 크기 및 색상을 설정합니다.

(4) 실습하기

● [끄기] 옵션 실습하기

01 아래의 예제 파일을 불러옵니다.

예제 파일 : Part02\Chapter13\13-2\2\UCSicon(끄기 옵션)

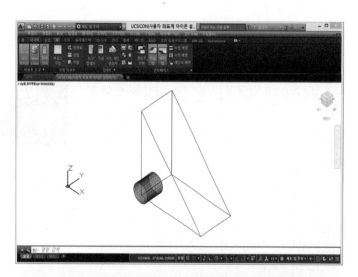

02 [UCSicon] 명령어를 입력하고 [끄기] 옵션을 입력합니다. UCS 아이콘이 사라집니다.

명령 : **UCSicon** Enter
옵션 입력 [켜기(ON)/끄기(OFF)/전체(A)/원점없음(N)/원점(OR)/선택 가능(S)/특성(P)] ⟨켜기⟩ : OFF Enter
[끄기] 옵션을 지정하기 위해서 'OFF'를 입력합니다.

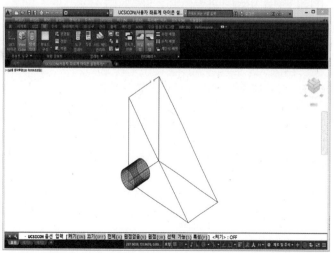

● [켜기] 옵션 실습하기

01 [UCSicon] 명령어를 입력하고 [켜기] 옵션을
입력합니다. UCS 아이콘이 다시 나타납니다.

> **명령 : UCSicon** Enter
> 옵션 입력 [켜기(ON)/끄기(OFF)/전체(A)/원점없음
> (N)/원점(OR)/선택 가능(S)/특성(P)] 〈끄기〉 : ON
> Enter
> [켜기] 옵션을 지정하기 위해서 'ON'을 입력합니다.

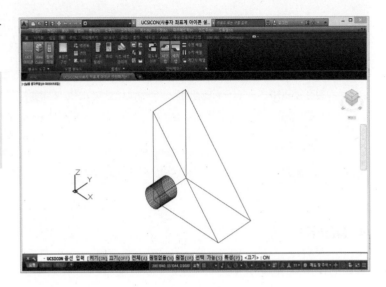

● [원점] 옵션 실습하기

01 [UCSicon] 명령어를 입력하고 [원점] 옵션을
입력합니다. 이후, [UCS] 명령어를 입력하고 UCS
의 새로운 원점을 지정하기 위해서 'O'를 입력하
고 한 점을 클릭합니다. UCS의 원점이 변경되는
것을 확인할 수 있습니다.

> **명령 : UCSicon** Enter
> 옵션 입력 [켜기(ON)/끄기(OFF)/전체(A)/원점없음
> (N)/원점(OR)/선택 가능(S)/특성(P)] 〈켜기〉 : OR Enter
> [원점] 옵션을 지정하기 위해서 'OR'을 입력합니다.
>
> **명령 : UCS** Enter
> 현재 UCS 이름 : 표준
> UCS의 원점 지정 또는 [면(F)/이름(NA)/객체(OB)/이
> 전(P)/뷰(V)/표준(W)/X(X)/Y(Y)/Z(Z)/Z축(ZA)]
> 〈표준〉 : O Enter
> UCS의 원점을 지정하기 위해서 'O'를 입력합니다.
> 새 원점 지정 〈0,0,0〉 : P1 클릭
> 새로운 원점에 'P1'을 클릭합니다.

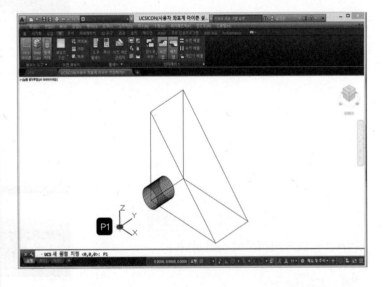

● [원점 없음] 옵션 실습하기

01 [UCSicon] 명령어를 입력하고 [원점 없음] 옵션을 입력합니다. UCS 아이콘이 왼쪽-아래쪽에 위치한 것을 확인할 수 있습니다.

> **명령 : UCSicon** Enter
> 옵션 입력 [켜기(ON)/끄기(OFF)/전체(A)/원점없음(N)/원점(OR)/선택 가능(S)/특성(P)] 〈켜기〉: N Enter
> [원점 없음] 옵션을 지정하기 위해서 'N'을 입력합니다.

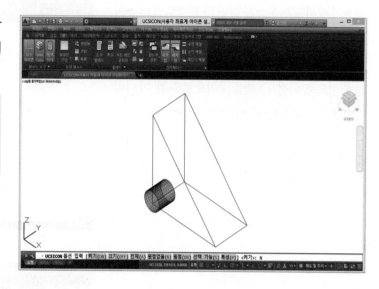

● [선택 가능] 옵션 실습하기

01 예제 파일 'Part02\Chapter13\13-2\2\UCSicon(끄기 옵션)' 을 다시 불러옵니다.

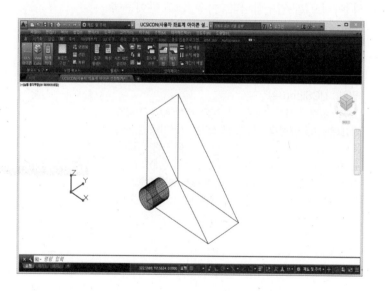

02 UCS 아이콘에 마우스를 위치하면 아이콘의 색상이 바뀌고 마우스를 한번 더 클릭하면 UCS 아이콘이 선택되면서 그립점이 나타납니다. 이후, 마우스를 그립점 위에 위치하면 'Y축 방향', 'Z축을 중심으로 회전', 'X축을 중심으로 회전'이 나타나고 선택하면 UCS의 방향이 변경됩니다.

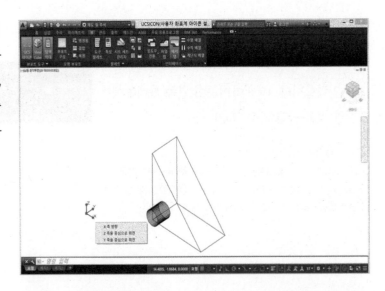

03 UCS 아이콘이 선택되지 않게 하기 위해서 [UCSicon] 명령어를 입력하고 [선택 가능] 옵션을 입력합니다. UCS 아이콘을 선택하지 않기 위해서 [아니오]를 입력합니다. 이후, UCS 아이콘에 마우스를 위치하여도 UCS 아이콘이 선택되지 않는 것을 확인할 수 있습니다.

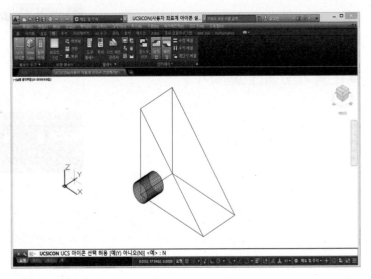

명령 : UCSicon [Enter]
옵션 입력 [켜기(ON)/끄기(OFF)/전체(A)/원점없음(N)/원점(OR)/선택 가능(S)/특성(P)] 〈켜기〉 : S [Enter]
[선택 가능] 옵션을 지정하기 위해서 'S'를 입력합니다.
UCS 아이콘 선택 허용 [예(Y)/아니오(N)] 〈예〉 : N [Enter]
UCS 아이콘 선택을 허용하지 않기 위해서 'N'을 입력합니다. 이후, 마우스를 UCS 아이콘에 위치해서 UCS 아이콘이 선택되지 않음을 확인할 수 있습니다.

● [특성] 옵션 실습하기

01 [UCSicon] 명령어를 입력하고 [특성] 옵션을 입력합니다. [UCS 아이콘] 대화 상자가 나타나면 [UCS 아이콘 스타일]의 '2D'를 클릭한 후, [확인]을 클릭합니다.

> **명령 : UCSicon** Enter
> 옵션 입력 [켜기(ON)/끄기(OFF)/전체(A)/원점없음(N)/원점(OR)/선택 가능(S)/특성(P)] 〈켜기〉 : P Enter
> [특성] 옵션을 지정하기 위해서 'P'를 입력합니다. 이후, [UCS 아이콘] 대화 상자가 나타나면 [UCS 아이콘 스타일]의 '2D'를 클릭한 후, [확인]을 클릭합니다.

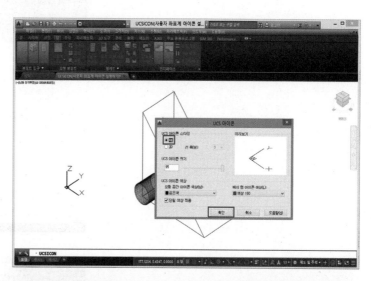

02 UCS 아이콘이 2차원 형태로 바뀝니다.

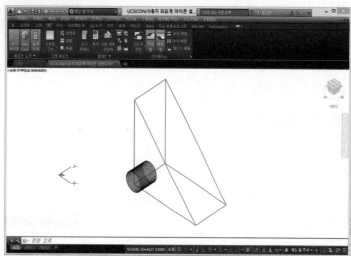

03 UCS 아이콘의 크기를 축소하기 위해서 [UCSicon] 명령어를 입력하고 [특성] 옵션을 입력합니다. [UCS 아이콘] 대화 상자가 나타나면 [UCS 아이콘 크기]에 '20'을 입력한 후, [확인]을 클릭합니다.

> **명령 : UCSicon** Enter
> 옵션 입력 [켜기(ON)/끄기(OFF)/전체(A)/원점없음(N)/원점(OR)/선택 가능(S)/특성(P)] 〈켜기〉 : P Enter
> [특성] 옵션을 지정하기 위해서 'P'를 입력합니다. 이후, [UCS 아이콘] 대화 상자가 나타나면 [UCS 아이콘 크기]에 '20'을 입력한 후, [확인]을 클릭합니다.

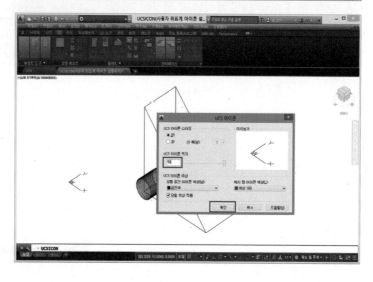

04 UCS 아이콘의 크기가 축소됩니다.

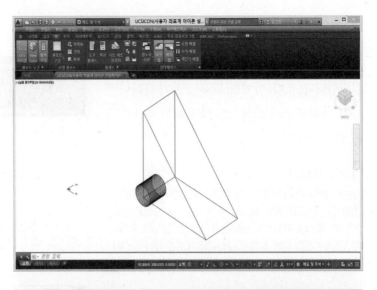

05 모형 공간 내 UCS 아이콘의 색상을 변경하기 위해서 [UCSicon] 명령어를 입력하고 [특성] 옵션을 입력합니다. [UCS 아이콘] 대화 상자가 나타나면 [UCS 아이콘 색상]의 [모형 공간 아이콘 색상]에 '파란색'을 클릭한 후, [확인]을 클릭합니다.

> **명령 : UCSicon** Enter
> 옵션 입력 [켜기(ON)/끄기(OFF)/전체(A)/원점없음(N)/원점(OR)/선택 가능(S)/특성(P)] 〈켜기〉: P Enter
> [특성] 옵션을 지정하기 위해서 'P'를 입력합니다. 이후, [UCS 아이콘] 대화 상자가 나타나면 [UCS 아이콘 색상]의 [모형 공간 아이콘 색상]에 '파란색'을 클릭한 후, [확인]을 클릭합니다.

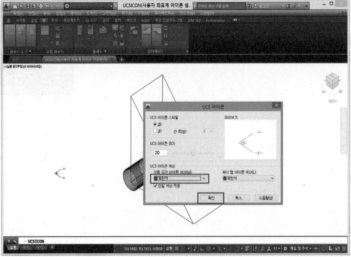

06 모형 공간 내의 UCS 아이콘의 색상이 '파란색'으로 바뀌었습니다.

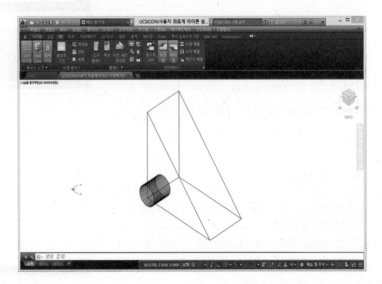

07 배치 공간 내 UCS 아이콘의 색상을 변경하기 위해서 화면 하단에 있는 '배치1' 탭을 클릭합니다. 화면이 배치 화면으로 바뀌면 [UCSicon] 명령어를 입력하고 [특성] 옵션을 입력합니다. [UCS 아이콘] 대화 상자가 나타나면 [UCS 아이콘 색상]의 [배치 탭 아이콘 색상]에 '검은색'을 클릭한 후, [확인]을 클릭합니다.

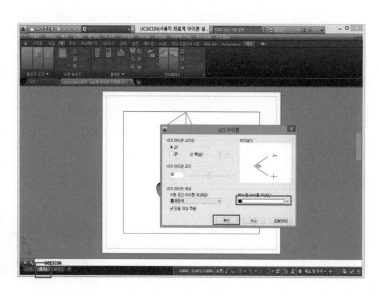

화면 하단에 있는 '배치1' 탭을 클릭합니다.

명령 : UCSicon Enter

옵션 입력 [켜기(ON)/끄기(OFF)/전체(A)/원점없음(N)/
원점(OR)/선택 가능(S)/특성(P)] 〈켜기〉: P Enter

[특성] 옵션을 지정하기 위해서 'P'를 입력합니다. 이후,
[UCS 아이콘] 대화 상자가 나타나면 [UCS 아이콘 색상]
의 [배치 탭 아이콘 색상]에 '검은색'을 클릭한 후, [확인]
을 클릭합니다.

08 배치 공간 내의 UCS 아이콘의 색상이 '검은색'으로 바뀌었습니다.

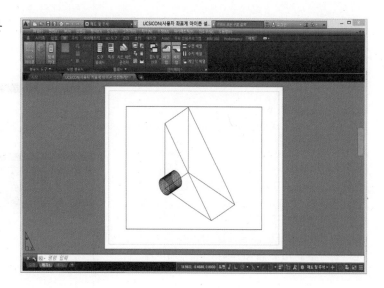

3 3차원 객체의 면에 자동으로 UCS를 설정하는 동적 UCS

동적 UCS(이하 DUCS)는 3차원 객체 면의 UCS를 수동으로 바꾸지 않고 자동으로 UCS의 XY 평면을 설정할 수 있습니다. 즉, 사용자가 3차원 객체 면의 UCS를 수동으로 설정할 필요없이 자동으로 UCS를 설정할 수 있기 때문에 도면 작업이 편해집니다.

(1) 사용 방법

화면 오른쪽·아래쪽에 있는 [사용자화] 아이콘(☰)을 클릭한 후, [동적 UCS]를 클릭하면 화면 아래쪽에 [동적 UCS] 아이콘이 나타납니다. 이후, 화면 아래쪽에 있는 [동적 UCS] 아이콘(🔄)이 'On'된 상태를 확인합니다.

(2) 실습하기

● 기본 실습하기

01 아래의 예제 파일을 불러옵니다.

> 예제 파일 : Part02\Chapter13\13-2\3\동적 UCS(기본)

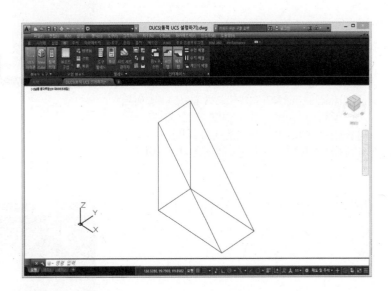

02 [Circle] 명령어를 입력하여 쐐기의 비스듬한 면에 원을 그립니다.

> **명령 : Circle** ⏎
> 원에 대한 중심점 지정 또는 [3점(3P)/2점(2P)/Ttr −
> 접선 접선 반지름(T)] : P1 클릭
> 원의 중심점에 'P1'을 클릭합니다.
> 원의 반지름 지정 또는 [지름(D)] : 15 ⏎
> 원의 반지름에 '15'를 입력합니다.

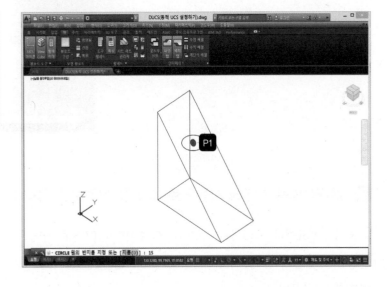

03 화면 하단에 있는 동적 UCS 아이콘(⬚)을 'On' 시킨 상태에서 [Circle] 명령어를 입력하여 쐐기의 비스듬한 면에 원을 그립니다. 동적 UCS 아이콘을 'Off' 시킨 상태와는 달리, 동적 UCS 아이콘을 'On' 시킨 상태에서는 쐐기의 비스듬한 면에 UCS의 XY 평면이 자동으로 조절됩니다.

명령 : Circle [Enter]
원에 대한 중심점 지정 또는 [3점(3P)/2점(2P)/Ttr −
접선 접선 반지름(T)] : P1 클릭
원의 중심점에 'P1'을 클릭합니다.
원의 반지름 지정 또는 [지름(D)] 〈15.0000〉 : 15 [Enter]
원의 반지름에 '15'를 입력합니다.

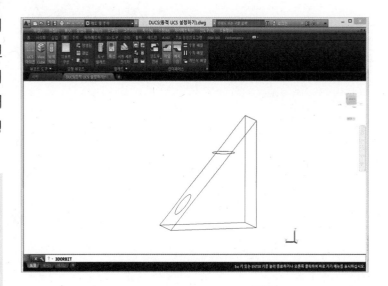

04 [3Dorbit] 명령어를 입력하여 쐐기를 회전시킵니다. 동적 UCS 아이콘을 'On' 시켰을 때 그린 원은 쐐기의 비스듬한 면인 XY 평면에 평행하게 그려졌으나, 동적 UCS 아이콘을 'Off' 시켰을 때 그린 원은 쐐기의 비스듬한 면의 XY 평면과 평행하지 않게 그려졌습니다.

명령 : 3Dorbit [Enter]
Esc 키 또는 ENTER 키를 눌러 종료하거나 오른쪽 클릭하여 바로 가기 메뉴를 표시하십시오. [Enter]
원하는 화면으로 회전시킨 후, 'Esc 키' 또는 'ENTER 키'를 눌러 종료하거나 마우스의 오른쪽 버튼을 클릭한 후, [종료]를 클릭합니다.
모형 재생성 중.

⚠ **TIP** | **사용자 좌표계에서 표준 좌표계로 변환하는 방법**

사용자 좌표계(UCS)로 뷰를 변경해가면서 도면 작업을 하다가 표준 좌표계(WCS)로 변경할 경우가 있습니다. 이때 첫 번째 방법은 [UCS] 명령어를 입력한 후, [표준] 옵션을 입력하여 변경할 수 있고 두 번째 방법은 메뉴 막대의 [도구]→[새 UCS]→[표준]을 실행하면 변경할 수 있습니다.

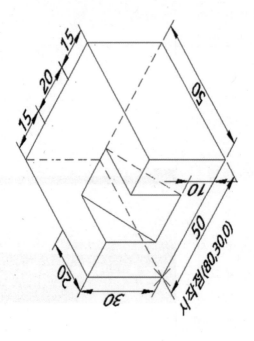

15
20
15
15
50
50
10
50
시작점(80,30,0)
30
20

명령어 : -Vpoint(1,-1,1), Line, Trim, Ltype(Hidden), Ltscale(0.5)

Limits : 0,0~100,75

35
R10
40
시작점(0,-40,0)
15

명령어 : -Vpoint(1,-1,1), Line, Circle, Trim, Copy, Ltype(Hidden), Ltscale(0.5)

14 CHAPTER

3차원 객체의 면 처리,
음영 처리 및 메쉬 생성하기

14.1 3차원 좌표계를 사용하여 객체 작성하기

1 3차원 좌표계를 사용하여 객체 작성하기

　2차원 좌표계는 'X축, Y축' 으로 구성되어 있어서 평면적인 도면 작성이 가능하지만, 3차원 좌표계는 'X축, Y축, Z축' 으로 구성되어 있어서 입체적인 객체 작성이 가능합니다. 3차원 좌표계에 의해서 각 축의 좌표값을 입력한 후, [-Vpoint] 명령어를 사용하여 입체적인 객체를 확인할 수 있습니다.

(1) 실습하기

● 기본 실습하기

01 [Limits] 명령어를 입력하여 도면 한계를 설정하고 도면 한계를 도면에 적용하기 위해서 [Zoom] 명령어를 입력합니다.

> **명령 : Limits** Enter
> 모형 공간 한계 재설정 :
> 왼쪽 아래 구석 지정 또는 [켜기(ON)/끄기(OFF)]
> 〈0.0000,0.0000〉: 0,0 Enter
> 작업 도면의 '왼쪽-아래쪽'에 '0,0'을 입력합니다.
> 오른쪽 위 구석 지정 〈12.0000,9.0000〉: 120,90 Enter
> 작업 도면의 '오른쪽-위쪽'에 '120,90'을 입력합니다.
>
> **명령 : Zoom** Enter
> 윈도우 구석 지정, 축척 비율(nX 또는 nXP) 입력 또는
> [전체(A)/중심(C)/동적(D)/범위(E)/이전(P)/축척
> (S)/윈도우(W)/객체(O)] 〈실시간〉: A Enter
> 모형 재생성 중.
> [Limits] 명령어에 의해서 지정한 도면 한계를 화면에 적용하기 위해서 [Zoom] 명령어의 [전체] 옵션을 입력합니다.

02 [Line] 명령어를 입력하여 사각형을 작성합니다.

명령 : Line [Enter]
첫 번째 점 지정 : 30,20 [Enter]
사각형의 첫 번째 점에 절대좌표인 '30,20'을 입력합니다.
다음 점 지정 또는 [명령 취소(U)] : @50,0 [Enter]
다음 점 지정 또는 [명령 취소(U)] : @0,50 [Enter]
다음 점 지정 또는 [닫기(C)/명령 취소(U)] : @-50,0 [Enter]
다음 점 지정 또는 [닫기(C)/명령 취소(U)] : C [Enter]
사각형의 다음 점을 상대좌표로 지정합니다.

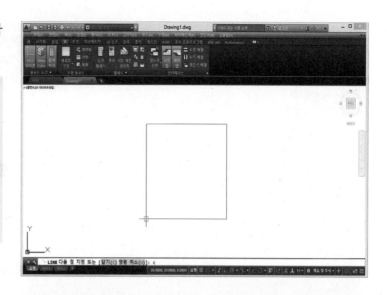

03 [-Vpoint] 명령어를 입력하여 3차원 관측점으로 변경합니다.

명령 : -Vpoint [Enter]
현재 뷰 방향 : VIEWDIR=0.0000,0.0000,1.0000
관측점 지정 또는 [회전(R)] ⟨나침반과 삼각대 표시⟩ : 1,-1,1 [Enter]
모형 재생성 중.
사각형을 보는 관측점을 '오른쪽, 앞쪽, 위쪽'으로 지정하기 위해서 '1,-1,1'을 입력합니다.

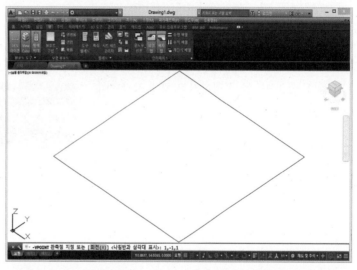

04 [Zoom] 명령어를 입력하여 화면에 꽉 차게 나온 사각형을 축소합니다.

명령 : Zoom [Enter]
윈도우 구석 지정, 축척 비율(nX 또는 nXP) 입력 또는 [전체(A)/중심(C)/동적(D)/범위(E)/이전(P)/축척(S)/윈도우(W)/객체(O)] ⟨실시간⟩ : 0.5X [Enter]
현재 사각형의 크기를 절반으로 축소하기 위해서 '0.5X'를 입력합니다.

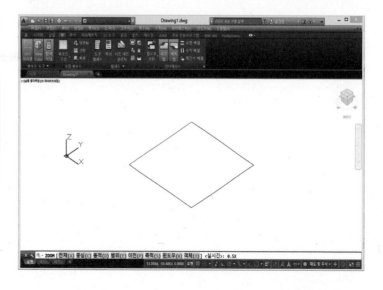

05 [Copy] 명령어를 입력하여 Z축으로 '30' 만큼 떨어진 지점에 사각형을 복사합니다.

> **명령 : Copy** [Enter]
> 객체 선택 : All [Enter]
> 4개를 찾음
> 사각형 전부를 복사하기 위해서 'All'을 입력합니다.
> 객체 선택 : [Enter]
> 현재 설정 : 복사 모드 = 다중(M)
> 기본점 지정 또는 [변위(D)/모드(O)] 〈변위〉 : P1 클릭
> 복사 기본점에 'P1'을 클릭합니다.
> 두 번째 점 지정 또는 [배열(A)] 〈첫 번째 점을 변위로 사용〉 : @0,0,30
> 위쪽으로 '30'만큼 떨어진 위치에 복사하기 위해서 '@0,0,30'을 입력합니다.
> 두 번째 점 지정 또는 [배열(A)/종료(E)/명령 취소(U)] 〈종료〉 : [Enter]

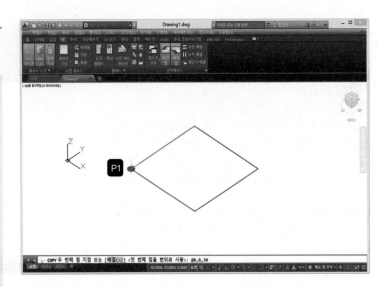

06 위쪽으로 '30' 만큼 떨어진 위치에 사각형이 복사되었습니다.

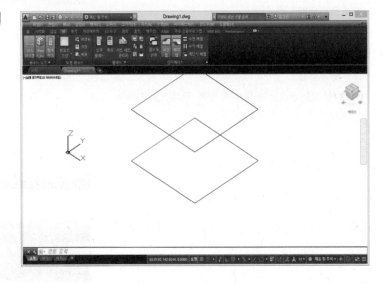

07 [Move] 명령어를 입력하여 화면상에 원본과 복사본이 전부 보이게 이동합니다.

> **명령 : Move** [Enter]
> **객체 선택 : All** [Enter]
> 8개를 찾음
> 2개 사각형 전부를 선택하기 위해서 'All'을 입력합니다.
> **객체 선택 :** [Enter]
> **기준점 지정 또는 [변위(D)] 〈변위〉 : P1 클릭**
> 이동 기준점에 'P1'을 클릭합니다.
> **두 번째 점 지정 또는 〈첫 번째 점을 변위로 사용〉 :**
> **@0,0,-15** [Enter]
> 아래쪽으로 '15'만큼 떨어진 위치로 이동하기 위해서
> '@0,0,-15'를 입력합니다.

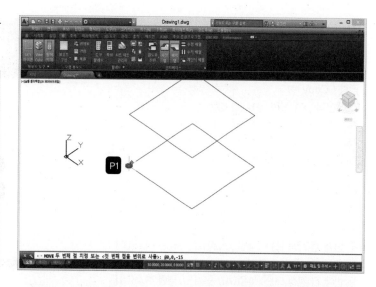

08 아래쪽으로 '15' 만큼 떨어진 위치로 2개의 사각형이 이동하였습니다.

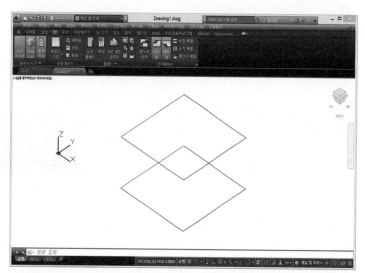

09 [Line] 명령어를 입력하여 사각 기둥의 한 변을 작성합니다.

> **명령 : Line** [Enter]
> **첫 번째 점 지정 : P1 클릭**
> 사각 기둥 한 변의 첫 번째 점에 'P1'을 클릭합니다.
> **다음 점 지정 또는 [명령 취소(U)] : P2 클릭**
> 사각 기둥 다른 한 변의 다음 점에 'P2'를 클릭합니다.
> **다음 점 지정 또는 [명령 취소(U)] :** [Enter]

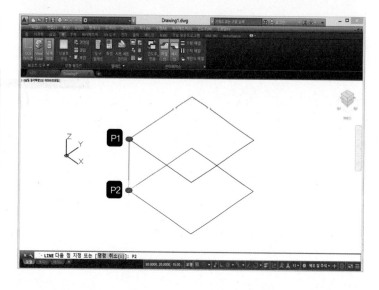

10 [Copy] 명령어를 입력한 후, 작성한 한 변을 복사하여 나머지 세 변을 작성합니다.

> **명령 : Copy** Enter
> 객체 선택 : P1 클릭   1개를 찾음
> 복사할 객체에 'P1'을 클릭합니다.
> 객체 선택 : Enter
> 현재 설정 : 복사 모드 = 다중(M)
> 기본점 지정 또는 [변위(D)/모드(O)] 〈변위〉 : P2 클릭
> 복사할 기본점에 'P2'를 클릭합니다.
> 두 번째 점 지정 또는 [배열(A)] 〈첫 번째 점을 변위로
> 사용〉 : P3 클릭
> 두 번째 점 지정 또는 [배열(A)/종료(E)/명령 취소(U)]
> 〈종료〉 : P4 클릭
> 두 번째 점 지정 또는 [배열(A)/종료(E)/명령 취소(U)]
> 〈종료〉 : P5 클릭
> 복사할 위치에 'P3, P4, P5'를 차례로 클릭합니다.
> 두 번째 점 지정 또는 [배열(A)/종료(E)/명령 취소(U)]
> 〈종료〉 : Enter

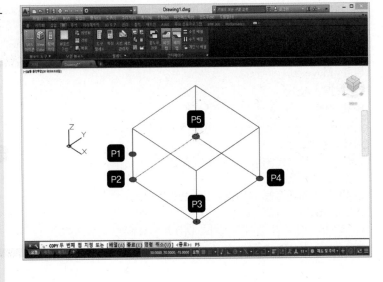

11 3차원의 사각 기둥이 작성되었습니다.

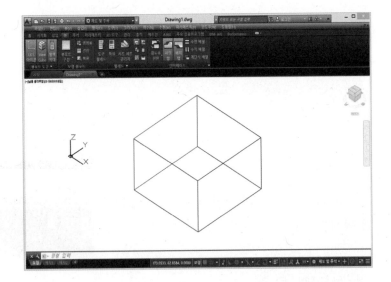

2 3차원 고도와 두께를 지정하여 객체 작성하기

[Change] 명령어를 사용하여 3차원 객체의 고도와 두께를 지정할 수 있습니다. 예를 들어 아파트를 기준으로 1층은 지표면으로부터 시작하기 때문에 고도는 '0' 이라 할 수 있으며 1층과 2층 사이의 층간 높이는 '2' 하고 할 때, 2층은 고도가 '2' 이며 층간 높이 '2' 라고 할 수 있습니다. 여기서 아파트의 고도는 [Change] 명령어의 '고도' , 층간 높이는 [Change] 명령어의 '두께' 에 해당합니다.

(1) 실습하기

● 기본 실습하기

01 아래의 예제 파일을 불러옵니다.

예제 파일 : Part02\Chapter14\14-1\2\Change(기본)

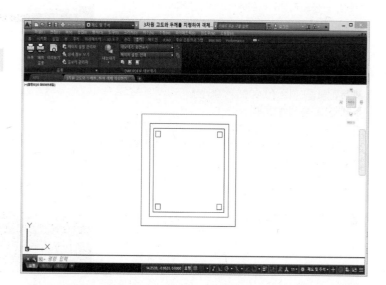

02 [-Vpoint] 명령어를 입력한 후, 관측점에 '1,-2,1' 을 입력합니다.

명령: -Vpoint Enter
현재 뷰 방향 : VIEWDIR=0.0000,0.0000,1.0000
관측점 지정 또는 [회전(R)] 〈나침반과 삼각대 표시〉 : 1,-2,1 Enter
객체의 관측점을 '오른쪽, 앞쪽, 위쪽'으로 지정하기 위해서 '1,-2,1'을 입력합니다.
모형 재생성 중.

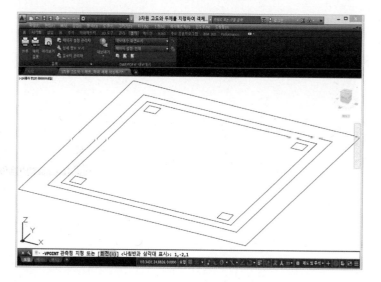

03 [Change] 명령어를 입력한 후, 객체를 선택합니다. 이후, [특성] 옵션과 [두께] 옵션에 의해서 두께가 '25'인 4개의 탁자 다리를 작성합니다.

명령 : Change Enter
객체 선택 : P1 클릭   1개를 찾음
객체 선택 : P2 클릭   1개를 찾음, 총 2개
객체 선택 : P3 클릭   1개를 찾음, 총 3개
객체 선택 : P4 클릭   1개를 찾음, 총 4개
4개의 탁자 다리에 'P1'부터 'P4'까지 차례로 클릭합니다.
객체 선택 : Enter
변경점 지정 또는 [특성(P)] : P Enter
[특성] 옵션을 지정하기 위해서 'P'를 입력합니다.
변경할 특성 입력 [색상(C)/고도(E)/도면층(LA)/선종류(LT)/선종류축척(S)/선가중치(LW)/두께(T)/투명도(TR)/재료(M)/주석(A)] : T Enter
[두께] 옵션을 지정하기 위해서 'T'를 입력합니다.
새 두께을(를) 지정 〈0.0000〉 : 25 Enter
두께에 '25'를 입력합니다.
변경할 특성 입력 [색상(C)/고도(E)/도면층(LA)/선종류(LT)/선종류축척(S)/선가중치(LW)/두께(T)/투명도(TR)/재료(M)/주석(A)] : Enter

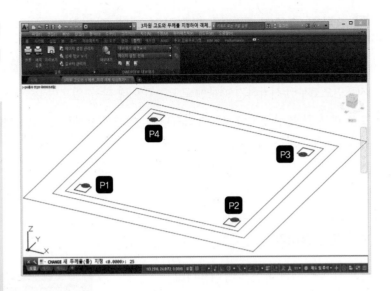

04 두께가 '25'인 4개의 탁자 다리가 작성됩니다.

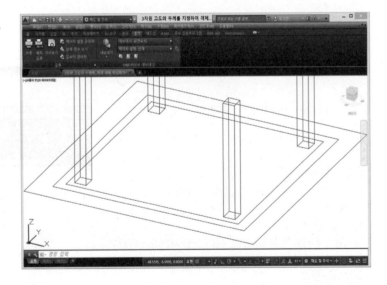

05 [Zoom] 명령어를 입력한 후, [전체] 옵션을
입력하여 화면 전체를 보이게 합니다.

> **명령 : Zoom** Enter
> 윈도우 구석 지정, 축척 비율(nX 또는 nXP) 입력 또는
> [전체(A)/중심(C)/동적(D)/범위(E)/이전(P)/축척
> (S)/윈도우(W)/객체(O)] 〈실시간〉 : A Enter
> [전체] 옵션을 지정하기 위해서 'A'를 입력합니다.

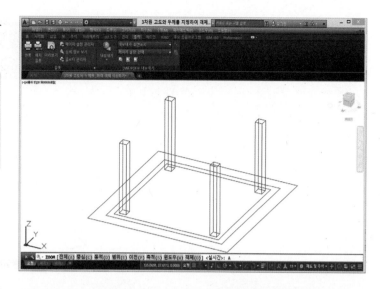

06 [Change] 명령어를 입력하여 탁자 내부 사각
형의 [고도]와 [두께]를 변경합니다.

> **명령 : Change** Enter
> 객체 선택 : P1 클릭   1개를 찾음
> 객체 선택 : P2 클릭   1개를 찾음, 총 2개
> 탁자 내부 사각형에 'P1'과 'P2'를 차례로 클릭합니다.
> 객체 선택 : Enter
> 변경점 지정 또는 [특성(P)] : P Enter
> [특성] 옵션을 지정하기 위해서 'P'를 입력합니다.
> 변경할 특성 입력 [색상(C)/고도(E)/도면층(LA)/선종
> 류(LT)/선종류축척(S)/선가중치(LW)/두께(T)/투명도
> (TR)/재료(M)/주석(A)] : E Enter
> [고도] 옵션을 지정하기 위해서 'E'를 입력합니다.
> 새 고도을(를) 지정 〈0.0000〉 : 25 Enter
> 고도에 '25'를 입력합니다.
> 변경할 특성 입력 [색상(C)/고도(E)/도면층(LA)/선종
> 류(LT)/선종류축척(S)/선가중치(LW)/두께(T)/투명도
> (TR)/재료(M)/주석(A)] : T Enter
> [두께] 옵션을 지정하기 위해서 'T'를 입력합니다.
> 새 두께을(를) 지정 〈0.0000〉 : 3 Enter
> 두께에 '3'을 입력합니다.
> 변경할 특성 입력 [색상(C)/고도(E)/도면층(LA)/선종
> 류(LT)/선종류축척(S)/선가중치(LW)/두께(T)/투명도
> (TR)/재료(M)/주석(A)] : Enter

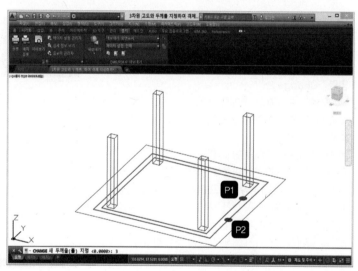

07 탁자 내부 사각형의 고도가 '25', 두께가 '3' 인 도면이 작성됩니다.

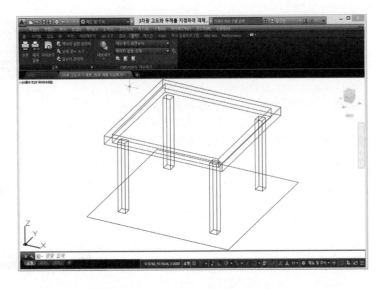

08 [Change] 명령어를 입력하여 탁자 외부 사각 형의 [고도]와 [두께]를 변경합니다.

명령 : Change Enter
객체 선택 : P1 클릭   1개를 찾음
탁자 외부 사각형에 'P1'을 클릭합니다.
객체 선택 : Enter
변경점 지정 또는 [특성(P)] : P Enter
[특성] 옵션을 지정하기 위해서 'P'를 입력합니다.
변경할 특성 입력 [색상(C)/고도(E)/도면층(LA)/선종 류(LT)/선종류축척(S)/선가중치(LW)/두께(T)/투명도 (TR)/재료(M)/주석(A)] : E Enter
[고도] 옵션을 지정하기 위해서 'E'를 입력합니다.
새 고도을(를) 지정 ⟨0.0000⟩ : 28 Enter
고도에 '28'을 입력합니다.
변경할 특성 입력 [색상(C)/고도(E)/도면층(LA)/선종 류(LT)/선종류축척(S)/선가중치(LW)/두께(T)/투명도 (TR)/재료(M)/주석(A)] : T Enter
[두께] 옵션을 지정하기 위해서 'T'를 입력합니다.
새 두께을(를) 지정 ⟨0.0000⟩ : 2 Enter
두께에 '2'를 입력합니다.
변경할 특성 입력 [색상(C)/고도(E)/도면층(LA)/선종 류(LT)/선종류축척(S)/선가중치(LW)/두께(T)/투명도 (TR)/재료(M)/주석(A)] : Enter

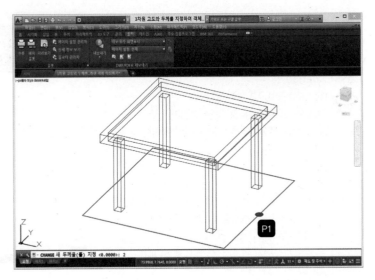

09 탁자가 완성되었습니다.

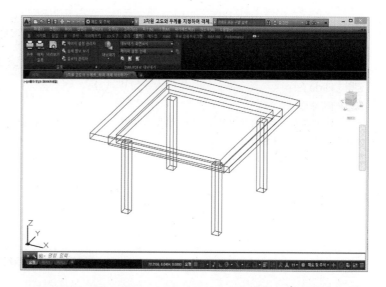

10 [Zoom] 명령어를 입력하여 현재 화면의 80% 만 보이게 합니다.

명령 : Zoom [Enter]
윈도우 구석 지정, 축척 비율(nX 또는 nXP) 입력 또는 [전체(A)/중심(C)/동적(D)/범위(E)/이전(P)/축척 (S)/윈도우(W)/객체(O)] ⟨실시간⟩ : 0.8X [Enter]
현재 화면의 80%만 보이게 하기 위해서 '0.8X'를 입력합 니다.

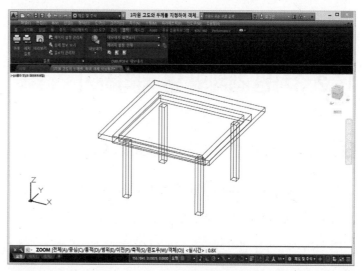

11 [3Dface] 명령어를 입력한 후, 탁자 윗면 4개 의 모서리를 한쪽 방향으로 차례로 클릭합니다.

명령 : 3Dface [Enter]
첫 번째 점 지정 또는 [숨김(I)] : P1 클릭
두 번째 점 지정 또는 [숨김(I)] : P2 클릭
세 번째 점 지정 또는 [숨김(I)] ⟨종료⟩ : P3 클릭
네 번째 점 지정 또는 [숨김(I)] ⟨3면 작성⟩ : P4 클릭
세 번째 점 지정 또는 [숨김(I)] ⟨종료⟩ : [Enter]
탁자 윗면 4개의 모서리에 'P1'부터 'P4'까지 차례로 클 릭합니다.

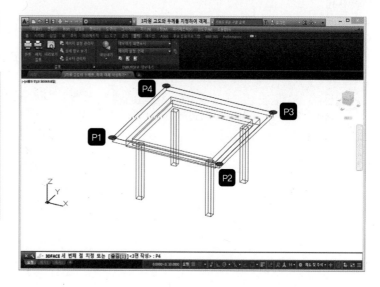

12 [Hide] 명령어를 입력하면 탁자 내부가 보이지 않게 됩니다.

> **명령 : Hide** ⏎
> 모형 재생성 중.
> 숨기기를 위해 빈 RAM이 충분하지 않음--일부 선들이 부정확하게 은선처리 될것임.
> 은선이 제거된 객체가 나타납니다.

14.2 3차원 객체의 면 처리하기

1 3차원 객체를 면 처리하는 [3Dface] 명령어

[3Dface] 명령어는 와이어프레임 모델링의 면을 서페이스 모델링의 면으로 변환할 수 있는 가운데, 객체의 내부가 보이지 않도록 4개의 점을 기준으로 면 처리할 수 있습니다.

면 처리 시 2개의 면이 맞닿은 부분이 있는데 맞닿은 부분에서 선분이 보이지 않도록 하려면 [숨김] 옵션을 입력해야 합니다.

(1) 명령어 입력 방법

[3Dface] 명령어	
메뉴 막대	그리기→모델링→메쉬→3D 면
명령어	3Dface
단축 명령어	3F

(2) 명령어 사용 방법

> **명령 : 3Dface** ⏎
> 첫 번째 점 지정 또는 [숨김(I)] : P1 클릭
> 두 번째 점 지정 또는 [숨김(I)] : P2 클릭
> 세 번째 점 지정 또는 [숨김(I)] 〈종료〉: P3 클릭
> 네 번째 점 지정 또는 [숨김(I)] 〈3면 작성〉: P4 클릭
> 세 번째 점 지정 또는 [숨김(I)] 〈종료〉: ⏎
> 면의 4개 모서리를 지정하기 위해서 'P1'부터 'P4'까지 차례로 클릭합니다.

(3) 옵션 설명

옵션	설명
숨김(I)	2면이 맞닿은 부분에서 선분이 보이지 않도록 합니다.

(4) 실습하기

● 기본 실습하기

01 아래의 예제 파일을 불러옵니다.

예제 파일 : Part02\Chapter14\14-2\1\3Dface(기본)

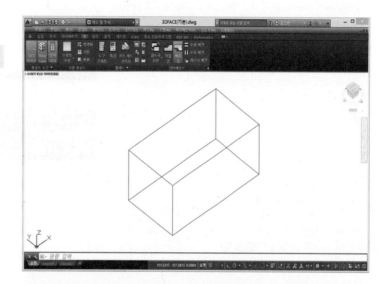

02 [Hide] 명령어를 입력하면 직사각형 윗면이 면 처리가 안 된(윗면이 없는) 도면이 나타납니다.

명령 : Hide ⏎
모형 재생성 중.
숨기기를 위해 빈 RAM이 충분하지 않음--일부 선들이 부정확하게 은선처리 될것임.
은선이 제거된 객체가 나타납니다.

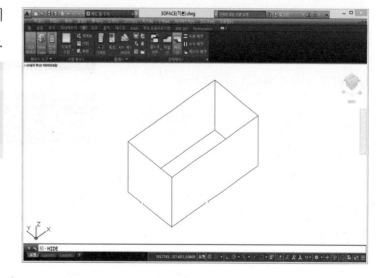

03 [3Dface] 명령어를 입력한 후, 직사각형 윗면의 4개 모서리 점에 'P1' 부터 'P4' 까지 클릭합니다.

> **명령 : 3Dface [Enter]**
> 첫 번째 점 지정 또는 [숨김(I)] : P1 클릭
> 두 번째 점 지정 또는 [숨김(I)] : P2 클릭
> 세 번째 점 지정 또는 [숨김(I)] 〈종료〉 : P3 클릭
> 네 번째 점 지정 또는 [숨김(I)] 〈3면 작성〉 : P4 클릭
> 세 번째 점 지정 또는 [숨김(I)] 〈종료〉 : [Enter]
> 윗면의 4개 모서리 점에 'P1'부터 'P4'까지 차례로 클릭합니다.

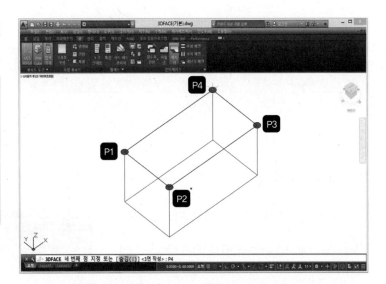

04 [Hide] 명령어를 입력하면 직사각형 윗면이 면 처리가 된(윗면이 있는) 도면이 나타납니다.

> **명령 : Hide [Enter]**
> 모형 재생성 중.
> 숨기기를 위해 빈 RAM이 충분하지 않음--일부 선들이 부정확하게 은선처리 될것임.
> 은선이 제거된 객체가 나타납니다.

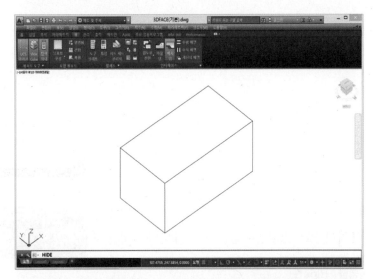

● [숨김] 옵션 실습하기

01 아래의 예제 파일을 불러옵니다.

> 예제 파일 : Part02\Chapter14\14-2\1\3Dface (숨김 옵션)

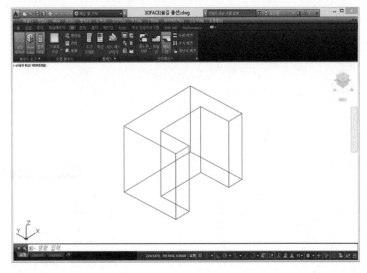

02 [3Dface] 명령어를 입력한 후, 객체 윗면의 모서리 점 'P1' 부터 'P8' 까지 클릭합니다. 이때 2개의 면이 맞닿은 첫 번째 모서리 점은 클릭하기 전에 [숨김] 옵션을 입력한 후, 클릭해야 2개의 면 사이에 접하는 선이 나타나지 않습니다.

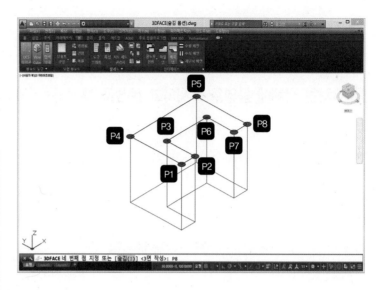

명령 : 3Dface Enter
첫 번째 점 지정 또는 [숨김(I)] : P1 클릭
두 번째 점 지정 또는 [숨김(I)] : P2 클릭
세 번째 점 지정 또는 [숨김(I)] ⟨종료⟩ : I Enter
세 번째 점 지정 또는 [숨김(I)] ⟨종료⟩ : P3 클릭
네 번째 점 지정 또는 [숨김(I)] ⟨3면 작성⟩ : P4 클릭
세 번째 점 지정 또는 [숨김(I)] ⟨종료⟩ : I Enter
세 번째 점 지정 또는 [숨김(I)] ⟨종료⟩ : P5 클릭
네 번째 점 지정 또는 [숨김(I)] ⟨3면 작성⟩ : P6 클릭
세 번째 점 지정 또는 [숨김(I)] ⟨종료⟩ : P7 클릭
네 번째 점 지정 또는 [숨김(I)] ⟨3면 작성⟩ : P8 클릭
세 번째 점 지정 또는 [숨김(I)] ⟨종료⟩ : Enter
윗면의 각 모서리 점에 'P1' 부터 'P8'까지 차례로 클릭합니다. 단, 2개의 면이 맞닿은 첫 번째 모서리 점을 클릭하기 전에 [숨김] 옵션인 'I'를 입력합니다.

03 [Hide] 명령어를 입력하면 다각형의 윗면이 면 처리되고 [숨김] 옵션에 의해서 윗면에서 2개의 면 사이에 접하는 선이 보이지 않습니다.

명령 : Hide Enter
모형 재생성 중.
숨기기를 위해 빈 RAM이 충분하지 않음--일부 선들이 부정확하게 은선처리 될것임.
은선이 제거된 객체가 나타납니다.

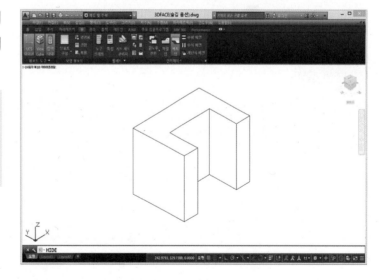

14.3 3차원 객체의 음영 처리하기

1 3차원 객체에 음영을 표시하고 은선을 제거하는 [Shademode] 명령어

[Shademode] 명령어는 3차원 객체의 은선을 제거해 주는 면에서는 [Hide] 명령어와 동일한 기능입니다. 하지만 은선을 제거하는 기능 이외에도 음영을 부여할 수 있기 때문에 3차원 객체를 더욱 입체적으로 표현할 수 있습니다.

(1) 명령어 입력 방법

[Shademode] 명령어	
메뉴 막대	뷰→비쥬얼 스타일
명령어	Shademode
리본 메뉴	(시각화)탭→(비주얼 스타일)패널→2D 와이어프레임(🔲) ([제도 및 주석] 작업공간)
	(시각화)탭→(비주얼 스타일)패널→2D 와이어프레임(🔲) ([3D 기본 사항] 작업공간)
	(홈)탭→(뷰)패널→2D 와이어프레임(🔲) ([3D 모델링] 작업공간)
	(시각화)탭→(비주얼 스타일)패널→2D 와이어프레임(🔲) ([3D 모델링] 작업공간)

(2) 명령어 사용 방법

명령 : Shademode ⏎
옵션 입력 [2D 와이어프레임(2)/와이어프레임(W)/숨김(H)/실제(R)/개념(C)/음영처리(S)/모서리로 음영처리됨(E)/회색 음영처리(G)/스케치(SK)/X 레이(X)/기타(O)] 〈2d 와이어프레임〉: W ⏎
원하는 옵션을 입력합니다.

(3) 옵션 설명

옵션	설명
2D 와이어프레임(2)	음영 처리하기 전인 와이어프레임 상태로 표시합니다.
와이어프레임(W)	객체를 3D 와이어프레임 상태로 표시합니다.
숨김(H)	은선이 제거된 3D 와이어프레임 상태로 표시합니다.
실제(R)	객체를 음영처리하고 객체에 부여한 재료의 특성을 반영하여 객체 면 사이의 모서리를 부드럽게 표시합니다.
개념(C)	객체를 음영처리하고 객체 면 사이의 모서리를 부드럽게 표시합니다. 또한 Gooch 면 스타일을 사용하여 객체의 면을 표시하는 가운데, 어두운 색이나 밝은 색이 아닌 차가운 색이나 따뜻한 색으로 표시합니다.
음영처리(S)	객체를 부드럽게 음영처리합니다.
모서리로 음영처리됨(E)	객체를 부드럽게 음영처리하며 객체의 모서리를 표시합니다.
회색 음영처리(G)	객체를 회색으로 부드럽게 음영처리하며 객체 모서리를 표시합니다.
스케치(SK)	객체를 손으로 스케치한 것과 같은 효과를 나타냅니다.
X 레이(X)	객체를 부분적으로 투명하게 표시합니다.
기타(O)	저장되어 있는 비쥬얼 스타일을 불러올 수 있습니다.

⑷ **실습하기**

● **[와이어프레임] 옵션 실습하기**

01 아래의 예제 파일을 불러옵니다.

> 예제 파일 : Part02\Chapter14\14-3\1\Shademode(기본)

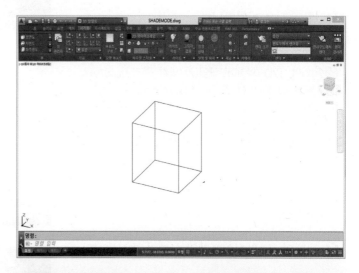

02 [Shademode] 명령어를 입력한 후, [와이어프레임] 옵션을 지정합니다.

> **명령 : Shademode** [Enter]
> 옵션 입력 [2D 와이어프레임(2)/와이어프레임(W)/숨김(H)/실제(R)/개념(C)/음영처리(S)/모서리로 음영처리됨(E)/회색 음영처리(G)/스케치(SK)/X 레이(X)/기타(O)] 〈2d 와이어프레임〉: W [Enter]
> [와이어프레임] 옵션을 지정하기 위해서 'W'를 입력합니다.

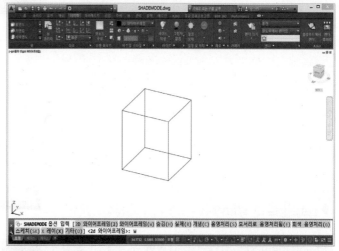

03 3차원 UCS 아이콘이 나타나면서 객체의 3D 와이어프레임 상태가 표시됩니다.

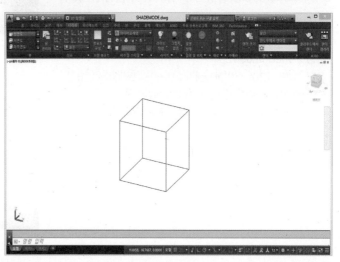

● [2D 와이어프레임] 옵션 실습하기

01 [Shademode] 명령어를 입력한 후, [2D 와이어
프레임] 옵션을 지정합니다.

> **명령 : Shademode** Enter
> 옵션 입력 [2D 와이어프레임(2)/와이어프레임(W)/숨김
> (H)/실제(R)/개념(C)/음영처리(S)/모서리로　음영처리됨
> (E)/회색　음영처리(G)/스케치(SK)/X 레이(X)/기타(O)]
> 〈와이어프레임〉: 2 Enter
> [2D 와이어프레임] 옵션을 지정하기 위해서 '2'를 입력합니다.

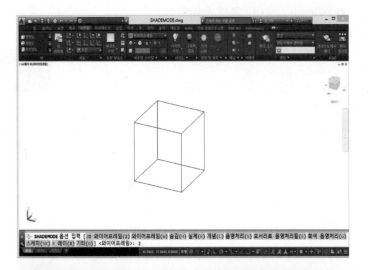

02 객체의 2D 와이어프레임 상태가 표시됩니다.

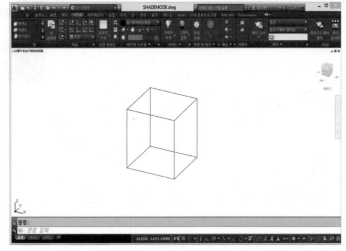

● [숨김] 옵션 실습하기

01 [Shademode] 명령어를 입력한 후, [숨김] 옵션
을 지정합니다.

> **명령 : Shademode** Enter
> 옵션 입력 [2D 와이어프레임(2)/와이어프레임(W)/숨김
> (H)/실제(R)/개념(C)/음영처리(S)/모서리로 음영처리됨(E)/
> 회색 음영처리(G)/스케치(SK)/X 레이(X)/기타(O)] 〈2d
> 와이어프레임〉: H Enter
> [숨김] 옵션을 지정하기 위해서 'H'를 입력합니다.

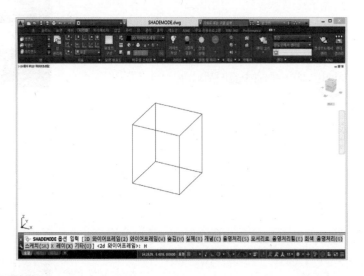

02 3D 와이어프레임이 나타나면서 은선이 제거된 객체의 3D 와이어프레임 상태가 표시됩니다.

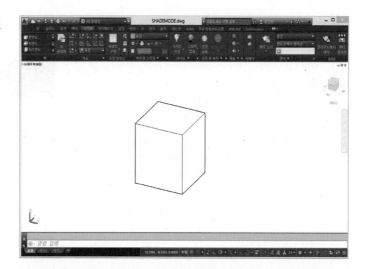

● [실제] 옵션 실습하기

01 [Shademode] 명령어를 입력한 후, [실제] 옵션을 지정합니다.

> **명령 : Shademode** Enter
> 옵션 입력 [2D 와이어프레임(2)/와이어프레임(W)/숨김(H)/실제(R)/개념(C)/음영처리(S)/모서리로 음영처리(E)/회색 음영처리(G)/스케치(SK)/X 레이(X)/기타(O)] 〈숨김〉: R Enter
> [실제] 옵션을 지정하기 위해서 'R'을 입력합니다.

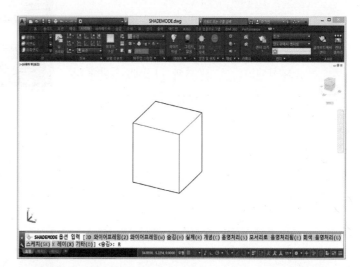

02 객체를 음영처리하고 객체에 부여한 재료의 특성을 반영하여 객체 면 사이의 모서리가 부드럽게 표시됩니다.

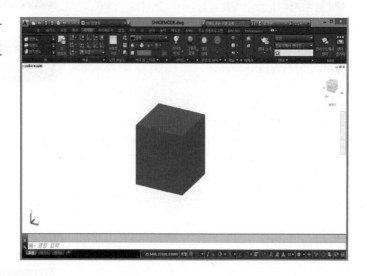

● [개념] 옵션 실습하기

01 [Shademode] 명령어를 입력한 후, [개념] 옵션을 지정합니다.

> 명령 : Shademode Enter
> 옵션 입력 [2D 와이어프레임(2)/와이어프레임(W)/숨김(H)/실제(R)/개념(C)/음영처리(S)/모서리로 음영처리됨(E)/회색 음영처리(G)/스케치(SK)/X 레이(X)/기타(O)] 〈실제〉 : C Enter
> [개념] 옵션을 지정하기 위해서 'C'를 입력합니다.

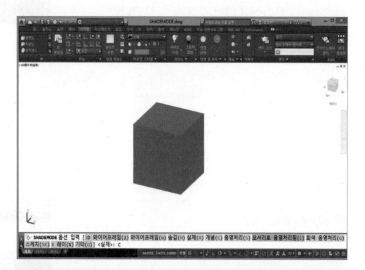

02 객체를 음영처리하고 객체 면 사이의 모서리를 부드럽게 표시됩니다. 또한 객체가 [실제] 옵션에 비해서 차가운 색으로 표시됩니다.

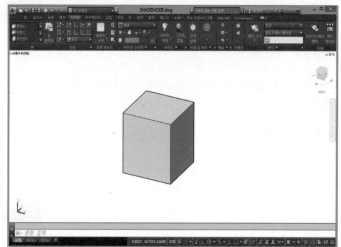

● [음영처리] 옵션 실습하기

01 [Shademode] 명령어를 입력한 후, [음영처리] 옵션을 지정합니다.

> 명령 : Shademode Enter
> 옵션 입력 [2D 와이어프레임(2)/와이어프레임(W)/숨김(H)/실제(R)/개념(C)/음영처리(S)/모서리로 음영처리됨(E)/회색 음영처리(G)/스케치(SK)/X 레이(X)/기타(O)] 〈개념〉 : S Enter
> [음영처리] 옵션을 지정하기 위해서 'S'를 입력합니다.

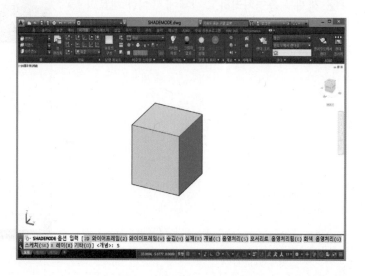

02 객체가 부드럽게 음영처리됩니다.

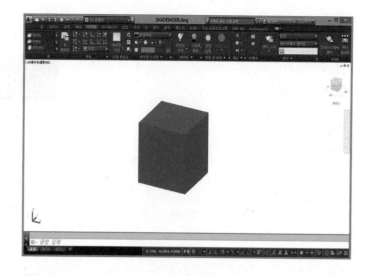

● [모서리로 음영처리됨] 옵션 실습하기

01 [Shademode] 명령어를 입력한 후, [모서리로 음영처리됨] 옵션을 지정합니다.

명령 : Shademode `Enter`
옵션 입력 [2D 와이어프레임(2)/와이어프레임(W)/숨김(H)/실제(R)/개념(C)/음영처리(S)/모서리로 음영처리됨(E)/회색 음영처리(G)/스케치(SK)/X 레이(X)/기타(O)] 〈음영처리〉: E `Enter`
[모서리로 음영처리됨] 옵션을 지정하기 위해서 'E'를 입력합니다.

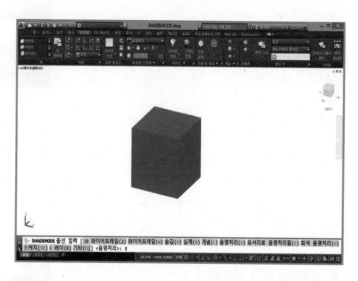

02 객체가 부드럽게 음영처리되며 객체의 모서리가 표시됩니다.

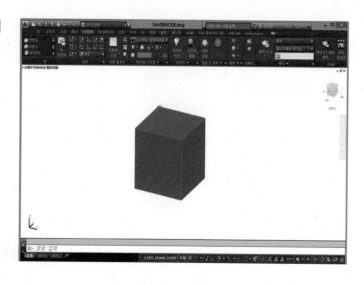

● [회색 음영처리] 옵션 실습하기

01 [Shademode] 명령어를 입력한 후, [회색 음영처리] 옵션을 지정합니다.

> **명령 : Shademode** [Enter]
> 옵션 입력 [2D 와이어프레임(2)/와이어프레임(W)/숨김
> (H)/실제(R)/개념(C)/음영처리(S)/모서리로 음영처리됨(E)/
> 회색 음영처리(G)/스케치(SK)/X 레이(X)/기타(O)] 〈모서
> 리로 음영처리됨〉: G [Enter]
> [회색 음영처리] 옵션을 지정하기 위해서 'G'를 입력합니다.

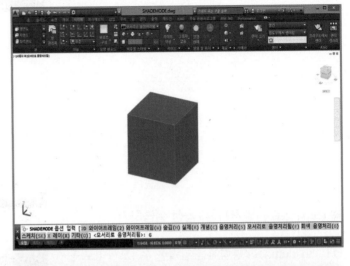

02 객체가 회색으로 부드럽게 음영처리되며 객체 모서리가 표시됩니다.

● [스케치] 옵션 실습하기

01 [Shademode] 명령어를 입력한 후, [스케치] 옵션을 지정합니다.

> **명령 : Shademode** [Enter]
> 옵션 입력 [2D 와이어프레임(2)/와이어프레임(W)/숨김
> (H)/실제(R)/개념(C)/음영처리(S)/모서리로 음영처리됨
> (E)/회색 음영처리(G)/스케치(SK)/X 레이(X)/기타(O)] 〈회
> 색 음영처리〉: SK [Enter]
> [스케치] 옵션을 지정하기 위해서 'SK'를 입력합니다.

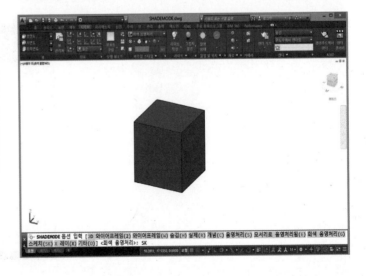

02 객체가 손으로 스케치한 것과 같이 표시됩니다.

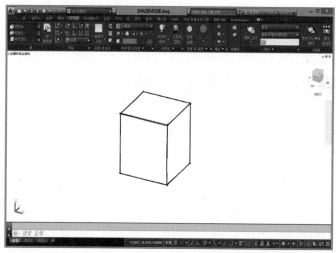

● [X 레이] 옵션 실습하기

01 [Shademode] 명령어를 입력한 후, [X 레이] 옵션을 지정합니다.

> **명령 : Shademode** Enter
> 옵션 입력 [2D 와이어프레임(2)/와이어프레임(W)/숨김(H)/실제(R)/개념(C)/음영처리(S)/모서리로 음영처리됨(E)/회색 음영처리(G)/스케치(SK)/X 레이(X)/기타(O)] ⟨스케치⟩ : X Enter
> [X 레이] 옵션을 지정하기 위해서 'X'를 입력합니다.

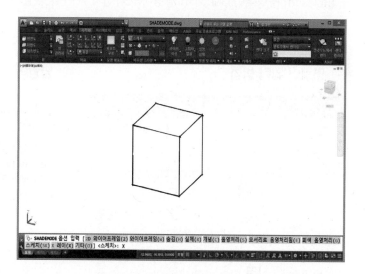

02 객체가 투명하게 표시됩니다.

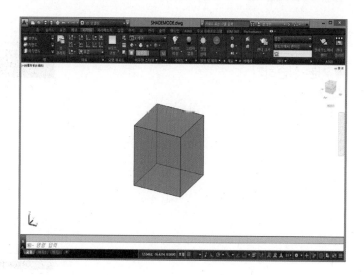

14.4 서페이스 객체의 메쉬 생성하기

1 2개의 객체를 연결하여 메쉬를 생성하는 [Rulesurf] 명령어

평면을 면 처리할 때에는 [3Dface] 명령어를 이용하지만, 곡면을 면 처리할 때에는 [3Dface] 명령어를 이용하기가 어렵습니다. 이와 같은 경우, 곡면의 서페이스에 메쉬를 형성하면서 면 처리를 할 수 있습니다.

[Rulesurf] 명령어는 2개의 객체를 연결하여 메쉬를 생성함으로써 면 처리가 가능하며 객체가 곡선과 곡선, 곡선과 직선, 직선과 직선 및 점과 곡선 등 2개의 객체를 선택하여 메쉬를 생성할 수 있습니다. 이때 2개의 객체 중 각 객체를 선택한 위치가 서로 반대인 경우, 면이 서로 꼬이게 나타납니다.

[Rulesurf] 명령어는 [Surftab1] 명령어의 곡면의 표면에 형성되는 세로선 메쉬의 개수로 인하여 곡면 표면의 매끄러운 정도가 결정됩니다.

(1) 명령어 입력 방법

[Rulesurf] 명령어	
메뉴 막대	그리기→모델링→메쉬→직선보간 메쉬
명령어	Rulesurf
리본 메뉴	(3D 도구) 탭→(모델링) 패널→직선보간 표면(🔲) (제도 및 주석] 작업공간)
	(홈) 탭→(작성) 패널→직선보간 표면(🔲) ([3D 기본 사항] 작업공간)
	(메쉬) 탭→(기본체) 패널→직선보간 표면(🔲) ([3D 모델링] 작업공간)

(2) 명령어 사용 방법

명령 : **Rulesurf** ⏎
현재 와이어프레임 밀도 : SURFTAB1=6
첫 번째 정의 곡선 선택 : P1 클릭
곡면을 작성할 첫 번째 객체를 지정합니다.
두 번째 정의 곡선 선택 : P2 클릭
곡면을 작성할 두 번째 객체를 지정합니다.

(3) 실습하기

● 기본 실습하기

01 아래의 예제 파일을 불러옵니다.

예제 파일 : Part02\Chapter14\14-4\1\Rulesurf(기본)

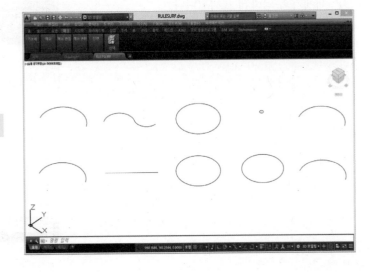

02 [Rulesurf] 명령어를 입력한 후, 첫 번째 그림에서 곡면을 작성할 첫 번째 객체인 호와 두 번째 객체인 호를 지정합니다.

> **명령 : Rulesurf** Enter
> 현재 와이어프레임 밀도 : SURFTAB1=6
> 첫 번째 정의 곡선 선택 : P1 클릭
> 곡면을 작성할 첫 번째 객체인 호에 'P1'을 클릭합니다.
> 두 번째 정의 곡선 선택 : P2 클릭
> 곡면을 작성할 두 번째 객체인 호에 'P2'를 클릭합니다.

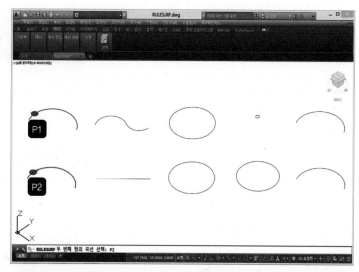

03 첫 번째 그림에서 첫 번째 객체인 호와 두 번째 객체인 호 사이에 곡면이 작성되었습니다.

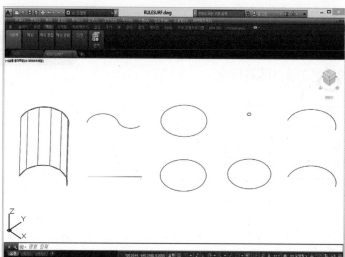

04 [Rulesurf] 명령어를 입력한 후, 두 번째 그림에서 곡면을 작성할 첫 번째 객체인 호와 두 번째 객체인 직선을 지정합니다.

> **명령 : Rulesurf** Enter
> 현재 와이어프레임 밀도 : SURFTAB1=6
> 첫 번째 정의 곡선 선택 : P1 클릭
> 곡면을 작성할 첫 번째 객체인 호에 'P1'을 클릭합니다.
> 두 번째 정의 곡선 선택 : P2 클릭
> 곡면을 작성할 두 번째 객체인 직선에 'P2'를 클릭합니다.

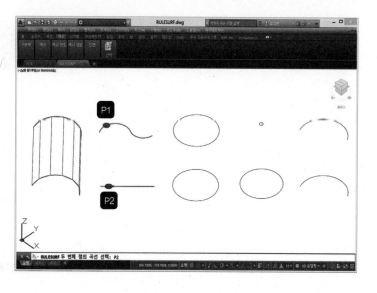

05 두 번째 그림에서 첫 번째 객체인 호와 두 번째 객체인 직선 사이에 곡면이 작성되었습니다.

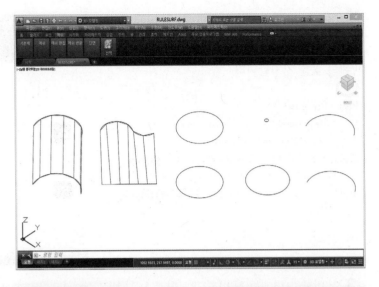

06 [Rulesurf] 명령어를 입력한 후, 세 번째 그림에서 곡면을 작성할 첫 번째 객체인 원과 두 번째 객체인 원을 지정합니다.

명령 : Rulesurf [Enter]
현재 와이어프레임 밀도 : SURFTAB1=6
첫 번째 정의 곡선 선택 : P1 클릭
곡면을 작성할 첫 번째 객체인 원에 'P1'을 클릭합니다.
두 번째 정의 곡선 선택 : P2 클릭
곡면을 작성할 두 번째 객체인 원에 'P2'를 클릭합니다.

07 세 번째 그림에서 첫 번째 객체인 원과 두 번째 객체인 원 사이에 곡면이 작성되었습니다.

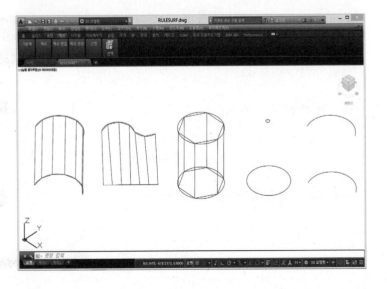

08 [Rulesurf] 명령어를 입력한 후, 네 번째 그림에서 곡면을 작성할 첫 번째 객체인 점(점 번호 32번)과 두 번째 객체인 원을 지정합니다.

명령 : Rulesurf ⏎
현재 와이어프레임 밀도 : SURFTAB1=6
첫 번째 정의 곡선 선택 : P1 클릭
곡면을 작성할 첫 번째 객체인 점에 'P1'을 클릭합니다.
두 번째 정의 곡선 선택 : P2 클릭
곡면을 작성할 두 번째 객체인 원에 'P2'를 클릭합니다.

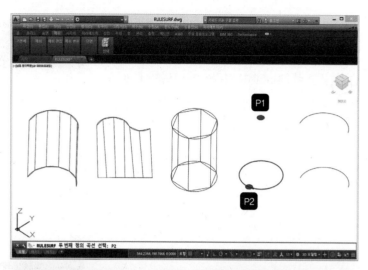

09 네 번째 그림에서 첫 번째 객체인 점과 두 번째 객체인 원 사이에 곡면이 작성되었습니다.

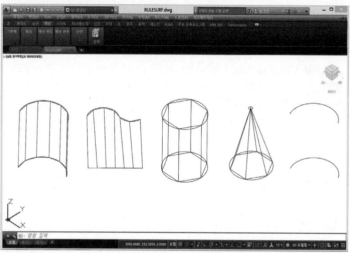

10 [Surftab1] 명령어를 입력하고 입력값에 '30'을 입력합니다. 이후, [Rulesurf] 명령어를 입력한 후, 다섯 번째 그림에서 곡면을 작성할 첫 번째 객체인 호와 두 번째 객체인 호를 엇갈리게 지정합니다.

명령 : Surftab1 ⏎
SURFTAB1에 대한 새 값 입력 〈6〉 : 30 ⏎
세로선 메쉬 개수를 증가시키기 위해서 '30'을 입력합니다.

명령 : Rulesurf ⏎
현재 와이어프레임 밀도 : SURFTAB1=6
첫 번째 정의 곡선 선택 : P1 클릭
곡면을 작성할 첫 번째 객체인 호에 'P1'을 클릭합니다.
두 번째 정의 곡선 선택 : P2 클릭
곡면을 작성할 두 번째 객체인 호에 'P2'를 클릭합니다.

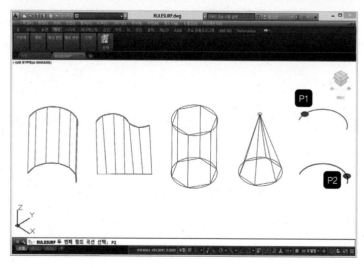

11 다섯 번째 그림에서 첫 번째 객체인 호와 두 번째 객체인 호 사이에 곡면이 교차되어 작성되었습니다. 또한 [Surftab1] 명령어의 입력값에 '30'을 입력하여 세로선 메쉬 개수가 증가하였습니다.

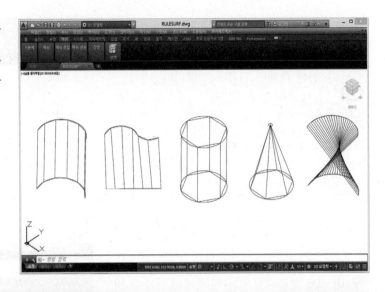

💡 **TIP**   가로선 메쉬 개수를 결정하는 [Surftab1]과 세로선 메쉬 개수를 결정하는 [Surftab2] 명령어

[Surftab1]과 [Surftab2] 명령어는 곡면을 면 처리하는 경우, 곡면의 표면에 형성되는 메쉬의 개수를 결정할 수 있습니다. [Surftab1]의 입력값이 작으면 세로선 메쉬 개수가 감소되고 [Surftab2]의 입력값이 작으면 가로선 메쉬 개수가 감소됩니다. 메쉬 개수가 감소되면 표면이 거칠게 표현되고 메쉬 개수가 증가되면 표면이 부드럽게 표현됩니다.

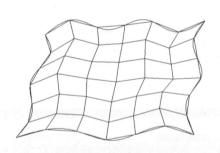

[Surftab1 : 6, Surftab2 : 6]

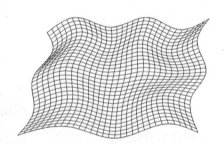

[Surftab1 : 30, Surftab2 : 30]

---

2 방향 벡터에 따라서 메쉬를 생성하는 [Tabsurf] 명령어

[Tabsurf] 명령어는 경로 곡선이 방향 벡터 객체를 따라서 메쉬를 생성하는 것으로서 방향 벡터 객체를 지정하는 위치에 따라서 경로 곡선 객체의 메쉬 형성 방향이 바뀌게 됩니다. 이때 경로 곡선 객체는 여러 객체가 가능하지만 방향 벡터 객체는 항상 직선이어야 합니다.

[Tabsurf] 명령어는 [Surftab1] 명령어에 의해서 곡면의 표면에 형성되는 세로선 메쉬의 개수로 인하여 곡면 표면의 매끄러운 정도가 결정됩니다.

(1) 명령어 입력 방법

[Tabsurf] 명령어	
메뉴 막대	그리가→모델링→메쉬→방향 벡터 메쉬
명령어	Tabsurf
리본 메뉴	(3D 도구)탭→(모델링)패널→방향 벡터 표면(**⑤**)([제도 및 주석] 작업공간)
	(홈)탭→(작성)패널→방향 벡터 표면(**⑤**)([3D 기본사항] 작업공간)
	(메쉬)탭→(기본체)패널→방향 벡터 표면(**⑤**)([3D 모델링] 작업공간)

(2) 명령어 사용 방법

명령 : Tabsurf [Enter]
현재 와이어프레임 밀도 : SURFTAB1=6
경로 곡선에 대한 객체 선택 : P1 클릭
경로 곡선에 대한 객체를 지정합니다.
방향 벡터에 대한 객체 선택 : P2 클릭
방향 벡터에 대한 객체를 지정합니다.

(3) 실습하기

● 기본 실습하기

01 아래의 예제 파일을 불러옵니다.

예제 파일 : Part02\Chapter14\14-4\2\Tabsurf(기본)

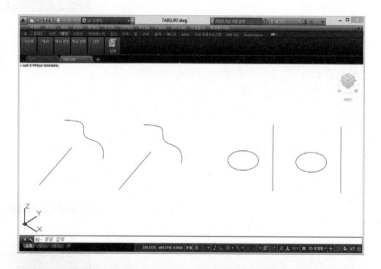

02 [Tabsurf] 명령어를 입력한 후, 첫 번째 그림에서 경로 곡선에 대한 객체를 지정하고 방향 벡터에 대한 객체의 위쪽을 지정합니다.

명령 : Tabsurf [Enter]
현재 와이어프레임 밀도 : SURFTAB1=6
경로 곡선에 대한 객체 선택 : P1 클릭
경로 곡선에 대한 객체에 'P1'을 클릭합니다.
방향 벡터에 대한 객체 선택 : P2 클릭
방향 벡터에 대한 객체에 'P2'를 클릭합니다.

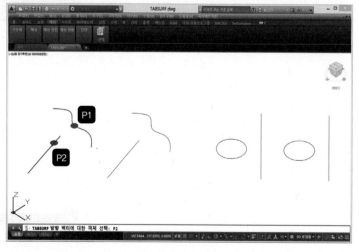

03 첫 번째 그림에서 방향 벡터 객체의 위쪽을
지정하여 경로 곡선 객체의 아래쪽으로 메쉬가 형
성됩니다.

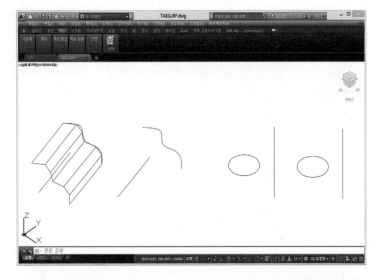

04 [Tabsurf] 명령어를 입력한 후, 두 번째 그림
에서 경로 곡선에 대한 객체를 지정하고 방향 벡
터에 대한 객체의 아래쪽을 지정합니다.

명령 : Tabsurf ⏎
현재 와이어프레임 밀도 : SURFTAB1=6
경로 곡선에 대한 객체 선택 : P1 클릭
경로 곡선에 대한 객체에 'P1'을 클릭합니다.
방향 벡터에 대한 객체 선택 : P2 클릭
방향 벡터에 대한 객체에 'P2'를 클릭합니다.

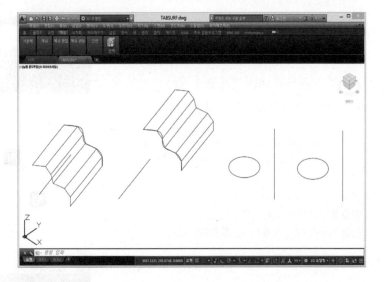

05 두 번째 그림에서 방향 벡터 객체의 아래쪽
을 지정하여 경로 곡선 객체의 위쪽으로 메쉬가
형성됩니다.

06 [Tabsurf] 명령어를 입력한 후, 세 번째 그림에서 경로 곡선에 대한 객체를 지정하고 방향 벡터에 대한 객체의 아래쪽을 지정합니다.

명령 : Tabsurf Enter
현재 와이어프레임 밀도 : SURFTAB1=6
경로 곡선에 대한 객체 선택 : P1 클릭
경로 곡선에 대한 객체에 'P1'을 클릭합니다.
방향 벡터에 대한 객체 선택 : P2 클릭
방향 벡터에 대한 객체에 'P2'를 클릭합니다.

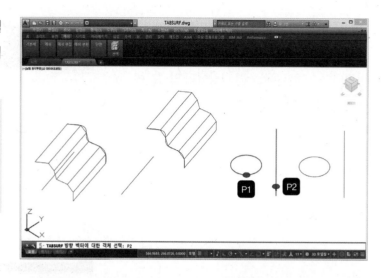

07 세 번째 그림에서 방향 벡터 객체의 아래쪽을 지정하여 경로 곡선 객체의 위쪽으로 메쉬가 형성됩니다.

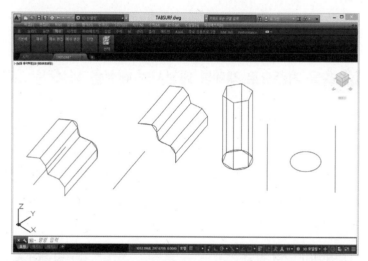

08 [Surftab1] 명령어를 입력하고 입력값에 '30'을 입력합니다. 이후, [Tabsurf] 명령어를 입력한 후, 네 번째 그림에서 경로 곡선에 대한 객체를 지정하고 방향 벡터에 대한 객체의 위쪽을 지정합니다.

명령 : Surftab1 Enter
SURFTAB1에 대한 새 값 입력 〈6〉. 30 Enter
세로선 메쉬 개수를 증가시키기 위해서 '30'을 입력합니다.

명령 : Tabsurf Enter
현재 와이어프레임 밀도 : SURFTAB1=6
경로 곡선에 대한 객체 선택 : P1 클릭
경로 곡선에 대한 객체에 'P1'을 클릭합니다.
방향 벡터에 대한 객체 선택 : P2 클릭
방향 벡터에 대한 객체에 'P2'를 클릭합니다.

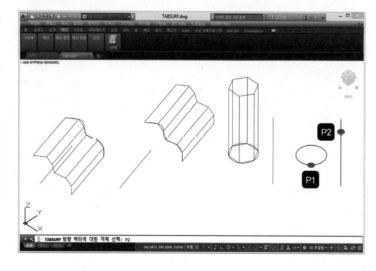

09 네 번째 그림에서 방향 벡터 객체의 위쪽을 지정하여 경로 곡선 객체의 아래쪽으로 메쉬가 형성됩니다. 또한 [Surftab1] 명령어의 입력값에 '30'을 입력하여 세로선 메쉬 개수가 증가하였습니다.

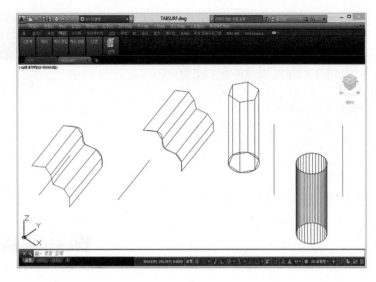

3 축을 기준으로 객체를 회전시켜 메쉬를 생성하는 [Revsurf] 명령어

[Revsurf] 명령어는 축을 기준으로 객체를 회전시켜 메쉬를 생성하는 것으로서 회전 각도는 '0~360도' 까지 입력 가능하고 회전 방향은 '+' 를 입력하면 반시계 방향, '-' 를 입력하면 시계 방향으로 회전합니다.

[Revsurf] 명령어는 [Surftab1] 명령어에 의해서 곡면의 표면에 형성되는 세로선 메쉬의 개수와 [Surftab2] 명령어에 의해서 곡면의 표면에 형성되는 가로선 메쉬의 개수로 인하여 곡면 표면의 매끄러운 정도가 결정됩니다.

(1) 명령어 입력 방법

[Revsurf] 명령어	
메뉴 막대	그리기→모델링→메쉬→회전 메쉬
명령어	Revsurf
리본 메뉴	(메쉬)탭→(기본체)패널→모델링, 메쉬, 회전된 표면(🔄) ([3D 모델링] 작업공간)

(2) 명령어 사용 방법

명령 : Revsurf [Enter]
현재 와이어프레임 밀도 : SURFTAB1=6 SURFTAB2=6
회전할 객체 선택 : P1 클릭
회전할 객체를 지정합니다.
회전축을 정의하는 객체 선택 : P2 클릭
객체를 회전시킬 기준축을 지정합니다.
시작 각도 지정 〈0〉 : 0 [Enter]
객체를 회전시킬 시작 각도를 지정합니다.
사이각 지정 (+=시계반대방향, −=시계방향) 〈360〉 : 90 [Enter]
시작 각도와 끝 각도 간의 사이각을 지정합니다.

⑶ 실습하기

● 기본 실습하기

01 아래의 예제 파일을 불러옵니다.

예제 파일 : Part02\Chapter14\14-4\3\Revsurf(기본)

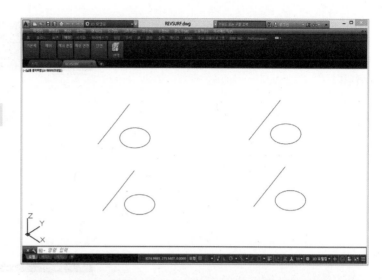

02 가로선 메쉬 개수와 세로선 메쉬 개수를 증가 시키기 위해서 [Surftab1]과 [Surftab2] 명령어를 입 력하고 각 명령어에 입력값을 증가시킵니다.

명령 : Surftab1 Enter
SURFTAB1에 대한 새 값 입력 〈6〉: 30 Enter
세로선 메쉬 개수를 증가시키기 위해서 '30'을 입력합니다.

명령 : Surftab2 Enter
SURFTAB2에 대한 새 값 입력 〈6〉: 30 Enter
가로선 메쉬 개수를 증가시키기 위해서 '30'을 입력합니다.

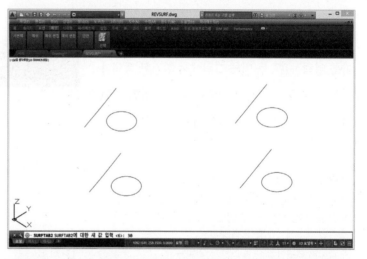

03 [Revsurf] 명령어를 입력한 후, 첫 번째 그림 에서 회전할 객체와 객체를 회전시킬 기준축의 위 쪽을 지정합니다. 이후, 객체를 회전시킬 시작 각 도와 사이각을 입력합니다.

명령 : Revsurf Enter
현재 와이어프레임 밀도 : SURFTAB1=30 SURFTAB2=30
회전할 객체 선택 : P1 클릭
회전할 객체에 'P1'을 클릭합니다.
회전축을 정의하는 객체 선택 : P2 클릭
객체를 회전시킬 기준축에 'P2'를 클릭합니다.
시작 각도 지정 〈0〉: 0 Enter
객체를 회전시킬 시작 각도에 '0'을 입력합니다.
사이각 지정 (+=시계반대방향, -=시계방향)〈360〉: 90 Enter
시작 각도와 끝 각도 간의 사이각에 '90'을 입력합니다.

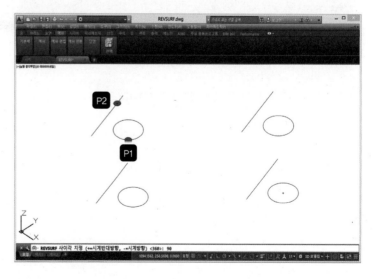

04 객체가 회전축을 기준으로 '0도' 부터 '90도' 만큼 반시계 방향으로 회전하면서 메쉬가 형성 됩니다.

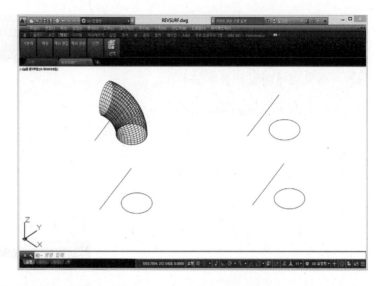

05 시작 각도를 변경하기 위해서 [Revsurf] 명령 어를 입력한 후, 두 번째 그림에서 회전할 객체와 객체를 회전시킬 기준축의 위쪽을 지정합니다. 이후, 객체를 회전시킬 시작 각도와 사이각을 입 력합니다.

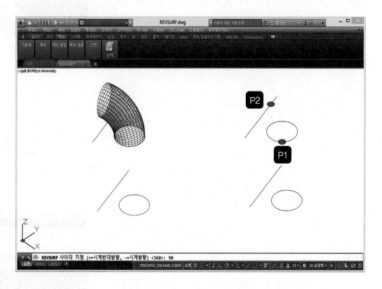

명령 : Revsurf Enter
현재 와이어프레임 밀도 : SURFTAB1=30 SURFTAB2=30
회전할 객체 선택 : P1 클릭
회전할 객체에 'P1'을 클릭합니다.
회전축을 정의하는 객체 선택 : P2 클릭
객체를 회전시킬 기준축에 'P2'를 클릭합니다.
시작 각도 지정 〈0〉 : 90 Enter
객체를 회전시킬 시작 각도에 '90'을 입력합니다.
사이각 지정 (+=시계반대방향, −=시계방향) 〈360〉 :
90 Enter
시작 각도와 끝 각도 간의 사이각에 '90'을 입력합니다.

06 객체가 회전축을 기준으로 '90도' 부터 '90도' 만큼 반시계 방향으로 회전하면서 메쉬가 형성됩니다.

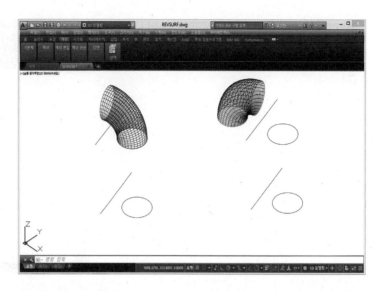

07 객체를 시계 방향으로 회전시키기 위해서 [Revsurf] 명령어를 입력한 후, 세 번째 그림에서 회전할 객체와 객체를 회전시킬 기준축의 위쪽을 지정합니다. 이후, 객체를 회전시킬 시작 각도와 사이각을 입력합니다.

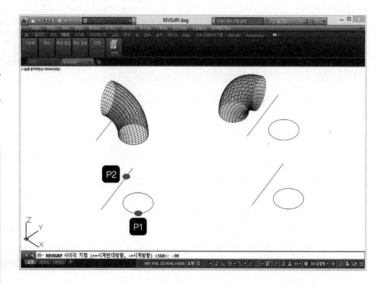

명령 : Revsurf [Enter]
현재 와이어프레임 밀도 : SURFTAB1=30 SURFTAB2=30
회전할 객체 선택 : P1 클릭
회전할 객체에 'P1'을 클릭합니다.
회전축을 정의하는 객체 선택 : P2 클릭
객체를 회전시킬 기준축에 'P2'를 클릭합니다.
시작 각도 지정 〈0〉 : 0 [Enter]
객체를 회전시킬 시작 각도에 '0'을 입력합니다.
사이각 지정 (+=시계반대방향, −=시계방향) 〈360〉 :
−90 [Enter]
시작 각도와 끝 각도 간의 사이각에 '−90'을 입력합니다.

08 객체가 회전축을 기준으로 '0도' 부터 '-90도' 만큼 시계 방향으로 회전하면서 메쉬가 형성됩니다.

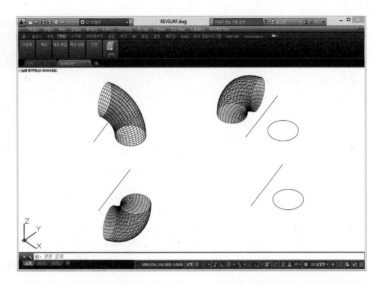

09 기준축 지정 방향을 변경하기 위해서 [Revsurf] 명령어를 입력한 후, 네 번째 그림에서 회전할 객체와 객체를 회전시킬 기준축의 아래쪽을 지정합니다. 이후, 객체를 회전시킬 시작 각도와 사이각을 입력합니다.

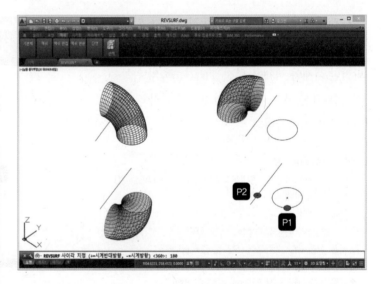

명령 : Revsurf Enter
현재 와이어프레임 밀도 : SURFTAB1=30 SURFTAB2=30
회전할 객체 선택 : P1 클릭
회전할 객체에 'P1'을 클릭합니다.
회전축을 정의하는 객체 선택 : P2 클릭
객체를 회전시킬 기준축에 'P2'를 클릭합니다.
시작 각도 지정 〈0〉 : 0 Enter
객체를 회전시킬 시작 각도에 '0'을 입력합니다.
사이각 지정 (+=시계반대방향, -=시계방향) 〈360〉 :
180 Enter
시작 각도와 끝 각도 간의 사이각에 '180'을 입력합니다.

10 객체를 회전시킬 기준축의 위쪽이 아닌 아래쪽을 클릭하고 시작 각도와 끝 각도 간의 사이각에 '+' 각도를 입력함으로써 객체가 시계 방향으로 회전하면서 메쉬가 형성됩니다.

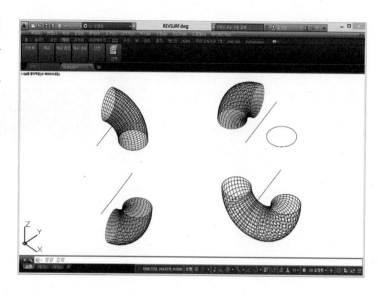

4 4개의 선분을 연결하여 메시를 생성하는 [Edgesurf] 명령어

[Edgesurf] 명령어는 4개의 선분을 연결하여 메시를 생성할 수 있는 가운데, 선분은 선, 호 및 스플라인이며 4개 선이 서로 교차하지 않고 끝점과 끝점이 반드시 연결되어 있어야 합니다.

[Edgesurf] 명령어는 [Surftab1] 명령어에 의해서 곡면의 표면에 형성되는 세로선 메쉬의 개수와 [Surftab2] 명령어에 의해서 곡면의 표면에 형성되는 가로선 메쉬의 개수로 인하여 평면이나 곡면 표면의 매끄러운 정도가 결정됩니다.

(1) 명령어 입력 방법

[Edgesurf] 명령어	
메뉴 막대	그리기→모델링→메쉬→모서리 메쉬
명령어	Edgesurf
리본 메뉴	(3D 도구) 탭→(모델링) 패널→모서리 표면( ) ([제도 및 주석] 작업공간)
	(홈) 탭→(작성) 패널→모서리 표면( ) ([3D 기본사항] 작업공간)
	(메쉬) 탭→(기본체) 패널→모델링, 메쉬, 모서리 표면( ) ([3D 모델링] 작업공간)

(2) 명령어 사용 방법

명령 : Edgesurf [Enter]
현재 와이어프레임 밀도 : SURFTAB1=6 SURFTAB2=6
표면 모서리에 대한 1 객체 선택 : P1 클릭
표면 모서리에 대한 2 객체 선택 : P2 클릭
표면 모서리에 대한 3 객체 선택 : P3 클릭
표면 모서리에 대한 4 객체 선택 : P4 클릭
메쉬를 생성하기 위해서 4개의 선분을 차례로 지징합니다.

(3) 실습하기

● 기본 실습하기

01 아래의 예제 파일을 불러옵니다.

예제 파일 : Part02\Cahpter14\14-4\4\Edgesurf
(기본)

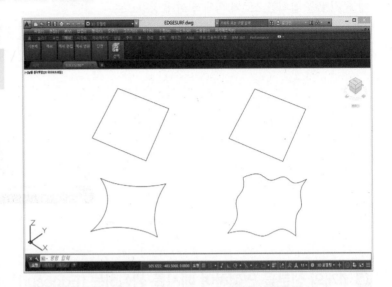

02 [Edgesurf] 명령어를 입력한 후, 첫 번째 그림에서 4개의 직선을 차례로 지정합니다.

명령 : Edgesurf [Enter]
현재 와이어프레임 밀도 : SURFTAB1=6 SURFTAB2=6
표면 모서리에 대한 1 객체 선택 : P1 클릭
표면 모서리에 대한 2 객체 선택 : P2 클릭
표면 모서리에 대한 3 객체 선택 : P3 클릭
표면 모서리에 대한 4 객체 선택 : P4 클릭
4개의 직선에 'P1'부터 'P4'까지 차례로 클릭합니다.

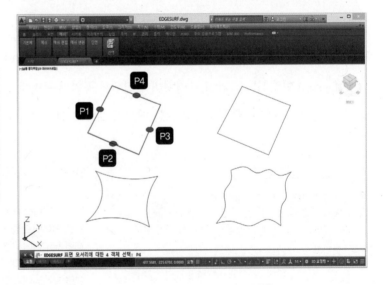

03 4개의 직선에 가로선 메쉬의 개수가 '6', 세로선 메쉬의 개수가 '6' 인 메쉬가 생성됩니다.

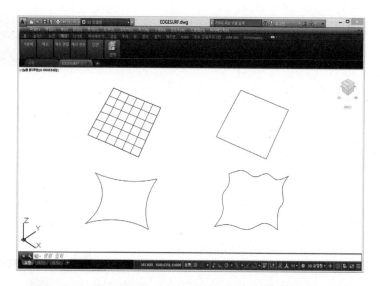

04 세로선 메쉬의 개수를 증가시키기 위해서 [Surftab1] 명령어를 입력하고 입력값을 증가시킵니다.

명령 : Surftab1 [Enter]
SURFTAB1에 대한 새 값 입력 ⟨6⟩ : 30 [Enter]
세로선 메쉬 개수를 증가시키기 위해서 '30'을 입력합니다.

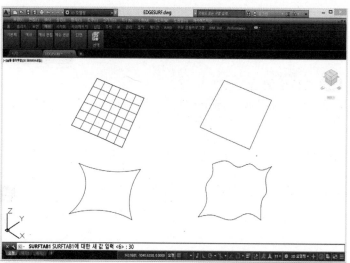

05 [Edgesurf] 명령어를 입력한 후, 두 번째 그림에서 4개의 직선을 차례로 지정합니다.

명령 : Edgesurf [Enter]
현재 와이어프레임 밀도 : SURFTAB1=30 SURFTAB2=6
표면 모서리에 대한 1 객체 선택 : P1 클릭
표면 모서리에 대한 2 객체 선택 : P2 클릭
표면 모서리에 대한 3 객체 선택 : P3 클릭
표면 모서리에 대한 4 객체 선택 : P4 클릭
4개의 직선에 'P1'부터 'P4'까지 차례로 클릭합니다.

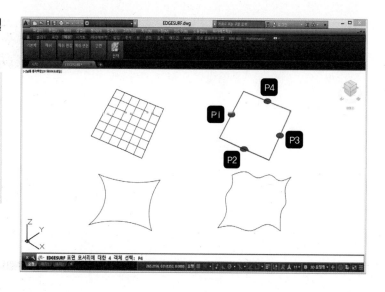

06 4개의 직선에 가로선 메쉬의 개수가 '6', 세로선 메쉬의 개수가 '30' 인 메쉬가 생성됩니다.

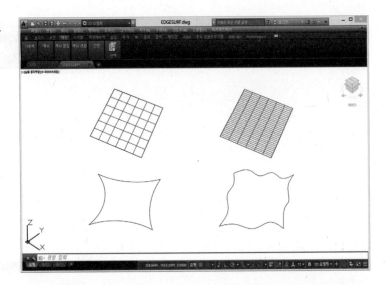

07 [Edgesurf] 명령어를 입력한 후, 세 번째 그림에서 4개의 호를 차례로 지정합니다.

> **명령 : Edgesurf** [Enter]
> 현재 와이어프레임 밀도 : SURFTAB1=30 SURFTAB2=6
> 표면 모서리에 대한 1 객체 선택 : P1 클릭
> 표면 모서리에 대한 2 객체 선택 : P2 클릭
> 표면 모서리에 대한 3 객체 선택 : P3 클릭
> 표면 모서리에 대한 4 객체 선택 : P4 클릭
> 4개의 호에 'P1'부터 'P4'까지 차례로 클릭합니다.

08 4개의 호에 메쉬가 생성됩니다.

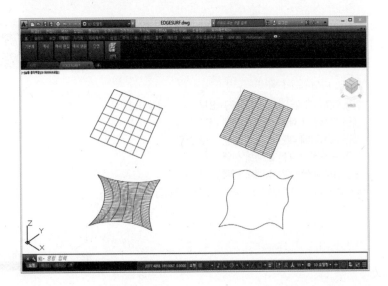

09 [Edgesurf] 명령어를 입력한 후, 네 번째 그림
에서 4개의 스플라인을 차례로 지정합니다.

명령 : Edgesurf [Enter]
현재 와이어프레임 밀도 : SURFTAB1=30 SURFTAB2=6
표면 모서리에 대한 1 객체 선택 : P1 클릭
표면 모서리에 대한 2 객체 선택 : P2 클릭
표면 모서리에 대한 3 객체 선택 : P3 클릭
표면 모서리에 대한 4 객체 선택 : P4 클릭
4개의 호에 'P1'부터 'P4'까지 차례로 클릭합니다.

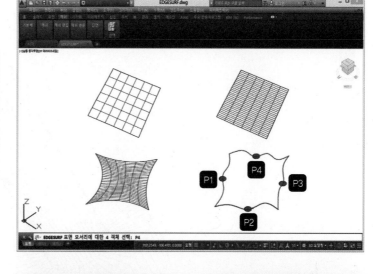

10 4개의 스플라인에 메쉬가 생성됩니다.

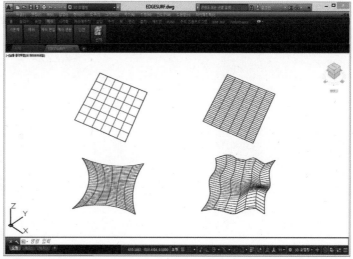

Limits : 0,0~297,210

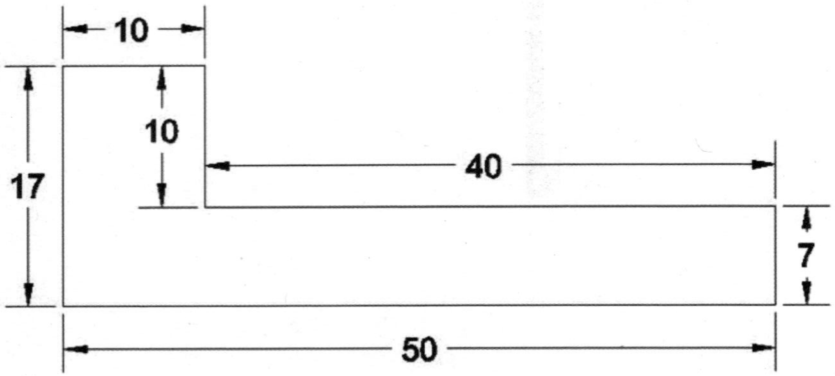

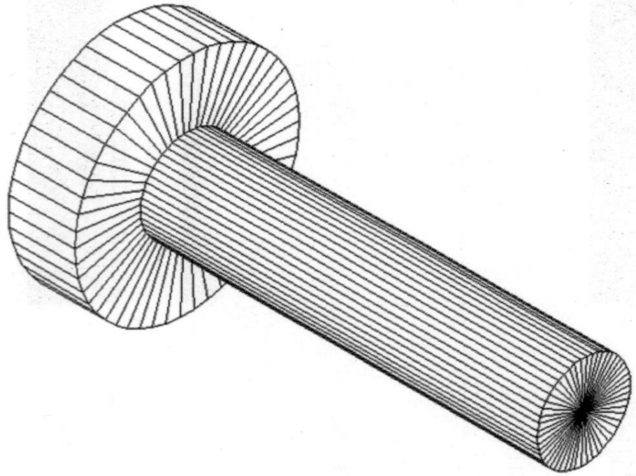

명령어 : Polyline, -Vpoint(1,-1,1), Surftab1(50), Surftab2(50), Revsurf, Hide

7

40

50

10

10

17

CHAPTER

15

3차원 솔리드 객체 명령어 학습하기

15.1 3차원 솔리드 객체 작성하기

▌1 상자를 작성하는 [Box] 명령어

솔리드 객체는 3차원 모델링 작업에서 질량, 부피 및 관성 등과 같은 특성을 갖고 있는 속이 찬 덩어리 객체입니다. 솔리드 객체 중 [Box] 명령어는 길이, 폭 및 높이를 지정하여 상자를 작성할 수 있습니다.

(1) 명령어 입력 방법

[Box] 명령어	
메뉴 막대	그리기→모델링→상자
명령어	Box
리본 메뉴	(3D 도구) 탭→(모델링) 패널→상자(▣) ([제도 및 주석] 작업공간)
	(홈) 탭→(작성) 패널→상자(▣) ([3D 기본 사항] 작업공간)
	(홈) 탭→(모델링) 패널→상자(▣) ([3D 모델링] 작업공간)
	(솔리드) 탭→(기본체) 패널→상자(▣) ([3D 모델링] 작업공간)

(2) 명령어 사용 방법

명령 : Box ⏎
첫 번째 구석 지정 또는 [중심(C)] : P1 클릭
상자 밑면의 한쪽 구석점을 지정합니다.
반대 구석 지정 또는 [정육면체(C)/길이(L)] : P2 클릭
상자 밑면의 다른 쪽 구석점을 지정합니다.
높이 지정 또는 [2점(2P)] : P3 클릭
상자의 높이를 지정합니다.

(3) 옵션 설명

옵션	설명
중심(C)	상자의 중심을 지정합니다.
정육면체(C)	길이, 폭 및 높이가 동일한 상자를 작성합니다.
길이(L)	길이, 폭 및 높이를 직접 입력하여 상자를 작성합니다.
2점(2P)	선택한 2점 사이의 길이가 상자의 높이가 되도록 합니다.

⑷ 실습하기

● 기본 실습하기

01 [Limits] 명령어를 입력하여 도면 한계를 설정하고 도면 한계를 도면에 적용하기 위해서 [Zoom] 명령어를 입력합니다.

> **명령 : Limits** Enter
> 모형 공간 한계 재설정 :
> 왼쪽 아래 구석 지정 또는 [켜기(ON)/끄기(OFF)] ⟨0.0000,0.0000⟩ : 0,0 Enter
> 작업 도면의 '왼쪽-아래쪽'에 '0,0'을 입력합니다.
> 오른쪽 위 구석 지정 ⟨12.0000,9.0000⟩ : 420,297 Enter
> 작업 도면의 '오른쪽-위쪽'에 '420,297'을 입력합니다.
>
> **명령 : Zoom** Enter
> 윈도우 구석 지정, 축척 비율(nX 또는 nXP) 입력 또는 [전체(A)/중심(C)/동적(D)/범위(E)/이전(P)/축척(S)/윈도우(W)/객체(O)] ⟨실시간⟩: A Enter
> 모형 재생성 중.
> [Limits] 명령어에 의해서 지정한 도면 한계를 화면에 적용하기 위해서 [Zoom] 명령어의 [전체] 옵션을 입력합니다.

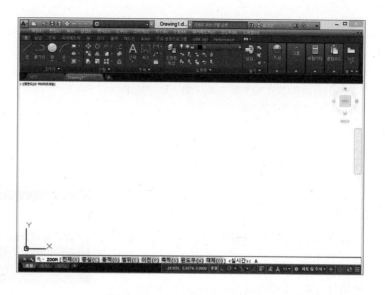

02 화면 아래쪽에 있는 [상태 표시 막대]의 [작업 공간 전환] 아이콘을 클릭하여 [3D 모델링] 작업 공간으로 전환합니다. 화면 상단에서 작업공간 이 [3D 모델링]으로 바뀐 것을 확인할 수 있습니다.

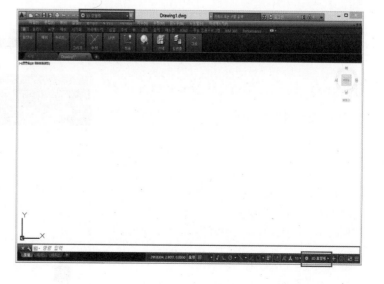

03 [-Vpoint] 명령어를 입력한 후, 객체를 보는 관측점을 '오른쪽, 앞쪽, 위쪽' 으로 지정합니다.

명령 : –Vpoint [Enter]
현재 뷰 방향 : VIEWDIR=0.0000,0.0000,1.0000
관측점 지정 또는 [회전(R)] 〈나침반과 삼각대 표시〉 :
1,-2,1 [Enter]
객체를 보는 관측점을 '오른쪽, 앞쪽, 위쪽'으로 지정하기
위해서 '1,-2,1'을 입력합니다.
모형 재생성 중.

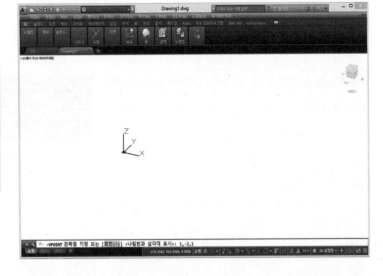

04 UCS 아이콘의 위치를 이동시키기 위해서 [UCSicon] 명령어를 입력한 후, [원점없음] 옵션을 입력합니다. UCS 아이콘의 위치가 이동합니다.

명령 : UCSicon [Enter]
옵션 입력 [켜기(ON)/끄기(OFF)/전체(A)/원점없음
(N)/원점(OR)/선택 가능(S)/특성(P)] 〈켜기〉 : N [Enter]
[원점없음] 옵션을 지정하기 위해서 'N'을 입력합니다.

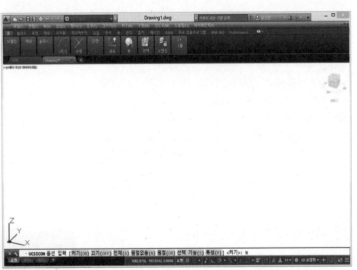

05 [Box] 명령어를 입력하고 상자 밑면의 한쪽과 다른 쪽 구석점을 클릭한 후, 상자의 높이를 클릭합니다.

명령 : Box [Enter]
첫 번째 구석 지정 또는 [중심(C)] : P1 클릭
상자 밑면의 한쪽 구석점에 'P1'을 클릭합니다.
반대 구석 지정 또는 [정육면체(C)/길이(L)] : P2 클릭
상자 밑면의 다른 쪽 구석점에 'P2'를 클릭합니다.
높이 지정 또는 [2점(2P)] : P3 클릭
상자의 높이에 'P3'을 클릭합니다.

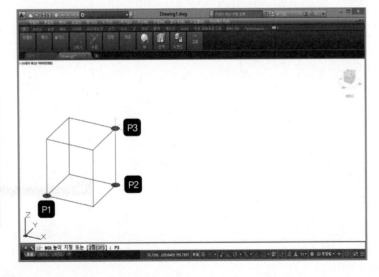

● [2점] 옵션 실습하기

01 [Box] 명령어를 입력한 후, 상자 밑면의 한쪽과 다른 쪽 구석점을 클릭합니다. 이후, [2점] 옵션을 지정하고 상자 높이의 첫 번째 점과 두 번째 점을 클릭합니다. 상자 높이가 첫 번째 점과 두 번째 점 사이의 길이만큼 증가합니다.

> **명령 : Box** Enter
> 첫 번째 구석 지정 또는 [중심(C)] : P1 클릭
> 상자 밑면의 한쪽 구석점에 'P1'을 클릭합니다.
> 반대 구석 지정 또는 [정육면체(C)/길이(L)] : P2 클릭
> 상자 밑면의 다른 쪽 구석점에 'P2'를 클릭합니다.
> 높이 지정 또는 [2점(2P)] 〈182.1419〉 : 2P Enter
> [2점] 옵션을 지정하기 위해서 '2P'를 입력합니다.
> 첫 번째 점 지정 : P3 클릭
> 상자 높이의 첫 번째 점을 지정하기 위해서 'P3'을 클릭합니다.
> 두 번째 점 지정 : P4 클릭
> 상자 높이의 두 번째 점에 'P4'를 클릭합니다.

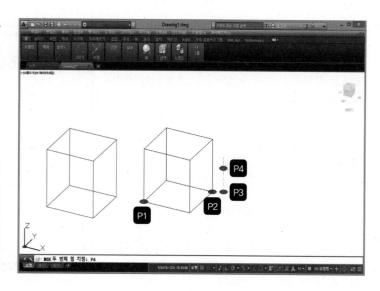

● [중심, 정육면체] 옵션 실습하기

01 [Box] 명령어를 입력한 후, [중심] 옵션을 지정하고 상자의 중심을 클릭합니다. 이후, [정육면체] 옵션을 지정하고 상자 한 변의 길이를 입력합니다. 지정한 한 변의 길이로 구성된 정육면체가 작성됩니다.

> **명령 : Box** Enter
> 첫 번째 구석 지정 또는 [중심(C)] : C Enter
> [중심] 옵션을 지정하기 위해서 'C'를 입력합니다.
> 중심 지정 : P1 클릭
> 상자의 중심에 'P1'을 클릭합니다.
> 구석 지정 또는 [정육면체(C)/길이(L)] : C Enter
> [정육면체] 옵션을 지정하기 위해서 'C'를 입력합니다.
> 길이 지정 : 150 Enter
> 상자 한 변의 길이에 '150'을 입력합니다.

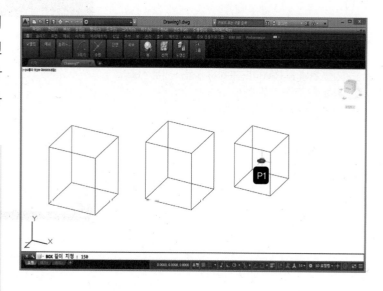

● [중심, 길이] 옵션 실습하기

01 [Box] 명령어를 입력한 후, [중심] 옵션을 지정하고 상자의 중심을 클릭합니다. 이후, [길이] 옵션을 지정하고 상자의 길이, 폭 및 높이를 입력합니다.

> **명령 : Box** [Enter]
> 첫·번째 구석 지정 또는 [중심(C)] : C [Enter]
> [중심] 옵션을 지정하기 위해서 'C'를 입력합니다.
> 중심 지정 : P1 클릭
> 상자의 중심점에 'P1'을 클릭합니다.
> 구석 지정 또는 [정육면체(C)/길이(L)] : L [Enter]
> [길이] 옵션을 지정하기 위해서 'L'을 입력합니다.
> 길이 지정 〈150.0000〉 : 100 [Enter]
> 상자의 길이에 '100'을 입력합니다.
> 폭 지정 : 150 [Enter]
> 상자의 폭에 '150'을 입력합니다.
> 높이 지정 또는 [2점(2P)] 〈150.0000〉 : 200 [Enter]
> 상자의 높이값에 '200'을 입력합니다.

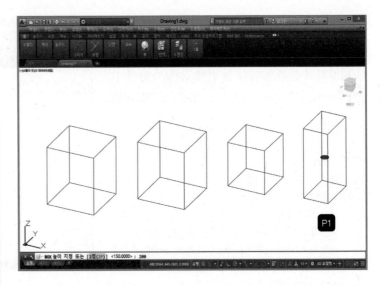

02 [Hide] 명령어를 입력하여 은선을 제거합니다.

> **명령 : Hide** [Enter]
> 모형 재생성 중.
> 숨기기를 위해 빈 RAM이 충분하지 않음--일부 선들이 부정확하게 은선처리 될 것임.
> 은선이 제거된 객체가 나타납니다.

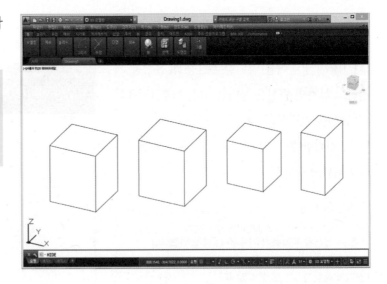

2 원통을 작성하는 [Cylinder] 명령어

[Cylinder] 명령어는 3차원 솔리드 원통을 작성할 수 있습니다. 일반적인 원통이나 타원형 원통을 작성할 수 있으며 타원형 원통인 경우 장축과 단축을 지정한 후, 높이를 지정하여 원통을 작성할 수 있습니다.

(1) 명령어 입력 방법

[Cylinder] 명령어	
메뉴 막대	그리기→모델링→원통
명령어	Cylinder
단축 명령어	Cyl
리본 메뉴	(3D 도구)탭→(모델링)패널→원통(☐) ([제도 및 주석] 작업공간)
	(홈)탭→(작성)패널→원통(☐) ([3D 기본 사항] 작업공간)
	(홈)탭→(모델링)패널→원통(☐) ([3D 모델링] 작업공간)
	(솔리드)탭→(기본체)패널→원통(☐) ([3D 모델링] 작업공간)

(2) 명령어 사용 방법

명령 : Cylinder [Enter]
기준 중심점 지정 또는 [3P(3P)/2P(2P)/Ttr-접선 접선 반지름(T)/타원형 (E)] : P1 클릭
원통의 중심점을 지정합니다.
밑면 반지름 지정 또는 [지름(D)] : P2 클릭
원통의 반지름을 지정합니다.
높이 지정 또는 [2점(2P)/축 끝점(A)] : P3 클릭
원통의 높이를 지정합니다.

(3) 옵션 설명

옵션	설명
3P(3P)	3점을 지정하여 원통의 밑면을 작성합니다.
2P(2P)	2점을 지정하여 원통의 밑면을 작성합니다.
Ttr(T)	2개의 객체에 접하고 원통 밑면의 반지름을 입력하여 원통을 작성합니다.
타원형(E)	밑면이 타원 형태인 원통을 작성합니다.
2점(2P)	선택한 2점 사이의 길이가 원통의 높이가 되도록 작성합니다.
축 끝점(A)	원통 윗면의 중심점을 사용자가 원하는 위치로 지정합니다.
중심(C)	타원형 원통의 밑면 중심을 지정합니다.
지름(D)	지름을 지정하여 원통의 밑면을 작성합니다.

(4) 실습하기

● 기본 실습하기

01 [Limits] 명령어를 입력하여 도면 한계를 설정하고 도면 한계를 도면에 적용하기 위해서 [Zoom] 명령어를 입력합니다.

> **명령 : Limits** Enter
> 모형 공간 한계 재설정 :
> 왼쪽 아래 구석 지정 또는 [켜기(ON)/끄기(OFF)]
> ⟨0.0000,0.0000⟩ : 0,0 Enter
> 작업 도면의 '왼쪽–아래쪽'에 '0,0'을 입력합니다.
> 오른쪽 위 구석 지정 ⟨12.0000,9.0000⟩ : 420,297
> Enter
> 작업 도면의 '오른쪽–위쪽'에 '420,297'을 입력합니다.
>
> **명령 : Zoom** Enter
> 윈도우 구석 지정, 축척 비율(nX 또는 nXP) 입력 또는
> [전체(A)/중심(C)/동적(D)/범위(E)/이전(P)/축척
> (S)/윈도우(W)/객체(O)] ⟨실시간⟩: A Enter
> 모형 재생성 중.
> [Limits] 명령어에 의해서 지정한 도면 한계를 화면에 적용하기 위해서 [Zoom] 명령어의 [전체] 옵션을 입력합니다.

02 화면 아래쪽에 있는 [상태 표시 막대]의 [작업 공간 전환] 아이콘을 클릭하여 [3D 모델링] 작업 공간으로 전환합니다. 화면 상단에서 작업공간이 [3D 모델링]으로 바뀐 것을 확인할 수 있습니다.

03 [-Vpoint] 명령어를 입력한 후, 객체를 보는 관측점을 '오른쪽, 앞쪽, 위쪽' 으로 지정합니다.

> **명령 : -Vpoint** Enter
> 현재 뷰 방향 : VIEWDIR=0.0000,0.0000,1.0000
> 관측점 지정 또는 [회전(R)] 〈나침반과 삼각대 표시〉 :
> 1,-1,1 Enter
> 객체를 보는 관측점을 '오른쪽, 앞쪽, 위쪽'으로 지정하기
> 위해서 '1,-1,1'을 입력합니다.
> 모형 재생성 중.

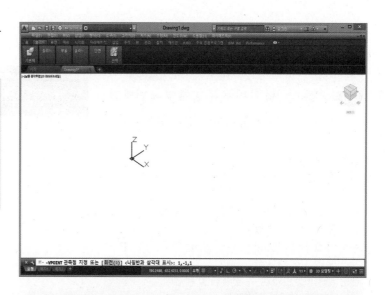

04 UCS 아이콘의 위치를 이동시키기 위해서 [UCSicon] 명령어를 입력한 후, [원점없음] 옵션을 입력합니다. UCS 아이콘의 위치가 이동합니다.

> **명령 : UCSicon** Enter
> 옵션 입력   [켜기(ON)/끄기(OFF)/전체(A)/원점없음
> (N)/원점(OR)/선택 가능(S)/특성(P)] 〈켜기〉 : N Enter
> [원점없음] 옵션을 지정하기 위해서 'N'을 입력합니다.

05 [Cylinder] 명령어를 입력한 후, 원통 밑면의 중심점과 반지름 및 원통의 높이를 지정합니다.

> **명령 : Cylinder** Enter
> 기준 중심점 지정 또는 [3P(3P)/2P(2P)/Ttr-접선 접
> 선 반지름(T)/타원형(E)] : P1 클릭
> 원통 밑면의 중심점에 'P1'을 클릭합니다.
> 밑면 반지름 지정 또는 [지름(D)] : 100 Enter
> 원통 밑면의 반지름에 '100'을 입력합니다.
> 높이 지정 또는 [2점(2P)/축 끝점(A)] : 250 Enter
> 원통의 높이에 '250'을 입력합니다.

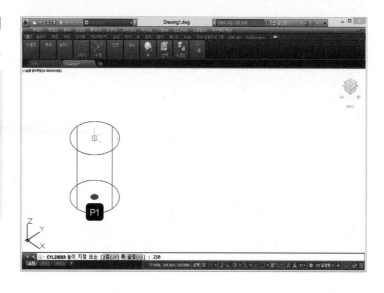

● [3P] 옵션 실습하기

01 [Cylinder] 명령어를 입력하여 [3P] 옵션을 지정하고 원통 밑면의 첫 번째, 두 번째 및 세 번째 점을 지정한 후, 원통의 높이를 지정합니다.

> **명령 : Cylinder** Enter
> 기준 중심점 지정 또는 [3P(3P)/2P(2P)/Ttr-접선 접선 반지름(T)/타원형(E)] : 3P Enter
> [3P] 옵션을 지정하기 위해서 '3P'를 입력합니다.
> 첫 번째 점 지정 : P1 클릭
> 두 번째 점 지정 : P2 클릭
> 세 번째 점 지정 : P3 클릭
> 원통 밑면의 첫 번째 점, 두 번째 점 및 세 번째 점에 'P1', 'P2', 'P3'를 차례로 클릭합니다.
> 높이 지정 또는 [2점(2P)/축 끝점(A)] 〈250.0000〉 : P4 클릭
> 원통의 높이에 'P4'를 클릭합니다.

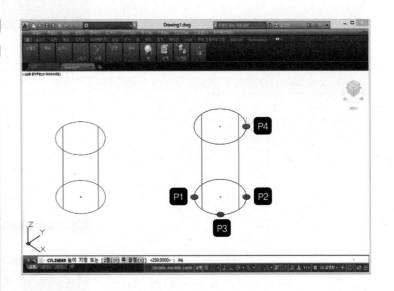

● [2P] 옵션 실습하기

01 [Cylinder] 명령어를 입력하여 [2P] 옵션을 지정하고 원통 밑면 지름의 첫 번째, 두 번째 끝점을 지정한 후, 원통의 높이를 지정합니다.

> **명령 : Cylinder** Enter
> 기준 중심점 지정 또는 [3P(3P)/2P(2P)/Ttr-접선 접선 반지름(T)/타원형(E)] : 2P Enter
> [2P] 옵션을 지정하기 위해서 '2P'를 입력합니다.
> 지름의 첫 번째 끝점을 지정 : P1 클릭
> 지름의 두 번째 끝점을 지정 : P2 클릭
> 원통 밑면 지름의 첫 번째 끝점, 두 번째 끝점에 'P1', 'P2'를 차례로 클릭합니다.
> 높이 지정 또는 [2점(2P)/축 끝점(A)] 〈300.0000〉 : P3 클릭
> 원통의 높이에 'P3'을 클릭합니다.

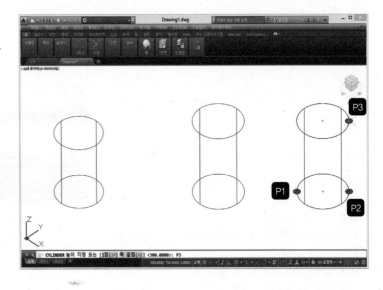

● [Ttr] 옵션 실습하기

01 [Cylinder] 명령어를 입력하여 [Ttr] 옵션을 지정하고 객체 스냅 중 '접선' 옵션을 사용하여 2개의 원통에 접하는 접점을 지정한 후, 원통 밑변의 반지름과 원통의 높이를 차례로 지정합니다.

> **명령 : Cylinder** [Enter]
> 기준 중심점 지정 또는 [3P(3P)/2P(2P)/Ttr-접선 접선 반지름(T)/타원형(E)] : T [Enter]
> [Ttr] 옵션을 지정하기 위해서 'T'를 입력합니다.
> 첫 번째 접점으로 사용할 객체 위의 점 지정 : Tan [Enter]
> 대상   P1 클릭
> 객체 스냅 중 [접점] 옵션인 'Tan'을 입력한 후, 'P1'을 클릭합니다.
> 두 번째 접점으로 사용할 객체 위의 점 지정 : Tan [Enter]
> 대상   P2 클릭
> 객체 스냅 중 [접점] 옵션인 'Tan'을 입력한 후, 'P2'를 클릭합니다.
> 원의 반지름 지정 〈106.0660〉 : 150 [Enter]
> 원통 밑변의 반지름에 '150'을 입력합니다.
> 높이 지정 또는 [2점(2P)/축 끝점(A)] 〈200.0000〉 :
> 200 [Enter]
> 원통의 높이에 '200'을 입력합니다.

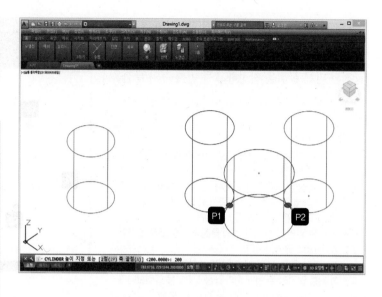

02 [Hide] 명령어를 입력하여 은선을 제거합니다.

> **명령 : Hide** [Enter]
> 모형 재생성 중.
> 숨기기를 위해 빈 RAM이 충분하지 않음--일부 선들이 부정확하게 은선처리 될 것임.
> 은선이 제거된 객체가 나타납니다.

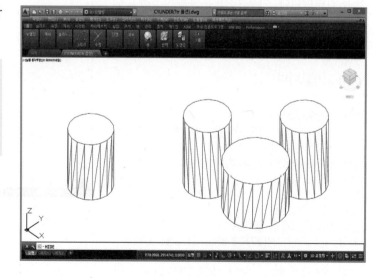

● [타원형] 옵션 실습하기

01 [Cylinder] 명령어를 입력한 후, [타원형] 옵션을 입력합니다. 타원형 원통 밑면의 첫 번째 축의 끝점과 다른 끝점을 지정하고 두 번째 축의 끝점을 지정한 후, 타원형 원통의 높이를 지정합니다.

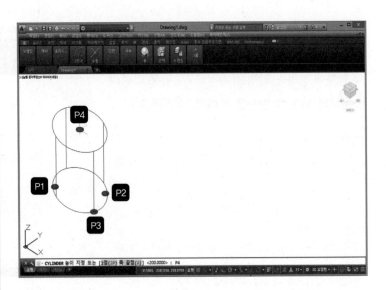

> **명령 : Cylinder** ⏎
> 기준 중심점 지정 또는 [3P(3P)/2P(2P)/Ttr-접선 접선 반지름(T)/타원형(E)] : E ⏎
> [타원형] 옵션을 지정하기 위해서 'E'를 입력합니다.
> 첫 번째 축의 끝점 지정 또는 [중심(C)] : P1 클릭
> 첫 번째 축의 다른 끝점 지정 : P2 클릭
> 타원형 원통 밑면의 첫 번째 축의 끝점과 다른 끝점에 'P1', 'P2'를 차례로 클릭합니다.
> 두 번째 축의 끝점 지정 : P3 클릭
> 타원형 원통 밑면의 두 번째 축의 끝점에 'P3'을 클릭합니다.
> 높이 지정 또는 [2점(2P)/축 끝점(A)] ⟨200.0000⟩ : P4 클릭
> 타원형 원통의 높이에 'P4'를 클릭합니다.

● [지름, 2점] 옵션 실습하기

01 [Cylinder] 명령어를 입력하여 원통의 중심점을 지정하고 [지름] 옵션을 지정한 후, 밑면의 지름을 입력합니다. 이후, [2점] 옵션을 지정하고 원통 높이의 첫 번째 점과 두 번째 점을 클릭합니다. 원통 높이가 첫 번째 점과 두 번째 점 사이의 길이만큼 증가합니다.

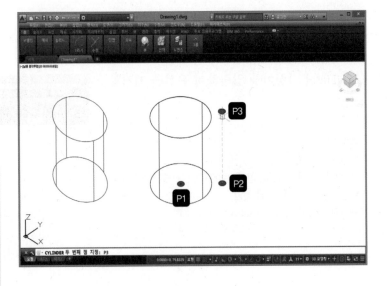

> **명령 : Cylinder** ⏎
> 기준 중심점 지정 또는 [3P(3P)/2P(2P)/Ttr-접선 접선 반지름(T)/타원형(E)] : P1 클릭
> 원통의 중심점에 'P1'을 클릭합니다.
> 밑면 반지름 지정 또는 [지름(D)] : D ⏎
> [지름] 옵션을 지정하기 위해서 'D'를 입력합니다.
> 지름 지정 : 250 ⏎
> 밑면 지름에 '250'을 입력합니다.
> 높이 지정 또는 [2점(2P)/축 끝점(A)] ⟨256.8762⟩ : 2P ⏎
> [2점] 옵션을 지정하기 위해서 '2P'를 입력합니다.
> 첫 번째 점 지정 : P2
> 원통 높이의 첫 번째 점에 'P2'를 클릭합니다.
> 두 번째 점 지정 : P3
> 원통 높이의 두 번째 점에 'P3'을 클릭합니다.

● [중심, 축 끝점] 옵션 실습하기

01 [Cylinder] 명령어를 입력하여 [타원형] 옵션을 지정하고 타원형 원통 밑면의 [중심] 옵션을 지정한 후, 타원형 원통의 중심점을 클릭합니다. 이후, 타원형 원통 밑면의 중심으로부터 장축 한쪽 끝점까지의 거리와 타원형 원통 밑면의 장축으로부터 단축까지의 거리를 차례로 지정한 후, [축 끝점] 옵션을 지정하여 축 끝점을 지정합니다. 원통 윗면의 중심점을 사용자가 원하는 위치로 지정할 수 있습니다.

명령 : Cylinder Enter

기준 중심점 지정 또는 [3P(3P)/2P(2P)/Ttr-접선 접
선 반지름(T)/타원형(E)] : E Enter
[타원형] 옵션을 지정하기 위해서 'E'를 입력합니다.
첫 번째 축의 끝점 지정 또는 [중심(C)] : C Enter
[중심] 옵션을 지정하기 위해서 'C'를 입력합니다.
중심점 지정 : P1 클릭
타원형 원통 밑면의 중심에 'P1'을 클릭합니다.
첫 번째 축까지의 거리 지정 〈125.0000〉 : 125 Enter
타원형 원통 밑면의 중심으로부터 장축 한쪽 끝점까지의
거리에 '125'를 입력합니다.
두 번째 축의 끝점 지정 : P2 클릭
타원형 원통 밑면의 장축으로부터 단축까지의 거리에
'P2'를 클릭합니다.
높이 지정 또는 [2점(2P)/축 끝점(A)] 〈387.4064〉 :
A Enter
[축 끝점] 옵션을 지정하기 위해서 'A'를 입력합니다.
축 끝점 지정 : P3 클릭
축 끝점에 'P3'을 클릭합니다.

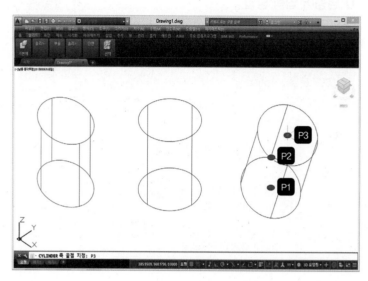

02 [Hide] 명령어를 입력하여 은선을 제거합니다.

명령 : Hide Enter

모형 재생성 중.
숨기기를 위해 빈 RAM이 충분하지 않음--일부 선들이
부정확하게 은선처리 될 것임.
은선이 제거된 객체가 나타납니다.

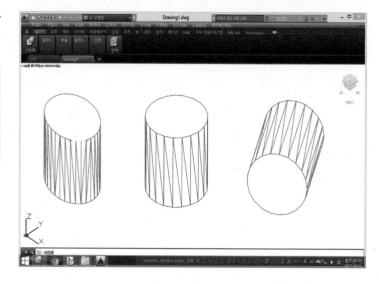

3 구를 작성하는 [Sphere] 명령어

[Sphere] 명령어는 3차원 솔리드 구를 작성할 수 있습니다. 구는 [3점]이나 [2점] 옵션에 의해서 작성할 수도 있고 [Ttr] 옵션에 의해서도 작성이 가능합니다.

(1) 명령어 입력 방법

[Sphere] 명령어	
메뉴 막대	그리기→모델링→구
명령어	Sphere
리본 메뉴	(3D 도구)탭→(모델링) 패널→구(🔵) ([제도 및 주석] 작업공간)
	(홈)탭→(작성) 패널→구(🔵) ([3D 기본 사항] 작업공간)
	(홈)탭→(모델링) 패널→구(🔵) ([3D 모델링] 작업공간)
	(솔리드)탭→(기본체) 패널→구(🔵) ([3D 모델링] 작업공간)

(2) 명령어 사용 방법

명령 : Sphere Enter
중심점 지정 또는 [3점(3P)/2점(2P)/Ttr-접선 접선 반지름(T)] : P1 클릭
구의 중심점을 지정합니다.
반지름 지정 또는 [지름(D)] : 30 Enter
구의 반지름을 지정합니다.

(3) 옵션 설명

옵션	설명
3점(3P)	3점을 지정하여 구를 작성합니다.
2점(2P)	2점을 지정하여 구를 작성합니다.
접선 접선 반지름(T)	2개의 객체에 접하고 반지름을 입력하여 구를 작성합니다.
지름(D)	지름을 지정하여 구를 작성합니다.

(4) 실습하기

● 기본 실습하기

01 [Limits] 명령어를 입력하여 도면 한계를 설정하고 도면 한계를 도면에 적용하기 위해서 [Zoom] 명령어를 입력합니다.

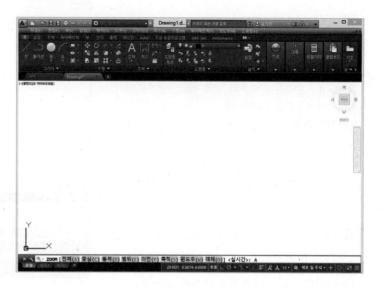

> **명령 : Limits** [Enter]
> 모형 공간 한계 재설정 :
> 왼쪽 아래 구석 지정 또는 [켜기(ON)/끄기(OFF)]
> ⟨0.0000,0.0000⟩ : 0,0 [Enter]
> 작업 도면의 '왼쪽-아래쪽'에 '0,0'을 입력합니다.
> 오른쪽 위 구석 지정 ⟨12.0000,9.0000⟩ : 420,297
> [Enter]
> 작업 도면의 '오른쪽-위쪽'에 '420,297'을 입력합니다.
>
> **명령 : Zoom** [Enter]
> 윈도우 구석 지정, 축척 비율(nX 또는 nXP) 입력 또는
> [전체(A)/중심(C)/동적(D)/범위(E)/이전(P)/축척
> (S)/윈도우(W)/객체(O)] ⟨실시간⟩: A [Enter]
> 모형 재생성 중.
> [Limits] 명령어에 의해서 지정한 도면 한계를 화면에 적용하기 위해서 [Zoom] 명령어의 [전체] 옵션을 입력합니다.

02 화면 하단에 있는 [상태 표시 막대]의 [작업공간 전환] 아이콘을 클릭하여 [3D 모델링] 작업공간으로 전환합니다. 화면 상단에서 작업공간이 [3D 모델링]으로 바뀐 것을 확인할 수 있습니다.

03 [-Vpoint] 명령어를 입력한 후, 객체를 보는 관측점을 '오른쪽, 앞쪽, 위쪽' 으로 지정합니다.

> **명령 : –Vpoint** Enter
> 현재 뷰 방향 : VIEWDIR=0.0000,0.0000,1.0000
> 관측점 지정 또는 [회전(R)] 〈나침반과 삼각대 표시〉 :
> 1,-1,1 Enter
> 객체를 보는 관측점을 '오른쪽, 앞쪽, 위쪽'으로 지정하기
> 위해서 '1,-1,1'을 입력합니다.
> 모형 재생성 중.

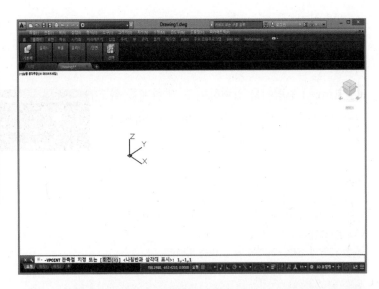

04 UCS 아이콘의 위치를 이동시키기 위해서 [UCSicon] 명령어를 입력한 후, [원점없음] 옵션을 입력합니다. UCS 아이콘의 위치가 이동합니다.

> **명령 : UCSicon** Enter
> 옵션 입력 [켜기(ON)/끄기(OFF)/전체(A)/원점없음
> (N)/원점(OR)/선택 가능(S)/특성(P)] 〈켜기〉 : N Enter
> [원점없음] 옵션을 지정하기 위해서 'N'을 입력합니다.

05 [Sphere] 명령어를 입력한 후, 구의 중심점과 반지름을 차례로 지정합니다.

> **명령 : Sphere** Enter
> 중심점 지정 또는 [3점(3P)/2점(2P)/Ttr-접선 접선 반
> 지름(T)] : P1 클릭
> 구의 중심점에 'P1'을 클릭합니다.
> 반지름 지정 또는 [지름(D)] : 150
> 구의 반지름에 '150'을 입력합니다.

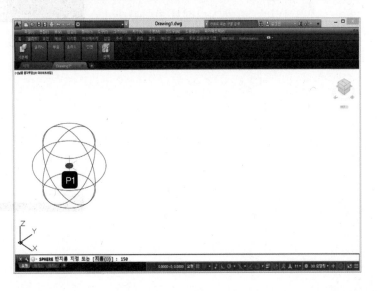

● [3점] 옵션 실습하기

01 [Sphere] 명령어를 입력하고 [3점] 옵션을 지정한 후, 구의 첫 번째 점, 두 번째 점 및 세 번째 점을 차례로 지정합니다.

명령 : Sphere Enter
중심점 지정 또는 [3점(3P)/2점(2P)/Ttr-접선 접선 반지름(T)] : 3P Enter
[3점] 옵션을 지정하기 위해서 '3P'를 입력합니다.
첫 번째 점 지정 : P1 클릭
두 번째 점 지정 : P2 클릭
세 번째 점 지정 : P3 클릭
구의 첫 번째 점, 두 번째 점 및 세 번째 점에 'P1', 'P2', 'P3'을 차례로 클릭합니다.

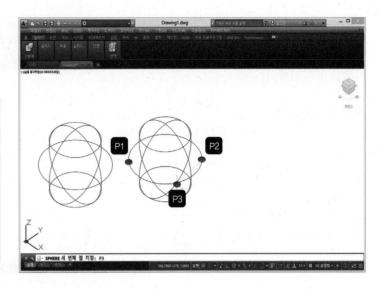

● [2점] 옵션 실습하기

01 [Sphere] 명령어를 입력하고 [2점] 옵션을 지정한 후, 구의 첫 번째 점, 두 번째 점을 차례로 지정합니다.

명령 : Sphere Enter
중심점 지정 또는 [3점(3P)/2점(2P)/Ttr-접선 접선 반지름(T)] : 2P Enter
[2점] 옵션을 지정하기 위해서 '2P'를 입력합니다.
지름의 첫 번째 끝점을 지정 : P1 클릭
지름의 두 번째 끝점을 지정 : P2 클릭
구의 첫 번째 점과 두 번째 점에 'P1', 'P2'를 차례로 클릭합니다.

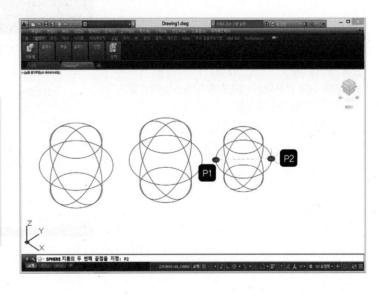

● [지름] 옵션 실습하기

01 [Sphere] 명령어를 입력한 후, 구의 중심점을 지정합니다. 이후, [지름] 옵션을 지정하고 구의 지름값을 입력합니다.

> **명령 : Sphere** ⏎
> 중심점 지정 또는 [3점(3P)/2점(2P)/Ttr-접선 접선 반
> 지름(T)] : P1 클릭
> 구의 중심점을 지정하기 위해서 'P1'을 클릭합니다.
> 반지름 지정 또는 [지름(D)] ⟨125.0000⟩ : D ⏎
> [지름] 옵션을 지정하기 위해서 'D'를 입력합니다.
> 지름 지정 ⟨100.0000⟩ : 250 ⏎
> 구의 지름에 '250'을 입력합니다.

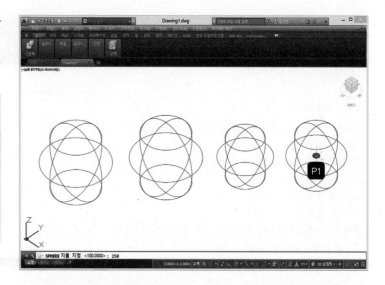

02 [Hide] 명령어를 입력하여 은선을 제거합니다.

> **명령 : Hide** ⏎
> 모형 재생성 중.
> 숨기기를 위해 빈 RAM이 충분하지 않음--일부 선들이
> 부정확하게 은선처리 될 것임.
> 은선이 제거된 객체가 나타납니다.

● [접선 접선 반지름] 옵션 실습하기

01 아래의 예제 파일을 불러옵니다.

예제 파일 : Part02\Chapter15\15-1\3\Sphere
(접선 접선 반지름 옵션)

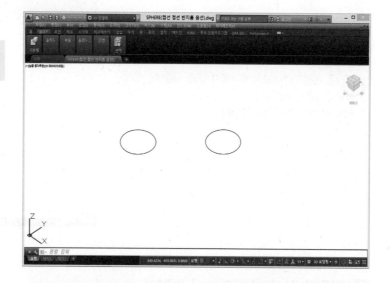

02 [Sphere] 명령어를 입력한 후, [접선 접선 반지름] 옵션을 지정합니다. 이후, [접점] 옵션을 지정하고 구가 원에 접하는 첫 번째 접점과 두 번째 접점을 차례로 클릭한 후, 구의 반지름을 입력합니다.

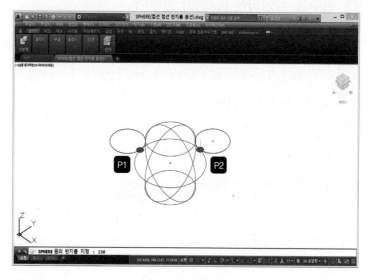

명령 : Sphere [Enter]
중심점 지정 또는 [3점(3P)/2점(2P)/Ttr-접선 접선 반지름(T)] : T [Enter]
[접선 접선 반지름] 옵션을 지정하기 위해서 'T'를 입력합니다.
첫 번째 접점으로 사용할 객체 위의 점 지정 : Tan [Enter]
대상   P1 클릭
[접점] 옵션인 'Tan'을 입력한 후, 'P1'을 클릭합니다.
두 번째 접점으로 사용할 객체 위의 점 지정 : Tan [Enter]
대상   P2 클릭
[접점] 옵션인 'Tan'을 입력한 후, 'P2'를 클릭합니다.
원의 반지름 지정 : 150 [Enter]
구의 반지름에 '150'을 입력합니다.

03 [Hide] 명령어를 입력하여 은선을 제거합니다.

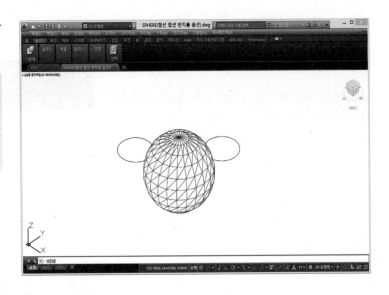

> **명령 : Hide** [Enter]
> 모형 재생성 중.
> 숨기기를 위해 빈 RAM이 충분하지 않음--일부 선들이 부정확하게 은선처리 될 것임.
> 은선이 제거된 객체가 나타납니다.

4 원추를 작성하는 [Cone] 명령어

[Cone] 명령어는 3차원 솔리드 원추를 작성할 수 있는 가운데, 원추의 밑면은 원이나 타원형으로 작성이 가능하며 밑면은 XY 평면과 평행하게 작성합니다. 원추의 밑면이 원인 경우, 원의 중심을 지정하고 원의 반지름과 원추의 높이를 지정하지만, 원추의 밑면이 타원형인 경우, 타원의 장축과 단축을 지정하고 원추의 높이를 지정합니다.

(1) 명령어 입력 방법

[Cone] 명령어	
메뉴 막대	그리기→모델링→원추
명령어	Cone
리본 메뉴	(3D 도구)탭→(모델링)패널→원추(🔺) ([제도 및 주석] 작업공간)
	(홈)탭→(작성)패널→원추(🔺) ([3D 기본 사항] 작업공간)
	(홈)탭→(모델링)패널→원추(🔺) ([3D 모델링] 작업공간)
	(솔리드)탭→(기본체)패널→원추(🔺) ([3D 모델링] 작업공간)

(2) 명령어 사용 방법

> **명령 : Cone** [Enter]
> 기준 중심점 지정 또는 [3P(3P)/2P(2P)/Ttr-접선 접선 반지름(T)/타원형(E)] : P1 클릭
> 원추의 중심점을 지정합니다.
> 밑면 반지름 지정 또는 [지름(D)] : P2 클릭
> 원추 밑면의 반지름을 지정합니다.
> 높이 지정 또는 [2점(2P)/축 끝점(A)/상단 반지름(T)] : P3 클릭
> 원추의 높이를 지정합니다.

(3) 옵션 설명

옵션	설명
3P(3P)	3점으로 원추 밑면을 지정하여 작성한 후, 높이를 입력하여 원추를 작성합니다.
2P(2P)	2점으로 원추 밑면을 지정하여 작성한 후, 높이를 입력하여 원추를 작성합니다.
접선 접선 반지름(T)	2개의 객체에 접하고 원추 밑면의 반지름과 높이를 입력하여 원추를 작성합니다.
지름(D)	지름을 지정하여 원추를 작성합니다.
2점(2P)	선택한 2점 사이의 길이가 원추의 높이가 되도록 작성합니다.
타원형(E)	밑면이 타원 형태인 원추를 작성합니다.
축 끝점(A)	원추의 꼭지점을 사용자가 원하는 위치로 지정합니다.
상단 반지름(T)	원추의 꼭지점 부분에 반지름을 입력하여 원추의 꼭지점 부분을 평평하게 만듭니다.
중심(C)	타원형 원추 밑면의 중심을 지정합니다.

(4) 실습하기

● 기본 실습하기

01 [Limits] 명령어를 입력하여 도면 한계를 설정하고 도면 한계를 도면에 적용하기 위해서 [Zoom] 명령어를 입력합니다.

명령 : Limits Enter
모형 공간 한계 재설정 :
왼쪽 아래 구석 지정 또는 [켜기(ON)/끄기(OFF)]
〈0.0000,0.0000〉: 0,0 Enter
작업 도면의 '왼쪽-아래쪽'에 '0,0'을 입력합니다.
오른쪽 위 구석 지정 〈12.0000,9.0000〉: 420,297
Enter
작업 도면의 '오른쪽-위쪽'에 '420,297'을 입력합니다.

명령 : Zoom Enter
윈도우 구석 지정, 축척 비율(nX 또는 nXP) 입력 또는
[전체(A)/중심(C)/동적(D)/범위(E)/이전(P)/축척
(S)/윈도우(W)/객체(O)] 〈실시간〉: A Enter
모형 재생성 중.
[Limits] 명령어에 의해서 지정한 도면 한계를 화면에 적용하기 위해서 [Zoom] 명령어의 [전체] 옵션을 입력합니다.

02 화면 하단에 있는 [상태 표시 막대]의 [작업공간 전환] 아이콘을 클릭하여 [3D 모델링] 작업공간으로 전환합니다. 화면 상단에서 작업공간이 [3D 모델링]으로 바뀐 것을 확인할 수 있습니다.

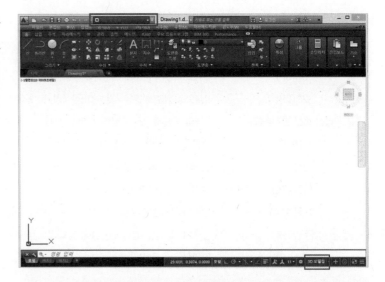

03 [-Vpoint] 명령어를 입력한 후, 객체를 보는 관측점을 '오른쪽, 앞쪽, 위쪽'으로 지정합니다.

명령 : -Vpoint [Enter]
현재 뷰 방향 : VIEWDIR=0.0000,0.0000,1.0000
관측점 지정 또는 [회전(R)] 〈나침반과 삼각대 표시〉 :
1,-1,1 [Enter]
객체를 보는 관측점을 '오른쪽, 앞쪽, 위쪽'으로 지정하기 위해서 '1,-1,1'을 입력합니다.
모형 재생성 중.

04 UCS 아이콘의 위치를 이동시키기 위해서 [UCSicon] 명령어를 입력한 후, [원점없음] 옵션을 입력합니다. UCS 아이콘의 위치가 이동합니다.

명령 : UCSicon [Enter]
옵션 입력 [켜기(ON)/끄기(OFF)/전체(A)/원점없음(N)/원점(OR)/선택 가능(S)/특성(P)] 〈켜기〉 : N [Enter]
[원점없음] 옵션을 지정하기 위해서 'N'을 입력합니다.

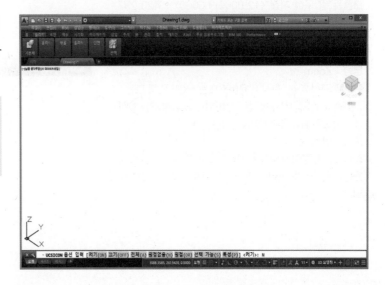

05 [Cone] 명령어를 입력한 후, 원추 밑면의 중심점과 반지름 및 원추의 높이를 차례로 지정합니다.

> **명령 : Cone** [Enter]
> 기준 중심점 지정 또는 [3P(3P)/2P(2P)/Ttr-접선 접선 반지름(T)/타원형(E)] : P1 클릭
> 원추 밑면의 중심점에 'P1'을 클릭합니다.
> 밑면 반지름 지정 또는 [지름(D)] : P2 클릭
> 원추 밑면의 반지름에 'P2'를 클릭합니다.
> 높이 지정 또는 [2점(2P)/축 끝점(A)/상단 반지름(T)] : P3 클릭
> 원추의 높이에 'P3'을 클릭합니다.

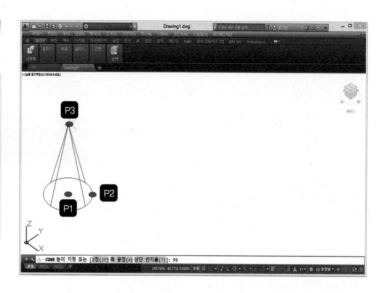

● [지름, 2P] 옵션 실습하기

01 [Cone] 명령어를 입력하여 원추 밑면의 중심점을 지정한 후, [지름] 옵션을 지정하고 지름값을 입력합니다. 이후, [2점] 옵션을 입력하고 원추 높이의 첫 번째 점과 두 번째 점을 클릭합니다. 원추 높이가 첫 번째 점과 두 번째 점 사이의 길이만큼 증가합니다.

> **명령 : Cone** [Enter]
> 기준 중심점 지정 또는 [3P(3P)/2P(2P)/Ttr-접선 접선 반지름(T)/타원형(E)] : P1 클릭
> 원추 밑면의 중심점에 'P1'을 클릭합니다.
> 밑면 반지름 지정 또는 [지름(D)] 〈100.4319〉: D [Enter]
> [지름] 옵션을 지정하기 위해서 'D'를 입력합니다.
> 지름 지정 〈200.8637〉: 200 [Enter]
> 원추 밑면의 지름에 '200'을 입력합니다.
> 높이 지정 또는 [2점(2P)/축 끝점(A)/상단 반지름(T)] 〈300.6752〉. 2P [Enter]
> [2점] 옵션을 지정하기 위해서 '2P'를 입력합니다.
> 첫 번째 점 지정 : P2 클릭
> 원추 높이의 첫 번째 점에 'P2'를 클릭합니다.
> 두 번째 점 지정 : P3 클릭
> 원추 높이의 두 번째 점에 'P3'을 클릭합니다.

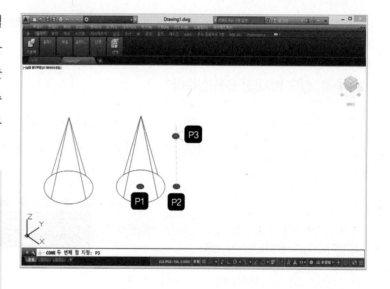

● [지름, 축 끝점] 옵션 실습하기

01 [Cone] 명령어를 입력하여 원추 밑면의 중심점을 지정한 후, [지름] 옵션을 지정하고 지름값을 입력합니다. 이후, [축 끝점] 옵션을 지정하고 축 끝점을 클릭합니다. 원추 꼭지점의 위치가 사용자가 원하는 지점에 위치합니다.

명령 : Cone Enter
기준 중심점 지정 또는 [3P(3P)/2P(2P)/Ttr-접선 접
선 반지름(T)/타원형(E)] : P1 클릭
원추 밑면의 중심점에 'P1'을 클릭합니다.
밑면 반지름 지정 또는 [지름(D)] ⟨100.0000⟩ : D Enter
[지름] 옵션을 지정하기 위해서 'D'를 입력합니다.
지름 지정 ⟨200.0000⟩ : 150 Enter
원추 밑면의 지름에 '150'을 입력합니다.
높이 지정 또는 [2점(2P)/축 끝점(A)/상단 반지름(T)]
⟨167.7419⟩ : A Enter
[축 끝점]을 지정하기 위해서 'A'를 입력합니다.
축 끝점 지정 : P2 클릭
축 끝점에 'P2'를 지정합니다.

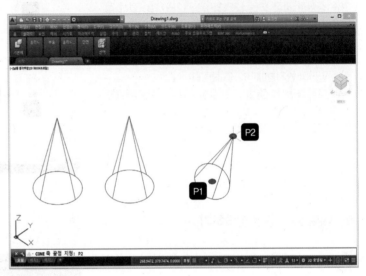

● [지름, 상단 반지름] 옵션 실습하기

01 [Cone] 명령어를 입력하여 원추 밑면의 중심점을 지정한 후, [지름] 옵션을 지정하고 지름값을 입력합니다. 이후, [상단 반지름] 옵션을 지정하고 원추 꼭지점의 상단 반지름과 원추의 높이를 지정합니다. 꼭지점 부분이 평평한 원추가 나타납니다.

명령 : Cone Enter
기준 중심점 지정 또는 [3P(3P)/2P(2P)/Ttr-접선 접
선 반지름(T)/타원형(E)] : P1 클릭
원추 밑면의 중심점에 'P1'을 클릭합니다.
밑면 반지름 지정 또는 [지름(D)] ⟨75.0000⟩ : D Enter
[지름] 옵션을 지정하기 위해서 'D'를 입력합니다.
지름 지정 ⟨150.0000⟩ : 150 Enter
원추 밑면의 지름에 '150'을 입력합니다.
높이 지정 또는 [2점(2P)/축 끝점(A)/상단 반지름(T)]
⟨292.2440⟩ : T Enter
[상단 반지름] 옵션을 지정하기 위해서 'T'를 입력합니다.
상단 반지름 지정 ⟨0.0000⟩ : 30 Enter
원추 꼭지점의 상단 반지름에 '30'을 입력합니다.
높이 지정 또는 [2점(2P)/축 끝점(A)] ⟨292.2440⟩ :
P2 클릭
원추의 높이에 'P2'를 클릭합니다.

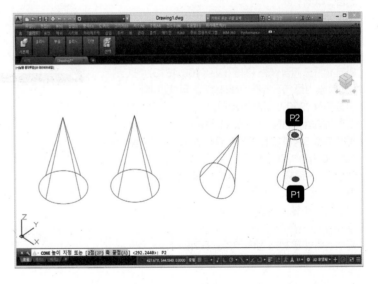

02 [Hide] 명령어를 입력하여 은선을 제거합니다.

> **명령 : Hide** [Enter]
> 모형 재생성 중.
> 숨기기를 위해 빈 RAM이 충분하지 않음--일부 선들이 부정확하게 은선처리 될 것임.
> 은선이 제거된 객체가 나타납니다.

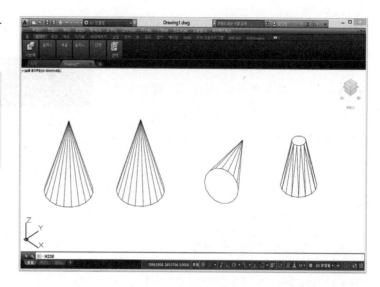

● [3P] 옵션 실습하기

01 [Cone] 명령어를 입력한 후, [3P] 옵션을 지정합니다. 이후, 원추 밑면의 3점을 지정하고 원추의 높이를 지정합니다. 원추 밑면이 3점으로 지정된 원추가 작성됩니다.

> **명령 : Cone** [Enter]
> 기준 중심점 지정 또는 [3P(3P)/2P(2P)/Ttr-접선 접선 반지름(T)/타원형(E)] : 3P [Enter]
> [3P] 옵션을 지정하기 위해서 '3P'를 입력합니다.
> 첫 번째 점 지정 : P1 클릭
> 두 번째 점 지정 : P2 클릭
> 세 번째 점 지정 : P3 클릭
> 원추 밑면의 3점에 'P1', 'P2', 'P3'을 차례로 클릭합니다.
> 높이 지정 또는 [2점(2P)/축 끝점(A)/상단 반지름(T)] : P4 클릭
> 원추의 높이에 'P4'를 클릭합니다.

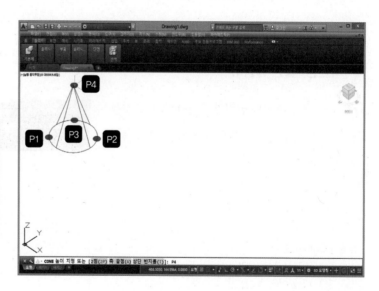

● [2P] 옵션 실습하기

01 [Cone] 명령어를 입력한 후, [2P] 옵션을 지정합니다. 이후, 원추 밑면의 2점을 지정하고 원추의 높이를 지정합니다. 원추 밑면이 2점으로 지정된 원추가 작성됩니다.

> **명령 : Cone** Enter
> 기준 중심점 지정 또는 [3P(3P)/2P(2P)/Ttr-접선 접선 반지름(T)/타원형(E)] : 2P Enter
> [2P] 옵션을 지정하기 위해서 '2P'를 입력합니다.
> **지름의 첫 번째 끝점을 지정 : P1 클릭**
> **지름의 두 번째 끝점을 지정 : P2 클릭**
> 원추 밑면의 2점에 'P1', 'P2'를 차례로 클릭합니다.
> **높이 지정 또는 [2점(2P)/축 끝점(A)/상단 반지름(T)]**
> **〈218.3374〉: P3 클릭**
> 원추의 높이에 'P3'을 클릭합니다.

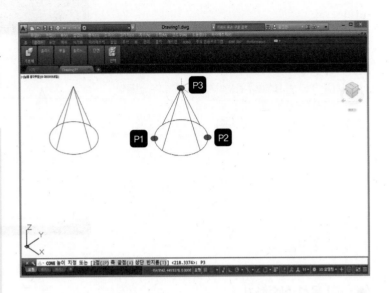

● [타원형] 옵션 실습하기

01 [Cone] 명령어를 입력한 후, [타원형] 옵션을 지정합니다. 이후, 원추 밑면 장축의 첫 번째 끝점과 두 번째 끝점을 지정하고 단축의 한 점을 지정한 후, 원추의 높이를 지정합니다. 원추 밑면이 타원형인 원추가 작성됩니다.

> **명령 : Cone** Enter
> 기준 중심점 지정 또는 [3P(3P)/2P(2P)/Ttr-접선 접선 반지름(T)/타원형(E)] : E Enter
> [타원형] 옵션을 지정하기 위해서 'E'를 입력합니다.
> **첫 번째 축의 끝점 지정 또는 [중심(C)] : P1 클릭**
> **첫 번째 축의 다른 끝점 지정 : P2 클릭**
> 원추 밑면 장축의 첫 번째 끝점과 두 번째 끝점에 'P1', 'P2'를 차례로 클릭합니다.
> **두 번째 축의 끝점 지정 : P3 클릭**
> 원추 밑면 단축의 한 점에 'P3'을 클릭합니다.
> **높이 지정 또는 [2점(2P)/축 끝점(A)/상단 반지름(T)]**
> **〈209.9682〉: P4 클릭**
> 원추의 높이에 'P4'를 클릭합니다.

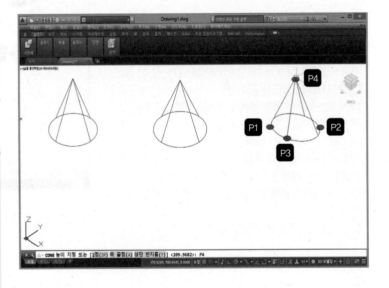

● [타원형, 중심] 옵션 실습하기

01 [Cone] 명령어를 입력하여 [타원형] 옵션과 [중심] 옵션을 차례로 지정한 후, 타원형 원추 밑면의 중심점을 클릭합니다. 이후, 타원형 원추 밑면의 중심으로부터 장축 한 점까지의 거리와 단축 한 점까지의 거리를 지정하고 타원형 원추의 높이를 지정합니다. 타원형 원추 밑면의 중심을 지정하여 타원형 원추가 작성되었습니다.

명령 : Cone Enter
기준 중심점 지정 또는 [3P(3P)/2P(2P)/Ttr-접선 접
선 반지름(T)/타원형(E)] : E Enter
[타원형] 옵션을 지정하기 위해서 'E'를 입력합니다.
첫 번째 축의 끝점 지정 또는 [중심(C)] : C Enter
[중심] 옵션을 지정하기 위해서 'C'를 입력합니다.
중심점 지정 : P1 클릭
타원형 원추 밑면의 중심점에 'P1'을 클릭합니다.
첫 번째 축까지의 거리 지정 〈108.1395〉 : 100 Enter
타원형 원추 밑면의 중심으로부터 장축 한 점까지의 거리
에 '100'을 입력합니다.
두 번째 축의 끝점 지정 : P2 클릭
타원형 원추 밑면의 중심으로부터 단축 한 점까지의 거리
에 'P2'를 클릭합니다.
높이 지정 또는 [2점(2P)/축 끝점(A)/상단 반지름(T)]
〈203.9296〉 : P3 클릭
타원형 원추의 높이에 'P3'을 클릭합니다.

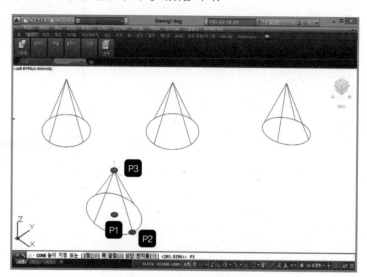

● [접선 접선 반지름] 옵션 실습하기

01 [Circle] 명령어를 입력하여 2개의 원을 작성합니다.

명령 : Circle Enter
원에 대한 중심점 지정 또는 [3점(3P)/2점(2P)/Ttr -
접선 접선 반지름(T)] : P1 클릭
첫 번째 원의 중심점에 'P1'을 클릭합니다.
원의 반지름 지정 또는 [지름(D)] : 70 Enter
원의 반지름에 '70'을 입력합니다.

명령 : Circle Enter
원에 대한 중심점 지정 또는 [3점(3P)/2점(2P)/Ttr -
접선 접선 반지름(T)] : P2 클릭
두 번째 원의 중심점에 'P2'를 클릭합니다.
원의 반지름 지정 또는 [지름(D)] 〈70.0000〉 : 70 Enter
원의 반지름에 '70'을 입력합니다.

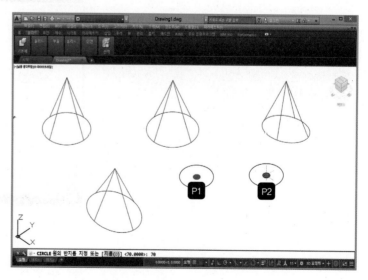

02 [Cone] 명령어를 입력하여 [접선 접선 반지름] 옵션을 지정하고 원과 접하는 첫 번째 접점, 두 번째 접점을 차례로 지정합니다. 이후, 원추 밑면의 반지름과 원추의 높이를 차례로 입력합니다.

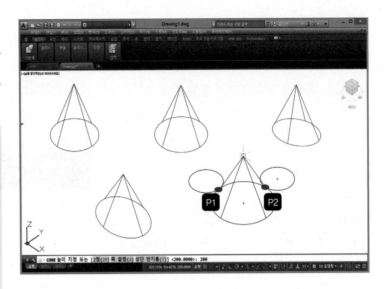

> **명령 : Cone** Enter
> 기준 중심점 지정 또는 [3P(3P)/2P(2P)/Ttr-접선 접선 반지름(T)/타원형(E)] : T Enter
> [접선 접선 반지름] 옵션을 지정하기 위해서 'T'를 입력합니다.
> 첫 번째 접점으로 사용할 객체 위의 점 지정 : Tan Enter
> 대상　P1 클릭
> 객체 옵션 중 [접점] 옵션인 'Tan'을 입력한 후, 'P1'을 클릭합니다.
> 두 번째 접점으로 사용할 객체 위의 점 지정 : Tan Enter
> 대상　P2 클릭
> 객체 옵션 중 [접점] 옵션인 'Tan'을 입력한 후, 'P2'를 클릭합니다.
> 원의 반지름 지정 〈130.0000〉 : 130 Enter
> 원추 밑면 반지름에 '130'을 입력합니다.
> 높이 지정 또는 [2점(2P)/축 끝점(A)/상단 반지름(T)]
> 〈200.0000〉 : 200 Enter
> 원추의 높이에 '200'을 입력합니다.

03 [Hide] 명령어를 입력하여 은선을 제거합니다.

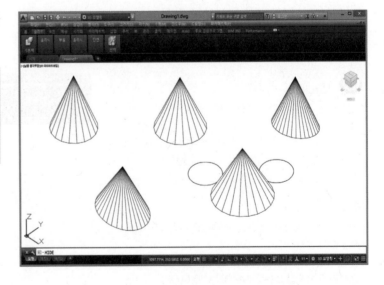

> **명령 : Hide** Enter
> 모형 재생성 중.
> 숨기기를 위해 빈 RAM이 충분하지 않음--일부 선들이 부정확하게 은선처리 될 것임.
> 은선이 제거된 객체가 나타납니다.

5 쐐기를 작성하는 [Wedge] 명령어

[Wedge] 명령어는 3차원 솔리드 삼각 기둥을 작성할 수 있는 가운데, 쐐기는 밑면의 길이, 폭을 지정한 후, 높이를 지정하면 작성할 수 있습니다.

(1) 명령어 입력 방법

[Wedge] 명령어	
메뉴 막대	그리기→모델링→쐐기
명령어	Wedge
리본 메뉴	(3D 도구)탭→(모델링)패널→쐐기(🔲) ([제도 및 주석] 작업공간)
	(홈)탭→(작성)패널→쐐기(🔲) ([3D 기본 사항] 작업공간)
	(홈)탭→(모델링)패널→쐐기(🔲) ([3D 모델링] 작업공간)
	(솔리드)탭→(기본체)패널→쐐기(🔲) ([3D 모델링] 작업공간)

(2) 명령어 사용 방법

명령 : Wedge Enter
첫 번째 구석 지정 또는 [중심(C)] : P1 클릭
쐐기 밑면인 사각형의 첫 번째 구석점을 지정합니다.
반대 구석 지정 또는 [정육면체(C)/길이(L)] : P2 클릭
쐐기 밑면인 사각형의 대각선 반대 구석점을 지정합니다.
높이 지정 또는 [2점(2P)] : P3 클릭
쐐기의 높이를 지정합니다.

(3) 옵션 설명

옵션	설명
정육면체(C)	길이, 폭 및 높이가 동일한 쐐기를 작성합니다.
길이(L)	길이, 폭 및 높이를 각각 지정하여 쐐기를 작성합니다.
2점(2P)	선택한 2점 사이의 길이가 쐐기의 높이가 되도록 합니다.
중심(C)	X, Y, Z 평면의 정중앙을 중심으로 쐐기를 작성합니다.

⑷ 실습하기

● 기본 실습하기

01 [Limits] 명령어를 입력하여 도면 한계를 설정하고 도면 한계를 도면에 적용하기 위해서 [Zoom] 명령어를 입력합니다.

> **명령 : Limits** ⏎
> 모형 공간 한계 재설정 :
> 왼쪽 아래 구석 지정 또는 [켜기(ON)/끄기(OFF)]
> 〈0.0000,0.0000〉: 0,0 ⏎
> 작업 도면의 '왼쪽-아래쪽'에 '0,0'을 입력합니다.
> 오른쪽 위 구석 지정 〈12.0000,9.0000〉: 420,297
> ⏎
> 작업 도면의 '오른쪽-위쪽'에 '420,297'을 입력합니다.
>
> **명령 : Zoom** ⏎
> 윈도우 구석 지정, 축척 비율(nX 또는 nXP) 입력 또는
> [전체(A)/중심(C)/동적(D)/범위(E)/이전(P)/축척
> (S)/윈도우(W)/객체(O)] 〈실시간〉: A ⏎
> 모형 재생성 중.
> [Limits] 명령어에 의해서 지정한 도면 한계를 화면에 적용하기 위해서 [Zoom] 명령어의 [전체] 옵션을 입력합니다.

02 화면 하단에 있는 [상태 표시 막대]의 [작업공간 전환] 아이콘을 클릭하여 [3D 모델링] 작업공간으로 전환합니다. 화면 상단에서 작업공간이 [3D 모델링]으로 바뀐 것을 확인할 수 있습니다.

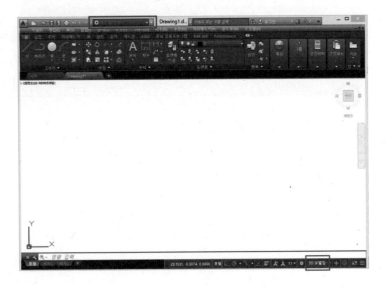

03 [-Vpoint] 명령어를 입력한 후, 객체를 보는 관측점을 '오른쪽, 앞쪽, 위쪽' 으로 지정합니다.

명령 : -Vpoint [Enter]
현재 뷰 방향 : VIEWDIR=0.0000,0.0000,1.0000
관측점 지정 또는 [회전(R)] 〈나침반과 삼각대 표시〉 :
1,-1,1 [Enter]
객체를 보는 관측점을 '오른쪽, 앞쪽, 위쪽'으로 지정하기 위해서 '1,-1,1'을 입력합니다.
모형 재생성 중.

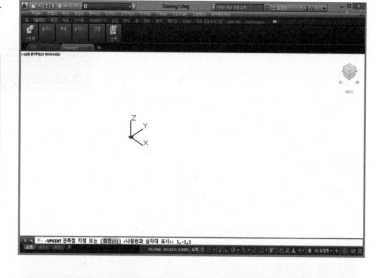

04 UCS 아이콘의 위치를 이동시키기 위해서 [UCSicon] 명령어를 입력한 후, [원점없음] 옵션을 입력합니다. UCS 아이콘의 위치가 이동합니다.

명령 : UCSicon [Enter]
옵션 입력 [켜기(ON)/끄기(OFF)/전체(A)/원점없음(N)/원점(OR)/선택 가능(S)/특성(P)] 〈켜기〉 : N [Enter]
[원점없음] 옵션을 지정하기 위해서 'N'을 입력합니다.

05 [Wedge] 명령어를 입력한 후, 쐐기 밑면인 사각형의 첫 번째 구석점과 대각선의 반대 구석점을 지정하고 쐐기의 높이를 지정합니다.

명령 : Wedge [Enter]
첫 번째 구석 지정 또는 [중심(C)] : P1 클릭
쐐기 밑면인 사각형의 첫 번째 구석점에 'P1'을 클릭합니다.
반대 구석 지정 또는 [정육면체(C)/길이(L)] : P2 클릭
쐐기 밑면인 사각형의 대각선 반대 구석점에 'P2'를 클릭합니다.
높이 지정 또는 [2점(2P)] : P3 클릭
쐐기의 높이에 'P3'을 클릭합니다.

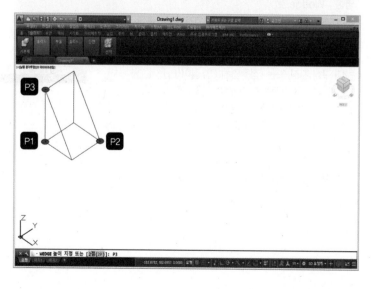

● [정육면체] 옵션 실습하기

01 [Wedge] 명령어를 입력한 후, 쐐기 밑면인 사각형의 첫 번째 구석점을 지정합니다. 이후, [정육면체] 옵션을 지정하고 길이를 입력합니다. 밑면의 길이, 폭 및 높이가 동일한 쐐기가 작성됩니다.

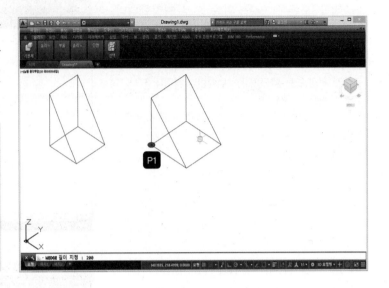

명령 : Wedge [Enter]
첫 번째 구석 지정 또는 [중심(C)] : P1 클릭
쐐기 밑면인 사각형의 첫 번째 구석점에 'P1'을 클릭합니다.
반대 구석 지정 또는 [정육면체(C)/길이(L)] : C [Enter]
[정육면체] 옵션을 지정하기 위해서 'C'를 입력합니다.
길이 지정 : 200 [Enter]
길이에 '200'을 입력합니다.

● [길이] 옵션 실습하기

01 [Wedge] 명령어를 입력한 후, 쐐기 밑면인 사각형의 첫 번째 구석점을 지정합니다. 이후 [길이] 옵션을 지정하여 쐐기 밑면의 길이, 폭 및 쐐기의 높이를 차례로 입력합니다. 쐐기 밑면의 길이, 폭 및 쐐기의 높이를 각각 입력하여 쐐기가 작성됩니다.

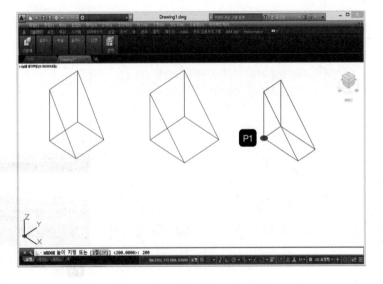

명령 : Wedge [Enter]
첫 번째 구석 지정 또는 [중심(C)] : P1 클릭
쐐기 밑면인 사각형의 첫 번째 구석점에 'P1'을 클릭합니다.
반대 구석 지정 또는 [정육면체(C)/길이(L)] : L [Enter]
[길이] 옵션을 지정하기 위해서 'L'을 입력합니다.
길이 지정 〈200.0000〉 : 200 [Enter]
쐐기 밑면의 길이에 '200'을 입력합니다.
폭 지정 : 100 [Enter]
쐐기 밑면의 폭에 '100'을 입력합니다.
높이 지정 또는 [2점(2P)] 〈200.0000〉 : 200 [Enter]
쐐기의 높이에 '200'을 입력합니다.

● [2점] 옵션 실습하기

01 [Wedge] 명령어를 입력한 후, 쐐기 밑면인 사각형의 첫 번째 구석점과 대각선의 반대 구석점을 지정합니다. 이후, [2점] 옵션을 지정하고 쐐기 높이의 첫 번째 점과 두 번째 점을 지정합니다. 쐐기 높이가 첫 번째 점과 두 번째 점 사이의 길이만큼 증가합니다.

> **명령 : Wedge** Enter
> 첫 번째 구석 지정 또는 [중심(C)] : P1 클릭
> 쐐기 밑면인 사각형의 첫 번째 구석점에 'P1'을 클릭합니다.
> 반대 구석 지정 또는 [정육면체(C)/길이(L)] : P2 클릭
> 쐐기 밑면인 사각형의 대각선 반대 구석점에 'P2'를 클릭합니다.
> 높이 지정 또는 [2점(2P)] ⟨200.0000⟩ : 2P Enter
> [2점] 옵션을 지정하기 위해서 '2P'를 입력합니다.
> 첫 번째 점 지정 : P3 클릭
> 쐐기 높이의 첫 번째 점에 'P3'을 클릭합니다.
> 두 번째 점 지정 : P4 클릭
> 쐐기 높이의 두 번째 점에 'P4'를 클릭합니다.

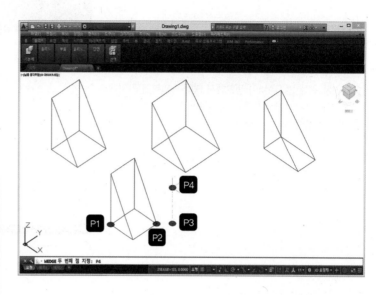

● [중심] 옵션 실습하기

01 [Wedge] 명령어를 입력한 후, [중심] 옵션을 지정하고 중심을 지정합니다. 이후, 쐐기의 한쪽 구석점을 지정하고 쐐기의 높이를 지정합니다. 쐐기의 정중앙을 중심으로 한 쐐기가 작성됩니다.

> **명령 : Wedge** Enter
> 첫 번째 구석 지정 또는 [중심(C)] : C Enter
> [중심] 옵션을 지정하기 위해서 'C'를 입력합니다.
> 중심 지정 : P1 클릭
> 중심점에 'P1'을 클릭합니다.
> 구석 지정 또는 [정육면체(C)/길이(L)] : P2 클릭
> 쐐기의 한쪽 구석점에 'P2'를 클릭합니다.
> 높이 지정 또는 [2점(2P)] ⟨200.0000⟩ : 200 Enter
> 쐐기의 높이에 '200'을 입력합니다.

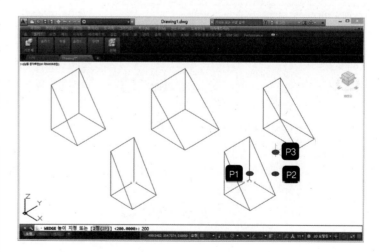

02 [Hide] 명령어를 입력하여 은선을 제거합니다.

> **명령 : Hide** ⏎
> 모형 재생성 중.
> 숨기기를 위해 빈 RAM이 충분하지 않음--일부 선들이
> 부정확하게 은선처리 될 것임.
> 은선이 제거된 객체가 나타납니다.

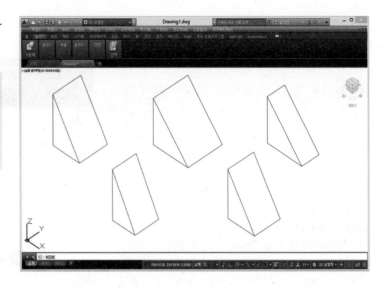

6 피라미드를 작성하는 [Pyramid] 명령어

[Pyramid] 명령어는 3차원 솔리드 피라미드를 작성할 수 있는 가운데, 피라미드의 밑면은 3~32각형이고 각 빗변은 3각형으로 이루어졌고 끝이 뾰족하게 이루어져 있습니다. 밑면이 32각형에 가까워질수록 원추에 가깝게 보입니다.

(1) 명령어 입력 방법

[Pyramid] 명령어	
메뉴 막대	그리기→모델링→피라미드
명령어	Pyramid
단축 명령어	Pyr
리본 메뉴	(3D 도구)탭→(모델링)패널→피라미드(🔺) ([제도 및 주석] 작업공간)
	(홈)탭→(작성)패널→피라미드(🔺) ([3D 기본 사항] 작업공간)
	(홈)탭→(모델링)패널→피라미드(🔺) ([3D 모델링] 작업공간)
	(솔리드)탭→(기본체)패널→피라미드(🔺) ([3D 모델링] 작업공간)

(2) 명령어 사용 방법

> **명령 : Pyramid** ⏎
> 4 면 외접
> 기준 중심점 지정 또는 [모서리(E)/변(S)] : P1 클릭
> 피라미드 밑면의 중심점을 지정합니다.
> 밑면 반지름 지정 또는 [내접(I)] : P2 클릭
> 피라미드 밑면의 반지름을 지정합니다.
> 높이 지정 또는 [2점(2P)/축 끝점(A)/상단 반지름(T)] : P3 클릭
> 피라미드의 높이를 지정합니다.

(3) 옵션 설명

옵션	설명
모서리(E)	피라미드 밑면의 길이와 폭을 지정하고 높이를 지정합니다.
변(S)	피라미드 밑면을 3~32각형으로 지정합니다.
내접(I)	피라미드의 밑면을 원에 내접하게 작성합니다.
외접(C)	피라미드의 밑면을 원에 외접하게 작성합니다.
2점(2P)	선택한 2점 사이의 길이가 피라미드의 높이가 되도록 합니다.
축 끝점(A)	피라미드의 꼭지점을 사용자가 원하는 위치로 지정합니다.
상단 반지름(T)	피라미드의 꼭지점 부분에 반지름을 입력하여 피라미드의 꼭지점 부분을 평평하게 만듭니다.

(4) 실습하기

● 기본 실습하기

01 [Limits] 명령어를 입력하여 도면 한계를 설정하고 도면 한계를 도면에 적용하기 위해서 [Zoom] 명령어를 입력합니다.

> **명령 : Limits** Enter
> 모형 공간 한계 재설정 :
> 왼쪽 아래 구석 지정 또는 [켜기(ON)/끄기(OFF)]
> ⟨0.0000,0.0000⟩ : 0,0 Enter
> 작업 도면의 '왼쪽-아래쪽'에 '0,0'을 입력합니다.
> 오른쪽 위 구석 지정 ⟨12.0000,9.0000⟩ : 420,297 Enter
> 작업 도면의 '오른쪽-위쪽'에 '420,297'을 입력합니다.
>
> **명령 : Zoom** Enter
> 윈도우 구석 지정, 축척 비율(nX 또는 nXP) 입력 또는
> [전체(A)/중심(C)/동적(D)/범위(E)/이전(P)/축척(S)/윈도우(W)/객체(O)] ⟨실시간⟩: A Enter
> 모형 재생성 중.
> [Limits] 명령어에 의해서 지정한 도면 한계를 화면에 적용하기 위해서 [Zoom] 명령어의 [전체] 옵션을 입력합니다.

02 화면 하단에 있는 [상태 표시 막대]의 [작업공간 전환] 아이콘을 클릭하여 [3D 모델링] 작업공간으로 전환합니다. 화면 상단에서 작업공간이 [3D 모델링]으로 바뀐 것을 확인할 수 있습니다.

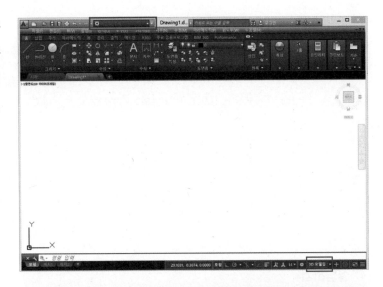

03 [-Vpoint] 명령어를 입력한 후, 객체를 보는 관측점을 '오른쪽, 앞쪽, 위쪽' 으로 지정합니다.

명령 : -Vpoint [Enter]
현재 뷰 방향 : VIEWDIR=0.0000,0.0000,1.0000
관측점 지정 또는 [회전(R)] 〈나침반과 삼각대 표시〉 :
1,-1,1 [Enter]
객체를 보는 관측점을 '오른쪽, 앞쪽, 위쪽'으로 지정하기
위해서 '1,-1,1'을 입력합니다.
모형 재생성 중.

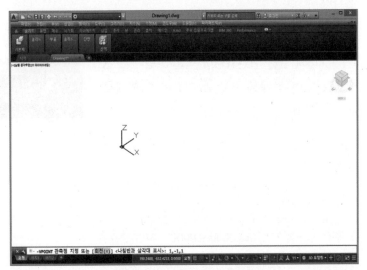

04 UCS 아이콘의 위치를 이동시키기 위해서 [UCSicon] 명령어를 입력한 후, [원점없음] 옵션을 입력합니다. UCS 아이콘의 위치가 이동합니다.

명령 : UCSicon [Enter]
옵션 입력 [켜기(ON)/끄기(OFF)/전체(A)/원점없음
(N)/원점(OR)/선택 가능(S)/특성(P)] 〈켜기〉 : N [Enter]
[원점없음] 옵션을 지정하기 위해서 'N'을 입력합니다.

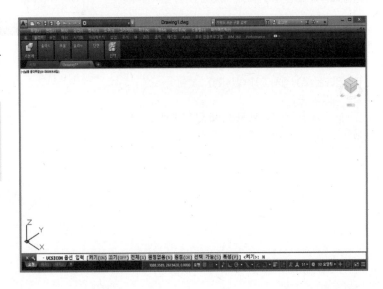

05 [Pyramid] 명령어를 입력하고 피라미드 밑면의 중심점, 반지름 및 피라미드의 높이를 차례로 지정합니다. 밑면이 사각형인 피라미드가 작성됩니다.

명령 : Pyramid `Enter`
4 면 외접
기준 중심점 지정 또는 [모서리(E)/변(S)] : P1 클릭
피라미드 밑면의 중심점에 'P1'을 클릭합니다.
밑면 반지름 지정 또는 [내접(I)] : P2 클릭
피라미드 밑면의 반지름에 'P2'를 클릭합니다.
높이 지정 또는 [2점(2P)/축 끝점(A)/상단 반지름(T)]
: P3 클릭
피라미드의 높이에 'P3'을 클릭합니다.

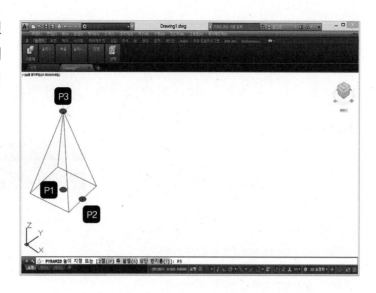

● [모서리] 옵션 실습하기

01 [Pyramid] 명령어를 입력한 후, [모서리] 옵션을 지정합니다. 이후, 피라미드 밑면 모서리의 첫 번째 끝점과 두 번째 끝점을 지정하고 피라미드의 높이를 지정합니다. 피라미드 밑면 모서리의 첫 번째 끝점과 두 번째 끝점 사이의 거리가 한 변인 피라미드가 작성됩니다.

명령 : Pyramid `Enter`
4 면 외접
기준 중심점 지정 또는 [모서리(E)/변(S)] : E `Enter`
[모서리] 옵션을 지정하기 위해서 'E'를 입력합니다.
모서리의 첫 번째 끝점 지정 : P1 클릭
모서리의 두 번째 끝점 지정 : P2 클릭
피라미드 밑면 모서리의 첫 번째 끝점과 두 번째 끝점에
'P1', 'P2'를 차례로 클릭합니다.
높이 지정 또는 [2점(2P)/축 끝점(A)/상단 반지름(T)]
〈315.1602〉: P3 클릭
피라미드의 높이에 'P3'을 클릭합니다.

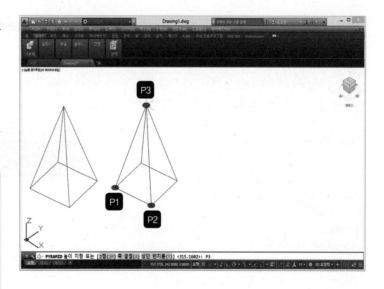

● [변] 옵션 실습하기

01 [Pyramid] 명령어를 입력한 후, [변] 옵션을 지정합니다. 이후, 피라미드 밑면의 면 수에 '4'를 입력하고 피라미드 밑면의 중심점, 반지름 및 피라미드의 높이를 차례로 지정합니다. 피라미드 밑면이 사각형인 피라미드가 작성됩니다.

> **명령 : Pyramid** [Enter]
> 4 면 외접
> 기준 중심점 지정 또는 [모서리(E)/변(S)] : S [Enter]
> [변] 옵션을 지정하기 위해서 'S'를 입력합니다.
> 면의 수 입력 〈4〉 : 4 [Enter]
> 피라미드 밑면의 면 수에 '4'를 입력합니다.
> 기준 중심점 지정 또는 [모서리(E)/변(S)] : P1 클릭
> 피라미드 밑면의 중심점에 'P1'을 클릭합니다.
> 밑면 반지름 지정 또는 [내접(I)] 〈130.5177〉 : P2 클릭
> 피라미드 밑면의 반지름에 'P2'를 클릭합니다.
> 높이 지정 또는 [2점(2P)/축 끝점(A)/상단 반지름(T)]
> 〈336.0213〉 : P3 클릭
> 피라미드의 높이에 'P3'을 클릭합니다.

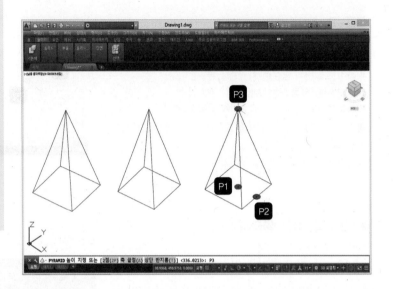

02 [Pyramid] 명령어를 입력한 후, [변] 옵션을 지정합니다. 이후, 피라미드 밑면의 면 수에 '32'를 입력하고 피라미드 밑면의 중심점과 반지름 및 피라미드의 높이를 지정합니다. 피라미드 밑면이 32각형인 피라미드가 작성됩니다.

> **명령 : Pyramid** [Enter]
> 4 면 외접
> 기준 중심점 지정 또는 [모서리(E)/변(S)] : S [Enter]
> [변] 옵션을 지정하기 위해서 'S'를 입력합니다.
> 면의 수 입력 〈4〉 : 32 [Enter]
> 피라미드 밑면의 면 수에 '32'를 입력합니다.
> 기준 중심점 지정 또는 [모서리(E)/변(S)] : P1 클릭
> 피라미드 밑면의 중심점에 'P1'을 클릭합니다.
> 밑면 반지름 지정 또는 [내접(I)] 〈143.8149〉 : P2 클릭
> 피라미드 밑면의 반지름에 'P2'를 클릭합니다.
> 높이 지정 또는 [2점(2P)/축 끝점(A)/상단 반지름(T)]
> 〈331.4337〉 : P3 클릭
> 피라미드의 높이에 'P3'을 클릭합니다.

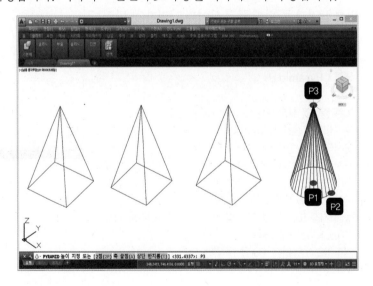

03 [Hide] 명령어를 입력하여 은선을 제거합니다.

> **명령 : Hide** ⏎
> 모형 재생성 중.
> 숨기기를 위해 빈 RAM이 충분하지 않음--일부 선들이
> 부정확하게 은선처리 될 것임.
> 은선이 제거된 객체가 나타납니다.

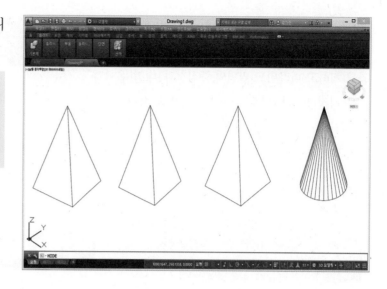

● **[내접] 옵션 실습하기**

01 [Circle] 명령어를 입력한 후, 원의 중심점과
반지름을 지정합니다.

> **명령 : Circle** ⏎
> 원에 대한 중심점 지정 또는 [3점(3P)/2점(2P)/Ttr –
> 접선 접선 반지름(T)] : P1 클릭
> 원의 중심점에 'P1'을 클릭합니다.
> 원의 반지름 지정 또는 [지름(D)] : 100 ⏎
> 원의 반지름에 '100'을 입력합니다.

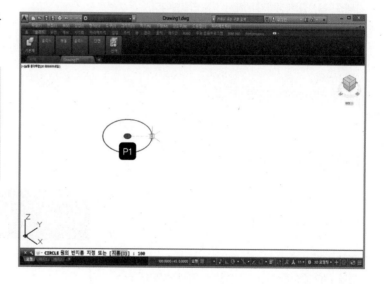

02 [Pyramid] 명령어를 입력한 후, [변] 옵션을 지정합니다. 또한 피라미드의 밑면의 면 수에 '4'를 입력하고 피라미드 밑면의 중심점과 [내접] 옵션을 지정합니다. 이후, 피라미드 밑면의 반지름과 피라미드의 높이를 차례로 지정합니다. 원에 내접하는 피라미드가 작성됩니다.

명령 : Pyramid Enter
32 면 외접
기준 중심점 지정 또는 [모서리(E)/변(S)] : S Enter
[변] 옵션을 지정하기 위해서 'S'를 입력합니다.
면의 수 입력 〈32〉 : 4 Enter
피라미드 밑면의 면 수에 '4'를 입력합니다.
기준 중심점 지정 또는 [모서리(E)/변(S)] : P1 클릭
피라미드 밑면의 중심점에 'P1'을 클릭합니다.
밑면 반지름 지정 또는 [내접(I)] : I Enter
[내접] 옵션을 지정하기 위해서 'I'를 입력합니다.
밑면 반지름 지정 또는 [외접(C)] : 100 Enter
밑면의 반지름에 '100'을 입력합니다.
높이 지정 또는 [2점(2P)/축 끝점(A)/상단 반지름(T)]
: P2 클릭
피라미드의 높이에 'P2'를 클릭합니다.

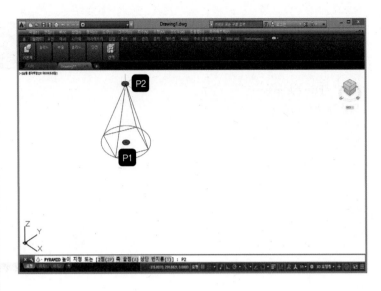

● [외접] 옵션 실습하기

01 [Circle] 명령어를 입력한 후, 원의 중심점과 반지름을 지정합니다.

명령 : Circle Enter
원에 대한 중심점 지정 또는 [3점(3P)/2점(2P)/Ttr −
접선 접선 반지름(T)] : P1 클릭
원의 중심점에 'P1'을 클릭합니다.
원의 반지름 지정 또는 [지름(D)] 〈100.0000〉 : 100
Enter
원의 반지름에 '100'을 입력합니다.

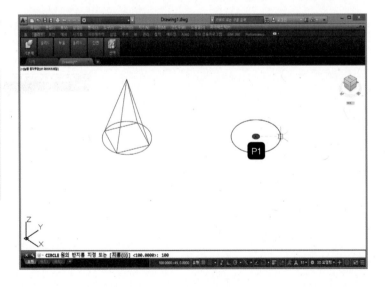

02 [Pyramid] 명령어를 입력한 후, 피라미드 밑면의 중심점과 [외접] 옵션을 지정합니다. 이후, 피라미드 밑면의 반지름과 피라미드의 높이를 차례로 지정합니다. 원에 외접하는 피라미드가 작성됩니다.

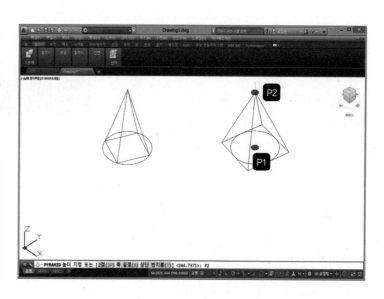

> 명령 : Pyramid [Enter]
> 4 면 외접
> 기준 중심점 지정 또는 [모서리(E)/변(S)] : P1 클릭
> 피라미드 밑면의 중심점에 'P1'을 클릭합니다.
> 밑면 반지름 지정 또는 [외접(C)] 〈100.0000〉: C [Enter]
> [외접] 옵션을 지정하기 위해서 'C'를 입력합니다.
> 밑면 반지름 지정 또는 [내접(I)] 〈100.0000〉: 100 [Enter]
> 밑면의 반지름에 '100'을 입력합니다.
> 높이 지정 또는 [2점(2P)/축 끝점(A)/상단 반지름(T)]
> 〈244.7371〉: P2 클릭
> 피라미드의 높이에 'P2'를 클릭합니다.

● [2점] 옵션 실습하기

01 [Pyramid] 명령어를 입력한 후, 피라미드 밑면의 중심점과 반지름을 지정합니다. 이후, [2점] 옵션을 지정하고 피라미드 높이를 설정하는 첫 번째 점과 두 번째 점을 차례로 지정합니다. 피라미드 높이를 설정하는 첫 번째 점과 두 번째 점 사이의 거리만큼 피라미드의 높이가 증가합니다.

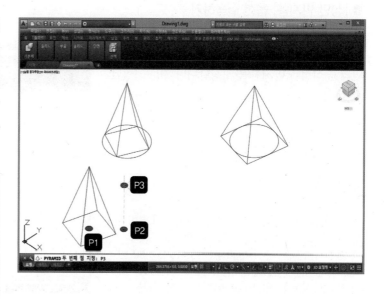

> 명령 : Pyramid [Enter]
> 4 면 외접
> 기준 중심점 지정 또는 [모서리(E)/변(S)] : P1 클릭
> 피라미드 밑면의 중심점에 'P1'을 클릭합니다.
> 밑면 반지름 지정 또는 [내접(I)] 〈141.4214〉: 80 [Enter]
> 밑면의 반지름에 '80'을 입력합니다.
> 높이 지정 또는 [2점(2P)/축 끝점(A)/상단 반지름(T)]
> 〈236.6093〉: 2P [Enter]
> [2점] 옵션을 지정하기 위해서 '2P'를 입력합니다.
> 첫 번째 점 지정 : P2 클릭
> 피라미드 높이를 설정하는 첫 번째 점에 'P2'를 클릭합니다.
> 두 번째 점 지정 : P3 클릭
> 피라미드 높이를 설정하는 두 번째 점에 'P3'을 클릭합니다.

● [축 끝점] 옵션 실습하기

01 [Pyramid] 명령어를 입력한 후, 피라미드 밑면의 중심점과 반지름을 지정합니다. 이후, [축 끝점] 옵션을 지정하고 피라미드 꼭지점을 지정합니다. 피라미드 꼭지점이 사용자가 원하는 지점에 위치합니다.

> **명령 : Pyramid** Enter
> 4 면 외접
> 기준 중심점 지정 또는 [모서리(E)/변(S)] : P1 클릭
> 피라미드 밑면의 중심점에 'P1'을 클릭합니다.
> 밑면 반지름 지정 또는 [내접(I)] 〈113.1371〉 : 80 Enter
> 밑면의 반지름에 '80'을 입력합니다.
> 높이 지정 또는 [2점(2P)/축 끝점(A)/상단 반지름(T)] 〈245.6959〉 : A Enter
> [축 끝점] 옵션을 지정하기 위해서 'A'를 입력합니다.
> 축 끝점 지정 : P2 클릭
> 피라미드의 꼭지점에 'P2'를 클릭합니다.

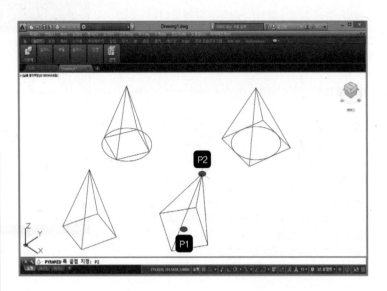

● [상단 반지름] 옵션 실습하기

01 [Pyramid] 명령어를 입력한 후, 피라미드 밑면의 중심점과 반지름을 지정합니다. 이후, [상단 반지름] 옵션을 지정하고 상단 반지름을 입력한 후, 피라미드의 꼭지점을 지정합니다. 꼭지점 부분이 평평한 피라미드가 작성됩니다.

> **명령 : Pyramid** Enter
> 4 면 외접
> 기준 중심점 지정 또는 [모서리(E)/변(S)] : P1 클릭
> 피라미드 밑면의 중심점에 'P1'을 클릭합니다.
> 밑면 반지름 지정 또는 [내접(I)] 〈113.1371〉 : 80 Enter
> 밑면의 반지름에 '80'을 입력합니다.
> 높이 지정 또는 [2점(2P)/축 끝점(A)/상단 반지름(T)] 〈221.9997〉 : T Enter
> [상단 반지름] 옵션을 지정하기 위해서 'T'를 입력합니다.
> 상단 반지름 지정 〈0.0000〉 : 20 Enter
> 상단 반지름에 '20'을 입력합니다.
> 높이 지정 또는 [2점(2P)/축 끝점(A)] 〈221.9997〉 : P2 클릭
> 피라미드의 꼭지점에 'P2'를 클릭합니다.

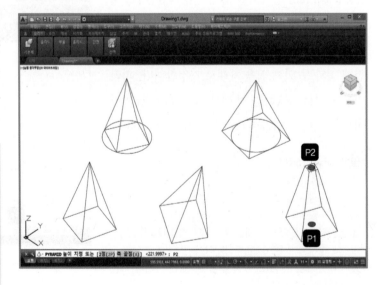

02 [Hide] 명령어를 입력하여 은선을 제거합니다.

> **명령 : Hide** [Enter]
> 모형 재생성 중.
> 숨기기를 위해 빈 RAM이 충분하지 않음--일부 선들이 부정확하게 은선처리 될 것임.
> 은선이 제거된 객체가 나타납니다.

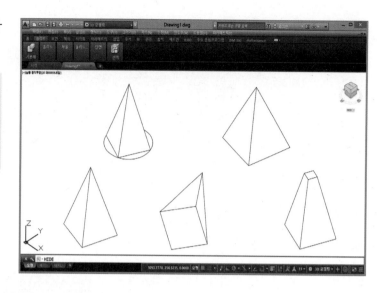

7 튜브를 작성하는 [Torus] 명령어

[Torus] 명령어는 3차원 솔리드 튜브를 작성할 수 있는 가운데, 전체(외부) 반지름과 튜브(내부) 반지름을 지정하여 튜브를 작성할 수 있습니다.

(1) 명령어 입력 방법

[Torus] 명령어	
메뉴 막대	그리기→모델링→토러스
명령어	Torus
리본 메뉴	(3D 도구)탭→(모델링)패널→토러스(⊙) ([제도 및 주석] 작업공간)
	(홈)탭→(작성)패널→토러스(⊙) ([3D 기본 사항] 작업공간)
	(홈)탭→(모델링)패널→토러스(⊙) ([3D 모델링] 작업공간)
	(솔리드)탭→(기본체)패널→토러스(⊙) ([3D 모델링] 작업공간)

(2) 명령어 사용 방법

> **명령 : Torus** [Enter]
> 중심점 지정 또는 [3점(3P)/2점(2P)/Ttr-접선 접선 반지름(T)] : P1 클릭
> 튜브의 중심점을 지정합니다.
> 반지름 지정 또는 [지름(D)] : 100 [Enter]
> 전체(외부) 반지름을 지정합니다.
> 튜브 반지름 지정 또는 [2점(2P)/지름(D)] : 50 [Enter]
> 튜브(내부) 반지름을 지정합니다.

(3) 옵션 설명

옵션	설명
3점(3P)	3점을 지나는 튜브를 작성합니다.
2점(2P)	2점을 지나는 튜브를 작성합니다.
접선 접선 반지름(T)	2개의 객체에 접하고 전체(외부) 반지름과 튜브(내부) 반지름을 입력하여 튜브를 작성합니다.
지름(D)	지름값을 입력하여 튜브를 작성합니다.

(4) 실습하기

● 기본 실습하기

01 [Limits] 명령어를 입력하여 도면 한계를 설정하고 도면 한계를 도면에 적용하기 위해서 [Zoom] 명령어를 입력합니다.

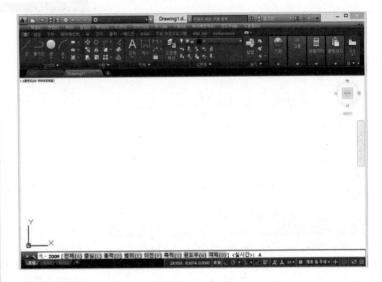

명령 : Limits Enter
모형 공간 한계 재설정 :
왼쪽 아래 구석 지정 또는 [켜기(ON)/끄기(OFF)]
⟨0.0000,0.0000⟩ : 0,0 Enter
작업 도면의 '왼쪽–아래쪽'에 '0,0'을 입력합니다.
오른쪽 위 구석 지정 ⟨12.0000,9.0000⟩ : 420,297
Enter
작업 도면의 '오른쪽–위쪽'에 '420,297'을 입력합니다.

명령 : Zoom Enter
윈도우 구석 지정, 축척 비율(nX 또는 nXP) 입력 또는
[전체(A)/중심(C)/동적(D)/범위(E)/이전(P)/축척
(S)/윈도우(W)/객체(O)] ⟨실시간⟩: A Enter
모형 재생성 중.
[Limits] 명령어에 의해서 지정한 도면 한계를 화면에 적용하기 위해서 [Zoom] 명령어의 [전체] 옵션을 입력합니다.

02 화면 하단에 있는[상태 표시 막대]의 [작업공간 전환] 아이콘을 클릭하여 [3D 모델링] 작업공간으로 전환합니다. 화면 상단에서 작업공간이 [3D 모델링]으로 바뀐 것을 확인할 수 있습니다.

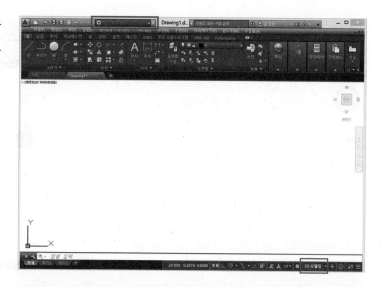

03 [-Vpoint] 명령어를 입력한 후, 객체를 보는 관측점을 '오른쪽, 앞쪽, 위쪽' 으로 지정합니다.

> **명령 : -Vpoint** [Enter]
> 현재 뷰 방향 : VIEWDIR=0.0000,0.0000,1.0000
> 관측점 지정 또는 [회전(R)] 〈나침반과 삼각대 표시〉 :
> 1,-1,1 [Enter]
> 객체를 보는 관측점을 '오른쪽, 앞쪽, 위쪽'으로 지정하기
> 위해서 '1,-1,1'을 입력합니다.
> 모형 재생성 중.

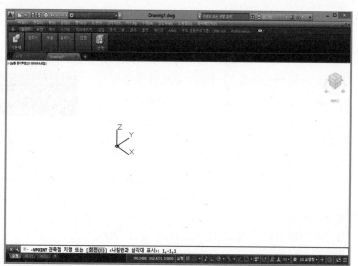

04 UCS 아이콘의 위치를 이동시키기 위해서 [UCSicon] 명령어를 입력한 후, [원점없음] 옵션을 입력합니다. UCS 아이콘의 위치가 이동합니다.

> **면령 : UCSioon** [Enter]
> 옵션 입력 [켜기(ON)/끄기(OFF)/전체(A)/원점없음
> (N)/원점(OR)/선택 가능(S)/특성(P)] 〈켜기〉: N [Enter]
> [원점없음] 옵션을 지정하기 위해서 'N'을 입력합니다.

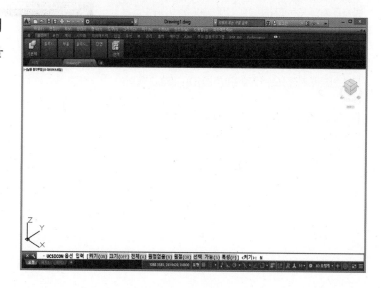

05 [Torus] 명령어를 입력하고 튜브의 중심점을 지정한 후, 전체(외부) 반지름과 튜브(내부) 반지름을 차례로 입력합니다. 전체 반지름이 '100', 튜브 반지름이 '50'인 튜브가 작성됩니다.

명령 : Torus Enter
중심점 지정 또는 [3점(3P)/2점(2P)/Ttr-접선 접선 반지름(T)] : P1 클릭
튜브의 중심점에 'P1'을 클릭합니다.
반지름 지정 또는 [지름(D)] : 100 Enter
전체(외부) 반지름에 '100'을 입력합니다.
튜브 반지름 지정 또는 [2점(2P)/지름(D)] : 50 Enter
튜브(내부) 반지름에 '50'을 입력합니다.

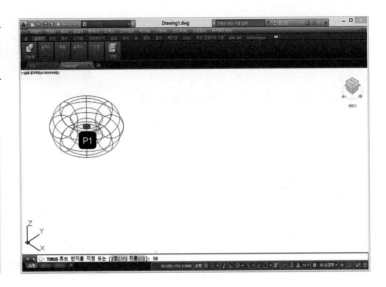

● [지름] 옵션 실습하기

01 [Torus] 명령어를 입력하고 튜브의 중심점을 지정한 후, [지름] 옵션을 지정하고 전체(외부) 지름을 입력합니다. 이후, [지름] 옵션을 지정하고 튜브(내부) 지름을 입력합니다. 이전의 전체 반지름이 '100'인 튜브와 동일한 튜브가 작성됩니다.

명령 : Torus Enter
중심점 지정 또는 [3점(3P)/2점(2P)/Ttr-접선 접선 반지름(T)] : P1 클릭
튜브의 중심점에 'P1'을 클릭합니다.
반지름 지정 또는 [지름(D)] ⟨100.0000⟩ : D Enter
[지름] 옵션을 지정하기 위해서 'D'를 입력합니다.
토러스의 지름 지정 ⟨200.0000⟩ : 200 Enter
전체(외부) 지름에 '200'을 입력합니다.
튜브 반지름 지정 또는 [2점(2P)/지름(D)] ⟨50.0000⟩ : D Enter
[지름] 옵션을 지정하기 위해서 'D'를 입력합니다.
튜브 지름 지정 ⟨100.0000⟩ : 100 Enter
튜브(내부) 지름에 '100'을 입력합니다.

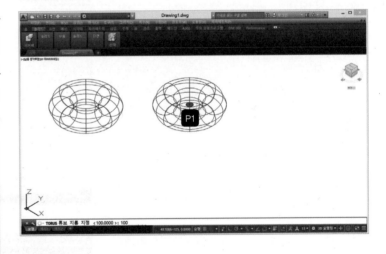

● [3점] 옵션 실습하기

01 [Torus] 명령어를 입력하여 [3점] 옵션을 지정한 후, 튜브의 첫 번째 점, 두 번째 점 및 세 번째 점을 차례로 지정합니다. 이후, [2점] 옵션을 지정하고 튜브의 두께를 설정하는 첫 번째 점과 두 번째 점을 지정합니다. [3점] 옵션과 튜브의 두께를 설정하는 [2점]에 의해서 튜브가 작성됩니다.

명령 : Torus Enter
중심점 지정 또는 [3점(3P)/2점(2P)/Ttr-접선 접선 반
지름(T)] : 3P Enter
[3점] 옵션을 지정하기 위해서 '3P'를 입력합니다.
첫 번째 점 지정 : P1 클릭
두 번째 점 지정 : P2 클릭
세 번째 점 지정 : P3 클릭
튜브의 첫 번째 점, 두 번째 점 및 세 번째 점에 'P1', 'P2',
'P3'를 차례로 클릭합니다.
튜브 반지름 지정 또는 [2점(2P)/지름(D)] 〈50.0000〉
: 2P Enter
[2점] 옵션을 지정하기 위해서 '2P' 옵션을 입력합니다.
첫 번째 점 지정 : P4 클릭
튜브의 두께를 설정하는 첫 번째 점에 'P4'를 클릭합니다.
두 번째 점 지정 : P5 클릭
튜브의 두께를 설정하는 두 번째 점에 'P5'를 클릭합니다.

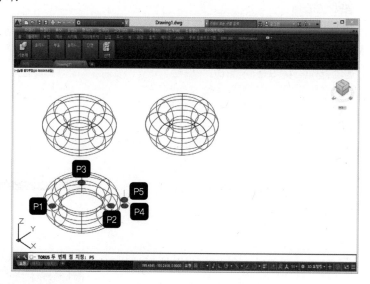

● [2점] 옵션 실습하기

01 [Torus] 명령어를 입력하여 [2점] 옵션을 지정한 후, 튜브의 첫 번째 점, 두 번째 점을 지정합니다. 이후, [2점] 옵션을 지정하고 튜브의 두께를 설정하는 첫 번째 점과 두 번째 점을 지정합니다. [2점] 옵션과 튜브의 두께를 설정하는 [2점]에 의해서 튜브가 작성됩니다.

명령 : Torus Enter
중심점 지정 또는 [3점(3P)/2점(2P)/Ttr-접선 접선 반
지름(T)] : 2P Enter
[2점] 옵션을 지정하기 위해서 '2P'를 입력합니다.
지름의 첫 번째 끝점을 지정 : P1 클릭
지름의 두 번째 끝점을 지정 : P2 클릭
튜브의 첫 번째 섬, 누 번째 섬에 'P1', 'P2'를 차례로 클릭
합니다.
튜브 반지름 지정 또는 [2점(2P)/지름(D)] 〈37.0670〉
: 2P Enter
[2점] 옵션을 지정하기 위해서 '2P' 옵션을 입력합니다.
첫 번째 점 지정 : P3 클릭
튜브의 두께를 설정하는 첫 번째 점에 'P3'을 클릭합니다.
두 번째 점 지정 : P4 클릭
튜브의 두께를 설정하는 두 번째 점에 'P4'를 클릭합니다.

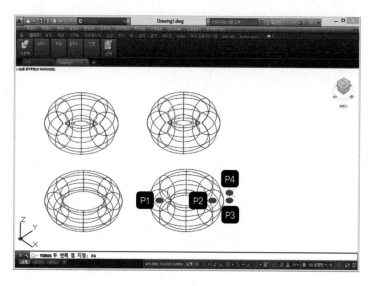

● [접선 접선 반지름] 옵션 실습하기

01 [Circle] 명령어를 입력한 후, 원의 중심점과 반지름을 지정합니다.

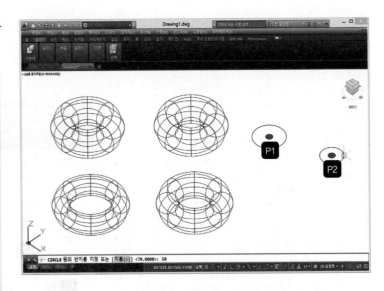

> **명령 : Circle** Enter
> 원에 대한 중심점 지정 또는 [3점(3P)/2점(2P)/Ttr –
> 접선 접선 반지름(T)] : P1 클릭
> 원의 중심점에 'P1'을 클릭합니다.
> 원의 반지름 지정 또는 [지름(D)] : 70 Enter
> 원의 반지름에 '70'을 입력합니다.
>
> **명령 : Circle** Enter
> 원에 대한 중심점 지정 또는 [3점(3P)/2점(2P)/Ttr –
> 접선 접선 반지름(T)] : P2 클릭
> 원의 중심점에 'P2'를 클릭합니다.
> 원의 반지름 지정 또는 [지름(D)] 〈70.0000〉 : 50 Enter
> 원의 반지름에 '50'을 입력합니다.

02 [Torus] 명령어를 입력하여 [접선 접선 반지름] 옵션을 지정한 후, 튜브와 접하게 될 첫 번째 접점, 두 번째 접점을 지정합니다. 이후, 전체(외부) 반지름과 튜브(내부) 반지름을 입력합니다. [접선 접선 반지름] 옵션에 의해서 튜브가 작성됩니다.

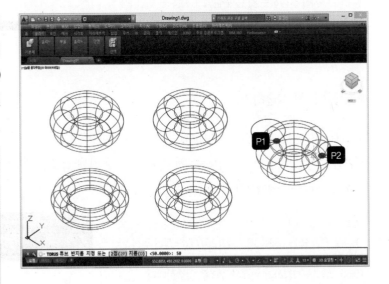

> **명령 : Torus** Enter
> 중심점 지정 또는 [3점(3P)/2점(2P)/Ttr-접선 접선 반
> 지름(T)] : T Enter
> [접선 접선 반지름] 옵션을 지정하기 위해서 'T'를 입력합
> 니다.
> 첫 번째 접점으로 사용할 객체 위의 점 지정 : Tan Enter
> 대상 P1 클릭
> 객체 옵션 중 [접점] 옵션인 'Tan'을 입력한 후, 'P1'을 클
> 릭합니다.
> 두 번째 접점으로 사용할 객체 위의 점 지정 : Tan Enter
> 대상 P2 클릭
> 객체 옵션 중 [접점] 옵션인 'Tan'을 입력한 후, 'P2'를 클
> 릭합니다.
> 원의 반지름 지정 〈100.0000〉 : 100 Enter
> 전체(외부) 반지름에 '100'을 입력합니다.
> 튜브 반지름 지정 또는 [2점(2P)/지름(D)] 〈50.0000〉 :
> 50 Enter
> 튜브(내부) 반지름에 '50'을 입력합니다.

03 [Hide] 명령어를 입력하여 은선을 제거합니다.

> **명령 : Hide** Enter
> 모형 재생성 중.
> 숨기기를 위해 빈 RAM이 충분하지 않음--일부 선들이 부정확하게 은선처리 될 것임.
> 은선이 제거된 객체가 나타납니다.

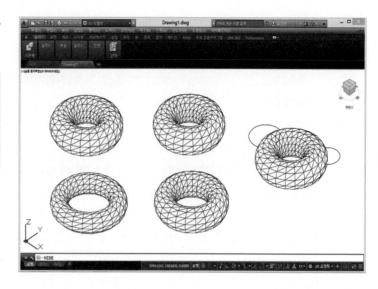

8 3차원 벽체를 작성하는 [Polysolid] 명령어

[Polysolid] 명령어는 폭과 높이를 지정하여 직선이나 둥근 형태의 3차원 벽체를 작성할 수 있습니다. 또한 2차원인 폴리선, 선, 원, 호 및 직사각형을 3차원인 폴리솔리드로 변환할 수 있습니다.

(1) 명령어 입력 방법

[Polysolid] 명령어	
메뉴 막대	그리기→모델링→폴리솔리드
명령어	Polysolid
단축 명령어	Psolid
리본 메뉴	(3D 도구) 탭→(모델링) 패널→폴리솔리드(📦) ([제도 및 주석] 작업공간)
	(홈) 탭→(작성) 패널→폴리솔리드(📦) ([3D 기본 사항] 작업공간)
	(홈) 탭→(모델링) 패널→폴리솔리드(📦) ([3D 모델링] 직입공간)
	(솔리드) 탭→(기본체) 패널→폴리솔리드(📦) ([3D 모델링] 작업공간)

(2) 명령어 사용 방법

> **명령 : Polysolid** Enter
> 높이 = 50.0000, 폭 = 20.0000, 자리맞추기 = 중심
> 시작점 지정 또는 [객체(O)/높이(H)/폭(W)/자리맞추기(J)] 〈객체〉 : P1 클릭
> 폴리솔리드의 시작점을 지정합니다.
> 다음 점 지정 또는 [호(A)/명령 취소(U)] : P2 클릭
> 다음 점 지정 또는 [호(A)/명령 취소(U)] : P3 클릭
> 다음 점 지정 또는 [호(A)/닫기(C)/명령 취소(U)] : P4 클릭
> 다음 점 지정 또는 [호(A)/닫기(C)/명령 취소(U)] : Enter
> 폴리솔리드의 다음 점을 차례로 지정합니다.

(3) 옵션 설명

옵션	설명
객체(O)	2차원인 폴리선, 선, 원, 호 및 직사각형을 3차원인 폴리솔리드로 변환합니다.
높이(H)	폴리솔리드의 높이를 지정합니다.
폭(W)	폴리솔리드의 폭을 지정합니다.
자리맞추기(J)	폴리솔리드의 두께 시작점을 '왼쪽', '중심', '오른쪽'으로 지정합니다.
호(A)	직선 형태인 폴리솔리드를 호 형태로 변환합니다.
방향(D)	시작 접선 방향 및 끝점을 설정하여 호 형태의 폴리솔리드를 작성합니다.
선(L)	호 형태의 폴리솔리드를 변환하여 직선 형태의 폴리솔리드로 작성합니다.
두 번째 점(S)	3점에 의해서 호 형태의 폴리솔리드를 작성할 때 호의 두 번째 점과 세 번째 점을 지정합니다.
닫기(C)	폴리솔리드의 시작점과 마지막 점을 연결하여 닫습니다.
명령 취소(U)	이전 단계에 수행했던 명령을 취소합니다.

(4) 실습하기

● 기본 실습하기

01 [Limits] 명령어를 입력하여 도면 한계를 설정하고 도면 한계를 도면에 적용하기 위해서 [Zoom] 명령어를 입력합니다.

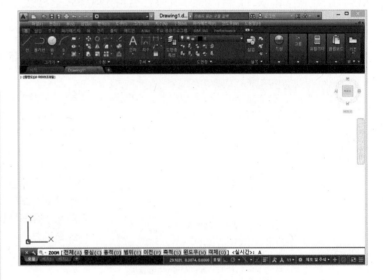

> **명령 : Limits** Enter
> 모형 공간 한계 재설정 :
> 왼쪽 아래 구석 지정 또는 [켜기(ON)/끄기(OFF)]
> ⟨0.0000,0.0000⟩ : 0,0 Enter
> 작업 도면의 '왼쪽–아래쪽'에 '0,0'을 입력합니다.
> 오른쪽 위 구석 지정 ⟨12.0000,9.0000⟩ : 420,297
> Enter
> 작업 도면의 '오른쪽–위쪽'에 '420,297'을 입력합니다.
>
> **명령 : Zoom** Enter
> 윈도우 구석 지정, 축척 비율(nX 또는 nXP) 입력 또는
> [전체(A)/중심(C)/동적(D)/범위(E)/이전(P)/축척
> (S)/윈도우(W)/객체(O)] ⟨실시간⟩: A Enter
> 모형 재생성 중.
> [Limits] 명령어에 의해서 지정한 도면 한계를 화면에 적용하기 위해서 [Zoom] 명령어의 [전체] 옵션을 입력합니다.

02 화면 하단에 있는 [상태 표시 막대]의 [작업공간 전환] 아이콘을 클릭하여 [3D 모델링] 작업공간으로 전환합니다. 화면 상단에서 작업공간이 [3D 모델링]으로 바뀐 것을 확인할 수 있습니다.

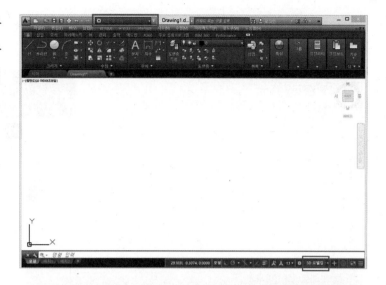

03 [-Vpoint] 명령어를 입력한 후, 객체를 보는 관측점을 '오른쪽, 앞쪽, 위쪽'으로 지정합니다.

명령 : -Vpoint Enter
현재 뷰 방향 : VIEWDIR=0.0000,0.0000,1.0000
관측점 지정 또는 [회전(R)] 〈나침반과 삼각대 표시〉 :
1,-1,1 Enter
객체를 보는 관측점을 '오른쪽, 앞쪽, 위쪽'으로 지정하기 위해서 '1,-1,1'을 입력합니다.
모형 재생성 중.

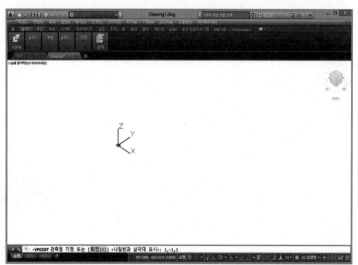

04 UCS 아이콘의 위치를 이동시키기 위해서 [UCSicon] 명령어를 입력한 후, [원점없음] 옵션을 입력합니다. UCS 아이콘의 위치가 이동합니다.

명령 : UCSicon Enter
옵션 입력 [켜기(ON)/끄기(OFF)/전체(A)/원점없음(N)/원점(OR)/선택 가능(S)/특성(P)] 〈켜기〉: N Enter
[원점없음] 옵션을 지정하기 위해서 'N'을 입력합니다.

05 [Polysolid] 명령어를 입력한 후, 폴리솔리드의 시작점을 지정하고 두 번째 점부터 다섯 번째 점까지 차례로 지정합니다. 3차원 폴리솔리드가 작성됩니다.

명령 : Polysolid [Enter]
높이 = 4.0000, 폭 = 0.2500, 자리맞추기 = 중심
시작점 지정 또는 [객체(O)/높이(H)/폭(W)/자리맞추기(J)]
⟨객체⟩ : P1 클릭
폴리솔리드의 시작점에 'P1'을 클릭합니다.
다음 점 지정 또는 [호(A)/명령 취소(U)] : P2 클릭
다음 점 지정 또는 [호(A)/명령 취소(U)] : P3 클릭
다음 점 지정 또는 [호(A)/닫기(C)/명령 취소(U)] : P4 클릭
다음 점 지정 또는 [호(A)/닫기(C)/명령 취소(U)] : P5 클릭
다음 점 지정 또는 [호(A)/닫기(C)/명령 취소(U)] : [Enter]
폴리솔리드의 두 번째 점부터 다섯 번째 점에 'P2', 'P3', 'P4',
'P5'를 차례로 클릭합니다.

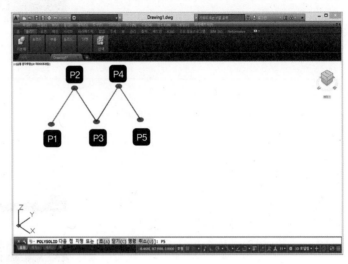

● [높이] 옵션 실습하기

01 [Polysolid] 명령어를 입력한 후, [높이] 옵션을 지정하고 높이를 입력합니다. 이후, 폴리솔리드의 시작점을 지정하고 두 번째 점부터 다섯 번째 점까지 차례로 지정합니다. 높이가 증가된 폴리솔리드가 작성되었습니다.

명령 : Polysolid [Enter]
높이 = 4.0000, 폭 = 0.2500, 자리맞추기 = 중심
시작점 지정 또는 [객체(O)/높이(H)/폭(W)/자리맞추기(J)]
⟨객체⟩ : H [Enter]
[높이] 옵션을 지정하기 위해서 'H'를 입력합니다.
높이 지정 ⟨4.0000⟩ : 100 [Enter]
높이에 '100'을 입력합니다.
높이 = 100.0000, 폭 = 0.2500, 자리맞추기 = 중심
시작점 지정 또는 [객체(O)/높이(H)/폭(W)/자리맞추기(J)]
⟨객체⟩ : P1 클릭
폴리솔리드의 시작점에 'P1'을 클릭합니다.
다음 점 지정 또는 [호(A)/명령 취소(U)] : P2 클릭
다음 점 지정 또는 [호(A)/명령 취소(U)] : P3 클릭
다음 점 지정 또는 [호(A)/닫기(C)/명령 취소(U)] : P4 클릭
다음 점 지정 또는 [호(A)/닫기(C)/명령 취소(U)] : P5 클릭
다음 점 지정 또는 [호(A)/닫기(C)/명령 취소(U)] : [Enter]
폴리솔리드의 두 번째 점부터 다섯 번째 점에 'P2', 'P3', 'P4',
'P5'를 차례로 클릭합니다.

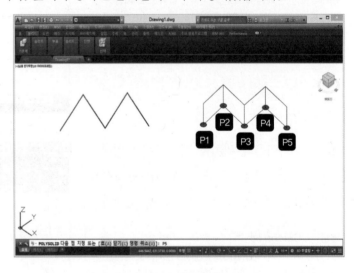

● [폭] 옵션 실습하기

01 [Polysolid] 명령어를 입력한 후, [폭] 옵션을 지정하고 폭을 입력합니다. 이후, 폴리솔리드의 시작점을 지정하고 두 번째 점부터 다섯 번째 점까지 차례로 지정합니다. 폭이 증가된 폴리솔리드가 작성되었습니다.

명령 : Polysolid Enter
높이 = 100.0000, 폭 = 0.2500, 자리맞추기 = 중심
시작점 지정 또는 [객체(O)/높이(H)/폭(W)/자리맞추기
(J)] 〈객체〉 : W Enter
[폭] 옵션을 지정하기 위해서 'W'를 입력합니다.
폭 지정 〈0.2500〉 : 40 Enter
폭에 '40'을 입력합니다.
높이 = 100.0000, 폭 = 40.0000, 자리맞추기 = 중심
시작점 지정 또는 [객체(O)/높이(H)/폭(W)/자리맞추기
(J)] 〈객체〉 : P1 클릭
폴리솔리드의 시작점에 'P1'을 클릭합니다.
다음 점 지정 또는 [호(A)/명령 취소(U)] : P2 클릭
다음 점 지정 또는 [호(A)/명령 취소(U)] : P3 클릭
다음 점 지정 또는 [호(A)/닫기(C)/명령 취소(U)] : P4 클릭
다음 점 지정 또는 [호(A)/닫기(C)/명령 취소(U)] : P5 클릭
다음 점 지정 또는 [호(A)/닫기(C)/명령 취소(U)] : Enter
폴리솔리드의 두 번째 점부터 다섯 번째 점에 'P2', 'P3',
'P4', 'P5'를 차례로 클릭합니다.

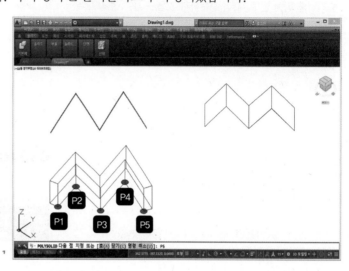

● [호] 옵션 실습하기

01 [Polysolid] 명령어를 입력한 후, 폴리솔리드의 첫 번째 점과 두 번째 점을 지정합니다. 이후, [호] 옵션을 지정하고 폴리솔리드의 세 번째 점을 지정합니다. 호 형태의 폴리솔리드가 작성됩니다.

명령 : Polysolid Enter
높이 = 100.0000, 폭 = 40.0000, 자리맞추기 = 중심
시작점 지정 또는 [객체(O)/높이(H)/폭(W)/자리맞추기
(J)] 〈객체〉 : P1 클릭
폴리솔리드의 시작점에 'P1'을 클릭합니다.
다음 점 지정 또는 [호(A)/명령 취소(U)] : P2 클릭
폴리솔리드의 두 번째 점에 'P2'를 클릭합니다.
다음 점 지정 또는 [호(A)/명령 취소(U)] : A Enter
[호] 옵션을 지정하기 위해서 'A'를 입력합니다.
호의 끝점 지정 또는 [닫기(C)/방향(D)/선(L)/두 번째 점
(S)/명령 취소(U)] : P3 클릭
폴리솔리드의 세 번째 점에 'P3'을 클릭합니다.
다음 점 지정 또는 [호(A)/닫기(C)/명령 취소(U)]: 호의 끝
점 지정 또는 [닫기(C)/방향(D)/선(L)/두 번째 점(S)/명령
취소(U)] : Enter

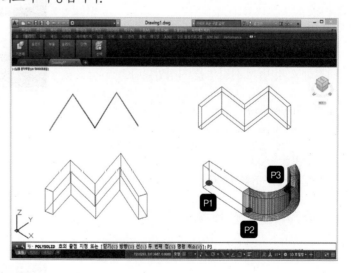

02 [Hide] 명령어를 입력하여 은선을 제거합니다.

> **명령 : Hide** Enter
> 모형 재생성 중.
> 숨기기를 위해 빈 RAM이 충분하지 않음--일부 선들이 부정확하게 은선처리 될 것임.
> 은선이 제거된 객체가 나타납니다.

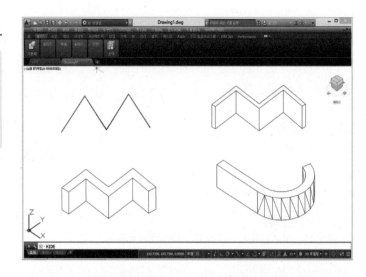

● **[객체] 옵션 실습하기**

01 아래의 예제 파일을 불러옵니다.

> 예제 파일 : Part02\Chapter15\15-1\8\Polysolid
> (객체, 자리 맞추기 옵션)

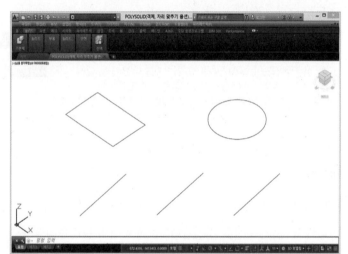

02 [Polysolid] 명령어를 입력한 후, [객체] 옵션을 지정하고 첫 번째 사각형을 지정합니다.

> **명령 : Polysolid** Enter
> 높이 = 50.0000, 폭 = 20.0000, 자리맞추기 = 중심
> 시작점 지정 또는 [객체(O)/높이(H)/폭(W)/자리맞추기(J)] ⟨객체⟩ : O Enter
> [객체] 옵션을 지정하기 위해서 'O'를 입력합니다.
> 객체 선택 : P1 클릭
> 객체를 지정하기 위해서 'P1'을 클릭합니다.

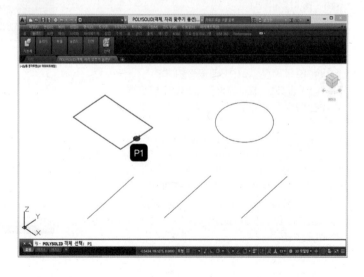

03 사각형이 3차원 폴리솔리드로 변환됩니다.

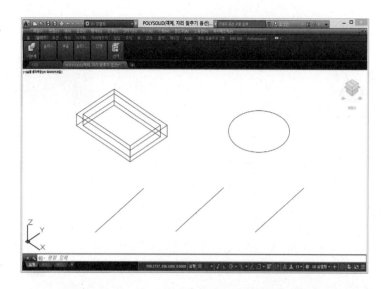

04 [Polysolid] 명령어를 입력한 후, [객체] 옵션을 지정하고 두 번째 원을 지정합니다.

명령 : Polysolid [Enter]
높이 = 50.0000, 폭 = 20.0000, 자리맞추기 = 중심
시작점 지정 또는 [객체(O)/높이(H)/폭(W)/자리맞추기(J)] 〈객체〉: O [Enter]
[객체] 옵션을 지정하기 위해서 'O'를 입력합니다.
객체 선택 : P1 클릭
객체를 지정하기 위해서 'P1'을 클릭합니다.

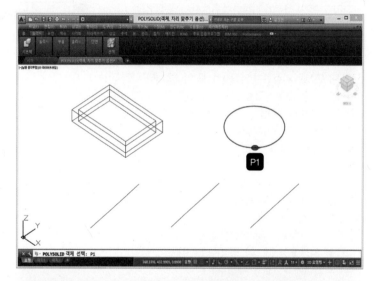

05 원이 3차원 폴리솔리드로 변환됩니다.

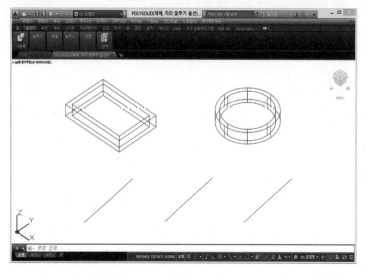

● [자리 맞추기] 옵션 실습하기

01 [Polysolid] 명령어를 입력한 후, [자리 맞추기] 옵션과 [왼쪽] 옵션을 차례로 지정합니다. 이후, 폭을 넓히기 위해서 [폭] 옵션을 지정하여 증가된 폭의 값을 입력하고 폴리솔리드로 변환할 객체의 시작점과 끝점을 지정합니다. 기준선인 객체가 작성된 폴리솔리드의 왼쪽에 위치합니다.

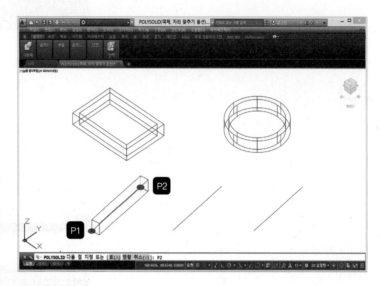

명령 : Polysolid [Enter]
높이 = 50.0000, 폭 = 20.0000, 자리맞추기 = 중심
시작점 지정 또는 [객체(O)/높이(H)/폭(W)/자리맞추기(J)] 〈객체〉 : J [Enter]
[자리 맞추기] 옵션을 지정하기 위해서 'J'를 입력합니다.
자리맞추기 입력 [왼쪽(L)/중심(C)/오른쪽(R)] 〈중심(C)〉 : L [Enter]
높이 = 50.0000, 폭 = 20.0000, 자리맞추기 = 왼쪽
[왼쪽] 옵션을 지정하기 위해서 'L'을 입력합니다.
시작점 지정 또는 [객체(O)/높이(H)/폭(W)/자리맞추기(J)] 〈객체〉 : W [Enter]
[폭] 옵션을 지정하기 위해서 'W'를 입력합니다.
폭 지정 〈20.0000〉 : 40 [Enter]
폭에 '40'을 입력합니다.
높이 = 50.0000, 폭 = 40.0000, 자리맞추기 = 왼쪽
시작점 지정 또는 [객체(O)/높이(H)/폭(W)/자리맞추기(J)] 〈객체〉 : P1 클릭
객체의 시작점에 'P1'을 클릭합니다.
다음 점 지정 또는 [호(A)/명령 취소(U)] : P2 클릭
객체의 끝점에 'P2'를 클릭합니다.
다음 점 지정 또는 [호(A)/명령 취소(U)] : [Enter]

02 [Polysolid] 명령어를 입력하여 [자리 맞추기] 옵션과 [중심] 옵션을 차례로 지정한 후, 폴리솔리드로 변환할 객체의 시작점과 끝점을 지정합니다. 기준선인 객체가 폴리솔리드의 중심에 위치합니다.

명령 : Polysolid [Enter]
높이 = 50.0000, 폭 = 40.0000, 자리맞추기 = 왼쪽
시작점 지정 또는 [객체(O)/높이(H)/폭(W)/자리맞추기
(J)] 〈객체〉 : J [Enter]
[자리 맞추기] 옵션을 지정하기 위해서 'J'를 입력합니다.
자리맞추기 입력 [왼쪽(L)/중심(C)/오른쪽(R)] 〈왼쪽
(L)〉 : C [Enter]
높이 = 50.0000, 폭 = 40.0000, 자리맞추기 = 중심
[중심] 옵션을 지정하기 위해서 'C'를 입력합니다.
시작점 지정 또는 [객체(O)/높이(H)/폭(W)/자리맞추기
(J)] 〈객체〉 : P1 클릭
객체의 시작점에 'P1'을 클릭합니다.
다음 점 지정 또는 [호(A)/명령 취소(U)] : P2 클릭
객체의 끝점에 'P2'를 클릭합니다.
다음 점 지정 또는 [호(A)/명령 취소(U)] : [Enter]

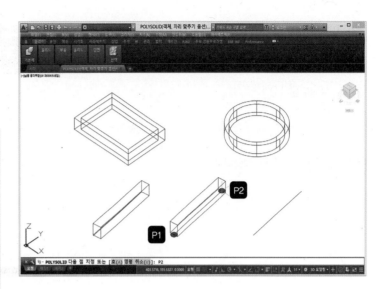

03 [Polysolid] 명령어를 입력하여 [자리 맞추기] 옵션과 [오른쪽] 옵션을 지정한 후, 폴리솔리드로 변환할 객체의 시작점과 끝점을 지정합니다. 기준선인 객체가 폴리솔리드의 오른쪽에 위치합니다.

명령 : Polysolid [Enter]
높이 = 50.0000, 폭 = 40.0000, 자리맞추기 = 중심
시작점 지정 또는 [객체(O)/높이(H)/폭(W)/자리맞추기
(J)] 〈객체〉 : J [Enter]
[자리 맞추기] 옵션을 지정하기 위해서 'J'를 입력합니다.
자리맞추기 입력 [왼쪽(L)/중심(C)/오른쪽(R)] 〈중심
(C)〉 : R [Enter]
[오른쪽] 옵션을 지정하기 위해서 'R'을 입력합니다.
높이 = 50.0000, 폭 = 40.0000, 자리맞추기 = 오른쪽
시작점 지정 또는 [객체(O)/높이(H)/폭(W)/자리맞추기
(J)] 〈객체〉 : P1 클릭
객체의 시작점에 'P1'을 클릭합니다.
다음 점 지정 또는 [호(A)/명령 취소(U)] : P2 클릭
객체의 끝점에 'P2'를 클릭합니다.
다음 점 지정 또는 [호(A)/명령 취소(U)] : [Enter]

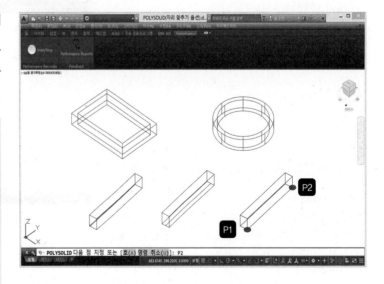

04 [Hide] 명령어를 입력하여 은선을 제거합니다.

명령 : Hide [Enter]
모형 재생성 중.
숨기기를 위해 빈 RAM이 충분하지 않음--일부 선들이 부정확하게 은선처리 될 것임.
은선이 제거된 객체가 나타납니다.

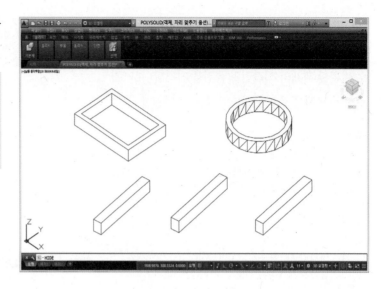

● [두 번째 점, 선] 옵션 실습하기

01 [Limits] 명령어를 입력하여 도면 한계를 설정하고 도면 한계를 도면에 적용하기 위해서 [Zoom] 명령어를 입력합니다.

명령 : Limits [Enter]
모형 공간 한계 재설정 :
왼쪽 아래 구석 지정 또는 [켜기(ON)/끄기(OFF)] 〈0.0000,0.0000〉: 0,0 [Enter]
작업 도면의 '왼쪽-아래쪽'에 '0,0'을 입력합니다.
오른쪽 위 구석 지정 〈12.0000,9.0000〉: 420,297 [Enter]
작업 도면의 '오른쪽-위쪽'에 '420,297'을 입력합니다.

명령 : Zoom [Enter]
윈도우 구석 지정, 축척 비율(nX 또는 nXP) 입력 또는 [전체(A)/중심(C)/동적(D)/범위(E)/이전(P)/축척(S)/윈도우(W)/객체(O)] 〈실시간〉: A [Enter]
모형 재생성 중.
[Limits] 명령어에 의해서 지정한 도면 한계를 화면에 적용하기 위해서 [Zoom] 명령어의 [전체] 옵션을 입력합니다.

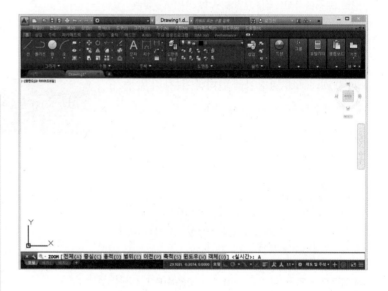

02 화면 하단에 있는 [상태 표시 막대]의 [작업공간 전환] 아이콘을 클릭하여 [3D 모델링] 작업공간으로 전환합니다. 화면 상단에서 작업공간이 [3D 모델링]으로 바뀐 것을 확인할 수 있습니다.

03 [-Vpoint] 명령어를 입력한 후, 객체를 보는 관측점을 '오른쪽, 앞쪽, 위쪽'으로 지정합니다.

명령 : **-Vpoint** [Enter]
현재 뷰 방향 : VIEWDIR=0.0000,0.0000,1.0000
관측점 지정 또는 [회전(R)] 〈나침반과 삼각대 표시〉 : 1,-1,1 [Enter]
객체를 보는 관측점을 '오른쪽, 앞쪽, 위쪽'으로 지정하기 위해서 '1,-1,1'을 입력합니다.
모형 재생성 중.

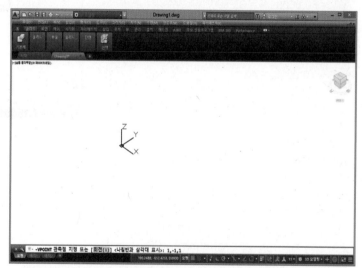

04 UCS 아이콘의 위치를 이동시키기 위해서 [UCSicon] 명령어를 입력한 후, [원점없음] 옵션을 입력합니다. UCS 아이콘의 위치가 이동합니다.

명령 : **UCSicon** [Enter]
옵션 입력 [켜기(ON)/끄기(OFF)/전체(A)/원점없음(N)/원점(OR)/선택 가능(S)/특성(P)] 〈켜기〉 : N [Enter]
[원점없음] 옵션을 지정하기 위해서 'N'을 입력합니다.

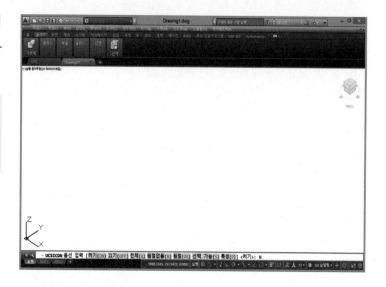

05 [Polysolid] 명령어를 입력하고 [높이] 옵션을 지정하여 높이를 입력합니다. 또한 [폭] 옵션을 지정하여 폭을 입력한 후, 폴리솔리드 직선의 시작점과 두 번째 점을 지정합니다. 이후, [호] 옵션과 [두 번째 점] 옵션을 차례로 지정하고 폴리솔리드 호의 두 번째 점과 세 번째 점을 지정합니다. 그리고 [선] 옵션을 지정하고 폴리솔리드 직선의 세 번째 점을 지정합니다. [호] 옵션의 [두 번째 점]을 지정하여 호 형태의 폴리솔리드가 작성되고 [선] 옵션을 지정하여 직선 형태의 폴리솔리드가 작성되었습니다.

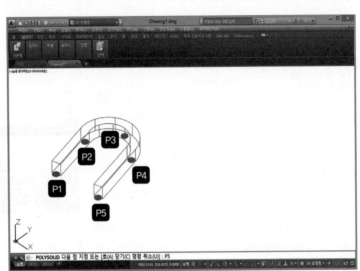

명령 : Polysolid [Enter]
높이 = 4.0000, 폭 = 0.2500, 자리맞추기 = 중심
시작점 지정 또는 [객체(O)/높이(H)/폭(W)/자리맞추기(J)] 〈객체〉: H [Enter]
[높이] 옵션을 지정하기 위해서 'H'를 입력합니다.
높이 지정 〈4.0000〉: 50 [Enter]
높이에 '50'을 입력합니다.
높이 = 50.0000, 폭 = 0.2500, 자리맞추기 = 중심
시작점 지정 또는 [객체(O)/높이(H)/폭(W)/자리맞추기(J)] 〈객체〉: W [Enter]
[폭] 옵션을 지정하기 위해서 'W'를 입력합니다.
폭 지정 〈0.2500〉: 40 [Enter]
폭을 '40'을 입력합니다.
높이 = 50.0000, 폭 = 40.0000, 자리맞추기 = 중심
시작점 지정 또는 [객체(O)/높이(H)/폭(W)/자리맞추기(J)] 〈객체〉: P1 클릭
폴리솔리드 직선의 시작점에 'P1'을 클릭합니다.
다음 점 지정 또는 [호(A)/명령 취소(U)] : P2 클릭
폴리솔리드 직선의 두 번째 점에 'P2'를 클릭합니다.
다음 점 지정 또는 [호(A)/명령 취소(U)] : A [Enter]
[호] 옵션을 지정하기 위해서 'A'를 입력합니다.
호의 끝점 지정 또는 [닫기(C)/방향(D)/선(L)/두 번째 점(S)/명령 취소(U)] : S [Enter]
[두 번째 점] 옵션을 지정하기 위해서 'S'를 입력합니다.
호 위의 두 번째 점 지정 : P3 클릭
폴리솔리드 호의 두 번째 점에 'P3'을 클릭합니다.
호의 끝점 지정 : P4 클릭
폴리솔리드 호의 세 번째 점에 'P4'를 클릭합니다.
다음 점 지정 또는 [호(A)/닫기(C)/명령 취소(U)]: 호의 끝점 지정 또는 [닫기(C)/방향(D)/선(L)/두 번째 점(S)/명령 취소(U)] : L [Enter]
[선] 옵션을 지정하기 위해서 'L'을 입력합니다.
다음 점 지정 또는 [호(A)/닫기(C)/명령 취소(U)] : P5 클릭
폴리솔리드 직선의 세 번째 점에 'P5'를 클릭합니다.
다음 점 지정 또는 [호(A)/닫기(C)/명령 취소(U)] : [Enter]

● [방향, 닫기] 옵션 실습하기

01 [Polysolid] 명령어를 입력하고 폴리솔리드 직선의 시작점과 두 번째 점을 지정합니다. 이후, [호] 옵션과 [방향] 옵션을 차례로 지정하고 폴리솔리드 호의 시작점에 대한 접선 방향과 호의 끝점을 지정한 후, [닫기] 옵션을 지정합니다. 호의 시작점에 대한 접선 방향의 폴리솔리드 호가 작성되었습니다.

명령 : Polysolid Enter
높이 = 50.0000, 폭 = 40.0000, 자리맞추기 = 중심
시작점 지정 또는 [객체(O)/높이(H)/폭(W)/자리맞추기(J)] 〈객체〉 : P1 클릭
폴리솔리드 직선의 시작점에 'P1'을 클릭합니다.
다음 점 지정 또는 [호(A)/명령 취소(U)] : P2 클릭
폴리솔리드 직선의 두 번째 점에 'P2'를 클릭합니다.
다음 점 지정 또는 [호(A)/명령 취소(U)] : A Enter
[호] 옵션을 지정하기 위해서 'A'를 입력합니다.
호의 끝점 지정 또는 [닫기(C)/방향(D)/선(L)/두 번째 점(S)/명령 취소(U)] : D Enter
[방향] 옵션을 지정하기 위해서 'D'를 입력합니다.
호의 시작점에 대해 접선 방향을 지정 : P3 클릭
폴리솔리드 호의 시작점에 대한 접선 방향에 'P3'을 클릭합니다.
호의 끝점 지정 또는 [닫기(C)/방향(D)/선(L)/두 번째 점(S)/명령 취소(U)] : P4 클릭
폴리솔리드 호의 끝점에 'P4'를 클릭합니다.
다음 점 지정 또는 [호(A)/닫기(C)/명령 취소(U)] : 호의 끝점 지정 또는 [닫기(C)/방향(D)/선(L)/두 번째 점(S)/명령 취소(U)] : C Enter
[닫기] 옵션을 지정하기 위해서 'C'를 입력합니다.

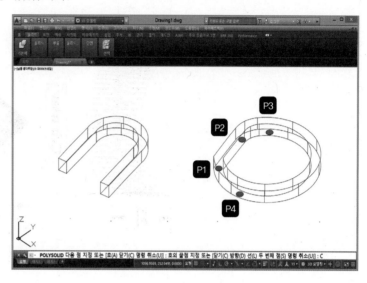

02 [Hide] 명령어를 입력하여 은선을 제거합니다.

명령 : Hide Enter
모형 재생성 중.
숨기기를 위해 빈 RAM이 충분하지 않음--일부 선들이 부정확하게 은선처리 될 것임.
은선이 제거된 객체가 나타납니다.

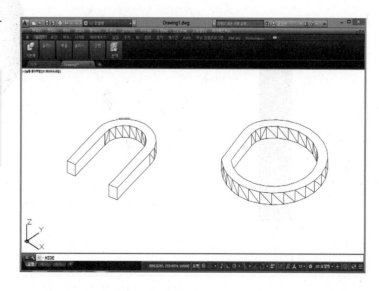

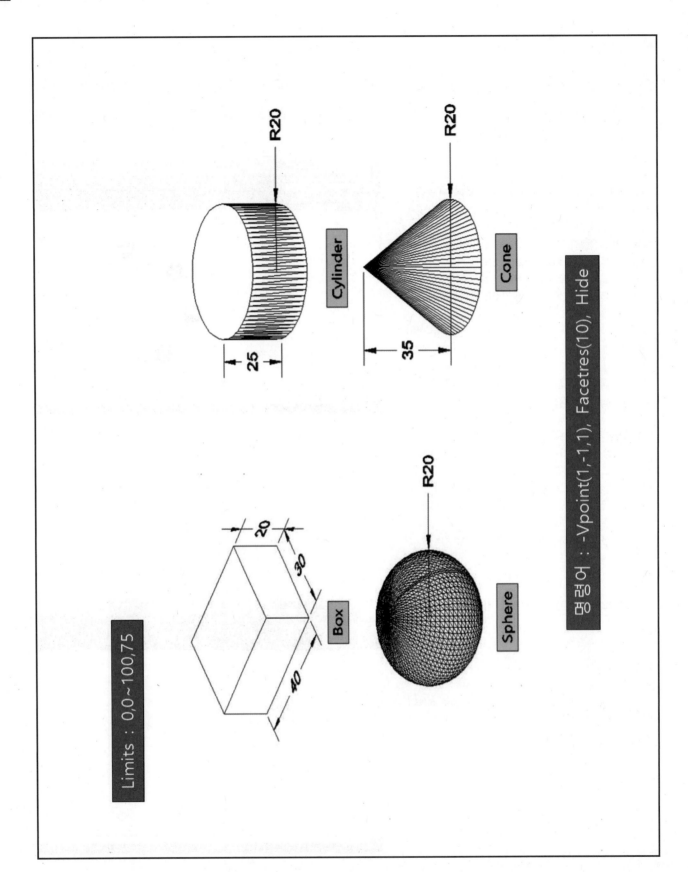

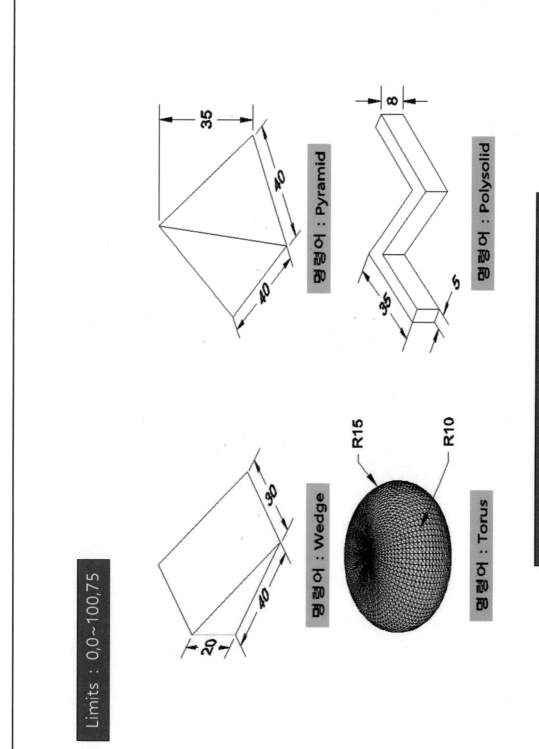

Limits : 0,0~100,75

명령어 : Pyramid

명령어 : Polysolid

명령어 : Wedge

명령어 : Torus

명령어 : -Vpoint(1,-1,1), Facetres(10), Hide

35

8

40

40

35

5

30

40

20

R15

R10

CHAPTER

16

3차원 솔리드 객체
편집하기(1)

16.1 3차원 솔리드 객체의 면 처리하기

1 3차원 솔리드 객체의 곡면을 부드럽게 하는 [Facetres] 명령어

[Facetres] 명령어는 솔리드 객체의 곡면을 부드럽게 할 수 있는 가운데, 기본값은 '0.5' 이고 '0.01~10' 까지 입력이 가능합니다. 입력값이 작을수록 곡면이 거칠게 표현되며 입력값이 클수록 곡면이 부드럽게 표현됩니다.

(1) 명령어 입력 방법

[Facetres] 명령어	
명령어	Facetres

(2) 명령어 사용 방법

명령 : Facetres Enter
FACETRES에 대한 새 값 입력 〈0.5000〉 : 10 Enter
입력값에 '0.01'부터 '10'까지 입력합니다.

(3) 실습하기

● 기본 실습하기

01 아래의 예제 파일을 불러옵니다.

예제 파일 : Part02\Chapter16\16-1\1\Facetres(기본)

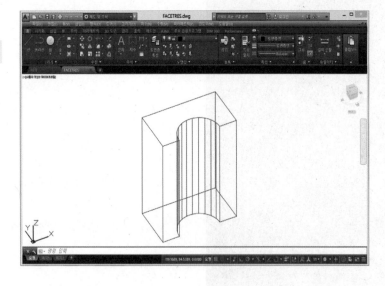

02 [Facetres] 명령어를 입력한 후, 입력값에 '0.01'을 입력합니다.

명령 : Facetres `Enter`
FACETRES에 대한 새 값 입력 〈0.5000〉: 0.01 `Enter`
입력값에 '0.01'을 입력합니다.

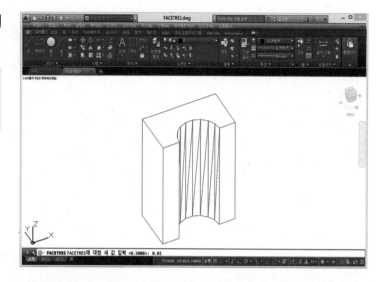

03 [Hide] 명령어를 입력합니다. [Facetres] 명령어의 입력값 범위 중 최소인 '0.01'을 입력하였기 때문에 곡면이 거칠게 나타납니다.

명령 : Hide `Enter`
HIDE 모형 재생성 중.
숨기기를 위해 빈 RAM이 충분하지 않음--일부 선들이 부정확하게 은선처리 될 것임.
은선이 제거된 객체가 나타납니다.

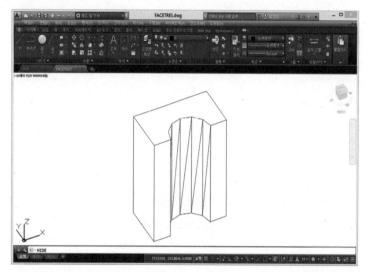

04 [Facetres] 명령어를 입력한 후, 입력값에 '10'을 입력합니다.

명령 : Facetres `Enter`
FACETRES에 대한 새 값 입력 〈0.5000〉: 10 `Enter`
입력값에 '10'을 입력합니다.

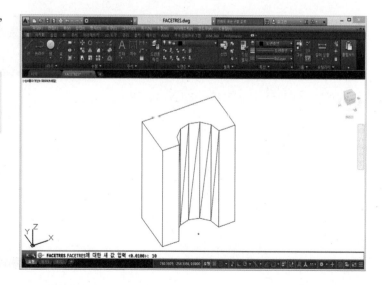

05 [Hide] 명령어를 입력합니다. [Facetres] 명령어의 입력값 범위 중 최대인 '10' 을 입력하였기 때문에 곡면이 부드럽게 나타납니다.

> **명령 : Hide** Enter
> HIDE 모형 재생성 중.
> 숨기기를 위해 빈 RAM이 충분하지 않음--일부 선들이 부정확하게 은선처리 될 것임.
> 은선이 제거된 객체가 나타납니다.

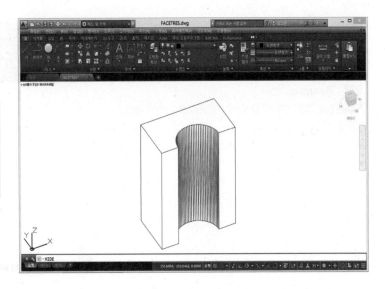

2 3차원 솔리드 객체 곡면의 와이어 프레임 개수를 결정하는 [Isolines] 명령어

[Isolines] 명령어는 솔리드 객체 곡면의 와이어 프레임 개수를 결정할 수 있는 가운데, 기본값은 '4' 이고 '0~2,047' 까지 입력이 가능합니다. 입력값이 크다고 곡면이 부드럽게 표현되는 것은 아닙니다.

(1) 명령어 입력 방법

[Isolines] 명령어	
명령어	Isolines

(2) 명령어 사용 방법

> **명령 : Isolines** Enter
> ISOLINES에 대한 새 값 입력 〈4〉 : 20 Enter
> 입력값에 '0'부터 '2,047'까지 입력합니다.

(3) 실습하기

● 기본 실습하기

01 아래의 예제 파일을 불러옵니다.

> 예제 파일 : Part02\Chapter16\16-1\2\Isolines(기본)

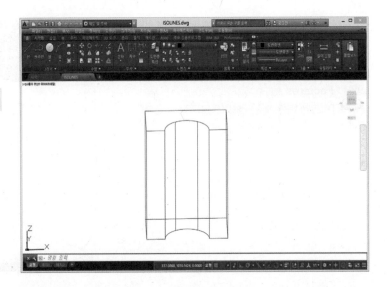

02 [Isolines] 명령어를 입력한 후, 입력값에 '0'
을 입력합니다.

> 명령 : Isolines [Enter]
> ISOLINES에 대한 새 값 입력 〈4〉: 0 [Enter]
> 입력값에 '0'을 입력합니다.

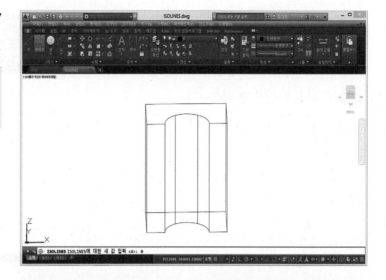

03 [Regen] 명령어를 입력합니다. [Isolines] 명
령어의 입력값 범위 중 최소인 '0'을 입력하였기
때문에 와이어 프레임이 보이지 않습니다.

> 명령 : Regen [Enter]
> REGEN 모형 재생성 중.

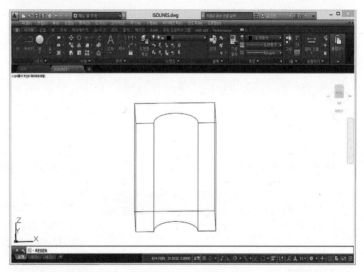

04 [Isolines] 명령어를 입력한 후, 입력값에 '20'
을 입력합니다.

> 명령 : Isolines [Enter]
> ISOLINES에 대한 새 값 입력 〈0〉: 20 [Enter]
> 입력값에 '20'을 입력합니다.

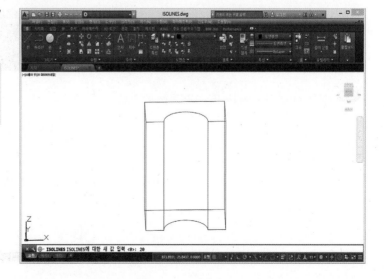

05 [Regen] 명령어를 입력합니다. [Isolines] 명령어의 입력값 범위 중 '20'을 입력하였기 때문에 전체 객체의 절반인 객체에서 와이어 프레임의 개수가 '10'임을 확인할 수 있습니다.

명령 : Regen [Enter]
REGEN 모형 재생성 중.

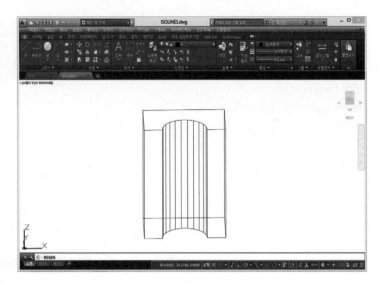

3 3차원 솔리드 객체 곡면의 윤곽만을 표시하는 [Dispsilh] 명령어

[Dispsilh] 명령어는 솔리드 객체의 곡면 내부에 있는 와이어 프레임이나 세그먼트를 표시하지 않고 윤곽만을 표시할 수 있습니다.

(1) 명령어 입력 방법

[Dispsilh] 명령어	
명령어	Dispsilh

(2) 명령어 사용 방법

명령 : Dispsilh [Enter]
DISPSILH에 대한 새 값 입력 〈0〉 : 1 [Enter]
[Dispsilh] 명령어의 입력값에 '0'과 '1'을 입력합니다.

(3) 실습하기

● 기본 실습하기

01 아래의 예제 파일을 불러옵니다.

예제 파일 : Part02\Chapter16\16-1\3\Dispsilh(기본)

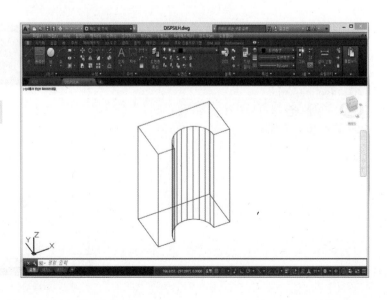

02 [Dispsilh] 명령어를 입력한 후, 입력값에 '1' 을 입력합니다.

> **명령 : Dispsilh** [Enter]
> DISPSILH에 대한 새 값 입력 〈0〉 : 1 [Enter]
> 입력값에 '1'을 입력합니다.

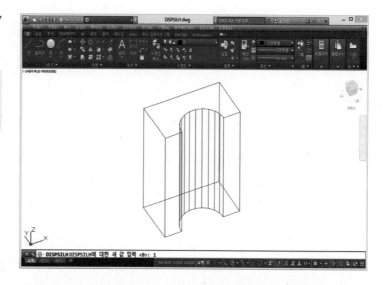

03 [Hide] 명령어를 입력합니다. 객체 곡면 내부 의 세그먼트가 보이지 않고 윤곽만 보입니다.

> **명령 : Hide** [Enter]
> HIDE 모형 재생성 중.
> 숨기기를 위해 빈 RAM이 충분하지 않음--일부 선들이 부정확하게 은선처리 될 것임.
> 은선이 제거된 객체가 나타납니다.

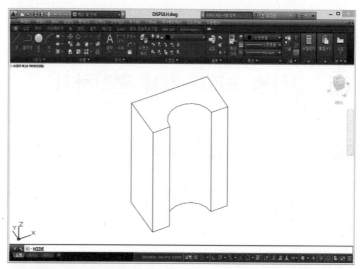

04 [Dispsilh] 명령어를 입력한 후, 입력값에 '0' 을 입력합니다.

> **명령 : Dispsilh** [Enter]
> DISPSILH에 대한 새 값 입력 〈1〉 : 0 [Enter]
> 입력값에 '0'을 입력합니다.

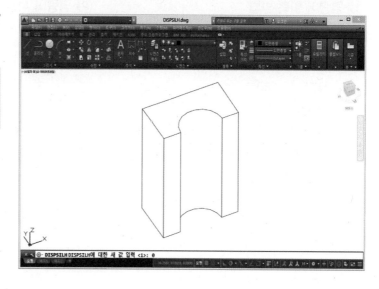

05 [Hide] 명령어를 입력합니다. 객체 곡면 내부
의 세그먼트가 나타납니다.

> **명령 : Hide** Enter
> HIDE 모형 재생성 중.
> 숨기기를 위해 빈 RAM이 충분하지 않음--일부 선들이
> 부정확하게 은선처리 될 것임.
> 은선이 제거된 객체가 나타납니다.

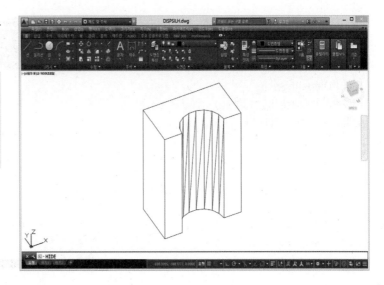

16.2 3차원 솔리드 객체 편집하기

① 3차원적으로 객체를 이동시키는 [3Dmove] 명령어

[3Dmove] 명령어는 2차원 [Move] 명령어와 동일한 기능으로, 객체의 이동 기준점을 지정한 후, 마우스
로 임의의 지점을 클릭하거나 좌표를 입력하여 객체를 이동시킬 수 있습니다.

(1) 명령어 입력 방법

[3Dmove] 명령어	
메뉴 막대	수정→3D 작업→3D 이동
명령어	3Dmove
단축 명령어	3M
리본 메뉴	(홈)탭→(수정)패널→3D이동(⊕) ([3D 모델링] 작업공간)

(2) 명령어 사용 방법

> **명령 : 3Dmove** Enter
> 객체 선택 : P1 클릭   1개를 찾음
> 3차원적으로 이동시킬 객체를 지정합니다.
> 객체 선택 : Enter
> 기준점 지정 또는 [변위(D)] ⟨변위⟩ : P2 클릭
> 객체를 이동시킬 기준점을 입력합니다.
> 두 번째 점 지정 또는 ⟨첫 번째 점을 변위로 사용⟩ : P3 클릭
> 객체가 이동될 지점을 입력합니다.
> 모형 재생성 중.

(3) 옵션 설명

옵션	설명
변위(D)	좌표값을 입력하여 객체가 이동될 위치를 지정합니다.

(4) 실습하기

● 기본 실습하기

01 아래의 예제 파일을 불러옵니다.

예제 파일 : Part02\Chapter16\16-2\1\3Dmove(기본)

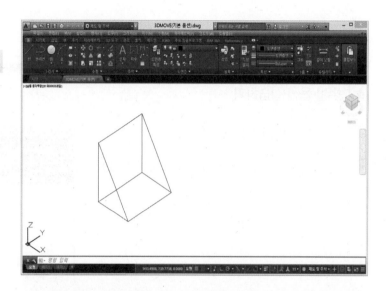

02 [3Dmove] 명령어를 입력하고 이동시킬 객체를 지정한 후, 이동시킬 기준점과 이동될 지점을 입력합니다.

명령 : 3Dmove [Enter]
객체 선택 : P1 클릭   1개를 찾음
3차원적으로 이동시킬 객체에 'P1'을 클릭합니다.
객체 선택 : [Enter]
기준점 지정 또는 [변위(D)] 〈변위〉 : P2 클릭
객체를 이동시킬 기준점에 'P2'를 입력합니다.
두 번째 점 지정 또는 〈첫 번째 점을 변위로 사용〉 : P3 클릭
객체가 이동될 지점에 'P3'을 입력합니다.
모형 재생성 중.

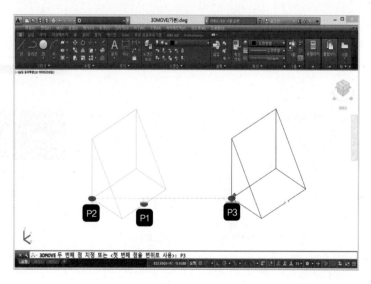

03 객체가 3차원적으로 이동되었습니다.

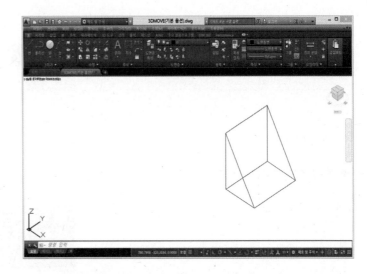

● [변위] 옵션 실습하기

01 아래의 예제 파일을 불러옵니다.

예제 파일 : Part02\Chapter16\16-2\1\3Dmove(변위 옵션)

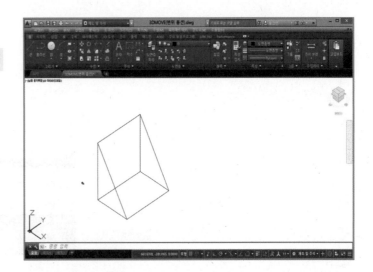

02 [3Dmove] 명령어를 입력하고 이동시킬 객체를 지정한 후, [변위] 옵션을 지정하고 이동될 지점을 입력합니다.

명령 : 3Dmove ⏎
객체 선택 : P1 클릭   1개를 찾음
3차원적으로 이동시킬 객체에 'P1'을 클릭합니다.
객체 선택 : ⏎
기준점 지정 또는 [변위(D)] 〈변위〉 : D ⏎
[변위] 옵션을 지정하기 위해서 'D'를 입력합니다.
변위 지정 〈0.0000, 0.0000, 0.0000〉 : @750〈45 ⏎
객체가 이동될 지점에 '@750〈45'를 입력합니다.
모형 재생성 중.

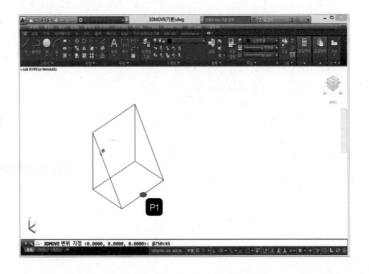

03 객체가 3차원적으로 이동되었습니다.

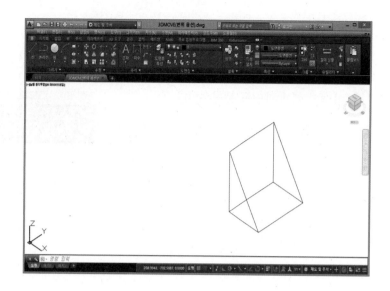

2 3차원적으로 객체를 회전시키는 [3Drotate] 명령어

[3Drotate] 명령어는 UCS의 변화없이 사용자가 원하는 방향으로 객체를 회전시킵니다. 명령어를 입력한 후, 객체를 지정하면 그립 회전 도구가 나타나고 원하고자 하는 회전축을 지정하여 회전시킬 수 있습니다.

(1) 명령어 입력 방법

[3Drotate] 명령어	
메뉴 막대	수정→3D 작업→3D 회전
명령어	3Drotate
단축 명령어	3R
리본 메뉴	(홈)탭→수정(패널)→3D회전(🔄) ([3D 모델링] 작업공간)

(2) 명령어 사용 방법

명령 : 3Drotate ⏎
현재 UCS에서 양의 각도 : 측정 방향=시계 반대 방향 기준 방향=0
객체 선택 : P1 클릭   1개를 찾음
3차원적으로 회전시킬 객체를 지정합니다.
객체 선택 : ⏎
기준점 지정 : P2 클릭
객체를 회전시킬 기준점을 지정합니다.
회전축 선택 : P3 클릭
객체의 회전축을 지정합니다.
각도 시작점 지정 또는 각도 입력 : P4 클릭
객체를 회전시킬 시작점을 지정합니다.
각도 끝점 지정 : P5 클릭
객체를 회전시킬 끝점을 지정합니다.
모형 재생성 중.

⑶ **실습하기**

● **기본 실습하기**

01 아래의 예제 파일을 불러옵니다.

> 예제 파일 : Part02\Chapter16\16-2\2\3Drotate(기본)

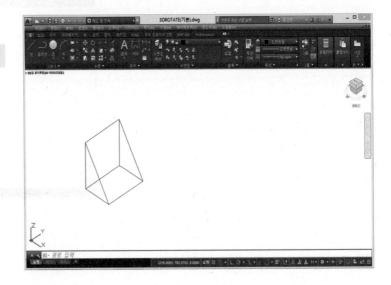

02 [3Drotate] 명령어를 입력한 후, 회전시킬 객체를 클릭합니다.

> **명령 : 3Drotate** [Enter]
> 현재 UCS에서 양의 각도 : 측정 방향=시계 반대 방향
> 기준 방향=0
> 객체 선택 : P1 클릭   1개를 찾음
> 3차원적으로 회전시킬 객체에 'P1'을 클릭합니다.
> 객체 선택 : [Enter]

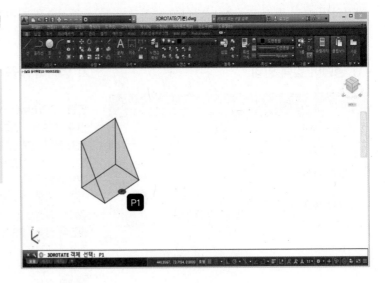

03 그립 회전 도구가 나타나면 회전 기준점을 지정한 후, 회전축으로 빨강색인 X축을 지정합니다.

> 각도 끝점 지정 : P1 클릭
> 객체를 회전시킬 기준점에 'P1'을 입력합니다.
> 회전축 선택 : P2 클릭
> 객체의 회전축에 'P2'를 입력합니다.

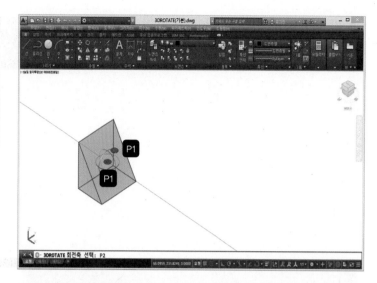

04 객체를 회전시킬 시작점을 지정합니다.

> 각도 시작점 지정 또는 각도 입력 : P1 클릭
> 객체를 회전시킬 시작점에 'P1'을 클릭합니다.

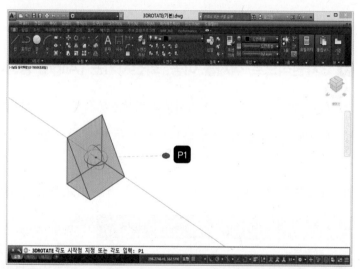

05 객체의 회전을 종료하는 끝점을 지정합니다.

> P1 클릭
> 객체의 회전을 종료하는 끝점에 'P1'을 클릭합니다.
> 모형 재생성 중.

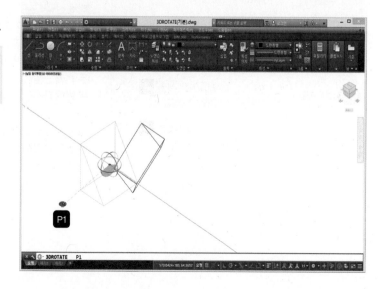

06 객체가 3차원적으로 회전되었습니다.

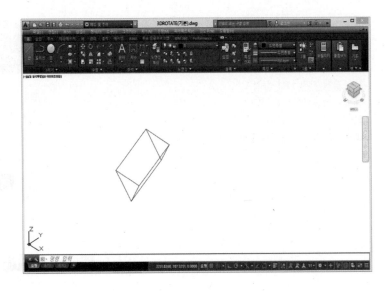

---

3 3차원적으로 객체를 이동, 회전시키는 [Align] 명령어

[Align] 명령어는 근원 객체가 이동과 회전을 동시에 수행하여 대상 객체에 정렬됩니다. 근원 객체의 첫 번째, 두 번째 및 세 번째 근원점을 대상 객체의 첫 번째, 두 번째 및 세 번째 대상점으로 정렬시킬 수 있습니다.

(1) 명령어 입력 방법

[Align] 명령어	
메뉴 막대	수정→3D 작업→정렬
명령어	Align
단축 명령어	AI
리본 메뉴	(홈)탭→(수정)패널→정렬(📐) ([제도 및 주석] 작업공간)
	(홈)탭→(수정)패널→정렬(📐) ([3D 기본 사항] 작업공간)
	(홈)탭→(수정)패널→정렬(📐) ([3D 모델링] 작업공간)

(2) 명령어 사용 방법

명령 : Align ⏎
객체 선택 : P1 클릭   1개를 찾음
3차원으로 정렬시킬 근원 객체를 클릭합니다.
객체 선택 : ⏎
첫 번째 근원점 지정 : P2 클릭
첫 번째 대상점 지정 : P3 클릭
근원 객체의 첫 번째 점과 대상 객체의 첫 번째 점을 차례로 클릭합니다.
두 번째 근원점 지정 : P4 클릭
두 번째 대상점 지정 : P5 클릭
근원 객체의 두 번째 점과 대상 객체의 두 번째 점을 차례로 클릭합니다.
세 번째 근원점 지정 또는 〈계속〉 : P6 클릭
세 번째 대상점 지정 : P7 클릭
근원 객체의 세 번째 점과 대상 객체의 세 번째 점을 차례로 클릭합니다.

(3) 실습하기

● 기본 실습하기

01 아래의 예제 파일을 불러옵니다.

예제 파일 : Part02\Chapter16\16-2\3\Align(기본)

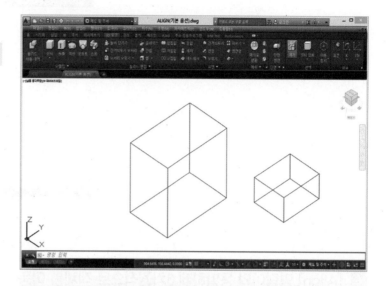

02 [Align] 명령어를 입력하고 정렬시킬 근원 객체를 클릭합니다. 이후, 근원 객체와 대상 객체의 첫 번째, 두 번째 및 세 번째 점을 번갈아서 클릭합니다.

명령 : Align [Enter]
객체 선택 : P1 클릭　1개를 찾음
3차원으로 정렬시킬 근원 객체에 'P1'을 클릭합니다.
객체 선택 : [Enter]
첫 번째 근원점 지정 : P2 클릭
첫 번째 대상점 지정 : P3 클릭
근원 객체의 첫 번째 점과 대상 객체의 첫 번째 점에 'P2'와 'P3'을 차례로 클릭합니다.
두 번째 근원점 지정 : P4 클릭
두 번째 대상점 지정 : P5 클릭
근원 객체의 두 번째 점과 대상 객체의 두 번째 점에 'P4'와 'P5'를 차례로 클릭합니다.
세 번째 근원점 지정 또는 〈계속〉 : P6 클릭
세 번째 대상점 지정 : P7 클릭
근원 객체의 세 번째 점과 대상 객체의 세 번째 점에 'P6'과 'P7'을 차례로 클릭합니다.

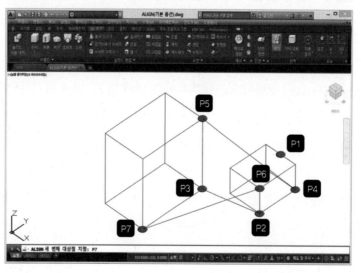

03 근원 객체가 이동과 동시에 회전하여 대상 객체에 정렬되었습니다.

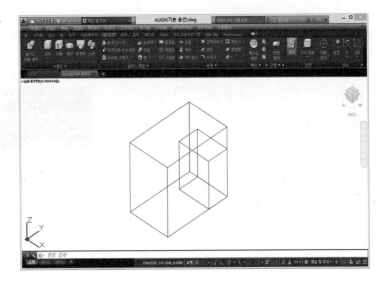

4 [Align] 명령어와 동일하게 3차원적으로 객체를 이동, 회전시키지만, 수행 방법이 다른 [3Dalign] 명령어

[3Dalign] 명령어는 [Align] 명령어와 마찬가지로 근원 객체가 이동과 회전을 동시에 수행하여 대상 객체에 정렬됩니다. [3Dalign] 명령어도 근원 객체의 첫 번째 점, 두 번째 점 및 세 번째 근원점을 대상 객체의 첫 번째 점, 두 번째 점 및 세 번째 대상점으로 정렬시키기 때문에 [Align] 명령어와 동일한 결과를 가져 오지만, 명령어를 수행 중 실행과정이 [Align] 명령어와 차이가 있습니다.

(1) 명령어 입력 방법

[3Dalign] 명령어	
메뉴 막대	수정→3D 작업→3D 정렬
명령어	3Dalign
단축 명령어	3AI
리본 메뉴	(홈)탭→(수정)패널→3D정렬( ) ([3D 기본 사항] 작업공간) (홈)탭→(수정)패널→3D정렬( ) ([3D 모델링] 작업공간)

(2) 명령어 사용 방법

명령 : 3Dalign ⏎
객체 선택 : P1 클릭   1개를 찾음
3차원으로 정렬시킬 근원 객체를 클릭합니다.
객체 선택 : ⏎
 원본 평면 및 방향 지정...
기준점 지정 또는 [복사(C)] : P2 클릭
두 번째 점 지정 또는 [계속(C)] ⟨C⟩ : P3 클릭
세 번째 점 지정 또는 [계속(C)] ⟨C⟩ : P4 클릭
근원 객체의 첫 번째 점, 두 번째 점 및 세 번째 점을 차례로 클릭합니다.
 대상 평면 및 방향 지정...
첫 번째 대상점 지정 : P5 클릭
두 번째 대상점 지정 또는 [종료(X)] ⟨X⟩ : P6 클릭
세 번째 대상점 지정 또는 [종료(X)] ⟨X⟩ : P7 클릭
대상 객체의 첫 번째 점, 두 번째 점 및 세 번째 점을 차례로 클릭합니다.

(3) 실습하기

● 기본 실습하기

01 아래의 예제 파일을 불러옵니다.

예제 파일 : Part02\Chapter16\16-2\4\3Dalign(기본)

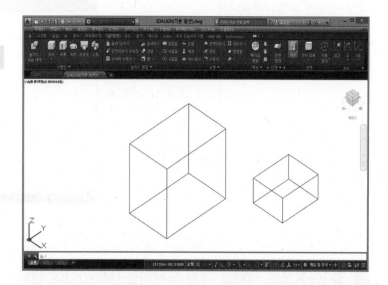

02 [3Dalign] 명령어를 입력하고 정렬시킬 근원 객체를 클릭합니다. 이후, 근원 객체의 첫 번째 점, 두 번째 점 및 세 번째 점을 차례로 클릭한 후, 대상 객체의 첫 번째 점, 두 번째 점 및 세 번째 점을 차례로 클릭합니다.

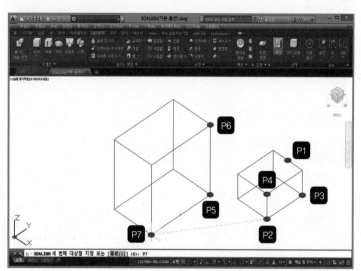

명령 : 3Dalign [Enter]
객체 선택 : P1 클릭   1개를 찾음
3차원으로 정렬시킬 근원 객체에 'P1'을 클릭합니다.
객체 선택 : [Enter]
 원본 평면 및 방향 지정...
기준점 지정 또는 [복사(C)] : P2 클릭
두 번째 점 지정 또는 [계속(C)] 〈C〉 : P3 클릭
세 번째 점 지정 또는 [계속(C)] 〈C〉 : P4 클릭
근원 객체의 첫 번째 점, 두 번째 점 및 세 번째 점에 'P2',
'P3', 'P4'를 차례로 클릭합니다.
 대상 평면 및 방향 지정...
첫 번째 대상점 지정 : P5 클릭
두 번째 대상점 지정 또는 [종료(X)] 〈X〉 : P6 클릭
세 번째 대상점 지정 또는 [종료(X)] 〈X〉 : P7 클릭
대상 객체의 첫 번째 점, 두 번째 점 및 세 번째 점에 'P5',
'P6', 'P7'을 차례로 클릭합니다.

03 [Align] 명령어와 마찬가지로 [3Dalign] 명령어도 근원 객체가 이동과 회전을 동시에 수행하여 대상 객체에 정렬되었습니다.

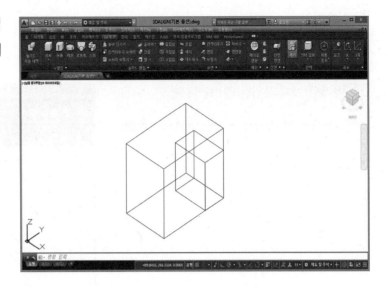

5 3차원적으로 객체를 대칭 복사하는 [Mirror3D] 명령어

[Mirror3D] 명령어는 2차원 대칭 복사인 경우, X, Y축에서 기준선 한 개로만 대칭 복사하였지만, 3차원 대칭 복사인 경우, X, Y, Z축에서 2개의 축을 기준선으로 작성된 평면을 기준으로 대칭 복사합니다.

(1) 명령어 입력 방법

[Mirror3D] 명령어	
메뉴 막대	수정→3D 작업→3D 대칭
명령어	Mirror3D
단축 명령어	3Dmi
리본 메뉴	(홈)탭→(수정)패널→3D대칭(🔲) ([3D 기본 사항] 작업공간)
	(홈)탭→(수정)패널→3D대칭(🔲) ([3D 모델링] 작업공간)

(2) 명령어 사용 방법

명령 : Mirror3D Enter
객체 선택 : P1 클릭   1개를 찾음
3차원으로 대칭 복사할 원본 객체를 지정합니다.
객체 선택 : Enter
대칭 평면 (3점)의 첫 번째 점 지정 또는
[객체(O)/최종(L)/Z축(Z)/뷰(V)/XY/YZ/ZX/3점(3)] 〈3점〉 : P2 클릭
대칭 복사하고자 하는 기준 평면의 첫 번째 점을 지정합니다.
대칭 평면 위의 두 번째 점 지정 : P3 클릭
대칭 복사하고자 하는 기준 평면의 두 번째 점을 지정합니다.
대칭 평면 위의 세 번째 점 지정 : P4 클릭
대칭 복사하고자 하는 기준 평면의 세 번째 점을 지정합니다.
원본 객체를 삭제합니까? [예(Y)/아니오(N)] 〈N〉 : N Enter
원본 객체를 삭제하고자 할 경우 'Y', 삭제하지 않을 경우 'N'를 입력합니다.

(3) 실습하기

● 기본 실습하기

01 아래의 예제 파일을 불러옵니다.

예제 파일 : Part02\Chapter16\16-2\5\Mirror3d(기본)

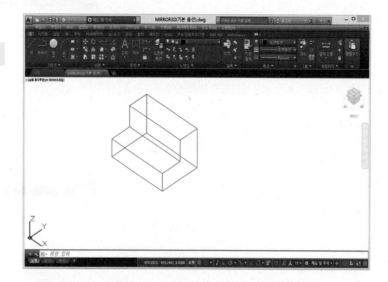

02 [Mirror3D] 명령어를 입력한 후, 대칭 복사할 원본 객체를 지정합니다.

명령 : Mirror3D [Enter]
객체 선택 : P1 클릭　1개를 찾음
3차원으로 대칭 복사할 원본 객체에 'P1'을 클릭합니다.
객체 선택 : [Enter]

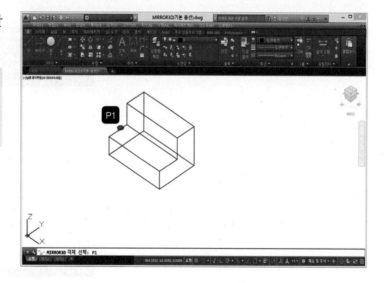

03 대칭 복사하고자 하는 기준 평면의 첫 번째 점, 두 번째 점 및 세 번째 점을 차례로 클릭합니다. 이후, 원본 객체를 삭제하지 않도록 지정합니다.

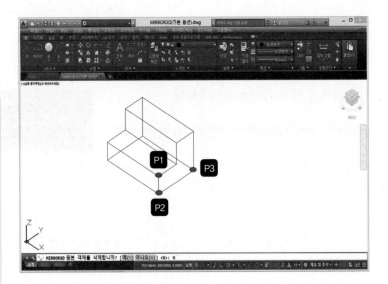

대칭 평면 (3점)의 첫 번째 점 지정 또는
[객체(O)/최종(L)/Z축(Z)/뷰(V)/XY/YZ/ZX/3점(3)]
〈3점〉: P1 클릭
대칭 복사하고자 하는 기준 평면의 첫 번째 점에 'P1'을 클릭합니다.
대칭 평면 위의 두 번째 점 지정 : P2 클릭
대칭 복사하고자 하는 기준 평면의 두 번째 점에 'P2'를 클릭합니다.
대칭 평면 위의 세 번째 점 지정 : P3 클릭
대칭 복사하고자 하는 기준 평면의 세 번째 점에 'P3'을 클릭합니다.
원본 객체를 삭제합니까? [예(Y)/아니오(N)] 〈N〉: N
Enter
원본 객체를 삭제하지 않기 위해서 'N'을 입력합니다.

04 원본 객체가 사라지지 않고 대칭 복사된 것을 확인할 수 있습니다.

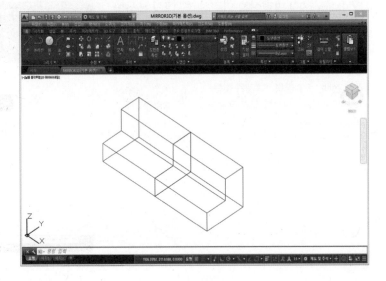

6 3차원적으로 객체를 배열하는 [3Darray] 명령어

[3Darray] 명령어는 2차원 [Array] 명령어와 유사하지만 Z축에 대한 레벨수를 지정하여 배열한다는 점에서는 2차원 배열과 다릅니다. 3차원 배열은 2차원 배열과 동일하게 [직사각형]과 [원형] 타입으로 배열할 수 있습니다.

(1) 명령어 입력 방법

[3Darray] 명령어	
메뉴 막대	수정→3D 작업→3D 배열
명령어	3Darray
단축 명령어	3A
리본 메뉴	(홈)탭→(수정)패널→3D 배열(⬛) ([3D 기본 사항] 작업공간)
	(홈)탭→(수정)패널→직사각형 배열(⬛), 경로 배열(⬛), 원형 배열(⬛) ([3D 모델링] 작업공간)

(2) 명령어 사용 방법

● [직사각형] 옵션 실습하기

명령 : 3Darray Enter
객체 선택 : P1 클릭　1개를 찾음
3차원으로 배열할 객체를 지정합니다.
객체 선택 : Enter
배열의 유형 입력 [직사각형(R)/원형(P)] 〈R〉 : R Enter
직사각형 배열을 지정하기 위해서 'R'을 입력합니다.
행 수 입력 (---) 〈1〉: 2 Enter
행의 개수를 입력합니다.
열 수 입력 (|||) 〈1〉: 3 Enter
열의 개수를 입력합니다.
레벨 수 입력 (...) 〈1〉: 3 Enter
레벨의 개수를 입력합니다.
행 사이의 거리를 지정 (---) : 2 Enter
행과 행 사이의 거리를 입력합니다.
열 사이의 거리를 지정 (|||) : 2 Enter
열과 열 사이의 거리를 입력합니다.
레벨 사이의 거리를 지정 (...) : 2 Enter
레벨과 레벨 사이의 거리를 입력합니다.

● [원형] 옵션 실습하기

명령 : 3Darray Enter
객체 선택 : P1 클릭　1개를 찾음
3차원으로 배열할 객체를 지정합니다.
객체 선택 : Enter
배열의 유형 입력 [직사각형(R)/원형(P)] 〈R〉 : P Enter
원형 배열을 지정하기 위해서 'P'를 입력합니다.
배열에서 항목 수 입력 : 4 Enter
배열할 항목 수를 입력합니다.
채우기할 각도 지정 (+=CCW, -=CW) 〈360〉: 360 Enter
채우기할 각도를 입력합니다.
배열된 객체를 회전하시겠습니까? [예(Y)/아니오(N)] 〈Y〉 : Y
Enter
객체를 회전시키면 'Y', 회전시키지 않으면 'N'을 입력합니다.
배열의 중심점 지정 : P2 클릭
회전축 상의 첫 번째 점에 'P2'를 클릭합니다.
회전축 상의 두 번째 점 지정 : P3 클릭
회전축 상의 두 번째 점에 'P3'을 클릭합니다.

(3) 옵션 설명

옵션	설명
직사각형(R)	객체를 3차원적으로 직사각형 배열합니다.
원형(P)	객체를 3차원적으로 원형 배열합니다.

⑷ 실습하기

● [직사각형] 옵션 실습하기

01 아래의 예제 파일을 불러옵니다.

> 예제 파일 : Part02\Chapter16\16-2\6\3Darray
> (직사각형 옵션)

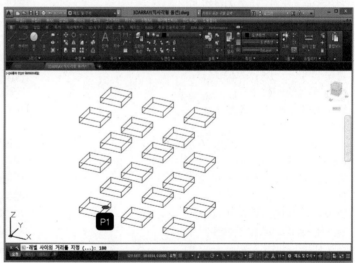

02 [3Darray] 명령어를 입력하고 배열할 객체를 지정합니다. 이후, [직사각형] 옵션을 지정하고 행 수, 열 수 및 레벨 수를 입력한 후, 행 사이의 거리, 열 사이의 거리 및 레벨 사이의 거리를 입력합니다. 객체가 3차원적으로 직사각형 배열되는 것을 확인할 수 있습니다.

> **명령 : 3Darray** Enter
> **객체 선택 : P1 클릭　1개를 찾음**
> 3차원으로 배열할 객체에 'P1'을 클릭합니다.
> **객체 선택 :** Enter
> **배열의 유형 입력 [직사각형(R)/원형(P)] ⟨R⟩ : R** Enter
> [직사각형] 옵션을 지정하기 위해서 'R'을 입력합니다.
> **행 수 입력 (---) ⟨1⟩ : 2** Enter
> 행의 수에 '2'를 입력합니다.
> **열 수 입력 (|||) ⟨1⟩ : 3** Enter
> 열의 수에 '3'을 입력합니다.
> **레벨 수 입력 (...) ⟨1⟩ : 3** Enter
> 레벨의 수에 '3'을 입력합니다.
> **행 사이의 거리를 지정 (---) : 200** Enter
> 행과 행 사이의 거리에 '200'을 입력합니다.
> **열 사이의 거리를 지정 (|||) : 200** Enter
> 열과 열 사이의 거리에 '200'을 입력합니다.
> **레벨 사이의 거리를 지정 (...) : 180** Enter
> 레벨과 레벨 사이의 거리에 '180'을 입력합니다.

● [원형] 옵션 실습하기

01 아래의 예제 파일을 불러옵니다.

예제 파일 : Part02\Chapter16\16-2\6\3Darray
(원형 옵션)

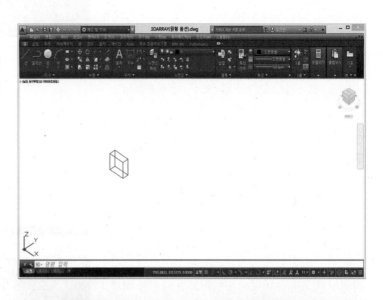

02 [3Darray] 명령어를 입력하고 배열할 객체를 지정합니다. 이후, [원형] 옵션을 지정하고 배열할 항목 수, 채우기 각도(회전 각도) 및 객체를 회전시킨다고 지정한 후, 회전축 상의 첫 번째 점과 두 번째 점을 지정합니다. 객체가 3차원적으로 원형 배열되는 것을 알 수 있고 회전축을 기준으로 객체가 회전되는 것을 확인할 수 있습니다.

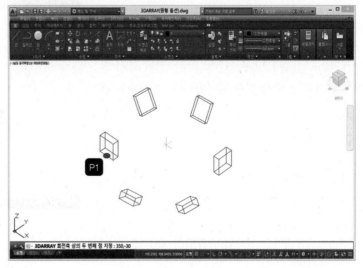

명령 : 3Darray [Enter]
객체 선택 : P1 클릭   1개를 찾음
3차원으로 배열할 객체에 'P1'을 클릭합니다.
객체 선택 : [Enter]
배열의 유형 입력 [직사각형(R)/원형(P)] 〈R〉: P [Enter]
[원형] 옵션을 지정하기 위해서 'P'를 입력합니다.
배열에서 항목 수 입력 : 6 [Enter]
배열할 항목 수에 '6'을 입력합니다.
채우기할 각도 지정 (+=ccw, -=cw) 〈360〉: 360 [Enter]
채우기할 각도에 '360'을 입력합니다.
배열된 객체를 회전시키겠습니까? [예(Y)/아니오(N)]
〈Y〉: Y [Enter]
배열된 객체를 중심점을 기준으로 회전시키기 위해서 'Y'를 입력합니다.
배열의 중심점 지정 : 115,200 [Enter]
회전축 상의 첫 번째 점에 '115,200'을 입력합니다.
회전축 상의 두 번째 점 지정 : 350,-30 [Enter]
회전축 상의 두 번째 점에 '350,-30'을 입력합니다.

03 명령어 [U]를 입력하여 초기 화면으로 되돌아 갑니다.

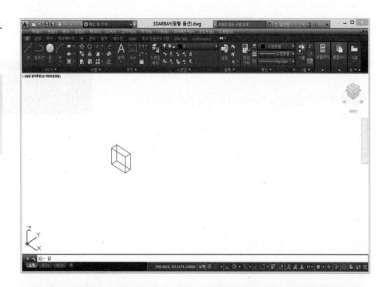

> **명령 : U** [Enter]
> 모든 것이 명령 취소됨
> 이전에 수행한 명령어를 취소하기 위해서 'U'를 입력합니다.

04 객체를 회전축을 기준으로 회전시키지 않기 위해서 [3Darray] 명령어를 입력하고 배열할 객체를 지정합니다. 이후, [원형] 옵션을 지정하고 배열할 항목 수, 채우기 각도(회전 각도) 및 객체를 회전시키지 않는다고 지정한 후, 회전축 상의 첫 번째 점과 두 번째 점을 지정합니다. 회전축을 기준으로 객체가 회전되지 않는 것을 확인할 수 있습니다.

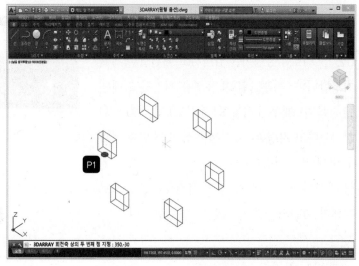

> **명령 : 3Darray** [Enter]
> 객체 선택 : P1 클릭   1개를 찾음
> 3차원으로 배열할 객체에 'P1'을 클릭합니다.
> 객체 선택 : [Enter]
> 배열의 유형 입력 [직사각형(R)/원형(P)] ⟨R⟩ : P [Enter]
> [원형] 옵션을 지정하기 위해서 'P'를 입력합니다.
> 배열에서 항목 수 입력 : 6 [Enter]
> 배열할 항목 수에 '6'을 입력합니다.
> 채우기할 각도 지정 (+=ccw, -=cw) ⟨360⟩ : 360 [Enter]
> 채우기할 각도에 '360'을 입력합니다.
> 배열된 객체를 회전하시겠습니까? [예(Y)/아니오(N)] ⟨Y⟩ : N [Enter]
> 배열된 객체를 중심점을 기준으로 회전시키지 않기 위해서 'N'을 입력합니다.
> 배열의 중심점 지정 : 115,200 [Enter]
> 회전축 상의 첫 번째 점에 '115,200'을 입력합니다.
> 회전축 상의 두 번째 점 지정 : 350,-30 [Enter]
> 회전축 상의 두 번째 점에 '350,-30'을 입력합니다.

⑦ 3차원 관측점을 자유자재로 지정하는 [3Dorbit] 명령어

[3Dorbit] 명령어는 [Vpoint] 명령어와 같이 3차원 관측점에서 객체를 바라보는 것은 동일합니다. 하지만 [3Dorbit] 명령어는 '제한된 경로', '자유 궤도' 및 '연속 궤도' 와 같은 옵션을 통해 [Vpoint] 명령어에 비해서 자유자재로 관측점을 변경할 수 있습니다.

(1) 명령어 입력 방법

[3Dorbit] 명령어	
메뉴 막대	뷰→궤도→제한된 경로, 자유 궤도, 연속 궤도
명령어	3Dorbit
단축 명령어	3Do

(2) 명령어 사용 방법

명령 : 3Dorbit ⏎
Esc 키 또는 ENTER 키를 눌러 종료하거나 오른쪽 클릭하여 바로 가기 메뉴를 표시하십시오.
모형 재생성 중.
단독 포인터가 나타나면 마우스의 왼쪽 버튼을 클릭한 채 왼쪽, 오른쪽으로 드래그합니다.
이후, 'Esc 키' 또는 'ENTER 키'를 눌러 종료하거나 오른쪽 클릭하고 [종료]를 클릭하여 종료합니다.

(3) 옵션 설명

옵션	설명
제한된 경로(C)	단독 포인터가 나타나면 마우스의 왼쪽 버튼을 클릭한 채 마우스를 움직여서 객체를 회전시킵니다.
자유 궤도(F)	아크 볼(Arc Ball) 궤도가 나타나면 궤도상이나 궤도의 내부, 외부에서 마우스의 왼쪽 버튼을 클릭한 채 마우스를 움직여서 객체를 회전시킵니다.
연속 궤도(O)	단독 포인터가 나타나면 마우스의 왼쪽 버튼을 클릭한 채 마우스를 원하는 방향으로 움직여서 객체를 계속 회전시킵니다. 이후, 원하는 위치에서 마우스의 왼쪽 버튼을 클릭하면 객체가 정지합니다.

⑷ 실습하기

● [제한된 경로 또는 구속된 궤도] 옵션 실습하기

01 아래의 예제 파일을 불러옵니다.

예제 파일 : Part02\Chapter16\16-2\7\3Dorbit(기본)

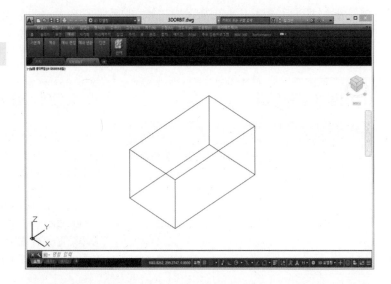

02 [3Dorbit] 명령어를 입력하면 단독 포인터가 나타나고 마우스의 왼쪽 버튼을 클릭한 채 왼쪽으로 움직이면 객체가 움직인 만큼 회전합니다. 이후, Enter↵ 를 칩니다.

명령 : 3Dorbit Enter
Esc 키 또는 ENTER 키를 눌러 종료하거나 오른쪽 클릭하여 바로 가기 메뉴를 표시하십시오.
모형 재생성 중.
단독 포인터가 나타나면 마우스의 왼쪽 버튼을 클릭한 채 왼쪽으로 움직입니다.
이후, 'Esc 키' 또는 'ENTER 키'를 눌러 종료하거나 오른쪽 클릭하고 [종료]를 클릭하여 종료합니다.

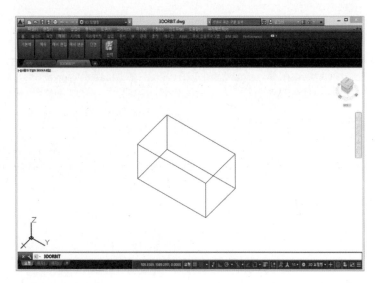

● [자유 궤도] 옵션 실습하기

01 [3Dorbit] 명령어를 입력하고 마우스의 오른 쪽 버튼을 클릭한 후, [기타 탐색 모드] 메뉴와 [자 유 궤도] 메뉴를 차례로 클릭합니다.

> **명령 : 3Dorbit** [Enter]
> Esc 키 또는 ENTER 키를 눌러 종료하거나 오른쪽 클릭 하여 바로 가기 메뉴를 표시하십시오.
> 모형 재생성 중.
> 마우스의 오른쪽 버튼을 클릭한 후, [기타 탐색 모드] 메뉴 와 [자유 궤도] 메뉴를 차례로 클릭합니다.

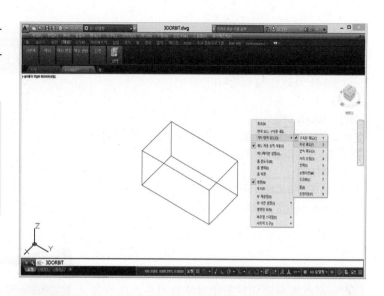

02 '아크 볼(Arc Ball)' 궤도가 나타나면 궤도상 에서 마우스를 움직여서 객체를 회전시킵니다. 이후, [Enter↵] 를 칩니다.

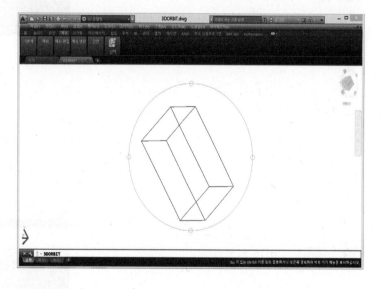

● [연속 궤도] 옵션 실습하기

01 [3Dorbit] 명령어를 입력하고 마우스의 오른쪽 버튼을 클릭한 후, [기타 탐색 모드] 메뉴와 [연속 궤도] 메뉴를 차례로 클릭합니다.

> **명령 : 3Dorbit** Enter
> Esc 키 또는 ENTER 키를 눌러 종료하거나 오른쪽 클릭하여 바로 가기 메뉴를 표시하십시오.
> 모형 재생성 중.
> 마우스의 오른쪽 버튼을 클릭한 후, [기타 탐색 모드] 메뉴와 [연속 궤도] 메뉴를 차례로 클릭합니다.

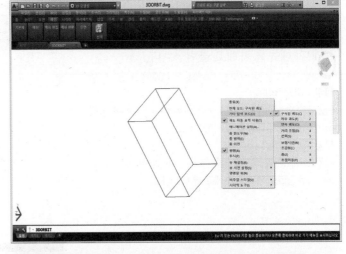

02 마우스의 왼쪽 버튼을 클릭한 채 마우스를 원하는 방향으로 힘차게 잡아당겨서 객체를 계속 회전시킵니다.

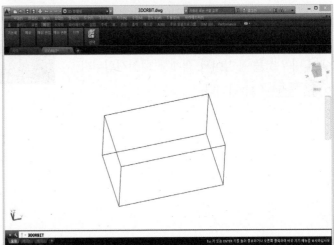

03 `Enter↵` 를 치면 객체가 정지합니다.

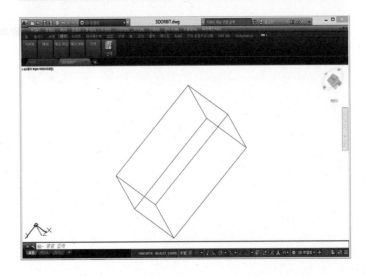

16.3 화면 분할하기

1 하나의 화면에 여러 개의 관측점을 지정하는 [Vports] 명령어

도면을 참고하여 작업을 할 때 객체의 관측점을 평면도 하나로만 나타낸다면 객체의 왼쪽, 오른쪽, 앞쪽, 뒷쪽 및 아래쪽 형상을 파악하기 어렵습니다. [Vports] 명령어는 하나의 화면에 여러 개의 관측점을 나타내기 때문에 객체의 형상을 정확히 파악할 수 있습니다.

(1) 명령어 입력 방법

[Vports] 명령어	
메뉴 막대	뷰→뷰포트→명명된 뷰포트
명령어	Vports
단축 명령어	Vpor
리본 메뉴	(시각화)탭→(모형 뷰포트)패널→명명됨 (🖼) ([제도 및 주석] 작업공간)
	(시각화)탭→(모형 뷰포트)패널→명명됨 (🖼) ([3D 기본 사항] 작업공간)
	(시각화)탭→(모형 뷰포트)패널→명명됨 (🖼) ([3D 모델링] 작업공간)

(2) 명령어 사용 방법

명령 : Vports Enter
[Vports] 명령어를 입력하면 [뷰포트] 대화 상자가 나타납니다. 이후, [새 뷰포트]탭을 클릭하고 [표준 뷰포트]에서 원하는 뷰포트를 지정합니다.

(3) 옵션 설명

옵션		설명
새 뷰포트	새이름(N)	새로운 뷰포트의 이름을 지정합니다.
	표준 뷰포트(V)	미리 지정한 뷰포트를 지정하여 뷰포트를 설정합니다.
	미리보기	선택한 뷰포트를 미리 보여줍니다.
	적용 위치(A)	분할된 화면을 적용하는 방법을 설정합니다.
	설정(S)	2차원 또는 3차원으로 지정합니다
	뷰 변경 위치(C)	[설정]이 '3D'인 경우, 각 화면의 관측점을 개별적으로 설성합니다.
	비주얼 스타일(T)	각 화면의 비주얼 스타일을 개별적으로 설정합니다.
명명된 뷰포트	현재 이름	현재 선택한 뷰포트 이름을 표시합니다.
	명명된 뷰포트(N)	미리 저장된 뷰포트 목록을 표시합니다
	미리보기	[명명된 뷰포트]에 저장된 뷰포트를 미리 보여줍니다.

(4) 실습하기

● 기본 실습하기

01 아래의 예제 파일을 불러옵니다.

예제 파일 : Part02\Chapter16\16-3\1\Vports(기본)

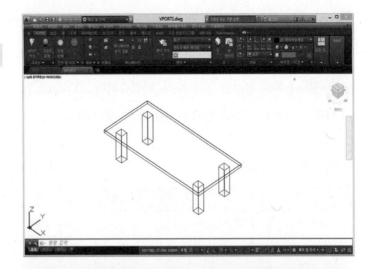

02 [Vports] 명령어를 입력한 후, [뷰포트] 대화 상자가 나타나면 [새 뷰포트] 탭에서 [표준 뷰포트]의 '셋 : 왼쪽'을 클릭하고 [확인]을 클릭합니다.

명령 : Vports [Enter]
[Vports] 명령어를 입력하면 [뷰포트] 대화 상자가 나타납니다. 이후, [새 뷰포트] 탭에서 [표준 뷰포트]의 '셋 : 왼쪽'을 클릭하고 [확인]을 클릭합니다.

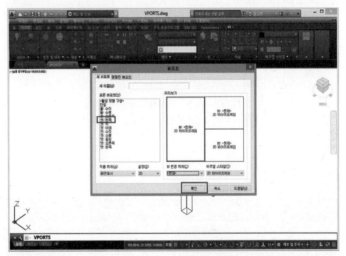

03 화면이 3개로 분할되는 것을 확인할 수 있습니다.

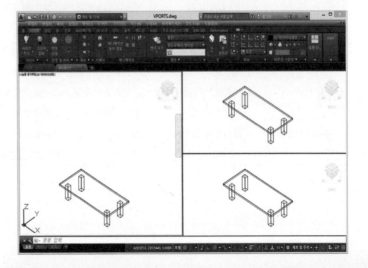

04 마우스로 두 번째 화면의 'P1' 을 클릭한 후, [Vports] 명령어를 입력합니다. [뷰포트] 대화 상자가 나타나면 [새 뷰포트]탭의 [설정]에 '3D' , [뷰 변경 위치]에 '평면도' 를 입력한 후, [확인]을 클릭합니다.

명령 : Vports [Enter]

[Vports] 명령어를 입력하면 [뷰포트] 대화 상자가 나타납니다. 이후, [새 뷰포트]탭의 [설정]에 '3D', [뷰 변경 위치]에 '평면도'를 입력하고 [확인]을 클릭합니다.

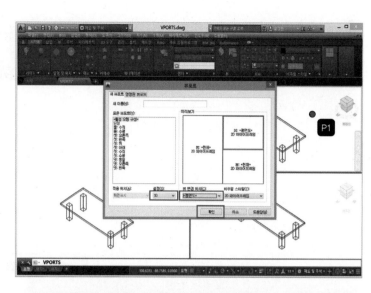

05 두 번째 화면이 탁자를 위에서 본 '평면도' 로 바뀐 것을 확인할 수 있습니다.

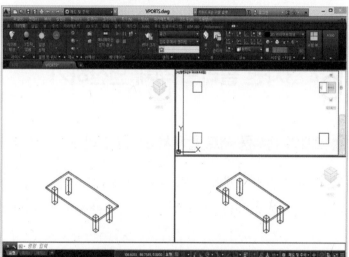

06 마우스로 세 번째 화면의 'P1' 을 클릭한 후, [Vports] 명령어를 입력합니다. [뷰포트] 대화 상자가 나타나면 [새 뷰포트]탭의 [비주얼 스타일]에 '실제' 를 입력한 후, [확인]을 클릭합니다.

명령 : Vports [Enter]

[Vports] 명령어를 입력하면 [뷰포트] 대화 상자가 나타납니다. 이후, [새 뷰포트]탭의 [비주얼 스타일]에 '실제' 를 입력하고 [확인]을 클릭합니다.

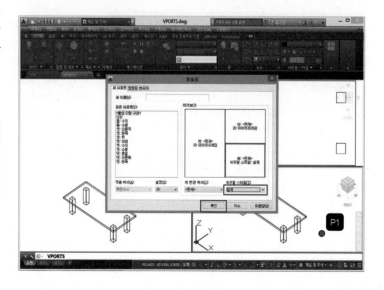

07 세 번째 화면의 객체가 음영 처리된 것을 확인할 수 있습니다.

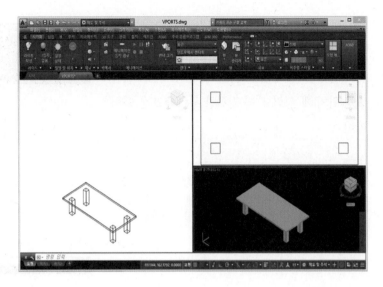

16.4 3차원 솔리드 객체 연산하기

1️⃣ 2개의 객체를 서로 합쳐서 3차원 솔리드 객체를 생성하는 [Union] 명령어

[Union] 명령어는 2개의 객체를 합쳐서 1개의 3차원 솔리드 객체를 생성할 수 있습니다. 이때 2개의 객체가 서로 교차되어 있으면 합쳐지지만, 서로 교차되어 있지 않으면 합쳐지지 않습니다.

(1) 명령어 입력 방법

[Union] 명령어	
메뉴 막대	수정→솔리드 편집→합집합
명령어	Union
단축 명령어	Uni
리본 메뉴	(홈)탭→(편집)패널→솔리드, 합집합(🔳) ([3D 기본 사항] 작업공간)
	(홈)탭→(솔리드 편집)패널→솔리드, 합집합(🔳) ([3D 모델링] 작업공간)
	(솔리드)탭→(부울)패널→솔리드, 합집합 (🔳) ([3D 모델링] 작업공간)

(2) 명령어 사용 방법

명령 : Union ⏎
객체 선택 : P1 클릭   1개를 찾음
합칠 첫 번째 객체를 지정합니다.
객체 선택 : P2 클릭   1개를 찾음, 총 2개
합칠 두 번째 객체를 지정합니다.
객체 선택 : ⏎

(3) 실습하기

● 기본 실습하기

01 아래의 예제 파일을 불러옵니다.

> 예제 파일 : Part02\Chapter16\16-4\1\Union, Subtract, Intersect(기본)

02 [Union] 명령어를 입력한 후, 첫 번째와 두 번째 객체를 차례로 지정합니다.

> **명령 : Union** [Enter]
> 객체 선택 : P1 클릭   1개를 찾음
> 첫 번째 객체에 'P1'을 클릭합니다.
> 객체 선택 : P2 클릭   1개를 찾음, 총 2개
> 두 번째 객체에 'P2'를 클릭합니다.
> 객체 선택 : [Enter]

03 2개의 객체가 서로 합쳐졌습니다.

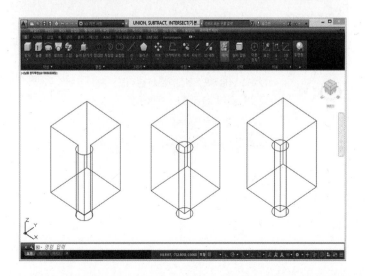

04 [Hide] 명령어를 입력하면 은선이 사라집니다.

> **명령 : Hide** Enter
> HIDE 모형 재생성 중.
> 숨기기를 위해 빈 RAM이 충분하지 않음--일부 선들이 부정확하게 은선처리 될 것임.
> 은선이 제거된 객체가 나타납니다.

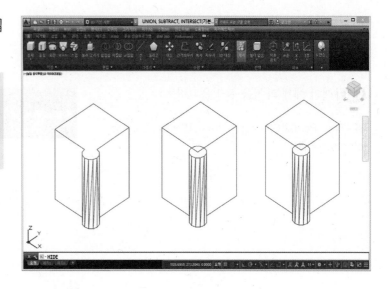

2 2개의 객체를 서로 빼서 3차원 솔리드 객체를 생성하는 [Subtract] 명령어

[Subtract] 명령어는 첫 번째 객체에서 두 번째 객체를 빼서 1개의 3차원 솔리드 객체를 생성할 수 있습니다. 이때 2개의 객체가 서로 교차되어 있으면 첫 번째 객체에서 두 번째 객체를 뺀 객체가 생성되지만, 서로 교차되어 있지 않으면 첫 번째 객체만 남습니다.

(1) 명령어 입력 방법

[Subtract] 명령어	
메뉴 막대	수정→솔리드 편집→차집합
명령어	Subtract
단축 명령어	Su
리본 메뉴	(홈)탭→(편집)패널→솔리드, 차집합(🔲) ([3D 기본 사항] 작업공간)
	(홈)탭→(솔리드 편집)패널→솔리드, 차집합(🔲) ([3D 모델링] 작업공간)
	(솔리드)탭→(부울)패널→솔리드, 차집합(🔲) ([3D 모델링] 작업공간)

(2) 명령어 사용 방법

> **명령 : Subtract** Enter
> 제거 대상인 솔리드, 표면 및 영역을 선택 ..
> 객체 선택 : P1 클릭　1개를 찾음
> 전체 객체를 지정합니다.
> 객체 선택 : Enter
> 제거할 솔리드, 표면 및 영역을 선택 ..
> 객체 선택 : P2 클릭　1개를 찾음
> 뺄 객체를 지정합니다.
> 객체 선택 : Enter

⑶ 실습하기

01 [Subtract] 명령어를 입력하여 전체 객체를 지정한 후, 뺄 객체를 지정합니다.

> **명령 : Subtract** Enter
> 제거 대상인 솔리드, 표면 및 영역을 선택 ..
> 객체 선택 : P1 클릭   1개를 찾음
> 전체 객체인 첫 번째 객체에 'P1'을 클릭합니다.
> 객체 선택 : Enter
> 제거할 솔리드, 표면 및 영역을 선택 ..
> 객체 선택 : P2 클릭   1개를 찾음
> 뺄 객체인 두 번째 객체에 'P2'를 클릭합니다.
> 객체 선택 : Enter

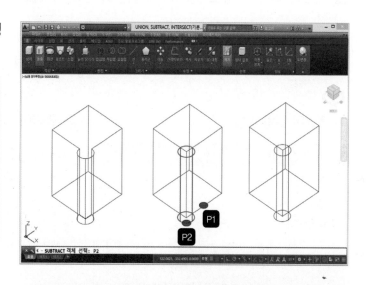

02 첫 번째 객체에서 두 번째 객체를 뺀 것을 확인할 수 있습니다.

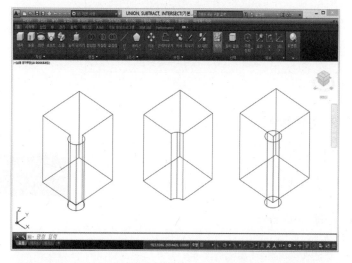

03 [Hide] 명령어를 입력하면 은선이 사라집니다.

> **명령 : Hide** Enter
> HIDE 모형 재생성 중.
> 숨기기를 위해 빈 RAM이 충분하지 않음--일부 선들이 부정확하게 은선처리 될 것임.
> 은선이 제거된 객체가 나타납니다.

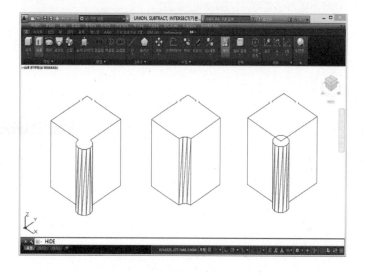

3 2개의 객체가 서로 겹쳐져 3차원 솔리드 객체를 생성하는 [Intersect] 명령어

[Intersect] 명령어는 2개의 객체가 서로 겹쳐져 있는 상태에서 공통인 3차원 솔리드 객체를 생성할 수 있습니다. 이때 겹쳐진 객체가 없다면 3차원 솔리드 객체는 생성되지 않습니다.

(1) 명령어 입력 방법

[Intersect] 명령어	
메뉴 막대	수정→솔리드 편집→교집합
명령어	Intersect
단축 명령어	In
리본 메뉴	(홈)탭→(편집)패널→솔리드, 교집합(🔲) ([3D 기본 사항] 작업공간)
	(홈)탭→(솔리드 편집)패널→솔리드, 교집합(🔲) ([3D 모델링] 작업공간)
	(솔리드)탭→(부울)패널→솔리드, 교집합(🔲) ([3D 모델링] 작업공간)

(2) 명령어 사용 방법

명령 : Intersect ⏎
객체 선택 : P1 클릭   1개를 찾음
첫 번째 객체를 지정합니다.
객체 선택 : P2 클릭   1개를 찾음, 총 2개
두 번째 객체를 지정합니다.
객체 선택 : ⏎

(3) 실습하기

01 [Intersect] 명령어를 입력한 후, 첫 번째와 두 번째 객체를 차례로 지정합니다.

명령 : Intersect ⏎
객체 선택 : P1 클릭   1개를 찾음
첫 번째 객체에 'P1'을 클릭합니다.
객체 선택 : P2 클릭   1개를 찾음, 총 2개
두 번째 객체에 'P2'를 클릭합니다.
객체 선택 : ⏎

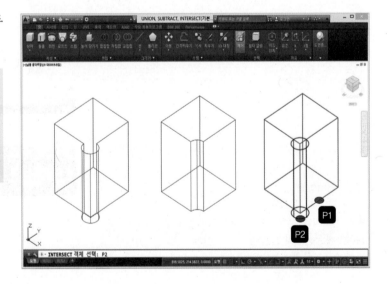

02 첫 번째와 두 번째 객체의 공통 부분만 남아 있음을 확인할 수 있습니다.

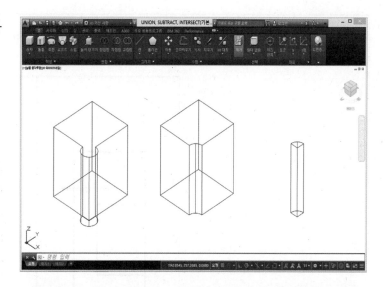

03 [Hide] 명령어를 입력하면 은선이 사라집니다.

명령 : Hide ⏎
HIDE 모형 재생성 중.
숨기기를 위해 빈 RAM이 충분하지 않음--일부 선들이 부정확하게 은선처리 될 것임.
은선이 제거된 객체가 나타납니다.

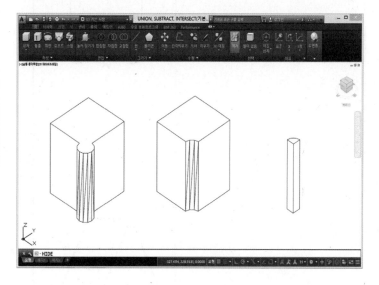

Limits : 0,0~100,75

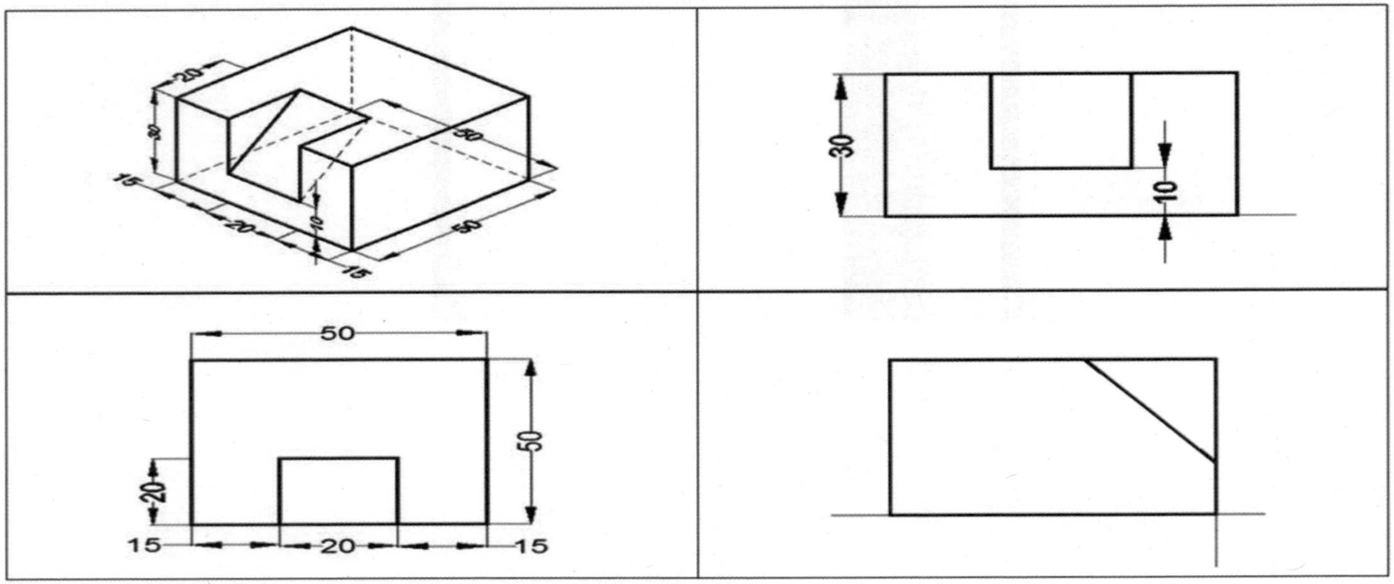

명령어 : -Vpoint(1,-1,1), Line, Ltype(Hidden), Ltscale(10), Vports

17 CHAPTER

3차원 솔리드 객체
편집하기(2)

17.1 2차원 객체를 3차원 솔리드 객체나 서페이스 객체로 변환하기

1 2차원 객체를 돌출시켜 3차원 객체로 변환하는 [Extrude] 명령어

[Extrude] 명령어는 2차원 객체(선, 원, 호, 폴리선, 직사각형, 다각형 및 타원 등)를 돌출시켜 3차원 솔리드 객체나 서페이스 객체로 변환시킬 수 있는 가운데, 2차원 객체 중 닫힌 객체는 솔리드 객체, 열린 객체는 서페이스 객체로 변환됩니다.

(1) 명령어 입력 방법

[Extrude] 명령어	
메뉴 막대	그리기→모델링→돌출
명령어	Extrude
단축 명령어	Ext
리본 메뉴	(3D도구)탭→(모델링)패널→돌출(🔲) ([제도 및 주석] 작업공간)
	(홈)탭→(작성)패널→돌출(🔲) ([3D 기본 사항] 작업공간)
	(홈)탭→(모델링)패널→돌출(🔲) ([3D 모델링] 작업공간)
	(솔리드)탭→(솔리드)패널→돌출(🔲) ([3D 모델링] 작업공간)

(2) 명령어 사용 방법

명령 : Extrude ⏎
현재 와이어프레임 밀도 : ISOLINES=4, 닫힌 윤곽 작성 모드 = 솔리드
돌출할 객체 선택 또는 [모드(MO)] : P1 클릭   1개를 찾음
돌출할 객체를 지정합니다.
돌출할 객체 선택 또는 [모드(MO)] : ⏎
돌출 높이 지정 또는 [방향(D)/경로(P)/테이퍼 각도(T)/표현식(E)]
〈3.6520〉: 10 ⏎
돌출 높이를 지정합니다.

(3) 옵션 설명

옵션	설명
방향(D)	2점을 클릭하여 돌출 방향을 지정합니다.
경로(P)	2차원 객체인 선, 원, 호 및 폴리선 등을 선택하여 돌출 경로를 지정합니다.
테이퍼 각도(T)	돌출 시 기울기 각도를 입력하여 피라미드처럼 위로 갈수록 좁아지거나 그와 반대로 넓어지게 지정합니다.
표현식(E)	공식이나 방정식 등을 입력하여 돌출 높이를 지정합니다.
모드(MO)	솔리드[SO] 모드를 지정한 경우, 솔리드 객체를 작성할 수 있고, 표면[SU] 모드를 지정한 경우, 서페이스 객체를 작성할 수 있습니다.

(4) 실습하기

● 기본 실습하기

01 아래의 예제 파일을 불러옵니다.

예제 파일 : Part02\Chapter17\17-1\1\Extrude(기본)

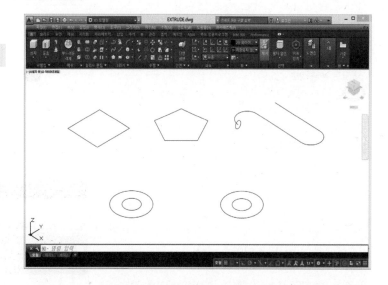

02 [Extrude] 명령어를 입력하고 돌출할 객체를 선택하기 위해서 첫 번째 사각형을 클릭한 후, 돌출 높이를 지정합니다. 2차원 객체가 3차원 솔리드 객체로 변환되었습니다.

명령 : Extrude Enter
현재 와이어프레임 밀도 : ISOLINES=4, 닫힌 윤곽 작성 모드 = 솔리드
돌출할 객체 선택 또는 [모드(MO)] : P1 클릭   1개를 찾음
돌출시킬 객체에 'P1'을 클릭합니다.
돌출할 객체 선택 또는 [모드(MO)] : Enter
돌출 높이 지정 또는 [방향(D)/경로(P)/테이퍼 각도(T)/표현식(E)] : 100 Enter
돌출 높이에 '100'을 입력합니다.

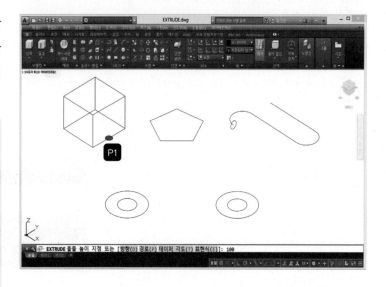

03 첫 번째 사각형의 한 면을 돌출시키기 위해서 [Extrude] 명령어를 입력하고 'Ctrl' 키를 누른 상태에서 돌출시키고자 하는 면을 클릭합니다.

명령 : Extrude Enter
현재 와이어프레임 밀도 : ISOLINES=4, 닫힌 윤곽 작성 모드 = 솔리드
돌출할 객체 선택 또는 [모드(MO)] : 'Ctrl'을 누른 상태에서 P1 클릭   1개를 찾음
돌출시킬 객체를 지정하기 위해서 'Ctrl'키를 누른 상태에서 'P1'을 클릭합니다.
돌출할 객체 선택 또는 [모드(MO)] : Enter

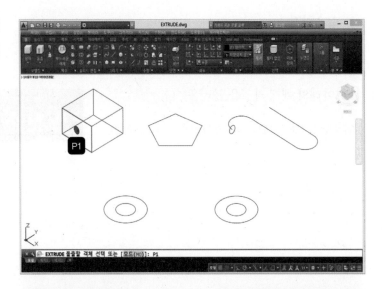

04 돌출 높이를 지정하기 위해서 'P1'을 지정합니다. 선택한 면이 돌출되었습니다.

돌출 높이 지정 또는 [방향(D)/경로(P)/테이퍼 각도(T)/표현식(E)] 〈100.0000〉 : P1 클릭
돌출 높이에 'P1'을 클릭합니다.

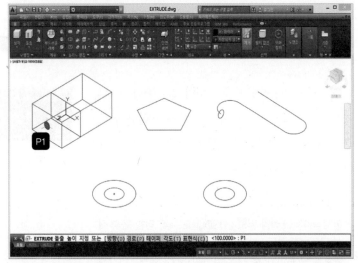

● [방향] 옵션 실습하기

01 [Extrude] 명령어를 입력하고 돌출할 객체를 선택하기 위해서 두 번째 오각형을 클릭합니다.

명령 : Extrude Enter
현재 와이어프레임 밀도 : ISOLINES=4, 닫힌 윤곽 작성 모드 = 솔리드
돌출할 객체 선택 또는 [모드(MO)] : P1 클릭   1개를 찾음
돌출시킬 객체에 'P1'을 클릭합니다.
돌출할 객체 선택 또는 [모드(MO)] : Enter

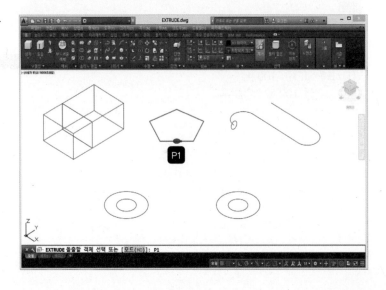

02 [방향] 옵션을 지정한 후, 돌출시킬 방향의 시작점과 끝점을 지정합니다.

> 돌출 높이 지정 또는 [방향(D)/경로(P)/테이퍼 각도(T)/표현식(E)] ⟨100.0000⟩ : D [Enter]
> [방향] 옵션을 지정하기 위해서 'D'를 입력합니다.
> 방향의 시작점 지정 : P1 클릭
> 돌출시킬 방향의 시작점에 'P1'을 클릭합니다.
> 방향의 끝점 지정 : P2 클릭
> 돌출시킬 방향의 끝점에 'P2'를 클릭합니다.

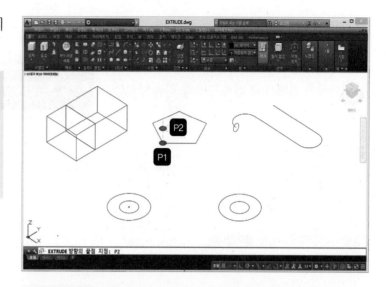

03 오각형인 2차원 객체가 3차원 솔리드 객체로 돌출되었습니다.

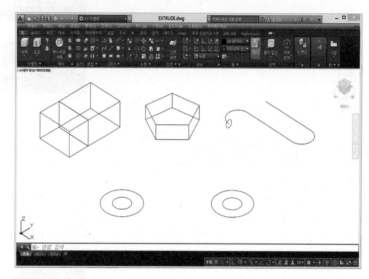

● [경로] 옵션 실습하기

01 [Extrude] 명령어를 입력하고 돌출할 객체를 선택하기 위해서 세 번째 도면 중 원을 클릭합니다.

명령 : Extrude Enter
현재 와이어프레임 밀도 : ISOLINES=4, 닫힌 윤곽 작성 모드 = 솔리드
돌출할 객체 선택 또는 [모드(MO)] : P1 클릭   1개를 찾음
돌출시킬 객체에 'P1'을 클릭합니다.
돌출할 객체 선택 또는 [모드(MO)] : Enter

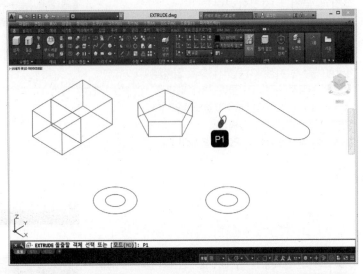

02 [경로] 옵션을 지정한 후, 돌출 경로를 지정합니다.

돌출 높이 지정 또는 [방향(D)/경로(P)/테이퍼 각도(T)/표현식(E)] 〈70.4388〉 : P Enter
[경로] 옵션을 지정하기 위해서 'P'를 입력합니다.
돌출 경로 선택 또는 [테이퍼 각도(T)] : P1 클릭
돌출 경로에 'P1'을 클릭합니다.

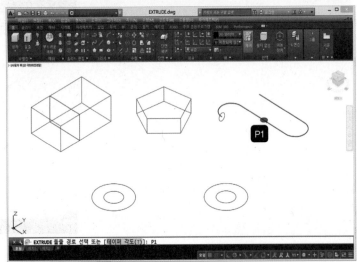

03 원이 경로를 따라서 돌출됩니다.

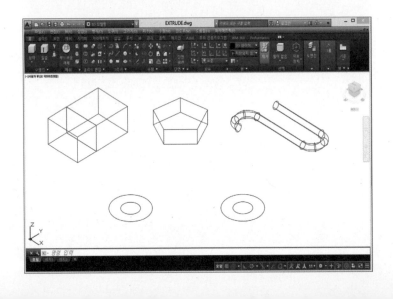

● [모드] 옵션 실습하기

01 [Extrude] 명령어를 입력한 후, [모드] 옵션과 [솔리드] 옵션을 차례로 지정합니다. 이후, 돌출시킬 객체를 지정합니다.

명령 : Extrude [Enter]
현재 와이어프레임 밀도 : ISOLINES=4, 닫힌 윤곽 작성 모드 = 솔리드
돌출할 객체 선택 또는 [모드(MO)] : MO [Enter]
[모드] 옵션을 지정하기 위해서 'MO'를 입력합니다.
닫힌 윤곽 작성 모드 [솔리드(SO)/표면(SU)] 〈솔리드〉
: SO [Enter]
[솔리드] 옵션을 지정하기 위해서 'SO'를 입력합니다.
돌출할 객체 선택 또는 [모드(MO)] : P1 클릭   반대
구석 지정 : P2 클릭   2개를 찾음
돌출시킬 객체에 'P1'부터 'P2'까지 드래그합니다.
돌출할 객체 선택 또는 [모드(MO)] : [Enter]

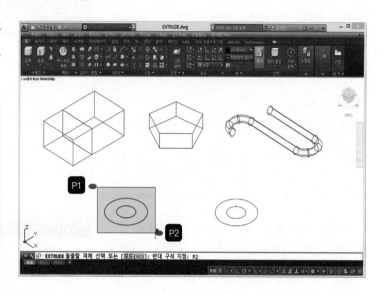

02 돌출시킬 높이를 지정합니다. 2차원 객체가 돌출되었습니다.

돌출 높이 지정 또는 [방향(D)/경로(P)/테이퍼 각도
(T)/표현식(E)] 〈100.0000〉 : 100 [Enter]
돌출 높이에 '100'을 입력합니다.

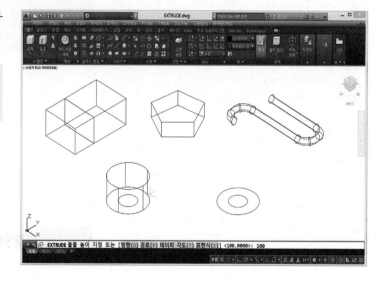

03 [표면] 옵션을 지정하기 위해서 [Extrude] 명령어를 입력한 후, [모드] 옵션과 [표면] 옵션을 차례로 지정합니다. 이후, 돌출시킬 객체를 지정합니다.

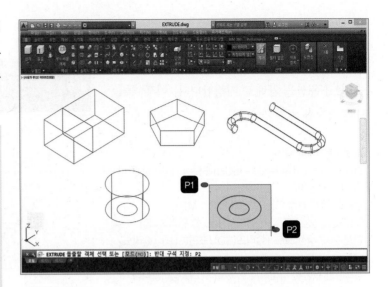

> **명령 : Extrude** [Enter]
> 현재 와이어프레임 밀도 : ISOLINES=4, 닫힌 윤곽 작성 모드 = 솔리드
> 돌출할 객체 선택 또는 [모드(MO)] : MO [Enter]
> [모드] 옵션을 지정하기 위해서 'MO'를 입력합니다.
> 닫힌 윤곽 작성 모드 [솔리드(SO)/표면(SU)] 〈솔리드〉 : SU [Enter]
> [표면] 옵션을 지정하기 위해서 'SU'를 입력합니다.
> 돌출할 객체 선택 또는 [모드(MO)] : P1 클릭   반대 구석 지정 : P2 클릭   2개를 찾음
> 돌출할 객체 선택 또는 [모드(MO)] : [Enter]
> 돌출시킬 객체에 'P1'부터 'P2'까지 드래그합니다.

04 돌출시킬 높이를 지정합니다. 2차원 객체가 돌출되었습니다.

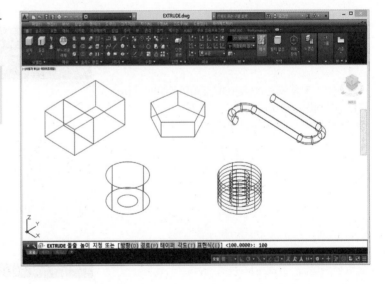

> 돌출 높이 지정 또는 [방향(D)/경로(P)/테이퍼 각도(T)/표현식(E)] 〈100.0000〉 : 100 [Enter]
> 돌출 높이에 '100'을 입력합니다.

05 [Hide] 명령어를 입력하여 은선을 제거합니다.

명령 : Hide [Enter]
모형 재생성 중.
숨기기를 위해 빈 RAM이 충분하지 않음--일부 선들이
부정확하게 은선처리 될 것임.
은선이 제거된 객체가 나타납니다.

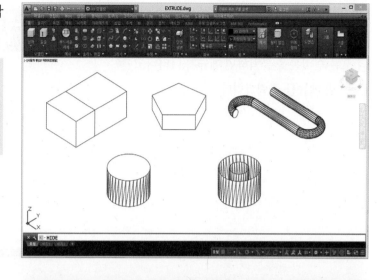

06 화면 아래쪽의 왼쪽 그림을 마우스로 클릭하면 파란색 그립점이 나타납니다. 이후, 마우스의 오른쪽 버튼을 클릭하면 메뉴가 나타나고 [빠른특성] 메뉴를 클릭합니다.

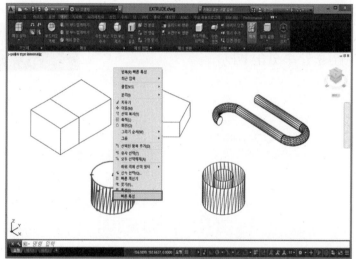

07 왼쪽 그림이 '3D 솔리드' 객체임을 알 수 있습니다.

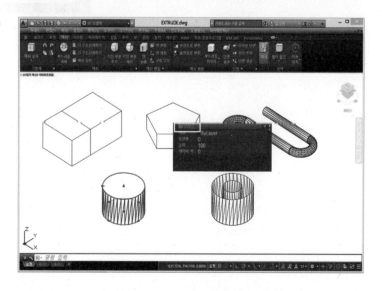

08 화면 아래쪽의 오른쪽 그림을 마우스로 클릭
하면 파란색 그립점이 나타납니다. 이후, 마우스
의 오른쪽 버튼을 클릭하면 메뉴가 나타나고 [빠
른 특성] 메뉴를 클릭합니다.

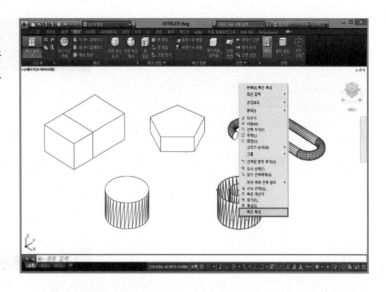

09 오른쪽 그림이 '표면(돌출)' 인 '서페이스' 객
체임을 알 수 있습니다.

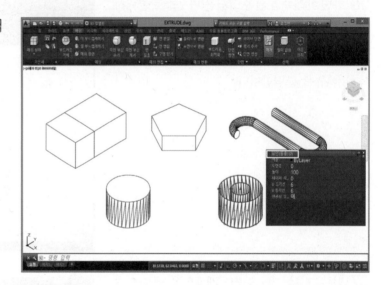

2 2차원 객체를 회전시켜 3차원 객체로 변환하는 [Revolve] 명령어

[Revolve] 명령어는 닫힌 2차원 객체(원, 타원, 솔리드 평면 및 2D 폴리선 등)를 회전시켜 3차원 솔리드 객체나 서페이스 객체로 변환시킬 수 있는 가운데, 2차원 객체 중 닫힌 객체는 솔리드 객체, 열린 객체는 서페이스 객체로 변환됩니다.

(1) 명령어 입력 방법

[Revolve] 명령어	
메뉴 막대	그리기→모델링→회전
명령어	Revolve
단축 명령어	Rev
리본 메뉴	(3D도구) 탭→(모델링) 패널→회전( ) ([제도 및 주석] 작업공간)
	(홈) 탭→(작성) 패널→회전( ) ([3D 기본 사항] 작업공간)
	(홈) 탭→(모델링) 패널→회전( ) ([3D 모델링] 작업공간)
	(솔리드) 탭→(솔리드) 패널→회전( ) ([3D 모델링] 작업공간)

(2) 명령어 사용 방법

명령 : Revolve Enter
현재 와이어프레임 밀도 : ISOLINES=4, 닫힌 윤곽 작성 모드 = 솔리드
회전할 객체 선택 또는 [모드(MO)] : P1 클릭　1개를 찾음
회전할 객체를 지정합니다.
회전할 객체 선택 또는 [모드(MO)] : Enter
축 시작점 지정 또는 다음에 의해 축 지정 [객체(O)/X/Y/Z] 〈객체(O)〉 : P1 클릭
회전할 축의 시작점을 지정합니다.
축 끝점 지정 : P2 클릭
회전할 축의 끝점을 지정합니다.
회전 각도 지정 또는 [시작 각도(ST)/반전(R)/표현식(EX)] 〈360〉 : 180 Enter
회전할 각도를 지정합니다.

(3) 옵션 설명

옵션	설명
객체(O)	객체를 회전시킬 축을 지정합니다. 회전축은 폴리선, 솔리드 및 곡면의 선형 모서리 등이 있으며 회전축의 지정 위치에 따라서 회전 방향이 달라집니다.
X/Y/Z	X축, Y축 및 Z축을 기준으로 회전시킵니다.
시작 각도(ST)	객체를 회전시킬 때 시작 각도를 지정합니다.
반전(R)	객체를 회전시킬 때 회전 방향을 반대로 지정합니다.
표현식(E)	공식이나 방정식 등을 입력하여 돌출 높이를 지정합니다.
모드(MO)	솔리드[SO] 모드를 지정한 경우, 솔리드 객체를 작성할 수 있고, 표면[SU] 모드를 지정한 경우, 서페이스 객체를 작성할 수 있습니다.

⑷ 실습하기

● 기본 실습하기

01 아래의 예제 파일을 불러옵니다.

> 예제 파일 : Part02\Chapter17\17-1\2\Revolve
> (기본, 객체 옵션)

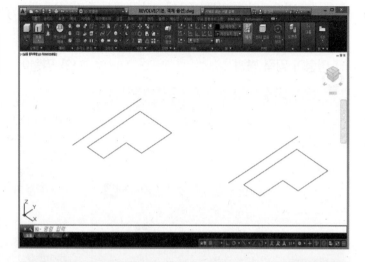

02 [Revolve] 명령어를 입력한 후, 회전할 객체를 지
정합니다.

> **명령 : Revolve** [Enter]
> 현재 와이어프레임 밀도 : ISOLINES=4, 닫힌 윤곽 작성
> 모드 = 솔리드
> 회전할 객체 선택 또는 [모드(MO)] : P1 클릭   1개를 찾
> 음
> 회전할 객체에 'P1'을 클릭합니다.
> 회전할 객체 선택 또는 [모드(MO)] : [Enter]

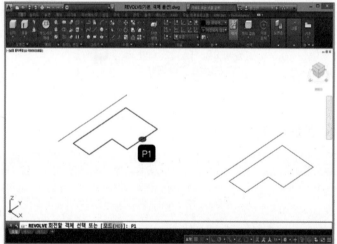

03 회전할 축의 시작점과 끝점을 지정하고 회전 각
도를 입력합니다.

> 축 시작점 지정 또는 다음에 의해 축 지정 [객체(O)/X/Y/Z]
> 〈객체(O)〉 : P1 클릭
> 회전할 축의 시작점에 'P1'을 클릭합니다.
> 축 끝점 지정 : P2 클릭
> 회전할 축의 끝점에 'P2'를 클릭합니다.
> 회전 각도 지정 또는 [시작 각도(ST)/반전(R)/표현식(EX)]
> 〈360〉 : 180 [Enter]
> 회전할 각도에 '180'을 입력합니다.

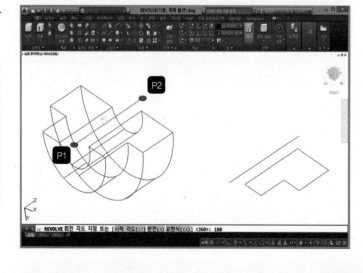

04 암페어의 오른 나사 법칙에 의해서 객체가
'180도' 회전하고 있음을 알 수 있습니다.

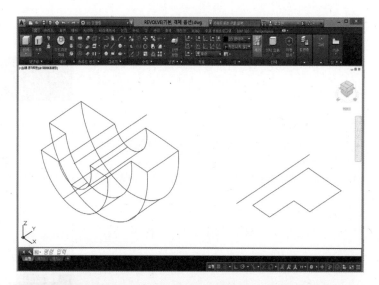

05 [Hide] 명령어를 입력하면 은선이 사라집
니다.

> **명령 : Hide** Enter
> HIDE 모형 재생성 중.
> 숨기기를 위해 빈 RAM이 충분하지 않음--일부 선들이
> 부정확하게 은선처리 될 것임.
> 은선이 제거된 객체가 나타납니다.

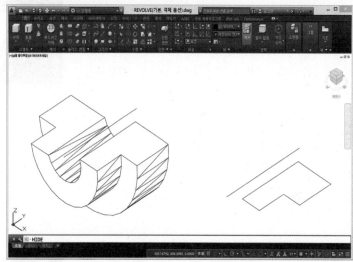

⚠ **TIP** **암페어의 오른 나사 법칙에 따른 회전 방향**

[Revolve] 명령어를 입력한 후, 회전축을 중심으로 객체가 회전할 때 회전 방향은 암페어의 오른 나사 법칙에 의해서 결정됩니다.

암페어의 오른 나사 법칙

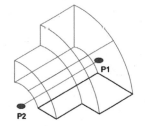 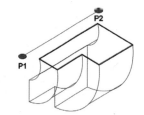

회전축의 시작점과 끝점을 다르게 하였을 때 객체의 회전 방향

● [객체] 옵션 실습하기

01 [Revolve] 명령어를 입력한 후, 회전할 객체를 지정합니다.

> **명령 : Revolve** [Enter]
> 현재 와이어프레임 밀도 :   ISOLINES=4, 닫힌 윤곽 작성
> 모드 = 솔리드
> 회전할 객체 선택 또는 [모드(MO)] : P1 클릭   1개를 찾음
> 회전할 객체에 'P1'을 클릭합니다.
> 회전할 객체 선택 또는 [모드(MO)] : [Enter]

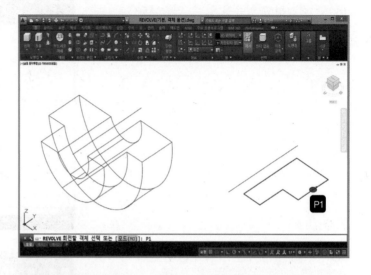

02 [객체] 옵션을 지정한 후, 회전할 때의 중심 객체를 지정합니다. 객체를 지정할 때 객체의 윗부분을 클릭합니다.

> 축 시작점 지정 또는 다음에 의해 축 지정 [객체(O)/X/Y/Z]
> 〈객체(O)〉 : O [Enter]
> [객체] 옵션을 지정하기 위해서 'O'를 입력합니다.
> 객체 선택 : P1 클릭
> 회전할 기준축의 윗부분인 'P1'을 클릭합니다.

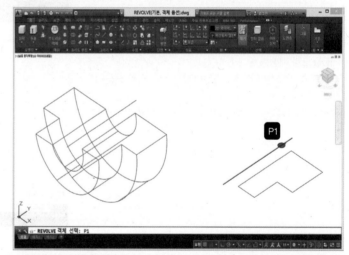

03 회전할 각도를 입력합니다.

> 회전 각도 지정 또는 [시작 각도(ST)/반전(R)/표현식(EX)]
> 〈360〉 : 180 [Enter]
> 회전할 각도에 '180'을 입력합니다.

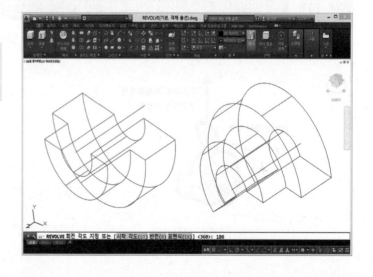

04 객체가 반시계 방향으로 회전하고 있음을 알
수 있습니다.

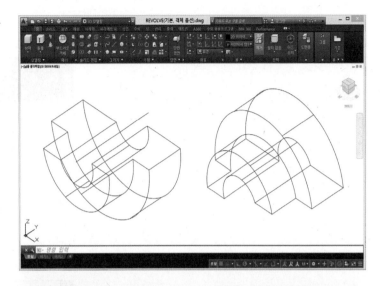

05 [Hide] 명령어를 입력하면 은선이 사라집니
다.

> **명령 : Hide** Enter
> HIDE 모형 재생성 중.
> 숨기기를 위해 빈 RAM이 충분하지 않음--일부 선들이
> 부정확하게 은선처리 될 것임.
> 은선이 제거된 객체가 나타납니다.

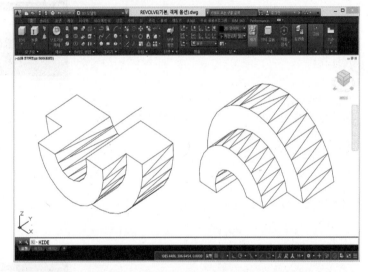

06 [Facetres] 명령어를 입력하여 입력값을 증가
시킨 후, [Hide] 명령어를 입력합니다. 이후, 곡면
이 부드럽게 됩니다.

> **명령 : Facetres** Enter
> FACETRES에 대한 새 값 입력 〈0.5000〉: 10 Enter
> 입력값에 '10'을 입력합니다.
>
> **명령 : Hide** Enter
> HIDE 모형 재생성 중.
> 숨기기를 위해 빈 RAM이 충분하지 않음--일부 선들이
> 부정확하게 은선처리 될 것임.
> 은선이 제거된 객체가 나타납니다.

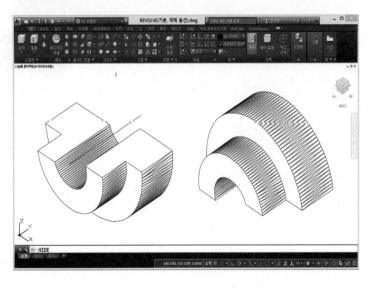

● [X/Y/Z] 옵션 실습하기

01 아래의 예제 파일을 불러옵니다.

예제 파일 : Part02\Chapter17\17-1\2\Revolve
(X,Y,Z 옵션)

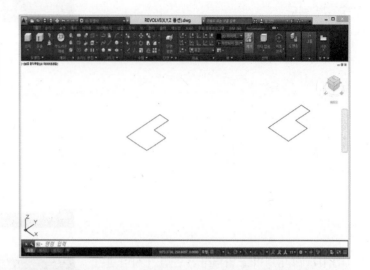

02 [Revolve] 명령어를 입력한 후, 회전할 객체를 지정합니다.

명령 : Revolve Enter
현재 와이어프레임 밀도 : ISOLINES=4, 닫힌 윤곽 작성
모드 = 솔리드
회전할 객체 선택 또는 [모드(MO)] : P1 클릭   1개를 찾음
회전할 객체에 'P1'을 클릭합니다.
회전할 객체 선택 또는 [모드(MO)] : Enter

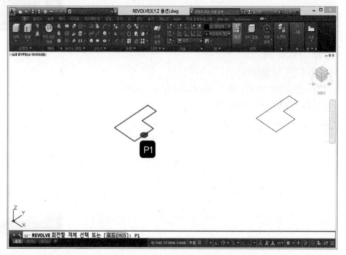

03 회전시킬 축을 지정하고 회전 각도를 입력합니다. X축을 중심으로 객체가 회전되었습니다.

축 시작점 지정 또는 다음에 의해 축 지정 [객체(O)/X/Y/Z]
〈객체(O)〉: X Enter
회전시킬 축에 'X'를 입력합니다.
회전 각도 지정 또는 [시작 각도(ST)/반전(R)/표현식(EX)]
〈360〉: 270 Enter
회전 각도에 '270'을 입력합니다.

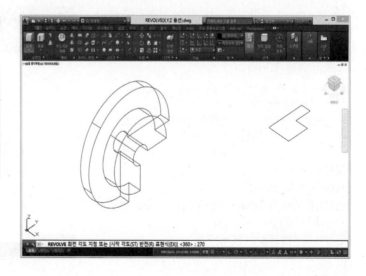

04 Y축을 중심으로 회전시키기 위해서 [Revolve] 명령어를 입력한 후, 회전할 객체를 지정합니다.

> **명령 : Revolve** [Enter]
> 현재 와이어프레임 밀도 : ISOLINES=4, 닫힌 윤곽 작성 모드 = 솔리드
> 회전할 객체 선택 또는 [모드(MO)] : P1 클릭   1개를 찾음
> 회전할 객체에 'P1'을 클릭합니다.
> 회전할 객체 선택 또는 [모드(MO)] : [Enter]

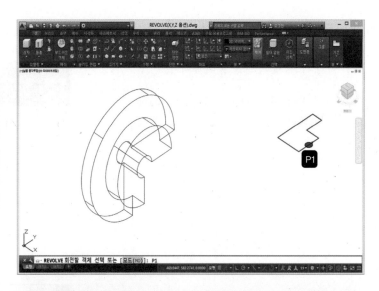

05 회전시킬 축을 지정하고 회전 각도를 입력합니다. Y축을 중심으로 객체가 회전되었습니다.

> 축 시작점 지정 또는 다음에 의해 축 지정 [객체(O)/X/Y/Z] 〈객체(O)〉 : Y [Enter]
> 회전시킬 축에 'Y'를 입력합니다.
> 회전 각도 지정 또는 [시작 각도(ST)/반전(R)/표현식(EX)] 〈360〉 : 90 [Enter]
> 회전 각도에 '90'을 입력합니다.

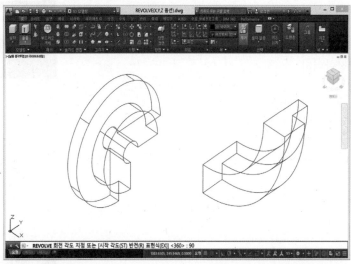

06 [Hide] 명령어를 입력하면 은선이 사라집니다.

> **명령 : Hide** [Enter]
> HIDE 모형 재생성 중.
> 숨기기를 위해 빈 RAM이 충분하지 않음--일부 선들이 부정확하게 은선처리 될 것임.
> 은선이 제거된 객체가 나타납니다.

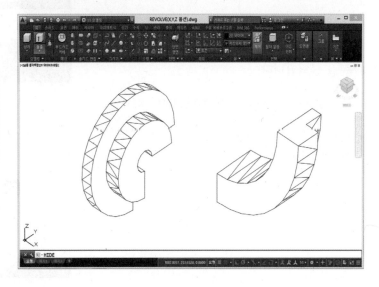

● [시작 각도] 옵션 실습하기

01 아래의 예제 파일을 불러옵니다.

> 예제 파일 : Part02\Chapter17\17-1\2\Revolve
> (시작 각도 옵션)

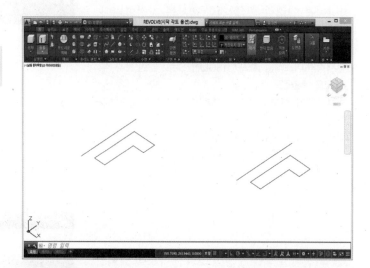

02 [Revolve] 명령어를 입력한 후, 회전할 객체를 지정합니다.

> **명령 : Revolve** [Enter]
> 현재 와이어프레임 밀도 :   ISOLINES=4, 닫힌 윤곽 작성
> 모드 = 솔리드
> 회전할 객체 선택 또는 [모드(MO)] : P1 클릭   1개를 찾음
> 회전할 객체에 'P1'을 클릭합니다.
> 회전할 객체 선택 또는 [모드(MO)] : [Enter]

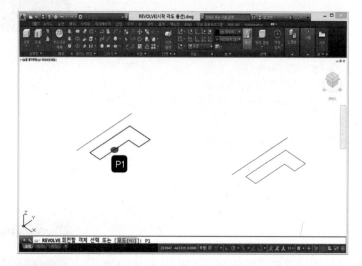

03 [객체] 옵션을 지정한 후, 회전할 기준축의 아랫부분을 클릭합니다.

> 축 시작점 지정 또는 다음에 의해 축 지정 [객체(O)/X/Y/Z]
> 〈객체(O)〉: O [Enter]
> [객체] 옵션을 지정하기 위해서 'O'를 입력합니다.
> 객체 선택 : P1 클릭
> 회전할 기준축의 아랫부분인 'P1'을 클릭합니다.

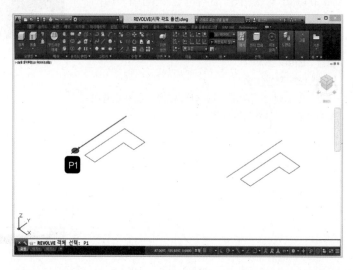

04 [시작 각도] 옵션을 지정한 후, 회전이 시작되는 각도와 시작 각도로부터 회전시킬 각도를 입력합니다. 기준축의 아랫부분을 지정하였기 때문에 '0'도로부터 시작해서 '180' 도까지 시계 방향으로 회전하는 것을 알 수 있습니다.

> 회전 각도 지정 또는 [시작 각도(ST)/반전(R)/표현식(EX)] 〈360〉 : ST [Enter]
> [시작 각도] 옵션을 지정하기 위해서 'ST'를 입력합니다.
> 시작 각도 지정 〈0.0〉 : 0 [Enter]
> 회전이 시작되는 각도에 '0'을 입력합니다.
> 회전 각도 지정 또는 [시작 각도(ST)/표현식(EX)] 〈360〉 : 180 [Enter]
> 시작 각도로부터 회전시킬 각도에 '180'을 입력합니다.

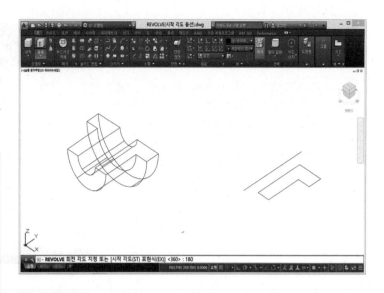

05 기준축의 지정 위치에 따른 회전 방향을 알아보기 위해서 [Revolve] 명령어를 입력한 후, 회전할 객체를 지정합니다.

> 명령 : Revolve [Enter]
> 현재 와이어프레임 밀도 : ISOLINES=4, 닫힌 윤곽 작성 모드 = 솔리드
> 회전할 객체 선택 또는 [모드(MO)] : P1 클릭 1개를 찾음
> 회전할 객체에 'P1'을 클릭합니다.
> 회전할 객체 선택 또는 [모드(MO)] : [Enter]

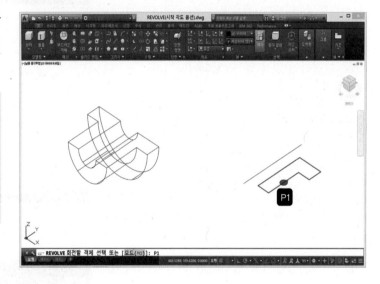

06 [객체] 옵션을 지정한 후, 회전할 기준축의 윗부분을 클릭합니다.

> 축 시작점 지정 또는 다음에 의해 축 지정 [객체 (O)/X/Y/Z] 〈객체(O)〉 : O [Enter]
> [객체] 옵션을 지정하기 위해서 'O'를 입력합니다.
> 객체 선택 : P1 클릭
> 회전할 기준축의 윗부분인 'P1'을 클릭합니다.

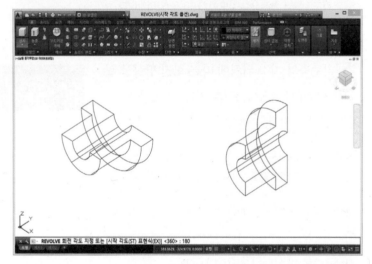

07 [시작 각도] 옵션을 지정한 후, 회전이 시작되는 각도와 시작 각도로부터 회전시킬 각도를 입력합니다. 기준축의 윗부분을 지정하였기 때문에 '90' 도로부터 시작해서 '180' 도까지 반시계 방향으로 회전하는 것을 알 수 있습니다.

> 회전 각도 지정 또는 [시작 각도(ST)/반전(R)/표현식 (EX)] 〈360〉 : ST [Enter]
> [시작 각도] 옵션을 지정하기 위해서 'ST'를 입력합니다.
> 시작 각도 지정 〈0.0〉 : 90 [Enter]
> 회전이 시작되는 각도에 '90'을 입력합니다.
> 회전 각도 지정 또는 [시작 각도(ST)/표현식(EX)] 〈360〉 : 180 [Enter]
> 시작 각도로부터 회전시킬 각도에 '180'을 입력합니다.

08 [Hide] 명령어를 입력하면 은선이 사라집니다.

> 명령 : Hide [Enter]
> HIDE 모형 재생성 중.
> 숨기기를 위해 빈 RAM이 충분하지 않음--일부 선들이 부정확하게 은선처리 될 것임.
> 은선이 제거된 객체가 나타납니다.

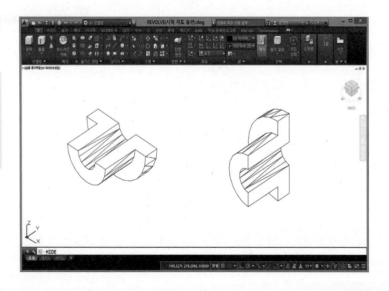

● [반전] 옵션 실습하기

01 아래의 예제 파일을 불러옵니다.

예제 파일 : Part02\Chapter17\17-1\2\Revolve(반전 옵션)

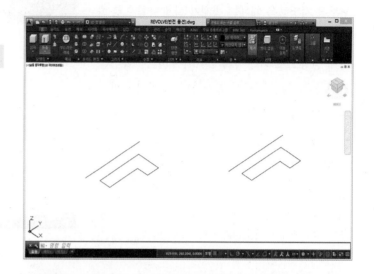

02 [Revolve] 명령어를 입력한 후, 회전할 객체를 지정합니다.

명령 : Revolve Enter
현재 와이어프레임 밀도 : ISOLINES=4, 닫힌 윤곽 작성 모드 = 솔리드
회전할 객체 선택 또는 [모드(MO)] : P1 클릭   1개를 찾음
회전할 객체에 'P1'을 클릭합니다.
회전할 객체 선택 또는 [모드(MO)] : Enter

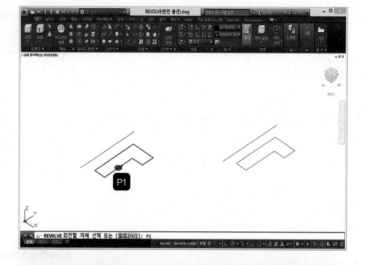

03 [객체] 옵션을 지정한 후, 회전할 기준축의 아랫부분을 클릭합니다.

축 시작점 지정 또는 다음에 의해 축 지정 [객체(O)/X/Y/Z]
〈객체(O)〉 : O Enter
[객체] 옵션을 지정하기 위해서 'O'를 입력합니다.
객체 선택 : P1 클릭
회전할 기준축의 아랫부분인 'P1'을 클릭합니다.

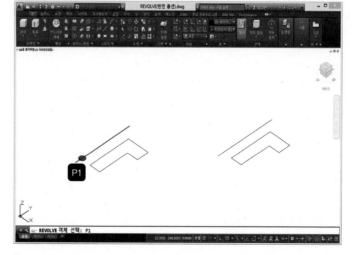

04 이전 [시작 각도] 옵션에서는 기준축의 아랫 부분을 지정했을 때에는 객체가 시계 방향으로 회전하는 것을 알 수 있습니다. 이번에는 객체를 반시계 방향으로 회전시키기 위해서 [반전] 옵션을 지정한 후, 회전 각도를 입력합니다. 객체가 반시계 방향으로 회전합니다.

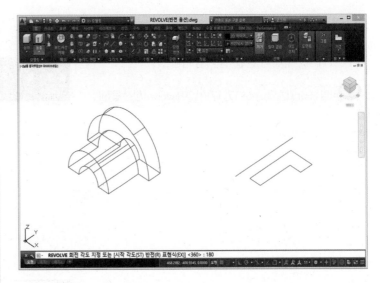

> 회전 각도 지정 또는 [시작 각도(ST)/반전(R)/표현식 (EX)] 〈360〉: R Enter
> [반전] 옵션을 지정하기 위해서 'R'을 입력합니다.
> 회전 각도 지정 또는 [시작 각도(ST)/반전(R)/표현식 (EX)] 〈360〉: 180 Enter
> 회전 각도에 '180'을 입력합니다.

05 오른쪽 그림에 [반전] 옵션을 지정하기 위해서 [Revolve] 명령어를 입력한 후, 회전할 객체를 지정합니다.

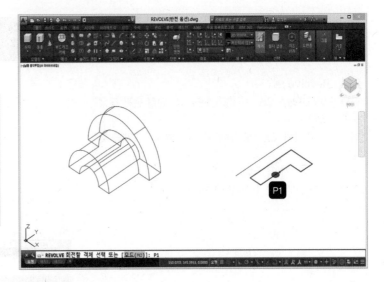

> **명령 : Revolve** Enter
> 현재 와이어프레임 밀도 : ISOLINES=4, 닫힌 윤곽 작성 모드 = 솔리드
> 회전할 객체 선택 또는 [모드(MO)] : P1 클릭   1개를 찾음
> 회전할 객체에 'P1'을 클릭합니다.
> 회전할 객체 선택 또는 [모드(MO)] : Enter

06 [객체] 옵션을 지정한 후, 회전할 기준축의 윗 부분을 클릭합니다.

> 축 시작점 지정 또는 다음에 의해 축 지정 [객체 (O)/X/Y/Z] 〈객체(O)〉 : O [Enter]
> [객체] 옵션을 지정하기 위해서 'O'를 입력합니다.
> 객체 선택 : P1 클릭
> 회전할 기준축의 윗부분인 'P1'을 클릭합니다.

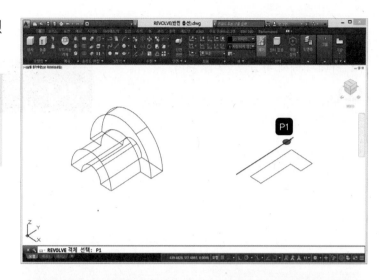

07 이전 [시작 각도] 옵션에서는 기준축의 윗부 분을 지정했을 때에는 객체가 반시계 방향으로 회 전하는 것을 알 수 있습니다. 이번에는 객체를 시 계 방향으로 회전시키기 위해서 [반전] 옵션을 지 정한 후, 회전 각도를 입력합니다. [시작 각도] 옵 션과는 반대로 객체가 시계 방향으로 회전합니다.

> 회전 각도 지정 또는 [시작 각도(ST)/반전(R)/표현식 (EX)] 〈360〉 : R [Enter]
> [반전] 옵션을 지정하기 위해서 'R'을 입력합니다.
> 회전 각도 지정 또는 [시작 각도(ST)/반전(R)/표현식 (EX)] 〈360〉 : 180 [Enter]
> 회전 각도에 '180'을 입력합니다.

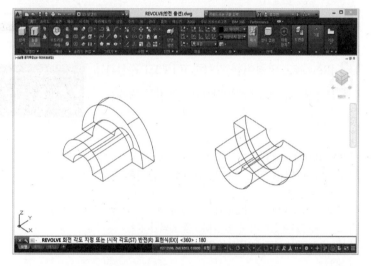

08 [Hide] 명령어를 입력하면 은선이 사라집 니다.

> **명령 : Hide** [Enter]
> HIDE 모형 재생성 중.
> 숨기기를 위해 빈 RAM이 충분하지 않음--일부 선들이 부정확하게 은선처리 될 것임.
> 은선이 제거된 객체가 나타납니다.

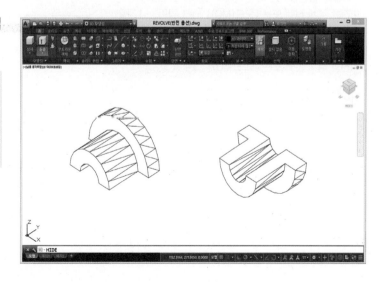

● [모드] 옵션 실습하기

01 아래의 예제 파일을 불러옵니다.

예제 파일 : Part02\Chapter17\17-1\2\Revolve
(모드 옵션)

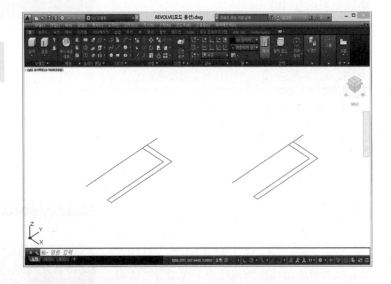

02 [Revolve] 명령어를 입력하고 [모드] 옵션과
[솔리드] 옵션을 차례로 지정한 후, 회전할 객체를
지정합니다.

명령 : Revolve Enter
현재 와이어프레임 밀도: ISOLINES=4, 닫힌 윤곽 작
성 모드 = 솔리드
회전할 객체 선택 또는 [모드(MO)] : MO Enter
[모드] 옵션을 지정하기 위해서 'MO'를 입력합니다.
닫힌 윤곽 작성 모드 [솔리드(SO)/표면(SU)] 〈솔리드〉
: SO Enter
[솔리드] 옵션을 지정하기 위해서 'SO'를 입력합니다.
회전할 객체 선택 또는 [모드(MO)] : P1 클릭   1개를
찾음
회전할 객체에 'P1'을 클릭합니다.
회전할 객체 선택 또는 [모드(MO)] : Enter

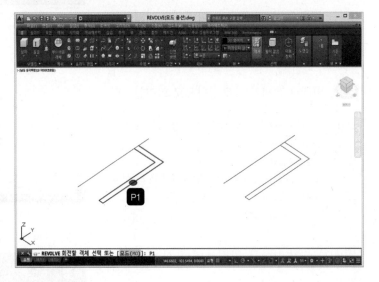

03 [객체] 옵션을 지정한 후, 회전할 기준축을 지정합니다.

> 축 시작점 지정 또는 다음에 의해 축 지정 [객체(O)/X/Y/Z] 〈객체(O)〉: O [Enter]
> [객체] 옵션을 지정하기 위해서 'O'를 입력합니다.
> 객체 선택 : P1 클릭
> 회전할 기준축에 'P1'을 클릭합니다.

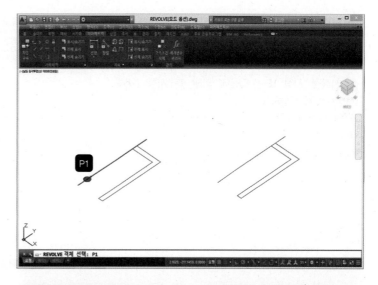

04 회전할 각도를 입력합니다. 2차원 객체가 회전축을 기준으로 회전하였습니다.

> 회전 각도 지정 또는 [시작 각도(ST)/반전(R)/표현식(EX)] 〈360〉: 360 [Enter]
> 회전 각도에 '360'을 입력합니다.

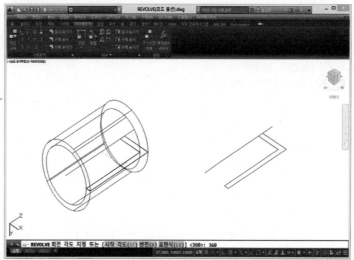

05 [Revolve] 명령어를 입력하고 [모드] 옵션과 [표면] 옵션을 차례로 지정한 후, 회전할 객체를 지정합니다.

> 명령 : Revolve [Enter]
> 현재 와이어프레임 밀도: ISOLINES=4, 닫힌 윤곽 삭성 모드 = 솔리드
> 회전할 객체 선택 또는 [모드(MO)] : MO [Enter]
> [모드] 옵션을 지정하기 위해서 'MO'를 입력합니다.
> 닫힌 윤곽 작성 모드 [솔리드(SO)/표면(SU)] 〈솔리드〉: SU [Enter]
> [표면] 옵션을 지정하기 위해서 'SU'를 입력합니다.
> 회전할 객체 선택 또는 [모드(MO)] : P1 클릭 1개를 찾음
> 회전할 객체에 'P1'을 클릭합니다.
> 회전할 객체 선택 또는 [모드(MO)] : [Enter]

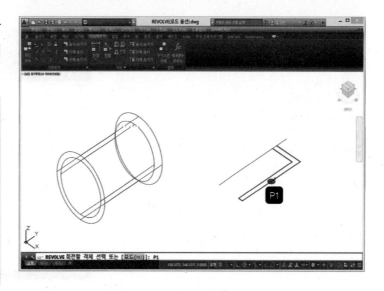

06 [객체] 옵션을 지정한 후, 회전할 기준축을 지정합니다.

> **축 시작점 지정 또는 다음에 의해 축 지정 [객체(O)/X/Y/Z] 〈객체(O)〉 : O** Enter
> [객체] 옵션을 지정하기 위해서 'O'를 입력합니다.
> **객체 선택 : P1 클릭**
> 회전할 기준축에 'P1'을 클릭합니다.

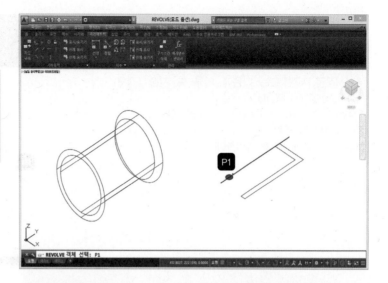

07 회전할 각도를 입력합니다.

> **회전 각도 지정 또는 [시작 각도(ST)/반전(R)/표현식(EX)] 〈360〉 : 360** Enter
> 회전 각도에 '360'을 입력합니다.

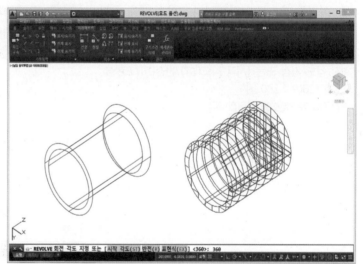

08 [Hide] 명령어를 입력하면 은선이 사라집니다.

> **명령 : Hide** Enter
> HIDE 모형 재생성 중.
> 숨기기를 위해 빈 RAM이 충분하지 않음--일부 선들이 부정확하게 은선처리 될 것임.
> 은선이 제거된 객체가 나타납니다.

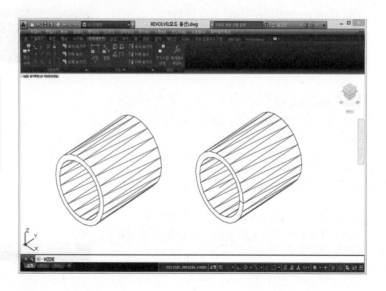

09 마우스로 왼쪽 그림을 클릭하면 파란색 그립
점이 나타납니다. 이후, 마우스의 오른쪽 버튼을
클릭하면 메뉴가 나타나고 [빠른 특성] 메뉴를 클
릭합니다.

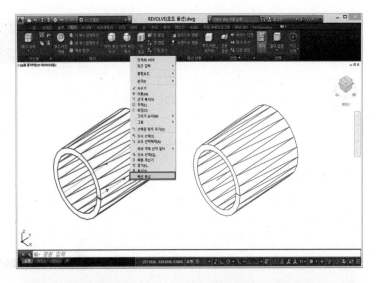

10 왼쪽 그림이 '3D 솔리드' 객체임을 알 수 있습
니다.

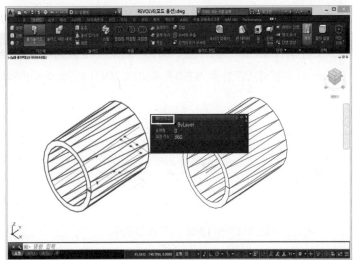

11 마우스로 오른쪽 그림을 클릭하면 파란색 그
립점이 나타납니다. 이후, 마우스의 오른쪽 버튼
을 클릭하면 메뉴가 나타나고 [빠른 특성] 메뉴를
클릭합니다.

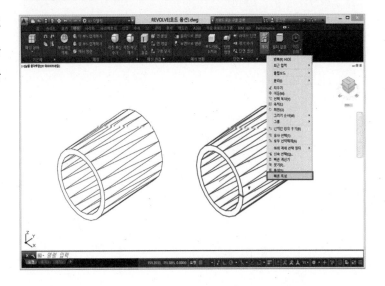

12 오른쪽 그림이 '표면(회전)'인 '서페이스' 객
체임을 알 수 있습니다.

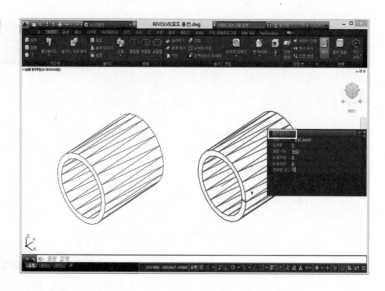

⚠ TIP   회전축의 지정 위치에 따른 객체의 회전 방향

[Revolve] 명령어를 입력한 후, 회전축을 중심으로 객체가 회전할 때 회전축의 지정 위치에 따라서 회전 방향이 바뀔 수 있습니다.

회전축의 아랫부분을 지정하였을 경우,
객체가 시계 방향으로 회전

회전축의 윗부분을 지정하였을 경우,
객체가 반시계 방향으로 회전

3 2차원 객체가 경로를 따라서 3차원 객체로 변환하는 [Sweep] 명령어

[Sweep] 명령어는 스윕할 객체가 스윕 경로를 따라서 솔리드 객체나 서페이스 객체를 작성할 수 있습니다. 스윕할 객체가 닫혀 있으면 솔리드 객체를 작성할 수 있고 열려 있으면 서페이스 객체를 작성할 수 있습니다.

(1) 명령어 입력 방법

[Sweep] 명령어	
메뉴 막대	그리기→모델링→스윕
명령어	Sweep
단축 명령어	Sw
리본 메뉴	(3D도구)탭→(모델링)패널→스윕(🔲) ([제도 및 주석] 작업공간)
	(홈)탭→(작성)패널→스윕(🔲) ([3D 기본 사항] 작업공간)
	(홈)탭→(모델링)패널→스윕(🔲) ([3D 모델링] 작업공간)
	(솔리드)탭→(솔리드)패널→스윕(🔲) ([3D 모델링] 작업공간)

(2) 명령어 사용 방법

명령 : Sweep ⏎
현재 와이어프레임 밀도 : ISOLINES=4, 닫힌 윤곽 작성 모드 = 솔리드
스윕할 객체 선택 또는 [모드(MO)] : P1 클릭   1개를 찾음
스윕할 객체를 지정합니다.
스윕할 객체 선택 또는 [모드(MO)] : ⏎
스윕 경로 선택 또는 [정렬(A)/기준점(B)/축척(S)/비틀기(T)] : P2 클릭
스윕 경로를 지정합니다.

(3) 옵션 설명

옵션	설명
정렬(A)	스윕할 객체를 스윕 경로에 수직으로 정렬할 것을 지정합니다.
기준점(B)	스윕할 객체가 스윕 경로에 맞춰지는 기준점을 지정합니다.
축척(S)	스윕할 객체의 축적을 지정합니다. 만약 축적을 '2'로 지정하면 스윕 경로를 따라서 스윕할 객체의 끝부분이 시작 부분보다 '2배'로 증가합니다.
비틀기(T)	스윕할 객체를 회전시킵니다.
모드(MO)	솔리드[SO] 모드를 지정한 경우, 솔리드 객체를 작성할 수 있고, 표면[SU] 모드를 지정한 경우, 서페이스 객체를 작성할 수 있습니다.

⑷ 실습하기

● 기본 실습하기

01 아래의 예제 파일을 불러옵니다.

예제 파일 : Part02\Chapter17\17-1\3\Sweep(기본)

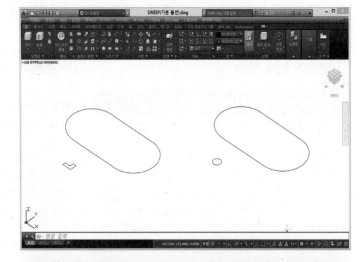

02 [Sweep] 명령어를 입력한 후, 첫 번째 그림의 스윕할 객체와 스윕 경로를 차례로 지정합니다.

명령 : Sweep Enter
현재 와이어프레임 밀도 :   ISOLINES=4, 닫힌 윤곽 작성 모드 = 솔리드
스윕할 객체 선택 또는 [모드(MO)] : P1 클릭   1개를 찾음
스윕할 객체에 'P1'을 클릭합니다.
스윕할 객체 선택 또는 [모드(MO)] : Enter
스윕 경로 선택 또는 [정렬(A)/기준점(B)/축척(S)/비틀기(T)] : P2 클릭
스윕 경로에 'P2'를 클릭합니다.

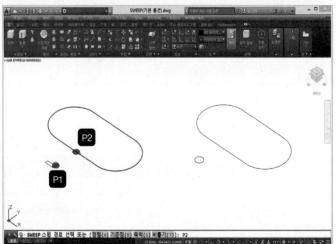

03 객체가 경로를 따라서 스윕되었습니다.

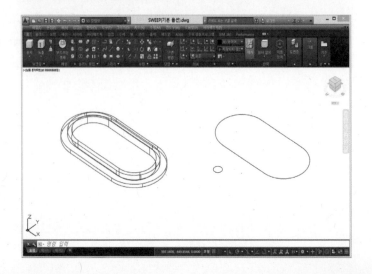

04 [Sweep] 명령어를 입력한 후, 두 번째 그림의
스윕할 객체와 스윕 경로를 차례로 지정합니다.

명령 : Sweep [Enter]
현재 와이어프레임 밀도 : ISOLINES=4, 닫힌 윤곽 작
성 모드 = 솔리드
스윕할 객체 선택 또는 [모드(MO)] : P1 클릭   1개를
찾음
스윕할 객체에 'P1'을 클릭합니다.
스윕할 객체 선택 또는 [모드(MO)] : [Enter]
스윕 경로 선택 또는 [정렬(A)/기준점(B)/축척(S)/비
틀기(T)] : P2 클릭
스윕 경로에 'P2'를 클릭합니다.

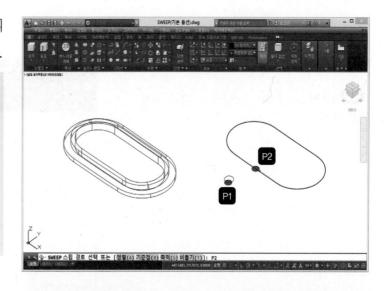

05 객체가 경로를 따라서 스윕되었습니다.

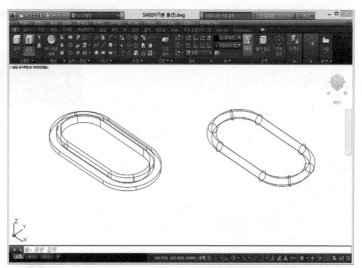

06 [Hide] 명령어를 입력하면 은선이 사라집
니다.

명령 : Hide [Enter]
HIDE 모형 재색성 중,
숨기기를 위해 빈 RAM이 충분하지 않음--일부 선들이
부정확하게 은선처리 될 것임.
은선이 제거된 객체가 나타납니다.

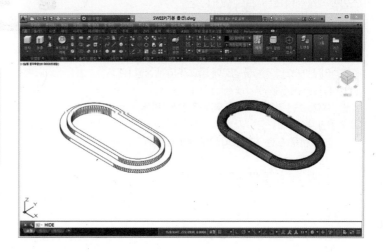

● [정렬] 옵션 실습하기

01 아래의 예제 파일을 불러옵니다.

예제 파일 : Part02\Chapter17\17-1\3\Sweep
(정렬 옵션)

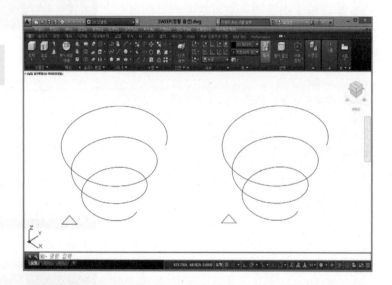

02 [Sweep] 명령어를 입력하여 첫 번째 그림의 스윕할 객체를 지정합니다. 이후, [정렬] 옵션을 지정하고 스윕 객체가 스윕 경로에 직각으로 정렬 되도록 지정한 후, 스윕 경로를 지정합니다.

명령 : Sweep [Enter]
현재 와이어프레임 밀도 : ISOLINES=4, 닫힌 윤곽 작성 모드 = 솔리드
스윕할 객체 선택 또는 [모드(MO)] : P1 클릭   1개를 찾음
스윕할 객체에 'P1'을 클릭합니다.
스윕할 객체 선택 또는 [모드(MO)] : [Enter]
스윕 경로 선택 또는 [정렬(A)/기준점(B)/축척(S)/비틀기(T)] : A [Enter]
[정렬] 옵션을 지정하기 위해서 'A'를 입력합니다.
스윕하기 전에 스윕 객체를 경로에 직교가 되게 정렬 [예(Y)/아니오(N)]〈예(Y)〉 : Y [Enter]
스윕 객체가 스윕 경로에 직각이 되게 정렬하기 위해서 'Y'를 입력합니다.
스윕 경로 선택 또는 [정렬(A)/기준점(B)/축척(S)/비틀기(T)] : P2 클릭
스윕 경로에 'P2'를 클릭합니다.

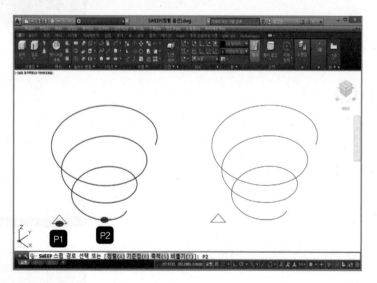

03 객체가 스윕 경로에 수직으로 정렬되어 스윕
되었습니다.

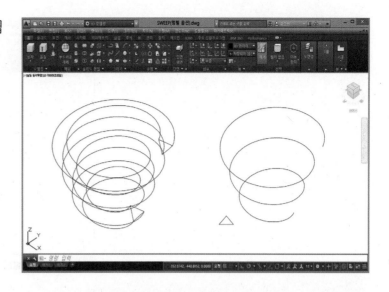

04 [Sweep] 명령어를 입력하여 두 번째 그림의
스윕할 객체를 지정합니다. 이후, [정렬] 옵션을
지정하고 스윕 객체가 스윕 경로에 직각이 되지
않도록 정렬되게 지정한 후, 스윕 경로를 지정합
니다.

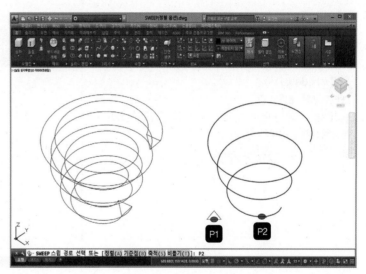

명령 : Sweep ⏎
현재 와이어프레임 밀도 : ISOLINES=4, 닫힌 윤곽 작
성 모드 = 솔리드
스윕할 객체 선택 또는 [모드(MO)] : P1 클릭   1개를
찾음
스윕할 객체에 'P1'을 클릭합니다.
스윕할 객체 선택 또는 [모드(MO)] : ⏎
스윕 경로 선택 또는 [정렬(A)/기준점(B)/축척(S)/비
틀기(T)] : A ⏎
[정렬] 옵션을 지정하기 위해서 'A'를 입력합니다.
스윕하기 전에 스윕 객체를 경로에 직교가 되게 정렬 [예
(Y)/아니오(N)]〈예(Y)〉: N ⏎
스윕 객체가 스윕 경로에 직각이 되지 않게 정렬하기 위해
서 'N'을 입력합니다.
스윕 경로 선택 또는 [정렬(A)/기준점(B)/축척(S)/비
틀기(T)] : P2 클릭
스윕 경로에 'P2'를 클릭합니다.

05 객체가 스윕 경로에 수직으로 정렬되지 않은 상태로 스윕되었습니다.

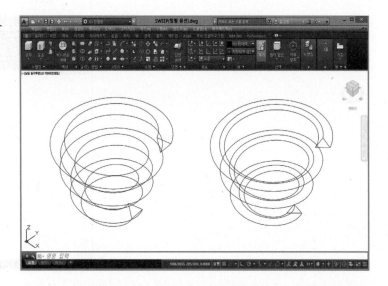

06 [Hide] 명령어를 입력하면 은선이 사라집니다.

명령 : Hide Enter
HIDE 모형 재생성 중.
숨기기를 위해 빈 RAM이 충분하지 않음--일부 선들이 부정확하게 은선처리 될 것임.
은선이 제거된 객체가 나타납니다.

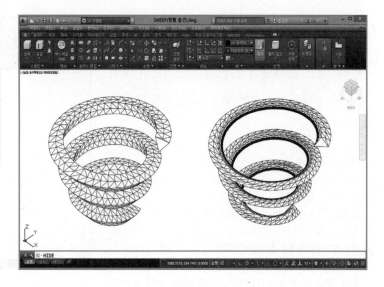

● [기준점] 옵션 실습하기

01 아래의 예제 파일을 불러옵니다.

예제 파일 : Part02\Chapter17\17-1\3\Sweep
(기준점 옵션)

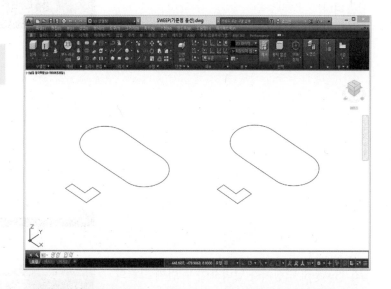

02 [Sweep] 명령어를 입력하여 첫 번째 그림의
스윕할 객체를 지정합니다. 이후, [기준점] 옵션
을 지정하고 스윕할 기준점을 지정한 후, 스윕 경
로를 지정합니다.

명령 : Sweep Enter
현재 와이어프레임 밀도 : ISOLINES=4, 닫힌 윤곽 작
성 모드 = 솔리드
스윕할 객체 선택 또는 [모드(MO)] : P1 클릭   1개를
찾음
스윕할 객체에 'P1'을 클릭합니다.
스윕할 객체 선택 또는 [모드(MO)] : Enter
스윕 경로 선택 또는 [정렬(A)/기준점(B)/축척(S)/비
틀기(T)] : B Enter
[기준점] 옵션을 지정하기 위해서 'B'를 입력합니다.
기준점 지정 : P2 클릭
스윕할 기준점에 'P2'를 클릭합니다.
스윕 경로 선택 또는 [정렬(A)/기준점(B)/축척(S)/비
틀기(T)] : P3 클릭
스윕 경로에 'P3'을 클릭합니다.

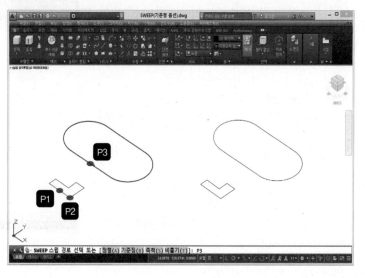

03 객체가 그림 02의 'P2'를 기준점으로 스윕되었습니다.

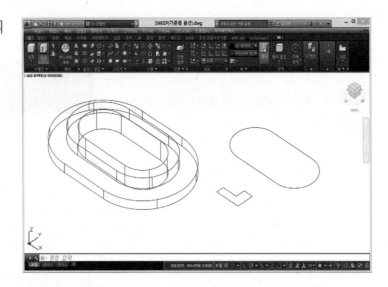

04 [Sweep] 명령어를 입력하여 두 번째 그림의 스윕할 객체를 지정합니다. 이후, [기준점] 옵션을 지정하고 스윕할 기준점을 지정한 후, 스윕 경로를 지정합니다.

명령 : Sweep [Enter]
현재 와이어프레임 밀도 : ISOLINES=4, 닫힌 윤곽 작성 모드 = 솔리드
스윕할 객체 선택 또는 [모드(MO)] : P1 클릭   1개를 찾음
스윕할 객체에 'P1'을 클릭합니다.
스윕할 객체 선택 또는 [모드(MO)] : [Enter]
스윕 경로 선택 또는 [정렬(A)/기준점(B)/축척(S)/비틀기(T)] : B [Enter]
[기준점] 옵션을 지정하기 위해서 'B'를 입력합니다.
기준점 지정 : P2 클릭
스윕할 기준점에 'P2'를 클릭합니다.
스윕 경로 선택 또는 [정렬(A)/기준점(B)/축척(S)/비틀기(T)] : P3 클릭
스윕 경로에 'P3'을 클릭합니다.

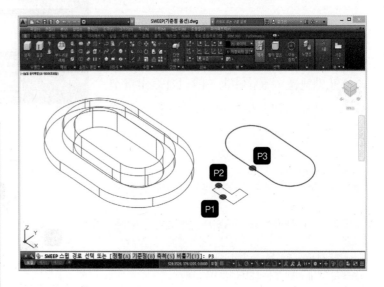

05 객체가 그림 04의 'P2'를 기준점으로 스윕되었습니다.

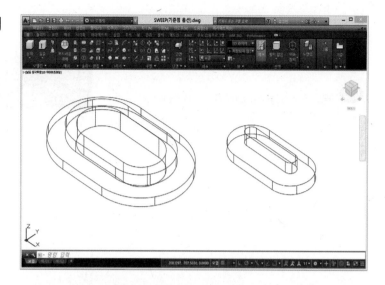

06 [Hide] 명령어를 입력하면 은선이 사라집니다.

명령 : Hide [Enter]
HIDE 모형 재생성 중.
숨기기를 위해 빈 RAM이 충분하지 않음--일부 선들이 부정확하게 은선처리 될 것임.
은선이 제거된 객체가 나타납니다.

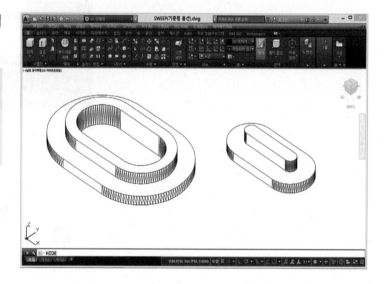

● [축적] 옵션 실습하기

01 아래의 예제 파일을 불러옵니다.

예제 파일 : Part02\Chapter17\17-1\3\Sweep
(축적 옵션)

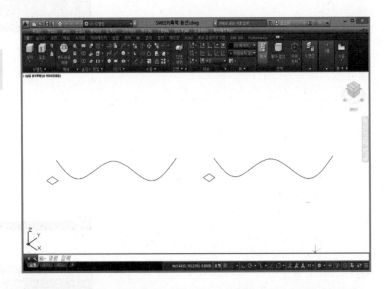

02 [Sweep] 명령어를 입력하여 첫 번째 그림의 스윕할 객체를 지정합니다. 이후, [축적] 옵션을 지정하고 축적 비율에 '1'을 지정한 후, 스윕 경로를 지정합니다.

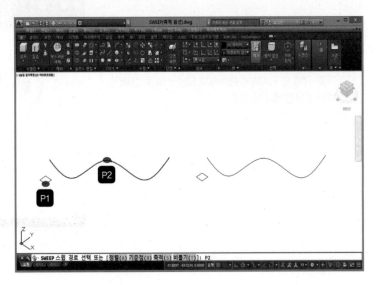

명령 : Sweep Enter
현재 와이어프레임 밀도 : ISOLINES=4, 닫힌 윤곽 작성 모드 = 솔리드
스윕할 객체 선택 또는 [모드(MO)] : P1 클릭   1개를 찾음
스윕할 객체에 'P1'을 클릭합니다.
스윕할 객체 선택 또는 [모드(MO)] : Enter
스윕 경로 선택 또는 [정렬(A)/기준점(B)/축척(S)/비틀기(T)] : S Enter
[축적] 옵션을 지정하기 위해서 'S'를 입력합니다.
축척 비율 입력 또는 [참조(R)/표현식(E)]〈1.0000〉 : 1 Enter
축적 비율에 '1'을 입력합니다.
스윕 경로 선택 또는 [정렬(A)/기준점(B)/축척(S)/비틀기(T)] : P2 클릭
스윕 경로에 'P2'를 클릭합니다.

03 스윕 객체의 크기가 끝부분과 시작부분이 동일한 것을 확인할 수 있습니다.

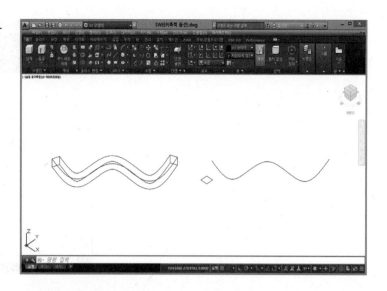

04 [Sweep] 명령어를 입력하여 두 번째 그림의 스윕할 객체를 지정합니다. 이후, [축적] 옵션을 지정하고 축적 비율에 '2'를 지정한 후, 스윕 경로를 지정합니다.

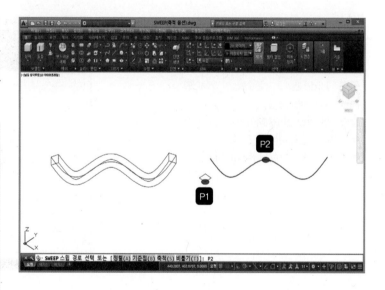

명령 : Sweep [Enter]
현재 와이어프레임 밀도 : ISOLINES=4, 닫힌 윤곽 작성 모드 = 솔리드
스윕할 객체 선택 또는 [모드(MO)] : P1 클릭   1개를 찾음
스윕할 객체에 'P1'을 클릭합니다.
스윕할 객체 선택 또는 [모드(MO)] : [Enter]
스윕 경로 선택 또는 [정렬(A)/기준점(B)/축척(S)/비틀기(T)] : S [Enter]
[축적] 옵션을 지정하기 위해서 'S'를 입력합니다.
축척 비율 입력 또는 [참조(R)/표현식(E)] ⟨1.0000⟩ : 2 [Enter]
축적 비율에 '2'를 입력합니다.
스윕 경로 선택 또는 [정렬(A)/기준점(B)/축척(S)/비틀기(T)] : P2 클릭
스윕 경로에 'P2'를 클릭합니다.

05 스윕 객체의 크기가 끝부분이 시작부분보다 '2배' 임을 확인할 수 있습니다.

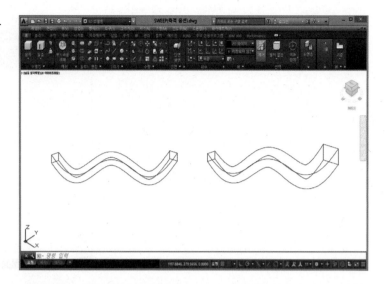

06 [Hide] 명령어를 입력하면 은선이 사라집니다.

명령 : Hide [Enter]
HIDE 모형 재생성 중.
숨기기를 위해 빈 RAM이 충분하지 않음--일부 선들이 부정확하게 은선처리 될 것임.
은선이 제거된 객체가 나타납니다.

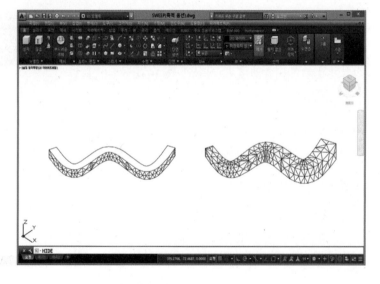

● [비틀기] 옵션 실습하기

01 아래의 예제 파일을 불러옵니다.

예제 파일 : Part02\Chapter17\17-1\3\Sweep
(비틀기 옵션)

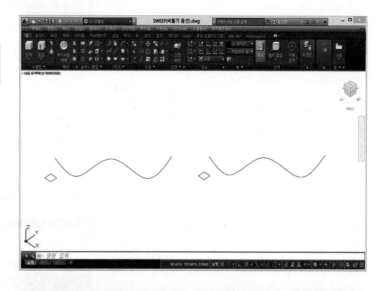

02 [Sweep] 명령어를 입력하여 첫 번째 그림의 스윕할 객체를 지정합니다. 이후, [비틀기] 옵션을 지정하고 비틀기 각도에 '0'을 지정한 후, 스윕 경로를 지정합니다.

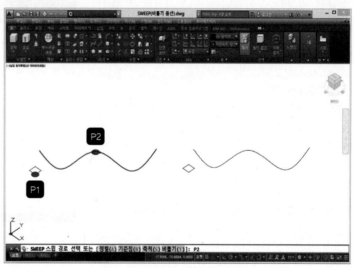

명령 : Sweep Enter
현재 와이어프레임 밀도 : ISOLINES=4, 닫힌 윤곽 작성 모드 = 솔리드
스윕할 객체 선택 또는 [모드(MO)] : P1 클릭   1개를 찾음
스윕할 객체에 'P1'을 클릭합니다.
스윕할 객체 선택 또는 [모드(MO)] : Enter
스윕 경로 선택 또는 [정렬(A)/기준점(B)/축척(S)/비틀기(T)] : T Enter
[비틀기] 옵션을 지정하기 위해서 'T'를 입력합니다.
비틀기 각도 입력 또는 비평면형 스윕 경로에 뱅킹 허용
[뱅크(B)/표현식(EX)]〈0.0000〉: 0 Enter
비틀기 각도에 '0'을 입력합니다.
스윕 경로 선택 또는 [정렬(A)/기준점(B)/축척(S)/비틀기(T)] : P2 클릭
스윕 경로에 'P2'를 클릭합니다.

03 객체가 회전하지 않은 상태로 스윕되었음을 확인할 수 있습니다.

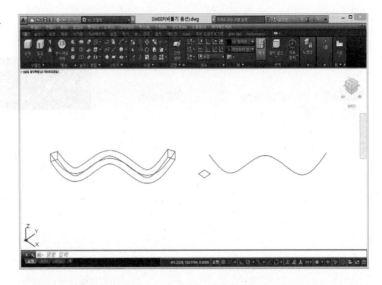

04 [Sweep] 명령어를 입력하여 두 번째 그림의 스윕할 객체를 지정합니다. 이후, [비틀기] 옵션을 지정하고 비틀기 각도에 '180'을 지정한 후, 스윕 경로를 지정합니다.

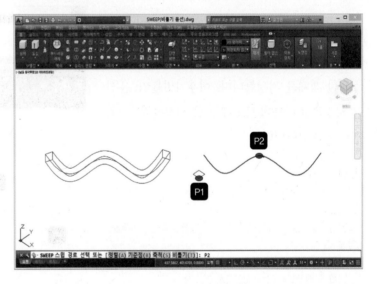

> **명령 : Sweep** Enter
> 현재 와이어프레임 밀도 : ISOLINES=4, 닫힌 윤곽 작성 모드 = 솔리드
> 스윕할 객체 선택 또는 [모드(MO)] : P1 클릭　1개를 찾음
> 스윕할 객체에 'P1'을 클릭합니다.
> 스윕할 객체 선택 또는 [모드(MO)] : Enter
> 스윕 경로 선택 또는 [정렬(A)/기준점(B)/축척(S)/비틀기(T)] : T Enter
> [비틀기] 옵션을 지정하기 위해서 'T'를 입력합니다.
> 비틀기 각도 입력 또는 비평면형 스윕 경로에 뱅킹 허용 [뱅크(B)/표현식(EX)]〈0.0000〉 : 180 Enter
> 비틀기 각도에 '180'을 입력합니다.
> 스윕 경로 선택 또는 [정렬(A)/기준점(B)/축척(S)/비틀기(T)] : P2 클릭
> 스윕 경로에 'P2'를 클릭합니다.

05 객체가 '180도' 회전한 상태로 스윕되었음을 확인할 수 있습니다.

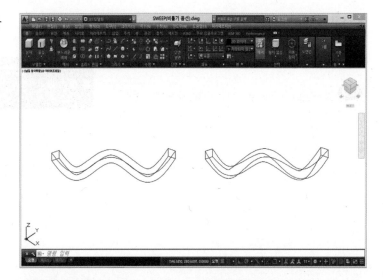

06 [Hide] 명령어를 입력하면 은선이 사라집니다.

명령 : Hide [Enter]
HIDE 모형 재생성 중.
숨기기를 위해 빈 RAM이 충분하지 않음--일부 선들이 부정확하게 은선처리 될 것임.
은선이 제거된 객체가 나타납니다.

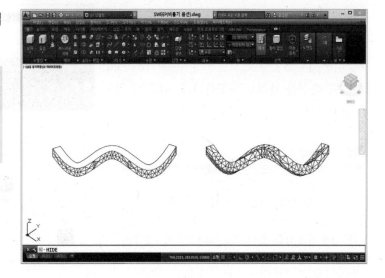

● [모드] 옵션 실습하기

01 아래의 예제 파일을 불러옵니다.

예제 파일 : Part02\Chapter17\17-1\3\Sweep(모드 옵션)

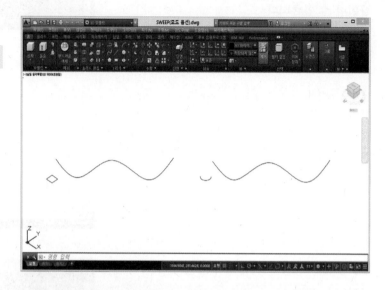

02 [Sweep] 명령어를 입력하여 [모드] 옵션과
[솔리드] 옵션을 차례로 지정합니다. 이후, 스윕
할 객체와 스윕 경로를 차례로 지정합니다.

명령 : Sweep [Enter]
현재 와이어프레임 밀도 : ISOLINES=4, 닫힌 윤곽 작
성 모드 = 솔리드
스윕할 객체 선택 또는 [모드(MO)] : MO [Enter]
[모드] 옵션을 지정하기 위해서 'MO'를 입력합니다.
닫힌 윤곽 작성 모드 [솔리드(SO)/표면(SU)] 〈솔리드〉
: SO [Enter]
[솔리드] 옵션을 지정하기 위해서 'SO'를 입력합니다.
스윕할 객체 선택 또는 [모드(MO)] : P1 클릭   1개를
찾음
스윕할 객체에 'P1'을 클릭합니다.
스윕할 객체 선택 또는 [모드(MO)] : [Enter]
스윕 경로 선택 또는 [정렬(A)/기준점(B)/축척(S)/비
틀기(T)] : P2 클릭
스윕 경로에 'P2'를 클릭합니다.

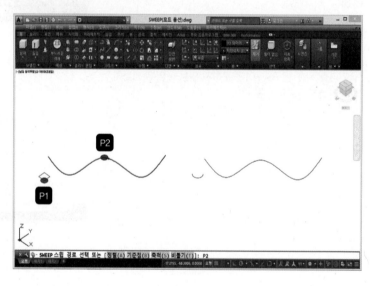

03 객체가 스윕 경로를 따라서 스윕되었습니다.

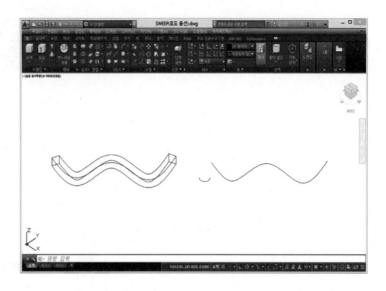

04 [Sweep] 명령어를 입력하여 [모드] 옵션과 [표면] 옵션을 차례로 지정합니다. 이후, 스윕할 객체와 스윕 경로를 차례로 지정합니다.

> **명령 : Sweep** Enter
> 현재 와이어프레임 밀도 : ISOLINES=4, 닫힌 윤곽 작성 모드 = 솔리드
> 스윕할 객체 선택 또는 [모드(MO)] : MO Enter
> [모드] 옵션을 지정하기 위해서 'MO'를 입력합니다.
> 닫힌 윤곽 작성 모드 [솔리드(SO)/표면(SU)] 〈솔리드〉 : SU Enter
> [표면] 옵션을 지정하기 위해서 'SU'를 입력합니다.
> 스윕할 객체 선택 또는 [모드(MO)] : P1 클릭   1개를 찾음
> 스윕할 객체에 'P1'을 클릭합니다.
> 스윕할 객체 선택 또는 [모드(MO)] : Enter
> 스윕 경로 선택 또는 [정렬(A)/기준점(B)/축척(S)/비틀기(T)] : P2 클릭
> 스윕 경로에 'P2'를 클릭합니다.

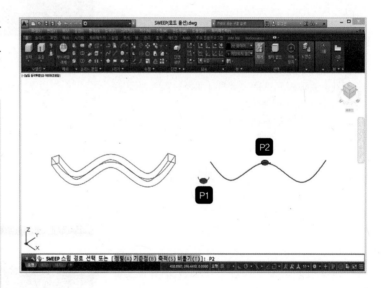

05 객체가 스윕 경로를 따라서 스윕되었습니다.

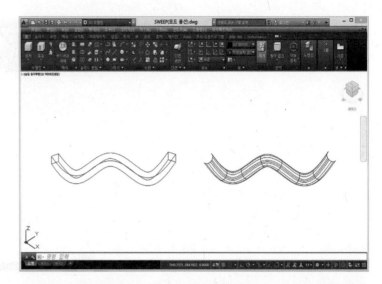

06 [Hide] 명령어를 입력하면 은선이 사라집니다.

명령 : Hide Enter
HIDE 모형 재생성 중.
숨기기를 위해 빈 RAM이 충분하지 않음--일부 선들이 부정확하게 은선처리 될 것임.
은선이 제거된 객체가 나타납니다.

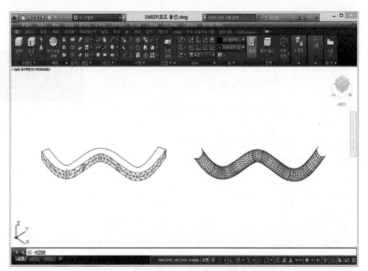

07 마우스로 왼쪽 그림을 클릭하면 파란색 그립 점이 나타납니다. 이후, 마우스의 오른쪽 버튼을 클릭하면 메뉴가 나타나고 [빠른 특성] 메뉴를 클릭합니다.

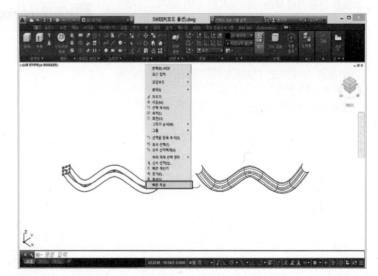

08 왼쪽 그림이 '3D 솔리드' 객체임을 알 수 있습니다.

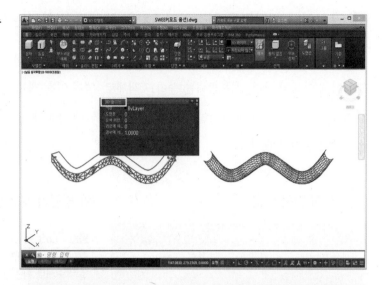

09 마우스로 오른쪽 그림을 클릭하면 파란색 그립점이 나타납니다. 이후, 마우스의 오른쪽 버튼을 클릭하면 메뉴가 나타나고 [빠른 특성] 메뉴를 클릭합니다.

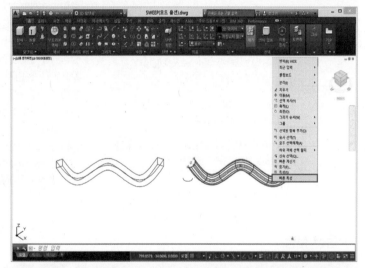

10 오른쪽 그림이 '표면(스윕)' 인 '서페이스' 객체임을 알 수 있습니다.

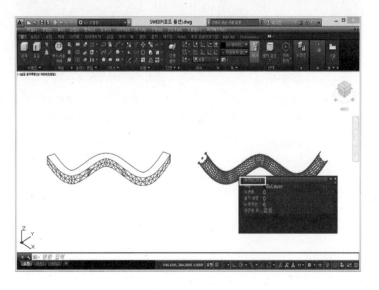

4 곡선이나 횡단면을 연결하여 3차원 객체로 변환하는 [Loft] 명령어

[Loft] 명령어는 여러 개의 곡선이나 횡단면을 연결하여 솔리드 객체나 서페이스 객체로 변환시킬 수 있습니다. [Loft] 명령어에 의해서 닫혀 있는 객체는 솔리드 객체로, 열려 있는 객체는 서페이스 객체로 변환되지만, 닫혀 있는 객체와 열려 있는 객체를 동시에 선택할 수는 없습니다. 횡단에 사용할 수 있는 객체는 선, 호, 원, 타원, 타원형 호, 폴리선 및 스플라인 등이 있습니다.

(1) 명령어 입력 방법

[Loft] 명령어	
메뉴 막대	그리기→모델링→로프트
명령어	Loft
리본 메뉴	(3D도구)탭→(모델링)패널→로프트(⬛) ([제도 및 주석] 작업공간) (홈)탭→(작성)패널→로프트(⬛) ([3D 기본 사항] 작업공간) (홈)탭→(모델링)패널→로프트(⬛) ([3D 모델링] 작업공간) (솔리드)탭→(솔리드)패널→로프트(⬛) ([3D 모델링] 작업공간)

(2) 명령어 사용 방법

명령 : Loft Enter
현재 와이어프레임 밀도:　ISOLINES=4, 닫힌 윤곽 작성 모드 = 솔리드
올림 순서로 횡단 선택 또는 [점(PO)/다중 모서리 결합(J)/모드(MO)] : P1 클릭　1개를 찾음
로프트할 첫 번째 객체를 지정합니다.
올림 순서로 횡단 선택 또는 [점(PO)/다중 모서리 결합(J)/모드(MO)] : P2 클릭　1개를 찾음, 총 2개
로프트할 두 번째 객체를 지정합니다.
올림 순서로 횡단 선택 또는 [점(PO)/다중 모서리 결합(J)/모드(MO)] : P3 클릭　1개를 찾음, 총 3개
로프트할 세 번째 객체를 지정합니다.
올림 순서로 횡단 선택 또는 [점(PO)/다중 모서리 결합(J)/모드(MO)] : Enter
　3개의 횡단이 선택됨
옵션 입력 [안내(G)/경로(P)/횡단만(C)/설정(S)] 〈횡단만〉 : Enter

(3) 옵션 설명

옵션	설명
점(PO)	로프트할 때 시작점이나 끝점을 지정합니다.
다중 모서리 결합(J)	여러 개의 모서리를 단일 단면으로 결합합니다.
안내(G)	로프트 단면을 생성하는 안내 곡선을 지정합니다. 이때 안내 곡선은 한 개 또는 여러 개를 지정할 수 있습니다.
경로(P)	하나의 경로를 따라서 횡단면을 생성할 수 있습니다.
횡단만(C)	횡단면을 지정하여 로프트할 수 있습니다.
설정(S)	[로프트 설정] 대화 상자를 불러올 수 있고 횡단에서 표면을 조정할 수 있습니다.
모드(MO)	솔리드[SO] 모드를 지정한 경우, 솔리드 객체를 작성할 수 있고, 표면[SU] 모드를 지정한 경우, 서페이스 객체를 작성할 수 있습니다.

● [로프트 설정] 대화 상자

횡단면의 표면 상태를 조절할 수 있습니다.

① 직선 보간 : 횡단면 사이를 직선 면으로 연결합니다.
② 부드럽게 맞춤 : 횡단면 사이를 부드러운 곡선 면으로 연결합니다.
③ 다음 항목에 수직 : 횡단면을 통해 통과하는 솔리드 또는 곡면의 곡면 법선을 조절합니다.
④ 기울기 각도 : 첫 번째와 마지막 횡단면과 접하는 곡면의 기울기 각도와 크기를 지정합니다.
⑤ 표면 또는 솔리드 닫기 : 표면 또는 솔리드를 닫거나 열 수 있습니다.

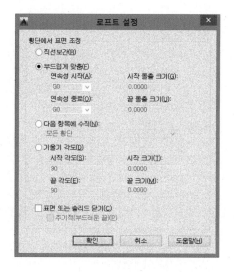

(4) 실습하기

● 기본 실습하기

01 아래의 예제 파일을 불러옵니다.

예제 파일 : Part02\Chapter17\17-1\4\Loft(기본)

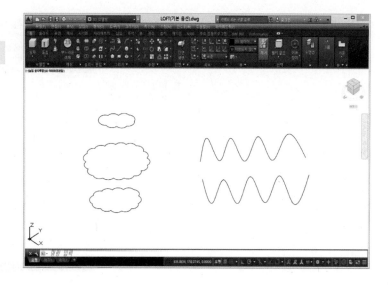

02 [Loft] 명령어를 입력한 후, 왼쪽 그림의 첫 번째, 두 번째 및 세 번째 횡단면을 차례로 지정합니다.

> **명령 : Loft** [Enter]
> 현재 와이어프레임 밀도 : ISOLINES=4, 닫힌 윤곽 작성 모드 = 솔리드
> 올림 순서로 횡단 선택 또는 [점(PO)/다중 모서리 결합(J)/모드(MO)] : P1 클릭   1개를 찾음
> 첫 번째 횡단면에 'P1'을 클릭합니다.
> 올림 순서로 횡단 선택 또는 [점(PO)/다중 모서리 결합(J)/모드(MO)] : P2 클릭   1개를 찾음, 총 2개
> 두 번째 횡단면에 'P2'를 클릭합니다.
> 올림 순서로 횡단 선택 또는 [점(PO)/다중 모서리 결합(J)/모드(MO)] : P3 클릭   1개를 찾음, 총 3개
> 세 번째 횡단면에 'P3'을 클릭합니다.
> 올림 순서로 횡단 선택 또는 [점(PO)/다중 모서리 결합(J)/모드(MO)] : [Enter]
> 3개의 횡단이 선택됨
> 옵션 입력 [안내(G)/경로(P)/횡단만(C)/설정(S)] 〈횡단만〉: [Enter]

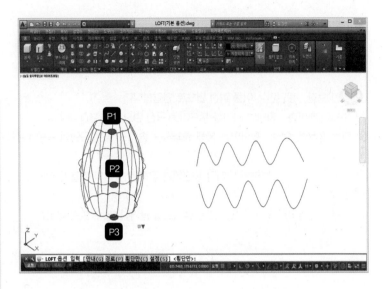

03 닫힌 객체를 연결하여 솔리드 객체가 나타납니다.

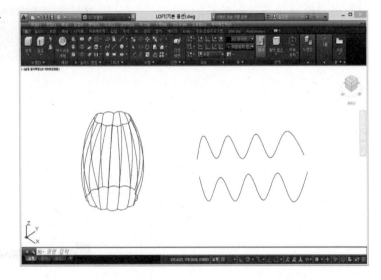

04 [Loft] 명령어를 입력한 후, 오른쪽 그림의 첫 번째 및 두 번째 곡선을 차례로 지정합니다.

명령 : Loft [Enter]
현재 와이어프레임 밀도 : ISOLINES=4, 닫힌 윤곽 작성 모드 = 솔리드
올림 순서로 횡단 선택 또는 [점(PO)/다중 모서리 결합(J)/모드(MO)] : P1 클릭   1개를 찾음
첫 번째 곡선에 'P1'을 클릭합니다.
올림 순서로 횡단 선택 또는 [점(PO)/다중 모서리 결합(J)/모드(MO)] : P2 클릭   1개를 찾음, 총 2개
두 번째 곡선에 'P2'를 클릭합니다.
올림 순서로 횡단 선택 또는 [점(PO)/다중 모서리 결합(J)/모드(MO)] : [Enter]
 2개의 횡단이 선택됨
옵션 입력 [안내(G)/경로(P)/횡단만(C)/설정(S)] 〈횡단만〉 : [Enter]

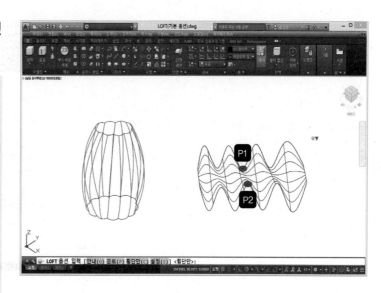

05 열린 객체를 연결하여 서페이스 객체가 나타납니다.

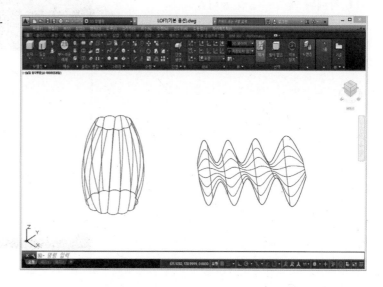

06 [Hide] 명령어를 입력하면 은선이 사라집니다.

명령 : Hide ⏎
HIDE 모형 재생성 중.
숨기기를 위해 빈 RAM이 충분하지 않음--일부 선들이
부정확하게 은선처리 될 것임.
은선이 제거된 객체가 나타납니다.

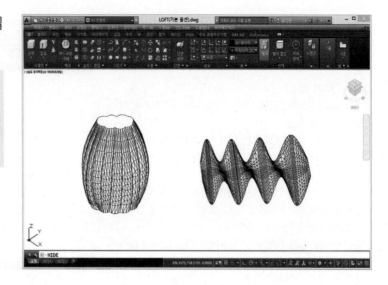

● [점] 옵션 실습하기

01 아래의 예제 파일을 불러옵니다.

예제 파일 : Part02\Chapter17\17-1\4\Loft(점 옵션)

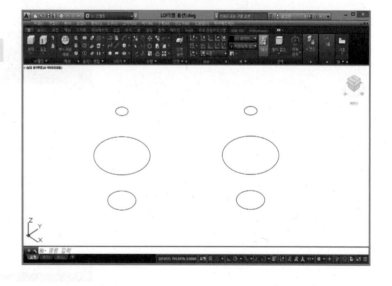

02 [Loft] 명령어를 입력하고 [점] 옵션을 지정합니다. 이후, 왼쪽 그림의 첫 번째 횡단면 내부의 한 점과 두 번째 횡단면, 세 번째 횡단면을 차례로 지정합니다.

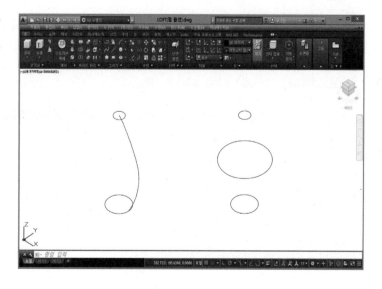

> **명령 : Loft** [Enter]
> 현재 와이어프레임 밀도 : ISOLINES=4, 닫힌 윤곽 작성 모드 = 솔리드
> 올림 순서로 횡단 선택 또는 [점(PO)/다중 모서리 결합(J)/모드(MO)] : PO [Enter]
> [점] 옵션을 지정하기 위해서 'PO'를 입력합니다.
> 로프트 시작점 지정 : P1 클릭
> 첫 번째 횡단면 내부의 한 점에 'P1'을 클릭합니다.
> 올림 순서로 횡단 선택 또는 [점(PO)/다중 모서리 결합(J)/모드(MO)] : P2 클릭   1개를 찾음
> 두 번째 횡단면에 'P2'를 클릭합니다.
> 올림 순서로 횡단 선택 또는 [점(PO)/다중 모서리 결합(J)/모드(MO)] : P3 클릭   1개를 찾음, 총 2개
> 세 번째 횡단면에 'P3'을 클릭합니다.
> 올림 순서로 횡단 선택 또는 [점(PO)/다중 모서리 결합(J)/모드(MO)] : [Enter]
> 3개의 횡단이 선택됨
> 옵션 입력 [안내(G)/경로(P)/횡단만(C)/설정(S)/연속성(CO)/돌출 크기(B)] 〈횡단만〉 : [Enter]

03 첫 번째 횡단면 내부의 한 점과 두 번째 횡단면, 세 번째 횡단면을 연결하는 3D 솔리드 객체가 나타납니다.

04 [Hide] 명령어를 입력하면 은선이 사라집니다.

명령 : Hide Enter
HIDE 모형 재생성 중.
숨기기를 위해 빈 RAM이 충분하지 않음--일부 선들이
부정확하게 은선처리 될 것임.
은선이 제거된 객체가 나타납니다.

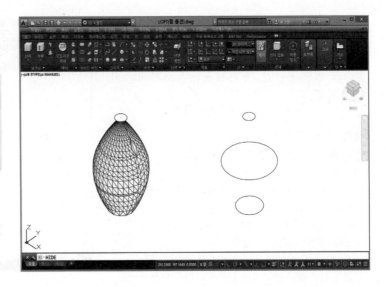

● [횡단만] 옵션 실습하기

01 [Loft] 명령어를 입력하여 오른쪽 그림의 첫 번째, 두 번째 및 세 번째 횡단면을 차례로 지정한 후, [횡단만] 옵션을 지정합니다.

명령 : Loft Enter
현재 와이어프레임 밀도 : ISOLINES=4, 닫힌 윤곽 작성 모드 = 솔리드
올림 순서로 횡단 선택 또는 [점(PO)/다중 모서리 결합 (J)/모드(MO)] : P1 클릭   1개를 찾음
첫 번째 횡단면에 'P1'을 클릭합니다.
올림 순서로 횡단 선택 또는 [점(PO)/다중 모서리 결합 (J)/모드(MO)] : P2 클릭   1개를 찾음, 총 2개
두 번째 횡단면에 'P2'를 클릭합니다.
올림 순서로 횡단 선택 또는 [점(PO)/다중 모서리 결합 (J)/모드(MO)] : P3 클릭   1개를 찾음, 총 3개
세 번째 횡단면에 'P3'을 클릭합니다.
올림 순서로 횡단 선택 또는 [점(PO)/다중 모서리 결합 (J)/모드(MO)] : Enter
 3개의 횡단이 선택됨
옵션 입력 [안내(G)/경로(P)/횡단만(C)/설정(S)] 〈횡단만〉: C Enter
[횡단만] 옵션을 지정하기 위해서 'C'를 입력합니다.

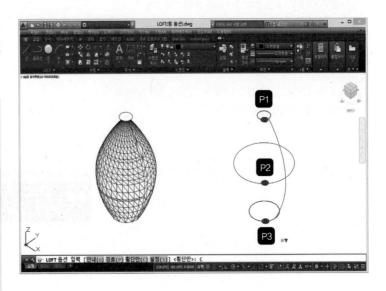

02 첫 번째, 두 번째 및 세 번째 횡단면을 연결하는
3D 솔리드 객체가 나타납니다.

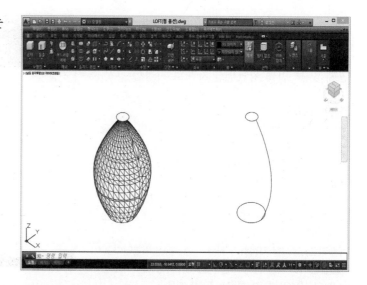

03 [Hide] 명령어를 입력하면 은선이 사라집니다.

명령 : Hide Enter

HIDE 모형 재생성 중.
숨기기를 위해 빈 RAM이 충분하지 않음--일부 선들이
부정확하게 은선처리 될 것임.
은선이 제거된 객체가 나타납니다.

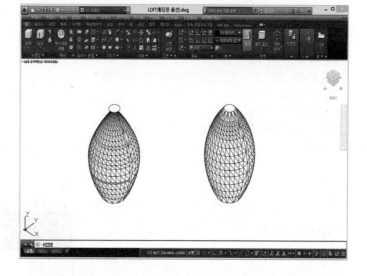

● [모드] 옵션 실습하기

01 아래의 예제 파일을 불러옵니다.

예제 파일 : Part02\Chapter17\17-1\4\Loft(모드 옵션)

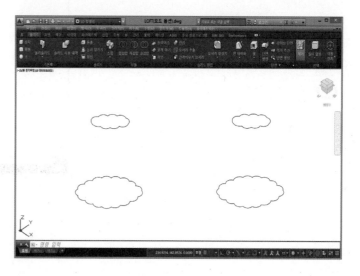

02 [Loft] 명령어를 입력한 후, [모드] 옵션과 [솔리드] 옵션을 지정합니다. 이후, 왼쪽 그림의 첫 번째 및 두 번째 횡단면을 차례로 지정합니다.

명령 : Loft Enter

현재 와이어프레임 밀도 : ISOLINES=4, 닫힌 윤곽 작성 모드 = 솔리드
올림 순서로 횡단 선택 또는 [점(PO)/다중 모서리 결합(J)/모드(MO)] : MO Enter
[모드] 옵션을 지정하기 위해서 'MO'를 입력합니다.
닫힌 윤곽 작성 모드 [솔리드(SO)/표면(SU)] 〈솔리드〉 : SO Enter
[솔리드] 옵션을 지정하기 위해서 'SO'를 입력합니다.
올림 순서로 횡단 선택 또는 [점(PO)/다중 모서리 결합(J)/모드(MO)] : P1 클릭　1개를 찾음
첫 번째 횡단면에 'P1'을 클릭합니다.
올림 순서로 횡단 선택 또는 [점(PO)/다중 모서리 결합(J)/모드(MO)] : P1 클릭　1개를 찾음, 총 2개
두 번째 횡단면에 'P2'를 클릭합니다.
올림 순서로 횡단 선택 또는 [점(PO)/다중 모서리 결합(J)/모드(MO)] : Enter
　2개의 횡단이 선택됨
옵션 입력 [안내(G)/경로(P)/횡단만(C)/설정(S)] 〈횡단만〉 : Enter

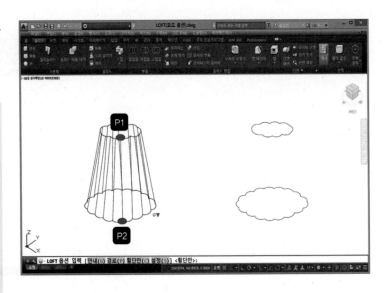

03 두 횡단면을 연결하는 3D 솔리드 객체가 생성됩니다.

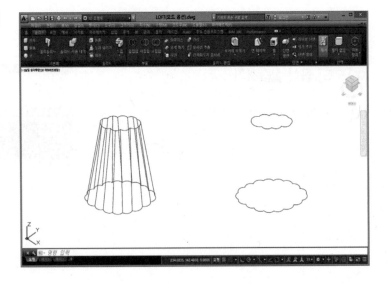

04 [Loft] 명령어를 입력한 후, [모드] 옵션과 [표면] 옵션을 지정합니다. 이후, 오른쪽 그림의 첫 번째 및 두 번째 횡단면을 차례로 지정합니다.

명령 : **Loft** [Enter]
현재 와이어프레임 밀도 : ISOLINES=4, 닫힌 윤곽 작성 모드 = 솔리드
올림 순서로 횡단 선택 또는 [점(PO)/다중 모서리 결합(J)/모드(MO)] : MO [Enter]
[모드] 옵션을 지정하기 위해서 'MO'를 입력합니다.
닫힌 윤곽 작성 모드 [솔리드(SO)/표면(SU)] 〈솔리드〉 : SU [Enter]
[표면] 옵션을 지정하기 위해서 'SU'를 입력합니다.
올림 순서로 횡단 선택 또는 [점(PO)/다중 모서리 결합(J)/모드(MO)] : P1 클릭   1개를 찾음
첫 번째 횡단면에 'P1'을 클릭합니다.
올림 순서로 횡단 선택 또는 [점(PO)/다중 모서리 결합(J)/모드(MO)] : P1 클릭   1개를 찾음, 총 2개
두 번째 횡단면에 'P2'를 클릭합니다.
올림 순서로 횡단 선택 또는 [점(PO)/다중 모서리 결합(J)/모드(MO)] : [Enter]
 2개의 횡단이 선택됨
옵션 입력 [안내(G)/경로(P)/횡단만(C)/설정(S)] 〈횡단만〉 : [Enter]

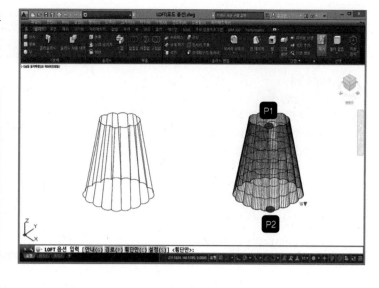

05 두 횡단면을 연결하는 서페이스(표면) 객체가 생성됩니다.

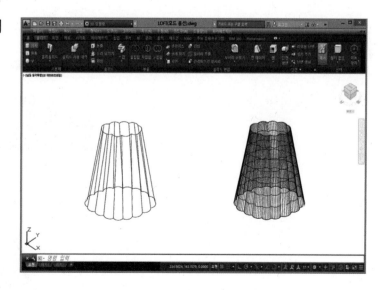

06 [Hide] 명령어를 입력하면 은선이 사라집니다.

> **명령 : Hide** ⏎
> HIDE 모형 재생성 중.
> 숨기기를 위해 빈 RAM이 충분하지 않음--일부 선들이
> 부정확하게 은선처리 될 것임.
> 은선이 제거된 객체가 나타납니다.

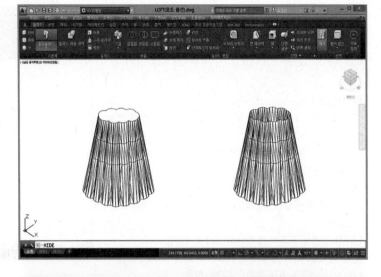

07 마우스로 왼쪽 그림을 클릭하면 파란색 그립점이 나타납니다. 이후, 마우스의 오른쪽 버튼을 클릭하면 메뉴가 나타나고 [빠른 특성] 메뉴를 클릭합니다.

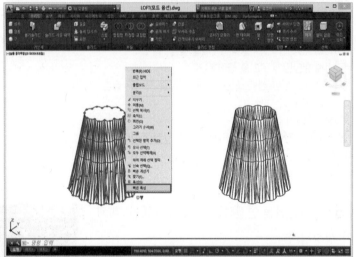

08 왼쪽 그림이 '3D 솔리드' 객체임을 알 수 있습니다.

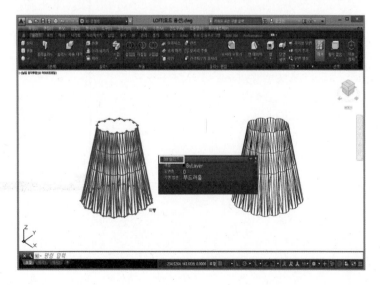

09 마우스로 오른쪽 그림을 클릭하면 파란색 그립 점이 나타납니다. 이후, 마우스의 오른쪽 버튼을 클릭하면 메뉴가 나타나고 [빠른 특성] 메뉴를 클릭합니다.

10 오른쪽 그림이 '표면(올려진)' 인 '서페이스' 객체임을 알 수 있습니다.

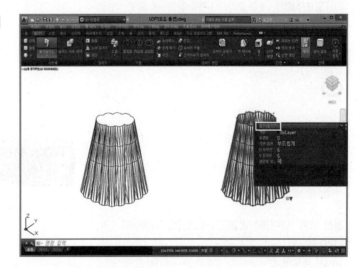

● [설정] 옵션 실습하기

■ [직선 보간]과 [부드럽게 맞춤] 메뉴

01 아래의 예제 파일을 불러옵니다.

예제 파일 : Part02\Chapter17\17-1\4\Loft
(설정 옵션, 직선 보간과 부드럽게 맞춤 메뉴)

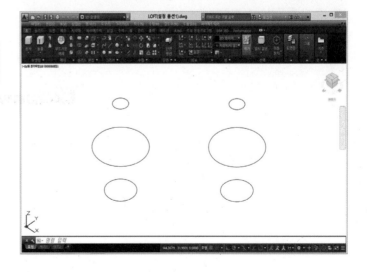

02 [Loft] 명령어를 입력한 후, 왼쪽 그림의 첫 번째, 두 번째 및 세 번째 횡단면을 차례로 지정합니다.

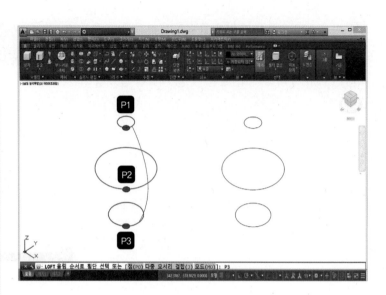

명령 : Loft Enter

현재 와이어프레임 밀도 : ISOLINES=4, 닫힌 윤곽 작성 모드 = 솔리드

올림 순서로 횡단 선택 또는 [점(PO)/다중 모서리 결합(J)/모드(MO)] : P1 클릭   1개를 찾음

첫 번째 횡단면에 'P1'을 클릭합니다.

올림 순서로 횡단 선택 또는 [점(PO)/다중 모서리 결합(J)/모드(MO)] : P2 클릭   1개를 찾음, 총 2개

두 번째 횡단면에 'P2'를 클릭합니다.

올림 순서로 횡단 선택 또는 [점(PO)/다중 모서리 결합(J)/모드(MO)] : P3 클릭   1개를 찾음, 총 3개

세 번째 횡단면에 'P3'을 클릭합니다.

올림 순서로 횡단 선택 또는 [점(PO)/다중 모서리 결합(J)/모드(MO)] : Enter

3개의 횡단이 선택됨

03 [설정] 옵션을 지정하면 [로프트 설정] 대화 상자가 나타나고 [직선 보간]에 체크 표시를 한 후, [확인]을 클릭합니다.

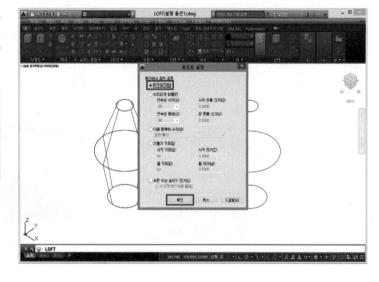

옵션 입력 [안내(G)/경로(P)/횡단만(C)/설정(S)] 〈횡단만〉 : S Enter

[설정] 옵션을 지정하기 위해서 'S'를 입력합니다. 이후, [로프트 설정] 대화 상자가 나타나면 [직선 보간]에 체크 표시를 한 후, [확인]을 클릭합니다.

04 횡단면 사이가 직선 면으로 연결된 것을 확인할 수 있습니다.

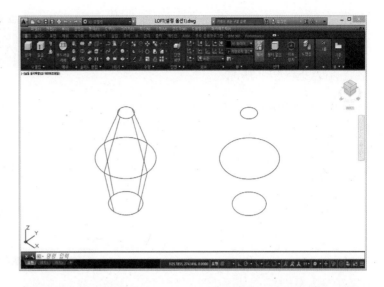

05 [Loft] 명령어를 입력한 후, 오른쪽 그림의 첫 번째, 두 번째 및 세 번째 횡단면을 차례로 지정합니다.

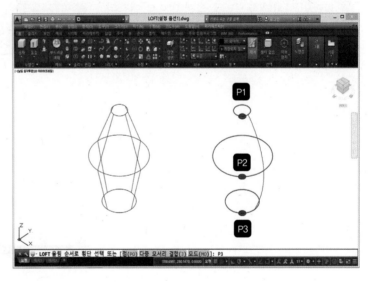

명령 : Loft Enter
현재 와이어프레임 밀도 : ISOLINES=4, 닫힌 윤곽 작성 모드 = 솔리드
올림 순서로 횡단 선택 또는 [점(PO)/다중 모서리 결합(J)/모드(MO)] : P1 클릭   1개를 찾음
첫 번째 횡단면에 'P1'을 클릭합니다.
올림 순서로 횡단 선택 또는 [점(PO)/다중 모서리 결합(J)/모드(MO)] : P2 클릭   1개를 찾음, 총 2개
두 번째 횡단면에 'P2'를 클릭합니다.
올림 순서로 횡단 선택 또는 [점(PO)/다중 모서리 결합(J)/모드(MO)] : P3 클릭   1개를 찾음, 총 3개
세 번째 횡단면에 'P3'을 클릭합니다.
올림 순서로 횡단 선택 또는 [점(PO)/다중 모서리 결합(J)/모드(MO)] : Enter
 3개의 횡단이 선택됨

06 [설정] 옵션을 지정하면 [로프트 설정] 대화 상자가 나타나고 [부드럽게 맞춤]에 체크 표시를 한 후, [확인]을 클릭합니다.

옵션 입력 [안내(G)/경로(P)/횡단만(C)/설정(S)] 〈횡단만〉 : S [Enter]
[설정] 옵션을 지정하기 위해서 'S'를 입력합니다. 이후, [로프트 설정] 대화 상자가 나타나면 [부드럽게 맞춤]에 체크 표시를 한 후, [확인]을 클릭합니다.

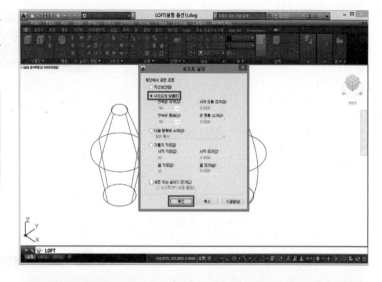

07 횡단면 사이가 부드러운 곡선 면으로 연결된 것을 확인할 수 있습니다.

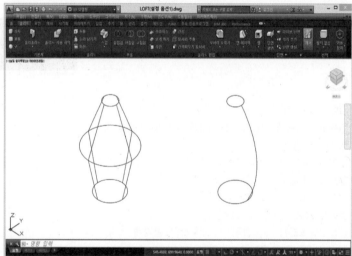

08 [Hide] 명령어를 입력하면 은선이 사라집니다.

명령 : Hide [Enter]
HIDE 모형 재생성 중.
숨기기를 위해 빈 RAM이 충분하지 않음--일부 선들이 부정확하게 은선처리 될 것임.
은선이 제거된 객체가 나타납니다.

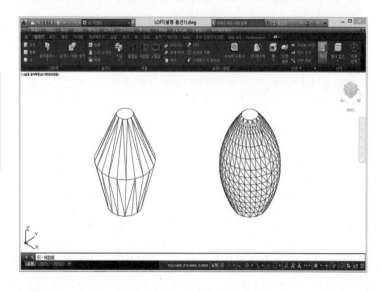

- **[다음 항목에 수직] 메뉴**

01 아래의 예제 파일을 불러옵니다.

예제 파일 : Part02\Chapter17\17-1\4\Loft
(설정 옵션, 다음 항목에 수직 메뉴)

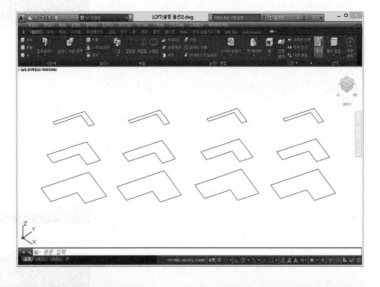

02 [Loft] 명령어를 입력한 후, 첫 번째 그림의 첫 번째, 두 번째 및 세 번째 횡단면을 차례로 지정합니다.

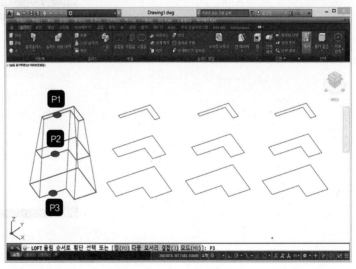

명령 : Loft [Enter]
현재 와이어프레임 밀도 : ISOLINES=4, 닫힌 윤곽 작성 모드 = 솔리드
올림 순서로 횡단 선택 또는 [점(PO)/다중 모서리 결합(J)/모드(MO)] : P1 클릭   1개를 찾음
첫 번째 횡단면에 'P1'을 클릭합니다.
올림 순서로 횡단 선택 또는 [점(PO)/다중 모서리 결합(J)/모드(MO)] : P2 클릭   1개를 찾음, 총 2개
두 번째 횡단면에 'P2'를 클릭합니다.
올림 순서로 횡단 선택 또는 [점(PO)/다중 모서리 결합(J)/모드(MO)] : P3 클릭   1개를 찾음, 총 3개
세 번째 횡단면에 'P3'을 클릭합니다.
올림 순서로 횡단 선택 또는 [점(PO)/다중 모서리 결합(J)/모드(MO)] : [Enter]
3개의 횡단이 선택됨

03 [설정] 옵션을 지정하면 [로프트 설정] 대화 상자가 나타나고 [다음 항목에 수직]에 체크 표시를 하여 [모든 횡단]을 선택한 후, [확인]을 클릭합니다.

> 옵션 입력 [안내(G)/경로(P)/횡단만(C)/설정(S)] 〈횡단만〉 : S [Enter]
> [설정] 옵션을 지정하기 위해서 'S'를 입력합니다. 이후, [로프트 설정] 대화 상자가 나타나면 [다음 항목에 수직]에 체크 표시를 하고 [모든 횡단]을 선택한 후, [확인]을 클릭합니다.

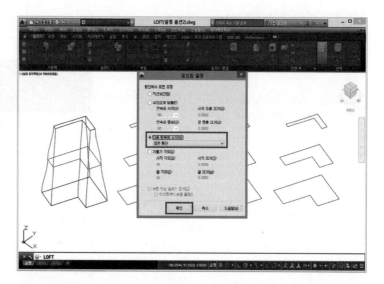

04 곡선 법선이 모든 횡단면에 수직임을 알 수 있습니다.

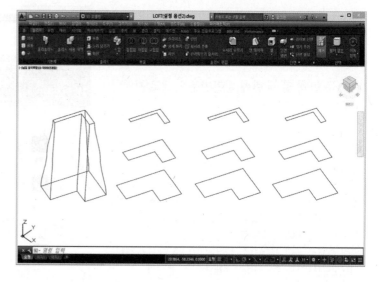

05 [Loft] 명령어를 입력한 후, 두 번째 그림의 첫 번째, 두 번째 및 세 번째 횡단면을 차례로 지정합니다.

명령 : Loft Enter
현재 와이어프레임 밀도 : ISOLINES=4, 닫힌 윤곽 작성 모드 = 솔리드
올림 순서로 횡단 선택 또는 [점(PO)/다중 모서리 결합(J)/모드(MO)] : P1 클릭   1개를 찾음
첫 번째 횡단면에 'P1'을 클릭합니다.
올림 순서로 횡단 선택 또는 [점(PO)/다중 모서리 결합(J)/모드(MO)] : P2 클릭   1개를 찾음, 총 2개
두 번째 횡단면에 'P2'를 클릭합니다.
올림 순서로 횡단 선택 또는 [점(PO)/다중 모서리 결합(J)/모드(MO)] : P3 클릭   1개를 찾음, 총 3개
세 번째 횡단면에 'P3'을 클릭합니다.
올림 순서로 횡단 선택 또는 [점(PO)/다중 모서리 결합(J)/모드(MO)] : Enter
 3개의 횡단이 선택됨

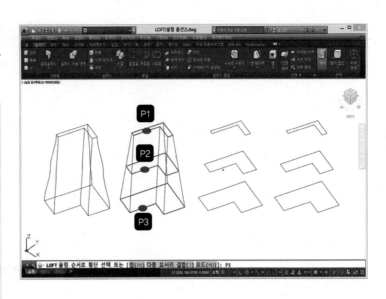

06 [설정] 옵션을 지정하면 [로프트 설정] 대화 상자가 나타나고 [다음 항목에 수직]에 체크 표시를 하여 [시작 횡단]을 선택한 후, [확인]을 클릭합니다.

옵션 입력 [안내(G)/경로(P)/횡단만(C)/설정(S)] 〈횡단만〉 : S Enter
[설정] 옵션을 지정하기 위해서 'S'를 입력합니다. 이후, [로프트 설정] 대화 상자가 나타나면 [다음 항목에 수직]에 체크 표시를 하고 [시작 횡단]을 선택한 후, [확인]을 클릭합니다.

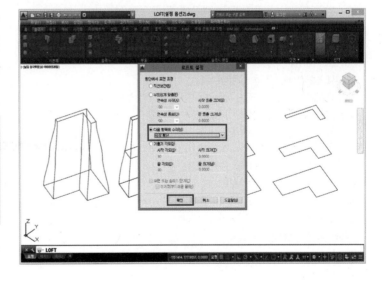

07 곡선 법선이 시작 횡단면에 수직임을 알 수 있습니다.

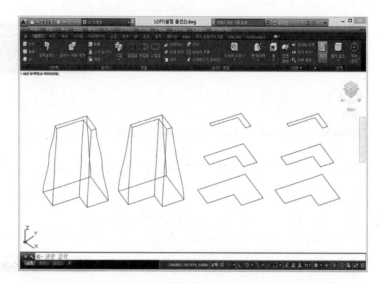

08 [Loft] 명령어를 입력한 후, 세 번째 그림의 첫 번째, 두 번째 및 세 번째 횡단면을 차례로 지정합니다.

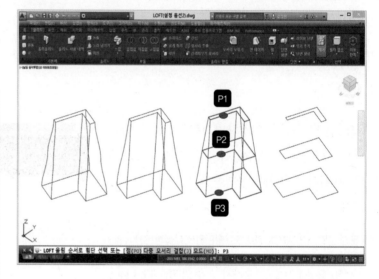

명령 : Loft Enter
현재 와이어프레임 밀도 : ISOLINES=4, 닫힌 윤곽 작성 모드 = 솔리드
올림 순서로 횡단 선택 또는 [점(PO)/다중 모서리 결합(J)/모드(MO)] : P1 클릭   1개를 찾음
첫 번째 횡단면에 'P1'을 클릭합니다.
올림 순서로 횡단 선택 또는 [점(PO)/다중 모서리 결합(J)/모드(MO)] : P2 클릭   1개를 찾음, 총 2개
두 번째 횡단면에 'P2'를 클릭합니다.
올림 순서로 횡단 선택 또는 [점(PO)/다중 모서리 결합(J)/모드(MO)] : P3 클릭   1개를 찾음, 총 3개
세 번째 횡단면에 'P3'을 클릭합니다.
올림 순서로 횡단 선택 또는 [점(PO)/다중 모서리 결합(J)/모드(MO)] : Enter
 3개의 횡단이 선택됨

09 [설정] 옵션을 지정하면 [로프트 설정] 대화
상자가 나타나고 [다음 항목에 수직]에 체크 표시
를 하여 [끝 횡단]을 선택한 후, [확인]을 클릭합니
다.

옵션 입력 [안내(G)/경로(P)/횡단만(C)/설정(S)] 〈횡
단만〉: S Enter
[설정] 옵션을 지정하기 위해서 'S'를 입력합니다. 이후,
[로프트 설정] 대화 상자가 나타나면 [다음 항목에 수직]
에 체크 표시를 하고 [끝 횡단]을 선택한 후, [확인]을 클릭
합니다.

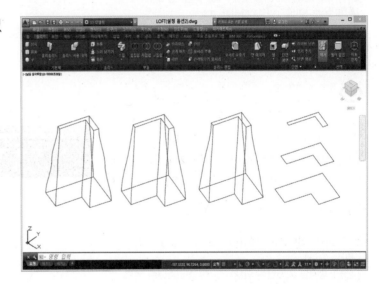

10 곡선 법선이 끝 횡단면에 수직임을 알 수 있
습니다.

11 [Loft] 명령어를 입력한 후, 네 번째 그림의 첫 번째, 두 번째 및 세 번째 횡단면을 차례로 지정합니다.

명령 : Loft [Enter]
현재 와이어프레임 밀도 : ISOLINES=4, 닫힌 윤곽 작성 모드 = 솔리드
올림 순서로 횡단 선택 또는 [점(PO)/다중 모서리 결합(J)/모드(MO)] : P1 클릭   1개를 찾음
첫 번째 횡단면에 'P1'을 클릭합니다.
올림 순서로 횡단 선택 또는 [점(PO)/다중 모서리 결합(J)/모드(MO)] : P2 클릭   1개를 찾음, 총 2개
두 번째 횡단면에 'P2'를 클릭합니다.
올림 순서로 횡단 선택 또는 [점(PO)/다중 모서리 결합(J)/모드(MO)] : P3 클릭   1개를 찾음, 총 3개
세 번째 횡단면에 'P3'을 클릭합니다.
올림 순서로 횡단 선택 또는 [점(PO)/다중 모서리 결합(J)/모드(MO)] : [Enter]
 3개의 횡단이 선택됨

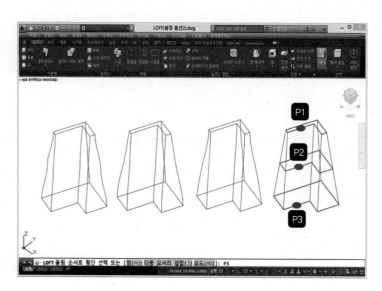

12 [설정] 옵션을 지정하면 [로프트 설정] 대화 상자가 나타나고 [다음 항목에 수직]에 체크 표시를 하여 [시작 및 끝 횡단]을 선택한 후, [확인]을 클릭합니다.

옵션 입력 [안내(G)/경로(P)/횡단만(C)/설정(S)] 〈횡단만〉 : S [Enter]
[설정] 옵션을 지정하기 위해서 'S'를 입력합니다. 이후, [로프트 설정] 대화 상자가 나타나면 [다음 항목에 수직]에 체크 표시를 하고 [시작 및 끝 횡단]을 선택한 후, [확인]을 클릭합니다.

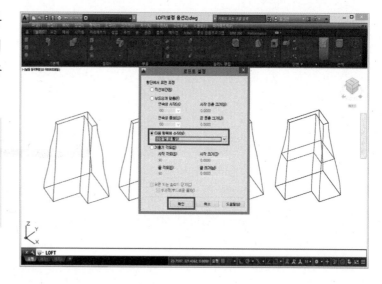

13 곡선 법선이 시작 및 끝 횡단면에 수직임을
알 수 있습니다.

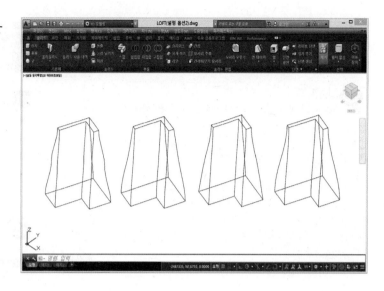

■ [기울기 각도] 메뉴

01 아래의 예제 파일을 불러옵니다.

예제 파일 : Part02\Chapter17\17-1\4\Loft
(설정 옵션3)

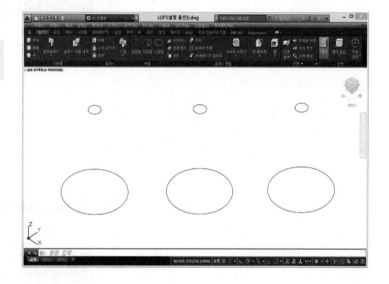

02 [Loft] 명령어를 입력한 후, 첫 번째 그림의 첫 번째 및 두 번째 횡단면을 차례로 지정합니다.

명령 : Loft Enter
현재 와이어프레임 밀도 : ISOLINES=4, 닫힌 윤곽 작성 모드 = 솔리드
올림 순서로 횡단 선택 또는 [점(PO)/다중 모서리 결합(J)/모드(MO)] : P1 클릭   1개를 찾음
첫 번째 횡단면에 'P1'을 클릭합니다.
올림 순서로 횡단 선택 또는 [점(PO)/다중 모서리 결합(J)/모드(MO)] : P2 클릭   1개를 찾음, 총 2개
두 번째 횡단면에 'P2'를 클릭합니다.
올림 순서로 횡단 선택 또는 [점(PO)/다중 모서리 결합(J)/모드(MO)] : Enter
 2개의 횡단이 선택됨

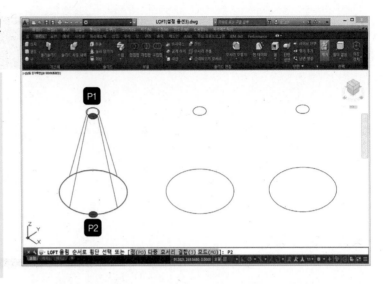

03 [설정] 옵션을 지정하면 [로프트 설정] 대화 상자가 나타나고 [기울기 각도]에 체크 표시를 하여 [시작 각도]와 [끝 각도]에 각각 '0'을 입력한 후, [확인]을 클릭합니다.

옵션 입력 [안내(G)/경로(P)/횡단만(C)/설정(S)] 〈횡단만〉 : S Enter
[설정] 옵션을 지정하기 위해서 'S'를 입력합니다. 이후, [로프트 설정] 대화 상자가 나타나면 [기울기 각도]에 체크 표시를 하여 [시작 각도]와 [끝 각도]에 각각 '0'을 입력한 후, [확인]을 클릭합니다.

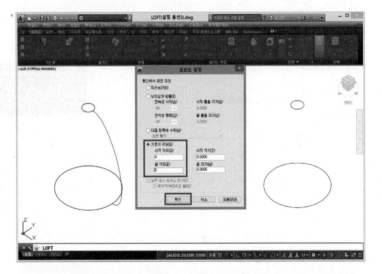

04 첫 번째와 두 번째 횡단 곡면의 기울기가 각각 '0도' 임을 알 수 있습니다.

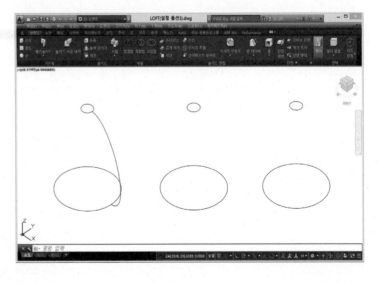

05 [Loft] 명령어를 입력한 후, 두 번째 그림의 첫 번째 및 두 번째 횡단면을 차례로 지정합니다.

> **명령 : Loft** Enter
> 현재 와이어프레임 밀도 : ISOLINES=4, 닫힌 윤곽 작성 모드 = 솔리드
> 올림 순서로 횡단 선택 또는 [점(PO)/다중 모서리 결합(J)/모드(MO)] : P1 클릭   1개를 찾음
> 첫 번째 횡단면에 'P1'을 클릭합니다.
> 올림 순서로 횡단 선택 또는 [점(PO)/다중 모서리 결합(J)/모드(MO)] : P2 클릭   1개를 찾음, 총 2개
> 두 번째 횡단면에 'P2'를 클릭합니다.
> 올림 순서로 횡단 선택 또는 [점(PO)/다중 모서리 결합(J)/모드(MO)] : Enter
> 2개의 횡단이 선택됨

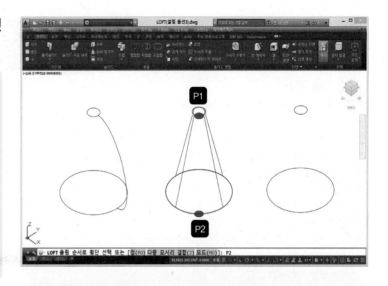

06 [설정] 옵션을 지정하면 [로프트 설정] 대화 상자가 나타나고 [기울기 각도]에 체크 표시를 하여 [시작 각도]와 [끝 각도]에 각각 '90'을 입력한 후, [확인]을 클릭합니다.

> 옵션 입력 [안내(G)/경로(P)/횡단만(C)/설정(S)] 〈횡단만〉 : S Enter
> [설정] 옵션을 지정하기 위해서 'S'를 입력합니다. 이후, [로프트 설정] 대화 상자가 나타나면 [기울기 각도]에 체크 표시를 하여 [시작 각도]와 [끝 각도]에 각각 '90'을 입력한 후, [확인]을 클릭합니다.

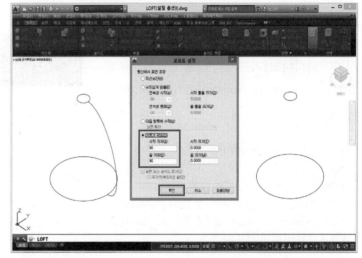

07 첫 번째와 두 번째 횡단 곡면의 기울기가 각각 '90도' 임을 알 수 있습니다.

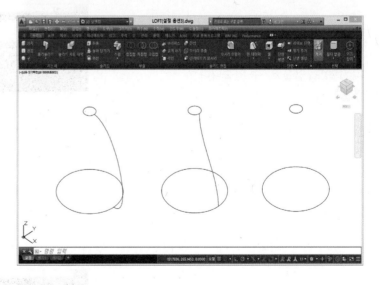

08 [Loft] 명령어를 입력한 후, 세 번째 그림의 첫 번째 및 두 번째 횡단면을 차례로 지정합니다.

> **명령 : Loft** Enter
> 현재 와이어프레임 밀도 : ISOLINES=4, 닫힌 윤곽 작성 모드 = 솔리드
> 올림 순서로 횡단 선택 또는 [점(PO)/다중 모서리 결합(J)/모드(MO)] : P1 클릭   1개를 찾음
> 첫 번째 횡단면에 'P1'을 클릭합니다.
> 올림 순서로 횡단 선택 또는 [점(PO)/다중 모서리 결합(J)/모드(MO)] : P2 클릭   1개를 찾음, 총 2개
> 두 번째 횡단면에 'P2'를 클릭합니다.
> 올림 순서로 횡단 선택 또는 [점(PO)/다중 모서리 결합(J)/모드(MO)] : Enter
> 2개의 횡단이 선택됨

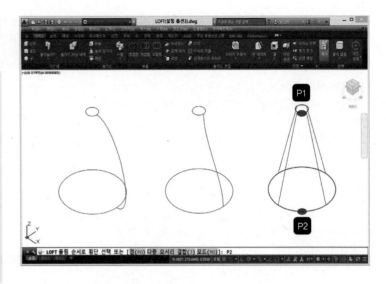

09 [설정] 옵션을 지정하면 [로프트 설정] 대화 상자가 나타나고 [기울기 각도]에 체크 표시를 하여 [시작 각도]와 [끝 각도]에 각각 '180'을 입력한 후, [확인]을 클릭합니다.

> 옵션 입력 [안내(G)/경로(P)/횡단만(C)/설정(S)] 〈횡단만〉 : S Enter
> [설정] 옵션을 지정하기 위해서 'S'를 입력합니다. 이후, [로프트 설정] 대화 상자가 나타나면 [기울기 각도]에 체크 표시를 하여 [시작 각도]와 [끝 각도]에 각각 '180'을 입력한 후, [확인]을 클릭합니다.

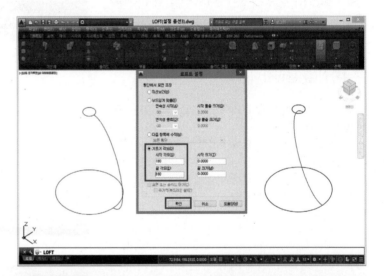

10 첫 번째와 두 번째 횡단 곡면의 기울기가 각각 '180도' 임을 알 수 있습니다.

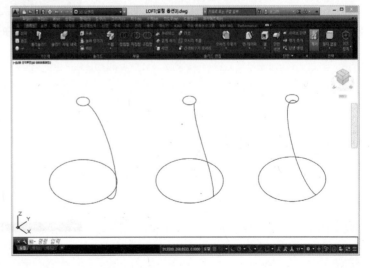

11 [Hide] 명령어를 입력하면 은선이 사라집니다.

> **명령 : Hide** [Enter]
> HIDE 모형 재생성 중.
> 숨기기를 위해 빈 RAM이 충분하지 않음--일부 선들이 부
> 정확하게 은선처리 될 것임.
> 은선이 제거된 객체가 나타납니다.

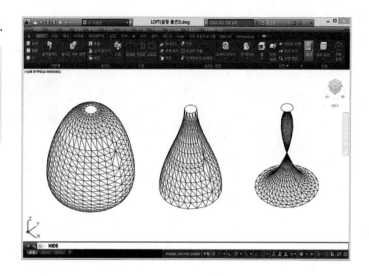

---

5 객체를 눌러 잡아당겨서 3차원 솔리드 객체로 변환하는 [Presspull] 명령어

[Presspull] 명령어는 2차원 객체, 3차원 솔리드 면, 닫힌 경계로 형성된 영역을 지정하여 누르거나 잡아당겨서 3차원 솔리드 객체를 생성할 수 있습니다. 지정한 면을 눌러 잡아당기면 면이 튀어나오고 지정한 면을 눌러 집어넣으면 면이 들어갑니다. 또한 [다중] 옵션을 사용하여 한꺼번에 여러 개의 면을 튀어나오게 하거나 집어넣을 수 있습니다.

(1) 명령어 입력 방법

[Presspull] 명령어	
명령어	Presspull
리본 메뉴	(3D도구)탭→(솔리드 편집)패널→눌러 당기기(🔲) ([제도 및 주석] 작업공간)
	(홈)탭→(편집)패널→눌러 당기기(🔲) ([3D 기본 사항] 작업공간)
	(홈)탭→(모델링)패널→눌러 당기기(🔲) ([3D 모델링] 작업공간)
	(솔리드)탭→(솔리드)패널→눌러 낭기기(🔲) ([3D 모델링] 작업공간)

(2) 명령어 사용 방법

> **명령 : Presspull** [Enter]
> 객체 또는 경계 영역 선택 : P1 클릭
> 객체 또는 경계 영역을 지정합니다.
> 돌출 높이 지정 또는 [다중(M)] :
> 돌출 높이 지정 또는 [다중(M)] : 100 [Enter]
> 돌출 높이를 지정합니다.
> 1개의 돌출이 작성됨
> 객체 또는 경계 영역 선택 : [Enter]

(3) 옵션 설명

옵션	설명
다중(MO)	한꺼번에 여러 개의 객체 또는 경계 영역을 지정합니다.

(4) 실습하기

● 기본 실습하기

01 아래의 예제 파일을 불러옵니다.

> 예제 파일 : Part02\Chapter17\17-1\5\Presspull
> (기본, 다중 옵션)

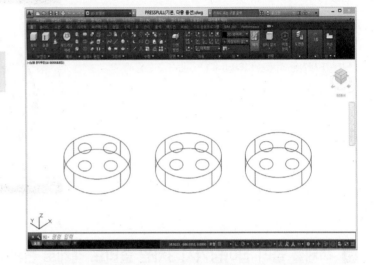

02 [Presspull] 명령어를 입력한 후, 첫 번째 그림에서 돌출시킬 객체를 지정하고 돌출 높이를 입력합니다.

> **명령 : Presspull** [Enter]
> 객체 또는 경계 영역 선택 : P1 클릭
> 객체에 'P1'을 클릭합니다.
> 돌출 높이 지정 또는 [다중(M)] :
> 돌출 높이 지정 또는 [다중(M)] : 100 [Enter]
> 돌출 높이에 '100'을 입력합니다.
> 1개의 돌출이 작성됨
> 객체 또는 경계 영역 선택 : [Enter]

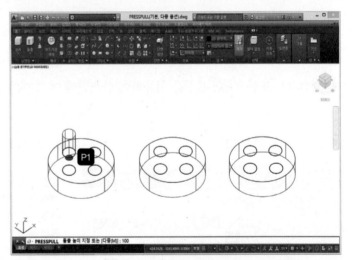

03 2차원 객체가 위쪽으로 '100' 만큼 돌출된 것을 확인할 수 있습니다.

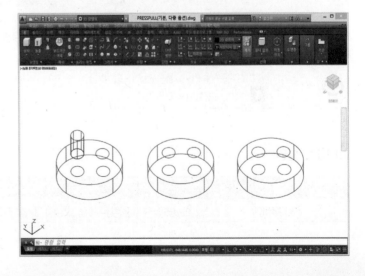

04 한꺼번에 3개의 객체를 돌출시키기 위해서 [Presspull] 명령어를 입력한 후, 첫 번째 그림에서 `Shift` 를 누른 상태에서 돌출시킬 객체를 지정하고 돌출 높이를 입력합니다.

명령 : Presspull Enter
객체 또는 경계 영역 선택 : `Shift`를 누른 상태에서 P1 클릭
1개가 선택됨, 총 1개
첫 번째 객체를 지정하기 위해서 `Shift`를 누른 상태에서 'P1'을 클릭합니다.
객체 선택 : `Shift`를 누른 상태에서 P2 클릭
1개가 선택됨, 총 2개
두 번째 객체를 지정하기 위해서 `Shift`를 누른 상태에서 'P2'를 클릭합니다.
객체 선택 : `Shift`를 누른 상태에서 P3 클릭
1개가 선택됨, 총 3개
세 번째 객체를 지정하기 위해서 `Shift`를 누른 상태에서 'P3'을 클릭합니다.
객체 선택 : Enter
1개 필터링됨, 총 3개
돌출 높이 지정 또는 [다중(M)] :
돌출 높이 지정 또는 [다중(M)] : 100 Enter
돌출 높이에 '100'을 입력합니다.
3개의 돌출이 작성됨

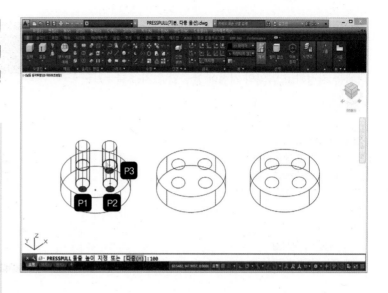

05 한꺼번에 3개의 2차원 객체가 위쪽으로 '100' 만큼 돌출된 것을 확인할 수 있습니다.

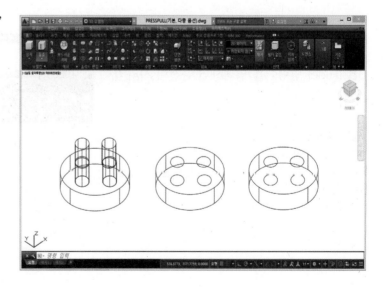

06 돌출 위치를 임의로 지정하기 위해서 [Presspull] 명령어를 입력한 후, 두 번째 그림에서 돌출시킬 객체를 지정하고 임의의 지점에 돌출할 위치를 클릭합니다.

명령 : Presspull Enter
객체 또는 경계 영역 선택 : P1 클릭
객체에 'P1'을 클릭합니다.
돌출 높이 지정 또는 [다중(M)] :
돌출 높이 지정 또는 [다중(M)] : P2 클릭
돌출 위치에 'P2'를 클릭합니다.
1개의 돌출이 작성됨
객체 또는 경계 영역 선택 : Enter

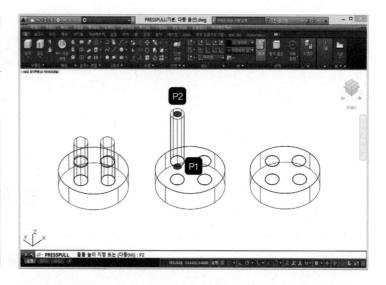

07 2차원 객체가 임의의 위치까지 돌출된 것을 알 수 있습니다.

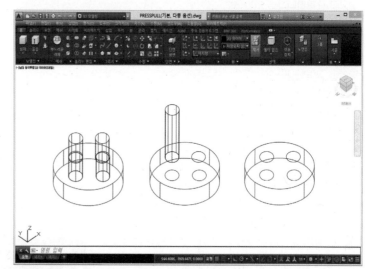

08 [Hide] 명령어를 입력하면 은선이 사라집니다.

명령 : Hide Enter
HIDE 모형 재생성 중.
숨기기를 위해 빈 RAM이 충분하지 않음--일부 선들이 부정확하게 은선처리 될 것임.
은선이 제거된 객체가 나타납니다.

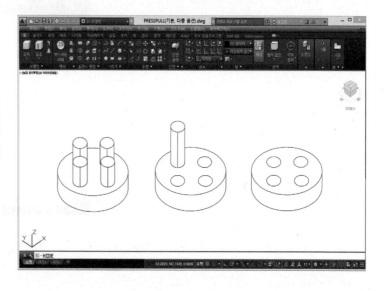

● [다중] 옵션 실습하기

01 [Presspull] 명령어를 입력하고 첫 번째 객체를 지정한 후, [다중] 옵션을 지정합니다. 이후, 3개의 2차원 객체를 차례로 지정한 후, 돌출 높이를 지정합니다.

명령 : Presspull [Enter]
객체 또는 경계 영역 선택 : P1 클릭
첫 번째 객체인 'P1'을 클릭합니다.
돌출 높이 지정 또는 [다중(M)] :
돌출 높이 지정 또는 [다중(M)] : M [Enter]
[다중] 옵션을 지정하기 위해서 'M'을 입력합니다.
객체 선택 : P2 클릭
1개가 선택됨, 총 2개
두 번째 객체인 'P2'를 클릭합니다.
객체 선택 : P3 클릭
1개가 선택됨, 총 3개
세 번째 객체인 'P3'을 클릭합니다.
객체 선택 : P4 클릭
1개가 선택됨, 총 4개
네 번째 객체인 'P4'를 클릭합니다.
객체 선택 : [Enter]
돌출 높이 지정 또는 [다중(M)] :
돌출 높이 지정 또는 [다중(M)] : 150 [Enter]
돌출 높이에 '150'을 입력합니다.
4개의 돌출이 작성됨

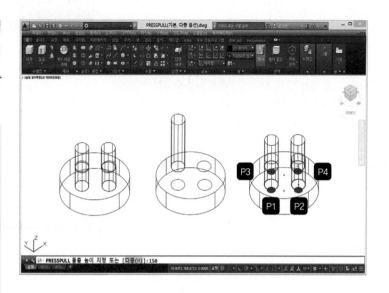

02 2차원 객체 4개가 한꺼번에 돌출되는 것을 알 수 있습니다.

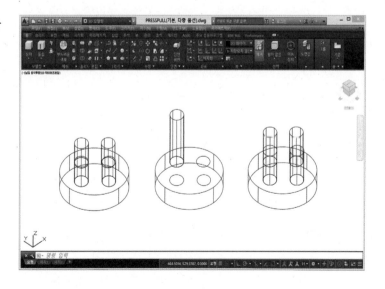

03 [Hide] 명령어를 입력하면 은선이 사라집니다.

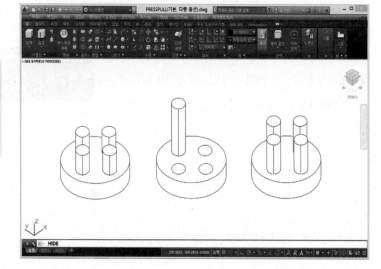

명령 : Hide [Enter]
HIDE 모형 재생성 중.
숨기기를 위해 빈 RAM이 충분하지 않음--일부 선들이
부정확하게 은선처리 될 것임.
은선이 제거된 객체가 나타납니다.

Limits : 0,0~200,150

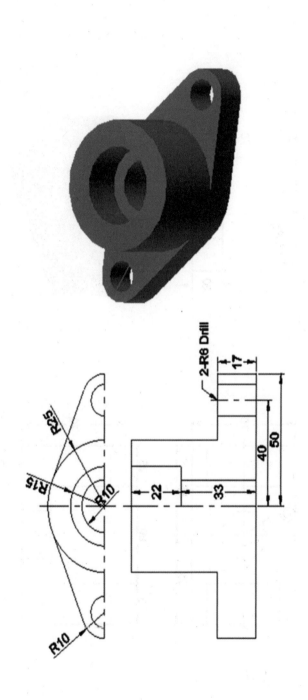

2-R6 Drill

R25

R15

R10

R10

17

50

40

22

33

명령어 : Line, Circle, Trim, Region, -Vpoint(1,-1,1), Shademode(실제 옵션)
Extrude, 3Dorbit, Subtract, Revolve, Move, Osnap, Union, UCS

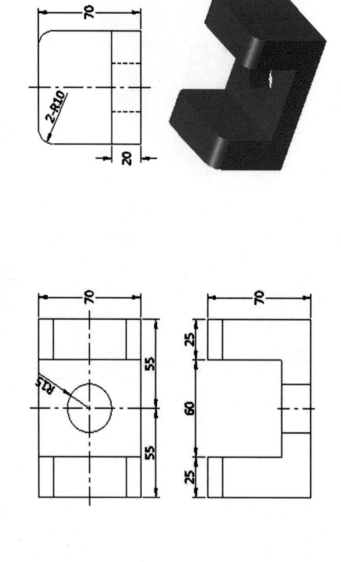

Limits : 0,0~297,210

명령어 : Line, Circle, Offset, Trim, Region, -Vpoint(1,-1,1), Extrude, Fillet, Shademode(실제 옵션), UCS, Plan, Subtract, 3Dorbit

유도현
- 신안산대학교 전기과 교수(AutoCAD 21년 강의)
- 일본 아키타(Akita)대학 공학자원학부 전기전자공학과 객원연구원
- 산업통산자원부 국가기술표준원 신제품인증(NEP) 평가위원회 위원
- 산업통산자원부 국가기술표준원 정전기(IEC TC 101) 전문위원회 위원
- 경기지방중소벤처기업청 성능인증 적합성 심사위원회 전기전자분과 평가위원

■ 상훈
- 산업단지캠퍼스 활성화 유공자 수상(부총리 겸 교육부장관)
- 대한전기학회 학술상 수상(대한전기학회장)

예제파일은 21세기사 홈페이지(http://www.21cbook.co.kr) 커뮤니티→자료실에서 다운받으시기 바랍니다.

다양한 예제로 학습하는 Auto CAD

1판 1쇄 인쇄 2019년 02월 25일
1판 1쇄 발행 2019년 03월 05일
저　　자 유도현
발 행 인 이범만
발 행 처 **21세기사** (제406-00015호)
경기도 파주시 산남로 72-16 (10882)
Tel. 031-942-7861　　Fax. 031-942-7864
E-mail : 21cbook@naver.com
Home-page : www.21cbook.co.kr
ISBN 978-89-8468-719-6

정가 43,000원